KB008522

正易
과
만나다

증산도상생문화연구총서 20

正易과 만나다

김일부, 시간의 문을 두드리다

발행일: 2022년 5월 2일 초판 발행
글쓴이: 양재학
펴낸곳: 상생출판
펴낸이: 안경전
주소: 대전광역시 중구 선화서로 29번길 36(선화동)
전화: 070-8644-3156
팩스: 0303-0799-1735
홈페이지: www.sangsaengbooks.co.kr
출판등록: 2005년 3월 11일(제175호)

가격은 뒤표지에 있습니다.

ISBN 979-11-91329-34-6
ISBN 978-89-94295-05-3(세트)

김일부, 시간의 문을 두드리다

양재학 지음

상생출판

一夫 金恒
일 부 김 항
(1826-1898)

鳴鶴在陰, 其子和之.

명 학 재 음　기 자 화 지

"우는 학이 그늘에 있거늘 그 새끼가 화답하도다."

이 글은 풍택중부괘風澤中孚卦(䷼) 2효에 나온다.

律呂調陰陽

壬寅春節 錄正易句 小愚川

律呂調陰陽
율 려 조 음 양

"율려가 음양을 조율하도다."

이 글은 『정역正易』「십오일언十五一言」"항각이수존공시亢角二宿尊空詩"에 나온다.

洞觀天地無形之景一夫能之
方達天地有形之理夫子先之

壬寅生節 錄大易序 小愚川

洞觀天地無形之景,
통관천지무형지경
一夫能之;
일부능지
方達天地有形之理,
방달천지유형지리
夫子先之.
부자선지

"천지 바깥의 무형한 경관을 꿰뚫어 보기는 일부가 능히 했고, 바야흐로 천지 안의 유형한 이치를 통달하기는 부자께서 먼저 하셨네."

이 글은 『정역正易』「대역서大易序」에 나온다. 천지에 대한 공자와 김일부의 깨달음의 경지, 또는 『주역』과 『정역』의 핵심을 비교할 수 있는 내용이다.

目 次

머리말

"김일부, 시간의 문을 두드리다"

『주역』은 예로부터 동양인의 인생관과 가치관의 철학적 근거를 제공했음은 물론 삶의 준거를 안내하는 훌륭한 지침서였다. 조선은 『주역』의 나라였다. 조선의 선비치고 『주역』을 읽지 않은 사람이 없었으며, 학자들은 앞다투어 『주역』에 대한 각종 해설서와 창작물을 내놓았다.

조선 말기에 태어나 새로운 우주관과 시간관으로 『정역』을 지은 김일부金一夫(1826-1898, 이름은 항恒) 역시 처음에는 『주역』으로 무장한 재야학자였다. 그는 숫자를 포함해 총 4,883자로 이루어진 짧은 글로 역학의 새로운 지평을 열었음에도 불구하고 지식인들에게 외면받기 일쑤였다. 단지 소수의 계층에서만 관심을 가질뿐 아직도 대중화의 길은 험난한 것으로 보인다.

그 이유는 어디에 있을까? 크게 두 가지 원인이 있다. 하나는 김일부가 구상한 이론이 조선을 지배한 성리학적 세계관을 뒤엎어버리는 폭발성으로 인해 지배층으로부터 불순한 이념으로 지목된 학술이었기 때문이다. 또한 소수의 연구자들 역시 기존의 관념을 벗어 던지는 용기의 부족 외에도 『정역』을 『주역』의 연장선으로 이해한 탓에 객관적인 연구의 활성화가 이루어지지 않았기 때문이다. 다른 하나는 『정역』의 이치와 논리를 알기 위해서는 엄청난 기초 지식이 필요하며, 때로는 이미 배웠던 지식이 도리어 『정역』의 심층적 이해와 충돌하는 것을 깨닫고 『주역』으로 되돌아가 현실과 타협하는 것이 훨씬 유리하다는 판단이 앞섰기 때문일 것이다.

이런 연유에서 『정역』의 종지는 『주역』의 가르침과 거리가 한참 멀거나, 김일부는 미래의 유토피아 세상을 하도낙서河圖洛書의 수학으로 풀이한 신흥 종교의 이론가로 왜곡되었다. 『정역』이 비록 『주역』을 전거로 삼은 학술이 분명하지만, 내용은 당혹스러울 만큼 매우 독창적이고 파격적이다. 그래서 『주역』에 중독된 학자들은 애당초 『정역』을 부정하거나 『주역』에 대한 이단異端 또는 스캔들이라고 몰아쳤다.

그러면 『주역』과 『정역』의 차별성은 무엇일까? 세계의 모든 대학 도서관에는 『주역』을 풀이한 책이 수없이 꽂혀 있다. 『정역』은 『주역』에 대한 수많은 해설서 가운데 하나가 아니다. 김일부는 『주역』의 핵심을 낱낱이 해체한 다음에 자신의 학술 체계로 재구성하여 과거의 다양한 해석들을 선후천의 시간관으로 매듭지은 거목으로 우뚝 솟았다.

『정역』은 우선 '바로잡힌 주역, 주역을 바로잡다, 올바른 주역[正易]'이라는 뜻을 함축한다. 그래서 「대역서大易序」는 "과거의 복희역伏羲易과 문왕역文王易, 미래의 정역이 쓰여진 까닭이다.[初初之易, 來來之易, 所以作也.]"라고 말하여 『주역』과 확연하게 구별하였다. '초초지역'은 『주역』으로 대표되는 선천역이고, '내내지역'은 후천역이다. 『주역』은 선천역이고, 『정역』이 곧 후천역이라는 뜻이다. 그것은 전통 주역학의 주제는 물론 사회적 모럴과 문명의 양상도 새롭게 사고되어야 한다는 것을 전제한다.

『정역』의 출현은 한 권의 책이 이 세상에 출간된 사건에 머물지 않는다. 김일부는 과거의 복희역과 문왕역에 숨겨진 대립과 갈등과 모순을 극복한 형태인 정역팔괘도正易八卦圖를 그어 인류사의 새로운 지평을 활짝 열었다. 한마디로 『정역』은 미래에 펼쳐질 새로운 시공의 패러다임을 정립했다는 점에 사상적 의의가 크다고 할 수 있다.

『정역』은 시공 질서의 재편성이 어떻게 전개되는가의 각론보다는 총론과 원론에 충실한 저술이다. 하도낙서에서 출발하여 하도낙서로 귀결시킨 『정역』의 결론은 정역팔괘도에 압축되어 있다. 정역팔괘도는 '선후천 전환' 원리를 근거로 (복희팔괘도와 문왕팔괘도를 극복한) 한국에서 처음으로 만들어진 제3의 괘도인 동시에 세계에 통용될 보편역普遍易이다.

김일부는 선천이 후천으로 바뀌는 이유와 목적에 대한 추론을 넘어서 종교적 신념이 개입된 신앙 고백을 『정역』 곳곳에 남겼다. 특별히 머지않아 시공 질서의 재편성을 통해 후천이 역사 현실에 구현되는 것을 밝힌 논리의 정합성은 『정역』의 압권이라 하겠다.

김일부는 『주역』을 지은 공자孔子(BCE 551-BCE 479)를 계승하는 한편, 공자가 미처 언급하지 못했던 천지 자체의 변화를 하도낙서河圖洛書와 정역팔괘도로 설명한 점은 혁명적 사상가로 손꼽아도 무방하다. 또한 선후천 변화 문제에 착안하여 우주관과 시간관의 근본 명제를 다양한 방법(무극과 황극과 태극의 3극, 하도와 낙서, 천간지지, 28수, 5행, 수지도수, 율려, 역법, 금화교역 등)으로 풀었다는 사실 하나만으로도 사상적 혁명가라 손꼽아도 틀리지 않는다.

지금 인류는 코로나19의 창궐로 공포에 떨고 있다. 그것은 단순히 변이 바이러스에서 비롯된 전염병인지는 아직도 불분명하다. 한편 기후 위기에서 파생된 자연의 역습과 공격이라는 끔찍한 경고도 있다. 김일부는 이미 140여 년 전에 북극의 얼음이 녹아내린다는 것을 예고한 바 있는데, 최근에 이르러 지구 과학자들은 북극의 얼음이 기후 변화의 열쇠라는 것을 밝혀냈다.

김일부는 자연의 배후에 존재하는 숨겨진 수학적 질서와 패턴을 읽어내어 후천개벽의 이론적 근거를 천명했기 때문에 역도易道의 종장으로 불리게 되었다.[1] 『정역』이 발표될 때, 조선은 내우외환의 위기에 처했다. 당시 전 세계의 모든 나라는 개화국은 문명국이요, 반개화국은 야만국이라는 서열을 매겨 근대화를 통해 부국강병의 기틀을 마련하려고 힘썼다. 특히 자본주의와 결탁한 제국주의는 근대화에 성공했지만, 조선을 비롯한 식민지는 자주적 근대화에 실패하였다. 조선은 가장 악랄한 일본 제국주

1) 『도전』 438쪽 각주 참조.

의의 국권 침탈로 인해 민족혼과 학술의 자유마저 빼앗겼다. 『정역』 역시 일제의 식민지 지배에 휩쓸려 주체적 연구의 기회가 박탈되었을 뿐만 아니라 그 종지마저도 왜곡되기에 이르렀다.

1912년, 김일부의 제자들은 하상역河相易의 이름을 빌려 여러 종류의 해설서를 출간함으로써 스승의 명맥을 계승하려고 노력했다.[2] 그 이후 괄목할 만한 성과는 없었으나, 덕당德堂 김홍현金洪鉉은 홀로 스승의 유지를 후학에게 전수한 공덕을 세웠다. 또한 일제가 『정역』을 유사 종교로 낙인찍은 이후부터는 학술의 보존마저도 위축된 침체기를 맞았다. 그러니까 일제 강점기로부터 1950년대 초반까지는 『정역』 연구의 공백기인 동시에 부활의 씨앗이 싹튼 시기라고 할 수 있다.

『정역』의 출현에 앞서 동학은 '시천주侍天主 신앙'을 중심으로 한국의 자주성과 근대화를 부르짖었으나, 일제의 간섭과 폭력으로 좌절을 겪었다. 현재도 다양한 스펙트럼으로 동학에 접근하고 있으나, 근대성의 이론적 근거에 대한 연구만큼은 빈약한 것이 사실이다.

필자는 한국 근대성의 철학적 근거는 『정역』에서 찾아야 한다고 제안한다. 그 동안은 동학 일변도의 연구가 진행되어 왔으나, 앞으로는 『정역』과의 공동 연구를 통해서 한국 근대성의 실체와 전모를 밝혀야 할 책임과 의무가 있다. 왜냐하면 『정역』은 형이상학의 범주에 속하는 비인격의 3극과 인격을 지닌 조화옹이 시간을 통해 천지와 역사에 개입한다는 정신을 철학과 종교와 수학으로 꿰뚫어 근대성과 현대성을 내포할 뿐만 아니라 포스트모던 시대를 대비할 수 있는 학술이기 때문이다.

뒤돌아보니까 필자는 대학원생 시절부터 30대 후반까지는 『정역』 주변을 맴돈 이방인이었다. 40대 초반, 증산도상생문화연구소에 근무하기 시

2) 조선총독부의 인가를 받아 1912년에 『正易圖書』·『正易註義』·『正易明義』·『三道撣要』의 발행자는 河相易의 이름으로, 發行所는 大宗教의 간판으로 출간되었다. 그리고 『正易原義』는 1913년에 출간되었다.

작한 때부터 진정으로 『정역』에 다가섰다. 수지도수로 『정역』을 이해하는 것은 시대에 뒤떨어진 방법론이라고 인식했기 때문에 주자朱子의 '하락상수론河洛象數論'이라는 제목으로 박사학위 논문을 작성했던 것으로 기억한다. 그것은 일종의 『정역』으로부터의 도피였던 셈이다. 지금은 방황을 끝내고 『정역』의 품으로 돌아와 정착한 지 오래되었다. 『정역』의 혁신적 사유와 정치한 논리에 매료당하여 어느새 영혼이 사로잡힌 줄도 몰랐다. 아마도 지하에 계신 세 분 스승님과 부모님의 영령이 이끈 것으로 믿고 싶다.

사마광司馬光(1019-1086)은 "경서를 가르치는 스승은 만나기는 쉬우나, 사람을 인도하는 스승은 만나기 어렵다"고 말했듯이, 『정역』의 깊은 세계로 인도한 분들을 잊을 수가 없다. 이정호 박사님(1913-2004)과 유남상 교수님(1927-2015; 석박사 학위 지도교수로서 큰 은혜를 입었다.)과 권영원 선생님(1928-2018)의 가르침으로 인해 오늘의 책자가 완성될 수 있었다. 고개 숙여 감사드린다. 오늘은 마침 김일부 선생님을 지극히 흠모했던 부모님이 사무치게 그립다. 알찬 책이 출간되는 것만이 유일한 보답일 것이다.

이 책의 출간에 도움을 준 분들이 있다. 증산도 안경전 종도사님은 책자의 발간에 지대한 관심과 함께 물심양면의 배려를 아끼지 않았다. 송인창 선배님은 늘 따뜻한 음성으로 독려해주었다. 직장 동료인 노종상 박사님과 이재석 박사님은 매일 동네 한바퀴를 산책하면서 힘든 마음을 다독여주었다. 가끔씩 내용 토론에 응해준 조기원 박사님에게 고마움을 전한다. 성균관유림서예 초대작가회 김동석 회장님의 뜻깊은 서화와 함께 소우천님의 글귀는 이 책자를 빛나게 했다. 숨은 전문가인 김철규 교수님과 김석중 선생님의 후원에 감사드린다. 『정역』이 널리 알려지는 일에 불철주야 종사하는 김효수(김일부 선생님의 증손자)님의 노고가 눈에 선하다. 그리고 많은 도표 작성과 깔끔한 편집을 맡아준 강경업 팀장님, 멋진 디자인을 맡은 김태호님, 상생출판의 이길연 팀장님과 오나예지님의 도움이 매우 컸다. 인도철학에 대한 깊은 조예는 물론 영어에 능통한 강시명

박사님의 조언에 감사드린다. 이 책자의 출간에 앞서 필자의 소책자를 비롯한 『정역』 역주서의 편집을 맡았던 전재우 실장님의 노고를 잊을 수 없다. 아껴주는 분들이 옆에 있기에 고맙고, 늘 용기가 솟았다.

현재 지구촌 인류는 기후 온난화로 인한 찜통 더위에 허덕이고 있다. 진리와 시간이 무엇이냐고 묻는 이 순간에도 무시무시한 기후 위기는 현실로 다가오고 있다. 전문가들은 녹아내리는 히말라야와 남북극 빙하, 먹이를 찾다 지쳐 얼음 위에 떠 있는 바짝 마른 북극곰, 따뜻해지는 바다, 오존층 파괴 등의 극심한 자연 재해는 생태계 보존을 외치는 단계를 벗어났다고 진단한다.

이미 기후 위기의 임계점을 훌쩍 넘어 지구의 자정 능력에 빨간불이 켜진 지 오래다. 인류는 벌써 3년째 covid-19와 힘겹게 씨름하고 있으나, 변이 바이러스의 출현으로 인해 피로도가 많이 쌓이고 있다. 그리고 국가 사이의 이데올로기와 종교 분쟁 및 강대국의 패권 경쟁, 자본주의의 폐단에서 비롯된 계층간의 구성원들이 온갖 갈등으로 시달리고 있다.

이러한 현상들은 UN의 합의로 해결될 수 있는 성질의 것이 아니다. 김일부는 자연과 시간의 혁명이 아니고는 치유가 불가능하다는 관점을 발표했다. 그는 학문 사이에 놓인 벽을 허물고, 마음의 문이 활짝 열린 제2의 르네상스를 꿈꾸었다. 모쪼록 이 책이 인문학의 부흥을 넘어 미래 문명을 통찰할 수 있는 자그마한 디딤돌이 되기를 희망한다.

이 책은 『정역과 만나다 - 김일부, 시간의 문을 두드리다』라는 제목으로 『정역』 원문을 꼼꼼히 번역한 다음, 650개에 가까운 주석과 각종 특각주를 달아 초보자는 물론 전문가들이 읽기 쉽도록 기획했다. 그럼에도 독자들에게 공감을 주지 못하는 책임은 철두철미 필자의 몫이다. 『정역』이 펼치는 새로운 시간론의 향연에 여러분을 초대한다.

2022. 3.

양 재 학

『정역』, 어떻게 읽을 것인가

1. 김일부의 생애와 사상

조선조 말기, 충청도 연산連山 땅에서 태어난 일부一夫 김항金恒(1826-1898)은 후천개벽 사상의 최고 이론가로 널리 알려져 있다. 젊어서는 가문의 영향 아래 문장 다듬기와 예학禮學에 힘썼으나, 스승인 연담蓮潭 이운규李雲圭를 만나고서부터 학문의 방향을 바꾸었다. 이때부터 줄곧 역학易學에 심취하였고, 나중에 붓대 하나로 전통의 사유를 뛰어 넘는 『정역正易』을 지어 세상을 깜짝 놀라게 했다.

재야학자 김일부는 『주역』의 패러다임을 혁신하여 존재론과 생성론을 통합한 새로운 형이상학을 구축하였다. 그는 서양 고대의 헤라클레이토스(Herakleitos: BCE 540-BCE 480)와 파르메니데스(Parmenides: BCE 515-BCE 445)가 주장했던 생성론과 존재론의 문제가 평행선으로 놓인 기찻길처럼 만나지 못하는 이유를 파헤치고 그 해결책을 마련하였다. 김일부는 만물의 불변자와 각종 변화의 패턴을 음양오행설로 설명하는 도덕 형이상학 대신에 지금의 천지는 선천에서 후천으로 진화 중이라고 밝혀 시간의 속살을 해부한 시간의 지도를 그렸다. 그는 시간의 근거를 인간의 내면 의식에서 찾는 방법 대신에 자연의 생체 시계에 뿌리를 두는 객관성 확보에 치중하였다.

김일부는 본체와 작용의 전환 논리를 바탕으로 정역팔괘도를 그어 새로운 시대에 걸맞은 이념을 내세웠다.[1)] 정역팔괘도는 복희팔괘도와 문

---

1) 파르메니데스는 본체(존재) 위주의 철학을, 헤라클레이토스는 작용(변화) 위주의 철학을 정립하였다. 두 철학자는 상대방보다는 자신의 견해만을 강조했다. 파르메니데스의 본체는

왕팔괘도가 표상하는 세계를 넘어선 제3의 미래역이다. 미래역은 과거와 현재에는 쓸모없고 미래에만 통용된다는 뜻이 아니다. 그것은 앞으로 과거와 현재와 미래를 관통하는 보편타당한 원리를 뜻한다.

김일부는 『주역』의 권위에 짓눌렸던 낡고 무거운 옷을 벗어던지고 선후천 전환의 관점에서 새로운 우주관과 시간관을 수립하였다. 그는 인류가 꿈꾸었던 유토피아 세상이 오는 이치와 과정과 목적을 종교인보다도 더 경건한 심정으로 고뇌했으며, 때로는 난해하기 짝이 없는 고도의 수학 방정식을 고안하여 머지않아 시간의 본질적 혁명을 경험할 것이라는 확신을 담아냈다. 한편으로 당시 선비들이 금기시했던 심신수련법인 영가무도詠歌舞蹈를 즐겨 지식인들의 눈총을 샀던 조선의 구도자였다.

그러면 학자들이 『정역』을 바라보는 시각은 무엇일까? 정역사상에 대한 평가는 양극단을 걷는다. 하나는 시대에 앞서 세계화를 겨냥한 자랑스러운 학술이라는 『정역』 연구자들의 평가가 있다. 다른 하나는 고급스런 문장으로 다듬은 예언서의 일종 또는 가상의 관념에 기초하여 유토피아 세상이 온다는 당위성을 외쳤을 따름이라는 『주역』 전공자들의 혹독한 비판이다. 특별히 비난에 가까울 정도의 평가는 『정역』 자체의 논리에 있다기보다는 『주역』의 잣대로 『정역』을 인식하려는 학자들의 그릇된 선입견 또는 몰이해에서 비롯되었다고 할 수 있다.

또한 『정역』이 학계에서 백안시 당하는 이유는 포스트모더니즘(post modernism)[2]의 성격을 지니고 있으며, 또한 영가무도를 일상화하는 등 『정역』 속에는 원래 역易이 발생할 당시의 무巫와 선仙적인 요소들을 수용

플라톤의 이데아로, 헤라클레이토스의 작용은 아리스토텔레스의 質料로 연결되어 서양 철학의 큰 물줄기를 형성하였다.

2) 함재봉, 『탈근대와 유교』(나남출판사, 1998), 3-5쪽 참조. "포스트모더니즘을 통해 드러나는 근대 사상의 한계와 공백을 이해하고 메우는 데에 매우 적절한 관점과 대안을 제공해주며, 근대 사상의 단점과 한계를 극복할 수 있는 철학적, 사상적 역량을 가리킨다."

했기 때문이라는 지적처럼,[3] 복희팔괘도와 문왕팔괘도와는 달리 정역팔괘도는 5와 10수를 전면에 내세워 『주역』을 극복한 점은 학술계의 쾌거인 동시에 학문 권력층들을 비판할 수 있는 기반과 동기를 마련하였다.

『정역』에 대한 오해는 김일부가 유불선을 융합하는 과정에서 불교와 도교의 논리를 과감하게 수용했던 것에서 비롯된 곡해로만 그쳐야 할 것이다. 또한 명리학과 풍수의 용어를 사용해 비정통 학술로 오해받을 수 있음에도 불구하고 한국 철학의 외연과 내포를 넓힌 까닭에 『정역』이 『주역』에 대한 반역으로 평가되는 것이 안타까울 따름이다.

이밖에도 의리역학자들은 천간지지 중심의 손가락 셈법[手指度數]을 터부시하거나 하도와 낙서를 아예 부정할 뿐만 아니라, 복희팔괘도와 문왕팔괘도의 세계관에 매몰된 채 한국에서 탄생한 정역팔괘도를 인정하지 않는 학문 사대주의, 그리고 필요할 때만 『주역』의 순역順逆 논리를 끌어들이는 편의주의적 발상, 역법曆法과 역리曆理조차 구분하지 못하는 등의 인지 부족은 탓하지 않고 『정역』을 전근대적 사유라고 낙인찍는 용기는 도대체 어디서 나왔을까?

정역사상의 올바른 이해를 위해서는 가장 먼저 한글 세대의 입맛에 맞는 현대화 작업이 절실하다. 이를테면 『정역』에 입문하기 위한 예비 단계로서 이 세상은 왜 선천과 후천으로 구성되었는가라는 독특한 이론이 싹트게 된 사상적 배경, 최근 국제 정치와 외교 및 경제 분쟁보다도 더 중대한 현안으로 떠오르고 있는 기후 위기의 궁극 이유에 대한 치밀한 사유, 새로운 시공간 성립의 메카니즘을 둘러싼 시간의 현대적 의미, 우주 주재자의 손길에 의해 인류 구원이 이루어진다는 잃어버린 상제관의 회복을 통한 철학과 종교의 융합, 그리고 인식론과 존재론과 논리학을 꿰뚫는 새로운 '시중관時中觀' 등의 미개척 분야가 수두룩하게 남아 있다.

3) 김상일, 『周易 너머 正易』(상생출판, 2017), 5-9쪽 참조.

일찍이 실증 고생물학자인 동시에 카톨릭 사제로서 과학과 신앙의 조화를 모색했던 프랑스의 샤르댕(Chardin: 1881-1955)은 현재의 인류는 '오메가 포인트(Omega point)'를 향해 나아가고 있다고 주장했다. 그가 말하는 오메가 포인트란 진화의 종착점이자 목적지를 뜻한다.[4] 인류는 탄생 이후로 수많은 고비를 넘기면서 생존해왔는데, 유엔 보고서는 2006년-2007년 사이에 기후 변화의 변곡점(Tipping point)이 지났다고 공개한 바 있듯이, 지금은 기후 변화를 넘어서 기후 위기의 시대에 접어들었다. 『정역』은 직접 기후 변화를 언급하지 않았으나, 기후 변화가 가속화되어 북극과 남극의 얼음이 녹아내려 지구에 크나큰 변동이 닥칠 것을 직접 화법으로 짧게 언급함으로써[5] 예언서의 일종으로 오해받게 만든 원인을 제공하기도 했다.

지금은 『정역』에 대한 다양한 종류의 비판을 받아들여 『정역』 자체를 수술대 위에 올려놓고 낱낱이 해부한 다음에, 그 진정한 의미를 진솔하게 평가할 시점이라고 판단한다. 그리고 정역사상을 미래학의 안목에서 조명할 필요도 있다. 『정역』은 미래의 관점에서 현재와 과거를 통합해서 조명할 수 있는 통시적通時的·공시적共時的 시간관과 우주관이 뒷받침되어 있는 까닭에 술수 차원의 미래학과 혼동해서는 안 될 것이다.

왜냐하면 종교, 철학, 수학, 미학, 과학, 수행의 문제 등을 하나의 논리로 꿰뚫은 체계로 갖추어 인류가 나아갈 길을 제시한 정역사상은 21세 문명의 담론이 되기에 충분하기 때문이다. 이런 의미에서 『정역』을 종말론 또는 예언서의 울타리에 가두는 것은 엄청난 무리가 뒤따른다고 할 수 있다.

---

4) 그렉 브레이든 외 지음/이창미 역, 『월드 쇼크 2012- 임박한 세계 대변혁 시나리오』(쌤앤파커스, 2008), 53쪽 참조.

5) 『正易』「十五一言」"一歲周天律呂度數", "嗚呼, 天何言哉, 地何言哉, 一夫能言. 一夫能言兮, 水潮南天, 水汐北地. 水汐北地兮, 朝暮難辨. 水火旣濟兮, 火水未濟."

2. 정역팔괘도의 출현

김일부가 지향했던 『정역』의 목적은 하늘과의 진정한 소통이었다. 그는 불교와 유교와 선교가 빚어내는 갈등으로부터 해방되기를 희망했다. 그래서 불교의 용화세월龍華歲月 또는 유리세계琉璃世界, 개인의 도덕적 가치가 사회에 구현되는 유교의 대동사회大同社會, 선교의 조화선경造化仙境을 하나로 묶는 거대한 프로젝트를 구상하였다.[6] 그는 자연과 인간, 국가와 국가, 사회와 사회 사이의 부조리를 무너뜨리는 것보다도 우선 학문 간의 장벽을 허물어 유불선 융합의 길을 모색했던 것이다. 보통의 선비들이 현실과 타협하는 길을 추구했다면, 김일부는 스스로를 광인狂人 즉 괴짜선비라 호칭하고 탈성리학脫性理學의 자세에서 후천을 조망하는 세계관을 구상했다.[7]

김일부는 남이 알아주지 않아도 스스로 만족했던 시대의 큰 거목이었으며, 재야의 숨은 역학자였다. 『정역』을 모르는 사람은 없어도 제대로 아는 사람은 아주 드물다. 그는 시대에 너무 앞서간 재야의 역학자였기 때문에 김일부에 대한 평가는 살아서든 죽어서든 천당과 지옥을 오가는 명예와 불명예의 양극단을 치닫는다.

예컨대 김일부가 생애를 마감하자 영남 지역의 유생들이 천리가 멀다 않고 문상했던 문건을 비롯하여 1928년 성균관成均館을 대행한 모성공회慕聖公會 전라도 진안지회鎭安支會에서 김일부를 성인聖人으로 추앙한 "찬양문讚揚文"이 그 증거로 남아 있다. 한편에서는 후천개벽의 필연성을 논리화한 고급 예언가로 폄하하고 있다. 이러한 상반된 평가에도 불구하고 정역사상은 동양학의 범주에서 벗어나 미래학의 코드로 떠오르고 있

6) 『正易』「十五一言」"无位詩", "道乃分三理自然, 斯儒斯佛又斯仙, 誰識一夫眞蹈此, 无人則守有人傳."
7) 『正易』「十五一言」"九九吟", "凡百滔滔儒雅士, 聽我一曲放浪吟. 讀書學易先天事, 窮理修身后人誰. … 六十平生狂一夫, 自笑人笑恒多笑, 能笑其笑笑而歌."

다. 비록 늦었지만, 이제는 『정역』을 다양한 스펙트럼으로 재해석해 토착화를 넘어 세계화에 박차를 가해야 할 시점이다.

김일부는 선후천 전환의 논리를 바탕으로 자연과 역사와 문명의 근본적 혁명에 대한 해명을 시간론으로 집중시켰다. 그가 말하는 선후천은 어떤 특정한 시점을 기준으로 앞과 뒤를 구분하는 형용사에 한정되지 않는다. 선천이 후천으로 바뀌는 것은 출생 → 성장 → 완성이라는 직선형 발전에 그치는 것이 아니라, 선천의 질서를 허물어뜨리는 새로운 후천의 질서를 뜻한다. 그것은 구천지의 파국을 넘어서 신천지를 여는 이론이다. 따라서 선천과 후천의 전환에 의한 새로운 시간관, 우주관, 인간관 등의 정립이 필수 과제이므로 『정역』은 『주역』에 대한 코페르니쿠스적 사유의 혁명이라 할 수 있다.

이런 의미에서 『정역』은 『주역』의 아류이거나 단순 해설서, 또는 고급 예언서가 아니다. 『정역』은 과거의 주역학자들이 관심조차 갖지 않았던 『주역』에 숨겨진 핵심을 추출하여 새로운 형태로 재구성하는 과정을 통하여 '『주역』을 바로잡은 역'이라는 뜻을 갖는다. 그래서 『정역』은 『주역』에 대한 본질적 완성을 의미하는 일종의 최종 결론서라는 성격이 부여되기도 한다.

김일부에 따르면, 주역 세상에서 정역 세상으로 전환되는 데는 세 단계의 절차를 거친다. 그것은 복희괘 → 문왕괘 → 정역괘의 순서가 바로 그것이다.[8] 정역팔괘도의 출현은 중국 역학의 학문 권력에 억눌려 숨죽여 왔던 한국 역학의 도전이자 성공이었고, 또한 복희팔괘도와 문왕팔괘도 속에 담긴 메시지와 가치를 비롯하여 이들의 한계성을 극명하게 보여주는 역학사의 위대한 사건이라 할 수 있다.

먼저 복희팔괘도의 성격을 살펴보자.

---

8) 양재학, 「정역사상의 현대적 이해」『현대사회와 전통종교의 역할』, 한국동서철학회 봄 학술대회(충남대 주최), 2002, 18-19쪽.

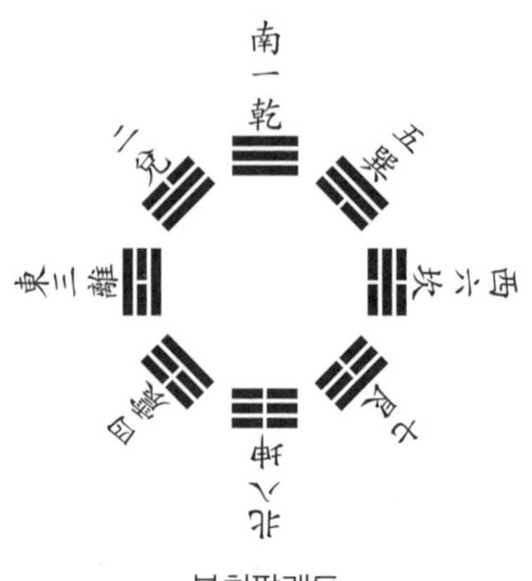

복희팔괘도

(1) 건1, 태2, 리3, 진4, 손5, 감6, 간7, 곤8로 전개되는 순서는 만물이 태어나기 이전의 아기 우주의 정보를 상징하므로 복희팔괘도는 '생장성生長成'에서 '생生'의 단계에 해당된다. (2) 복희팔괘도는 안에서 밖을 향하는 모습인데, 이는 만물이 처음 태어나서 분열하기 시작하는 양상을 형용한다. (3) 부모를 뜻하는 건곤乾坤을 비롯하여, 여섯 자녀인 진震(장남)-손巽(장녀), 감坎(중남)-리離(중녀), 간艮(소남)-태兌(소녀)가 각각 대응하는 논리로 구성되어 있다. (4) 복희팔괘도는 곤북건남坤北乾南의 방위를 이룬다. 이는 천지비괘天地否卦(䷋)를 형상화한 것으로 만물이 갈등 구조의 방식으로 태어나는 것를 뜻한다. (5) 자연의 수학적 패턴에 근거한 2진법의 전개 양상을 보인다.

다음으로 문왕팔괘도의 성격을 살펴보다.

(1) 문왕팔괘도는 만물이 왕성한 활동에 접어든 시간대를 상징한다. (2) 수의 구성에서 숨겨진 중앙의 5를 포함하여 1부터 9까지의 수가 나타난다. 특히 9는 만물이 극한의 성장기에 돌입했음을 시사한다. (3) 문왕팔괘도는 '장長'의 단계에 해당된다. (4) 유독 남북의 감리坎離만 음양이 서로 상응하고, 나머지 곤坤과 간艮, 진震과 태兌, 건乾과 손巽은 모두 음양의 부조화를 이룬다. 오직 만물의 생성을 주도하는 물[坎]과 불[火]

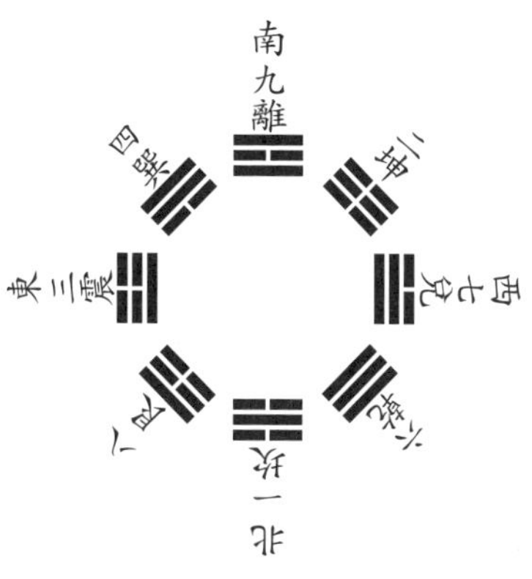

문왕팔괘도

의 감리坎離만이 조화를 이룬 반면에, 어머니인 곤坤과 막내아들인 간艮, 아버지인 건乾과 장녀인 손巽, 장남인 진震과 막내딸인 태兌가 서로 대응함은 도덕과 가치의 패륜 현상을 지적한 것이다. 따라서 문왕팔괘도는 만물이 상극의 구조로 진화하는 과정을 표상하고 있다. ⑸ 복희팔괘도와 마찬가지로 내부에서 외부를 향하는 시스템은 천지가 만물을 성장일변도로 길러내는 과정이라는 것을 밝히고 있다. ⑹ 문왕팔괘도는 낙서洛書의 배열과 일치한다. 이 둘은 공통적으로 중앙의 5를 중심으로 서로 대응하는 음양짝을 합하면 모두 만물의 완성을 상징하는 하도의 10수가 된다. 그러나 생수 1·2·3·4와 성수 6·7·8·9가 5를 중심으로 각각 1·9, 2·8, 3·7, 4·6이 서로 대응하는 형식으로 배열되어 있다. 그것은 음양의 균형이 깨진 상태에서 만물이 성장한다는 자연의 불안정한 구조를 대변한다. ⑺ 문왕팔괘도의 두드러진 특징은 만물 생성의 중심축인 건곤이 서북쪽과 서남쪽으로 기울어져 있는 점이다. 이러한 구조가 전체 생태계에 무질서의 원천을 창출했을 뿐만 아니라 도덕적 타락을 가져온 원인이 되었던 것이다.[9)]

9) 김일부는 복희팔괘도와 문왕팔괘도에 담긴 내용의 분석을 통해 선천의 운명을 비극으로 묘사했다. 그는 「大易序」에서 "복희는 거칠고 간략하게 팔괘를 그으시고, 문왕은 교묘하게

정역팔괘도

마지막으로 정역팔괘도의 성격을 살펴보자. 김일부에 의해 정역팔괘도라고 최초로 규명된 「설괘전」 6장의 내용을 과거의 학자들은 복희팔괘도 또는 문왕팔괘도와 독립된 별도의 괘도로 전혀 깨닫지 못하였다. 심지어 주자도 복희팔괘도와 문왕팔괘도의 연장선에서 방위만 약간 달라진 것으로 간주하여 본질적인 접근을 시도하지 못했다.[10] 김일부는 복희팔괘도의 발전 단계가 문왕팔괘도요, 문왕팔괘도의 과정을 거친 우주 진화의 종착지를 정역팔괘도로 단정했고, 복희팔괘도와 정역팔괘도를 매개하는 중간 단계를 문왕팔괘도로 인식했다. 우주의 진화는 생(탄생=birth) → 장(성장=growth) → 성(완성=complete)의 세 단계라고 압축할 수 있다. 그는 정역팔괘도를 지금의 우주가 완성을 지향하는 배열로 확신했던 것이다.

(1) 정역팔괘도에는 완전수로 불리는 10이 처음으로 등장한다. 이 10수

그렸으니, 천지가 기울어져 위태롭게 된 것이 2,800년이 되었도다.[伏羲粗畫文王巧, 天地傾危二千八百.]"라고 하여 건곤인 천지의 경사가 곧 상극의 원천으로 작동했음을 밝혔다. 그래서 선천 시대에 사용되는 과거와 현재의 閏曆인 '初初之易'과 無閏曆의 未來易인 '來來之易'을 저술한 근본 동기라고 강조했던 것이다.

10) 『周易本義』, "此去乾坤而專言六子, 以見神之所爲然, 其位序用上章之說, 未詳其義." 주자는 학자의 양심에 따라 자신이 모르는 것에 대해서는 후배들의 정확한 해석을 기다리는 태도를 보였다.

는 만물을 성숙시키는 원리를 뜻한다. 문왕팔괘도의 9가 생성의 극한을 상징한다면, 정역팔괘도에는 분열로 치닫는 만물의 생장이 수렴 작용에 의해 역전되어 천지가 재창조된다는 의미가 짙게 깔려 있다. (2) 정역팔괘도의 목적은 음양의 조화에 있다. 10과 5의 건곤乾坤이 남북축을 형성하며, 소남 소녀의 간태艮兌는 동서에서 대응하며, 중남중녀의 감리坎離는 동북과 서남에서 대응하며, 장남장녀의 진손震巽은 서북과 동남에서 조화를 이루고 있다. (3) 정역팔괘도가 복희팔괘도 또는 문왕팔괘도와 두드러진 차이점은 괘의 형상이 밖에서 안을 향하는 것에 있다. 그것은 팽창만을 일삼던 음양 운동이 분열의 단계를 지나 수렴과 통일하려는 목적을 암시한다. 특히 남북의 건곤괘 내부에 '이천칠지二天七地'가 자리매김한 점이다. 그것은 생수生數의 2화火가 10건북乾北의 내부에, 성수成數의 7화火는 5곤지坤地의 내부에 위치함으로써 새로운 우주를 태동하는 조화의 원동력을 의미한다. (4) 정역팔괘도가 복희팔괘도와 근본적으로 다른 점은 괘 구성의 중심축인 건곤이 180° 역전되어 지천태괘地天泰卦(䷊)의 형상을 이룬다는 사실이다. 그것은 선후천 변화를 통한 물리학적 시공의 근본 틀이 전환됨을 시사한다. (5) 정역팔괘도의 배열은 문왕팔괘도를 형식적으로 대체한 것이 아니다. 김일부는 문왕팔괘도와 정역팔괘도의 대비를 통하여 선후천 변화의 필연성과 목적을 논증하였고, 게다가 존재론과 인식론의 진정한 통합 이념을 도입하였다. (6) 우주와 시간의 역사는 반드시 세 번의 굴곡을 거친다는 것이 『정역』의 입론 근거라 할 수 있다.[11]

정역팔괘도의 수리 구조는 우주의 완성형을 압축한 미래의 설계도다. 현재의 우주가 완성을 향한 마지막 과정에 도달했음을 형상화시킨 것이

11) 『正易』「十五一言」"四正七宿用中數", "역은 3변하는 이치가 있으니 건곤이요, 괘는 8개이니 비·태·손·익·함·항·기제·미제이다[易三, 乾坤, 卦八, 否泰損益咸恒旣濟未濟.]" 천지가 뒤집어진 형상인 건남곤북의 복희팔괘도 → 분열로 치닫는 상극의 형상인 문왕팔괘도 → 음양의 완전 조화체를 상징하는 정역팔괘도로 발전하는 세 단계이다.

문왕팔괘도라면, 그것의 완성 모델이 바로 정역팔괘도인 것이다. 한마디로 복희팔괘도는 만물이 창조되는 모습을, 문왕팔괘도는 만물의 성장과 팽창 과정을, 정역팔괘도는 만물이 통일되어 완성되는 이치를 내포한다고 할 수 있다.

3. 선후천이란 무엇인가? - 중국의 학술 권력으부터 독립을 선언하다

선후천이란 말의 전거는 『주역』에 있다. "하늘보다 앞서가도 하늘이 어기지 아니하며, 하늘을 뒤따라가도 하늘의 때(시간)를 받드니, 하늘이 또한 어기지 아니하는데 하물며 사람이며, 하물며 귀신이랴!"[12] 이에 대해 정이천程伊川(1033-1107)은 진리와 합치한 성인은 천명天命과 완전히 하나가 될 수 있다고 해석하였다. 주자朱子(1130-1200)는 진리의 주체화를 통해 인간은 하늘의 의지를 깨달을 수 있음은 물론 그 실천도 가능하다고 주장하였다. 공영달孔穎達(574-648)은 하늘의 의지를 체득한 대인과 하늘은 원래부터 '하나'라는 사실을 인식론적 의미로 풀이하였다. 이들 논의를 종합하면, 선천은 인간이 본받아야 하는 대상인 까닭에 지금의 후천은 진리 체득과 실천을 바탕으로 성인이 되도록 노력하는 체험장이라는 것이다.

『주역』을 선후천론으로 집약한 인물은 소옹邵雍(1011-1077, 시호는 강절康節)이다. 그는 「설괘전」 3장은 선천학인 복희팔괘도, 5장은 후천학인 문왕팔괘도라고 규정하여 선천학에 그 가치를 높이 평가하였다. 그가 복희팔괘도를 선천학이라고 부르는 이유는 복희팔괘도의 방위 배치는 인간의 주관적 관념에 비롯된 것이 아니라, 괘도가 그어지기 이전 즉 자

12) 『周易』 乾卦 「文言傳」, "先天而天弗違, 後天而奉天時, 天且不違, 而況於人乎, 況於鬼神乎."

연의 보편 원리를 형상화한 것으로 간주했기 때문이다.[13]

소강절은 『주역』의 이치를 해명하면서 복희역을 '본체'로 보고, 문왕역을 '작용'으로 인식하여 전자를 선천역이라 부르고, 후자를 후천역이라 불렀다. 동서남북의 방위(공간)와 생성 변화(시간)를 상징하는 수를 복희팔괘도는 1부터 8까지, 문왕팔괘도는 5를 제외한 1부터 9까지의 수로 배열하는 원칙이 다르다. 이 둘이 다른 이유를 소강절은 본체계가 현상계로 진입하여 만물이 성장하는 과정을 복희팔괘도(선천)에서 문왕팔괘도(후천)로 바뀐 것이라 설명하였다.

소강절 이후의 학자들이 말하는 선후천론은 한결같이 이 세상이 탄생하기 이전을 선천, 그 이후를 후천으로 규정한다. '지금' 살고 있는 이곳은 후천 세상이므로 선천은 인간이 직접 포착할 수 없는 형이상학의 영역이다. 그것은 현실에 의존하여 획득한 경험적 지식으로는 시공을 초월한 진리를 인식 불가능하다는 뜻이다. 이처럼 선천에 큰 비중을 두는 이유는 '경험 이전의' 불변하는 진리에 주안점을 두기 때문이다.

전통의 주역관에 익숙한 학자들은 우리가 살고 있는 현실의 앞선 세계가 선천이며, 현재의 세계가 바로 후천이라고 평면적으로 풀이하였다. 김일부는 「설괘전」을 재해석함으로써 전통의 선후천관을 완전히 뒤바꾸었다. 그는 선천역을 현상적 변화의 배후에 존재하는 법칙성 안에서 반복하고 교류하는 '교역交易의 역학'으로 규정하고, 후천역은 시공의 근원적 변화를 통한 새로운 차원의 질서인 '변역變易의 역학'으로 규정하여 선천역과 후천역을 구분하였다.[14] 이처럼 '변화'를 어떻게 개념 규정하고 설명하는가에 따라 선천역과 후천역의 성격이 판연하게 달라지기 때문에 김일부는 역의 본래적 의의를 선후천 변화의 문제로 인식했던 것이다.

13) 『朱子大全』 권38 「答袁機仲書」, "自初未有劃時, 說到六劃滿處者, 邵子所謂先天之學也. 卦成之後, 各因一義推說, 邵子所謂後天之學也."

14) 『正易』「十一一言」, "先天之易, 交易之易. 後天之易, 變易之易."

보통 역의 의의는 이간易簡, 불역不易, 변역變易이라는 세 가지로 설명되어 왔다.[15] 정이천과 주자를 비롯한 성리학자들은 우주의 보편적 원리를 변역의 입장보다는 오히려 불역을 중심으로 『주역』을 풀이하였다. 그들은 현상계의 생성 법칙을 '변역'으로, 현상계의 배후에서 자기 동일성을 유지하는 불변의 실재 또는 시공을 초월하여 존재하는 진리, 혹은 모든 것이 변화한다는 사실 자체는 변하지 않는다는 것을 '불역'으로 규정하였다. 따라서 현상계의 최종 근거를 묻고 대답하는 성리학은 『주역』을 해석할 때에 늘 '불역'의 입장을 선호할 수밖에 없었던 것이다. 그 결과 시간의 문제를 배제함으로써 역동적인 세계를 설명하는데 한계를 드러내었다.

조선의 역학은 소강절 선후천론의 영향을 깊게 받았다. 특히 기호학자였던 화담花潭 서경덕徐敬德(1489-1546)과 토정土亭 이지함李之菡(1517-1578) 등이 자신의 철학을 시로 읊는 풍조 역시 소강절을 본받았으며, 이는 『정역』에도 그대로 반영된 것으로 보인다. 김일부가 겉으로는 소강절의 형식을 빌렸으나, 선후천에 대한 콘텐츠 만큼은 독자적인 영역을 구축했던 것이다. 선후천론의 결정판이 곧 정역팔괘도이고, 정역팔괘도의 출현은 중국 역학으로부터의 극복인 동시에 한국 역학의 독립 선언문이라고 평가할 수 있다.

4. 천지天地에서 지천地天으로- 육갑 시스템의 근본적 변화

『정역』의 입론 근거는 무엇인가? 『정역』은 엄밀한 수리 철학의 논증 외에도 종교 철학으로부터 비롯되었다고 할 수 있다. 김일부의 표현처럼, 『정역』은 최고신이 알려준 것[神告]이요, 상제께서 가르쳐 준 것[上教][16]이라는 상제와의 대화 혹은 최고신에 대한 고백이 그 명백한 증거

15) 『易緯乾鑿度』「易緯說」, "易一名而含三義, 所謂易也, 變易也, 不易也."

16) 이정호 박사는 '上教'를 "위에서 가르침이다"로 번역하였다.(이정호, 『원문대조 국역주해』,

이다. 그는 최고신을 조화옹造化翁, 화무상제化无上帝, 화화옹化化翁이라고 불러 천지를 조화시키는 인격적 조물주 등으로 표현한 것을 보더라도 『정역』은 철학적 종교 또는 종교철학이라 불러도 틀린 말이 아니다.[17)]

조화옹은 김일부에게 어떤 가르침을 내렸으며, 그 깨우침의 내용은 무엇인가? 조화옹과 인간 김일부가 나눈 대화는 사사로운 주제가 아니라, 하늘과 땅 자체에 대한 숭고한 문제였다. 그는 만물의 근거, 생명의 근원, 시공의 모체인 하늘과 땅이 병들었기 때문에 자연과 문명과 역사가 뒤틀린 채 돌아간다고 진단하였다. 음양이 불균형한 상태로 생명이 태어나 자랐다가 죽는 것이 곧 병든 천지의 운명이라는 것이다. 그러니까 조화옹은 김일부로 하여금 천지가 병든 이유를 수의 원리로 밝히라는 지엄한 명령을 내렸던 것이다.

김일부는 하늘과 땅이 아픈 원인을 어디서 찾아야 하며, 아픈 하늘땅을 치유할 수 있는 처방은 무엇인가에 대해 고뇌했다. 그는 천지가 고질병을 앓는 현상을 천문에서 찾았고, 그 특효약은 율려律呂라고 말했다.

何物能聽角 하 물 능 청 각	무슨 물건이 뿔소리를 잘 듣는가?
神明氐不亢 신 명 저 불 항	신명인 까닭에 저에서 항을 못하는구나.
室張三十六 실 장 삼 십 육	실수에서 장수까지 36도는
莫莫莫無量 막 막 막 무 량	아득하고 또 아득하여 끝이 없구나.
武功平胃散 무 공 평 위 산	무공은 뱃속을 편안하게 하는 약이요,
文德養心湯 문 덕 양 심 탕	문덕은 마음을 기르는 약이로구나.

아세아문화사, 1990, 101쪽.)

17) 김일부는 종교와 철학과 과학을 통합하려는 의지가 매우 강했던 것으로 보인다. 이러한 사유에서 한국의 근대성을 발견할 수 있다.

正明金火理　금화교역의 이치를 올바르게 밝히니
정 명 금 화 리

律呂調陰陽[18]　율려가 음양을 고르도다.
율 려 조 음 양

선천의 밤하늘을 수놓는 28수 천문은 한 달 28일에 맞추어 '각항저방심미기, 두우여허위실벽, 규루위묘필자삼, 정귀유성장익진'[19]의 순서로 돌아간다. 하지만 후천은 한 달 30일을 이루면서 선천과는 달리 거꾸로 돌아간다. 후천 28수는 '진익장성유귀정, 삼자필묘위루규, 벽실위허여우두, 기미심방저◯◯항각'의 순서로 움직이는데 27일과 28일은 신명의 자리인 까닭에 비워둔다는 것이다.

이처럼 한 달 28일의 선천은 음양이 균형을 상실했으므로 역법의 구성에서 윤력閏曆을 사용할 수밖에 없는 것이다. 그러나 후천은 음양의 균형이 이루어져 한 달은 항상 30일이기 때문에 1년 360일로 순환한다. 김일부는 음양의 본질적인 균형을 이루게 하는 주인공을 율려[律呂調陰陽][20]라고 불렀다.

낡고 묵은 천지를 치료하는 율려의 약효는 무엇인가? 율려는 전통 학문에서 말하는 개념과 그 외연과 내포가 전혀 다르다. 그래서 김일부는 예전 한약방에서 배 아플 때는 '평위산'을, 머리 아플 때는 '양심탕'을 처방한 것에 빗대어 설명하였다. 뱃 속은 땅[坤卦: ☷], 머리는 하늘[乾卦: ☰]을 상징한다. 그는 음양으로 돌아가는 병든 하늘땅을 치료하는 특효약은 오직 율려 밖에 없다고 강조했던 것이다.[21]

---

18) 『正易』「十五一言」"亢角二宿尊空詩"

19) '角亢氐房心尾箕, 斗牛女虛危室壁, 奎婁胃昴畢觜參, 井鬼柳星張翼軫.'

20) 이런 의미에서 선천 학문의 주제는 음양학이고, 후천학의 주제는 율려학이다. 여기서 말하는 율려는 단순히 음악 이론이 아니라, 생명의 원천적인 율동과 질서를 뜻한다.

21) 평위산은 '胃宿'를, 양심탕은 '心宿'를 가리킨다. 선천에서는 戊戌 戊辰이 초하루였는데, 후천에서는 癸未 癸丑이 초하루가 된다. '武功平胃散'이란 胃宿에서 甲午 甲子가 12일과 27일이기 때문에 끝자리를 따서 二七火를 뜻한다. 또 '文德養心湯'이란 心宿에서 丙午 丙子는 9일

우주사에서 최초의 시공이 열린 이래로 천지는 줄곧 배탈과 두통으로 시달려 왔다. 고질적인 질병이 해소된 자연으로 새롭게 태어나기 위해서는 율려의 작동을 통해 음양이 균형잡혀야 하며, 음양의 균형으로 인해 역법의 질서가 새롭게 구성된다는 것이 곧 선후천의 전환이다. 역법이 근본적으로 바뀌기 위해서는 천지가 바뀌어야 하는데, 앞으로 새롭게 열리는 후천은 지천地天의 질서로 정립된다는 것이다.

김일부가 수립한 '천지에서 지천으로'라는 희망의 메시지는 혼란한 조선말의 사회상을 극복하려는 목적에서 임시로 마련한 방안이 아니라, 무한의 우주를 주재하는 조화옹[22]의 의지와 명령이라고 고백하고 있다. 그것은 조화옹께서 친히 조화造化의 일을 감독하여 보여준 사실이라는 시詩에 잘 나타나 있다. 독일의 야스퍼스(Jaspers: 1883-1969)가 철학적 신앙을 외쳤다면, 김일부는 조화옹의 뜻을 감탄의 시어詩語로 풀어낸 종교철학의 극치를 보여주었다.

嗚呼, 金火正易, 否往泰來.
오호 금화정역 비왕태래
아아! 금화가 올바르게 바뀌니 천지비는 가고 지천태가 오는구나.

嗚呼, 己位親政, 戊位尊空.
오호 기위친정 무위존공
아아! 기위가 친히 정사를 베풀어 무위는 존공되는구나.

嗚呼, 丑宮得旺, 子宮退位.
오호 축궁득왕 자궁퇴위
아아! 축궁이 왕성한 기운을 얻으니 자궁은 자리에서 물러나는구나.

嗚呼, 卯宮用事, 寅宮謝位.
오호 묘궁용사 인궁사위
아아! 묘궁이 일을 맡으니 인궁이 자리를 사양하는구나.

과 24일이기 때문에 四九金을 뜻한다. 그래서 二七火와 四九金으로써 金火門의 이치를 밝힌 것이다.(권영원, 『正易入門과 天文曆』, 동서남북, 2010, 469쪽.)

22) 김일부에게 직접 배운 金貞鉉은 조화옹의 의미를 다음과 같이 해석했다. "화옹은 조화의 으뜸이며 도를 품은 최고신이다. 하늘이 시작을 베풀고 땅이 만물을 낳아 이루는 것에서 조화의 열매가 드러난다. 후천의 변혁은 모두 화옹께서 친히 보시고 변화의 일을 감독하신 일이다.[化翁, 造化之祖, 載道之神. 天之始地之生物之成, 著此造化之實也. 后天變革, 盖化翁親視監化之事也.]"(『正易註義』"化翁親視監化事")

嗚呼, 五運運六氣氣, 오호 오운운육기기	아아! 5운이 운행하고 6기가 운동하여
十一歸體, 功德無量. 십일귀체 공덕무량	10과 1이 일체되는 공덕이 무량하도다.

「십오일언」 "화옹친시감화사"는 선천이 후천으로 전환됨에 따라 비색한 천지비天地否의 세상은 가고 지천태地天泰의 세상이 온다는 희망의 노래를 읊은 것이다. 천지비의 선천이 지천태의 후천으로 바뀌려면 지금까지의 세상을 지배했던 6갑의 시스템이 바뀌어야 마땅하다. 선천에는 갑甲에서 시작하여 을, 병, 정, 무, 기, 경, 신, 임, 계의 순서로 움직이던 것이 후천은 기己에서 시작하여 경, 신, 임, 계, 갑, 을, 병, 정, 무로 움직인다는 것이다.

그러니까 선천 6갑은 천간 갑甲(하늘)이 시작하면 지지 자子가 뒤따라오면서 갑자, 을축, 병인, 정묘 … 계해로 끝맺는 것이다. 천간 '갑'은 하늘이요 양이요 남자요, 사회적으로는 군자를 상징한다. 반면에 지지 '자'는 땅이요 음이요 여자요, 사회적으로는 소인을 상징한다. 한마디로 선천이 하늘과 양과 남자를 떠받드는 세상였다면, 후천은 땅과 음과 여자를 떠받드는 세상이라는 것이다.

선천이 '갑'에서 시작하는 세상이라면, 후천은 '기'에서 새롭게 시작하는 세상이다[己位親政].[23] '갑'이 양이라면 '기'는 음이기 때문에 선천은 양 에너지가 넘치는 세상이고, 후천은 음에 의해 넘치는 양 에너지가 조절되고 균형잡힌다는 것을 시사하고 있다. 그 과정에서 선천의 갑기甲己 질서[24]가 후천의 기갑己甲 질서[25]로 바뀌므로 갑·을·병·정·무의 순서로 움직이던 질서가 꺾이어 '기'로 시작하면 '무'는 자연적으로 시공時空의

---

23) 어쩌면 기독교의 창조론에 대응하는 천지의 재창조를 뜻하는 사건이라 할 수 있다.
24) 갑, 을, 병, 정, 무를 마치고 다시 시작하는 자리를 '기'로 본다.
25) 기, 경, 신, 임, 계를 마치고 다시 시작하는 자리를 '갑'으로 본다.

모체로 귀향한다는 것이다. 이는 선천의 시공 구조(1년 $365\frac{1}{4}$일)와 후천의 시공 구조(1년 360일)가 전혀 다르다는 것을 암시한다. 선천의 6갑 시스템과 후천의 6갑 시스템을 정리하여 도표를 만들면 다음과 같다.

선천 6갑 시스템

甲子	乙丑	丙寅	丁卯	戊辰	己巳	庚午	辛未	壬申	癸酉
甲戌	乙亥	丙子	丁丑	戊寅	己卯	庚辰	辛巳	壬午	癸未
甲申	乙酉	丙戌	丁亥	戊子	己丑	庚寅	辛卯	壬辰	癸巳
甲午	乙未	丙申	丁酉	戊戌	己亥	庚子	辛丑	壬寅	癸卯
甲辰	乙巳	丙午	丁未	戊申	己酉	庚戌	辛亥	壬子	癸丑
甲寅	乙卯	丙辰	丁巳	戊午	己未	庚申	辛酉	壬戌	癸亥

후천 6갑 시스템

己丑	庚寅	辛卯	壬辰	癸巳	甲午	乙未	丙申	丁酉	戊戌
己亥	庚子	辛丑	壬寅	癸卯	甲辰	乙巳	丙午	丁未	戊申
己酉	庚戌	辛亥	壬子	癸丑	甲寅	乙卯	丙辰	丁巳	戊午
己未	庚申	辛酉	壬戌	癸亥	甲子	乙丑	丙寅	丁卯	戊辰
己巳	庚午	辛未	壬申	癸酉	甲戌	乙亥	丙子	丁丑	戊寅
己卯	庚辰	辛巳	壬午	癸未	甲申	乙酉	丙戌	丁亥	戊子

하늘이 바뀌면 땅도 바뀌기 마련인데, 그것은 곧 6갑 시스템 자체가 새롭게 구성되는 것으로 직결된다. 위 도표에 반영되어 있듯이, 선천에는 천간 '갑'과 지지 '자'가 결합하여 갑자를 이루었다면, 후천은 새로운 시공의 탄생을 뜻하는 천간 '기'와 지지 '축'이 결합한 기축己丑에서 시작한다[己位親政].[26] "아아! 축궁이 왕성한 기운을 얻으니 자궁은 자리에서

26) '己位親政'을 다른 말로 표현하면 무극과 태극과 황극이 엄지손가락의 10자리에서 '하나'

물러나는구나.[嗚呼, 丑宮得旺, 子宮退位.]"는 말은 하늘 중심의 정사[天政]에서 땅 중심의 정사[地政]로의 전환을 가리킨다. 이를 김일부는 시공구조의 재조직을 뜻하는 별자리의 이동으로 설명하고 있다. 그것은 자연과 문명의 틀은 물론 인간의 본성까지도 변화될 수 있는 가능성을 점검한 것이다.

5. 역법 질서의 혁신 - 시간의 혁명

천간과 지지의 변화는 역법 구성의 메카니즘에도 영향을 끼친다. 현재는 인월세수寅月歲首의 역법을 쓰고 있다. 동양의 역법은 인월세수를 쓴 하夏나라로 거슬러 올라가며, 은殷나라는 축월세수丑月歲首를, 주周나라는 자월세수子月歲首를 사용했다. 현재도 공자가 하나라의 역법을 본받는다는 전통에 의거하여 인월세수를 쓰고 있다.[27]

선천에는 새해 첫 달이 인월세수寅月歲首였던 것이 후천에는 묘월세수卯月歲首로 바뀐다. 묘월이 새해 첫 달이 되기 위한 전제 조건으로 천간지지의 변화가 일어나야 한다[己位親政, 戊位尊空. 丑宮得旺, 子宮退位. 卯宮用事, 寅宮謝位.] 선천의 정월이 인월寅月이었다면, 머지않아 후천에는 묘월卯月을 정월로 삼는다는 것이다. 이처럼 선후천의 교체는 시공 질서의 재편성으로 나타난다고 할 수 있다.

김일부가 구상한 우주론의 특징은 우주 창조의 시작점과 완성점을 수학의 방식으로 표현한 점이다.[28] 그는 전자보다는 후자를 강조했다. 그

로 일치되는 無極大道를 뜻한다.

27) 『論語』「衛靈公」, "行夏之時, 乘殷之輅, 服周之冕." 그런데 소강절의 "天開於子, 地闢於丑, 人起於寅"이란 말은 하늘과 땅과 인류(문명)가 순차적으로 발생했다는 것을 설명한 이론이다. 그것은 선천에서 후천으로의 전환 즉 자연의 근본적 변화를 뜻하지 않기 때문에 정역사상을 소강절 원회운세설의 아류로 인식하는 것은 큰 잘못이다.

28) 우주의 창조는 '盤古'에서 비롯되어 天皇, 地皇, 人皇을 거쳐 14명의 성인이 등장한다. 우

이유는 낙서洛書의 역생도성逆生倒成(역逆)의 순서에 따라 우주는 팽창과 자기 목적을 향해 진화하며, 그것이 극한의 경계점에 이르면 곧이어 하도河圖의 도생역성倒生逆成(순順)의 순서가 뒤따르는 원칙이 있기 때문이다. 이런 점에서 정역사상은 일종의 목적론적 우주관이라 할 수 있다.

洛書의 逆生倒成	1 → 2 → 3 → 4 → **5** → 6 → 7 → 8 → 9 … 10
河圖의 倒生逆成	10 → 9 → 8 → 7 → **6** → 5 → 4 → 3 → 2 → 1

하도의 도생역성은 '새생명'을 낳는 방식으로서 자연을 관통하는 보편 원리인 것이다. 역생도성과 도생역생은 각기 분리된 시간 흐름의 독립적 원리가 아니라는 뜻이다. 그것은 전체 우주에 편재하는 질서의 총화로서 우주의 거울인 셈이다. 특히 모든 시공간에 스며들어 만물로 하여금 공간적으로 상호 연결시키고, 시간적으로 만물의 생명력을 지속시키는 자연의 본성인 것이다.

기존의 태극음양론은 우주의 기원과 생성을 법칙적으로 설명하는 것이 목적이었다. 그래서 역은 변화에 주목한다. 이 세상에 변하지 않는 것은 없기 때문이다. 변화하지 않는 것은 변화하지 않는다고 생각하는 인간의 의식일 뿐이다. 서양인들이 줄곧 불변의 영원을 추구했다면, 동양인들은 변화의 영속성을 추구했다고 할 수 있다. 영원불변한 것은 변화의 지속일 따름이다. 변화에는 현상적으로 일어나는 구체적 변화와 우주 질서의 근본적 전환을 뜻하는 우주변화가 있다. 현상적 변화는 과학의 탐구 대상이며, 우주변화는 역이 전하고자 했던 본질적인 문제였다.[29] 따라서 역

주의 시초와 마지막은 "先后天周回度數"에 언급된 "盤古五化元年壬寅, 至大淸光緖十年甲申, 十一萬八千六百四十三年"이라는 내용이 있다. 이는 '아기 우주'로 태어난 시초로부터 성숙되는 시기까지를 도수로 추론한 것이다.

29) 『周易』 49번 괘인 澤火革卦는 우주변화(선후천 변화)를 언급하고 있다. 兌는 '澤'을, 離는 '火'를 가리킨다. 혁괘는 4·9金 자리에 남방의 '離'가, 2·7火 자리에 서방의 '兌'가 서로 바뀌어

의 핵심은 우주변화, 즉 선후천 변화로 귀결된다고 하겠다.

『정역』의 대상은 보편 생명이다. 『주역』은 "낳고 낳아 생명을 잇는 것이 역이다"[30]라고 하여 생명의 무한성과 영속성을 강조했다. 『정역』도 일차적으로는 『주역』을 충실히 계승한다. 그러나 김일부는 우주 생명의 순환에는 절차와 마디가 있으며, 그것도 일정한 시간대(Time zone)에 혁명이 일어난다고 하여 순환을 특별히 강조하는 『주역』과 차별화시켰던 것이다.

역의 본래적 의의는 '변혁(변화)'으로 집약된다는 것이 김일부의 입장이다. 그래서 역의 근본 명제를 획기적으로 바꾼다. "역이란 책력冊曆이니 책력이 없으면 성인聖人이 없고 성인이 없으면 역도 없다."[31] 이것이 바로 『정역』의 3대 명제다. 그는 역학의 새로운 지평을 열어제쳐 전통의 주제였던 변화의 문제를 시간성(책력)의 문제로 환원시켰다. 책력은 보통 자연계의 주기적 변화를 단순 체계화하여 인간의 삶에 도움을 주는 천문학적 의미의 캘린더(Calender)를 가리킨다.

그래서 인류는 년, 월, 일, 시, 분, 초 등의 개념을 바탕으로 계절의 변화를 정확하게 계산하는 역법을 발달시켜 왔음을 부인할 수 없다. 하지만 김일부는 달력 구성의 메커니즘에 대해서 본질적인 의문을 던지고 『정역』의 책력은 단지 삶의 유용한 수단이 아니라, 캘린더 구성의 근거를 뜻하는 '역수曆數 원리'라고 규정한다.

김일부는 우주사의 생성은 역수 변화에 의거한 것임을 전제한다. "역

있는 낙서의 이치를 상징한다. 따라서 혁괘는 금화교역을 간접적으로 암시하고 있다고 할 수 있다. 「卦辭」는 "천지가 바뀌어 4시가 이루어진다[天地革而四時成- 여기서 4시는 '시간'을, '成'은 완수 또는 완성을 뜻한다]"고 했으며, 「상전」은 "못 속에 불이 있는 것이 '혁'이니, 군자는 이를 본받아 책력을 다스리고 '때'를 밝힌다[澤中有火, 革, 君子以, 治曆明時]"라고 하여 천도 운행의 질서에 투영된 책력의 본질적 의미를 헤아려 선후천이 전환되는 이치를 밝히는 것이 군자에게 부여된 의무라고 강조했던 것이다.

30) 『周易』「繫辭傳」上 5장, "生生之謂易."

31) 『正易』「大易序」, "易者曆也, 無曆無聖, 無聖無易."

수 원리는 우주 역사를 섭리하는 가장 근원적이요, 포괄적인 전체 역수를 밝히고 있는데, 우주의 생성은 바로 역수 원리 안에서 또는 그것에 근원하여 전개되는 것이다."[32] 그는 구체적으로 원력原曆 → 윤력閏曆 → 윤력閏曆 → 정력正曆의 단계로 우주는 탄생하고[生] 성장하여[長] 완수된다[成]고 주장했다. 우주 운행의 시간의 메카니즘은 네 단계의 절차를 밟으면서 드라마를 연출하는 것이다. 4력은 원력과 2단계의 윤력, 그리고 최후의 정력으로 구성된다. 윤력을 하나의 단계로 간주한다면 우주는 3단계의 과정을 거치면서 완성된다고도 할 수 있다. "4력 생성사에 있어 윤력이 생하는 태초적太初的 근원력根源曆이라는 입장에서 말할 때에는 원력原曆이요, 윤력이 변화하여 최종적으로 완성된 역이라는 입장에서 말할 때에는 정력正曆인 것이다. 그러므로 정력에 있어 그 본체도수까지를 포함해서 말할 때에는 원력이 되는 것이요, 반대로 원력에서 그 운행 도수만을 말한다면 정력이 되는 것이다."[33]

김일부는 우주사의 한 싸이클을 4개의 시간대로 구분하여 시간의 내부 구조를 밝히고, 후천에는 1년 360일의 도수가 정립됨을 논증하였다. "요堯임금이 밝힌 1년 책력수는 366일이며, 순舜임금이 밝힌 1년 책력수는 365$\frac{1}{4}$일이며, 일부一夫가 밝혀낸 1년 책력수는 375도이니 15를 존공尊空하면 공자孔子가 밝힌 1년 책력수인 360일이다."[34] 그렇다면 원력과 윤력, 정력은 어떤 관계성을 갖는가. 그리고 원력과 정력을 구분하는 15도의 존재론적 위상과 원력의 성립 근거는 과연 무엇인가. 여기에는 몇 가지 해석 방법이 있으나,[35] (하도의 중심수 10 + 낙서의 중심수 5) + 정력도

32) 유남상, 「주체적 민족사관의 정립을 위한 한국역학적 연구」『인문과학논문집』(충남대, 1974), 131쪽.
33) 유남상, 「정역의 도서상수원리에 관한 연구」『인문과학논문집』제8권 (충남대, 1981), 194쪽.
34) 『正易』「十五一言」"金火五頌"
35) 金貞鉉은 원력도수 375도 구성을 이렇게 풀이하였다. 즉, {(목화토금수 5행) 5 × (하도의 중심수 10 + 낙서의 중심수 5) 15} × 5(5행 자체의 成道 과정을 뜻함) = 375. 여기서 15를 존

수 360 = 375라는 풀이가 정석이다. “375도 원력은 과거적인 본래의 근원역이며, 360도인 정력은 미래에 성취될 완성역을 가리킨다. 전체 역수인 원력도수 안에는 4력 생성사를 통한 역수 변화에 의해 존공 귀체될 윤도수 15와 정력도수 360도가 포함되어 있다. 이 윤도수가 귀공되면서 본체도수가 되는 것이 바로 ‘15 존공尊空’으로서 4력 변화원리의 핵심이 되는 것이다.”[36]

그런데 원력과 윤력, 정력의 사실적 생성 관계는 무엇일까. 앞에서 언급했듯이 4력의 생성 변화는 원력 → 윤력 → 윤력 →정력의 절차를 밟아 진행되지만, 원력 375도에는 그 본체도수인 15도가 이미 포함되어 있기 때문에 실제 운행하는 도수는 정력 360도수이므로 원력이 정력이고 정력이 원력인 것이다. 따라서 원력이 바로 정력正曆인 까닭에 정력은 과거와 현재, 그리고 미래를 일관하는 항구적인 시간의 본성을 뜻한다. 즉 정력은 ‘과거’에도 존재했고, ‘여기 현재’에도 존재하며, 앞으로 먼 ‘미래’에도 실재하는 시간의 선험 원리인 것이다. 왜냐하면 정력 360도

공한다는 말은 10과 5는 天地性命의 本源이기 때문에 자리를 비워 작용수로 사용하지 않는다(『正易註義』“金火五頌”의 주석 참조). 원력도수 375를 산출하는 근거는 세 가지로 요약할 수 있다. ① 황극을 지칭하는 戊자리 5와 무극을 지칭하는 己자리 10의 합수인 15를 정역도수 360에 더하는 방법이 있다. ② 『주역』「계사전」 上 9장에 나오는 건책수 216과 곤책수 144를 합한 360에 근거하는 방법이 있는데, 이는 김일부가 직접 언급한 점에서 타당한 이론이다. 건책수 216과 곤책수 144에서 양효는 9, 음효는 6이다. 이들은 각각 4방의 공간으로 확대된다. 예를 들어 건괘는 순수 양효로 이루어지므로 9 × 4 = 36, 곤괘는 순수 음효이므로 6 × 4 = 24가 된다. 또한 건곤괘는 6개의 효로 이루어지므로 건책수는 36 × 6 = 216이며, 곤책수는 24 × 6 = 144가 된다. 김일부가 그 합인 360을 ‘孔子의 朞數’라고 규정했는데, 여기에 음양효 작용수인 9와 6의 합을 더하면 총 375가 되는 것이다. ③ 『정역』의 고유한 시간의 변화에 대한 열쇠가 되는 ‘四象分體度’와 ‘一元維衍數’에 근거한 산출 방법이 있다. ‘사상분체도’란 무극수 61 + 황극수 32 + 일극수 36 + 월극수 30 = 159로 이루어진다. 여기서 ‘戊己’ 15수를 존공시켜 빼면 곤책수 144가 된다, ‘일원추연수’란 (9 × 9) + (9 × 8) + (9 × 7) = 216의 수리 법칙에 의거하여 산출된다. 즉 사상분체도 159와 일원추연수 216을 더하면 원력도수 375가 된다. 위에 열거한 세 가지 모두 나름대로의 의미가 있으나, 『정역』은 시간의 혁명을 해명하는데 집중한 까닭에 마지막 산출 방법이야말로 가장 충실한 풀이일 것이다.

36) 유남상, 앞의 논문 195쪽.

는 원력과 (음양의) 윤력을 통틀어 우주에 편재하여 시간의 흐름을 주도하는 중심적 준거이기 때문이다. 한마디로 정력도수 360도는 선후천을 통틀어 시간 질서의 표준이라는 뜻이다.

그러면 원력에서 윤력으로의 전환은 어떤 원리에 의해 작동되는가. 그것은 시간의 모체인 하도낙서의 중심체 15도가 시간 흐름의 물결을 타고 현상적으로 윤력의 모습을 띠고 나타난다. 여기에는 두 가지 풀이가 있다. 하나는 전통 주역학의 괘상卦象 중심의 풀이[37]와, 다른 하나는 하도낙서의 시간관에 근거한 풀이가 있다.[38] 후자에 의하면, 시간의 고향인 무극과 선천의 시간 흐름을 조절하고 뒤집는 황극이 자연의 율동으로 자신을 드러낼 때, 10무극은 건괘로 대표되는 9로, 5황극은 곤괘로 대표되는 6으로 그 기능을 발휘한다. 이런 뜻에서 『주역』은 양효를 9로, 음효를 6으로 불렀던 것이다.

이때 시간의 모체인 10과 5를 핵심축으로 형성된 하도수 55와 낙서수 45는 대연지수 50을 중심으로 각각 플러스(plus) 방향과 마이너스(minus) 방향으로 진행함으로써 시간의 변화는 우주의 '자기 변신' 사태로 나타나는 것이다. 즉 10과 5는 즉자적으로 자기를 현시하는 것이 아니라 10은 5의 방향으로, 5는 10의 방향으로 전환하면서 자신의 정체성을 드러낸다고 하겠다.

정력正曆이 윤력閏曆으로 변화하면서, 정력의 본체도수였던 원력原曆 내

37) 하도낙서에는 10무극, 5황극, 1태극의 3극론이 핵심축이 된 반면에, 괘상의 논리는 태극만이 최고의 원리로 제시된 점을 보더라도 하도낙서 원리가 전제되어 괘상의 논리가 성립되었다고 하겠다. 괘상은 體十用九(體十은 하도의 10무극), 體五用六(體五는 낙서의 5황극)의 원리에 근거하므로 양효는 9로, 음효는 6으로 표기되었던 것이다. 따라서 『주역』의 '用九用六'은 『정역』의 3극론에 포섭됨을 알 수 있다.

38) 하도낙서 도상에 투영된 시간관은 선후천 변화를 이해하는 결정적 열쇠이다. 이를테면 天地之數 55(주자는 이를 河圖數라 규정한 바 있다)와, 낙서수 45의 합은 100이다. 100은 음양적 구조에 근거하므로 이를 둘로 나누면 大衍之數 50이 된다. 이들 삼각 구도의 연관성, 우주의 영혼의 소리이자 가락인 율려도수를 비롯하여 四曆 문제 등에 대한 종합적 해명을 통하여만 『정역』 시간론의 핵심이 포착될 수 있기 때문에 이에 대한 전문적 논의가 필요하다.

의 15도度는 건괘의 '용구用九' 법칙과 곤괘의 '용육用六' 법칙에 의하여 음양으로 분리되어 윤도수 15로 나타난다. 그것은 생성의 극한 분열의 상태를 상징하는 9와, 분열을 성숙과 완성으로 수렴시키는 6의 운동이 360일 정력에 시간의 꼬리표가 붙는 '윤력'의 형태로 드러나도록 하기 때문이다. 이것이 바로 시간의 모체인 10과 5가 현실적인 시간으로 변환되는 사건인 것이다. 즉 10과 5는 즉자적으로 자기를 드러내지 않고, 9와 6의 양태로 스스로의 역할을 대행하도록 한다.

그것은 강약(9와 6)의 박자로 춤을 추어 생명의 약동을 보여주는 우주의 몸짓인 것이다. 생명의 춤은 처음, 중간, 끝이라는 시간의 리듬으로 자신을 드러내는 이치와 흡사하다. 처음의 원력, 중간의 윤력, 마침의 정력의 단계가 그것이다. 그 중간 단계의 역동적 표현체가 오늘날 우리가 사용하는 태양력(365$\frac{1}{4}$일)과 태음력(약 354일)인 것이다(이것이 선천 캘린더 구성이다. 반대로 말하면 분열과 수렴의 극한을 상징하는 9와 6이 원래의 자리인 10과 5로 환원되는 역전- 체용의 전환 -에 의해 360일의 정력正曆이 된다).[39]

이와 같이 원력은 두 단계의 윤력으로 분리되는데, 이때 정력 360도는 윤력으로 하여금 원력의 근본 틀에서 벗어나지 않도록 '자기 항상성'을 유지하게끔 하는 중심체 역할을 한다. 다시 말해서 원력 375도에서

39) 이를 『주역』에서는 '用九用六'이라 한다. 天道를 상징하는 건괘와, 地道를 상징하는 곤괘의 다음 구절은 이를 증명한다. "하늘의 만물 생성의 의지는 9를 사용하는 것에서 하늘의 이법을 알 수 있다[乾元用九, 乃見天則]." "6을 사용해야만 오래도록 바르게 되어 이롭다. 상전에 이르기를 '6을 사용해야만 오래도록 바르게 된다'는 것은 무한한 큼으로써 마친다.[用六利永貞. 象曰 用六利永貞, 以大終也]." 건괘가 시간 질서를 가리킨다면, 곤괘는 공간 질서를 가리킨다. 그래서 「계사전」에서는 건[天]은 '大'로, 곤[地]은 '廣'으로 표상하여 乾天 : 坤地, 시간 : 공간 이미지를 대비적으로 묘사하였다. 따라서 '用九'를 강조한 건괘에서는 '건도가 변화한다[乾道變化]'고 했으며, 곤괘에서는 '크게 마친다[大終]'라고 규정함으로써 선천이 후천으로 크게 변화하고, 변화의 내용은 '영원히 크게 성숙되어 완성됨'에 있음을 언급한 것이다. 여기서 '마친다[終]'는 말은 종말이나 종결을 뜻하는 것이 아니라, '성숙, 완성, 달성, 완수, 성취' 등의 다양한 뜻이 있다. 『주역』의 사유에서는 종말론이 성립될 수 없으므로 이를 기독교의 종말론과 혼동해서는 안 된다.

15도는 본체이고 정력 360도가 작용하던 구조가, 윤력에서는 정력 360도가 중심체가 되어 윤력의 도수가 작용함으로써 본체와 작용의 관계가 완전히 역전逆轉(Reverse)되는 현상이 나타나는 것이다. 12시간은 하루, 30일은 한 달을 구성되는데, 날수의 변화는 달수의 변화를 가져오므로 일월의 변화는 1년을 구성하는 시간 질서의 혁명을 초래한다는 것이다.

이러한 시간의 변화는 일월의 올바른 궤도 수정을 통해 나타나기 때문에 일종의 '일월개벽日月開闢'[40]이라 할 수 있다. 그것은 곧 일월의 운행 질서 자체에 근본적 변화가 온다는 뜻이다. 일월의 운행이 자기 수정을 통해 올바르게 자리 잡는다는 것은 과거의 캘린더가 전혀 쓸모없어져 새로운 캘린더로 교체됨을 전제한다.

즉 '윤력'이라는 시간의 흐름은 미완성이므로 낡은 일월은 물러나고 후천의 새로운 일월이 솟는 물리적 변화로 나타난다.[41] 일월의 변화는 후천의 책력을 가져온다. 선천의 윤역은 물러나고 후천 정역의 세계가 오는 것이다. 구체적으로 한 달은 30일, 1년은 360일이 되며, 23.5도로 기울어진 지축이 바로서고, 황도와 적도가 일치함으로써 지축은 북극성을 향하는 변화가 일어나 극한과 극서가 소멸된다는 것이다.[42]

---

40) '日月開闢'은 김일부의 제자들이 즐겨 사용한 용어다. 예컨대 河相易의 이름으로 발간된 『正易圖書』와 하상역의 문인이었던 康明의 『正易明義』 등은 모든 날짜 계산을 '太淸太和 五化元始 戊己日月開闢'을 기준으로 삼았음을 볼 때, 일월개벽이 바로 천지개벽이며, 천지개벽은 당시 정역계의 중요한 화두였음이 입증된다. 李象龍은 『正易原義』에서 특별히 「天地開闢說」이란 글을 실어 『정역』의 핵심은 천지개벽에 있음을 시사하였다. 그는 "(소강절의) '天政開子, 地政闢丑'의 현상은 손가락을 굽히고 펴는 이치에 담겨 있다고 말했다. 天五戊土는 子會에 열기기 때문에 '戊子宮'은 하늘의 정사[天政]가 열리는 선천이다. 地十己土는 丑會에 열리기 때문에 '己丑宮'은 땅의 정사[地政]가 열리는 후천이라 한다. 땅과 하늘이 거꾸로 되어 뒤집어지고, 물이 마르고 불기운이 치열해지는 이치에 이르러서는 소강절과 주자의 설명이 지극한 바 있다.[至若倒地飜天, 永渴永熾之原, 朱邵言之奧矣.]"고 결론지었다.

41) 『正易』「十五一言」"正易詩", "하늘과 땅의 수는 해와 달을 수놓으니, 해와 달이 올바르지 않으면 역은 역이 아니로다. 역은 정역이라야만 역이 역될 수 있으니, 원역이 어찌 항상 윤역만 쓰겠는가.[天地之數數日月, 日月不正易匪易, 易爲正易易爲易, 原易何常用閏易.]"

42) 『正易』의 편집은 「十五一言」, 「十一一言」, 하도낙서의 도상, 복희팔괘도·문왕팔괘도·정역

여기에서 우리는 『정역』이 강조하는 선후천 변화가 과연 물리적 변동에 따른 인간의 자세를 촉구하려는 사상인지, 인간 존엄성의 확립을 위해 그 근거를 재구성한 이론인가를 판단할 시점에 이르렀다. 달리 말해서 시간 질서의 변화가 공간 질서의 변화를 가져옴으로써 지구를 비롯한 태양계, 멀게는 우주의 중심축이 바뀌는 대변동을 말하는 것인지를 진솔하게 논의할 필요가 있다는 뜻이다. 그래야만 현대 물리학의 업적과 발맞추어 대응할 수 있으며, 더 나아가 『정역』의 합리성과 그 진면모를 드러낼 수 있는 발판을 마련할 수 있기 때문이다.

6. 존재론과 생성론의 통합을 기획하다 - 3극론의 정립

김일부는 새로운 형이상학을 수립하기 위해 도가의 무극无極과 유가의 『서경書經』「주서周書」"홍범洪範"에 나오는 황극皇極과 『주역』의 태극을 융합하는 새로운 존재론으로 선후천 변화의 입론 근거로 삼았다. 그리고 수지도수의 방법으로 무극과 황극과 태극을 '하나'로 통합한 역동적인 생성 존재론[43]을 수립하였다. 필자는 생성 존재론이 미래를 이끌어갈 대안이라는 것을 제안한다.

김일부는 밤낮을 잊은 채 손가락을 구부리고 펴는 셈법으로 선후천 변화의 필연성을 입증할 수 있는 체계를 구상했다. 이런 의미에서 수지도수가 배제된 『정역』 해석은 정통이 아니다. 아무리 뛰어난 미사여구를

팔괘도, 시간 규정의 새로운 도수인 '十干原度數'에 이어 마지막을 '十二月二十四節氣候度數'로 장식하여 시공간의 질적 변화로 매듭짓는다.

43) 여기서 말하는 '생성 존재론'은 파르메니데스의 존재론과 헤라클레이토스의 생성론이 평행선을 유지하면서 발전해 온 서양철학사에서 힌트를 얻어 사용한 용어다. 평행선은 기찻길처럼 항상 가까이 존재하지만 영원히 만날 수 없는 운명을 지녔다는 뜻이다. 하지만 김일부는 무극과 태극과 황극의 존재론과, 금목수화토로 움직이는 오행의 생성론을 수지도수로 통합하였다.

동원하여 『정역』의 깊은 세계를 설명한다고 할지라도 관념 철학에 불과하다는 뜻이다. 열 개의 손가락으로 셈하는 수지도수의 방법은 단순하기 짝이 없다.

만약 간단한 수지도수로 선후천 교체의 설명이 불가능하다면 고도의 수리론도 의미가 없기 때문에 수지도수는 『정역』 이해의 노른자에 해당된다고 하겠다. 김일부는 수지도수에 대한 확신을 바탕으로 무극과 태극과 황극의 존재론과 오행의 생성론을 통합시켰고, 심지어 정역팔괘도까지 수지도수 방법으로 통일시키는데 성공했던 것이다.

수지도수는 시종일관 하도낙서의 수리가 밑받침되어 있다. 1부터 시작해서 2, 3, 4, 5를 차례로 모두 굽히면 닫힌 선천을 상징하고, 굽혔던 새끼손가락을 펴면서 6, 7, 8, 9, 10으로 헤아리면 10무극의 열린 후천을 상징한다. 이때 처음으로 굽히기 시작한 엄지손가락이 1태극이라면, 새끼손가락을 굽힌 5는 황극이고, 5황극을 펴기 시작하면서 엄지손가락까지 모두 펴진 상태가 10무극이다. 1태극에서 출발한 낙서는 10무극을 지향하는 세계상이라고 말할 수 있다.

1이 만물의 시초 또는 생명 창조의 본체를 뜻하는 태극이라면, 5는 생성 운동의 중심체를 상징한다. 왜냐하면 황극은 생수生數(Creating number) 1·2·3·4·5를 성수成數(Becoming number)로 전환시키는 핵심이기 때문이다.[44] 생수와 성수는 황극이 없으면 아무런 역할도 못한다는 뜻이다. 만약 태극에 황극의 역할이 없으면 무극이 될 수 없고, 무극 없는 태극은 운동장 없는 선수처럼 애당초 생명 창조가 불가능할 것이다.

이것을 숫자 중심으로 설명하면 평면의 횡도橫圖가 성립하며, 무극과 황극을 하늘과 땅의 관계로 보면 입체성을 띤 종도縱圖로 그릴 수 있다.

---

44) 1+5=6, 2+5=7, 3+5=8, 4+5=9, 5+5=10을 이룬다. 5가 없으면 생수는 성수가 될 수 없다. 황극이 없으면 1태극이 10무극으로 전환될 수 없으며, 심지어 선후천의 교체도 불가능하다는 뜻이다.

『정역』에는 무극체위도수, 황극체위도수, 일극체위도수, 월극체위도수가 있으나 태극체위도수는 없다. 그것은 시간과 생명의 원천인 무극과 황극이 살아 숨쉬도록 하는 불꽃은 1태극이라는 숫자로 규정할 수밖에 없기 때문이다.

하도[順]	낙서[逆]	體位度數	낙서[逆]	하도[順]
10↓	1↓	(无極) 己巳 戊辰 己亥 戊戌	10↑	1↑
9↓	2↓		9↑	2↑
8↓	3↓		8↑	3↑
7↓	4↓		7↑	4↑
6↓	5↓	(皇極) 戊戌 己亥 戊辰 己巳	6↑	5↑

无極과 皇極의 위상과 順逆 논리

그런데 무술戊戌로 시작하는 5토의 선천은 천간 지지가 모두 음陰인 10토의 무극 세상을 지향한다. 기사己巳는 선후천을 아우르는 하도의 고향이다. 하도는 도생역성倒生逆成(순順)의 질서에 따라 '기사己巳→무진戊辰→기해己亥→무술戊戌'의 61도를 돌고, 낙서는 역생도성逆生倒成(역逆)의 질서에 따라 '무술戊戌→기해己亥→무진戊辰→기사己巳'의 32도를 돈다. 10토로 시작하는 후천 하도는 기사己巳에서 시작해서 기사己巳까지 한 바퀴를 돌고, 5토로 시작하는 선천 낙서는 무술戊戌에서 시작해서 기사己巳까지 반 바퀴를 돈다. 5토는 10토의 반밖에 역할을 못한다는 결론이다.

황극체위도수는 무극체위도수와는 연월일시가 반대로 이루어져 있다. 이 둘은 서로의 존재 근거요 영원한 파트너라는 사실을 알려준다. 하늘과 땅, 낮과 밤, 남성과 여성, 보수와 진보, 남과 북 등은 겉으로 보면 대립 관계이지만 실제로는 공존 관계로 존재하며 생성한다는 뜻이다.

무극이 하늘이라면, 황극은 땅이다. 무극이 하도의 길을 걷는다면, 황극은 낙서의 길을 걷는다. 무극과 황극, 하늘과 땅, 태양과 태음, 하도와 낙서는 서로 만나기 위해 존재하기 때문이다. 다만 만나는 방식이 서로 어긋나는 순행과 역행으로 움직일 따름이다.

왜 무극과 황극은 서로 엇갈리는 방식으로 움직이는가? 만물의 공식은 각각 미분微分과 적분積分 법칙이 적용된 하도와 낙서의 패턴으로 드러나기 때문이다. 미적분 방정식의 뿌리는 어디에 있는가? 그것은 태양과 태음의 존재 방식에 근거한다. 태양과 태음은 서로의 존재 근거이며, 선후천 교체 방식의 뿌리라는 것이다.

만세력萬歲曆에 등록된 인간의 사주는 하늘땅의 조직 질서에 좌우되지만, 무극체위도수와 황극체위도수는 시공의 원천인 '부동의 기둥'이므로 변하지 않는다. 체위도수는 연월일시의 구조를 갖는다. 그것은 거시와 미시의 자연을 꿰뚫는 시간의 파수꾼이자 만물을 실제로 지배하는 시간의 축(Axis)인 것이다.

김일부는 왜 시종일관 시간의 문제에 온 몸을 던져 사유했을까? 시간은 모든 곳에 스며들어 존재하는 만물의 영혼이기 때문이다. 이 세상은 시간의 건축 행위로 인해 유지된다는 뜻이다. 인간은 과거로 되돌아가 상황을 바꿀 수도 없고, 미래를 결정할 수도 없다. 오직 시간만이 만물의 운명을 결정할 수 있기 때문이다. 천체의 북쪽에는 천황대제天皇大帝, 즉 북극성이 자리 잡아 모든 별들을 거느린다. 북두칠성이 북극성을 중심으로 삼아 28수 주위를 도는 것처럼, 『정역』은 4대 체위體位[无極, 皇極, 月極, 日極]가 모든 변화를 이끌어가는 시간의 몸체라고 규정한다.

	체위도수	진행 순서	걸음걸이
无極	己巳 戊辰 己亥 戊戌	度逆道順	61
皇極	戊戌 己亥 戊辰 己巳	度順道逆	32
月極	庚子 戊申 壬子 庚申 己巳		30
日極	丙午 甲寅 戊午 丙寅 壬寅 辛亥		36

물리학에서는 시간을 만물로 하여금 한꺼번에 태어나지 않게 하고, 함부로 뒤섞이지 않도록 질서를 부여하는 원리이자 힘으로 본다. 하지만 『정역』은 시간을 '있음(Reality, Being)'에서 무엇으로 '됨(Becoming)'의 과정으로 규정하여 선후천 전환의 근거를 확보하고 있다. 그런데 시간의 모체인 기사궁己巳宮은 10토의 기己와 영구토록 꺼지지 않는 생명의 불꽃[巳]으로 결합되어 있다. 무극체위도수와 황극체위도수가 서로 짝을 이루면서 일정한 시간대에 체용이 교체하는 모습은 '있음'이란 의미보다는 '됨의 과정'이라는 뜻이 더 강하게 부각된다.

체위도수가 애당초 시공의 질서로 내재화되었다는 점에서 보면, 『정역』은 결정론적 시간관과 우주관의 전형이다. 그리고 황극(땅)이 무극(하늘)으로 전환되어 후천이 온다는 관점에서 보면, 분명코 목적론적 시간관과 우주관이라고 할 수 있다. 한편 인간의 사주가 바뀔 수 없는 것처럼, 황극체위도수 자체는 변화가 불가능하다.

하지만 황극체위도수가 선후천 전환에 의해 무극체위도수와 일치될 수 있다는 점에서 보면, 『정역』은 이 세상에 영원한 것이 없다는 진리의 상대주의로 보일 수도 있다. 그러나 선천의 5토 황극이 후천의 10토 무극의 위상으로 변경될 수 있다는 자체가 곧 천지의 정신이라는 것은 『정역』이 절대주의 진리관을 고수한 증거라고 할 수 있다.

『정역』은 무극체위도수와 황극체위도수 안에서 태양과 태음이 '됨의 과정'을 통해 완성된다는 것을 일극체위도수와 월극체위도수로 해명하고 있다. 겉으로 보면 태양의 36과 태음 30의 길이가 다르지만, 태양 속에 이미 7도수가 함축되어 있는 까닭에 마침내 30으로 통일된다는 뜻이다.

이처럼 『정역』의 사유에 결정론과 목적론이 내재되어 있다는 것은 종교와의 접목 가능성 또는 애당초 『정역』은 종교철학으로 출발했다고도 할 수 있다. 그러나 지금까지의 연구들은 줄곧 철학적 관점에서만 접근했으나, 이제는 종교적 관점으로 접근하는 개방적인 태도가 절실한 것으로 보인다.

앞에서 말한 바와 같이, 1·2·3·4·5·6·7·8·9·10으로 진행하는 수의 순서는 갑·을·병·정·무·기·경·신·임·계로 순환하는 천간의 질서와 대응한다. 굽힌 엄지손가락이 1태극[甲]이라면 굽힌 새끼손가락은 5황극[戊]이고, 다시 새끼손가락을 펴기 시작해서 엄지손가락을 편 상태가 10무극이다. 이는 시간 흐름의 입장에서 과거에서 현재를 거쳐 미래를 향해 만물이 성숙하는 이치를 설명한 선천 낙서의 논리를 가리킨다. 낙서와는 반대로 하도는 이미 열린 엄지손가락을 굽히는 것이 10무극이고, 다시 새끼손가락에 닿아 굽히면 6황극이 되어 1태극을 향해 진행한다는 미래의 세계상을 뜻한다.[45]

이때 새끼손가락을 굽혔던 5황극[戊]을 펴면 곧 숫자로는 6인 동시에 음인 기己가 되는 것은 당연한 논리적 귀결이다. 김일부는 새끼손가락을 굽히고 편 5와 6을 '포오함육包五含六'의 중中이라고 규정했다. 그것은 공자의 '중'에 대한 새로운 발견이다. 공자가 말한 '중'은 만물의 중심이면서 시공간의 핵심인 동시에 가치 판단의 표준이었다. 하지만 김일부가

45) 새끼손가락에 닿는 선천 낙서의 5황극과 하도 후천의 6황극은 서로 다른 별개의 존재가 아니라, 선천과 후천 황극의 두 얼굴이다. 우리는 황극의 두 측면에 얽매일 것이 아니라, 황극의 역할에 주목해야 할 것이다.

말하는 '중'은 공자의 시중時中을 넘어 선후천 변화에 조응하는 논리적 준거를 뜻한다.[46)]

말하자면 새끼손가락을 편 상태의 기己가 시공 질서의 재편성에 의해 엄지손가락으로 옮기는 이치가 곧 시중時中의 본질이라는 것이다.[47)] 그것은 새끼손가락을 굽힌 5황극에서 다시 새끼손가락을 편 상태의 6황극을 엄지손가락[拇指]으로 이동하면 10무극이 되는 까닭에 엄지손가락에서 무극과 태극과 황극[无極而太極而皇極]이 일치되는 것을 형용한다. 무극에 근원한 생명이 변곡점의 시간대에 이르러 생수를 성수로 바꾸는[用] 황극의 손길이 엄지손가락(무극)인 생명의 본원 자리[體]로 옮겨지는 체용의 전환을 통해 일어난다는 것이다.

김일부는 올바른 도덕을 정립하기 위한 가장 손쉬운 수지도수의 방법을 거듭 숙고하라는 화무상제의 부탁을 가슴 깊이 새겼다. 그는 수지도수의 추론을 통해 절대자와 자신은 부자 관계라는 사실을 깨달았을 뿐만 아니라 성리학에서 잃어버렸던 상제관을 부활하는 효과도 거두었다.

"수로 계산하는데 혹시나 정륜을 어긋남이 없도록 하라. 천리를 거꾸로 잃으면 부모님이 위태하시다. 불초가 감히 어찌 리수를 추연하

46) 채기병, 『소통의 잡설- 박상륭 꼼꼼히 읽기』(문학과 지성사, 2010), 28-31쪽 참조. "'과거-현재-미래'를 '횡적 시간'이라 한다면, 현재 속에 '극소의 시간'과 '극대의 시간'을 상정하여 '종적 시간'이라 한다. 현재 속에 있으면서 동시에 모든 시간을 감싸고 있는 그 우주적 시간을 시간의 幽界라 부른다. 극소의 시간이란 '時中'이라고도 불리는 시간으로 매 찰나의 전이 속에 끼이는 시간, 매 순간 미래를 현재화하고 현재를 과거화하는 시간, 즉 시간을 태어나게 하는 방이라 할 수 있다. 시중은 곧 '體의 시간'을 '用'으로 바꿔 '과거와 현재와 미래'라는 제 시간을 가능케 하는 시간이다. 時中은 시간의 탄생 관점에서는 '시간을 태어나게 하는 방' 즉 매 찰나의 시점이며, 시간 운행의 관점에서는 '시간이 뒤집히는 방'이다. 時中은 體이며 동시에 用이다. 時中은 시간이 흘러드는 방이기 때문에 하나의 '體'이며, 시간을 태어나게 하고 뒤집히게 하는 작용을 하기 때문에 또한 '用'이다."

47) 이런 의미에서 공자의 時中과 김일부의 時中을 차별화하여 인식해야 옳다.

리오마는 오로지 부모님의 마음이 편안하기를 바라옵니다."[48]

그만큼 정역사상에 차지하는 수지도수는 중차대하다고 말하지 않을 수 없다. 체용의 극적인 전환을 수지도수로 해명한 3극론이 역동적 존재론이라면, 선천이 어떤 과정을 거쳐 후천으로 전환되는지를 밝힌 구체화의 논리가 바로 금화교역설金火交易說이다. 그래서 「십오일언」"화옹친시감화사"의 첫머리는 선천 낙서가 후천 하도로 바뀌는 것이 곧 올바른 역[金火正易]이며, 그 결과 온갖 모순과 갈등으로 막히고 얽혔던 선천의 비색한 운세는 물러나고 새로운 환경의 후천이 온다[否往泰來]고 강조했던 것이다.

금화교역에 의해 새롭게 탄생하는 신천지는 6갑 형성의 메카니즘이 바뀌는 사태를 겪는다. 김일부는 시간성의 구조가 본질적으로 혁신되는 사건은 생명체의 운명과 직결되는 까닭에 조화옹께서 직접 6갑에 대한 수지도수의 방법까지도 감독했다고 고백했다.

심지어 무극과 황극이 품고 있는 시간의 구조[體]와 공간적 위상[位]을 뿌리로 삼아 하늘의 의지[度]가 땅에서 이루어지는 원리를 사주四柱 형식의 '무극체위도수无極體位度數'에 근거해 시간의 혁명과 체용의 전환을 얘기했다. 무극이 하늘이라면 황극은 땅이다. '황극체위도수皇極體位度數'는 무극의 정신을 본받아 생명을 일궈내는 땅의 시간적 본성을 뜻한다. 이때 무극체위도수와 황극체위도수는 서로 크로스 체킹하는 질서로 구성된다.[49]

---

48) 『正易』「十五一言」"化无上帝重言", "推衍无或違正倫, 倒喪天理父母危. 不肖敢焉推理數, 只願安泰父母心."

49) 이는 萬歲曆에도 나타나지 않는다. 만약 조화옹이 '시간의 선험 원리'를 김일부에게 알려주지 않았다면 아직도 전혀 이해할 수 없는 내용일지도 모른다.

무극체위도수	己巳, 戊辰, 己亥, 戊戌
황극체위도수	戊戌, 己亥, 戊辰, 己巳

무극체위도수와 황극체위도수는 시공의 모체로서 '율려'가 머무는 생명의 고향이다. 이는 생명의 숨겨진 젖줄이자 시공의 창고인 동시에 조화옹의 존엄성[至尊] 자체를 의미하는 종교의 극치를 표현한 것이다.[50]

이밖에도 김일부는 무극체위도수와 황극체위도수를 근거로 삼아 태양과 달이 제자리 잡는 과정을 밝힌 '월극체위도수月極體位度數'와 '일극체위도수日極體位度數'를 제시하였다. 무극체위도수와 황극체위도수가 유형무형의 생명권 전체를 포괄하는 우주 진화의 목적과 시간의 운명을 가리킨다면, 일극체위도수와 월극체위도수는 태양과 달의 힘이 지구에 영향을 미치는 태양의 걸음걸이, 특히 한 달이 30일로 되기 위해서는 반드시 지구의 공전과 자전이 규칙적으로 돌아가야 한다(정원궤도)는 필연성과 당위성을 밝히고 있다.

무극체위도수와 황극체위도수가 년年·월月·일日·시時로 구성되었다면, 일극체위도수와 월극체위도수는 포胞·태胎·양養·생生·성成의 과정을 거쳐 태양과 달의 궤도가 정상에 도달하는 원리를 설명하고 있다. '월극체위도수'란 천지 안에서 달이 정상궤도에 들어서는 과정은 30 마디를 거친다는 것이며, '일극체위도수'란 태양계의 중심체인 태양이 그 위성의 대표적 별인 달의 운행과 대비를 이루면서 36 마디의 과정을 거쳐 천지가 꿈꾸는 정상궤도로 들어선다는 것이다.

김일부는 태양과 달이 정원궤도로 돌아가도록 명령하는 감독자가 존재한다고 인식했다.[51] 그는 거룩한 불덩이 모습으로 살아계신 생명의 원천을 조화옹이라고 불렀다.[52] 특히 조화옹이 계시는 신성한 공간을 기사궁己巳宮으로 규정했다. 무戊가 양陽이라면, 기己는 음陰이므로 '기사

50) 천간지지와 사주의 형식으로 시간과 공간을 풀어간 『정역』을 명리학에 뿌리를 둔 것으로 왜곡할 위험성이 있다.

51) 양재학, 『正易註義 역주』(상생출판, 2015), 173-177쪽 참조.

52) 『正易』「十五一言」"日極體位度數", "化翁无位, 原天火, 生地十己土."

궁'은 생명을 수렴하는 권능으로 시공을 끊임없이 만들어내면서 생명활동을 부추기는 에너지의 근원 창고를 뜻한다. 결국 기사궁은 선천과 후천을 통괄한 생명의 원천으로서, 온갖 모순 갈등과 질곡으로 얼룩진 선천의 천지가 돌아갈 귀결처인 동시에 생명을 새롭게 태어나게 하는 자궁이라 할 수 있다.[53]

3극론의 입장에서 보면, 기사궁은 무극의 집이다. 김일부는 이 기사궁이 금목수화토의 오행 에너지를 뿜어내는 것으로 보았다. 그리고 이 세계는 선천 태극에서 후천 무극을 향해 진행한다는 이론을 창안하여 6갑의 조직 안에 3극이 머무는 시공의 집을 발견했던 것이다.[54]

김일부는 선후천 전환의 목적을 3극론으로 수렴하면서 천지가 변화하는 자체를 생명과 시간의 본질로 천명한다. 무극과 태극과 황극의 3

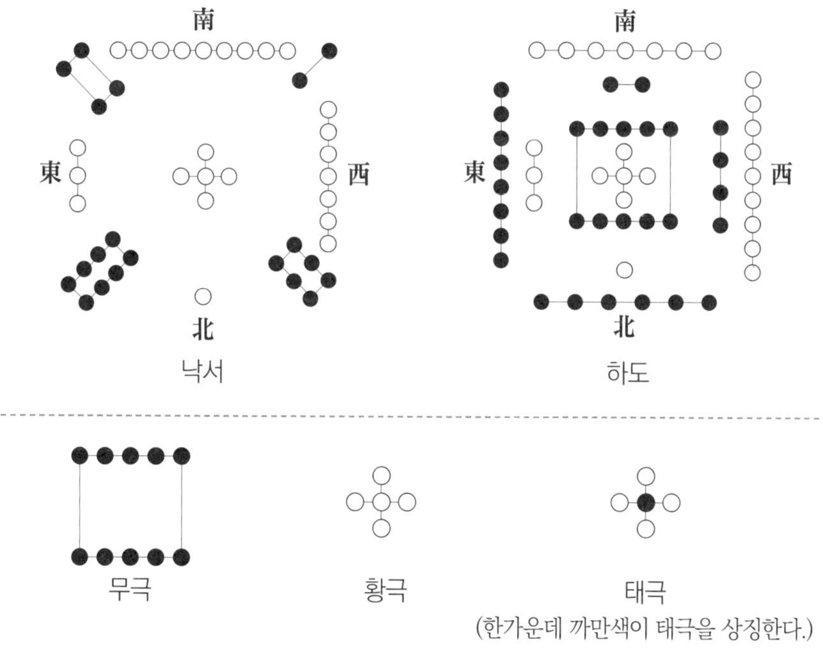

(한가운데 까만색이 태극을 상징한다.)

53) 『正易』「十五一言」"日極體位度數", "己巳宮, 先天而后天."
54) 엄지손가락을 굽힌 상태에서 출발한 1태극이 수많은 우여곡절을 겪으면서 10무극으로 완전히 펼쳐진 상태에 도달한 상황을 무극대도라 부른다.

극은 하도에 총체적으로 투영되어 있다. 과거 대부분의 학자들은 하도를 오행의 생성론에 초점을 맞추어 연구해왔다. 그동안 하도의 깊고 깊은 중심부에 자리잡은 3극의 존재론에 대해서는 아무도 관심을 갖지 않았고, 심도 깊은 논의조차 없었다.

김일부는 3극이 곧 오행의 존재 근거라는 것을 발표했다. 이와 함께 체용의 전환은 생성론[五行]의 차원이 아닌 존재론[三極] 차원에서 논의될 때, 비로소 선후천 변화에 대한 논리적 근거의 확보가 가능하다는 것을 밝혔다.

전통의 상수론은 하도의 외부 구성에만 관심을 가졌으나,[55] 김일부는 동서남북의 오행 내부에 또 다른 오행이 존재함을 깨닫고, 그 내부에 있는 3극을 존재론으로 승격시켜 생성론과 존재론을 통합하는 거대 담론을 구상하였다. 이를 바탕으로 역법의 근본적 변혁을 뜻하는 시공의 재편성은 금화교역의 과정을 거쳐 이루어진다는 선후천 변화의 당위성 및 정당성과 필연성을 종교학, 상수학, 형이상학의 차원으로 체계화했던 것이다.

하도는 천지가 완성을 지향하면서 진화한다는 필연성을 담지한 그림이다. 낙서는 하도와는 다르게 10수가 존재하지 않는다. 그러므로 낙서는 10수를 갈망할 수밖에 없는 것이다. 김일부는 하도와 낙서를 도생역성倒生逆成과 역생도성逆生倒成의 논리로 설명하였다.

(10)→9→8→7→(6)→5→4→3→2→(1)	하도	도생역성 : 통일 → 분열
(1)→2→3→4→(5)→6→7→8→9…(10)	낙서	역생도성 : 분열 → 통일

위 도표에 나타난 것처럼, 무극과 황극과 태극이 상호 교차 방식으로

55) 아름다운 대칭의 미학적 구조 이룬 하도에 비해 낙서는 대칭이 깨진 일그러진 가치를 표상한다.

움직인다는 프로그램은 현상계의 운동을 귀납적으로 추론하여 천도는 만물의 기원이며 도덕의 근원이라고 설명하는 전통적 사유와 결별을 선언한 코페르니쿠스적 전회가 아닐 수 없다. 3극론은 천도가 어떻게 움직이는가를 묻는 인식의 틀이 아니다. 3극은 비록 오행의 방식으로 운동하지만, 그것은 진리의 형식이자 내용을 의미한다. 선후천 변화를 일으키는 시공의 구성과 생성 운행이 원래부터 '하나'라는 사실이 곧 3극론에 투영되어 있다고 하겠다.

7. 한국의 근대성과 정역사상

존재론과 생성론의 통합에 대한 꿈은 동서양 모든 철학자들이 시도했던 과제라 해도 지나친 말이 아닐 것이다. 김일부는 3극의 존재론과 음양오행 생성론의 진정한 통합은 시공의 본질적 변화를 통해서만 가능하다고 판단했다. 그는 선천이 후천으로 전환되려면 낙서가 하도로 변화해야 한다는 금화교역설金火交易說을 수립하여 존재론과 생성론의 통일을 기획했던 것이다.

김일부는 자연의 근본적 변화[造化]가 이루어지는 과정과 목적 등의 다양한 논의를 정역팔괘도로 압축하였다. 정역팔괘도는 그의 나이 54세가 되던 1879년에 만들어졌다. 평생 『정역』 공부에 종사했던 이정호는 정역팔괘도가 갖는 인류사적 의미를 다섯 가지로 정리한 바 있다. ① 건곤乾坤의 정위正位로 말미암아 천하의 올바른 윤리가 세워진다. 이는 하도의 실현으로 말미암아 자연에 편재하는 선천의 궁액窮厄에 새로운 활기를 불어넣어 주는 생명소, 활력소 역할을 한다. ② 곤남건북坤南乾北의 정역팔괘도는 세계에 태운泰運을 조성하여 간艮으로 하여금 신천지 질서 수립의 기수가 되게 만든다. ③ 정역팔괘도는 인류에게 개과천선하도록[大人虎變, 君子豹變] 의식 혁명을 촉구한다. ④ 간방艮方의 겨레는 세계사적 사명을 완수해야 한다. ⑤ 간방의 겨레는 무상의 보물인 정역팔괘도를 이 땅에 내려준 우주의 섭리에 대하여 깊이 인식하는 동시에 감사하고 보답할 줄 알아야 한다.[56]

정역팔괘도의 출현은 중국 철학의 그늘에 갇혔던 한국 철학의 독창성과 보편성을 세계에 알리는 신호탄이다. 김일부가 정역팔괘도를 그은 배경에는 스승인 연담으로부터 화두를 받고서 끊임없는 철학적 사색과 공부의 정진과 함께 꿈결 같은 신비 체험이 있었다. 언제부터인지 몰라도 눈을 뜨나 감으나 앞이 환해지고, 정체를 알 수 없는 괘획卦劃이 눈앞에 나타나기 시작했다. 이때부터 온 천지가 괘획으로 가득 찰 지경이었으나, 그 뜻을 알지 못했다. 그 후 그는 54세 때, 『주역』「설괘전」 6장의 "신은 만물을 신묘하게 만드는 존재"[57]라는 글귀를 읽다가 문득 모든 것이 공자의 예시임을 깨닫고 어떤 학자도 이루지 못했던 정역팔괘도를 긋는 쾌거를 이루었던 것이다.

정역사상의 종지는 「대역서大易序」에 온전히 녹아 있다. 「대역서」는 위대한 역의 서문이라는 뜻 이외에도 자연의 근본 틀이 '크게 바뀐다[大易 = Great Change]'는 의미가 더욱 강하다. 전자가 정역사상이 씌여진 목적과 배경을 말한 것이라면, 후자는 선천의 우주가 자연의 창조적 변화[造化]를 거쳐 후천으로 접어든다는 것을 밝힌 『정역』의 위대성을 뜻한다. 또한 문왕文王 이후 2,800년 동안 천지가 기울어져[傾危] 자연과 문명의 비극을 쌓아 왔다는 것을 말하여 지축경사가 상극 세상의 원인임을 지적하였다. 그리고 지금은 선천을 마감하고 후천의 개벽문이 열리는 시간대라는 것을 제시하여 『정역』은 희망의 철학임을 밝히고 있다.

56) 이정호, 『정역연구』(국제대학출판부, 1983), 40-51쪽 참조.
57) "神也者, 妙萬物而爲言者也." 邵康節은 「설괘전」 3장을 복희팔괘도, 「설괘전」 5장을 문왕팔괘도로 규정했으나, 「설괘전」 6장의 내용은 언급하지 못했다. 朱子 또한 그 뜻이 무엇인지 알지 못한다고 학자다운 양심 고백을 했다.

그렇다면 정역팔괘도의 성격을 어떻게 규정지을 수 있는가? 김일부는 시대의 영향 아래서 유학의 본질을 새로운 시각으로 들여다보고, 기울어져가는 조선과 전 세계의 시운을 읽은 다음에 새로운 문명의 대안으로 정역팔괘도를 그어 선후천 개벽론을 수립했다고 할 수 있다.

19세기 말, 불꽃튀는 세계 패권 질서의 재편성이 조선에서 벌어졌다. 이 시기의 민중은 유교 전통의 예교禮敎 질서를 벗어나 새로운 정신적 지주를 갈망하고 있었다. 국가의 엄중한 억압에도 불구하고 서학西學의 신앙이 광범하게 확산되었으며, 『정감록鄭鑑錄』을 비롯한 도참설과 비결들이 횡행하는 등 정신적 동요가 뿌리에서부터 일어나고 있었다. 다른 한편으로는 대중적 기반 위에서 해체되어가는 구질서를 무너뜨리고 '새세상'이라는 사회 질서의 새로운 이상을 추구하는 민중 신앙이 대두하고 있었다. 이 민중 신앙적 사회 변혁의 이상을 추구하는 시대적 언어가 바로 '후천개벽後天開闢'이다.[58)]

김일부는 '후천개벽'이란 말을 직접 언급하지 않았다. 그러나 곳곳에서 '후천'과 '개벽'을 언급한 것을 보면, 『정역』은 넓은 의미의 후천개벽사상이라 불러도 과언이 아니다. 앞서 수운水雲 최제우崔濟愚(1824-1864)가 창도한 동학東學이 이미 '다시개벽'의 새로운 이상을 제시하면서 민중신앙의 형태로 발전하여 조선 사회에 막대한 영향을 끼쳤던 사실을 주목할 필요가 있다. 그러나 『정역』은 종교의 형태로 발전하기보다는 후천개벽사상의 논리적 근거를 제공하는 이론으로 자리매김하였다.

김일부는 선천이 후천으로 전환된다고 분명하게 말했을뿐 종교 행위를 긍정하는 언급을 일체 하지 않았다. 그의 목표는 미래의 유토피아가 어떤 과정을 거쳐 이룩되는가의 원리와 이념을 구축하는 것이었다. 더욱이 후천은 이 세상을 주재하는 조화옹에 의지에 의해 도래한다는

---

58) 금장태, 「一夫 金恒과 正易의 종교사상」『한국현대의 유교문화』(서울대학교출판부, 1999), 65-66쪽 참조.

것을 수학 언어로 풀이하여 그윽한 종교의 경계로 승화시켰다. 하지만 『정역』은 난해한 용어를 비롯하여 복잡한 장치가 서로 얽혀 있는 까닭에 웬만한 지식인조차도 알기 어려운 책이다.

심지어 『주역』에 정통한 학자들마저도 쉽게 접근할 수 있는 장치와 통로는 그다지 넓지 않다. 이것이 바로 『정역』이 갖는 대중화의 한계인 동시에 세계화의 걸림돌로 작용하고 있다. 이런 까닭에 민족 종교인들이 『정역』에서 후천개벽의 논리를 빌리려고 해도 알기 힘든 이론의 장벽에 부딪쳐 중도에 포기하는 경우가 허다했다.

따라서 신종교에서는 단지 『정역』 원문을 짧게 인용하거나, 후천은 1년 360의 결론에 대한 이미지를 그리는 수준에 그치고 있다. 현재 신종교 집단에서 정역사상을 인용하고 있는 내용을 보면 지축 정립과 함께 후천은 한 달이 30일이고, 1년 360일이라는 것만을 취할뿐 후천개벽사상이 갖는 현대적 의미와 『정역』이 한국의 근대성에 끼친 영향 대해서는 아예 관심조차 없는 실정이다.

근대는 대략 18세기 중반, 서유럽에서 사회 유형을 통칭하는 개념으로 출현했다. 근대 사회는 제국주의를 통해 근대의 이념이 서유럽 밖으로 확장되기 시작한다. 서유럽의 근대성은 인류 발전의 추동력이라 할 수 있는 인권, 인간 존엄, 자유, 평등, 우애, 관용 등 인류의 보편적 가치들을 창안해낸 위업을 쌓았다.[59]

서구가 근대 이후의 세계를 지배한 이유를 과학에서 찾는 것이 학계의 정설이다. 과학의 발전은 증기 기관보다는 시계의 발명이 도리어 현대 산업사회의 핵심이라는 주장도 있다. 정확한 시간을 알리는 시계로 인해 새로운 형태의 문화가 생겨나 근대적 사고와 합리적 사고를 잉태시켰다는 것이다. 근대의 특성으로 손꼽히는 합리주의는 시간과 공간의 균질화,

59) 하상복, 『푸코&하버마스- 광기의 시대, 소통의 이성』(김영사, 2014), 4-7쪽 참조.

인과의 법칙 등에 의해 확립되는 실증주의에 맥이 닿는다. 이들이 근대의 기술 문명을 선도했으며, 과학 혁명과 산업 혁명을 이끌었다.[60] 그럼에도 문명의 혼란은 역법에서 비롯되었다는 반론도 있다. 따라서 새로운 역법의 출현이 매우 시급하다는 지적은 귀담아 들을 만하다고 하겠다.[61]

서양의 시계가 문명을 바꾸는 기폭제였다면, 『정역』은 자연에서 흘러나오는 천연 시간의 옹달샘을 찾아냈다. 김일부는 시계 너머의 수수께끼와 비밀로 감추어진 시간의 문을 두드렸을 뿐만 아니라, 시간론의 연구 방향성을 제시한 점에서 한국 근대성의 지평을 활짝 연 사상가라 할 수 있다. 김일부는 시대에 뒤떨어져 낡은 사고에 얽매이거나 과거에 발목잡힌 선비들을 통쾌하게 비꼰 시를 읊었다. "무릇 많고 많은 도도한 선비들아, 나의 방랑음 한 곡조를 들어보시게나.[凡百滔滔儒雅士, 聽我一曲放浪吟.]"[62] 위 글은 전통에 무임승차하는 선비들에게 경고장을 날리는 선각자의 심정을 읊은 것이다.

과연 『정역』에서 한국의 근대성을 발견할 수 있는가? 근대성은 서양 역사의 특수성에서 비롯된 개념이므로 한국의 상황에 맞추어 『정역』에 내포된 근대적 가치를 찾는 것이 올바른 방법일 것이다. 조선의 근대는 서구 제국주의 열강의 강요로 인해 촉발된 것이 분명하다.

그런데 "한국은 근대의 기원과 진화 궤적이 모호하다. 성리학적 질서를 하늘의 이치로 여긴 채 국제질서의 변화에 대한 견문이 좁았던 지배층이 근대화를 맡기에는 힘겨운 과제였다. 갑오甲午 정권에서 대한제국

60) 고석규, 『역사 속의 시간, 시간 속의 역사』(느낌이 있는 책, 2021), 15-16쪽 참조.

61) 김상일, 『부도지 역법과 인류세』(동연, 2021), 70-71쪽, "그레고리력은 기독교 교리를 성급하게 적용다보니까 관습에 의한 달력으로 변질되었다. 태음력과 태양력은 달과 해라는 천문학적 기준이라도 있다. 양자를 인위적으로 결합시켜 놓은 것이 지금의 그레고리력이다. 이러한 그레고리 달력의 문제점을 파악한 실증주의 철학자인 동시에 사회학자인 콩트(1798-1857)는 1849년에 이른바 '실증주의 달력'을 만들었다. 1년 13개월 1월 28일(4주×7요×13달=364일), 다시 말해서 '13월 28일' 달력을 만들었다."

62) 『正易』「十五一言」"九九吟"

에 이르는 근대 이행기에 세 가지 변화가 발생했다. 첫째로 조정 담론장의 영향력 쇠퇴와 양반 공론장을 계승한 '지식인 공론장'의 형성, 둘째로 동학이 기여했던 종교적 평민 공론장이 '세속적 평민 공론장'으로 부활한 것, 셋째로 지식인 공론장과 평민 공론장의 상호 연대와 공명共鳴이 그것이다."[63]

사실 정치 사회학에서 말하는 근대의 자유와 평등과 이성 개념은 『정역』에서 찾을 수 없다. 이는 서구의 역사에서 비롯되었기 때문에 한국의 토양에서 근대성의 씨앗을 찾아야 옳다.[64] 특히 『정역』에는 종교와 철학과 과학이 하나로 소통할 수 있는 사유의 공간이 마련되어 있다.

전통 성리학에서 잃어버렸던 조화옹과 직접 대화를 나눈 경험을 통해 자연과 인간의 진정한 소통 가능성의 길을 열어 주었다. 그리고 조화옹의 생명 사랑에 대한 주체적 자각을 바탕으로 종교와 철학에 대한 통합적 진리의 발견을 통해 한국 근대성의 여명을 밝혔다고 할 수 있다. 왜냐하면 절대자에 대한 깨달음과 믿음만 있고 합리성이 결여되었다면, 객관적인 학술적 가치를 인정할 수 없기 때문이다. 김일부는 종교의 극치와 철학적 사유를 엄밀한 수학의 방법론으로 결합시키는 치밀함을 보여주었다.

이러한 업적은 불행하게도 제자들에 의해 폭넓게 계승되지 못했다. 그의 제자들은 각종 주석서를 발간하여 『정역』의 위대성을 드높였으나, 대중화의 길로 연결시키지는 못했다. 스승의 사후에 그 뜻을 받들려는 제자들의 입장은 크게 둘로 나뉘었다. 하나는 정역사상의 가치를 보존하고 심화시키는 일에 힘쏟았던 학자들과, 다른 하나는 일종의 심신수련법인 영가무도詠歌舞蹈로써 『정역』의 위상을 간접적으로 드러냈던 부류들이 있다.

이능화李能和(1869-1943)를 비롯한 종교 연구가들은 한말에 흥기했던

---

63) 송호근, 『시민의 탄생- 조선의 근대와 공론장의 지각 변동』(민음사, 2013), 14-15쪽 참조.
64) 동서양의 근대에 대한 성격이 다른 까닭에 동양과 한국의 특수성만을 강조해서도 안 된다. 양자의 공통성을 찾아내는 것이 근대의 설정에 도움이 될 것이다.

여러 종교 중에서 남학의 2세 교주로 김일부를 손꼽았다.

> "서학은 기독교요, 동학은 천도교요, 소위 남학은 영가무도교 혹은 대종교大宗敎라고도 한다. 대략 동학과 동시에 호서湖西- 충청도에서 시작하여 이운규李運圭가 제1세 교주가 되고, 김항이 제2세 교주가 되고, 권일청權一淸이 제3세 교주가 되었다. 그 다음으로는 신도 김정현金貞鉉, 하상역河相易, 염명廉明 등 몇 사람이 있었다. 이 교에는 오음정의五音正義 등의 책이 있으니, 자칭 유불선을 통합하여 그 종교의 취지를 만든 것이다."[65]

이강오李康五(1920-1996) 역시 김일부의 스승인 이운규가 곧 남학의 창시자라고 주장한다. 심지어 그는 『정역』과 오음주五音呪, 영가무도의 교리는 이운규에 의해 도출되어 남학으로 불렸다고 지적하였다. 이운규가 창도한 남학이 뒤에 10여개의 분파를 이루었지만, 크게는 그의 2대 제자인 김일부 계와 김치인金致仁(호는 광화光華) 계로 나뉜다. 이들은 모두 이운규가 제시한 『정역』의 이법과 오음주송五音呪誦을 중시여겼다. 특히 김일부는 『정역』의 교리를 유교의 측면에서 자신의 교단을 '무극대도' 또는 '대종교'라 명칭했으며, 김치인은 불교의 측면에서 자신의 교단을 '오방불교五方佛敎' 또는 동학에 맞서는 '남학'이라 불렀다[66]는 것이다.

이강오의 견해는 이능화의 주장과 다르다. 김일부가 세웠다는 무극대도(대종교)를 스승인 이운규가 세운 남학의 노선과 다르다는 이유로 남학 계열에서 제외한 것은 옳다. 그럼에도 이능화를 들먹이면서 정역사상과 영가무도교의 교리가 이운규에 의해 창안되었고, 김일부 스스로가 무극대도의 교주가 되었다고 규정한 점은 심각한 오류가 아닐 수 없다.

---

65) 李能和 輯述/李鍾殷 譯註, 『한국도교사』(보성문화사, 2000), 334쪽.
66) 이강오, 『한국신흥종교총람』(대흥기획, 1992), 146-147쪽 참조.

왜냐하면 김일부 자신은 무극대도의 교주가 되었다고 한 번도 말한 적이 없으며, 남학에 참여했다는 기록 또는 어떤 증언도 없기 때문이다.

필자는 전라북도 진안군 마이산 부근에 영가무도를 핵심으로 삼았던 무극대종교 교당의 제단 중앙에 모셔져 있는 김일부의 위패를 목격한 바 있다. 그렇다고 위패의 존재 여부가 곧 김일부가 무극대종교 사업에 깊숙이 참여했다는 증거일 수는 없다. 혹시 그 위패가 영가무도교의 권위 또는 『정역』의 학문적 위상을 부각시킨 효과를 인정할 수 있으나, 김일부가 종교 활동에 직접 참여했다고 볼 수 없기 때문이다. 특히 당시의 정부 문건 혹은 민간의 각종 문서에 김일부의 종교 활동에 대한 기록이 없을 뿐만 아니라, 진안 부근의 영가무도인들이 하상역河相易을 교주로 지극히 모신 점을 보더라도 김일부를 종교인으로 규정할 근거는 어디에도 없다.

이런저런 이유에서 김일부 사후에, 제자들은 학술파와 영가무도파로 분리되어 각자의 길을 걸었다. 학술파는 다시 영가무도를 인정하는가의 여부에 따라 둘로 나뉘기도 하였다. 영가무도파는 학술에는 그다지 관심 없이 오직 치병治病과 접신 위주의 주문呪文 수련법으로 치달아 점차 『정역』의 본질과는 점차 멀어지게 되었다.

이강오는 남학과 영가무도교를 포함한 정역파가 일제 강점기 이후, 신종교의 형태로 남아 있던 계보를 다음과 같이 정리한 바 있다.[67)]

---

67) 이강오는 1930년 조선총독부가 조사한 남학계 교단과 일부계의 창교자와 대표자 및 주소를 일목요연하게 기록하였다.(『한국신흥종교총람』, 1506-1518쪽 참조.)

(南學系)

五方佛教	李雲圭	金致寅	전북 진안군 주천면 대불리	
光華教	金致寅	金善基	전북 전주군 운동하면 가천리	
光華聯合道觀	金致寅	權珣采	충남 논산군 두마면 부남리	
正易派	金一夫	金一夫	충남 논산군 연산면 양촌리	
詠歌舞蹈	金一夫	金一夫	충북 영동군 상촌면 유곡리	昭和 5년

(一夫系)

詠歌舞蹈(正易學派)	金一夫	宋徹夏	忠南 論山郡 豆磨面(신도안 국사봉 밑)
中央大宗教合十卦哲學	金一夫	李必禮	全北 金堤郡 萬頃面 萬頃里

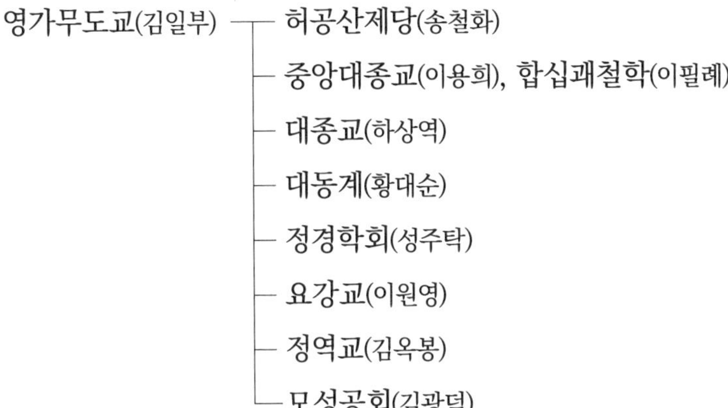

정역파는 1960년대 초, 충청남도 계룡산 자락의 국사봉에서 이정호 박사를 중심으로 정역사상에 대한 강론과 토론회가 활발하게 진행되어 제2의 번영기를 맞기도 했다. 한편 1965년, 국사봉 출신의 학자들은 대전에서 정경학회正經學會를 조직하여 인쇄본 『정역』을 발간하고 본격적인 학술 활동을 전개하였다. 거의 같은 시기에 발족한 일부선생기념사업회는 김일부의 업적을 기리는 사업을 시작하였다. 처음에는 두 기관이 서로 긴밀한 협조 체제를 유지했으나, 시간이 지나자 간판만 남고 실질적인 활동은 거의 중단되었다.

현재 정역파의 흔적은 극소수 전공자들의 저술 또는 논문에서만 찾을 수 있다. 2014년에는 일부선생기념사업회가 재조직되어 양촌(김일부 선생 묘소 앞)에 있는 기념사업회관에서 매달 1회씩 정기 모임을 가지면서 일반에 뿌리내리는 방안을 모색한 바 있으나, 오래 지속되지 못했다. 지금은 새로운 도약을 기다리고 있을 뿐이다.

8. 정역사상의 회고와 전망

『정역』이 신종교의 교리 형성에 끼친 영향이 막대했음에도 불구하고 아직까지도 정역사상을 주역학의 연장선으로 보느냐, 아니면 『주역』을 비판적으로 극복한 독창적인 사상으로 볼 것인가라는 논쟁의 대상으로 남아 있다. 특히 김일부의 후천개벽사상이 한국학에 미친 영향은 무엇이며, 또한 민족 종교의 교리에 어떻게 반영되었는가에 대한 연구는 미미한 수준에 머물러 있다.

> "민족종교와 대중 종교로서 『정역』이 가지는 한계가 있는 것도 사실이다. 『정역』이 유교 전통의 자연철학에 기초한 역학에 뿌리를 두면서 상수론象數論의 논리에 사로잡혀 있다는 사실은 극복되어야 할 과제이다. 천문·역학曆學·역사의 변화 질서를 오행과 6갑의 논리로 추산하는 방법은 김일부의 시대에는 가능한 사유 방법일 수도 있으나, 이제는 주술呪術의 세계로 빠지는 함정으로 보인다. 보편적 언어와 사유 논리에 의해 『정역』의 상수론 언어가 지닌 상징성을 재해석하지 못한다면, 『정역』은 보편종교로 나올 수 있는 길을 잃고 술수가術數家의 폐쇄적 상상력 속에 갇혀버리고 말 위험성이 있다."[68]

이러한 날카로운 지적은 『정역』의 앞날을 위해서도 귀담아 들어야 할 대목이다. 그것은 어디까지나 『정역』을 저술할 때의 독특한 방법론에서 비롯된 것일뿐, 콘텐츠의 문제는 아니다. 김일부가 비록 전통의 용어와 개념을 빌렸을지언정, 사유의 내용 만큼은 매우 파격적이고 미래지향적인 동시에 세계화를 겨냥하고 있는 까닭에 단순히 전통의 방법론을 답습했다는 사실만을 꼬집어 말한 것은 옳지 않다.[69] 그만큼 『정역』은 고도의 정합성과 합리성이 뒷받침된 수리 철학이기 때문이다.

어느 종교학자는 『정역』이 한국 근대 문화 정체성에 끼친 영향을 세

---

68) 금장태, 앞의 책, 90쪽 참조.
69) 오히려 전통의 방법론을 뒤엎는 사유의 혁명 논리라고 할 수 있다.

가지로 요약한 바 있다. ① 탈중국 중심주의에 입각하여, ② 새로운 시공간 형성 이론의 체계화를 통해 후천의 논리를 수립했다. ③ 그러나 김일부를 중심으로 생겨난 여러 종파들이 그 뒤 활발히 전개될 수 없었던 이유는 우선 『정역』의 낙관적인 미래관을 현실화시킬 수 있는 구체적인 방법을 마련해주지 못했기 때문이다. 그 결과 민족 종교의 교리화에 대한 긍정과 부정의 평가가 함께 공존할 수밖에 없다[70]고 결론지었다.

『정역』의 심화 없이는 대중화의 길은 공허하다. 아무리 대중화가 시급하다고 쉬운 것에만 매달리고 어려운 문제를 회피한다면, 『정역』 고유의 콘텐츠를 비롯해 인류에게 던지는 메세지 등은 누가 언제 어떻게 알 수 있겠는가? 『주역』을 안다고 『정역』을 모두 알 수 있다는 보장은 없다. 역학의 범주에서 보면 『주역』과 『정역』은 형제보다도 가깝다.

그렇다고 『주역』과 『정역』을 굳이 동일한 시각으로 바라볼 필요는 없다. 워낙 세계와 시간을 바라보는 입장이 다른 까닭에 『정역』의 보편성에 초점을 맞추는 것이 시간을 훨씬 절약할 수 있다. 우리 것이니까 무조건 인정하자는 권유가 아니라, 그저 한국인의 심성으로 있는 그대로 읽으면 될 것이다.

천재 음악가 모짜르트에 얽힌 얘기가 있다. 어떤 어린 아이가 모짜르트에게 피아노를 배우러 찾아 왔다. 아이는 나이에 비해 능숙한 솜씨로 건반을 두드렸는데, 모짜르트는 부모에게 더 이상 가르칠 것이 없다고 돌려보냈다. 부모는 모짜르트에게 그 이유를 물었다. "한 번 익힌 습관은 고치기가 쉽지 않답니다. 아이가 피아노를 친 지 1년에 불과하나, 제 스타일로 바꾸는 데는 몇 년 걸릴 것이므로 차라리 익힌 소질을 개발하는 것이 아이의 앞날에 훨씬 좋을 것입니다."

『주역』에 익숙한 사람이 『정역』을 배울 경우, 이미 배웠던 문법으로

70) 박미라, 「유교가 근대문화 정체성에 끼친 영향- 김항의 역학사상을 중심으로」『한국학중앙연구소 종교학교 월례 세미나』 발표논문, 2014, 13-17쪽 참조.

읽는 어리석음은 물론 자신도 모르게 엉뚱한 방향으로 해독할 위험이 있기 때문이다. 차라리 아무 것도 모르는 사람이 『정역』의 맛깔을 쉽게 느낄 수도 있다. 그렇다고 『주역』 학자들을 폄훼하려는 의도는 전혀 없다. 『정역』이 『주역』으로부터 영향을 받은 사실을 부정할 생각은 터럭만큼도 없다. 『정역』은 『주역』을 해체하고 다시 재구성한 시간론의 관점으로 새롭게 조명해야 할 의무가 있다는 뜻이다.

『정역』의 심층에 도달하기 위해서는 다양한 각도에서 접근할 수 있는 여러 종류의 징검다리 장치와 함께 오랜 동안의 사색이 필요하다는 것을 절감했다. 이 책에서는 250여 개의 도표를 만들어 원문에 대한 이해와 가독성을 높였고, 600개에 이르는 각주를 달아 『정역』의 핵심과 메시지를 쉽게 전달하려고 기획했으며, 각종 특각주를 만들어 『정역』의 이해를 위한 보조 자료로 삼았다. 왜냐하면 옛날 천간지지[六甲]의 방식대로 풀면 『정역』의 종지에 어긋나지 않으므로 아는 사람끼리는 고개를 끄덕이는 장점은 있으나, 누구에게나 친근감은커녕 첨단 과학의 업적과 무관한 구닥다리로 오해할 단점이 있기 때문이다.

정역사상의 주체화라는 거창한 목표를 달성하기 위해 유명 철학자와 현대 과학의 시간에 대한 최신 정보들을 기록한 메모장이 수두룩하게 쌓일 정도로 많이 읽었다. 오로지 한글 세대와 어떻게 소통할 수 있을까라는 목적 때문이었다. 『정역』의 시간관과 유사한 철학은 동서양 어디서도 찾을 수 없다는 사실을 깨달은 만큼 그 독창성은 더욱 돋보였다. 김일부의 논리는 이웃나라 중국의 역학은 물론 한국에서도 발견할 수 없는 독자적인 체계를 갖추고 있기 때문이다.

서양인의 시간에 대한 다양한 사유는 『정역』을 해독하는데 많은 보탬이 되었다. 특히 철학, 종교, 수학을 비롯한 문명사와 기후 변화(위기)에 대한 거시적, 통시적 안목을 키우는데 도움이 되었다. 시간은 무엇인가라는 상투적인 물음보다는 우리는 지금 어디에 서 있는가라는 시대 인식이 더더욱 중요하다. 우리가 어디서 왔는지를 모르면 지금 어디에 있는지를 알 수 없는 것처럼, 시간을 모르면 과거와 현재와 미래가 뒤범벅되기 때문이다. 과거와 미래는 현재를 통해 '하나'로 묶일 수 있다. 철학이 과거에 뿌리를 둔 형이상학에 매달리는 것이 숙명일지 몰라도 시간은 미래를 여는 열쇠인 까닭에 『정역』의 시간관에 대한 심화는 진리에 대한 새로운 통찰의 눈동자를 틔울 수 있을 것으로 장담한다.

김일부의 사후, 4세대와 5세대 후학들이 각 분야에서 오늘도 연구를 거듭하고 있다. 처음은 비록 미약하지만 내일은 창대할 것이라는 말이 있듯이, 한류 문화를 선도할 수 있는 깜짝 놀랄만한 업적이 나올 것으로 기대한다. 여기서는 김일부의 제자들이 스승을 비롯해 공자, 석가, 예수와 노자 등 성현들의 업적을 기렸던 찬양가를 소개한다. 정역학도여! 이 노래들을 통해 『정역』의 토착화 및 미래 문명의 대안을 세우기 위해 고뇌했던 선배들의 노고를 기억하면서 스스로를 채찍질하자.

9. 부록: 정역인正易人 수양가修養歌

김일부 선생과 옛 성현들의 공덕을 기리는 노래들- 정역인正易引, 정역가正易歌, 일부찬양가一夫讚揚歌, 화무상제찬양가化无上帝讚揚歌, 공부대성찬양가孔夫大聖讚揚歌, 석여래찬양가釋如來讚揚歌, 노군찬양가老君讚揚歌, 예수 성천찬양가聖天讚揚歌, 일부송一夫頌, 공덕문功德文 등이 있다.

1) 정역인正易引- 『정역』 세상으로 안내하는 글

正易은 何爲而作也오 正易은 天祖上帝가 憂天下來世 至極之情으로 感化于列聖之德하사 使一乎一夫로 繼往聖開來學케 하신 后天无極 乾坤之易也니라 蓋日月爲易이라 故로 易者는 曆也니 無曆이면

無聖이요 無聖이면 無易이라 是故로 初初之易과 來來之易이 所以作也라 하시니라

說卦傳에 云하되 終萬物始萬物者 莫盛乎艮이라 하고 又云호대 神也者는 妙萬物而爲言者也니 故로 水火相逮하며 雷風이 不相悖하며 山澤이 通氣然後에 能變化하여 旣成萬物也라 하였으니 此는 孔夫子之所以先告十數八卦之理요 金一夫之所以後劃十易萬曆之義也라

方今世事 道衰德微하여 一貫之道가 陷入乎塗炭이라 若非十五一言이면 其孰能救濟萬邦之衆生乎아 故로 斯有一船하니 其名曰无量船이라 以載正易하여 先聖後聖 列聖之道로 布敎天下하야 世界蒼生이 化爲一族하여 人人個個 無善無惡으로 億兆結怨을 一一解脫하여 龍華后天 无量福祿을 同受共樂케 하시니 天祖之德과 先聖之功德과 六甲之功德을 何可以盡贊이리오 天恩이 罔極而已로다

道之大原이 出乎天이라 體中庸而用禮樂하나니 十五乾坤은 其體也오 九六壯觀은 其用也라 雷天大壯 좋을시고 風地奇觀 기쁘도다 畵工却筆 雷風生하니 禮三千而義一이라 (崑崙甲子先天이요 鷄龍癸亥后天이라) 己甲夜半生癸亥로 以卯爲首하여 三百六十正易이면 乾坤이 (庶幾乎立矣리라) 丁寧安泰乎正位矣리라

玆有正易一卷(歌一篇)하니 學者(가 頌之詠之하고 鼓之舞之하여 以盡神하소서) 因此而窮理하고 由此而盡神하여 好好无量 莫无量한 琉璃世界 이루소서

2) 정역가正易歌

高高天邊 日輪紅은 扶桑에 둥실 높이 떴다.

花爛春城 萬和方暢 때는 좋다 벗님네야

東山第一 三八峰으로 꽃求景이나 가자세라
꽃도 보고 님도 보고 님도 보고 꽃도 보니
神바람이 절로난다 노래가락 흘러나네
에헤야 에헤야 에헤야 음아우어이[71] 음아우어이

浩浩茫茫 大海中에 一葉片舟 无量船을
이리젓고 저리저어 坊坊曲曲 찾아드니
正易村이 어듸멘가 無愁驛이 여기로다
이山 넘어도 正易村 저山 넘어도 正易村
家家戶戶히 正易이라 時和年豊 좋을시고
에헤야 에헤야 에헤야 음아우어이 음아우어이

和和同同 白日天은 天和地和人和로다
鐵圍苦海 어듸가고 琉璃世界가 分明토다
너도 나요 나도 너라 天地淸明이 거기로다
日月光華 좋을시고 好好莫莫 无量이라
天祖上帝 照臨하니 天下萬邦이 一家로다
에헤야 에헤야 에헤야 음아우어이 음아우어이

3) 일부찬양가一夫讚揚歌

敬讚一夫 大宗師는 開闢后天 大道主라
慈悲淸淨 本體시오 性理原通 聖行이사
天根月窟 俯仰하사 金火正易 成道로다

71) 음아우어이[土金水木火]가 宮商角徵羽의 본음인 음아어이우[土金木火水]와 다른 것은 아마 五行相生으로 표현한 것 같다.

无極未化 先天이오 反極相生 后天일세
十无極兮 一太極과 五皇極이 一切로다
鴻濛以前 佛이시오 剖判之初 仙이로다
生民以後 儒가되니 三教本無 二枝로다
仙佛聖人 出世하니 人天无量 合德이오
玉金百八 桂梅三千 禮三千而義一이라
化无上帝 感化하사 五和律呂 自動하니
龍歌鳳舞 春風中에 萬國咸寧 大和로다

4) 화무상제찬양가化无上帝讚揚歌

欽維无極 化하시니 无極无爲 上帝시여
大化至化 浩浩蕩蕩 無內無外 玄玄妙妙
太初一元 太極이오 皇五建中 皇極이사
天地剖判 大主宰요 化生萬物 大父母라
日月星辰 起居시오 雷霆風雨 政事로다
元亨利貞 性情이오 仁義禮智 律法일세
聖人凡夫 差別없이 一切平等 命與하사
四大六根 合한몸이 三才同參 좋을시고
大道從天 天言인가 大德從地 地言이사
河圖八卦 成道하니 天地地天 合德일세
抑陰尊陽 先天이오 調陽律陰 后天이라
先天后天 變易하니 戊己日月 開闢일세
天人同道 琉璃世界 上帝照臨 親政하사
十无門을 通開하니 五和聲이 感化로다
無量福祿 永受하야 上帝之命 無違하세

5) 공부대성찬양가孔夫大聖讚揚歌

稽首敬讚 孔夫子는 乾坤中立 天縱이사
金聲玉振 大成이오 上律下襲 至聖일세
闕里講壇 三千弟子 敦仁博義 立於禮로
轍環聖德 大易春秋 萬古倫綱 扶植하니
否往泰來 先后天과 克終克始 時中이오
大和元聲 天樂이여 明德親民 敎化로다

6) 석여래찬양가釋如來讚揚歌

稽首敬讚 釋如來는 兜率天宮 化身하사
靈山會上 萬億大衆 八部天龍 擁護하사
四十九年 說法으로 無邊衆生 濟渡로다
三十二相 種種莊嚴 非色非空 何會法가
十天十地 開闢하니 龍華世界 分明토다
實相妙音 無孔笛은 自他一時 成佛일세

7) 노군찬양가老君讚揚歌

稽首敬讚 老君이여 原始兆怯 一氣로서
八十一年 懷孕하사 硏己保靈 天定이오
黃庭道德 玄妙之理 靑牛出關 說敎로다
貪着道德 愛民聽政 淸淨坐定 無爲化로
剛柔相推 變化하야 五和律呂 无量이오
無絃彈琴 大和曲은 地天和氣 融融일세

8) 예수 성천찬양가聖天讚揚歌

稽首敬讚 主예수는 太初一元 仙氣로서
聖神感化 懷孕하사 道成入神 天定이오
大明后天 玄妙之理 騎驢入城 說教로다
罪苦衆生 愛愍之情 十字寶血 代贖하니
剛柔相推 變化하야 犧身成仁 无量이오
無絃彈琴 大和曲은 蘇室和氣 融融일세

여기까지는 전라북도 진안에서 흥성했던 무극대종교에 몸담았던 사람들이 영가무도에 심취하면서 부른 노래로 알려져 있다. 그들이 즐겨 읽었던 찬양가는 삼화三華 염명廉明(?-?)이 천서天書로 받아 내린 것이라고 전한다.

9) 일부송一夫頌

아아 찬양하리로다 찬양하리로다
一夫宗師 찬양하리로다
아아 五道山 아래에 새 빛이 비취니 인내 강변이 고요하도다
당골 대울 안에 아기 소리 울려나니 盤古五化 千九百七十七回丙戌이로다[72)]
化无上帝께 命을 타시고 七星君이 날을 잡아 十月 二十八日 亥時에 艮城땅에 나시도다
初名은 在一이요 冠名은 在樂이요 字는 道心이요 道名은 恒이시니 一夫는 그 道號이시라 聰明叡智와 禮樂文章이 무리에 뛰어나시

72) 盤紀 118,585年

도다

三十六歲 辛酉年에 蓮潭李先生을 좇아 觀碧이라는 號를 얻고

觀淡莫如水 好德宜行仁 影動天心月 勸君尋此眞

하라는 勸囑을 받으신 후 讀書學易으로 窮理修身하시고 宮商角徵羽로 鼓舞盡神하시어 率性의 工을 다하시기 十八年, 피나는 努力으로 가진 苦楚를 克服하사 드디어 그 眞理를 찾아내시니 가로되

靜觀萬變一蒼空 九六之年始見工 妙妙玄玄玄妙理 无无有有有无中

己卯에 立道하시고 辛巳에 正易八卦圖를 긋고 大易序를 얻으사 甲申~乙酉에 金火正易을 이루시니

이것이 上元丑會 龍華后天의 日月光華한 琉璃世界에 쓸 十數易이요 萬歲曆이로다

아아 先生께서는 至貴하신 몸으로서 東方 艮山 위에 雷風으로 내려나사 艱難과 쓰라림과 世俗과 隱微를 모두 이기시고 超越하사 未濟를 旣濟로 돌려놓으시고 萬物을 다 건지시어 萬古文章을 한 장의 그림으로 만드시니 先生은 實로 一乎一夫시며 通天地第一元이시며 大聖七元君이시로다 이는 先生의 三大名號이시오

化翁께서 親히 보이신 監化事에

總令大將 太和閣正明大聖 觀碧樓日月先生 一碧亭普化印臣 都摠府大都督 總理府體察使 无極宮八卦先生 眞春秋大法師

라 하시니 이는 先生의 行하실 八大職銜이시라

거룩하신 仁愛와 그지없는 功德을 어찌 다 실어 찬양하리오 오직 天工의 大攝理와 大主宰의 榮光 앞에 感激할 뿐이로다

1983(癸亥) 10. 12. 香積山房에서

10) 공덕문功德文

大艮에 運回하시니 天祖上帝의 功德이시요
聖人이 敎化하시니 先聖의 功德이시요
父母 生我 育我하시니 父母 祖上의 功德이시라
거룩하시다 하나님 恩惠이시여
망극하시다 하나님 功德이시여
天上天下에 第一國祖이시오
世界萬方에 萬國國祖이시며
无量天尊이신 天祖上帝께서
統率乾坤하옵시사 物理化生하옵시고
統治天下하옵시사 化育萬物하옵시니
거룩하시다 하나님 恩惠이시여
망극하시다 하나님 功德이시여

世界蒼生이 한 집안으로 化하여
人人個個 至善無惡케 하시니
天祖上帝의 功德이 어찌 다 사뢰리오
다만 宇宙萬物이 각각 자기 직분을 다할 뿐이로다

山澤이 通氣한 然後에 能成變化하고
水火가 相克한 然後에 物理化生하나니
金水木火土하고 土金水木火하여
土而生火하나니라[73)]

---

73) 위의 '一夫頌'과 '功德文'은 이정호, 『正易과 一夫』(아세아문화사, 1985), 417-419쪽에 나온 글이다.

大易序

「大易序」와 「一夫事實」과 「一夫事蹟」은 草書體로 힘차게 쓰여진 명필이다.

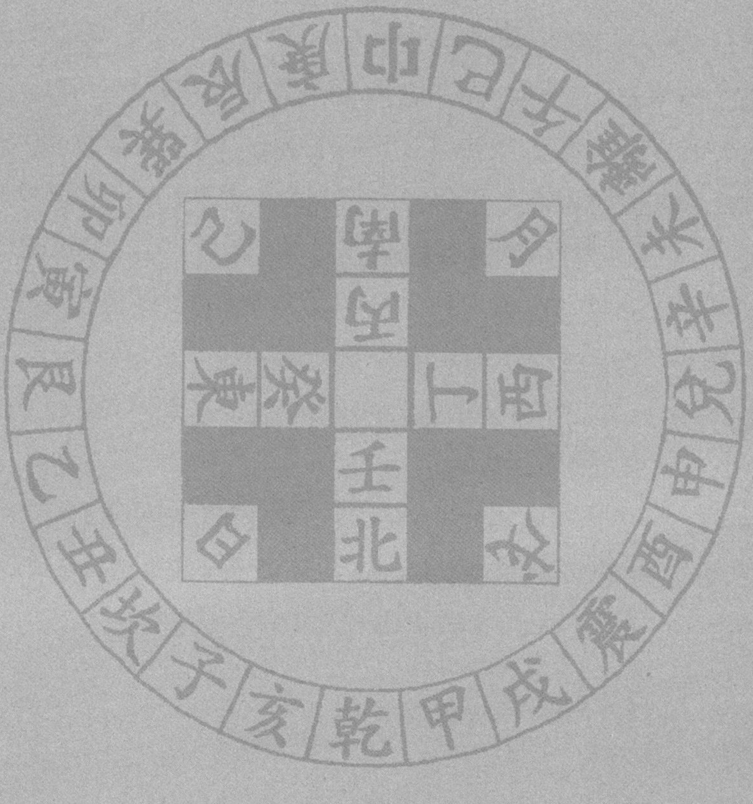

대역서大易序

聖哉라 **易之爲易**이여
성재　역지위역

易者는 **曆也**니 **無曆**이면 **無聖**이오 **無聖**이면 **無易**이라
역자　역야　무력　무성　무성　무역

是故로 **初初之易**과 **來來之易**이 **所以作也**시니라
시고　초초지역　내내지역　소이작야

성스럽도다. 역이 역으로 됨이여!

역이란 책력이니, 책력이 없으면 성인이 없고 성인이 없으면 역도 없다.

이런 까닭에 선천역과 후천역이 제작된 이유다.

이 글은 『정역』이 씌여진 목적과 이유를 밝힌 서문이다. '위대한 역의 서문[大易序]'에 대한 의미를 풀이한 두 가지 견해가 있다. 하나는 복희역(원역)과 문왕역(주역)과 일부역(정역)을 통틀어서 '대역'으로 보는 경우[1]와, 다른 하나는 역은 정역正易이 되어야 역의 자격을 얻을 수 있다[2]는 것이다. 전자는 복희역과 문왕역이 일부역으로 통합된다는 것을 얘기했다면, 후자는 과거의 주역이 미래의 정역으로 바뀌어야 한다는 당위성을 얘기한 것이다. 그리고 '크게 바뀐다[大易]'는 말은 무슨 뜻인가? 그것은 변화의 학문에 대한 최종 답변이라는 뜻 이외에도 '새 세상으로 크게 변화한다, 지금의 세상이 재창조되어 신천지로 열린다(Great opening)'는 해석도 가능할 것이다.

우리말 '됨'이란 어떤 사물이 다른 어떤 모습으로 변화하고 성장한다는 뜻이다. 복희역이 문왕역으로 진화하고, 문왕역은 일부역으로 성숙 완수된다는 것이다. '역지위역易之爲易'에서 전자는 문왕역을, 후자는 정역

1) 이정호, 『원문대조 국역주해 정역』(아세아문화사, 1990), 97쪽 참조.
2) 권영원, 『正易入門과 天文曆』(동서남북, 2010), 199쪽 참조.

을 가리킨다. '위爲'는 A에서 B로 '됨(becoming)'이다. 어린애가 어른으로 바뀌듯이 문왕역에서 일부역으로의 전환은 만물이 익어가는 과정이지만, 그것은 문왕역에 투영된 자연과 문명이 낳은 온갖 모순과 부조리를 극복하고 새로운 세상으로 거듭 태어난다는 근본적 변화를 의미한다.

조선의 주역학자들은 존재(Being)인 태극太極과 만물의 생성(Becoming)을 음양오행으로 설명하는 형이상학에 몰두하였다. 그 결과 태극은 만물의 최종 근거이며, 음양과 오행은 만물의 변화를 얘기하는 보조 수단으로 인식함으로써 존재와 생성 개념은 가깝고도 한없이 멀게 되었다. 더욱이 시공과 만물의 근원인 태극이야말로 세상의 보편자[理]라는 사유는 항구불변의 도덕과 가치만을 숭상하는 풍조를 낳았다.

『정역』은 성리학의 울타리를 넘어 『주역』의 권위에 도전하는 이념과 논리를 제시하였다. 그것은 '됨'이라는 한 글자에 담겨 있다. 지금까지 우리가 알았던 문왕이 지은 『주역』은 중간 단계의 학문이고, 문왕역의 최종 목적지는 『정역』으로 성숙되어(됨) 완성된다는 뜻이다. 이는 사유의 혁명인 동시에 혁명의 사상인 것이다. 왜냐하면 『주역』이 기제괘旣濟卦 다음에 미제괘未濟卦를 안배하여 자연의 끊임없는 순환을 얘기했다면, 『정역』은 자연의 본질적 혁명을 외쳤기 때문이다.

그리스의 헤라클레이토스(Herakleitos: BCE 540-BCE 480)는 흐르는 강물에 두 번 발을 담글 수 없다고 말하여 최후의 불변자보다는 만물의 변화상(Becoming)에 주목했다. 한편 파르메니데스(Parmenides: BCE 515-BCE 445 추정)는 '존재하는 것(being)'만이 있으며, '존재한다는 것'은 이성의 대상으로서 사고할 수 있기 때문에 존재와 사유를 동일시하는 입장의 논지를 펼쳤다. 변화의 실체를 부정한 파르메니데스는 생성보다는 존재를 강조했던 것이다.

김일부金一夫(1826-1898)는 유교의 권위에 발맞추었던 주역학의 관점을 벗어나 새로운 철학을 꿈꾸었다. 정역사상은 존재(Being)보다는 생성

(Becoming), 즉 철학의 주제를 '있음'에서 '됨'의 문제로 환원하여 존재생성론을 수립하였다. 더 나아가 철학계에서 아무도 이루지 못했던 존재론과 생성론의 실질적 통합을 모색하였다.

이 문제를 해결하기 위해서 김일부는 생명의 시원과 시공의 모체로부터 사유를 전개하였다. 특별히 시간의 머리와 꼬리는 무엇인가[3]에 대한 물음을 던지고 해답을 내린 것이 곧 '역은 책력이다[易者曆也]'라는 명제다. 여기서 말하는 책력은 기상대에서 제작하는 달력 작성의 법칙(Calendar Mechanism)이 아니라, 달력 구성의 근거를 밝히는 시간 자체에 대한 물음이었다. 김일부의 시간론은 근본에 충실한 원론 형식에 가깝고, 또한 불변의 원리 자체가 변화한다는 점에서 기존의 논리로 중무장한 사람들이 받아들이기 힘든 측면이 있다.

물론 『주역』의 64괘 384효는 시간의 본성을 표현한 것이라는 말이 있다.[4] 시간은 주로 만물의 운동과 변화를 설명하는 중요한 수단이지만, 그 밑바탕에는 시간이 만물 형성의 근원 또는 근거라는 뜻이 전제되어 있다. 만물의 변화상은 자연의 4계절이 대변한다. 계절의 변화는 천지가 생명을 일구고 키워내는 시간의 흐름으로 포착된다. 변화의 질서를 시간 차원으로 집약한 것이다. 이러한 발상이 전통 시간론의 주요한 테마였다.

동서양 철학자들은 다양한 방식의 시간론을 내놓았다. 자연과 인생 문제를 비롯하여 모든 생명 활동은 시간 문제로 귀속될 수밖에 없다. 종교,

---

3) 『정역』의 이른바 시공의 모체를 의미하는 사주 형식의 无極體位度數(己巳, 戊辰, 己亥, 戊戌)와 皇極體位度數(戊戌, 己亥, 戊辰, 己巳) 자체는 시간의 머리에 해당되며, 또한 '년월일시의 네 단계'는 이미 공간의 사유를 잉태하고 있다. 무극이 하늘이라면 황극은 땅이다. 시간의 머리가 무극이라면, 시간의 꼬리는 1년 $365\frac{1}{4}$일에서 正曆 360일을 뺀 나머지 $5\frac{1}{4}$이다. '시간의 꼬리'가 왜 생기는가의 화두를 풀은 것이 바로 정역사상이다.

4) 『周易』「繫辭傳」 下 9장, "역의 글됨은 처음을 근원으로 하여 마침을 살피는 것을 본질로 삼는다. 여섯 효가 서로 뒤섞임은 오직 시간의 전개 과정을 밝힌 물건이다.[易之爲書也, 原始要終, 以爲質也, 六爻相雜, 唯其時物也.]" 『주역』은 시간의 본성을 표현한 것이라 말했다.

철학, 생물학, 물리학, 문학, 심리학, 역사학 등 모든 학문의 근저에는 시간의 혼이 심층에 자리잡고 있다. 예로부터 시인 묵객은 말할 것도 없고, 심지어 유행가 가사에 많이 사용된 단어가 '세월(때 = 시간)'일 정도로 시간의 수수께끼를 알고 싶어 하는 것은 인간의 본능일지도 모른다.

시간이 왜 중요한가? 시간은 자연과 역사와 문명 형성의 기초이기 때문이다. 모든 생명체는 한 순간도 시간의 손아귀에서 벗어날 수 없다. 권력의 화신, 진시황조차도 시간의 먹잇감에 불과했다. 소녀를 할머니로 둔갑시키고, 쇠붙이도 녹슬게 만들고 젖니를 임플란트로 바꾸는 것이 곧 시간의 얼굴이다. 시간이 삶에 지대한 영향을 끼치고 있음에도 인간은 그 중요성을 거의 깨우치지 못하고 있다.

물고기가 매일 물 속을 헤엄치면서도 물의 존재를 알지 못하는 것처럼, 인간은 누구나 시간 속에서 삶을 영위하지만 자신에게 주어진 시간의 본성과 한계를 인식하지 못한다. 그러면 시간 자체는 존재하는가, 아니면 시간은 의식의 산물에 불과한가? 현대 물리학의 성과에 따르면, 절대 시간은 없고 단지 사람에 따라 다르게 인지된다는 시간의 상대성만을 인정하고 있다.

블랙홀이란 용어를 만든 물리학자 존 아치볼드 휠러(John Archibald Wheeler: 1911-2008)는 시간을 어떻게 정의하느냐는 질문을 받고 다음과 같이 대답했다. "시간은 모든 일이 한꺼번에 일어나지 않도록 해주는 자연의 방식이다." 시간은 만물이 뒤엉키지 않도록 생명의 질서를 부여한다는 것이다. 시간의 질서화는 일정한 방향성을 갖는다. 과거에서 현재를 거쳐 미래로 흐르는 시간의 방향이다. 현재를 과거로 되돌릴 수 없는 특징 때문에 '시간의 화살'이라 불린다. 우리 모두는 생로병사라는 시간의 외줄을 타면서 삶을 영위하고 있는 것이다.

시간은 크게 세 가지 다른 모습으로 다가온다. ① 시간은 우주의 각 순간들을 표시하는 꼬리표이다. 시간은 하나의 좌표이며, 사물의 좌표를 정하는데 도움을 준다. ② 시간은 사건 사이의 지속 시간(duration)을 측정한다. 즉 시간은 시계가 측정하는 것이다. ③ 시간은 우리가 이동하는 매질(medium)이다. 시간은 변화를 일으키는 요인이다. 우리는 시간 속을 이동한다. 시간은 과거로부터 현재를 거쳐 미래로 흐른다.[5)]

분명한 것은 시간의 흐름과 공간의 변화는 사건의 전개와 직결된다는 점이다. 하지만 시간은 시위를 떠난 화살처럼 오직 앞을 향해 재빠르게 달릴 뿐이다. 이처럼 시간의 본성을 의미하는 크로노스(chronos)는 냉혹하고 잔인하다. 그럼에도 인간은 오직 시간 안에서 자기가 누구인지, 역사의 정신은 무엇인지, 무엇을 위해 살아야 하는지를 깨달을 수 있는 유일한 존재다.

초기 기독교가 낳은 위대한 신학자 아우구스티누스(Augustinus: 354-430)는 신에게 바치는 『고백록』에서 시간의 본질을 알기가 얼마나 어려운가를 호소한 바 있다.

> "우리는 시간을 말할 때, 확실히 그것을 이해하나이다. 다른 사람이 시간에 대해 말할 때에도 그것을 이해하나이다. 그럼에도 시간은 도대체 무엇이옵니까? 누가 내게 묻지 아니하면 나는 그것이 무엇인지를 아나이다. 하지만 누가 내게 물어 그것을 설명하려면 나는 알지 못하나이다."

적어도 아우구스티누스에게 시간은 인간에 내재된 심리적 혹은 실존적인 본성이다. 왜냐하면 시간은 하나님이 빚어낸 창조물일 뿐만 아니라, 인간은 시간을 통해 하나님을 인식할 수 있는 유일한 존재이기 때문이다. "기독교 신자들에게 시간은 죽음으로 인도하는 문지기인 동시에 구

---

5) 숀 캐럴 지음/김영태 옮김, 『현대물리학, 시간과 우주의 비밀에 답하다』(다른세상, 2012), 29쪽 참조.

원에 이르게 하는 안내자다."[6] 시간은 인간 실존의 근거이자 존재 방식이라는 것이다. 그것은 마치 하늘이 인간의 본성으로 내려준 것을 천명天命이라고 말한 『중용中庸』의 논리와 흡사하다. 하늘의 명령으로 주어진 인간의 본성은 시간 의식으로 드러난다는 뜻이다. 하지만 『정역』은 유교의 시간관을 포용하면서도 과거의 다양한 시간관에 종지부를 찍는다.

그러면 김일부가 구상한 세계관의 정체는 무엇이며, 전통의 시간관과는 어떻게 다른가? 우선 김일부는 『주역』의 시간관과 차별화를 시도한다. 『주역』의 핵심이 시간임에도 불구하고 과거에는 복희팔괘도와 문왕팔괘도를 중심으로 공간 위주의 사유를 전개시켰기 때문이다. 그것은 전통의 논리에 부응하는 학문이었다는 뜻이다. 역은 본래 시간 문제[易者曆也]라는 선언은 학술의 새로운 지평을 연 사건이다. 한마디로 복희와 문왕이 펼친 『주역』이 1년 $365\frac{1}{4}$일에 맞춘 선천역이라면, 『정역』은 1년이 360일로 바뀐다는 시간의 혁명을 예견한 후천역의 특징을 보여준다.

복희역과 문왕역은 학술과 문화와 예술 등에 숱한 상상력을 불어넣었다. 일부역은 한민족의 학술인 동시에 세계화를 겨냥한 미래의 보편학이다. 미래학으로 탈바꿈한 『정역』은 『주역』의 글귀에 전거를 두면서도 생활 풍습에 뿌리박힌 다양한 술어를 포용하여 선후천 전환의 논리를 창안함으로써 중국 역학의 그늘에서 벗어나게 만든 공로가 있다.

신라에 불교가 도입되자 신라인은 불교의 나라가 된 것을 당연하게 여겼고, 중국에서 건너온 주자학이 지식층을 지배하면서 조선이 주자의 나라로 변질된 것을 보더라도 학술의 극심한 대외 종속화를 엿볼 수 있다. 주자학이 조선의 공식 이념으로 정착된 이후에, 양명학이 잠시 유입되었으나 주자학의 힘에 억눌려 정식 학술로 인정받지 못했다. 심지어

6) 김용규, 『철학카페에서(시간 언어편)』(웅진지식하우스, 2016), 55쪽 참조.

서양에서 들어온 천주교 역시 탄압받았으며, 동학東學마저도 나라의 근간을 뒤흔드는 혹세무민의 잡설이라고 배격당했다. 『정역』 역시 정통에서 벗어난 사문난적斯文亂賊이란 갖가지 이유에서 거부되었다.

김일부는 한말의 극심한 혼란 상황에서 『주역』을 낱낱이 해체한 다음에, 새로운 세상을 열망하는 방향으로 재구성하여 정역사상을 수립하였다. 그 요지는 바로 시간의 본질적인 전환을 통한 신천지의 도래에 있다. 시간의 본질 전환은 자연의 거대한 혁명을 동반한다. 이것이 무너질 경우에 시간의 본질 전환은 공허한 외침에 불과하며, 자연의 거대한 혁명은 종말론의 폐단으로 직결될 것이 자명하다.

김일부는 우주 변화의 이치와 과정을 괘도의 3단 변화에 대응시키면서 시간의 혁명이 일어나는 필연성을 시간사 = 우주사 = 문명사라는 등식을 만들었다. 게다가 생명권 전체에 영향을 끼치는 선후천 변화는 성인에 의해 밝혀진다고 말하여 정역사상은 곧 성인학이라고 결론지었다.

유남상 선생(1927- 2015)은 "역은 시간이고, 시간의 섭리가 없으면 성인의 출현도 불가능하고, 성인이 없으면 역도 존재할 수 없다[易者曆也, 無曆無聖, 無聖無易]"는 것을 역학의 3대 명제라고 규정하였다. 여기에 『정역』 연구의 방법과 목적이 담겨 있다. 역은 시간 철학에 기초하고 있으며, 더욱이 유교의 성인 도통관과 함께 시간의 수학 방정식을 통해 인간 사랑의 정신을 듬뿍 담아냈다.

그러니까 시간을 단순히 사변철학의 범주로 접근하는 것은 정역사상의 종지와는 거리가 멀며, 성인의 전승 역시 이성의 칼날로 분석하는 것도 금물이다. 성인의 전승 계보는 시간의 섭리인 동시에 하늘의 계시인 까닭에 경건한 심성 차원으로 접근해야 옳다. 여기서 바로 정역사상의 종교성을 발견할 수 있다. 더 나아가 성인의 역사가 없었다면, 넓게는 유교의 전승은 물론 『정역』의 탄생도 불가능하다는 뜻이다.

시간의 역사, 우주의 역사, 문명의 역사는 동일 궤도를 걷기 때문에 복희역과 문왕역은 시대 상황에 적응하면서 문명의 발전을 이끌었던 탁월한 동력원이었다. 세월이 흘러 지금은 복희 및 문왕 선천역의 소임이 끝나고, 제3의 후천역이 등장하는 시기[初初之易, 來來之易, 所以作也]라고 선포하였다.

복희역이 선천역이라면, 『정역』은 후천역이다. 선후천역은 소강절邵康節(1011-1077)이 처음으로 『주역』을 시간 중심으로 해석한 이론이다. 소강절은 복희팔괘도를 응용한 세계관이 선천역이고, 선천역을 근거로 문왕이 발전시킨 학문이 후천역이라고 주장하였다. 하지만 김일부는 복희팔괘도와 문왕팔괘도가 선천역이고, 정역팔괘도는 앞으로 미래에 사용될 후천역이라고 주장하였다. 이는 선천과 후천에 대한 혁명적 해석이었고, 중국 역학으로부터의 해방인 동시에 독립이었다.

夫子親筆 吾已藏하니 **道通天地無形外**라
부자친필 오기장 도통천지무형외

伏羲粗畫 文王巧하니 **天地傾危二千八百年**이라
복희조획 문왕교 천지경위이천팔백년

공자의 친필을 내 몸에 간직했으니,
도가 천지의 무형한 밖에까지 통하였네.[7)]
복희는 거칠게 그었고 문왕은 교묘하게 만들었으니,
천지가 기울어져 위험한 지가 이천 팔백년이라.

부자夫子는 유교의 종장인 공자를 가리킨다. 공자는 인류의 위대한 스

7) 이 글귀는 程明道(1032-1085, 程伊川의 형)가 '가을 낮의 정취[秋日]'를 읊은 시에 나온다. "한가하여 일이 없어도 조급하지 않아, 잠에서 깨어나니 동쪽 창문으로 뜬 해는 이미 붉었네. 만물을 고요히 관찰하니 저절로 깨달은 바 있어, 사계절이 바뀌는 아름다움을 모두가 함께 느끼네. 도는 천지의 유형한 밖에까지 통달하고, 사색은 바람과 구름이 변화하는 곳에 닿았네. 부귀에 방종하지 않고 빈천을 즐기니, 남아가 이 경지에 도달해야 영웅이라네.[閑來无事不從容, 睡覺東窗日已紅. 萬物靜觀皆自得, 四時佳興與人同. 道通天地有形外, 思入風雲變態中. 富貴不淫貧賤樂, 男兒到此是豪雄.]"

승이기에 '부자'라 부른다. 그는 유교의 경전을 찬술했는데, 특별히 점치는 용도로 알려졌던 『주역』에 철학적 해석을 덧붙여 인본주의로 물꼬를 튼 공덕이 있다. 역경易經에 대한 열 가지 보조 날개라는 뜻의 십익十翼[8]이 바로 그것이다. 유교를 집대성한 공자는 김일부에게 아주 특별한 존재다. 공자 이전의 모든 학술이 공자에게로 집중되었고, 공자학은 지극히 크고 넓은 진리의 바다와 같았기 때문에 그 영향력은 지금까지도 유효하다.

김일부는 공자와 똑같이 닮기를 희망했다. 공자가 주공周公을 꿈에서라도 만나는 것이 염원였듯이,[9] 김일부 또한 다른 유학자들처럼 공자의 인격과 학문을 본받는 삶이 인생 최대의 과제였다. 그 목표를 이루기 위해 『주역』과 『서경』 읽기를 잠시도 쉬지 않았다. 그는 무조건 경전을 외우거나 글귀를 아름답게 꾸미는 문장학보다는 『주역』에 숨겨진 메시지를 드러내는 쾌거를 이루었다.

정역사상은 금화정역도金火正易圖와 정역팔괘도에 압축되어 있다. 그것은 조선의 충청도 시골 출신의 가난한 선비에 의해 발표되었으나, 그 콘텐츠 만큼은 『주역』의 범위를 훨씬 넘어서 누구도 사유하지 못한 독창성의 극치를 보여준다. 과거의 『주역』이 천지 안에 존재하는 유형무형한 사물의 법칙을 언급한 수준였다면, 『정역』은 천지 자체를 형성시킨 근원에까지 맞닿아 있다. 즉 『주역』이 만물의 근원을 천지에서 찾았다면, 『정역』은 천지의 성립 근거와 목적까지도 밝혔기 때문에 『주역』의 사유보다 한층 깊다는 특징이 있다.

그래서 괘도의 발전에서 보면 복희팔괘도는 엉성하여 흠결이 있고, 문

8) 공자가 문왕 이후의 占筮易을 인문학의 방향으로 수정한 것이 바로 十翼이다. 십익은 彖傳 상하(2), 象傳 상하(2), 繫辭傳 상하(2), 文言傳(1), 說卦傳(1), 序卦傳(1), 雜卦傳(1)의 10편으로 이루어져 있다.

9) 『論語』「述而」, "심하구나, 나의 노쇠함이여! 오래도록 나는 주공을 꿈에서 뵙지 못했다.[子曰 甚矣, 吾衰也! 久矣, 吾不復夢見周公.]"

왕팔괘도는 교묘한 안배에 의해 만들어졌다고 지적한다.[10] 복희팔괘도는 각각의 괘가 음양으로 대응하고 있으나, 남북의 건곤이 천지비天地否(䷋)의 형상을 이룬다. 가벼운 양 기운은 위로 올라가고(☰), 무거운 음 기운은 아래로 내려와(☷) 만물이 애당초 비정상으로 태어나 음양이 교접하지 못하는 양상으로 성장하는 모습을 취하고 있다.

복희팔괘도가 만물의 탄생을 설명한 체계라면, 문왕팔괘도는 만물이 상극으로 성장하는 과정을 형상화한 것이다. 또한 문왕팔괘도는 하늘 땅을 상징하는 건곤이 서남쪽과 서북쪽으로 기울어진 채로 위험하게 만물을 키우는 형상[天地傾危]이다. 문제는 '천지경위'의 내용이다. 천지가 진실로 기울어진 상태로 돌아간다는 뜻인가? 태양계를 포함한 북두칠성 중심의 모든 행성들 전체가 타원궤도로 도는 현상이 곧 천지비괘의 상황을 빚어낸 원인이라는 진단이다.

한편 문왕 이후의 정치가 폭정을 거듭해 민생은 파탄나고, 문명이 낳은 온갖 모순이 폭발 지경까지 이르렀다는 것을 고발한 말인가? 문왕팔괘도에서 건곤이 정남북 형태가 아닌, 즉 천지의 몸체가 기우뚱한 상태로 움직이는 것이 곧 상극의 원인이며, 또한 이 세상은 마땅히 바뀌어야 한다는 사회 혁명의 당위성과 정치 지도층에 대한 경고라고 할 수 있다.

'천지경위 2,800년'은 문왕팔괘도의 유통 기간이 지났기 때문에 폐기하라는 권고인가? 지금도 문왕팔괘도는 문명의 잣대로 인정되고 있다. 풍수가들이 즐겨 사용하는 패철佩鐵을 비롯하여 명리가들의 사주를 보는 방법 등 동양의 생활 문화는 모두 문왕팔괘도에 기초하고 있다고 해도 과언이 아니다. 기울어진 천지의 몸체를 자연질서에 맞춘 문명화의 표준은 윤리와 예법 성립의 바탕을 이루었다. 하지만 문왕팔괘도의 유효 기간이 끝났다는 것이 김일부의 판단이다. 더 나아가 문왕팔괘도의 설정

10) 복희팔괘도는 8수, 문왕팔괘도는 9수, 정역팔괘도는 10수의 무극 세상을 지향한다. 8수는 9수의 세계를 함축하지 못하고, 9수는 10수의 세계를 함축하지 못한다는 뜻이다.

자체에 심각한 오류가 있으며, 또한 문명의 질곡 상황을 더 이상 외면해서도 안 된다는 시한부 종말 기한을 2,800년이라고 설정했던 것이다.

'천지경위'와 선후천은 어떤 연관이 있는가? 복희팔괘도는 천지창조의 시간대, 문왕팔괘도는 천지의 창조 이래 문명의 발전과 동시에 인류의 타락 등의 밝음과 어둠의 상처를 상징한다. 요순堯舜은 태평성대를 이끈 성인이고, 그 이후 하은주夏殷周 3대는 난세의 시초로서 2,800년이 지난 지금은 천지에 경고등이 켜진 위험 사회라는 것이다.

문왕文王이 일으키고, 아들 무왕武王이 세운 주周나라는 서주西周(BCE 1046-BCE 770)와 동주東周(BCE 770-BCE 256)로 구분된다. 견융의 침입으로 수도를 호경鎬京(현재의 서안 부근)에서 동쪽의 낙읍洛邑(현재의 낙양)으로 옮긴 것을 기점으로 나눈 것이다. 즉, 도읍이 서쪽의 호경에 있었던 시기가 서주 시대, 동쪽의 낙읍에 있었던 시기가 동주 시대이다. 김일부가 『정역』을 탈고한 때인 1,880년에 1,046년을 보태면 대략 2,926년이다. 2,800년과는 약 120년의 공백기가 있다. 진실로 2,800년에 숨겨진 비밀은 무엇일까?

嗚呼 聖哉라 **夫子之聖乎**여
오 호 성 재 　 부 자 지 성 호
知天之聖도 **聖也**시오
지 천 지 성 　 성 야
樂天之聖도 **聖也**시나
낙 천 지 성 　 성 야
親天之聖은 **其唯夫子之聖乎**신저
친 천 지 성 　 기 유 부 자 지 성 호

아아, 성스럽구나. 공부자의 성인이심이여!
하늘의 실체를 아는 것도 성인이시고,
하늘의 섭리를 즐기는 것도 성인이시나,
하늘을 어버이로 여기는 성인은 오직 공부자의 성스러움이구나.

김일부는 다시 공자의 학문과 덕성과 가르침은 영원하므로 거룩한 믿음 차원의 '성인'이라고 찬탄하였다. 특히 감탄문까지 곁들이면서 공자를 사무치도록 찬양하고 있다. 복희는 하늘의 섭리를 깨달은 성인이요, 문왕은 은나라 주왕紂王에 의해 유리옥羑里獄에 갇혀 7년을 살았다. 주왕은 문왕의 아들 백읍고伯邑考를 죽인 후, 장조림으로 만들어 문왕으로 하여금 먹게 하였다. 온갖 치욕을 겪으면서도 문왕은 『주역』을 지어 성인의 대열에 올라섰던 것이다. 『주역』의 기반을 닦은 문왕은 자신의 운명을 원망하지 않고 하늘의 섭리를 몸소 즐길 줄 알았던 성인이다.

김일부는 복희와 문왕의 역할이 지대함에도 불구하고 하늘의 의지에 대한 인식이 다르다고 구별하였다. 복희는 하도河圖에 근거하여 8괘를 그은 문명의 아버지[知天]이며, 문왕은 주나라 창업의 초석을 다지는 과정에서 당시의 시대 상황을 극복하면서 하늘이 내린 운명을 거부하지 않고 즐겼다[樂天]는 평가다.

이 세상이 어떻게 움직이는가를 알려면 먼저 하늘을 알아야 한다. 하늘이 내린 명령의 실체와 섭리를 읽을 줄 알아야 문명의 기초를 세울 수 있다. 거기에 하늘은 인식 대상이요, 나는 주체라는 이분법이 전제되어 있다. 문왕은 살아서 온갖 고초를 겪고, 죽어서는 왕도의 모델로 추앙받았다. 만약 문왕이 하늘의 명령을 망각하고 함부로 날뛰었다면, 역사의 배반자로 낙인찍혔을 것이다. 문왕은 하늘이 내린 자신의 운명을 사랑한 '아모르 파티(Amor Fati)'의 삶을 살아간 성인이었다.

공자는 인류 4대 성인 중의 한 사람이다. 어려서 부모를 잃고 수많은 역경을 이겨낸 인간 승리의 성인이다. 그는 하늘을 극진하게 모신 인류의 모범생이었다. 15세에 미래에 대한 뚜렷한 목표를 세웠고, 30세에는 자립했고, 40세에는 세상사에 의심이 없어졌고, 50세에 천명을 알았고, 60세에는 귀에 거슬리는 말을 들어도 하늘의 뜻으로 새길 줄 알았고, 70세에 이르러서는 어떤 일을 행해도 하늘의 법도에 어긋나지 않았다.

공자의 관심사는 오직 하늘의 뜻을 아는 것과 하늘을 어버이로 받드는 경지에 도달하는 것에 있다[親天].

이 세 분은 하늘에 대한 공경심이 지극하였다. 다만 마음의 절실함이 조금 달랐을 뿐이다. 그들에게 주어진 각자의 역사적 사명이 바로 하늘의 섭리였기 때문이다. 복희는 생명 창조의 이법을 밝힌 문명의 아버지 역할이, 문왕은 문명 설계 완수자의 사명이, 공자는 복희와 문왕의 업적을 이어받아 후대에 전승시킨 공덕이 있다. 지천知天은 앎의 단계, 낙천樂天은 실천의 단계, 친천親天은 몸소 하늘과 대화하는 소통의 경지를 총칭한다. 김일부는 하늘과의 대화 방식을 보여준 공자의 성인스러움에 대해 칭송을 아끼지 않았던 것이다.

洞觀天地無形之景은 **一夫能之**하고
통관천지무형지경 일부능지
方達天地有形之理는 **夫子先之**시니라
방달천지유형지리 부자선지
嗚呼 聖哉라 **夫子之聖乎**여
오호 성재 부자지성호

천지 바깥의 무형한 경관을 꿰뚫어 보기는 일부가 능히 했고,
바야흐로 천지 안의 유형한 이치를 통달하기는 부자께서 먼저 하셨네.
아아! 성스럽구나. 부자의 성인이시여!

김일부는 자신보다도 공자를 더 사모하고 존경했다. 그는 생을 마감하면서 가족들에게 '성인을 알아보려고 평생을 보냈다'고 유언을 남길 만큼 공자는 넘지 못할 거대한 산맥이었다.[11] 하지만 어느 날 역전 현상

---

11) 1898(戊戌)년은 艮城의 儒士요 일세의 奇人이며, 미래의 先覺이요 无極宮의 八卦先生인 김일부 선생이 타계하신 해이다. … 선생은 밤이 깊은 후 조용히 박씨부인과 두 자녀를 불러 앉히고 유언하시기를 "내가 평생 공부만 알고 금전을 몰라서 집안이 이 꼴이 되었으니, 너희들을 고생시킨 일을 생각하면 딱하고 가이없다. 참 안됐다. 그러나 聖人의 일을 알아보느라고 그리 된 일이니 할 수 있느냐."(이정호, 『正易과 一夫』, 아세아문화사, 1985, 345쪽 참조.)

이 일어났다. 공자는 천지 안에서 일어나는 자연과 역사와 문명과 인간의 법칙에 정통했으나, 자신은 공자가 생각하지 못했던 천지 바깥의 이치까지도 꿰뚫었다는 것이 바로 그것이다.

그것은 한국인의 입장에서 통쾌한 발언이지만, 당시 지식인들의 눈으로는 받아들일 수 없는 독단이자 망발이었을 것이다. 어찌 감히 공자와 어깨를 나란히 할 수 있는가? 공자 초상화 앞에서조차 바짝 엎드리는 것이 선비들의 자세이건만, 도리어 공자의 경지를 뛰어넘은 듯한 자신감을 표현한 것은 무슨 까닭인가?

역사적으로 보면 『주역』이 있은 뒤에 『정역』이 출현했고, 공자가 먼저 인류의 스승으로 자리매김한 2,400년 뒤에 김일부는 충청도 양촌 땅에서 태어났다. 그러나 세상 사람들은 『정역』을 『주역』의 모방, 또는 김일부는 공자를 숭상한 한국 국적의 제자쯤으로 여기고 있다. 당연한 지적이다.

하지만 시간의 섭리와 하늘이 내린 천명의 내용이 공자와 달랐다는 김일부의 고백에 귀기울여보자. 공자는 문왕역의 세계 안에서 천지의 법칙을 탐구했으나, 김일부는 천지의 형성 근거를 묻고 그 해답의 방법을 능동적으로 추론했다[一夫能之]고 과시했다. 그리고 『주역』과 『정역』은 일란성 쌍둥이라는 전제에서 『정역』을 집필했다. 하지만 공자는 자신보다 먼저 천지 안의 일을 먼저 훤히 깨달은 성인 중의 으뜸이라고 추켜세우는[夫子先之] 한편, 자신은 공자조차도 인지하지 못한 경지에 도달했다고 뽐냈던 것이다.

文學宗長은 **孔丘是也**시오
문학종장　공구시야
治政宗長은 **孟軻是也**시니
치정종장　맹가시야
嗚呼라 **兩夫子**시여 **萬古聖人也**시니라
오호　양부자　만고성인야

문학의 종장은 공구이시요,
정치의 종장은 맹가이시다.
아아! 두 분 선생님께서는 만고의 성인이시다.

김일부는 다시 공자와 맹자의 공덕을 높이 기린다. 유림은 성인으로 불리는 공자와 아성亞聖인 맹자를 총칭하여 공맹孔孟이라 부른다. 김일부는 공자가 이룩한 업적을 문학文學이라고 불렀다. 그것은 일반적인 인문학 수준의 문학(literature)이 아니라, 밤하늘을 수놓는 하늘의 무늬와 인간의 눈에 비친 하늘의 질서를 인문 정신으로 꿰뚫은 학술을 뜻한다. 그리고 전국 시대의 혼란상을 극복하는 방법은 오직 도덕 정치와 공평한 경제 정책[治政] 이외는 없다고 설파한 맹자의 성선설性善說을 드높였다.

김일부는 공자를 '공구'로, 맹자는 '맹가'로 부르는 한편 두 분을 '선생님'이라고 깍듯하게 호칭했다. 공자와 맹자의 이름을 직접 거명하는 것은 당시 사회가 용납하지 않는 성인에 대한 모독 행위였다. 선비의 자격 박탈까지도 감내해야 하는 용기가 아니면 불가능했을 발언이다. 그렇다면 국권이 무너지는 광경을 목격하고 성인의 존함을 함부로 불렀을까? 아마도 공자와 맹자는 과거의 성인이고, 지금은 새로운 성인이 필요하다는 마음의 표출일 것이다.

조선은 공맹을 숭상한 유교의 나라였다. 공맹을 비판한다는 것은 상상조차 허락되지 않았다. 이런 연유에서 김일부의 제자들은 공구와 맹가를 '공 아무개'라는 공모孔某, 또는 '맹 아무개'라는 뜻의 '맹모孟某'로 읽어 공자와 맹자에 대한 존경심을 잊지 않았다. 하지만 공구와 맹가라는 이름을 통해 한민족의 자존심을 드높임으로써 공자와 맹자의 업적을 과소 평가하려는 의도는 아닐 것이다. 그것은 사회 변화에 무관심하거나 무기력했던 공맹 사상은 낡은 시대의 이념이므로 거듭 태어나야 한다는 당위성을 제기한 것은 아닐까. 공맹을 대신할 새로운 성인의 출현을 희망한 것이라 할 수 있다.

1960년대, 김일부의 3세대 제자들은 대전 보문산 부근에 정경학회正經學會를 조직하였다. 그들은 정역사상의 대중화를 위하여 『정역』 인쇄본을 출간하였고, 각종 행사를 개최하였다. 또한 김일부의 묘소에서 특별한 제사 의식을 거행하였다. 보통 망자에게는 절을 2번, 임금에게는 3번, 천자에게는 4번 절하는 것이 최고 예우였다. 하지만 김일부에게 만큼은 하느님께 올리는 5번의 절을 했다고 전한다. 당시 제사에 참여했던 사람의 증언에 따르면 하느님이 김일부의 몸으로 현신했다는 접신接神의 증거가 아니라, 하느님과 소통한 진정한 성인이었다는 믿음에서 우러나온 의례였다는 것이다.

공자와 맹자는 시공을 초월한 불멸의 성인으로 추앙받았다. 공맹이 남긴 유교는 적어도 2,500년의 세월을 지탱한 가치의 표상이다. 김일부가 공자와 맹자를 공구와 맹가로 부른 까닭은 낡은 유산에 매달리는 완고한 선비보다는 인류를 구원하는 후천의 성인을 손꼽아 기다렸던 것은 아닐까!

一夫事實

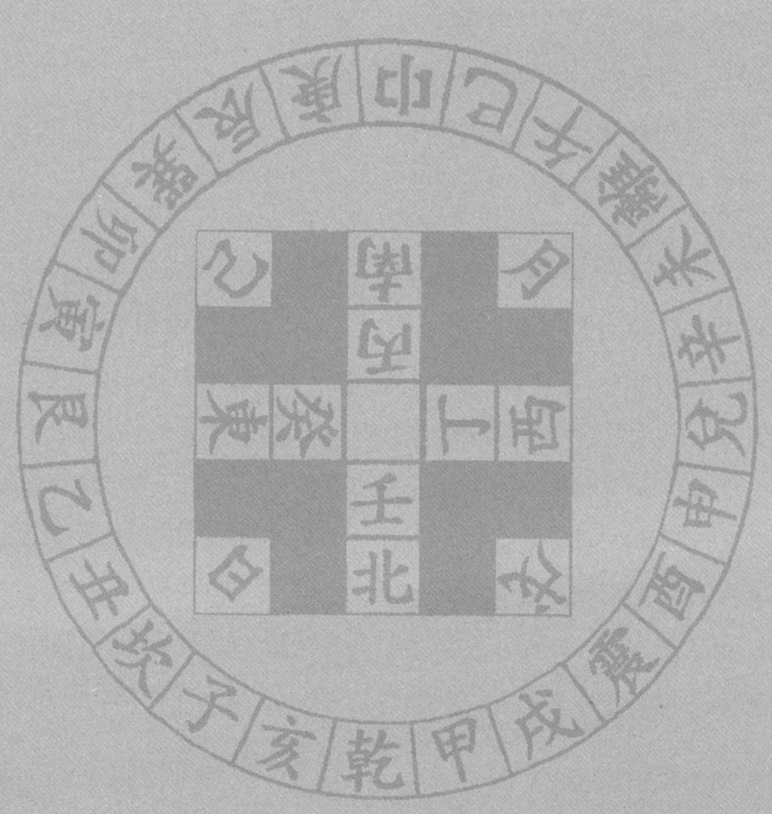

일부사실一夫事實

淵源은 **天地無窮 化无翁**이오
연원 천지무궁 화무옹
來歷은 **新羅三十七王孫**이라
내력 신라삼십칠왕손
淵源無窮 來歷長遠兮여
연원무궁 내력장원혜
道通天地無形之外也라
도통천지무형지외야
我馬頭 通天地 第一元은 **金一夫**로다
아마두 통천지 제일원 김일부

연원은 천지의 무궁한 화무옹이요,

내력은 신라 37대 왕손이라.

연원은 무궁하고 내력 역시 길고 멀음이여!

도는 천지의 형상 없는 바깔까지 통하였네.

아마도 천지를 꿰뚫은 최고의 으뜸은 나 김일부로다.

이 '일부사실'은 김일부가 자신의 정체성을 팩트 체크한 내용이다. 학문과 혈통의 뿌리를 통해 자신의 아이덴디티를 스스로 밝힌 것이다. 보통 학문의 뿌리는 우선 스승을 내세우는 것이 상례이지만, 김일부는 뜬금없이 '화무옹'을 제시하였다. 이정호 박사의 조사에 따르면, 김일부의 스승으로는 연담蓮潭 이운규李雲圭와 인산仁山 소휘면蘇輝冕(1814-1889)이 있다.[1)] 이운규는 김일부에게 선후천 전환의 문제를 화두로 남겼고, 소휘면은 자주 찾아뵙던 선배같은 스승이었다. 특별히 이운규는 『정역』에 등장할 만큼 아주 소중한 스승이다. 이밖에도 어려서 집안 어른들에게 천자문을 비롯하여 성리학을 배웠다는 전언은 있으나, 사제 관계를 맺

1) 이정호, 앞의 책, 313-319쪽 참조.

은 인물은 없다.

김일부는 스승이 내려준 공안을 바탕으로 힘써 노력하여 일가를 이루었다. 그 밑바탕에는 민족 고유의 신앙심을 비롯하여[2] 성리학과 예학 및 문장학과 시 공부가 뒷받침되었다. 『정역』은 대부분 시의 형식을 갖추고 있다. 특히 자연의 율동을 시로 노래하는 전통은 중국의 소강절과 우리나라의 화담花潭 서경덕徐敬德(1489-1546)에 힘입은 바가 크다. 그것은 문장 표현의 기법에 지나지 않고, 자신의 학문은 화무옹化无翁[3]에서 뻗어나왔다고 고백한 점이 아주 중요하다.

화무옹은 만물을 빚어내는 하느님을 지시하는 독특한 용어다. 화무옹은 천지를 창조한 기독교의 유일자唯一者, 절대자絶對者에 비유할 수 있을 것이다.[4] 『정역』에는 화무옹 이외에도 화화옹化化翁, 조화옹造化翁, 화무상제化无上帝가 등장한다. 화무옹은 자연의 변화를 주재 섭리하는 의미를, 화무상제는 만물과 역사와 인간의 운명을 다스리는 인격신의 성격을 갖는다.

특히 조화옹은 19세기 한국땅에서 나타난 신조어라 할 수 있다. 조화造化(Creative Change, Creation-Transformation)라는 말은 창조와 변화의 합성어다. 김일부가 말하는 조화는 '지금 여기의 세상'이 새로운 천지로 재창조되는 거대한 변화를 일컫는다. 따라서 조화가 선천이 후천으로 전환되는 비인격의 우주 원리라면, 조화옹은 선천을 후천으로 뒤바꾸는 시간의 프로그램을 주재하는 하늘의 주인을 뜻한다.

김일부는 이러한 조화옹의 의지(Will)에 학문의 연원을 두었다고 말한다. 인간 스승을 뛰어넘어 만물의 조물주에 학문의 뿌리를 둔다는 것은

---

2) 『正易』에는 자연에 깃든 영혼을 뜻하는 神明을 비롯하여 北斗七星의 정령이라는 大聖七元君, 上帝 등의 낱말에서 한국인 고유의 심성을 읽을 수 있다. 이것을 배제하고 유교를 고집하는 사람들은 神明을 『大學』에 나오는 도덕적 본성[明明德]이라는 좁은 의미로 이해한다.
3) 翁은 하늘을 주재하는 造化主를 친근하게 부르는 호칭을 뜻한다.
4) 기독교의 하나님은 시간과 생명을 빚어내는 창조주의 의미가 강하다.

당시로는 경천동지할 사건임에 분명하다. 이를 어떻게 해석해야 할 것인가? 과거 정역계의 선비들은 '천지 유형의 바깥까지를 깨달은 경지'라는 수식어 쯤으로 여겨 『정역』의 종교성 탐구를 경시하거나, 혹은 신비주의적인 해석은 『정역』의 본질을 왜곡한다고 처음부터 아예 생략하거나 회피하는 경우가 많았다. 이는 어불성설이다.

김일부와 같은 시기에 살았던 수운水雲 최제우崔濟愚(1824-1864)가 창안한 동학의 핵심은 '시천주侍天主'에 있다. 천주는 '하늘의 주인'이라는 뜻이다. 따라서 시천주란 하늘의 주인을 모신다는 해석이 가능하다. 성리학은 이 세상을 지배하는 하늘의 보편 원리를 리理라고 추상화하여 사변철학의 방향으로 나아갔으나, 동학은 잃어버린 상제관을 회복하여 천주님을 모시는 것이 곧 동학의 가르침이라고 선언했다. 그래서 연구자들은 동학의 가르침은 한마디로 모실 '시侍' 자에 있다고 강조한다.[5] 동학은 시천주 신앙을 외쳤다. 동학은 지배층에 대항하는 동학농민혁명으로 확대되었고, 이후 조선 사회를 변화시키는 원천으로 작용하였다.

그렇다고 동학에 발맞추어 화무옹을 재해석하자는 의미는 아니다. 다만 최수운과 김일부는 당시 조선 사회가 혼란에 빠진 근본 원인과 함께 이 세상을 구원하려는 방법과 의도 만큼은 서로가 공감했을 것이다. 그러니까 김일부는 선후천 전환의 수학 방정식에다 신학神學의 주인공인 신神(God)의 문제를 끌어들였던 것이다. 즉 선후천의 전환 논리에 대한 당위성의 근거를 화무옹에 두어 신학과 철학을 통합하는 체계를 수립

---

5) 김상일, 『수운과 화이트헤드』(지식산업사, 2001), 368-369쪽 참조. "동학은 신과 인간의 관계를 '시천주'라는 말로 표현했다. 시천주는 동학의 종지인 것이다. 동양 전통에서 '천'은 梵天의 성격이 강하다. 인간 내면에는 '性과 德'이 있으며, 우주 속에는 '理'가 있다. 최수운에 이르기까지 천은 비인격화의 길을 걸어왔으며, 드디어 하·은·주 3대 이후 처음으로 최수운이 천을 '天主'라고 부른 것이다. '主'는 인격적·초월적·객관적인 세 가지 의미가 있다. 최수운은 '主'를 존칭으로 사용하여 '부모와 같이 섬기는 것'이라고 말했다. 이처럼 '주'는 히브리어 '아도나이(Adonai)'에 준하는 강한 인격신의 특징을 지닌다." 천주는 벽에 모셔두는 예배의 대상처럼.

하였다.

19세기 한국사상을 주름잡은 최수운과 김일부에게 덧씌여진 가면이 있다. 최수운은 종교 운동가 또는 혁명가로, 김일부는 선후천 개벽의 이론가로 인식하는 틀에 박힌 평가가 바로 그것이다. 김일부는 최수운 만큼 뚜렷한 종교 체험이 없었고, 종교의 대중화 운동에도 참여하지 않았다. 더욱이 화무옹과 화무상제를 신앙 대상으로 신격화한 증거가 없으나, 화무옹은 인격성을 갖는다는 점에서 동학이 강조하는 '천주'와 유사한 특징이 있다.

최수운은 1860년 4월 5일에 신비로운 상제 체험을 한다. 이른바 천주로부터 직접 천명을 받는 '천상문답天上問答 사건'이 있었다. 그는 49일 동안의 치열한 기도가 끝나는 날, 온몸이 떨리는 체험 속에서 천주의 음성을 들었다.

> "두려워 말고 겁내지 말라. 세상 사람들이 나를 상제라 이르거늘, 너는 상제를 알지 못하느냐? … 주문을 받으라."[6]

'겁내지 말라. 너는 상제를 알지 못하느냐'는 말은 최수운을 혼내는 말투이지만, 정성이 지극한 사람에게 내리는 따뜻한 음성을 느낄 수 있는 대목이다. 이를 최수운의 상제님 친견親見 체험이라 부르는데, 동학의 모든 가르침은 바로 이 사건에서 비롯되었던 것이다.

김일부는 최수운처럼 두려움과 떨림의 체험은 없었지만, 사무치게 눈물을 흘렸던 감동의 사건이 있다. 화무상제께서 거듭 말씀하신 내용[化无上帝重言]을 매듭지으면서, "하늘을 닮지 못한 불초자 김항金恒은 느껴 울며 받들어 글을 쓰옵니다[不肖子 金恒, 感泣奉書.]"라고 말한 표현

6) 『東經大全』「布德文」, "勿懼勿恐. 世人謂我上帝, 汝不知上帝耶? … 受我呪文."

은 일종의 신앙 고백록과 가깝다. 그것은 화무상제를 생명과 진리의 어버이로 섬긴 증거가 아닐 수 없다.

『주역』은 개인의 뉘우침[悔改]과 허물 없음[无咎]를 통한 대동사회의 건설에 목표를 둔다. 하지만 김일부는 선후천의 대격변기에는 조화옹의 섭리에 의지할 수밖에 없는 사실을 고뇌하였다. 서양의 키르케고르(Kierkegaard: 1813-1855)에 따르면, 뉘우침이란 본디 최고의 윤리적 표현이지만 동시에 최고의 자기 부정이다.[7] 종교에서 말하는 뉘우침은 절대자의 품 안에서 자신을 보증 받는 최고의 은혜로운 사건일 수밖에 없다.

『정역』에는 화무상제의 뜻을 깨닫고 하늘의 의지를 대필했다는 내용이 몇 군데 있다.[8] 곧 『정역』은 화무상제의 말씀을 기록한 것[化无上帝言, 化无上帝重言]이며, '화옹께서 선후천 변화가 이루어지는 조화의 과정을 친히 감독하시며 보여주시다[化翁親視監化事]'는 등은 하늘의 말씀을 대변하거나, 자신이 펼친 논변은 화무상제가 증인이었다는 일종의 증언록 형식을 띠고 있다. 그것은 과연 침묵의 고백 혹은 간증인가? 만약 선후천론이 신앙 고백의 수준에 머문다면, 그것이 최고의 이론일지라도 개인의 체험담에 그칠 것이다. 이러한 위험성 때문에 김일부는 시간의 섭리를 수학적 논증의 방법으로 종교철학에 접목했다고 할 수 있다.

지금까지는 『정역』의 신관 또는 종교철학을 심도 있게 연구한 글은 거의 없다. 이제부터 학계는 용기를 갖고 접근할 시점이 되었다. 또한 『정역』의 종교성은 인정하면서도 화무옹에 대한 성격 규정과 역할을 외면하는 태도 역시 반성이 필요하다. 새 시대에 걸맞은 연구 자세가 절실하다.

---

7) 김용규, 『서양문명을 읽는 코드, 神』(휴머니스트, 2010), 593쪽 참조.
8) 「一夫事蹟」의 '상제가 직접 가르쳐주었다[上教]'와 '최고신이 알려 주었다[神告]'는 말은 최수운의 천상문답 체험과 별로 다르지 않다. 비록 온몸이 떨렸다는 경험이 없었지만.

김일부는 동학의 천주에 비견되는 화무옹의 의지에다 상수론象數論을 결합하는 학술 체계를 수립하였다. 종교와 철학을 하나로 묶어 학술의 최상층에 화무옹을 둔 것이다. 그것은 『주역』의 도덕학으로 하여금 생명을 주관하는 조화옹의 뜻과 시간의 수수께끼에 응답할 수 있는 미래의 학문에 대한 방향성을 제시한 것이다.

『정역』의 수리철학을 연구하는 부류는 크게 둘이 있다. 하나는 하도낙서로 우주의 구성과 변화를 설명하는 정통의 방법이요, 다른 하나는 윷의 구성 속에 선후천 변화의 조화가 담겨 있다고 강조하는 영가무도파詠歌舞蹈派가 있다. 전자의 관심사는 천지가 어떻게 움직이는가를 포착하는 방법을 하도낙서의 상수象數에서 찾았다. 천지의 존재 목적과 선천이 후천으로 전환되는 이법을 밝히는 수학 방정식이 곧 도수度數라는 것이다.

그러면 이 도수는 누가 만들었는가? 김일부의 제자 가운데 윷판에 관심을 쏟았던 김대제金大濟라는 인물이 있다. 그는 상제上帝라고 자문자답했다.[9] 한마디로 하늘의 원리가 땅에서 이루어진다는 의미의 도수는 상제가 빚어낸 생명의 손길이라는 것이다. 김일부는 '상제(화무옹)'의 의지를 읽고, 수학과 신학의 벽을 허물어 통합함으로써 19세기 최고 지성의 대열에 올라섰다고 할 수 있다.

신의 생각! 인류가 낳은 천재, 아인슈타인(Albert Einstein: 1879-1955)의 입에서 충격적인 단어가 튀어나왔다. "내가 알고 싶은 것은 신이 세상을 어떻게 창조했는지라네. 현상이나 원리 따위는 내 관심사가 아니지. 나는 그저 신의 생각이 알고 싶은 거라네."[10]

20세기의 천재 수학자 쿠르트 괴델(Kurt Gődel: 1906-1978)은 우리가

---

9) 『正易圖書』「正易圖書說」, "盖无象이면 不以名이오 无數면 不以知니 其不名不知而爲度數之原兆者는 其孰使之然哉아 曰上帝也라"

10) 이고르 보그다노프·그리슈카 보그다노프 저/허보미 역, 『신의 생각』(푸르메, 2013), 10쪽.

사는 우주가 합리적인 차원에서는 '불완전'할 수밖에 없다는 사실을 입증했다. 다시 말해 우리 우주는 우주의 바깥에 있는 다른 무엇인가에 의해 지배되고 있다는 뜻이다. 괴델의 정리에 따르면, 그것은 우리 우주와는 속성이 전혀 다른 무엇, 비물질적인 무엇이었다.[11)]

정역사상과 괴델의 수학을 일대일로 비교하는 것은 논리의 비약을 일으키는 한계가 있다. 그럼에도 괴델이 말한 '비물질적인 무엇'은 김일부가 제시한 10수의 무극이고, 화무옹은 인격신에 해당될 것이다. 그것은 비인격적인 우주 원리와 인격신의 만남이라 할 수 있다. 달리 표현하면 비인격신과 인격신의 화해 또는 철학과 종교의 만남일 수도 있다. 그것은 21세기 문명의 화두로 떠오르는 패러다임이 되기에 충분하다.

김일부는 학문의 연원은 화무옹에 두고, 혈통은 신라 왕실 가운데 김씨에서 찾았다. 이 둘은 자기 정체성 확인이었다. 신라 왕실의 시조는 박혁거세朴赫居世와 석탈해昔脫解에서 비롯된 까닭에 박씨와 석씨를 뺀 순수 김씨의 왕통은 미추왕味鄒王으로부터 시작된다.

1. 미추왕味鄒王(262-284) → 2. 내물왕奈勿王(356-402) →
3. 실성왕實聖王(402-417) → 4. 눌지왕訥祗王(417-458) →
5. 자비왕慈悲王(458-479) → 6. 소지왕炤知王(479-500) →
7. 지증왕智證王(500-514) → 8. 법흥왕法興王(514-540) →
9. 진흥왕眞興王(540-576) → 10. 진지왕眞智王(576-579) →
11. 진평왕眞平王(579-632) → 12. 선덕여왕善德女王(632-647) →
13. 진덕여왕眞德女王(647-654) → 14. 태종무열왕太宗武烈王(654-661) →
15. 문무왕文武王(661-681) → 16. 신문왕神文王(681-692) →
17. 효소왕孝昭王(692-702) → 18. 성덕왕聖德王(702~737) →

11) 앞의 책, 17쪽 참조.

19. 효성왕孝成王(737-742) → 20. 경덕왕景德王(742-765) →
21. 혜공왕惠恭王(765-780) → 22. 선덕왕宣德王(780-785) →
23. 원성왕元聖王(785~798) → 24. 소성왕昭聖王(799-800) →
25. 애장왕哀莊王(800-809) → 26. 헌덕왕憲德王(809-826) →
27. 흥덕왕興德王(826-836) → 28. 희강왕僖康王(836-838) →
29. 민애왕閔哀王(838-839) → 30. 신무왕神武王(839-839) →
31. 문성왕文聖王(839-857) → 32. 헌안왕憲安王(857-861) →
33. 경문왕景文王(861-875) → 34. 헌강왕憲康王(875-886) →
35. 정강왕定康王(886-887) → 36. 진성여왕眞聖女王(887-897) →
37. 효공왕孝恭王(897-912)[12] → 38. 신덕왕神德王(912-917) →
39. 경명왕景明王(917-925) → 40. 경애왕景哀王(924-927)[13] →
41. 경순왕敬順王(927-935)

김일부는 고려를 거쳐 조선의 문신이었던 광산부원군光山府院君 김국광金國光(1415-1480)[14]의 셋째 아들 경력공經歷公 김극수金克羞(1449-1481)가 직계 혈통이다. 그 혈통을 정리하면 다음과 같다.

1. 김국광金國光 → 2. 김극수金克羞 → 3. 김충윤金忠胤 →
4. 김흠金欽 → 5. 김수휘金秀輝 → 6. 김발金潑 →
7. 김곤서金坤瑞 → 8. 김희철金希哲 → 9. 김여해金汝諧 →
10. 김성권金聖權 → 11. 김경충金景忠 → 12. 김시형金時衡 →
13. 김인로金麟魯 → 14. 김재일金在一[15] → 15. 김두현金斗鉉 →
16. 김영득金永得 → 17. 김효수金孝洙(현재) → 18. 김용식金容軾(현재)

12) 김일부는 신라 37대 孝恭王과 형제였던 金興光의 후손이다.
13) 여기서 神德王, 景明王, 景哀王은 朴氏이고, 신라 마지막 敬順王은 金氏이다.
14) 호는 瑞石, 자는 觀卿이다. 妻祖父가 곧 유명한 黃喜 정승이다.
15) 자는 道心이고, 호는 一夫이며, 어렸을 때의 이름이 在一이다.

광산김씨는 예학의 거두, 사계沙溪 김장생金長生(1548-1631)에 이르러 명문가의 대열로 올라섰다. 김일부는 비록 김장생의 직계 혈통은 아니지만, 젊어서 예학을 열심히 공부한 적이 있었다. 그래서 학문의 뿌리와 혈통의 내력이 길고도 멀다고 했다. 그렇다고 화무옹과 혈통에만 의존했는가? 그는 타의 추종을 불허하는 사색의 우등생이었다. 스승이 남긴 공안에 대한 끊임없는 추론 끝에 『정역』 한 권을 세상에 내놓았던 것이다. 지금까지의 학술이 천지 안의 문제 해결에 몰두했다면, 자신은 과거의 학문을 극복하고 새로운 경지를 개척했다는 것이다.

'천지 바깥까지 통달했다'는 것은 무슨 말인가? 단순히 눈에 보이는 감각을 초월한 대상을 파헤쳤다는 뜻은 아닐 것이다. 도리어 감각에 의해 다르게 파악되는 상대적 지식을 넘어서 이 우주를 구성하는 원리는 어떻게 이루어졌는가에 관심을 쏟았다. 김일부에 따르면, 이 우주는 선천과 후천의 두 얼굴을 갖는데, 과거의 학문은 선천에 집중했다고 비판했다. 정역사상의 핵심은 선천과 후천의 뿌리인 원래의 하늘[原天]을 발견한 것에 있다. 원천은 선천과 후천을 하나의 형태로 머금은 우주의 원형인 셈이다.

이를 통하여 김일부는 새로운 형이상학을 구축하였다. 혈통을 넘어서, 혹은 스승의 가르침을 훨씬 뛰어넘어 생명과 시공을 뿜어내는 모든 것의 근원과 진리의 뿌리를 화무옹에서 찾았던 것이다. 그것은 잃어버린 인격적 화무상제(하느님)를 부활시켜 학문의 본래면목을 회복할 수 있는 궁극의 선택이었기 때문이다. 그는 종교와 철학으로 분리되었던 성리학을 극복함으로써 종교와 철학이 하나로 융합된 학술의 정립에 심혈을 기울였다.

'아마두我馬頭'는 우리말 '아마도(perhaps)'의 이두식 표현을 한자로 표기한 것이다. '혹시' 자신이 하늘의 일을 깨우친 가장 으뜸가는 존재일지도 모른다고 말한 것이다. '제일원第一元'은 두 가지 의미가 있다. 하나는 '제일'은 첫 번째를, '원'은 으뜸가는 인물로서 넘버원이라는 뜻이다. 다른 하나는 『정역』에 나오는 '일원추연수一元推衍數' 216의 '일원'을 가리킨다.[16]

김일부가 발견한 우주를 구성하는 원래의 도수는 159 + 216 = 375이다. 이때 무극체위도수 61, 황극체위도수 32, 일극체위도수 36, 월극체위도수 30을 모두 더한 159가 곧 '사상분체도四象分體度'[17]이다. 그리고 일원추연수一元推衍數 216의 계산법은 두 가지가 있다. 하나는 『주역』 건괘乾卦의 작용 수 9에다 6효의 6과, 이들이 4방으로 전개한다는 4를 곱하면 9 × 6 × 4 = 216이 성립한다. 다른 하나는 『정역』 고유의 셈법이 있다. 그것은 '구구법九九法'이 적용되는데, 9는 상수常數이고 7, 8, 9는 변수變數에 해당된다. 즉 (9×7) + (9×8) + (9×9) = 63 + 72 + 81 = 216이 바로 일원추연수인 것이다. 216 + 159 = 375가 곧 우주 구성의 원형 방정식[原曆]이라는 뜻이다.

김일부는 원력도수 375도를 비롯하여 사상분체도와 일원추연수 등을 형성시킨 최종 근거는 일자一者(일원一元)에 있다고 했다. 아마도 선천과 후천의 하늘을 꿰뚫은 단 한 사람이 바로 자신이라고 밝혀 『정역』의 신뢰도를 한층 높이려 시도했던 것이라 하겠다.

---

16) 『正易』「十五一言」, "四象分體度, 一百五十九. 一元推衍數, 二百一十六."
17) 우주를 구성하는 4개의 축을 무극과 황극, 태양과 태음(해와 달)으로 인식한 것이다.

一夫事蹟

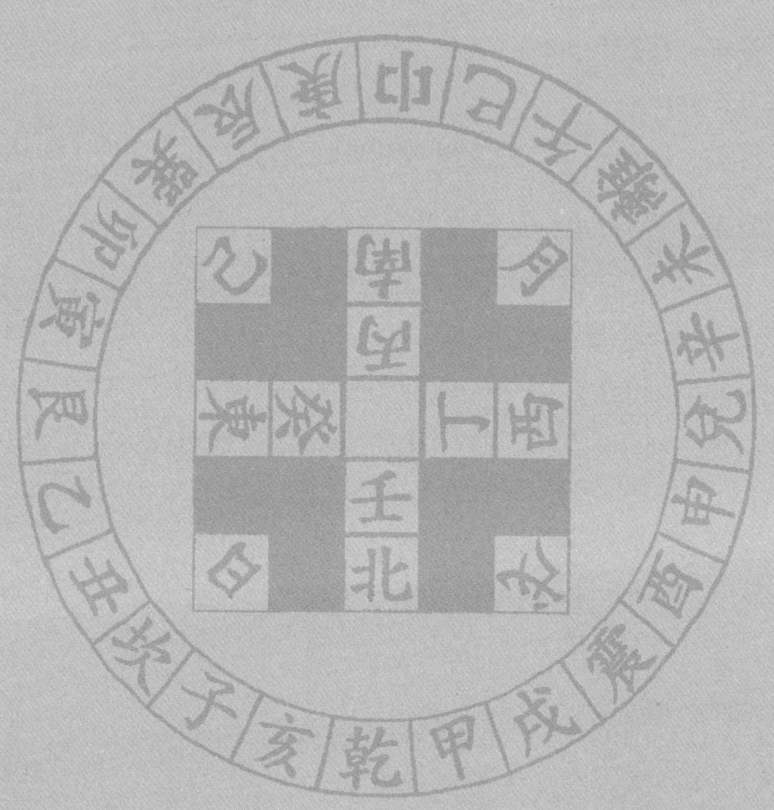

일부사적一夫事蹟

三千年 積德之家에 **通天地 第一福祿云者**는 **神告也**시오
삼 천 년 적 덕 지 가　통 천 지 제 일 복 록 운 자　신 고 야
六十年 率性之工에 **秉義理 大著春秋事者**는 **上敎也**시니라
육 십 년 솔 성 지 공　병 의 리 대 저 춘 추 사 자　상 교 야
一夫 敬書하니 **庶幾逃罪乎**인저
일 부 경 서　서 기 도 죄 호

辛巳六月 二十二日 一夫
신 사 유 월 이 십 이 일 일 부

삼천 년의 덕을 쌓은 집에 천지를 통틀어 가장 으뜸가는 복록이라는 것은 신께서 알려주심이요.
육십 년 진솔한 공부에 의리를 잡아 춘추에 크게 나타날 일은 상제[1]께서 가르침이시다.
일부는 공경하여 쓰노니, 거의 죄를 면할 것인저!

신사년(1881)[2] 6월 22일, 일부

김일부는 덕을 쌓은 명문가에서 태어난 것을 자랑스럽게 여겼다. 3,000년의 근거는 어디에 있는가? 신라 미추왕(262-284)부터 「일부사적」을 쓴 1,881년을 계산하더라도 대략 1,619년이므로 3,000년과는 차이가 많이 있다. 그 차이는 무엇으로 메꿀 수 있는가?[3] '적덕積德'은 『명심보감明心寶

1) 이정호 박사는 '上敎'를 "위에서 가르치시다"로 풀이하였다.(이정호, 『원문대조 국역주해 정역』, 아세아문화사, 1990), 101쪽. '천상에서 알려주다' 혹은 '하늘이 음성으로 들려주다'는 의미로 풀었으나, 매우 추상적인 번역이다.
2) 또한 1881년에 正易八卦圖가 완성되었다.
3) 주나라 창업의 기초를 닦은 文王의 아버지 古公亶父까지를 계산하면 대략 3,000이 된다. 또한 天地傾危 2,800년과의 인과 문제도 중요하다.

鑑』의 "자식이 효도하면 부모가 즐거워하고, 가정이 화목하면 만사가 이루어진다."[4]는 말과 대귀로 자주 사용되는 글귀다. 그것은 선을 쌓은 집안에는 반드시 경사가 뒤따른다는 말에서 나온 것이다.[5]

이들 고전의 가르침에서 알 수 있듯이, 사랑으로 가득 찬 집안은 만사형통하며, 조상이 쌓은 덕이 후손에까지 영향을 미치는 만큼 가정의 화목이 최고라는 뜻이다. 김일부는 조상의 음덕에서 비롯된 가문의 영광이 자신에 이르러 드러났다고 말했다.

천지를 통틀어 가장 으뜸가는 복록은 천상에서 내려주는 계시啓示의 음성이다. 복록은 돈으로 환산되는 세속의 부귀영화가 아니라, 생명과 시공의 비밀을 알려주는 생생한 신의 목소리다. 배워서 익힌 앎은 한계가 있는 까닭에 신의 가르침을 직접 듣는 것이 최고의 축복이라는 뜻이다. 광산 김씨 가문의 영광을 한 몸에 받은 사람이 곧 자신이라는 것을 은근히 자랑했다.

홍범洪範은 다섯 가지 복을 제시했다.[6] 흔히 복록은 불로장생과 권력, 돈과 연관된 가치로 환산되기 마련이다. 정치인은 권력을 위해 자신을 불사르고, 장사꾼은 돈 벌기 위해서라면 저승일지라도 서슴없이 들어가고, 학자는 진리 탐구를 위해 곁눈질하지 않고 평생을 바친다.

이 모든 것보다 침묵으로 말하는 신의 명령을 듣고 새로운 길을 개척하는 일이 최고의 복록일 것이다. 그것도 진리와 인류를 위한 일이라면 목숨을 바쳐도 아깝지 않다. 김일부는 신과 무언의 대화를 통한 사색에서 그 실마리를 찾았던 것이다. 그것은 복록이라기보다는 차라리 하늘의 은혜에 가깝다.

---

4) 『明心寶鑑』「治家篇」, "子孝雙親樂, 家和萬事成."
5) 『周易』 坤卦 「文言傳」, "積善之家, 必有餘慶, 積不善之家, 必有餘殃. 臣弑其君, 子弑其父非一朝一夕之故, 其所由來者漸矣, 由辨之不早辨也."
6) 『書經』「周書」"洪範"은 "장수[壽], 富, 건강[康寧], 훌륭한 덕을 닦는 일[攸好德], 늙음으로 죽음을 마치는 것[考終命]"을 5복으로 꼽았다.

김일부는 외길 인생을 살았다. 그는 삶의 전부를 유교의 보편 가치인 정의와 규범[義理]으로 주체화했고, 역사에 빛날 역학 연구에 몰두하였다. '춘추春秋'는 크게 두 가지 의미가 있다. 첫째, 공자가 노魯의 역사를 편년체로 엮은 책 『춘추』를 가리킨다. 은공隱公 원년으로부터 애공哀公 14년까지 212년 동안의 정치사와 왕통을 춘하추동 4시에 맞추어 기록한 것이다. 그 실체가 바로 춘추대의春秋大義다. 그래서 맹자는 공자의 『춘추』 필법에 대해 "나를 아는 것은 오직 춘추이며, 나에게 벌을 내리는 것도 오직 춘추일뿐인저!"[7]라고 말했다. 『춘추』에 담긴 정신이 바로 역사를 평가하는 만고불변의 표준이라는 것이다.

둘째, 춘추는 말 그대로 봄, 여름, 가을, 겨울이라는 자연의 사계절을 대변한다. 이처럼 자연의 질서는 만물의 근본 척도로서 문명화의 잣대로 활용되었다. 원형이정元亨利貞은 시간과 공간과 인간을 관통하는 생명의 법칙이다. 시간으로는 춘하추동春夏秋冬이요, 공간으로는 동서남북東西南北이며, 인간으로는 인의예지仁義禮智가 바로 그것이다. 자연에 대한 인간화의 길이 문명이요, 인간의 자연화의 길이 곧 하늘의 의지에 부합하는 삶이다.

김일부는 하늘의 길을 알아보는 공부에 매달린 세월이 거의 60년이라고 표현했다. '솔성率性'은 『중용中庸』 첫 구절에 나오는 말이다. "하늘이 명령으로 내려준 것이 본성이요, 그 본성의 길을 잘 따르는 것이 도요, 그 도를 닦는 것을 교라 한다."[8] 본성은 인간의 본질을 뜻하는 인의예지의 도덕성을 가리킨다. 그러니까 본성의 길을 산다는 것, 곧 도덕과 윤리의 삶을 구현하는 것이 바로 하늘의 명령이다.

그것은 「계사전繫辭傳」의 논리와 일맥상통한다. "한 번은 음하고 한 번은 양하는 것을 도라고 일컬으니, 그것을 잇는 것은 선이요, 그것을 이

---

7) 『孟子』「滕文公」下, "孔子曰 知我者, 其唯春秋乎, 罪我者, 其唯春秋乎."
8) 『中庸』 1장, "天命之謂性, 率性之謂道, 修道之謂教."

루는 것은 원래부터 가지고 태어나는 본성이다."[9] 진리와 선과 인간의 본성은 하나의 길에서 유래했다는 말이다. 음양이라는 자연의 길과 선을 추구하는 인간의 길은 전혀 다르지 않다. 천명은 자연과 인간을 하나로 묶는 보편 원리인 것이다. 비인격의 음양과 선을 주체화하는 인간의 만남을 성사시키는 것이 곧 천명이다. 이런 점에서 맹자 성선설性善說의 근거는 「계사전」에 있다고 말해도 과언이 아니다.

김일부는 의리와 춘추, 「계사전」과 『중용』에 뿌리를 둔 정역사상이 유교의 정신에서 한 치도 벗어나지 않았다는 점을 강조했다. 하지만 '거의 죄를 면할 것인가'라는 발언은 도덕적 죄책감과는 거리가 먼 신앙심에 가까운 표현이다. 그것은 절대자에 귀의하는 일에 잠시 소홀했던 행위에 대한 반성에서 나오는 고뇌의 언어와 비슷하다고 할 수 있다.

죄를 지으면 인과율에 따라 벌을 받는다. 인간은 양심, 도덕, 종교의 율법에 어긋난 행동을 저지르는 경우 대부분이 양심의 가책을 느낀다. 죄와 범죄는 약간 다르다. 범죄가 국가나 사회 집단이 정한 법률에 어긋난 행위를 했을 경우에 벌을 받는 타율의 제재라면, 도덕 규범이나 종교의 가르침에 어긋난 행위를 했을 때 내면에서 우러나오는 반성은 양심의 소리일 것이다. 이를테면 원형이정에 근거한 인의예지 4덕을 그르다고 부정하는 행위 자체가 죄인 것이다. 왜냐하면 죄는 인의예지 4덕의 '사四'와 그것을 부정하는 아닐 '비非'의 합성어[罪]로 이루어졌기 때문이다.

김일부는 평생 유교의 소중한 가치와 신의 가르침을 깨우친 결과, 하늘의 죄는 면할 수 있을 것이라는 흡족감을 표시했다. 유학자들은 경건한 마음으로 예법을 잘 준수했다고 말하지만, 하늘에 '죄 짓지 않았다'고 표현하는 경우는 드물었다. 하늘에 거의 죄 짓지 않았다는 말은 하늘

9) 『周易』「繫辭傳」 上 5장, "一陰一陽之謂道, 繼之者善也, 成之者性也."

을 어버이로 섬긴 징표라고 할 수 있다. 김일부는 유학자의 길을 걸으면서 하늘을 인격적 존재로 믿은 산증인이었다.

「十五一言」

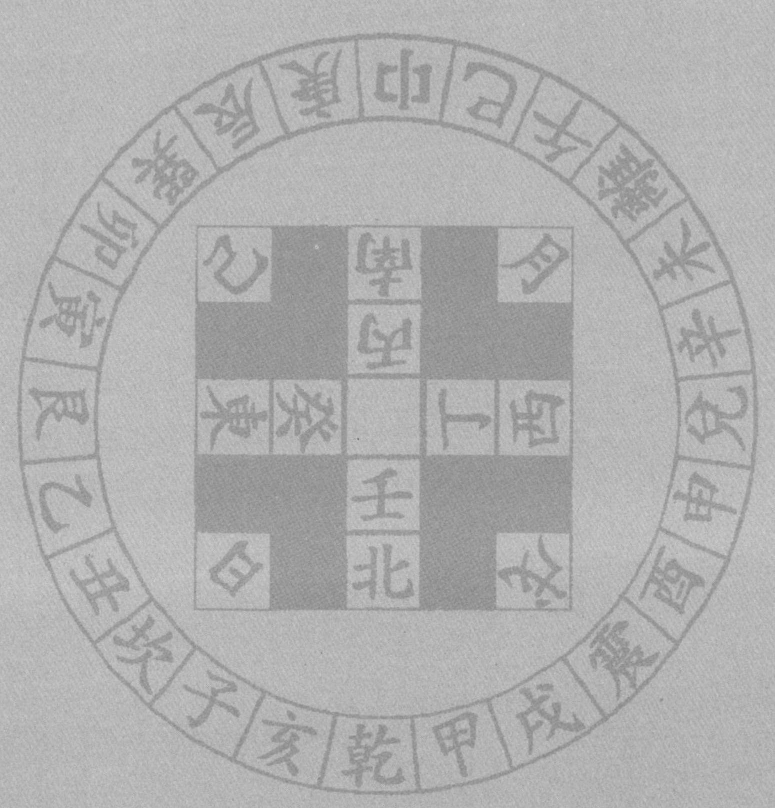

十五一言
십 오 일 언

『정역』은 「십오일언十五一言」의 상편과 「십일일언十一一言」의 하편으로 이루어져 있다. 김일부는 『주역』의 구성에서 힌트를 얻어 『정역』을 편집하였다.[1] 『주역』 상하편이 천도와 인사로 분류되듯이, 『정역』의 「십오일언」과 「십일일언」은 자연의 혁명, 또는 인간의 성숙과 완성 가능성을 대비시킨 체계로 구성되어 있다.

'십오일언'이란 무엇인가? 10은 무극, 5는 황극으로서 10무극과 5황극이 하나(1)로 통일된다는 '말씀[言]'을 뜻한다.[2] '언言'은 헤라클레이토스가 말한 로고스(logos)[3]처럼 법칙성을 갖춘 하늘의 뜻을 가리킨다. 공자가 "하늘이 무슨 말을 하리오? 사계절이 운행하고 만물이 생겨나니 하늘이 무슨 말을 하리오?"[4]라고 말했는데, 김일부는 얼굴 없는 하늘의 문법을 '말씀'이라 높여 불렀다. 하늘은 원래 말이 없다. 말없는 하늘이 만물을 지배한다. 하늘을 상징하는 숫자 10이 5와 1과 서로 분화하고 결합하는 방식으로 만물을 주관한다는 뜻이다.

'십오일언'에 대한 풀이는 다양하다. 무극·황극·태극의 3극이 순역順逆의 방식으로 율동한다는 존재론, 하도낙서에 바탕한 풀이 또는 60갑자에 기초한 해석 등이 있다. 10은 무극, 5는 황극, 1은 태극이다. 무극과

---

1) 『周易』은 乾坤卦로부터 坎離卦까지의 상편과 咸恒卦로부터 旣濟未濟卦까지의 하편으로 이루어져 있다.

2) 무극은 10, 황극은 5, 태극은 1이라는 말씀의 뜻도 있다. 무극과 황극과 태극은 三位一體(Trinity)로 존재한다는 의미일 것이다.

3) 파토스(pathos: 情念, 衝動, 情熱)와 대립되는 개념으로서 사물의 존재를 한정하는 보편적인 법칙 또는 행위가 따라야 할 준칙을 인식하고 판단하는 理性을 뜻한다.

4) 『論語』「陽貨」, "子曰 天何言哉? 四時行焉, 百物生焉, 天何言哉?"

황극과 태극은 원래 통일된 하나의 존재였는데, 만물의 진화 과정에서 셋으로 나뉘는 과정은 선천이고, 다시 하나로 통일되면 후천으로 바뀐다는 새로운 형태의 존재론이다.[5] 그것은 일자一者 중심이 아니라 삼자三者 중심의 형이상학이다. 3자라고 해서 만물의 보편자가 셋이라는 뜻이 아니라, 이 셋은 서로 다르게 작용하는 세 위격으로 존재한다는 뜻이다. 마치 성부聖父와 성신聖神과 성자聖子가 삼위일체三位一體의 방식으로 존재하는 것과 흡사한 논리라 하겠다.

정역사상은 하도낙서에서 출발하여 하도낙서로 끝맺을 정도로 10수 하도와 9수 낙서의 상수론이 핵심이다. 유학자들은 종종 하도낙서가 도교에서 발원했다는 점을 혹독하게 비판했다. 그럼에도 음양오행으로 선후천 변화의 암호를 해독할 수 있는 체계가 하도낙서 만큼 좋은 것은 없기 때문에 별도의 도서학파圖書學派로 발전하였다.

하도는 내부와 외부로 구성되어 있다. 외부는 음양오행이 동서남북으로 전개되는 공간의 운행 방식을 형상화한 것이다. 북방은 양수와 음수의 1과 6이, 남방은 음수와 양수의 2와 7이, 동방은 양수와 음수의 3과 8이, 서방은 음수와 양수의 4와 9로 펼쳐진 자연계의 운동 패턴을 상징한다.

김일부는 하도의 외부보다는 내부의 구성에 관심을 가졌다. 외부는 현상(작용)이고, 내부는 근거(본체)라고 설정했기 때문이다. 그것은 송대 이후의 어느 철학자도 사유하지 못했던 독창적 이론이다. 그는 내부의 무극, 황극, 태극이 외부에 있는 음양오행의 근거이고, 더 나아가 이 3극의 구조 자체에서 일어나는 조화로 인해 자연에 거대한 혁명이 일어난다고 인식했다. 특히 3극론에서 얘기하는 선후천 변화는 자연의 대격변을 겪는 종말론의 예고편이 아니라, 내부 조직에 이미 선후천 전환의 정보가 새겨져 있다는 것을 논증함으로써 중국 역학을 능가하는 우주

5) 성리학은 불변자 태극과 만물의 변화를 헤아리는 음양으로 이 세상을 설명한다. 그 중에서도 태극은 존재 범주로, 음양은 생성 범주로 간주하여 태극을 불변과 보편의 가치로 인정했다.

론의 정립에 힘을 기울였다.

전통 상수론은 하도의 외부 구성에만 관심을 가졌으나, 김일부는 동서남북의 오행 내부에 또 다른 오행의 이치가 존재한다는 것을 깨닫고, 그 내부에 있는 3극을 존재론의 문제로 승격시키는 거대 담론을 구상하였다. 더 나아가 역법의 근본적 변혁과 시공의 재편성은 낙서가 하도로 전환되는 과정을 거쳐 이루어진다는 선후천 변화의 당위성과 필연성을 체계화했던 것이다.

김일부는 선후천 전환의 목적을 3극론으로 수렴하면서 천지 자체가 변화하는 것은 우주의 원래 프로그램이자 예정 시간표(Time table)라고 천명한다. 3극은 하도에 총체적으로 투영되어 있다. 과거 대부분의 학자들은 하도를 오행의 생성론에 초점을 맞추어 연구해 왔다. 그동안 하도의 깊고 깊은 심층부에 자리잡은 3극의 존재론에 대해서는 아무도 관심을 갖지 않았고, 심도 깊은 논의조차 없었던 것이다.

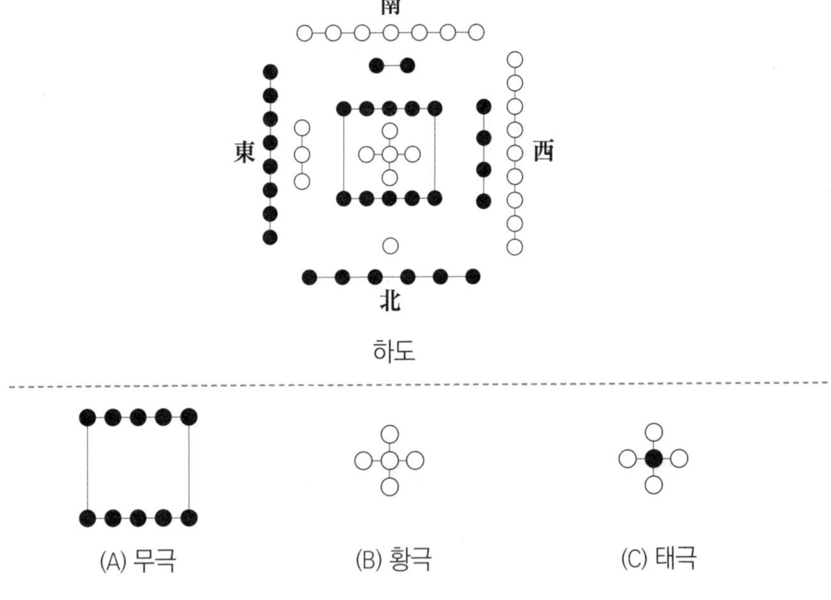

하도

(A) 무극　(B) 황극　(C) 태극

김일부는 3극이 곧 오행의 존재 근거라는 사실을 처음으로 밝혔다. 이때 내부의 3극이 본체[體]라면, 외부의 음양오행은 작용[用]이다.[6] 선후천의 전환은 생성론[五行] 차원이 아닌 존재론[三極] 차원에서 논의될 때 비로소 선후천 변화에 대한 논리적 근거의 확보가 가능하다는 뜻이다.

'십'은 하도 중앙에 있는 5황극(도표 B)을 위아래에서 둘러싸고 있는(도표 A의) 10무극을, 1태극은 5황극의 중심에 있는 검정 색깔의 점(도표 C)을 가리킨다. 하도가 우주 창조의 설계도요 계획서라면, 10무극과 5황극은 설계도의 궁극적 원인체인 동시에 계획서의 핵심체이며, 1태극은 바로 설계와 계획의 기본 인자因子, 최종 최초의 단위라고 할 수 있다.

금화정역도

'십오일언'의 결론은 금화정역도金火正易圖에 녹아 있다. "안의 십자十字와 바깥 십자의 회통처요, 바깥 둘레의 천원天圓과 안에 있는 정방형 지방地方의 합일처를 상징한다. 그것은 만유 생명의 시초점인 동시에 귀환처라 하겠다. 그러니까 '십오十五'는 하도 형성의 배태胚胎적인 중심이요, 우주 생성

6) 『正易』「十五一言」 "亢角二宿尊空詩", "正明金火理, 律呂調陰陽." 본체인 3극 차원의 질서가 율려라면, 음양오행은 생성 차원의 작용이다. 3극이 금화교역을 일으킨다는 뜻이다.

의 배포胚胞적인 핵심이며, 인간 배태의 태반胎盤과 같은 존재라 하겠다."[7] 이 '십오'가 그 중심인 1에서 완전히 융합하여 새로운 세계로의 도약을 뜻하는 열과 다섯이 하나로 합하는 말씀이 곧 '십오일언'이라는 것이다.

'십오일언'을 수리철학의 입장에서 풀이하는 경우가 있다. 정역사상은 시간의 비밀을 푸는 것이 핵심인 까닭에 일종의 미래학의 성격을 띤다. 예로부터 동양인들은 시간의 형성과 만물의 변화를 천간지지로 풀었다. 천간지지는 육갑六甲의 구조를 지닌다. 10단계의 천간, 12단계의 지지가 특정한 자리에서 만나 육갑을 형성한다.

甲子	乙丑	丙寅	丁卯	戊辰	己巳	庚午	辛未	壬申	癸酉
甲戌	乙亥	丙子	丁丑	戊寅	己卯	庚辰	辛巳	壬午	癸未
甲申	乙酉	丙戌	丁亥	戊子	己丑	庚寅	辛卯	壬辰	癸巳
甲午	乙未	丙申	丁酉	戊戌	己亥	庚子	辛丑	壬寅	癸卯
甲辰	乙巳	丙午	丁未	戊申	己酉	庚戌	辛亥	壬子	癸丑
甲寅	乙卯	丙辰	丁巳	戊午	己未	庚申	辛酉	壬戌	癸亥

선천 육갑표

己丑	庚寅	辛卯	壬辰	癸巳	甲午	乙未	丙申	丁酉	戊戌
己亥	庚子	辛丑	壬寅	癸卯	甲辰	乙巳	丙午	丁未	戊申
己酉	庚戌	辛亥	壬子	癸丑	甲寅	乙卯	丙辰	丁巳	戊午
己未	庚申	辛酉	壬戌	癸亥	甲子	乙丑	丙寅	丁卯	戊辰
己巳	庚午	辛未	壬申	癸酉	甲戌	乙亥	丙子	丁丑	戊寅
己卯	庚辰	辛巳	壬午	癸未	甲申	乙酉	丙戌	丁亥	戊子

후천 육갑표

7) 이정호, 『正易硏究』(국제대학출판부, 1983), 52-53쪽 참조.

선천이 '갑'에서 시작하는 세상이라면, 후천은 '기'에서 새롭게 시작하는 세상이다[己位親政].[8] 갑이 양이라면 기는 음이기 때문에 선천은 양 에너지가 넘치는 세상이고, 후천은 음에 의해 양 에너지가 조절되고 균형잡힌다는 것을 시사하고 있다. 그 과정에서 선천의 갑기甲己 질서[9]가 후천의 기갑己甲 질서[10]로 바뀌므로 갑·을·병·정·무의 순서로 움직이던 질서가 꺾이어 '기'로 시작하면 '무'는 자연적으로 시공時空의 모체로 귀향한다는 것이다. 이는 선천의 시공 구조(1년 $365\frac{1}{4}$일)와 후천의 시공 구조(1년 360일)가 전혀 다르다는 것을 암시한다.

하늘이 바뀌면 땅도 바뀌기 마련인데, 그것은 곧 6갑 시스템 자체의 질서가 새롭게 구성되는 것으로 연결된다. 위 도표에 반영되어 있듯이, 선천에는 천간 '갑'과 지지 '자'가 결합하여 갑자를 이루었다면, 후천은 새로운 시공의 탄생을 뜻하는 천간 '기'와 지지 '축'이 결합한 기축己丑에서 시작한다[己位親政].[11] "아아! 축궁이 왕성한 기운을 얻으니 자궁은 자리에서 물러나는구나.[嗚呼, 丑宮得旺, 子宮退位.]"는 말은 하늘 중심의 정사[天政]에서 땅 중심의 정사[地政]로의 전환을 가리킨다. 김일부는 이를 시공 구조의 재조직을 뜻하는 별자리의 이동으로 설명하고 있다. 그것은 자연과 문명의 틀은 물론 인간의 본질까지도 변화될 수 있는 가능성을 점검한 것이다.

후천이 '기축'으로 시작하여 기축, 경인, 신묘, 임진, 계사, 갑오, 을미, 병신, 정유, 무술까지가 10이고, 무술부터 시작해서 무술, 기해, 경자, 신축, 임인까지가 5이다. 5의 마지막 임인은 10과 5가 한 곳에서 집약 통일되는 집을 뜻한다.

---

8) 이는 어쩌면 기독교의 창조론보다 위대한 천지의 재창조에 해당되는 사건이라 할 수 있다.
9) 甲, 乙, 丙, 丁, 戊를 마치고 다시 시작하는 자리를 '己'로 본다.
10) 己, 庚, 辛, 壬, 癸를 마치고 다시 시작하는 자리를 '甲'으로 본다.
11) '己位親政'을 다른 말로 표현하면 무극과 태극과 황극이 엄지손가락에서 '하나'로 일치되는 우주론적 의미의 無極大道를 뜻한다.

十五一言	干支	六甲
十	己(10) 丑(10)	己丑 庚寅 辛卯 壬辰 癸巳 甲午 乙未 丙申 丁酉 戊戌
五	戊(5) 戌(5)	戊戌 己亥 庚子 辛丑 壬寅
一	壬(1) 寅(1)	壬寅
言	logos	하늘의 말씀

천간과 지지의 변화는 역법 구성의 메카니즘에도 영향을 끼친다. 현재는 인월세수寅月歲首의 역법을 쓰고 있다. 동양의 역법은 인월세수를 쓴 하夏나라로 거슬러 올라가며, 은殷나라는 축월세수丑月歲首를, 주周나라는 자월세수子月歲首를 사용했다. 현재는 공자가 하나라의 역법을 본받는다는 전통에 의거하여 인월세수를 쓰고 있다.[12)]

선천에는 새해 첫 달이 인월세수寅月歲首였던 것이 후천에는 묘월세수卯月歲首로 바뀐다. 묘월이 새해 첫 달이 되기 위한 전제 조건으로 천간지지의 변화가 일어나야 한다[己位親政, 戊位尊空. 丑宮得旺, 子宮退位. 卯宮用事, 寅宮謝位.] 선천의 정월이 인월寅月이었다면, 머지않아 후천에는 묘월卯月을 정월로 삼는다는 것이다. 이처럼 선후천의 교체는 역법과 시공질서의 재편성으로 나타난다고 할 수 있다.

「십오일언」을 비롯하여 『정역』 전체는 손가락을 꼽고 펴는 수지도수手指度數의 방법으로 일관되어 있다. 열 개의 손가락으로 셈하는 수지도수의 방법은 매우 단순하다. 거꾸로 수지도수로 환원될 수 없는 이론은 보

12) 『論語』「衛靈公」, "行夏之時, 乘殷之輅, 服周之冕." 소강절의 "天開於子, 地闢於丑, 人起於寅"이란 말은 하늘과 땅과 인류(문명)가 순차적으로 발생했다는 것을 설명한 이론이다. 그것은 선천에서 후천으로의 전환 즉 자연의 근본적 변화를 뜻하지 않기 때문에 정역사상을 소강절 원회운세설의 아류로 인식하는 것은 무리가 뒤따른다.

편성을 획득할 수 없는 까닭에 수지도수는 정역사상의 독특한 방법론이라 할 수 있다.

김일부는 밤낮을 잊은 채 손가락을 구부리고 펴는 셈법으로 선후천 변화의 필연성을 입증할 수 있는 체계를 구상했다. 이런 의미에서 수지도수가 배제된 『정역』 해석은 정통이 아니다. 아무리 뛰어난 미사여구를 동원하여 『정역』의 깊은 세계를 설명한다고 할지라도 관념에 불과하다는 뜻이다.

만약 간단한 수지도수의 방법으로 선후천 전환에 대한 설명이 불가능하다면 고도의 수리론도 의미가 없기 때문에 수지도수는 정역사상 이해의 열쇠에 해당된다고 하겠다. 김일부는 수지도수에 대한 확신을 바탕으로 무극과 태극과 황극의 3극론과 오행의 생성론을 통합시켰고, 심지어 정역팔괘도까지 수지도수로 설명하는데 성공했던 것이다.

수지도수란 무엇인가?

수지도수는 시종일관 하도낙서의 수리가 밑받침되어 있다. 1부터 시작해서 2, 3, 4, 5를 차례로 모두 굽히면 닫힌 선천을 상징하고, 굽혔던 새끼손가락을 펴면서 6, 7, 8, 9, 10으로 헤아리면 열린 10무극의 후천을 상징한다. 이때 처음으로 굽히기 시작한 엄지손가락이 1태극이라면, 새끼손가락을 굽힌 5는 황극이고, 5황극을 펴기 시작하면서 엄지손가락까지 모두 펴진 상태가 10무극이다. 1태극에서 출발한 낙서는 10무극을 지향하는 세계상이라고 말할 수 있다.

숫자로 보면 1이 만물의 시초 또는 생명 창조의 본체를 뜻하는 태극이라면, 5는 생성 운동의 중심체를 상징한다. 왜냐하면 황극은 生數(Creating number) 1·2·3·4·5를 成數(Becoming number)로 전환시키는 핵심적 존재이기 때문이다. 1+5=6, 2+5=7, 3+5=8, 4+5=9,

5+5=10를 이룬다. 5가 없으면 생수는 성수가 될 수 없다. 황극이 없으면 1태극이 10무극으로 전환될 수 없으며, 심지어 선후천의 교체도 불가능하다는 뜻이다. 생수와 성수는 황극이 없으면 아무런 역할도 못한다는 얘기다. 만약 태극에 황극의 역할이 없으면 무극이 될 수 없으므로 무극 없는 태극은 운동장 없는 선수처럼 애당초 생명 창조가 불가능한 것이다.

1·2·3·4·5·6·7·8·9·10으로 진행하는 순서는 갑·을·병·정·무·기·경·신·임·계로 순환하는 천간 질서와 똑같다. 굽힌 엄지손가락이 1태극[甲]이라면 굽힌 새끼손가락은 5황극[戊]이고, 다시 새끼손가락을 펴기 시작해서 엄지손가락을 편 상태가 10무극이다. 이는 시간 흐름의 입장에서 과거에서 현재를 거쳐 미래를 향해 만물이 성숙하는 이치를 설명한 선천 낙서의 논리를 가리킨다. 낙서와는 반대로 하도는 이미 열렸던 엄지손가락을 굽히는 것이 10무극이고, 다시 새끼손가락에 닿아 굽히면 6황극이 되어 1태극을 향해 진행한다는 세계상을 뜻한다.[13]

이때 새끼손가락을 굽혔던 5황극[戊]을 펴는 순간은 곧 숫자로는 6인 동시에 음인 己가 되는 것은 당연한 논리적 귀결이다. 김일부는 새끼손가락을 굽히자마자 편 5와 6을 '包五含六'의 中이라고 규정했다. 그것은 공자의 '중'을 극복하고 새롭게 발견한 '중'이다. 공자가 말한 '중'은 만물의 중심이면서 시공간의 핵심인 동시에 가치의 준거였다. 하지만 김일부의 '중'은 공자의 時中을 넘어 선후천 변화에 조응하는 논리적 근거를 뜻한다.

말하자면 새끼손가락을 편 상태의 己가 시공 질서의 재편성을 통해

13) 새끼손가락에 닿는 선천 낙서의 5황극과 하도 후천의 6황극은 서로 다른 별개의 존재가 아니라 선천과 후천 황극의 두 얼굴이다. 우리는 황극의 두 측면에 얽매일 것이 아니라, 황극의 역할에 주목해야 할 것이다.

엄지손가락으로 이동한다는 것이 곧 時中의 본질이라는 뜻이다.[14] 그것은 새끼손가락을 굽힌 5황극에서 다시 새끼손가락을 편 상태의 6황극을 엄지손가락[拇指]으로 이동하면 10무극이 되는 까닭에 엄지손가락에서 무극과 태극과 황극[无極而太極而皇極]이 하나로 일치되는 것을 형용한다. 한마디로 운동의 본체[用]였던 황극이 엄지손가락(무극)인 생명의 본원 자리[體]로 옮겨지는 과정이 바로 체용의 전환이다.

무극과 황극과 태극이 하나로 통일된다는 말은 무슨 뜻인가? 그것은 꿀과 젖이 흐르는 유토피아의 세상을 가리키는 것인가, 아니면 그러한 세상이 되어야 한다는 당위성을 얘기한 것인가? 전자는 종교의 존립과 연관된 문제이고, 후자는 희망의 후천이 반드시 도래한다는 논리의 필요성을 뜻한다. 자연의 팩트인가, 인간의 요청인가의 문제로 압축된다. 한마디로 '십오일언'의 핵심은 시공의 극적인 전환을 통해 후천이 이루어진다는 개벽 시간론이라고 말할 수 있다.

嗚呼라 **盤古化**하시니
오호 반고화

天皇은 **无爲**시고 **地皇**은 **載德**하시고 **人皇**은 **作**하시다
천황 무위 지황 재덕 인황 작

아아! 반고께서 스스로 조화하시니

천황은 의도적으로 일을 함이 없으시고, 지황은 생명을 길러내는 덕을 실으시고, 인황은 (반고를 이어받아) 일을 하시다.

「십오일언」은 신화에 나오는 반고盤古로부터 시작한다. 『정역』의 반고 이야기는 몇 가지 풀이와 함께 다양한 오해를 낳았다. 반고는 인격을 지

14) 이런 의미에서 공자의 時中과 김일부의 時中을 차별화하여 인식해야 옳다.

닌 존재인가? 신화에서 얘기하는 인류의 조상을 말하는가? 반고를 포함한 천황과 지황과 인황은 우주 원리를 의인화한 철학적 개념인가? 선후천을 관통하는 시공의 원형을 인격화한 표현인가?

반고는 천황과 지황과 인황의 존재 근거로서 시공과 생명을 다스리는 조화주造化主를 가리킨다. 반고는 천황과 지황과 인황의 세 얼굴로 존재한다. 반고는 셋으로 나뉘어 생명을 빚어내고 키우고 인간을 길러내는 '조화의 하느님'이다. 반고가 주인공이라면, 반고의 아바타가 바로 천황과 지황과 인황이다. 이때 '천'황, '지'황, '인'황에서 천지인을 강조할 경우는 괘 구성의 근거로 볼 수도 있다.[15)]

'천황은 함이 없다[无爲]'는 말은 아무 일도 하지 않는다는 것이 아니라, 오히려 수많은 창조 행위를 하더라도 그 흔적을 전혀 남기지 않는다는 뜻이다. 천황의 일은 인간의 언어로 포착될 수 없지만, 오히려 생명의 창조 행위는 활발하다는 역설의 극치를 보여주는 논리다. 천황은 말없는 행위로 스스로의 목적을 실현한다. 천황은 일정한 형체 없이 스스로를 드러내고, 인위적 행위 없이 만물을 빚어내고, 아무런 말없이 온갖 행위를 실행하는 무형의 조물주를 가리킨다.

맹자가 "하늘은 말하지 않고 행위와 일로써 자기를 개실開示할 따름이다"[16)]고 말한 것은 곧 언어를 초월한 천황의 행위를 지적한 것이다. "하늘의 행위는 스스로를 정립하는 행위, 천리天理를 자기 내부에서 자동으로 구성하는 내재적 인과율 속에서 이해해야 한다. 하늘은 본질적으로 스스로 발의하는 주동성主動性이고 능동성이고, 자발성이다."[17)] 김일부는 천황이 반고의 의지를 이어받아 실행하는 까닭에 '함이 없다'라는 언어로 표현한 것이다.

---

15) 天地人은 괘 구성의 3요소다. 하늘, 인간, 땅을 형상화한 '☰'은 공간 사유가 반영되어 있다.
16) 『孟子』「萬章」上, "天不言, 以行與事, 示之而已矣."
17) 김형효, 『孟子와 荀子의 哲學思想』(삼지원, 1990), 202쪽.

천황은 비록 형체는 없으나 자연으로 몸체를 드러내고[無形而見], 인위적인 행위를 하지 않으나 실제로는 바쁘게 일하고[無爲而作], 침묵으로 행동하는[無言而行] 패러독스의 극치로 존재한다. 지황은 넓은 포용력으로 모든 생명체의 무거운 몸체를 가득 싣는다[載德]고 했다. 땅이 만물을 실어주는 역할을 담당하는 만큼 지황은 천황과 합작하여 맡은 바 소임을 수행한다.

인황은 오직 인간만이 문명을 창출할 수 있는 위대한 존재라는 것을 신성화神聖化하여 붙인 명칭이다. '황皇'은 임금, 천자를 가리키는 글자로서 인황은 하늘땅에서 가장 으뜸가는 존재를 인격화한 것이다. 인황은 생명을 낳는 아버지 하늘과 생명을 일구는 어머니 땅의 사랑을 바탕으로 인류를 다스리는 사명을 짊어지고 실천을 목적으로 삼는다.

인황은 3황 중의 한 분이다. 인류의 조상은 인황에서 비롯되었다. '작作'은 짓다, 창작하다, 일하다, 행동하다 등의 작위作爲를 뜻하는 글자다. 인황은 형제가 아홉 명이므로 구황씨九皇氏, 또는 형제가 아홉 지역에서 살았기 때문에 거방씨居方氏라고도 불린다.

천황과 인황의 역할은 다르다. 천황이 스스로의 원인에 의해 만물을 창조한다면, 인황은 인류를 위해 문명을 창출할 수 있는 지혜를 제공한다는 점이 다르다. 그렇다고 천황과 지황과 인황의 삼자 중에서 누구의 위상이 높고 낮다는 우열을 나눌 수는 없다. 왜냐하면 그들은 반고의 의지를 현실 차원으로 변환시키는 차이점이 있기 때문이다.

그렇다면 반고는 신인가, 역사적 인물인가? 인격성을 지니고 만물을 주재하는 조화주를 인류의 조상으로 표현한 말인가? 여기서의 핵심은 반고가 인격적 존재인가, 아니면 비인격 존재인가에 달려 있다. 또한 반고는 인류 최초의 조상인가, 혹은 혼돈 신화에 나오는 창조신인가의 물음 역시 중요하다.

창세의 신, 반고

반고는 창조신이다. 중국 역사는 반고의 천지창조로부터 시작되었다. 『廣博物志』에서 "반고는 용 머리에 뱀의 목이며 바람과 비를 들이마시고 번개와 우레를 불어내니, 그가 눈을 뜨면 낮이고 그가 눈을 감으로 밤이다. 죽어서 뼈마디는 산이 되었고, 몸은 강과 바다가 되었으며, 피는 도랑을 이루었고, 몸에 난 털들은 풀과 나무가 되었다"고 했다.

일설에는 반고가 하늘을 열고 땅을 여는데, 하늘은 날마다 1장씩 높아졌고 땅은 1장씩 두터워졌다고 한다. 그렇게 1만 8,000년이 지나고 나서야 하늘과 땅이 갈라졌고 그 사이에 三皇五帝가 나타난 것이다. 燧人, 伏羲, 神農의 3황이 해와 달과 함께 동방에서 나왔고, 黃帝·顓頊·帝嚳·唐堯·虞舜의 5제는 후한 덕을 베풀어 천하를 다스렸다. 중국 역사의 기나긴 강이 여기서 발원하여 넓고 아득한 시간과 공간을 배경으로 천만년 이어져 온 것이다.[18]

반고, 하늘과 땅을 갈라놓은 신

신화에서 창조란 바로 혼돈과 무질서에서 정돈과 질서를 찾는 과정이다. 동양 신화 역시 세상이 존재하기 이전에 혼돈 상태가 있었다고 말한다. 하늘과 땅이 갈라지고 세상 만물이 생겨났다는 반고 신화는 아득한 고대로부터 전승된 신화라기보다는 漢 이후에 생겨난 철학적 신화로 보인다.

반고가 도끼를 들고 하늘과 땅을 갈랐다는 이 이야기는 明나라 때에 비로소 나온다. 문헌을 세심하게 살펴볼 때, 반고는 결코 하늘과 땅을

18) 倪泰一·錢發平 저/서경호·김영지 역, 『山海經』(안티쿠스, 2008), 14쪽.

만들어낸 신이 아니다. 하늘과 땅은 저절로 생겨났다. 반고를 둘러싸고 있던 기운들이 아래위로 나뉘면서 저절로 생겨난 것이다. 반고는 천지를 '만들어낸 신'이 아니라 다만 갈라진 하늘과 땅이 붙지 않도록 하는 역할만 했을 뿐이다. 반고가 천지개벽과 관련 있는 신이라면, 唐나라 때쯤 나타나기 시작한 중국 남방 소수민족들의 신화에 등장하는 개머리 모양의 신 즉 '盤王'도 있다.[19]

『주역』에 따르면, 만물의 창조는 건곤乾坤에서 비롯되어 둔괘屯卦(䷂)에 이르러 반환磐桓에 얽힌 이야기가 등장한다.[20] 그렇다고 반환磐桓이 곧 반고盤古라는 의미는 아니다. 반환이 카오스의 요동 상태를 형용한다면, 반고는 세상의 시작(만물의 형성) 또는 인류 최초의 조상을 얘기하는 원형신화原型神話의 주인공으로 알려져 왔다.

『정역』 첫머리는 반고로부터 시작한다. 생명의 씨앗이며, 인류 최초의 조상으로 알려진 반고로부터 삼위일체로 분화되어 나타난 것이 천황, 지황, 인황이다. 김일부가 과연 반고를 우주의 시초로 보았는지, 아니면 중국 신화의 한국화를 시도했는지는 더 연구할 문제다. 그럼에도 반고盤古[21]와 반환磐桓의 의미는 매우 가깝다. 반환은 추운 겨울을 지나 두꺼

19) 김선자, 『중국신화 이야기』(아카넷, 2004), 14-17쪽 참조.

20) 磐桓은 水雷屯卦(䷂) 초효에 나오는 말이다. "초구는 움직이지 않고 머뭇거리는 것이 반환이다. 올바른 데에 거처함이 이롭고 제후를 세움이 이롭다.[初九는 磐桓이니 利居貞하며 利建侯하니라]

21) 김선자, 앞의 책, 37-40쪽 참조. "어떤 학자는 반고의 원래 이름이 '盤'인데 이 말은 인도신화의 '梵'에서 온 것으로 반고신화는 인도와 불교의 영향으로 생겨난 것이라도 말한다. 특히 반고는 천지개벽과 관련있는 신으로 부각된다. 한편 지금 중국의 河南城 泌陽縣에 있는 盤古山에는 당나라 때 처음으로 세워진 반고사당이 있다. 반고를 천지개벽의 신이자 중화민족의 근원이라고 여겨 그가 하늘과 땅을 열었다고 전해지는 장소인 하남 필양현을 민족의 성소로 만들려는 움직임이 활발하게 일어나고 있다. 2002년 초 湖南城 沅陵縣에서 반고의 동굴로 여겨지는 '盤古洞'을 발견했다는 사실을 대대적으로 보도했다. 반고의 천지개벽은 그저 단순한 신화가 아니라 '역사적 진실'이라는 것이다. 신화를 그저 신화로 보는 것이 아니라 역사적 사실로 바라보는 일부 중국학자들의 접근방식은 재고되어야 마땅하다."

운 지표를 뚫고 어렵게 나오는 싹처럼 근원에서 처음으로 나타나는 생명력을 상징한다. '반환'을 신화에서 역사로 넘어가기 이전의 인류 최초의 인물로 인식한 주역학자들은 거의 없다.[22)]

> "盤桓을 盤古의 盤과 桓因, 桓雄, 桓儉 등의 桓과 合字語로 보는 것이다. … 盤桓은 고대의 神人이니 上帝의 長子이며 艮民의 先祖요 그 통치자였다."[23)]
> "乾의 중심 상징은 龍이었고 坤의 상징은 말[馬]인데, 屯의 상징은 磐桓이다. 磐은 磐古라는 가장 오래된 神이랄까 神人의 이름이고, 桓이란 환인, 환웅, 환검 할 때의 환이다."[24)]

'반환磐桓'은 『주역』과 한민족사의 기원과 연관이 있다. 우리 민족의 시조, 단군檀君을 가리키는 경우가 바로 그것이다. 고대 한민족의 정치사와 결부되었다. 이것을 밝힐 수 있는 방법은 『주역』이 동이민족東夷民族의 정신과 결부되어 씌어졌다는 사실을 입증하는 것과 더불어 『환단고기』를 통해 직접 접근하는 길이 있을 것이다.

한 민족의 고유한 역사책이며 인류의 원형문화와 정신을 밝히고 있는 『환단고기桓檀古記』에 반고盤固가 등장한다. 반고는 환웅과 같은 시대 인물로서 인류 최초 문명 개척자의 한 사람으로 꼽히고 있다.

> "환웅이 동방을 개척할 당시 기이한 술법을 좋아하던 반고라는 인물

---

22) 李正浩 博士(1913-2004)와 金興浩 교수(1919-2012)는 磐桓을 역사적 인물로 보고 있다. 특히 磐桓을 盤古 혹은 한국 상고사에 등장하는 桓雄 등과 연관시키고 있다. 磐桓을 환웅, 환검 등과 연결시키는 연구는 일제 강점기 때부터 나오기 시작했다. 多夕 柳永模(1890-1981)에게서 직간접의 영향을 받은 이정호와 김흥호로부터 민족주의 성향의 새로운 해석이 시도되었다고 하겠다.

23) 이정호, 『周易正義』(아세아문화사, 1980), 6-7쪽 참조.

24) 김흥호, 『周易講解(1)』(사색, 2003), 102쪽 참조.

이 있었다. 반고가 개척의 길을 따로 나누어 가기를 청하므로 환인께서 이를 허락하셨다. 그리하여 반고는 많은 재화와 보물을 싣고 십간 십이지의 신장을 거느리고 공공·유소·유묘·유수와 함께 삼위산 납림 동굴에 이르러 임금으로 즉위하였다. 이들을 제견이라 하고, 반고를 '반고가한'이라 불렀다. 이때 환웅께서는 무리 3,000명을 이끌고 태백산 마루 신단수 아래에 내려오시어 이곳을 신시라 하시니, 이분이 바로 환웅천황이시다. 환웅께서 풍백과 우사와 운사를 거느리고 농사와 왕명과 형벌과 질병과 선악을 주장하게 하시고, 인간 세상의 360여 가지 일을 주관하여 세상을 신교의 진리로써 다스려 깨우쳐서 인간을 널리 이롭게 하셨다."[25)]

환국시대 말, 인구 증가와 물자 부족 등으로 백성들의 삶이 어려워지자 서자부庶子部 부족의 환웅이 새로운 터전을 개척하기를 갈망하였다. 이에 금악(알타이)산과 삼위산과 백두산을 두루 살펴 본 환국의 마지막 임금 지위리智爲利 환인께서 백두산은 '인간 세상을 널리 이롭게 할 만한 곳'이라 하고, 환웅을 동방 개척의 선봉장으로 세우셨다. 환인은 백두산을 향해 떠나는 환웅에게 국통 계승의 상징으로 천부天符와 인印을 내려주고, 문명 개척단 3천 명을 붙여 주셨다. 환웅이 무리를 이끌고 동방 백두산으로 떠날 무렵, 반고가 다른 한 무리를 이끌고 삼위산三危山으로 향하였다. 『삼성기』는 중국 한족漢族의 창세신화에 등장하는 반고를, 환국에서 갈려 나가 한족 역사의 뿌리가 된 실존 인물로 분명히 밝히고 있다. 환인께 청하여 이주를 허락받은 반고는 십간 십이지의 신장과 여러

25) 『桓檀古記』「三聖紀全」 下篇, "時에 有盤固者가 好奇術하야 欲分道而往으로 請하니 乃許之하시니라 遂積財寶하고 率十干十二支之神將하고 與共工有巢有苗有燧로 偕至三危山拉林洞窟하야 而立爲君하니 謂之諸畎이오 是謂盤固可汗也라 於是에 桓雄이 率衆三千하사 降于太白山頂神檀樹下하시니 謂之神市오 是謂桓雄天皇也시니라 將風伯雨師雲師하시고 而主穀主命主刑主病主善惡하시며 凡主人間三百六十餘事하사 在世理化하사 弘益人間하시니라"

부족장과 백성을 거느리고 많은 재물과 보화를 꾸려 길을 떠나, 마침내 삼위산 납림 동굴에 이르러 반고가한이 되었다.[26)]

오늘의 중국인은 그들의 시원 조상인 반고가한이 천지를 창조한 조물주로 묘사하고 대신에 4천7백 년 전의 인물인 황제 헌원을 시조로 알고 있다. 『환단고기』가 중국인들이 잃어버린 뿌리 역사까지 밝혀주는 것이다. "반고는 중국에서조차 고대 신화에 등장하는 우주 창조신으로 받들어 왔으나, 여기서는 약 5,900년 전 환웅의 동방 개척기에 실존한 인물임을 밝혀주고 있다. 중국인들은 자신들의 뿌리를 알 수 있는 사료가 전혀 없어 전설상의 인물로만 알고 있는 것이다."[27)]

김일부는 왜 『정역』을 반고부터 시작함으로써 학자들의 오해를 낳았을까? 우선 김일부 자신이 전문 역사학자가 아닌 점에 기인한다. 그는 동양 고전에 해박한 지식인였음에도 불구하고 신화학을 비롯한 역사에 대한 정밀한 지식은 부족했다고 인정해야 옳을 것이다. 김일부는 절제된 언어 사용을 통해 『정역』을 분명하게 서술한 반면에, '반고'에 대한 상세한 설명은 생략했기 때문에 각종 곡해가 생겨났던 것이다.

권영원權寧遠(1928-2018)은 "반고盤古와 상제上帝와 화옹化翁은 한 분 하느님의 세 명칭이다. 즉 부모의 입장에서 보면 반고요, 군주의 입장에서 보면 상제요, 스승의 입장에서 보면 화옹이다."[28)]라고 구분하였다. 화옹은 특정한 위치가 필요 없는 신성한 불덩어리[原天火]로 존재하는 10무극의 신분으로서 60갑자의 기사己巳에 자리잡는다. 반고는 스스로 변화하는 존재이므로 기축己丑에서 시작하여 무술戊戌로 끝나는 무극과 연관이 있다.[29)] 상제는 일월의 정사를 주재하므로 해와 달의 주기 자체를 변

---

26) 안경전 역주, 『환단고기』(상생출판, 2016), 204-205쪽 참조.
27) 안경전 역주, 『환단고기』(상생출판, 2016), 59쪽 참조.
28) 권영원, 『正易과 天文曆』(상생출판, 2013), 239쪽 참조.
29) 己도 10土요, 丑도 10土이다. 己丑은 후천 6갑의 출발점이다. 己丑부터 시작해서 庚寅, 辛卯, 壬辰, 癸巳, 甲午, 乙未, 丙申, 丁酉를 거쳐 戊戌에 이르면 10이 된다.

형시킨다. 화옹이 하늘에서 조화의 도로 작용한다면, 반고는 땅에서 조화를 일으키는 덕으로 작용하며, 상제는 한 달[月]을 30일로 만드는 우주의 주재자를 가리킨다.

師傅格	化翁	无位	无極體位度數(己巳 戊辰 己亥 戊戌)	監化之道(用)
父母格	盤古	化生	皇極體位度數(戊戌 己亥 戊辰 己巳)	化生之德(用)
君主格	上帝	月起	月極體位度數(庚子 戊申 壬子 庚申 己巳) 日極體位度數(丙午 甲寅 戊午 丙寅 壬寅 辛亥)	日月之政(用)

※ 이 도표는 권영원, 『正易과 天文曆』(상생출판, 239쪽)에서 인용하였다.

도통연원도

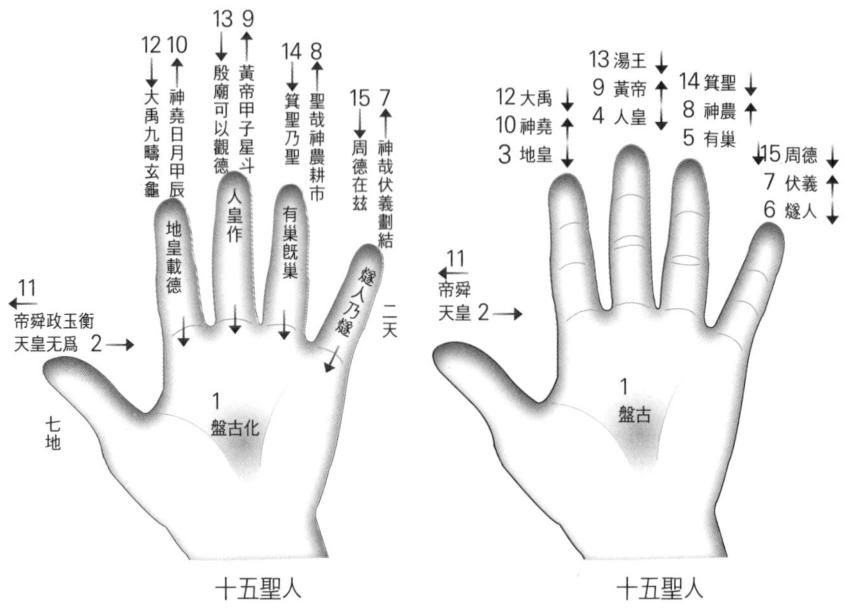

※ 위 그림은 권영원, 『正易과 天文曆』(상생출판, 245쪽)에서 인용했다.

김일부는 성인의 도통 역사를 수지도수로 헤아렸다. 그것은 시간의 섭리(the providence of Time)에 의해 성인이 출현한다는 것을 굽히고 펴는 손가락 형태와 숫자에 대응시킨 것이다. 그는 반고를 천지만물의 근원인 10무극으로 의인화했다. 하지만 반고를 15성인의 한 사람으로 포함시키지 않고, 15성인의 근거인 상제의 위상으로 드높여 '반고화盤古化'라 읊었던 것이다.

10무극에서 태동한 1태극이 선천의 시원이라면, 1태극에서 자라기 시작하여 우주의 목표에 달성한 10무극은 후천의 본원이다. 15성인은 반고(10무극)에 뿌리를 두고 선천 역사를 이끌었던 선천의 성인들이다. 태극(선천)은 무극을 뿌리로 삼아 성인의 도통사가 전개되고, 무극(후천)은 태극을 바탕으로 성숙한다는 것이 바로 수지도수의 핵심이다.

有巢 旣巢하시고 유소 기소	유소께서 이미 집을 짓고,
燧人 乃燧로다 수인 내수	수인께서 이에 불을 지폈네.
神哉 伏羲劃結하시고 신재 복희획결	신령스럽다! 복희께서 팔괘를 긋고 노끈을 매었고,
聖哉 神農耕市로다 성재 신농경시	성스럽다! 신농께서 밭 갈고 시장을 열었네.
黃帝 甲子星斗요 황제 갑자성두	황제께서 육갑을 만들고 별자리 보아 북두칠성을 밝혔고,
神堯 日月甲辰이로다 신요 일월갑진	신묘하신 요임금은 해와 달로 책력 만들고 갑진년에 등극했네.
帝舜 七政玉衡이오 제순 칠정옥형	천자이신 순임금은 선기옥형 만들어 칠정을 베풀었고,
大禹 九疇玄龜로다 대우 구주현귀	위대하신 우임금은 홍범구주를 받으니 현묘한 거북이 나타났네.
殷廟에 **可以觀德**이오 은묘 가이관덕	은나라 종묘에서 뛰어난 덕을 볼 수 있고,
箕聖乃聖이시니 기성내성	기자 성인도 성인이시니,
周德在茲하여 주덕재자	주나라의 성덕이 여기에 있고,
二南七月이로다 이남칠월	문왕과 주공의 덕이로다.
麟兮我聖이여 인혜아성	기린 같으신 우리 성인 공자이시여!
乾坤中立하사 건곤중립	건곤 속에 중심되시어
上律下襲하시니 상률하습	위로 천시를 본받고 아래로 수토 정신을 이어받아
襲于今日이로다 습우금일	오늘까지도 계승했네.

유소有巢씨는 대소씨大巢氏로도 불리고, 소황巢皇이라는 존칭도 있다. 한편 유소씨는 치의씨緇衣氏와 수인씨燧人氏의 아버지이며, 복희伏羲와 여와女媧의 할아버지라고도 전해진다. 아주 먼 옛 사람들은 야생의 원시 상태의 삶을 살았는데, 유소씨는 인류에게 최초로 집을 선물한 성인으로 추앙받고 있다.

집은 지친 심신을 편안하게 쉴 수 있는 둥지다. 인류가 천연의 동굴에서 살다가 점차 들판으로 거처를 옮기기까지는 오랜 세월이 걸렸다. 눈비를 피해 동굴에서 살면 여름은 시원하고 겨울에는 따뜻하게 지낼 수 있으며, 동물의 침입을 방지할 수 있는 장점이 있다. 하지만 비좁은 동굴은 그럭저럭 작은 가정을 꾸려나갈 수 있으나, 여러 부족이 동거하기에는 비좁아 넓은 공간으로 이주하지 않으면 안 되었다.

성인은 『주역』 34번 뇌천대장괘雷天大壯卦(䷡)를 본받아 나무를 엮어 귀틀집을 만들었다. 인류는 집과 궁실을 지어 주거 생활의 혜택을 누렸다. 기둥을 올려 지붕을 받치고 서까래를 내려서는 물이 밑으로 흐르게 고안하여 세찬 바람을 막는 집을 지었던 것이다.[30)]

수인씨는 불을 최초로 다룬 성인이다. 유소씨와 수인씨는 인류가 문명화 과정을 겪으면서 나타난 스승이다. 3황이 신과 인간을 한 몸에 갖춘 신인神人이라면, 유소씨와 수인씨는 인류로 하여금 자연인에서 공동체 삶을 살게 한 공덕이 있다. 특히 수인씨는 먹거리를 생식生食에서 화식火食으로 바꾸어 인류를 식중독과 배탈로부터 해방시켰다.

수인씨는 인공으로 불을 얻는 기술을 발명한 공로 때문에 수황燧皇이라고도 불렸다. '수燧'는 불을 얻는 도구를 뜻하는 글자다. 수인씨는 나무를 마찰시켜 불을 얻고, 음식물을 익혀 먹는 방법을 가르쳤다. 일설에

30) 『周易』「繫辭傳」 下 2장, "上古 穴居而野處, 後世聖人, 易之以宮室, 上棟下宇, 以待風雨, 蓋取諸大壯." 여기서의 후세 성인이 곧 有巢氏라고 단정할 수는 없다. 8괘를 그은 伏羲보다 앞서 大壯卦를 바탕으로 집어 지었다는 것은 무리가 뒤따르기 때문이다.

는 수인씨를 복희 신농과 함께 삼황三皇의 한 사람으로 부르고 있다. 수인씨는 제우스의 명을 어기고 인류를 위해 불을 선사한 그리스 신화에 나오는 프로메테우스와 유사한 공덕이 있다.

복희는 동양 문명의 아버지로 손꼽힌다. 그는 숱한 업적을 남겨 학술과 실용의 선구자로 존경받았다. 김일부는 복희의 공덕을 신격화하여 신성하다 또는 신령스럽다[神哉]고 표현했다. 복희는 8괘를 긋고, 노끈 맺는 방식으로 표현한 문자를 만들어 문명의 발전을 촉진시킨 성인이다.

신의 혈통을 지닌 복희의 능력은 아주 뛰어났다.[31] 가장 탁월한 업적은 8괘를 그은 것이다. 8괘는 하늘, 땅, 물, 불, 산, 우레, 바람, 연못을 상징하는 여덟 개의 부호로써 이 세상이 돌아가는 움직임을 포착한 것이다. 8괘는 성인이 정치적 교화를 베푸는 원리이자 정책 실천의 준거였다.

중국인들은 복희를 자기 민족의 시조로 인식하여 역사와 문화 발전의 초석으로 삼았다. 복희는 원래 태호족太皞族이 토템으로 삼은 명칭에서 비롯되었다. 고대 동방에 사는 민족은 동이족東夷族으로 불렸는데, 복희와 태호는 한 사람의 호칭이므로 태호는 동이족의 대표자인 셈이다.

동이족이 인류사에 끼친 공헌 및 특징은 세 가지가 있다. 첫째, 이夷 자가 활 궁弓과 사람 인人의 합성어로 이루어진 것처럼 동이족은 활을 만들어 잘 쏘는 민족이었다. 둘째, 약 6,500년 전 대문구大汶口의 무덤에서 나온 그릇이 증명하듯이, 동이족은 그릇 굽는 문화를 창출하였다. 셋째, 원시 예법을 창안한 민족이다. 이처럼 복희는 궁실宮室, 매장埋葬, 예기禮器, 악무樂舞 등을 제정하여 문명의 길을 닦은 동이족의 성인이다.[32] 이밖에도 그물을 만들어 물고기 잡는 법을 백성들에게 가르쳤다.

불꽃 임금 염제炎帝라 불리는 신농은 소전少典의 아들로서 사람 몸에 소

31) 金貞鉉 저/양재학 역주, 『正易註義』(상생출판, 2015), 40-41쪽 참조. "태호복희씨는 태어날 때부터 성스러운 덕을 갖추었다. 일월의 밝음을 상징하여 '태호'라 부른다."
32) 楊復竣, 『中華始祖 太昊伏羲(上)』(上海大學出版社, 2008), 16-27쪽 참조.

머리를 했다고 알려져 있다. 신화에서는 남방 천제로 높여지며, 삼황 중 두 번째다. 황제黃帝와는 어머니가 같고 아버지가 다른 이복 형제간이다. 어른이 되어 신농과 황제는 각각 다른 부족의 수령이 되어 140년간 즉위했다. 신농 부락은 강수姜水의 물가에 위치해서 성이 강姜이고, 황제 부락은 희수姬水의 물가라서 성이 희姬가 되었다. 염제의 많은 후예들 중에서 치우蚩尤, 과보夸父, 공공共工 등은 모두 뛰어난 영웅들이다. 백릉伯陵, 적송자赤松子 등도 특별한 능력을 지녔다. 딸 요희瑤姬와 여와女娃는 빼어난 미모를 지닌 미녀였다. 신농은 의약, 도자기 제작, 경작과 무역에 공을 세웠고, 평생 밭 갈고 씨뿌리는 것을 가르친 농업의 시조이기도 하다.

농사의 신, 신농씨는 농사 방법을 『주역』 42번 풍뢰익괘風雷益卦(䷩)에서 찾았다. 또한 상업의 신, 신농씨는 물물교환의 혜택을 베풀었다. 신농씨는 시장 경제의 원조다. 지폐가 없었던 옛날에는 시장에서 물물교환을 통해 필요한 물건을 직접 사고 팔았다. 이러한 상업의 원리는 『주역』 21번 화뢰서합괘火雷噬嗑卦(䷔)에서 찾을 수 있다. 상업은 시장에서 출발하였다. 시장의 형성은 서합괘에 반영되어 있다. 예전의 장터는 보통 길게 늘어선 모양으로 형성되었다. 서합괘는 이른 아침에 사람들이 움직이기 시작하여(☳) 밝은 해(☲)가 중천에 도달하면, 시장은 발 디딜 틈이 없을 만큼 장사꾼과 손님들이 북적거리는 이미지가 강하다.[33)]

신농은 몸으로 부대끼면서 세상을 바꾸려고 노력했던 성인이다. 농업과 약초의 신이었던 신농은 먹거리 부족을 해결하기 위해 직접 농기구를 발명하여 농사일에 직접 뛰어들었다. 특히 온몸이 독초로 인해 중독될 정도로 질병으로부터의 해방이라면 물불을 가리지 않고 약초를 찾아 천하를 헤맨 의사 겸 약사였다.

황제는 성씨가 공손公孫이고, 이름은 헌원軒轅이며, 유웅국有熊國의 임금

---

33) 『周易』「繫辭傳」 下 2장, "包犧氏沒, 神農氏作, 斲木爲耜, 揉木爲耒, 耒耨之利, 以敎天下, 蓋取諸益, 日中爲市, 致天下之民, 聚天下之貨, 交易而退, 各得其所, 蓋取諸噬嗑."

소전少典의 아들이다. 『국어國語』「진어晉語」에 보면, "옛날 소전少典이 교씨蟜氏를 맞아들여 황제와 염제炎帝를 낳았다"고 했다. 그는 수많은 업적을 남긴 것으로 유명하다. 수학을 이용하여 도량형을 정했고, 영륜伶倫으로 하여금 봉황의 울음소리를 듣고 5음12율을 지어 12달에 배정하였고, 직접 대형 음악회인 함지악咸池樂을 열었고, 기백岐伯과 토론하여 『황제내경黃帝內經』을 지었고, 창힐倉頡에게 문자를 만들게 하는 등 문명을 발전시켰다.

김일부는 천문에 근거해서 6갑을 발명한 황제를 존경했다. 천문 관찰의 핵심은 북두칠성에 있다. 북두칠성은 붙박이 별로서 생명을 태어나게 하고 귀환하는 곳으로 알려진 신성한 별이다. 황제는 북두칠성을 둘러싼 별자리와 28수를 바탕으로 6갑 조직을 구상하였다. 십간십이지로 구성된 6갑으로 동양 역법의 기초를 마련한 것이다.

『여씨춘추呂氏春秋』「존사尊師」에는 황제가 대요大撓를 스승으로 모셨다는 기록이 있다. 동한東漢 시대의 학자였던 고유高誘[34]는 "대요가 갑자를 지었다"고 말했다. 대요는 10간 12지를 결합하여 60갑자로 책력을 만드는 징표로 삼았다. 수隋나라 소길蕭吉은 594년에 지은 『오행대의五行大義』에서 "간지는 대요가 창제했다. 대요는 5행의 실정을 탐구하고 북두칠성을 살펴 처음으로 간지를 지었다"고 말했다.

황제에 대한 김일부의 관심사는 캘린더 작성 문제로 집중되었다. '황제갑자성두黃帝甲子星斗'란 말은 북두칠성의 자루가 가리키는 곳에 자리잡은 북극성과, 28수의 배치를 비롯하여 태양이 적도赤道와 황도黃道에 따라 어떻게 움직이는가를 관찰한 결과를 토대로 삼아 시간의 규칙적 흐름을 인식하는 방법인 60갑자를 만든 것을 뜻한다. 김일부는 황제의 정치적 업적을 상세하게 언급하지 않았다. 오로지 역법의 기초를 세워 문

34) 『孟子章句注』, 『孝經注』, 『戰國策注』, 『呂氏春秋注』 등의 책을 지었다.

명의 발전을 기획한 황제의 업적을 드높였던 것이다.

서양은 역사의 기록이 없으면 선사先史 시대로 분류하고, 기록물이 있어야만 역사로 인정하는 불문율이 있다. 동양은 선사 시대와 역사 시대를 구분하는 기준을 역법의 유무로 결정했다. 김일부는 요임금에 이르러서야 비로소 책력이 만들어졌기 때문에 요임금을 역법의 시조로 규정했다.

『서경書經』「우서虞書」"요전堯典"은 책력의 구성을 다음과 같이 말하였다. "임금께서 말씀하시기를 '아아! 그대들 희씨와 화씨여! 1년은 366일이며, 윤달로 4계절이 1년 이루는 것을 정하면 백관이 잘 다스려지고 여러 공적이 모두 빛날 것이다."[35]

요임금의 치적은 정치의 표본이었다. 요임금은 언제나 태평성대의 성군 혹은 이상정치의 모범으로 추앙받았다. 한 명의 백성이라도 배고파하면 '내가 배고프게 했다'고 말했으며, 한 명의 백성이라도 추위에 떨면 '내가 춥게 했다'고 말했으며, 한 명의 백성이라도 허물 때문에 근심하면 '내가 그를 빠트렸다'고 말했다. 요임금이 죽자 3년 동안 꽃이 피지 않았고, 백학이 슬피 울었으며, 푸른 구관조는 슬프게 말했다고 전한다.

요임금의 궁전은 소박하기 짝이 없었다. 지붕은 띠풀을 엮어 덮고, 계단은 섬돌로 만들었다. 뜰에는 명협蓂莢으로 불린 신기한 풀이 자랐다. 초하루부터 보름까지는 하루에 한 잎씩 났다가, 열 엿새부터 그믐까지 하루에 한 잎씩 떨어진다. 작은 달에는 마지막 한 잎이 시들기만 하고 떨어지지 않았기 때문에 달력 풀 또는 책력 풀[曆莢, 曆草]이라고 불렸다. 요임금은 하늘에서는 천문과, 땅에서는 명협이 성장하는 모습을 관찰하여 백성들에게 초하루와 보름과 그믐의 시간을 알려 주었다는 것이다.

요임금은 기상 관찰자인 희씨와 화씨에게 일월성신의 움직임을 관찰

---

35) 『書經』「虞書」"堯典", "帝曰 咨汝羲暨和! 朞三百有六旬有六日, 以閏月, 定四時成歲, 允釐百工, 庶績咸熙."

하여 농사에 도움 되도록 정확한 시간을 알려주라고 명령했다. "하늘의 질서를 삼가 따르게 하고, 일월성신의 운행을 역법으로 제정하거나[曆] 자연법칙으로 규칙화하여[象] 백성들에게 때를 알리도록 하였다."[36] 여기서 말하는 역曆은 달력 만드는 기술이 아니라, 달력을 구성시키는 근원 원리를 뜻하는 하도와 낙서를 가리킨다. 상象은 단순한 자연현상이 아니라, 8괘와 64괘의 상징을 뜻한다. 전자가 시간의 구조와 운행을 객관화한 정역사상의 근간인 하도낙서라면, 후자는 공간 질서를 8괘로 형상화한 『주역』의 방법이라 할 수 있다. 요임금이 제정한 역법에는 생명의 뿌리인 시공 문제가 담겨 있는 것이다. 갑진甲辰은 요임금이 등극한 원년이다.

요임금의 추천을 받아 천자에 오른 순은 여러 가지 규약과 제도를 정비하여 세상을 바로잡았다. 그는 하늘의 별들을 관측할 수 있는 기구를 만들었으며 봄, 여름, 가을, 겨울에 따라 산과 강, 그리고 여러 신들에게 제사를 올렸다. 도량형과 법률을 정비하여 백성들이 지키도록 했고, 오례五禮를 닦는 제도를 마련하였다.

순임금은 아비는 의롭고, 어미는 자애롭고, 형은 우애롭고, 아우는 공경하며, 자식은 효도하는 심성을 가르치는 5교五敎를 시행하였다. 이러한 순임금의 가르침은 우임금에게 시간의 선험 원리가 인간의 본성에 내재화되어 있다는 것을 16자字 심법으로 전수한 내용에 나타나 있다. "하늘의 역수가 그대 몸에 있으니, 그대는 마침내 임금에 오를 것이요. 사람의 마음은 위태롭고 도심은 미약하니, 오로지 정일하게 진실로 그 중도를 잡아라!"[37]

김일부는 순임금의 정치적 업적보다는 천문 관측에 주의를 기울였다. 순임금의 뛰어난 치적은 옥구슬로 만든 혼천의渾天儀로 천체를 관측하여

36) 『書經』「虞書」"堯典", "乃命羲和, 欽若昊天, 曆象日月星辰, 敬授人時."
37) 『書經』「虞書」"大禹謨", "天之曆數在汝躬, 汝終陟元后. 人心惟危, 道心惟微, 惟精惟一, 允執厥中."

일월과 다섯 별[金木水火土]의 운행 도수를 바로잡아 천문을 인문화한 것에 잘 드러나 있다. 이를 바탕으로 사계절과 12달에 맞추어 날짜를 바로잡고, 악률과 도량형을 통일시켰다.

순에게는 눈 먼 장님이라는 뜻의 고수瞽叟라는 아버지가 있었다. 순은 어머니를 일찍 여의고 계모 밑에서 자랐는데, 계모는 아주 나쁜 여자였다. 계모에게는 상象이라는 아들이 있었다. 고수는 상을 총애했다. 이런 집에서 순은 부모에게 효도하고 동생을 사랑했다. 마을에서는 순이 덕망 높은 사람이라고 칭송이 자자했다. 요임금은 그 말을 듣고 무척 기뻐하면서 두 딸 아황娥皇과 여영女英을 순에게 시집보내어 사람됨을 지켜보았다. 또한 식량 창고를 지어 많은 소와 양을 주었다.

순의 계모와 이복 동생은 질투심에 사로잡혀 고수와 함께 순을 죽이려고 했다. 어느 날 고수는 순에게 창고 지붕을 고치라고 했다. 순이 사다리를 타고 위로 올라가자마자 고수는 창고에 불을 질렀다. 아들 순을 불태워 죽이려 한 것이다. 불이 난 것을 본 순은 사다리를 찾았으나 보이지 않았다. 그들이 이미 치워버렸던 것이다. 다행히 순은 햇빛을 가리는 데 쓰는 삿갓 두 개를 갖고 있었다. 그는 양 손에 삿갓 하나씩을 들고 새가 날개를 편 것처럼 지붕에서 뛰어내렸다. 그러자 그들은 순에게 우물을 파게 했다. 순이 우물 안으로 들어가자 돌로 우물을 메워버렸다. 순을 우물 안에 파묻으려 한 것이다. 그러나 순은 우물 밑으로 굴을 파서 무사히 집으로 돌아 왔다. 그 다음부터 고수와 상은 더 이상 순을 해칠 생각을 하지 못했다. 그럼에도 순은 여전히 부모에게 효도하고 이복 동생과 사이좋게 지냈다.

요임금은 직접 순의 됨됨이를 보고는 덕이 높은 사람임을 인정하고 임금의 자리를 넘겨주기로 결심했다. 이렇게 임금은 세습이 아니라, 덕 있는 사람에게 물려주는 '선양禪讓' 제도가 생겨났던 것이다.

순의 도통은 우禹에게로 전승되었다. 우에 얽힌 이야기는 낙수洛水에서 나온 거북이 등에 새겨진 상서로운 낙서가 출현했으며, 천하를 혼란에 빠뜨린 홍수 사태가 있다. 옛날 우의 아버지 곤鯀이 자연의 오행 법칙에 어긋나는 홍수 대책을 내리자 천제天帝께서 홍범구주를 주지 않았기 때문에 세상은 더욱 혼란해졌고, 그 결과 곤은 죽임을 당했다. 반면에 우는 천도를 응용하여 치수에 성공했기 때문에 하늘이 홍범구주를 선물로 내려주었다는 것이다. 우는 아버지를 대신하여 치수 사업의 대명사로 추앙받는 존재가 되었다.

그런데 홍범과 오행치수법은 홍수 중심으로 전개된 공통점이 있다. 서양의 홍수 신화가 신(God)에 대한 믿음에 포커스가 맞춰졌다면, 홍범에 나타난 오행치수법은 천명을 받아내린 다음에 홍수를 극복했다는 성인의 위대성이 부각되어 있다.

> "주나라 문왕 13년에 무왕이 기자를 방문하였다. 무왕이 물었다. '아아, 기자여! 하늘이 백성들을 보호하여 이들이 화목하게 함께 살도록 도와주시는데, 나는 치국의 떳떳한 이치를 모르겠소이다.' 기자가 이에 대답하였다. '내가 듣건대, 옛날 곤鯀이 홍수를 막으면서 오행의 질서를 어지럽히자 천제께서 진노하시어 홍범구주를 주시지 않으니, 치국의 떳떳한 이치가 무너졌소. 곤은 죽임을 당했고, 우가 부친의 사업을 이어받아 일어났소. 하늘이 우에게 홍범구주를 내려주셨는데, 치국의 떳떳한 이치가 이로 말미암아 정해졌소이다.'"[38]

이 대화록은 하늘이 만물에게 생명의 은혜를 내려주었으나, 무왕武王(BCE 1169- BCE 1116)은 나라 다스리는 방법을 모르겠다고 고백하는 것

---

38) 『書經』「周書」"洪範", "惟十有三祀, 王訪于箕子. 王乃言曰 嗚呼箕子! 惟天陰騭下民, 相協厥居, 我不知其彝倫攸敍. 箕子乃言曰 我聞, 在昔鯀陻洪水, 汨陳其五行, 帝乃震怒, 弗畀洪範九疇, 彝倫攸斁. 鯀則殛死, 禹乃嗣興, 天乃錫禹洪範九疇, 彝倫攸敍."

으로 시작한다. 그러자 기자箕子(BCE ?-BCE ?)는 홍수 이야기로부터 풀어 나간다. 천제天帝가 치수 사업에 성공한 보답으로 우에게 홍범구주를 내려준 사실을 바탕으로 기자는 치국과 천하사의 요체를 제시했다는 것이다. 기자와 무왕, 이 두 사람의 담화는 전쟁의 참상을 치유하는 민생 문제에 한정시키지 않고, 인류의 삶을 뒷받침하는 제반 문제를 다루었다.

우임금은 치수 사업에 성공하자마자 천하를 아홉 지역[九州]으로 나누어 다스렸다. 아홉의 근거는 거북이 뒤에 새겨진 문양에 있으며, 기자는 이것을 일러 세상을 다스리는 아홉 개의 범주라는 의미의 구주九疇라고 불렀다. 우임금은 우물 정井 자 형상의 아홉 구역으로 천하를 나누었던 것이다. 『서경』「하서夏書」"우공禹貢"은 기冀·연兗·청靑·서徐·양揚·형荊·예豫·양梁·옹雍으로 기록하고 있다. 나중에 기자는 우임금의 가르침에 근거하여 홍범사상을 연역했던 것이다.

"은나라 종묘에서 뛰어난 덕을 볼만 하다[殷廟可以觀德]"는 것은 탕왕湯王(?-?)의 업적을 말한 것이다. 요임금은 자신의 자손이 아닌 신하 가운데 가장 덕이 높은 사람을 뽑아서 제왕의 자리를 물려주었다. 이같은 왕위 계승을 선양禪讓이라고 하는데, 그것은 다른 성씨의 인물에게 평화적으로 왕권을 넘겨준 사건을 뜻한다. 순임금 역시 자신의 신하였던 우禹에게 선양했다. 우임금 때부터 자손에게 왕위를 세습하는 전통이 생겨났다. 걸왕桀王[39]은 세습 왕조인 하나라의 마지막 왕이었다. 이때까지는 왕위 계승이 순조롭게 이루어졌다고 할 수 있다.

그런데 탕왕의 '역성혁명易姓革命'에 의해 이같은 전통이 무너졌다. 탕왕이 무너뜨린 전통은 두 가지였다. 하나는 탕왕은 선양이라는 평화적인 왕조 교체가 아니라, 무력을 동원한 비평화적인 방법으로 폭군 걸왕을 정벌하고 주살誅殺했기 때문이다. 둘째는 신하의 신분으로 자신이 섬

39) 帝發의 아들로서 姓은 似이고, 氏는 夏后, 이름은 履癸이며, 시호는 桀이다.

기던 왕을 내쫓고 새로운 왕조인 은殷 나라를 개국한 것이다.[40)]

탕왕은 유가에 의해 이상적인 군주로 존경받았지만, 무력으로 군주를 몰아내고 새 왕조를 세운 행동이 정당한가에 대한 끊임없는 논란에 휩싸였다. 특히 후대 제왕들의 입장에서 보면 아무리 폭군일지라도 신하가 군대의 힘을 이용해 군주를 내쫓는 쿠테타는 용납될 수 없었을 것이다.[41)]

우에게 내려준 천명이 기자에 이르러 비로소 '홍범'으로 체계화되어 알려졌다. 기자는 하늘의 뜻이 자신에게서 끊어지지 않을 것을 확신하고 무왕에게 전달함으로써 역사적 사명을 완수했다. 소동파蘇東坡(1037-1101)에 의하면, 조국이 멸망당하고도 벼슬길에 나아갈 수 있는 기회를 거부한 기자의 인격과 행실은 지식인의 표본이 되기에 충분했다. 실제로 무왕이 기자를 방문하여 천도를 묻자 기자가 화답한 천도의 본질과 현상에 대한 서술이 바로 홍범사상인 것이다.

은말주초殷末周初의 난세를 문닫고 새로운 세상을 열어제친 내강외유형의 대표자가 문왕文王(?-?)이라면, 동방 민족 대 서방 민족 혹은 국가 대 국가의 이해 관계는 상반됨에도 불구하고 진리를 무왕에게 전달한 대인은 기자箕子(?-?)였다. 이런 연유에서 공자는 기자의 공로를 문왕과 어깨를 겨누는 인물로 칭송했으며, 김일부는 기자를 문왕보다 높은 성인으로 추존한 것이다.

문왕보다 더 괴로웠던 사람은 기자였다. 왜냐하면 문왕과 주왕紂王은 서로가 이민족였지만, 기자는 주왕의 삼촌으로서 같은 핏줄이기 때문이다. 혈연으로는 조카와 삼촌 사이지만 정치적으로는 군왕과 신하의 주종 관계이다. 기자는 주왕의 폭정을 간언하자니 목숨이 두려웠고, 조카

---

40) 『孟子』「梁惠王」下, "齊宣王問曰 湯放桀, 武王伐紂, 有諸? 孟子對曰 於傳有之. 曰臣弑其君, 可乎? 曰賊仁者謂之賊, 賊義者謂之殘, 殘賊之人謂之一夫, 聞誅一夫紂矣, 未聞弑其君也."

41) 明 나라를 세운 朱元璋(1328-1398)은 탕왕의 '역성혁명'을 정치 사상적으로 정당화한 맹자를 몹시 싫어했기 때문에 『맹자』를 금서로 지정했을 뿐만 아니라, 심지어 文廟에서 추방하기까지도 했다.

의 실정을 가족의 눈으로 직접 보기에는 몹시 힘들어 미친 척 하여 도망갔다.

기자의 발걸음은 고독 그 자체였다. 안으로는 조카의 폭정에 가담하지 않고, 밖으로는 위험한 상황에서도 자신의 정도를 지켰기 때문이다. 문왕은『주역』의 확고한 기반을 세웠고, 기자는 낙서에 근거하여 홍범구주를 정립함으로써 동양학의 두 축이 형성되었던 것이다.[42] 후대에 문왕이 그었다는 문왕팔괘도와, 기자의 홍범구주로 도표를 만들면 다음과 같다.

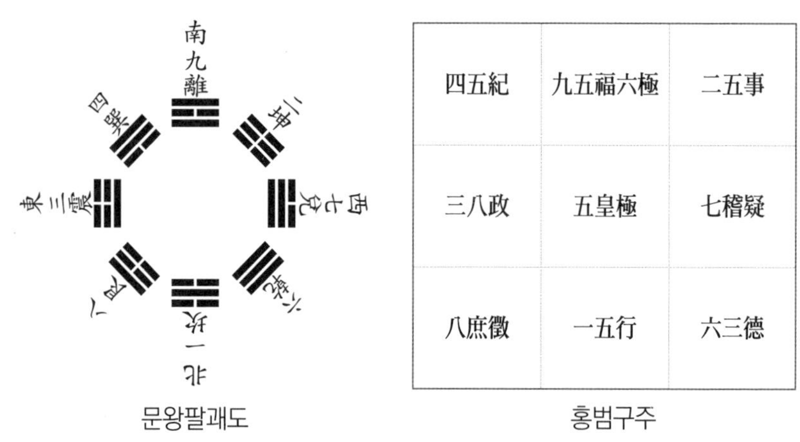

四五紀	九五福六極	二五事
三八政	五皇極	七稽疑
八庶徵	一五行	六三德

문왕팔괘도 　　　　　 홍범구주

『주역』 36번 지화명이괘地火明夷卦(䷣)에는 한 시대를 풍미했던 각양각색 군상들의 삶에 대한 스토리가 있다. 문왕과 기자와 무왕과 백이·숙제 등의 주연급 배우들이 활약했다. 명이괘는 초효에 백이伯夷·숙제叔齊를, 2효에 문왕文王을, 3효에 무왕武王을, 4효에 미자微子를, 5효에 기자箕子를, 상효를 주왕紂王으로 캐스팅했다. 이처럼 명이괘 각 효를 통해 은말주초에 활약한 성현들의 흔적을 찾을 수 있는 것이다.

42) 胡渭는 郝敬(1558-1639)의 말을 빌려 기자의 공로를 치하했다. 胡渭가 지은『洪範正論』卷1에는 다음과 같은 말이 나온다. "郝氏敬 尙書辨解云: 箕子與文王並囚, 文王衍易, 箕子衍範, 其志同也. 故夫子贊明夷, 以文王箕子並列議論."

명이괘 2효는 험한 세상에는 외유내강의 삶이 바람직하다는 것을 얘기한다. 그것은 음이 음 자리에 있고[正], 하괘의 중용이지만[中], 2효 문왕과 5효 기자는 라이벌 관계이기 때문에 음양이 상응하지 않는 양상이다. 2효의 내용에서 넓적다리에 화살이 꽂혔음은 문왕이 10여 년 동안 유리옥羑里獄에 갇혔음을 상징한다.[43] 정치범은 면회가 허용되지 않는 관례를 고려할 때, 문왕은 고립무원의 처지였다. 구원자는 오로지 아들인 무왕과 자신의 측근들 뿐이었다. 문왕에게는 강태공姜太公, 산의생散宜生 등 충성스런 신하들이 보필하여 외롭지 않았으나, 5효 기자는 외톨이 신세였음을 2효가 증명하고 있다.

명이괘(䷣) 5효는 음이 양 자리에 있으나, 상괘의 중용을 굳게 지키고 있으며, 2효와는 상응하지 않는다. 명이괘 5효는 기자의 고독한 삶을 가리킨다. 2효 문왕은 비록 감옥에 갇혔으나 불[離: ☲]의 밝음을 품고 있다. 하지만 기자는 5효라는 좋은 여건을 가지고 있음에도 자신의 웅지를 맘껏 펼치지 못하는 불우한 처지에 있다. 왜냐하면 상효, 즉 같은 핏줄인 주왕과 한 몸체를 이루는 곤坤(☷)의 구성원이기 때문이다.

> "육오는 기자의 명이이니, 올바르게 함이 이롭다. 상전에 이르기를 '기자의 올바름'은 밝은 것이 쉬지 않는 것이다."[44]

『서경』은 기자의 조카인 주왕의 폭정을 이렇게 서술하고 있다. "하늘은 혹독하게 재앙을 내리시어 은나라를 황폐케 하시거늘, 모두가 일어나 술독에 빠져 주정을 일삼고 있습니다. 두려워해야 할 것을 두려워 않고 있습니다."[45] 하지만 은나라의 지성, 시대의 등불였던 기자는 조국의

---

43) "六二, 明夷, 夷于左股, 用拯馬壯, 吉. 象曰 六二之吉, 順以則也."
44) "六五, 箕子之明夷, 利貞. 象曰 箕子之貞, 明不可息也."
45) 『書經』「商書」"微子", "天毒降災, 荒殷邦, 方興, 沈酗于酒. 乃罔畏畏."

멸망을 인정하지 않을 수 없었다. 폭군의 말로를 지켜보면서 자신의 양심을 지키고 정도를 걷는다는 것은 성인이 아니면 불가능하다. 기자는 모국이 멸망당하는 슬픔을 견뎌낸 대인이었다.

왜 명이괘 5효에 기자가 위치하는가? 5효는 비룡재천飛龍在天하는 최고 존엄의 자리다. 명이괘 구성에서 기자는 초효 백이와 숙제, 2효 문왕, 3효 무왕, 4효 미자보다 훨씬 높은 임금 자리에 앉아 있다. 기자는 무왕의 아버지 문왕과 함께 당대를 대표하는 석학으로서 공자처럼 무관無冠의 제왕에 올랐기 때문일 것이다. 한마디로 기자는 역사의 패배자가 아니라 진리를 수호한 승리자였다.

성인의 진가는 어려울 때일수록 빛난다. 기자는 조국의 패망을 지켜만 보았던 방관자가 아니다. 비록 역사의 물줄기를 돌릴 수 없다는 것을 인식했으나, 진리의 전승을 위해서 양심을 팔지는 않았다. 역사가의 손가락질을 받지 않기 위해서 산으로 도피하는 것이 방편일 수는 있다. 기자는 무왕과의 담판을 짓고 대도를 전수하고는 조선으로 물러갔을 따름이다.

이같은 기자의 올곧고 떳떳한 행위는 '올바름의 표상', '영원히 꺼지지 않는 햇불'로 표현되기에 이르렀다. 그래서 문헌 고증에 뛰어난 경학자 청대의 호위胡渭(1633-1714)는 "무왕이 기자를 방문하지 않았다면 홍범학은 끊겼을 것이다"[46]라고 말할 정도로 기자는 고대의 전통을 현재로 잇게 하는 산파 역할을 한 위대한 사상가로 추존되었던 것이다.

동양 고전은 문왕과 무왕과 주공을 앞세우고, 기자는 시대를 잘못 만난 불우한 현자로만 기록하고 있다. 하지만 김일부는 기자가 동이족 출신이라는 점과 함께 실제로 문왕과 주공보다 뛰어난 성인이라고 강조했고, 심지어 주나라의 흥성은 기자의 은혜에서 비롯되었다[周德在玆]라고까지 표현하였다. 기자의 홍범사상으로 인해 주나라가 덕치를 베풀 수

---

46) 『洪範正論』 卷1, "非武王之訪, 則洪範之學, 於是乎絶矣."

있었다는 뜻이다. 여기서 우리는 홍범의 유래가 더 오래되었고, 나중에 홍범구주의 영향 아래서 문왕팔괘도가 형성되었음을 알 수 있다.

명이괘 2효에서 말하는 중정의 도리를 실천한 문왕은 천하 통일의 확고한 기반을 세워 성인의 대열에 올라섰다. 그는 감옥에 갇혀서도 『주역』을 지어 문명의 전환을 이루었을 뿐만 아니라 정치 일선에 복귀하는 탁월한 능력도 발휘했다. 문왕의 공로가 얼마나 위대했으면 3경三經에 공통으로 수록되어 있을까? 즉 『주역』에는 문왕팔괘도와 괘사, 『시경』에는 "문왕지습文王之什", 『서경』에는 "서백감려西伯戡黎"가 실려 있는 점에서 문왕의 업적을 짐작하고도 남는다.

명이괘 3효는 양이 양 자리에 있으나[正], 하괘의 중용을 벗어나 있고[不中], 상효와는 상응한다. 3효는 양이 양 자리에 있기 때문에 에너지가 넘쳐야 할 수 있는 '사냥'이라는 단어가 나온다. 2효 자체가 유순하므로 글월 문文을 의미하는 문왕이 나왔다면, 3효는 힘을 써서 사냥감을 잡은 무왕 이야기가 나타난다.[47]

무왕이 드디어 칼을 뽑아 주紂를 치기 위해 남쪽으로 정벌을 나섰다. 그래서 상효를 뜻하는 폭군 주왕의 머리를 베었다. 무왕에게 쫓긴 주왕은 궁궐에 들어가 군복을 벗은 다음, 곤룡포를 입고서는 자살했다고도 전한다. 무왕은 자신에게 매달렸던 주왕의 애첩 달기妲己의 목을 베었다.[48] 무왕은 민심을 얻기 위해서 서두르지 않았다. 은나라의 멸망은 하늘의 명이 없으면 불가능하다고 판단한 무왕은 한참을 기다렸다가 2년이 지난 뒤에야 비로소 은나라를 무너뜨렸던 것이다.

"주나라의 덕이 여기 있으니. 2남과 7월의 덕화가 바로 그것이로다[周德在玆, 二南七月]"라는 것은 기자의 홍범사상 덕분에 주나라의 왕도정

---

47) "九三, 明夷于南狩, 得其大首, 不可疾貞. 象曰 南狩之志, 乃大得也."
48) 紂王과 妲己의 목을 벤 것은 은나라가 멸망당한 사건을 뜻한다. 그것은 무왕이 주나라를 세움으로써 하늘의 뜻을 크게 얻음을 가리킨다.

치가 실현될 수 있었는데, 그 증거가 『시경詩經』「국풍國風」[49]의 "주남周南"과 "소남召南", "빈풍豳風"에 담겨 있다는 뜻이다.

2남은 "주남"과 "소남"[50]이고, '7월'은 "빈풍·칠월장"[51]을 가리킨다. 전자는 문왕의 치적을 칭송한 시이고, 후자는 주공의 성덕을 칭송한 시이다. 문왕은 주나라 창업의 기초를 마련했고, 아들인 무왕은 은나라를 굴복시켰고, 무왕의 동생인 주공은 조카 성왕成王을 도와 섭정하면서 예악 문화와 문물 제도를 정비하여 수많은 치적을 쌓았다.

복희는 글자 없이 괘획만으로 만물의 실정을 표현했고, 문왕은 괘사卦辭로 표현된 문자역文字易을 만들었으며, 주공은 384효 효사爻辭를 지어 『주역』의 체계를 보완한 공로가 있다. 그래서 공자는 "심히 노쇠함이여. 오래도록 다시 꿈에 주공을 보지 못하였다."[52]라고 탄식할 정도로 주공을 존경했다.

'기린 같으신 우리 성인 공자이시여![麟兮我聖]의 뜻을 살펴보자. 공자를 기린같은 성인이라 칭한 연유는 『춘추春秋』에 나오는 '서수획린西狩獲麟' 사건에서 비롯되었다. 『춘추』는 은공隱公 원년(BCE 722)부터 애공哀公 14년(BCE 481)까지 12대 242년 동안의 노나라 역사를 편년체로 기록한 것인데, '서수획린'에서 끝을 맺는다. 공자는 68세(BCE 484)에 열국의 주유를 마치고 고향인 노나라로 돌아왔다. 공자는 대동사회를 구현하고자 했던 정치적 이상을 포기하고, 고전의 정리와 제자 양성에 마지막 희망을 걸었다.

공자는 인의仁義의 도덕적 가치로 3,000여명의 제자를 가르치고, 시서

---

49) '國'은 제후로 봉한 지역, '風'은 백성들 사이에 널려 불려진 민요를, '雅'는 천자의 宮中 잔치에 연주되는 음악을, '頌'은 천자의 종묘에서 제사지낼 때 연주하는 음악을 가리킨다.

50) 周南은 周나라의 남쪽이라는 뜻으로 周公旦(?-?)이 모은 詩를 뜻하며, 召南은 召公奭(?-BCE 996)이 모은 詩를 말한다.

51) 7월은 "豳風·七月章"을 가리킨다.

52) 『論語』「述而」, "子曰 甚矣, 吾衰也. 久矣, 吾不復夢見周公."

詩書의 산정刪定과 함께 『춘추』를 집필하기 시작했다. 『춘추』의 집필은 단순히 역사적 사건을 기록하는 것에 그치는 것이 아니라, 역사를 올바르게 평가하는 춘추필법春秋筆法의 정의를 세우는 작업이었다. 그래서 김일부는 "의리를 잡아 춘추에 크게 나타날 일은 상제께서 가르침이시다[六十年率性之工, 秉義理大著春秋事者, 上敎也.]"라고 말하면서 '춘추'를 강조했던 것이다.

태평성대에만 나타난다는 기린이 노나라에서 잡혔다. 애공은 사냥꾼이 잡은 짐승의 이름을 몰라 공자에게 물었는데, 공자는 기린의 다리가 부러진 것을 보고, 인자한 기린이 저렇게 상처입었다고 탄식하면서 『춘추』의 집필을 중단했다는 것이다.[53] 이로부터 '기린 성인[麟兮我聖]'이란 공자의 별칭이 생겼다. 공자가 절필한 까닭은 때를 만나지 못한 자신의 인생에 대한 안타까움도 있었겠지만, 무엇보다도 '획린' 사건을 치세와 난세를 가름하는 하나의 획기적인 계기로 인식했기 때문이었다.

"건곤 속에 중심되시다[乾坤中立]"라는 말은 건괘와 곤괘가 남북에서 중심잡아 나머지 여섯 괘의 근거가 되는 사태를 뜻한다. 우리는 선후천에 대한 소강절과 김일부의 시각차를 분명하게 인식할 필요가 있다. 소강절은 복희역이 선천이고, 문왕역이 후천역이라고 주장한다. 김일부는 이것을 뒤집어서 복희역과 문왕역이 선천이고, 앞으로 미래에 전개될 일부역[正易]이 후천역이라고 주장하였다.

복희역의 건곤은 남북에서 천지비괘天地否卦(䷋)의 형상을 이루는 까닭에 만물이 비정상적으로 태어난 것을 상징한다. 문왕괘는 건곤이 서남쪽과 서북쪽으로 기울어진 채 만물이 무한 성장하는 모습을 띠고 있다. 그러나 제3의 역이라 일컬어지는 정역팔괘도는 건곤이 지천태괘地天泰卦(䷊)의 형상으로 남북에 위치하여 만물의 균형과 문명의 평화를 상징한다.

---

53) 『春秋』「哀公」 14年條, "哀公十四年, 西狩獲麟, 孔子絶筆."

복희팔괘도와 문왕팔괘도는 무엇이 어떻게 다른가? 복희팔괘도는 만물이 탄생하는 원리를 해명한 그림이고, 문왕팔괘도는 만물이 성장하는 원리를 해명한 그림이다. 그래서 소강절은 전자가 선천역이고, 후자는 후천역이라 규정하면서 인간은 생명의 근원인 선천에 맞추어 살아야 한다고 강조하였다. 하지만 김일부는 복희팔괘도와 문왕팔괘도의 원형이 정역팔괘도라고 주장하면서 문왕팔괘도가 정역팔괘도로 전환되기 위해서는 기울어졌던 건곤이 남북으로 복원되는 과정을 논증하였다.

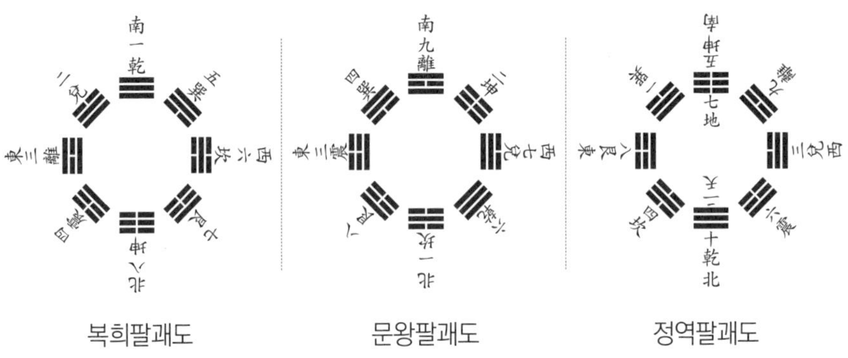

복희팔괘도 문왕팔괘도 정역팔괘도

문왕팔괘도에서 정역팔괘도로의 전환에는 시공 질서의 재편성이 필요하다는 것이 선후천론의 핵심이다. 시간으로는 1년 $365\frac{1}{4}$일이 1년 360일로 바뀌고, 공간으로는 우주 운동의 궤도가 타원에서 정원으로 바뀌는 자연의 근본적 혁명이 뒤따라야 한다는 것이다.

이에 대해 김일부는 자신의 독단獨斷(dogma)에서 비롯된 것이 아니라, 『주역』과 『서경』과 『중용』에 근거했으므로 과거와 현재는 물론 미래에도 통용될 것이라고 확신했다. 그래서 과거 역법에 의존한 『주역』을 윤역閏易이라 부르고, 미래의 새로운 시공 질서를 '올바른 책력[正曆]'이라 호칭했던 것이다.

"위로 천시를 본받고 아래로 수토 정신을 이어받아 오늘까지도 계승했네.[上律下襲, 襲于今日.]"라는 내용은 『중용』에 나오는 공자의 말을 응용한 것이다.[54] 공자는 요순을 조종祖宗으로 이어받고, 문왕과 무왕의 법도를 밝혔으며, 위로는 하늘이 품고 있는 시간의 정신을 삶의 푯대로 삼고, 아래로는 물과 흙의 이치를 따랐다는 것이다. 하늘은 일정한 질서로 움직이는 생명의 숨결이고, 땅은 수토水土가 지배한다는 발상이다.

공자는 천상의 시간[天時]을 밝히기 위해 역법에 관심을 가졌다. 역법은 지상에 사는 인간의 생명줄이 걸린 소중한 생활 예정표의 준거이기 때문이다. "안연이 나라를 다스리는 법에 대해 여쭈었다. 선생님께서 말씀하셨다. '하나라의 역법을 시행한다.'"[55] 하나라의 역법은 하력夏曆, 즉 하나라의 책력(calendar)을 뜻한다. 하은주 세 나라가 각각의 역법을 사용했듯이, 동양은 역법 개혁의 역사라고 해도 과언이 아니다.

하나라 책력을 주자朱子(1130-1200)는 『서경』「하서夏書」에 근거해 "하나라 '때'란 북두칠성의 자루가 초저녁에 인방寅方을 가리키는 달을 한 해의 첫 달로 삼은 것이다."라고 풀었다.[56] 하나라는 인월寅月을 정월正月(음력 1월)로 삼았고, 은나라는 축월丑月(음력 12월)을 정월로 삼았으며, 주나라는 새로운 날이 동지로부터 시작된다고 보아 자월子月(음력 11월)을 정월로 삼았다.

음력 1월을 정월로 삼은 하나라 역법은 봄, 여름, 가을, 겨울의 자연 질서와 잘 부합하는 특징이 있으나, 천문을 관측할 때는 주나라 역법이 하나라 역법보다 훨씬 뛰어났다. 그러나 실용적인 측면, 즉 농업 생산에 대한 기여도는 하나라 역법이 주나라 역법보다 편리했으므로 시대를 통틀어 하나라 역법이 많이 사용되었던 것이다.

---

54) 『中庸』 5장, "仲尼 祖述堯舜, 憲章文武, 上律天時, 下襲水土." 김일부는 天時와 水土를 생략하고, '上律'과 '下襲'만을 인용했다.

55) 『論語』「衛靈公」, "顔淵問爲邦. 子曰 行夏之時."

56) 『論語』「衛靈公」 朱子註, "夏時謂以斗柄, 初昏建寅之月, 爲歲首也. 天開於子, 地闢於丑, 人生於寅, 故斗柄建此三辰之月, 皆可以爲歲首, 而三代迭用之. 夏以寅爲人正, 商以丑爲地正, 周以子爲天正也."

이것은 『중용』이 춘하추동 사계절의 일정한 리듬에 따라 움직이는 패턴을 자연법칙으로 인식했다면, 『논어』는 각 시대마다 인위적으로 매년 세수를 약간씩 조정해야 하는 태음력 중심의 하력夏曆의 장점을 소개한 것이다. 하지만 김일부는 시간의 섭리를 통해 선천이 후천으로 교체되는 이유와 과정을 밝혔다. 특히 선천에는 생명이 북쪽의 물[水]에서 싹터 나와 5토 중심으로 움직이던 것이, 후천에는 10토 중심으로 바뀐다는 것을 말했기 때문에 『중용』의 수토와는 다른 차원으로 이해해야 할 것이다.

시대	歲首	비고
夏	寅月	
殷	丑月	
周	子月	
秦	亥月	
漢 이후	寅月	
正易	卯月	예정

동양 세수법 변천의 역사

김일부는 하나라 책력 이후의 캘린더를 오래된 과거의 윤역閏易이라고 규정했다. 『정역』에 이르러 진정한 하늘의 시간표를 뜻하는 정력正曆의 출현이 예고되었던 것이다. 그것은 시간의 혁명이라 할 수 있다. 시간관의 혁명은 시간 자체의 본질 규정과 함께 시간에 대한 인간의 다양한 인식 태도의 변천을 뜻한다. 하지만 정역사상이 말하는 시간의 혁명은 '상극이 상생으로' 혹은 '윤력이 정력으로'라는 시공 구조의 전환이 전제된 이론인 까닭에 과거 시간론의 렌즈로는 포착하기가 무척 어렵다.

시간으로부터의 해방

시간의 살인(Tempocide), 역사 속에 자행되었고 지금도 자행되고 있는 세 가지 유형의 템포사이드가 있다. 과거와 현재, 미래라는 세 가지 범주의 시간 가운데 하나가 절대화됨으로써 다른 두 가지 개념에 절대적으로 우월한 위치를 점하게 되는 것을 말한다.

첫째, 과거의 절대화가 있다. 이것은 전통으로의 복귀를 외치는 수구주의자들이 주장하는 템포사이드로서 현재와 미래는 과거를 위해서만, 단지 과거의 전통을 복귀시키기 위해서만 존재한다. 따라서 현재와 미래는 아무런 의미를 갖지 않는다.

둘째, 미래의 절대화가 있다. 미래를 절대화하는 이들은 유토피아적 미래를 제시하고 그 미래에 도달하는 것을 최종 목표로 설정한다. 따라서 현재는 미래를 위한 준비 단계로 평가하고 모든 것은 미래를, 오로지 미래를 위해서만 희생시킨다.

셋째, 가장 세련된 형태의 현재의 절대화가 있다. 이들은 포스트모더니즘이라고 규정한 문화 형태를 통해 영원한 현재의 유토피아를 꿈꾼다. 만일 오래 전에 이미 흘러가버린 어떤 신화적인 황금 세기에 매혹되었거나, 아니면 모든 것이 이루어질 완벽한 미래에 매혹되어 있는 것이라면 포스트모더니즘 이론가들은 어떤 식으로든지 시작이라는 것을 부정하며 영원한 현재 속에, 지금 여기 있는 모든 것의 끝과 완성을 축하한다.

미하일 엡스타인은 미래의 해방으로부터 시작하는 시간의 해방 작업을 시도한다. 그리고 20세기 중반부터 서구사회에서 작동하기 시작한 모델 속에서 미래가 현재 속에서 평화롭게 성장하고, 현재는 미래 속으로 자연스럽게 침투해 들어가는 모습을 발견하였다. (미하엘 엡스테인 저/류필하 옮김, 「시간의 살인」『시간으로부터의 해방』, 자인, 2001, 91-93쪽 참조.)

15 성인은 누구인가?

1) 이정호(1913-2004): 有巢씨로부터 孔子에 이르기까지 14 성인을 열거한 다음에, 공부자의 성덕이 一夫에 와서 하나로 귀결된 뜻을 나타내고 있다. 15 차례에 '一乎一夫'가 나타나 14 차례의 '麟兮我聖'의 뒤를 이어 先天의 心法之學에서 後天의 性理之道를 열어 놓은 것이다. '一乎一夫'는 『주역』의 天下之動의 '貞夫一者'이며, '萬夫之望'이며, 때를 기다리는 '藏器君子'이며, 종묘사직을 지키는 '祭酒'이며, 천하의 인륜을 바로잡아 천지부모의 마음을 安泰케 하는 金火門의 주인이며, 中位正易의 주인공이라 하겠다.(『正易과 一夫』, 아세아 문화사, 1985, 33-34쪽 참조.)

2) 유남상(1927-2015): 天皇 (81)·地皇 (72)·人皇 (63) 이하 河圖 시대의 7 聖人은 有巢·燧人·伏羲·神農·黃帝·堯·舜이고, 洛書 시대의 7 聖人은 禹·湯·箕子·文王·武王·周公·孔子을 꼽은 (이어서 仙 63, 佛 72, 儒 81) 다음에 一夫를 乾策 聖人으로 제시했다.(「주체적 민족사관의 체계화를 위한 한국역학적 연구」『충남대 논문집 13권 1호』, 1974, 146쪽 참조.)

3) 권영원(1928-2018): 이정호를 중심으로 결성된 1960년대 계룡산 국사봉 모임에 유남상과 함께 동문수학한 재야학자였다. 그는 수지도수에 맞추어 1. 盤古 → 2. 天皇 → 3. 地皇 → 4. 人皇 → 5. 有巢 → 6. 燧人 → 7. 伏羲 → 8. 神農 → 9. 黃帝 → 10. 堯 → 11. 舜 → 12. 禹 → 13. 湯 → 14. 箕子 → 15. 周德在玆로 반복하면서 손가락을 굽히고 펼치는 방법을 제시했다.(『正易과 天文曆』, 상생출판, 2013, 245쪽 참조.)

4) 김주성(1925-2019): 서울 조계사 근처에서 명리에 종사했던 正易會 회장 鄭東勳의 소개로 『정역』을 알게 되었다. 그는 盤古를 15 성인에 포함시키지 않고, 上帝의 위상에 놓아 盤古化의 뜻을 계승했다. 1. 天皇(拇指 屈) → 2. 地皇(食指 屈) → 3. 人皇(中指 屈) → 4. 有巢(無名指 屈) → 5. 燧人(小指 屈) → 6. 伏羲(小指 伸) → 7. 神農(無名指 伸) →

8. 黃帝(中指 伸) 9. 堯(食指 伸) → 10. 舜(拇指 伸) → 11. 禹(拇指 屈) → 殷廟(食指 屈) →12. 箕子(中指 屈) → 周德在玆(無名指 屈) → 13·14. 文王·周公(小指 屈) → 15. 孔子(小指 伸)(『正易集註補解』, 태훈출판사, 1999, 30-45쪽 참조.)

국사봉國師峰에서 공부했던 이른바 정통 정역파(이정호, 유남상, 권영원)들은 15번째 성인을 김일부로 인정하고 있으나, 김주성은 15번째 성인을 공자로 지정하였다. 김주성은 전통 유학의 시각에서 공자를 최후의 성인으로 귀결시키고, 『주역』을 기발하게 해석하여 별종의 『정역』을 지은 김일부를 재야학자로 인정하려는 의도를 드러냈다.

유남상 교수는 14번째 성인을 공자로, 15번째 성인을 김일부로 꼽은 점은 이정호박사와 같다. 위에 열거된 학자들 중에서 유남상 교수의 견해가 가장 설득력이 있다. 첫째, 하도 시대와 낙서 시대의 구분은 왕위계승이 선양에서 세습으로 바뀌는 과정에서 비롯된 심각한 도덕의 타락에서 빚어진 것에 있다. 둘째, 순임금 이후를 $365\frac{1}{4}$로 설정하여 낙서 시대로 간주한 발상이 매우 탁월하다. 셋째, 81-72-63은 하도 순順의 논리, 63-72-81은 낙서 역逆의 논리로 분류하였고, 지금은 '63 + 72 + 81 = 216'이라는 낙서 선천의 극한에 이르렀다는 것을 설명하였다. 넷째, 63 - 72 - 81의 순서에 의거하여 유불선의 통일은 유학이 주도할 것을 시사하였다.[57]

嗚呼라 **今日今日**이여
오호 금일금일

六十三 七十二 八十一은 **一乎一夫**로다
육십삼 칠십이 팔십일 일호일부

57) 하도 順의 논리에 의거하여 天皇을 81로, 地皇을 72로, 人皇을 63에 배당하여 각각 三才로 규정했다. 또한 낙서 逆의 논리에 의거하여 仙은 63으로, 佛은 72로, 儒는 81로 배당한 점이 돋보인다.

아아! 오늘인가, 오늘인가!
63과 72와 81은 일부에서 하나 되도다.

철학은 우리가 어디서 왔는가, 지금은 어디에 서 있으며, 또 어디로 가고 있는가?라는 물음에서 출발했으며, 그것은 아직도 유효하다. 그러나 김일부가 말한 '오늘'은 지금 시각이 몇 시인가를 가리키는 시계 숫자판이 아니다. 또한 현재의 지속인 '늘' 날마다를 뜻하는 오늘도 아니다.

그것은 인류에게 지금은 선천에서 후천으로 넘어가는 절박한 시간대임을 일깨우는 교훈이다. '오늘인가, 오늘인가?'라는 감탄어는 지극한 인류애와 함께 현대 문명에 대한 경고가 뒤섞인 물음이다. 그것은 선천이 후천으로 뒤바뀌는 급박한 상황을 예고하는 일종의 종말론 언어일 수도 있으나, 하늘은 생명 사랑으로 충만한 까닭에 극도의 종말론으로만 해석할 필요는 없다.

하늘은 인류에게 새 하늘 새 땅을 안겨주기 위해 시간 프로그램을 작동시키고 있을 따름이다. 시간은 하늘이 인간에게 내려준 선물이다. 유토피아라는 말에도 시공 의식이 개입되어 있다. 왜냐하면 지금의 세계를 초월한 피안彼岸에 유토피아를 설정했기 때문이다. 유토피아 없는 철학은 무미건조하다는 말이 있는 것처럼, '63 + 72 + 81 = 216'이라는 방정식 속에는 김일부의 유토피아관이 녹아 있다. 다만 김일부는 시간의 운행을 수학 형식으로 표현한 까닭에 이해하기가 쉽지 않을 뿐이다. 하늘은 모든 것을 알고 있지만, 인간이 알지 못하는 것을 어찌하랴.

시간의 '이미지'와 샷바 싸움 말라!

서양의 하이데게는 시적 언어의 바다에 뛰어들고, 비트겐슈타인은 "말할 수 없는 것에 대해서는 침묵을 지켜라"라는 유명한 말을 남겼다.

하이데거와 비트겐슈타인이 뼈저리게 느꼈던 문제는 바로 형이상학이 끝간 데까지 왔다는 점이다. 단적으로 말해서 형이상학은 말로 형용할 수 없는 것을 말로 표상해야 하는 모순에 처하게 되었다.

플라톤 이래 2,000여 년 동안 서구의 형이상학은 자체 근거를 자연스런 전체로 확보한 채, 즉 형이상학의 자체 근거를 의문시하지 않은 채 질주해왔지만, 이제는 그 근거를 밝혀야 할 지점에 이르렀다. 그런데 문제는 그 근거가 더 이상 형이상학의 용어로 표현할 수 없다는 데 있다. 하이데거와 비트겐슈타인이 고민한 것이 바로 이 점이다.

시간의 딜레마도 여기에 있다. 시간에 관해 인간은 언제나 현재의 시점에서 과거와 미래를 말할 수밖에 없다. "우리는 같은 강물에 두 번 발을 적실 수 없다"는 헤라클레이토스의 은유에도 불구하고 물 흐르듯 이어진 시간을 자연스럽게 3 등분하여 과거, 현재, 미래를 어느 정도 분리된 실체처럼 고착화한다. 그러나 그것은 시간 자체가 아니라 시간의 이미지일 뿐이다. 우리는 시간과 싸우는 것이 아니라, 그 자신이 만든 시간의 이미지와 싸우는 꼴이다. (루이스 월처 저/남경태 옮김, 「시간의 언어」『시간으로부터의 해방』, 자인, 2001, 192-193쪽 참조.)

'63 + 72 + 81 = 216'의 전거는 『주역』에서 찾을 수 있다. 건책수乾策數 216 + 곤책수坤策數 144 = 360에 근거한다.[58] 건책수는 왜 216인가? 건괘 작용의 수는 9이고, 그것이 4방으로 전개되는 것이 여섯 효이므로 9 × 4 × 6 = 216효가 성립한다. 또한 곤괘 작용의 수는 6이고, 그것이 4방으로 전개되는 것 또한 여섯 효이므로 6 × 4 × 6 = 144가 성립한다. 이 둘을 합한 수 360을 공자는 1년의 날 수와 똑같다고 말했다. 『주역』은 건곤의 작용 수 9와 6을 중심으로 하늘의 운행 시간에 맞추었던 것이다.

58) 『周易』「繫辭傳」 上 9장, "乾之策 二百一十有六, 坤之策 百四十有四. 凡三百有六十, 當期之日, 二篇之策, 萬有一千五百二十, 當萬物之數也."

7 × 9 = 63	7 × 6 = 42	216 + 144 當期日 360
8 × 9 = 72	8 × 6 = 48	
9 × 9 = 81	9 × 6 = 54	
用九 = 216	用六 = 144	

그것은 어디까지나 『주역』의 방법일 뿐이고, 『정역』의 해법은 아니다. 다만 절충형 계산 방법도 있을 수 있다. 그러면 9와 6이 건괘와 곤괘의 작용을 뜻하는 수라면 7, 8, 9의 근거가 무엇인지 궁금하지 않을 수 없다. 혹시 "천부경天符經"의 "천지인 큰 3수 마주합해 6수 되니 생장성 7·8·9를 생함이네.[天二三, 地二三, 人二三, 大三合六生七八九]"의 논리와 유사한 것은 아닐까.

김일부는 공자가 말한 360의 근거로 일원추연수一元推衍數와 4상의 체위도수體位度數를 제시한다. 일원추연수는 시공의 뿌리에서 발원한 생명에너지가 216에 이르러 변곡점에 도달한 시점을 상징한다면, 4상의 체위도수는 무극체위도수无極體位度數, 황극체위도수皇極體位度數, 일극체위도수日極體位度數, 월극체위도수月極體位度數로 구성된다. 무극은 하늘의 뿌리, 황극은 땅의 뿌리, 일극은 하늘에서 태양이 운행하는 걸음걸이를. 월극은 하늘에서 달이 운행하는 걸음걸이를 뜻한다.

김일부는 '일원추연수'를 216이라 했고, '사상체위도수'는 159라 했다. 216 + 159 = 375인데, 그것은 자신이 밝혀낸 원력原曆 도수이고, 공자는 건곤의 본질인 10과 5를 제외한 1년 360일만을 알았다는 것이다. 375 - 15 = 360이 바로 공자가 발견한 1년 360일에 해당하는 도수이고, 김일부 자신은 360의 근거로서 시공 구성의 핵심인 15를 밝혀냈다고 말했던 것이다.

一元推衍數	四象分體度數
7 × 9 = 63	무극체위도수 61
8 × 9 = 72	황극체위도수 32
9 × 9 = 81	일극체위도수 36
63 + 72 + 81 = 216	월극체위도수 30
	61 + 32 + 36 + 30 = 159
216 + 159 = 375 原曆度數	

‘일원추연수’ 216이란 무엇인가? 김일부는 왜 『주역』을 들먹이면서 시간의 종착역을 연상케하는 216을 지목했는가? 왜 종말론 냄새를 많이 풍기는 역기능을 감수하고라도 굳이 선천의 막바지에 도달했다는 의미의 방정식을 거론했을까? 『정역』은 희망의 세계에 도달하기 위해서는 어쩔 수 없는 중간 과정의 종말을 얘기하고 있다. 그럼에도 끝 다음은 시작이라는 단순 반복형의 시종론始終論을 극복하고, 새로운 형태의 순환형 시간론[終始論]을 수립하려는 목적을 달성하였다.

216이 건괘의 세상을, 144는 곤괘의 세상을 상징한다. 양이 넘치는 216의 세상이 끝나고, 144로 구성된 새로운 세상으로 넘어간다는 뜻이다. 그것은 종종 문명의 전환 또는 신천지가 도래한다는 이론의 토대를 제공한 것이라는 비판이 줄곧 제기되어 왔는데, 그 내용이 바로 “‘63, 72, 81’은 일부에 와서 하나로 통일된다”는 암호 숫자에 있다. 그 표현 자체와 어감에 종말론 뉘앙스가 전혀 없다고는 할 수 없다. 이것을 억지로 부정하려는 행위 또한 올바른 『정역』 연구에 방해가 될 뿐이다. 『정역』의 진정한 의미는 외면하고 수학의 세계에 매몰되거나, 혹은 각 이론 사이의 연결고리에 매달려 정합성만을 찾을 경우는 도리어 순환 논증의 오류에 빠질 위험이 있기 때문이다.

지금은 일종의 한국형 종말론에서 후천은 팩트로 오는 것인지, 아니면 수학 방정식을 통해 인류에게 보내는 희망의 메시지는 무엇인지를 진솔하게 고뇌할 시점에 이르렀다. 인류의 오메가 포인트(Omega Point)는 오는가? 오메가 포인트는 인류 삶의 종착점이자 목적지를 의미한다. 인류는 파국의 시간을 향해 줄달음치고 있는가? 지금과는 다른 평화의 세상을 향해 달려가고 있는가? 정확한 답을 아는 사람은 거의 없을 것이다.

지금까지 인류가 번영을 위해 선택한 것들이 다음 세대에는 지속 불가능하다는 것이 명백해졌다. 지구촌에서 날마다 벌어지는 전쟁, 화석 연료의 사용으로 인한 대기 오염을 비롯하여 수많은 생태계 파괴 현장, 자원의 오남용은 지구를 누더기 공간으로 만들었던 것이다. 얼마 전 죽은 고래 뱃속에서 플라스틱 물병이 가득 찼다는 뉴스는 너무도 끔찍했다.

마야 역법 또는 우리나라의 정감록을 비롯한 세계의 모든 예언은 우리 세대에 역사상 가장 거대한 무언가가 일어날 것이라고 경고하고 있다. 그러나 그 어디에도 지구촌이 몇년 몇월 몇일 몇초에 멸망한다는 예언이 맞은 적이 없다. 그것은 예언을 왜곡 과장한 주장일 따름이다. 대부분 예언들의 공통점은 특정한 시점을 중심으로 인류가 어떻게 대응하느냐에 따라 엄청난 변화가 '일어남'을 짚어내고 있다는 사실이다.

擧便无極이시니 **十**이니라
거변무극 십
十便是太極이시니 **一**이니라
십변시태극 일
一이 **无十**이면 **无體**요
일 무십 무체
十이 **无一**이면 **无用**이니 **合**하면 **土**라
십 무일 무용 합 토
居中이 **五**니 **皇極**이시니라
거중 오 황극

(손을) 들어보면 문득 무극이시니 열이로다.

열하고 (손을) 굽히면 문득 태극이시니 하나로다.

하나가 열이 없으면 본체가 없는 것이고,

열은 하나가 없으면 작용이 없는 것이니, 합하면 토라.

중앙에 거함이 다섯이니, 황극이시다.

이 글은 수지도수를 통해 새로운 형이상학의 정립을 겨냥하고 있다. 왼손 엄지손가락과 새끼손가락을 굽히고 펼치는 동작 중심으로 3극이 표출된다. 손가락을 모두 펼치면 10무극[擧便无極, 十]이요, 엄지손가락을 굽히면 1태극[十便是太極, 一]이요, 새끼손가락을 굽히거나 펼치면 5황극[合, 土. 居中, 五, 皇極]을 뜻한다.

이처럼 김일부는 무극과 태극과 황극의 3극 사이의 역학力學 관계를 수지도수와 일치하는 논리를 세웠다. 수지도수란 다섯 손가락으로 3극 사이의 유기적 운동은 물론 시간의 질적인 변화 과정 및 정역팔괘도를 뒷받침하는 아주 간단한 셈법이다. 과거에는 태극과 음양오행으로 만물의 변화상을 읽어냈는데, 김일부는 음양 2수의 근거에 해당되는 3수 중심의 우주관을 수립했다. 이때 우주관 성립의 3수 철학과 수지도수의 일관성이 최대의 관건으로 떠오른다.

정역사상은 왜 수지도수를 강조하는가? 수지手指란 손가락 형상을, 도수度數는 1부터 10까지의 수로 하늘과 땅이 움직이는 율동상을 방정식으로 객관화시킨 수리 체계를 뜻한다. 결국 수지도수는 아인슈타인의 '$E = mc^2$'처럼 만물의 공식을 최대로 압축한 것이라 할 수 있다. 아인슈타인의 과학 이론은 고급 수학이지만, 수지도수는 초등학생도 알 수 있는 10진법의 쉬운 계산이다. 김일부는 알기 쉬운 수지도수의 셈법으로 설명 불가능한 이론은 무익하다고 결론지었다.

태극 음양설은 본체와 작용의 관계성을 통해 만물의 변화상을 읽는 장점이 있다. 태극은 불변의 본체요, 음양은 변화의 양상을 설명하는 개념이다. 태극은 본질이요, 음양은 작용(현상)이라는 뜻이다. 하지만 정역사상은 선천이 후천으로 뒤바뀌려면 3극 차원에서 먼저 본체와 작용의 근본적인 뒤바뀜이 전제되는 '체용 전환'을 제시했다. 그것은 전통 체용론에 대한 혁명으로 나타났다.

『정역』은 3극론 즉 존재 차원의 변화로 인해 낙서가 하도로 바뀌는 금화교역金火交易을 통해 선후천의 교체가 이루어진다고 했다. 전통 철학은 태극이 본체이고, 음양오행은 작용이라고 강조했다. 『정역』은 3극 자체가 본체의 세계이고, 이 본체의 3각 관계에서 일어나는 역전 현상이 곧 선후천 교체의 근거로 확보되는 존재론 차원의 체용 문제를 제시하였다.

	본체	작용
전통 형이상학	태극 – 불변	음양오행 – 변화
정역사상	3극 – 造化	金火交易 – (낙서)선천에서 (하도)후천으로

따라서 수지도수로 설명할 수 없는 3극론은 공허하며, 3극론 없는 수지도수는 청맹과니 이론일 수밖에 없다는 뜻이다. 그러니까 수지도수는 택일擇日 또는 이삿날 잡기, 궁합과 승진운 보는 방법을 가르치는 명리학 과목이 아니다. 그것은 알기 쉽고 고급화된 우주관 성립의 기초 이론이라 할 수 있다.

앞서 살폈듯이, 3극은 하도의 중심부에 있다. 3극은 『정역』 존재론의 구성 요소다. 존재 문제를 다룰 경우는 반드시 생성의 문제를 거론하지 않을 수 없다. 존재 문제는 3극이, 생성의 영역은 음양오행이 담당한다는 것이 곧 김일부의 구상이었다. 하도는 이 두 영역을 모두 함축하고 있다.

『정역』은 우주 변화와 생명의 본질을 3극으로 천명한다. 하도는 3극으로 살아 있는 우주 생명의 창조성과 변화성을 담고 있다. 김일부는 우주 창조의 본원과 우주 운동의 본체 및 물질 형성의 근원을 각각 무극과 황극과 태극으로 규정하였다.

무극과 황극과 태극은 하도와 낙서의 도상에 각각 그 위상이 다르게 나타나 있다. 우선 하도의 중앙은 무극이 황극과 태극을 품고 있는 반면에, 낙서에는 무극이 없다. 무극이 있는가 또는 없는가에 따라 하도와 낙서가 나뉜다는 뜻이다. 이것이 바로 하도와 낙서의 두드러진 차이점으로서 선천과 후천이 구분되는 준거가 되는 것이다. 하도는 생명의 창조성을 상징하는 3극이 중앙에 자리 잡고 있으며, 외부 4방은 동서남북의 공간과 춘하추동의 시간이 순환하면서 운동하는 음양오행을 가리킨다.

하도는 중앙의 3극을 중심으로 외부의 음양오행이 모두 조화를 이루고 있다. 3극은 3수로 구성된 본체의 역동성을, 음양오행은 대대待對 구조로 작용하고 있음을 뜻한다. 한편 낙서는 중앙에 홀로 황극만 있고, 외부 4방은 대대 관계가 깨져 만물이 모순 대립으로 성장하는 것을 상징한다. 하도와 낙서의 차이점을 도표로 정리하면 다음과 같다.

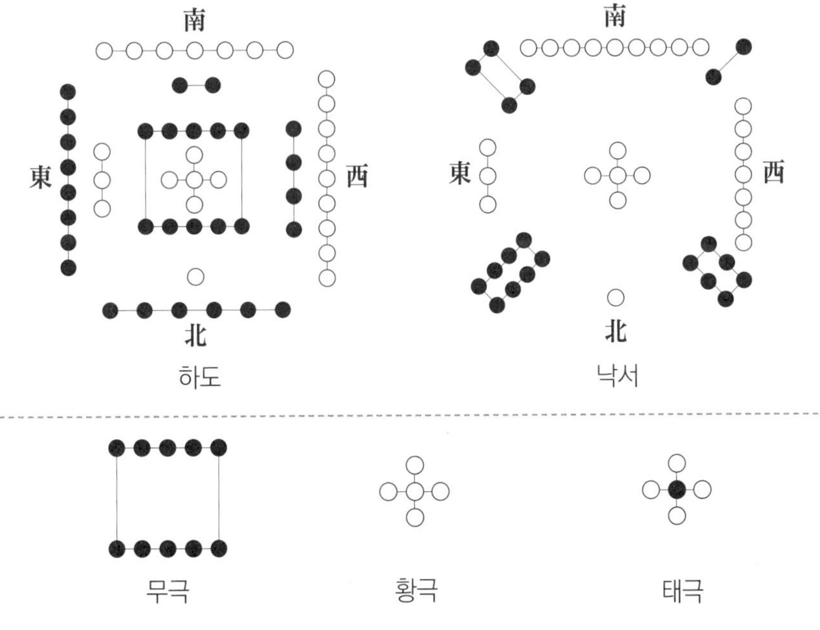

河圖	洛書
10수의 세계상	9수의 세계상
음양의 균형(조화)	음양의 불균형(부조화)
陽數(25) + 陰數(30) = 55	陽數(25) + 陰數(20) = 45
正陰正陽의 구조	正陰正陽이 목표
二七 · 四九(남서 방향)	二七 · 四九(서남 방향)
전체 10의 짝수 위주로 구성	전체 9의 홀수 위주로 구성
木火土金水의 左旋 운동	土水火金木의 右旋 운동
相生의 논리	相剋의 논리
후천 10土의 성숙 시대	선천 5土의 성장 시대
體	用

과거의 역학자들은 하도의 중앙에 위치한 도형들이 무엇을 의미하는가에 대해 충분한 해답을 내리지 못했다. 심지어 그것이 3극인지도 몰랐고, 내부 3극과 외부 음양오행의 관계도 주목하지 않았다. 김일부는 5개의 점으로 연결된 두 쌍을 10무극, 또한 10무극에 의해 둘러싸인 것은 5황극, 5황극의 중심에 있는 것을 태극으로 인식하였다. 하도는 3극이 외부의 음양오행을 주재하는 형태를, 낙서는 5황극을 중심으로 음양오행이 만물을 지배하는 양태를 띠고 있다.

『정역』이 밝힌 시공의 원형은 무극과 황극과 태극이 하나로 혼융 통일된 경지의 '십십일일지공十十一一之空'이다. 무극은 우주의 가장 깊은 곳에서 황극과 태극이 각각의 역할을 수행하도록 하는 생명의 본원을 가리킨다. 10무극은 진리와 생명의 바다이고, 5황극은 생명의 바다에서 춤추는 운동의 본체이며, 1태극은 생명의 바다가 살아 있도록 꺼지지 않는 영원한 불꽃이라 할 수 있다. 이처럼 『정역』은 생명의 뿌리는 3수로 구성되었고, 선천을 후천으로 전환시키는 시간의 프로그램과 스케쥴이 3극에 내재화되어 있다고 말했다.

하도는 3극과 음양오행의 구조 안에 우주가 선천과 후천의 두 얼굴로 구성되고, 지금은 낙서 선천에서 하도 후천으로 계절의 옷을 바꿔 입는 시간대라는 의미를 숨기고 있다. 9수 낙서가 선천이라면, 10수 하도는 후천인 셈이다. 김일부는 10수 없는 낙서는 하도 세상을 갈망할 수밖에 없고, 지금은 선후천 교체의 막바지에 이르렀다[63·72·81, 一乎一夫]고 밝혔다.

김일부는 하도의 도생역성倒生逆成과 낙서의 역생도성逆生倒成의 논리로 체용 전환과, 선천과 후천의 교체 및 시간 흐름의 방향성을 설명하였다. 전자는 미래에서 현재를 거쳐 과거로 흐른다는 것이고, 후자는 과거에서 현재를 거쳐 미래로 흐른다는 뜻이다. 이를 도표로 만들면 다음과 같다.[59]

⊕→九→八→七→㊅→五→四→三→二→⊖	河圖	倒生逆成: 통일 → 분열
⊖→二→三→四→㊄→六→七→八→九…⊕	洛書	逆生倒成: 분열 → 통일

이처럼 무극과 황극, 태극이 상호 교차의 형식으로 움직인다는 이론은 천도가 만물의 기원이며 도덕의 근원이라고 연역한 전통 사유와 결별을 선언하는 '코페르니쿠스적 전회'가 아닐 수 없다. 3극은 단순히 천도를 묻는 인식론의 틀이 아니라, 그것은 진리의 내용과 형식으로서 천도는 3수 구조로 구성된 역동적 존재론이라는 뜻이다.

김일부는 3극을 말할 때, 시간이 과거에서 현재를 거쳐 다시 미래로 흘러간다는 직선형 시간관을 언급하지 않았다. 그는 물리적 시간을 시

59) 하도는 다섯 번째가 6이고, 낙서의 다섯 번째는 5이다. 그렇다고 5와 6이 다른 것은 아니다. 선후천이 우주의 두 얼굴이기 때문에 하도는 6이고, 낙서는 5일 뿐이다. 하도의 황극과 낙서의 황극은 숫자만 다를 뿐, 본질은 동일하다.

간이게끔 해주는 근거로서의 시간성의 문제로 집약하였다. 그는 현실의 수많은 시간의 흔적을 존재자存在者(things)로, 시간성은 존재存在(being) 문제로 환원하였다. 천도의 내부 구조인 3극의 창조성과 시간성을 분석함으로써 우주는 왜 선천과 후천으로 구성되었고, 앞으로 후천은 어떤 필연성으로 전개되는가를 체용 문제로부터 해명했던 것이다.

『정역』 서두는 10무극과 1태극은 체용 관계이며, 이 체용을 통합시키는 것이 5황극이라 말한다. '통합한다'는 말은 10무극과 1태극이 5황극을 중심으로 집약된다는 뜻이다. 시간의 시작을 의미하는 태초성은 미래 지향성을 본질로 하며, 시간의 끝을 의미하는 종말성은 과거 지향성을 본질로 삼는다. 10무극은 1태극 지향성을, 그리고 1태극은 10무극 지향성이 근본인 까닭에 무극과 태극은 황극에서 집약 통일되어 하나되므로 황극의 위상을 '거중居中'이라 말한 것이다. 그러니까 문자로도 '십+'과 '일-'을 조합하면 '+' + '—' = '土'가 이루어진다. 황극은 5토이고, 무극은 10토이므로 『정역』은 결국 토土 중심 사유의 철학이라 하겠다.

플라톤(Platon: BCE 427-BCE 347)의 우주 창조설에 의하면, 창조주가 우주를 빚을 때 모델로 삼은 것이 이데아(Idea)다. 목수가 집을 지을 때는 설계도와 재료가 필요하듯이, 하도의 중앙에 있는 10무극과 5황극은 설계도의 원형이며, 1태극은 모든 설계와 계획을 실행하는 생명의 근원이다. 이것을 여성의 생리 구조에 비유하면 "자궁에 고정된 태반이 10무극이라면, 태아에게 영양분을 나르는 탯줄은 5황극이며, 영양분을 공급받는 태아의 배꼽은 1태극이라 할 수 있다."[60]

엄마 뱃속의 태아는 10무극, 5황극, 1태극의 완전한 조화를 바탕으로 영양분을 공급받으면서 성장한다. 10무극의 태반은 5황극과 1태극의 탯줄과 배꼽이 각각 그 역할을 수행할 수 있는 근거지를 제공하면서, 스스

---

60) 이정호, 『正易과 一夫』(아세아문화사, 1985), 25-26쪽 참조.

로도 5황극과 1태극 사이의 창조 과정에 참여하는 영원한 시간의 지속성을 본질로 삼는다. 10무극이 발전소라면, 5황극은 엔진과 터빈이고, 1태극은 엔진이 꺼지지 않도록 항상 불을 켜주는 플러그라 할 수 있다.

3극은 연속성의 관계로 존재한다. 무극은 인간 인식의 범위를 초월하여 시공의 제약을 받지 않고 존재하지만, 황극과 태극의 근거이기 때문에 무극은 우주 창조의 본원이라 할 수 있다. 그러므로 무극은 '부동不動의 동자動者(Unmoved mover)'보다는 '동動의 동자動者(Moving mover)', 혹은 '불변不變의 변자變者(Changeless changer)'보다는 '변變의 변자變者(Changing changer)'의 뜻이 부각된다.[61] 무극을 존재 근거로 삼으면서 물질 형성의 근원적 존재인 태극이 되기 위해서는 반드시 운동의 중재자가 필요한데, 이것이 바로 황극이다.

이처럼 무극과 황극과 태극은 생명 창조의 연속적 과정 전체라고 할 수 있다. 이런 연유에서 『정역』은 우주의 '창조와 변화[造化]'를 근본적 입장에서 성찰한 철학이다. 서양의 화이트헤드(Alfred North Whitehead: 1861-1947)는 스스로 변화하지 않으면서 고정된 실체로서 공간을 차지하는 것을 단순 정위(simple location)라 일컬었다. 그는 서양의 전통 철학과 신학이 논의했던 플라톤의 이데아(idea), 아리스토텔레스의 실체(substance), 기독교의 신(God), 칸트의 물자체(Ding-an-sich) 등의 개념을 단순 정위라고 간주했는데, 『정역』은 이러한 고정된 실체를 강조하는 사유를 철저히 부정하였다.[62]

그래서 김일부는 중국 역학의 맹점을 극복하여 하도와 낙서 속에 담겨 있는 실체론적 성격을 제거하고 '조화론造化論 = 개벽사상開闢思想'으로 체계화했던 것이다. 그는 3극을 3극 사이의 상호 작용을 통해 만물을 낳고 자라게 하는 생명의 역동성[律呂]으로 인식했다. 이때 무극은 황극

61) 이정용, 『易의 神學』(대한기독교서회, 1998), 120-121쪽 참조.
62) 김상일, 『화이트헤드와 동양철학』(서광사, 1993), 14쪽 참조.

과 태극의 근원자로서 창조의 생성 과정에 참여하여 세계를 변화시키는 궁극적 포괄자가 되는 것이다.

따라서 무극은 과거에도, 지금도, 미래에도 존재할 모든 것의 근원이다. 무극이 우주 조화의 바탕이라면, 태극은 무극의 조화성이 열려 질서화되는 경계를 뜻한다. 그러므로 우주는 무극의 자기 전개이며, 천지는 태극의 자기 (음양) 현상화로 드러나는 것이다. 태극은 무극이 구체적으로 자신을 드러내는 경계를 뜻한다. 예를 들어 하루 자체가 무극이라면, 무극이 구체화되는 낮과 밤의 음양 질서가 곧 태극이라 할 수 있다.

10무극은 우주 조화의 본원이며, 1태극은 무극이 열려 질서화되는 우주의 본체로서 무극의 뜻을 실행한다. 태극의 바탕 자체는 무극이지만, 무극이 현실로 우주 질서를 열어 작용할 때는 태극의 음양 운동을 통해 천지만물을 생성하는 것이다. 이런 의미에서 우주의 생성은 무극이 태극으로 열려 분열과 통일 운동을 반복함으로써 이루어지는데, 여기서 운동의 구심체 역할을 하는 것이 바로 5황극이다.

김일부는 무극을 『노자』에서 빌렸으나, 그렇다고 무위자연無爲自然에 현혹되지 않았다. 또한 『서경』에서 황극을 빌렸고, 『주역』「계사전」에서 태극을 뽑아 3극을 삼위일체의 논리로 융합하고, 더 나아가 개벽사상의 논리로 탈바꿈시켜 유불선의 통일을 꿈꾸었다. 또한 3극론을 수립하면서 신학의 문제와 형이상학의 충돌을 방지하는 통합 가능성의 길을 열어 놓았다. 이것이 곧 철학의 측면에서 한국 근대성의 발판을 세우는 계기를 마련했다고 평가할 수 있다.[63]

地는 **載天而方正**하니 **體**니라
지　재천이방정　체

天은 **包地而圓環**하니 **影**이니라
천　포지이원환　영

63) 한국의 근대성을 實學 또는 조선말 開港期에서 찾는 경우가 많다. 한국 근대성의 출발을 근대철학의 여명기에 태동한 『정역』에서 찾을 것을 제안한다.

大哉라 **體影之道**여
대 재 체 영 지 도
理氣囿焉하고 **神明萃焉**이니라
이 기 유 언 신 명 췌 언

땅은 하늘을 싣고도 방정하니 체이다.

하늘은 땅을 둘러싸고도 원만하고 둥그니 영이다.

위대하도다. 체영의 도여!

이기가 들어 있고, 신명이 모여 있다.

동양학은 천지에 대한 인식의 역사였으며, 천지는 철학자의 영원한 화두였다. 특히 『주역』 건곤괘가 천지에 대한 총론이라면, 64괘 384효는 천지에 대한 각론이라고 할 정도로 천지는 천문학과 인문학 및 예술가들이 즐겨 찾는 불멸의 테마였다.

하늘과 땅은 떨어져 존재한 적이 없는 영원한 동반자다. 천지라는 표현에는 이미 하늘이 먼저고 땅은 그 다음이라는 순서의 의미가 있다. 땅의 근거는 하늘이라는 뜻이다. 하지만 하늘만 있고 땅이 없으면 의지할 곳이 없고, 땅만 있고 하늘이 없으면 뿌리 없는 물체에 불과하므로 천지는 항상 한 몸으로 존재하는 것이다.

『정역』에 이르러 천지에 대한 인식의 혁명이 일어났다. 지금까지의 동양학이 천지를 강조했던 것을 『정역』은 지천地天이라고 말했기 때문이다. 땅을 먼저 말하고 하늘을 뒤에 말하는 것이 곧 『정역』의 문법이다. 선천은 하늘이 중요한 만큼 땅도 중시했으나, 후천은 하늘보다는 땅이 더 중요하다는 것이다. 땅보다 하늘을 중시여겼던 선천 문화는 하늘 중심의 가치관을 낳았다. 하늘은 양이고 땅은 음이기 때문에 여성은 낮추고 남성을 높이는[抑陰尊陽] 문화가 형성되었고, 하늘을 앞세웠던 가치는 사회 곳곳에 파고들어 모든 것을 양분(이분)하는 문명을 잉태시켰다.

주지하다시피 하늘은 둥글게 원을 그리면서 돌아가고 땅은 네모지다

(방정하다)는 이론은 천문학의 '천원지방설天圓地方說'에 빚지고 있다. 하늘은 물샐틈없이 만물을 모두 덮고, 땅은 동식물을 포함해 하늘 아래의 모든 것을 싣는다. 그런데 『정역』은 하늘보다 땅의 위상을 드높여 자연의 혁명에 따른 문명 전환의 가치 전도顚倒를 예고하였다.[64)]

원래 천원지방설은 우주 생성론과 우주의 구조론이 결합하는 것으로부터 성립하였다. 그것은 하늘과 땅[天地]을 위아래의 좌표축으로 고정시켜 상하로 보는 관점과, 천지가 형성된 이후에 만물이 생성되었다는 이론이 접목된 것이다. 천지를 고정된 상하의 위치로 보고, 하늘의 회전운동에 대응하여 땅이 어떻게 조화하는가를 살피는 것이 바로 천문학의 과제였다. 그리고 천지가 형성된 이후, 태양과 달과 별들의 운행을 조직화하여 고찰하는 것이 동양 천문학의 특징이다.

天圓地方이란 무엇인가?

"『晋書』「天文志」는 우주 구조론을 蓋天說·渾天說·宣夜說·安天論·穹天論·昕天論 등의 여섯 가지 이론을 기록하였다. … 중국에서 가장 오래된 천문관측법인 周髀法(해시계)과 결부되어 발전한 蓋天說은 前漢 초기까지 유일한 과학적인 우주 구조론이었다. … 王充(27-104)은 새로운 蓋天說을 주장하여 옛 개천설과 혼천설을 모두 논박했다. 하늘은 둥글고 땅은 네모지고, 위아래에 위치하여 北極에 그 중심을 둔다. 고정된 물체로서의 하늘은 북극을 중심으로 왼쪽으로 돌고, 해와 달은 오른쪽으로 즉 西에서 東으로 돈다. 양자의 관계는 맷돌과 개미의 비유로 설명된다. 맷돌은 왼쪽으로 돌고 그 표면을 개미가 오른쪽으로 돈다. 맷돌의 회전은 개미의 걸음보다 빨라서 개미도 왼쪽으로 도는 것

64) 이는 先天의 天地否(䷋) 세상에서 後天의 地天泰(䷊)를 겨냥한 天地의 의지라 하겠다.

처럼 보인다.[65] 해와 달은 실제로는 동쪽으로 나아가지만 하늘에 끌려 서쪽으로 지는 것이다. … 蓋天說보다 훨씬 설득력 높은 구조론을 渾天說이 보여준다. 渾天儀가 그 모델이지만, 달걀의 형태가 더 비근한 비유로 사용된다. 張衡(78-139)의 『渾天儀』는 다음과 말한다. 혼천은 달걀과 비슷하다. 껍질은 하늘에 해당되고, 노른자는 땅에 해당된다. 하늘의 형체는 탄환처럼 둥글고 땅을 둘러싸고 있다. 하늘의 외부와 내부에 물이 있다. 하늘과 땅의 위아래에 상대적인 위치를 정립시키는 것은 氣이며, 모두 물 위에 떠 있다. 땅은 정지되어 있고, 하늘은 남북극을 축으로 하여 끊임없이 수레바퀴처럼 회전하고 있다. … 渾天說은 땅을 노른자로 비유함으로써 얼핏 보기에는 地球說을 생각하게 한다. 그러나 地'球'의 관념은 존재하지 않으며 여전히 '하늘은 둥글고 땅은 네모지다[天圓地方]'는 전통 관념에 지배되고 있었다." (야마다 케이지 저/김석근 옮김, 『朱子의 自然學』, 통나무, 1991, 45-50쪽 참조.)

『정역』은 전통의 우주 구조론 및 천문학과 맞물려 있다. 그것은 '천원지방' 용어가 증명한다. 김일부는 천문학에서 말하는 천원지방설을 부정하려는 의도에서 '지방천원설地方天圓說'을 외친 것이 아니다. 오히려 '천지'의 사유보다는 '지천'의 사유에 맞추어 선천이 후천으로 바뀌면 세상이 어떻게 달라지는 것에 대해 관심을 가졌다.

이 대목의 핵심은 '지천'과 함께 '체영體影'에 대한 번역과 해석에 있다. 전자가 선후천 전환의 문제이므로 후자 역시 선후천에 대응해서 번역하는 것이 옳을 것이다. 흔히 정역 연구가들은 '체'를 그림자[影]에 대한 변화하지 않는 본체의 뜻으로 번역한다.[66] 체는 본체(subtance), 영은 작용

65) 맷돌의 회전은 自轉이고, 개미의 걸음은 公轉일 것이다.

66) 김주성은 앞의 책, 55쪽에서 影을 '그림자[影像]'로 번역했다. 이정호는 그냥 '體'와 '影'으로 번역했으나, 「先后天周回度數」에 나오는 '影動天心月'을 번역할 때는 '달빛'으로 번역했다. 아마도 달[月]이 나오니까 햇빛에 대한 '달빛'으로 번역한 것으로 보인다.(『원문대조 국역주해

(function)으로 인식하는 것에 익숙한 나머지 '체'는 무형의 실재(reality)로, '영'은 유형의 그림자(shadow)로 번역한 것이다. 그것은 실물이 있어야 그림자가 생기는 까닭에 그림자는 믿을 수 없다는 허상虛像의 이미지가 부각되었다.

체와 영은 실물과 그림자 또는 태양빛과 달빛(그림자)의 관계가 아니라, 하늘의 속살을 간직한 땅의 본성 또는 하늘 속에 숨겨진 질서로 보는 것이 옳을 것이다. 왜냐하면 '체용'이 불변과 변화의 관계를 이루지만, '체영'은 하늘의 뜻을 온전히 품은 땅의 방정한 모습[體], 만물의 숨겨진 원리 즉 선천에는 아직 드러나지 않았으나 후천에는 진리의 원형[影]이 완전히 드러나게 하는 율려를 형용하기 때문이다.

주자가 "하늘에는 체가 없고, 다만 28수가 하늘의 체이다"[67]라고 말한 것처럼, 땅은 하늘의 질서를 싣고 자신의 본성을 드러내는 실체[體][68]이며, 하늘은 땅을 포함한 만물을 물샐틈없이 사방에서 둘러싼 채 둥글게 순환하는 본성, 즉 천지인天地人을 비롯한 신명의 세계까지를 융합한 진리의 참 모습[影]이다. 그러니까 '영'은 실물에 대한 그림자,[69] 혹은 밝음에 대한 어둠으로 가득 찬 불완전한 원리가 아니다.[70] 도리어 '영'은 아직은 드러난 형태는 아니지만, 미래에 열릴 10수 세계의 프로그램이 우주의 원천 정보로 입력된 필름과 같은 뜻이라고 할 수 있다.

이 대목 역시 '체영' 중심의 수지도수로 풀어야 한다. '땅은 하늘을 신

정역』, 아세아문화사, 1990, 63쪽 참조.)

67) 『朱子語類』 권2 「理氣下·天地下」"黃義剛錄", "天無體, 只二十八宿便是天體."

68) 『正易註義』「十五一言」, "地謂土也, 體謂實體也. 得剛柔之實體謂之地. … 天謂一大也, 影謂光影也, 得陰陽之光影謂之天."

69) 과연 실재와 그림자의 관계일까? 오히려 '影'은 실재를 드러내주는 능동적이고 역동적 의미의 우주 법칙으로서 태초부터 이미 영상으로 찍혀 있는 시간의 프로그램은 아닐까?

70) 심리학자 칼 융(Carl Gustav Jung: 1875-1961)에 따르면, 인간의 영혼(정신)은 對極적인 요소로 구성되어 있는데, 이 요소들은 대립이 아니라 조화를 이룬다고 말한다. 건전한 정신이란 조화와 균형을 이룬 상태의 영혼이라는 말로 집단무의식, 콤플렉스, 그림자, 페르소나, 아니마와 아니무스 등의 설명이 필요하다.

고도 방정하니 체[地, 載天而方正, 體.]'라는 말은 다섯 손가락이 모두 펼쳐져(열린) 모가 나고 반듯한 손바닥 형상을 가리킨다. 그래서 동사 '열리다'의 명사형 '열[十]'은 10무극을 지시한다. 그것은 선천에 5토土였던 땅이 후천에는 10토로 변화되어 미래에 누구나 경험할 수 있는 세상이라는 의미가 담겨 있다.[71] '영'은 다섯 손가락을 모두 굽힌 주먹 쥔 모습의 닫힌 형상이지만, 그것은 '이미' 미래에 땅에서 펼쳐질 지상천국地上天國의 이념을 형용한 것이다. 그러니까 '영'은 애당초 우주의 심층에 새겨진 생명의 지도 또는 영상 정보[天, 包地而圓環, 影.]로 입력된 시간표(time table)라 할 수 있다.

'모나고 바르다[方正]'는 말은 정사각형 도형이라기보다는 하늘과 땅을 모두 포괄한 형태의 묘합妙合과, 천지의 목적이 완수된 결과라는 뜻이 함축되어 있다. 그래서 하늘이 있기 때문에 땅이 더욱 위대하며, 열개의 손가락을 모두 편 형상은 만물의 존재 의미와 가치가 구현된 모습을 '체'로 표현한 것이다. 이 글의 주제는 '천지에서 지천으로' 또는 '체용에서 체영으로'라는 선후천 전환 논리와 일치한다. 왜냐하면 손가락을 모두 굽힌 형상은 삼천양지三天兩地이지만, 손가락을 모두 편 형상은 삼지양천三地兩天이기 때문이다. 체용 전환과 선후천 교체의 이치는 우주의 DNA로 정보화되었다는 뜻이다.

김일부는 왜 '체영' 논리가 중요하다고 했을까? 과거에는 이기론理氣論으로 우주의 생성 문제를 비롯하여 인식론과 인간의 심성까지도 다루었다. 그만큼 조선의 사회는 이기론의 시대였다. 그러나 사변과 관념에 치우친 이기론의 한계가 노출되기 시작했다. 더욱이 신 문제를 경시했기

---

71) 정역팔괘도로 보면 엄지손가락을 차례로 굽히기 시작하여 8艮→9離→10乾→1巽→2天→3兌→4坎→5坤→6震→7地로 끝맺는다. 2天은 손가락을 모두 굽혀 주먹을 쥔 형태로서 선천의 닫힌 형상을 상징한다. 다시 펴기 시작하여 7地에 이르러 손가락이 모두 펴진 상태는 10무극의 열린 후천 세상을 상징한다.

때문에 영혼과 사후 세계를 거론할 수 있는 토대마저 없애버렸다. 그러니까 '체영'은 기존의 체용론은 물론이거니와 우주의 신성 문제도 포용한 까닭에 이기론보다 한층 심화되고 차원 높은 담론이라는 것이다.

'유囿'라는 단어는 여러 사물이 모여 있거나, 또는 무언가 닫혀 있어 소통되지 못하는 상태를 뜻하는 글자다. 그러나 체영은 이기 문제는 물론 '신명' 차원도 겸비할 수 있는 장점이 있다. 신명은 두 가지 의미가 있다. 하나는 인간 심성의 심층에 영성의 세계가 감춰져 있다는 뜻이다. 그것은 『대학』의 '밝은 덕을 밝힌다[明明德]'의 밝은 덕의 심층에 드리워진 영성靈性이 바로 그것이다. 다른 하나는 음양 법칙은 너무도 신비하여 감각으로 포착되지 않으나, 사물의 겉과 속을 훤하게 비춰준다는 뜻이 있다.[72)]

전자는 어느 정도 신의 세계를 긍정한 언급인데 반해서, 후자는 음양 법칙이야말로 가장 객관적이고 합리적이라는 것에 방점이 찍혀 있다. 만물을 하나도 빠뜨리지 않는 법칙은 '리理'이고, 만물을 키우는 생명 에너지는 '기氣'이며, 만물을 신묘하게 변화시키는 보이지 않는 우주의 손길은 '신神'이다.[73)]

김일부는 천지의 신령神靈을 신명으로 파악하여 신비주의 관점으로 우주를 들여다보는 실마리를 제공하였다. 만약 신명神明 차원이 배제되었다면 '영影'은 성립 불가능하다. 그러니까 『정역』은 일종의 '영혼靈魂 우주관宇宙觀'을 제창한 것이다. 「십오일언十五一言」에서 태음太陰은 혼백魂魄[一水之魂, 四金之魄]으로 성립되었다는 말처럼, 혼백은 우주의 정신精神과 영혼靈魂을 의미한다. 이를 바탕으로 『정역』은 이기理氣 중심에서 체영

72) ① 『周易』「繫辭傳」 上 4장, "神无方而易无體." ② 『周易』「繫辭傳」 上 5장, "陰陽不測之謂神."
73) 『周易』「說卦傳」 6장, "神也者 妙萬物而爲言者也. … 終萬物始萬物者 莫盛乎艮." 소강절은 「說卦傳」 3장을 복희팔괘도로, 「說卦傳」 4장은 문왕팔괘도라고 말했다. 「說卦傳」 6장에 대해서 아무도 해명하지 못했던 것을 김일부는 정역팔괘도라고 단정했다.

體影으로의 전환 논리와 조화造化의 사유를 통해 개벽사상을 구축할 수 있었던 것이다.

天地之理는 **三元**이니라
천지지리 삼원

하늘과 땅의 이치는 3원이다.

성리학은 만물의 최종 근거를 태극에서 찾는다. 태극은 일자一者다. 김일부는 천지를 구성하는 원리는 '일자'가 아닌 '3원'을 제시했다. 일자 이외에는 더 궁극적 존재가 없다는 것이 전통의 사유였다면, 그는 과거의 사유를 넘어서 만물의 보편자는 3수로 구성되었다는 주장을 펼쳤다.

3원이란 무엇인가? 3원은 크게 무극·황극·태극이라는 비인격성의 원리 또는 인격성을 지닌 천황天皇·지황地皇·인황人皇이라는 견해가 있다. 한편 권영원은 리理·기氣·신명神明 또는 천·지·인의 3재 및 하도·낙서·성인이라고 주장하였다.[74] 이밖에도 넓은 의미에서 복희팔괘도에서 문왕팔괘도로, 다시 문왕팔괘도에서 정역팔괘도로 전환되는 세 단계[三元]의 시간대로 보는 경우도 있다. 한마디로 3원은 3재의 근거인 무극과 황극과 태극으로 보는 것이 가장 합당하다고 하겠다. 왜냐하면 무극·황극·태극의 3원이 근거가 되어 천지인 3재를 반영한 괘가 성립하기 때문이다.

비록 정역사상이 『주역』의 울타리에서 잉태되었으나, 새로운 모습으로 재탄생한 점에서 『주역』이 기독교의 구약舊約이라면, 『정역』은 기독교의 신약新約에 해당한다고 할 수 있다. 이 둘은 떼려야 뗄 수 없는 관계로 존재한다. 『주역』이 먼저 태어났고, 나중에 『정역』이 출현했다. 그러나 원리의 측면에서는 『정역』의 이념이 『주역』의 모체가 되었기 때문에

74) 권영원, 앞의 책, 253쪽 참조.

'체영'을 근거로 '체용' 논리로 전개된 것이 그 명백한 증거 중의 하나라고 할 수 있다. 『주역』을 모르면 『정역』의 이해가 심화될 수 없다. 그렇다고 『주역』을 잘 안다고 『정역』을 꿰뚫을 수 있다는 말은 아니다.

3원이란 무엇인가?

卦爻는 진리를 표상하는 『주역』의 고유한 형식이다. 어떤 하나의 괘가 6효로 구성된 근거를 3극으로 보는 것은 『주역』「계사전」 상 2장에 있다. "변화는 나아가고 물러나는 형상이요, 강유는 낮과 밤의 형상이요, 6효의 움직임은 3극의 도다.[變化者, 進退之象也; 剛柔者, 晝夜之象也; 六爻之動, 三極之道也.]"

'3극의 도'에 대한 풀이는 두 가지가 있다. 하나는 전통의 교과서 같은 해석이고, 다른 하나는 『주역』을 낱낱이 해체하고 다시 재구성한 『정역』의 풀이가 있다. 우주를 구성하는 근본 요소는 하늘과 땅과 인간이라는 三才가 전자의 입장이다. 무극, 태극, 황극이라는 3극이 우주의 핵심축이라는 입장에서 보면 『정역』도 『주역』과 하등 다를 바가 없다. 하지만 이 둘은 '3극'이라는 술어를 선후천의 관점에서 바라보느냐에 의해서 엄청난 차별성이 드러난다.

우주를 3원 구조로 인식했다는 점은 『주역』과 『정역』이 똑같다. 주역학자들은 선후천론의 발상으로 해석하지 못했으나, 김일부는 철두철미 선후천론을 중심 화두로 삼았기 때문에 그의 철학이 시간론으로 직결되는 것은 당연하다. 새로운 사상에는 새로운 논리가 필요하다. 정역사상이 비록 과거의 용어를 답습했으나, 그 콘텐츠는 과거와의 냉정한 결별로 나타났다. 김일부는 『노자』의 '무극'과 『주역』의 '태극'을 융합하고, 다시 『서경』의 '황극'을 하나로 통합하여 독창적인 우주론을 정립했던 것이다.

元降聖人하시고 **示之神物**하시니 **乃圖乃書**니라
원강성인　　　시지신물　　　내도내서

하늘의 으뜸가는 분께서 성인을 내리시고 신물을 보이시니, 곧 하도와 낙서이다.

이 대목의 핵심은 하늘의 으뜸가는 분[元]과 성인과 하도낙서에 있다. '우주의 으뜸가는 존재'는 과연 비인격적 원리인가, 인격을 지닌 하느님을 지칭하는가? 전자는 우주의 시원을 뜻하는 만물의 보편자 또는 궁극적 원인, 최초의 근원을 의미한다. 이때 '으뜸가는 분'을 가치 중립의 '하늘[天]'로 해석할 경우에는 잠시 종교와 철학이 벌이는 논쟁을 피할 수 있을지도 모른다.

후자는 종교적 의미의 절대자 혹은 만물의 아버지를 뜻한다. 『정역』을 종교적 관점에서 읽는다면 '3원元은 곧 1원元'으로서 3원의 압축판이 1원이라는 번역도 가능하다. 그러니까 1원은 무극과 태극과 황극의 3원을 하나로 융합하여 주재하는 존재이기 때문에 기독교 삼위일체三位一體 신관에서 말하는 조물주와 비슷하다고 할 수 있다.[75]

우주를 창조한 반고盤古는 천황과 지황과 인황의 세 가지 형상으로 존재한다. 반고가 1원이라면, 천황과 지황과 인황은 3원이다. 반고[一元]를 비롯한 천황과 지황과 인황[三元]이 인격적 지고신의 성격이 강하나, 무극과 태극과 황극은 비인격의 궁극적 존재가 셋이라는 뜻이 강하다.

그렇다면 우주의 비인격적 원리가 어떻게 성인을 내려 보내고, 왜 인류에게 하도낙서를 선물로 주었을까라는 의문이 생긴다. 한편 인격을 지닌 하느님이 인류를 위해 성인을 선사하고, 또한 하도낙서의 은혜에 의거하여 문명을 일궈내라는 무언의 명령인가? 이러한 양자의 입장은

75) 三位一體는 기독교에서 비롯된 용어다. 비록 聖父와 聖子와 聖神의 세 위격으로 나뉘지만, 聖父 '하나님'에게로 귀결된다는 논리다.

『정역』을 순수 철학의 입장으로만 보아야 하는가, 또는 ‘원’을 종교의 시각으로 성인과 하도낙서에 접근할 수 있는 가능성을 보여주었다.

필자는 이 둘은 포용하면서도 ‘원’ 만큼은 종교철학의 스펙트럼으로 읽고 싶다. 왜냐하면 김일부가 대성칠원군大聖七元君을 한 글자 ‘원元’으로 사용한 내용이 있기 때문이다. 「십오일언」“일세주천율려도수一歲周天律呂度數”라는 글을 매듭지으면서 “때는 갑신년 유화 6월 7일에 대성칠원군은 쓰노라[歲甲申 流火六月七日, 大聖七元君, 書.]”라고 표현한 ‘대성칠원군’의 ‘원’을 유의할 필요가 있다. 자신은 1884년 7월 7일에 북두칠성의 정기를 받고 율려의 움직임을 헤아리라는 사명을 짊어지고 태어났다는 것이다.

칠원성군七元聖君[76]은 인간의 길흉화복을 맡은 북두칠성을 가리킨다. 또한 칠원성군은 북두칠성의 정령, 칠성광불七星光佛의 별칭 혹은 식재보살息災菩薩로도 불린다.[77] 대성칠원군의 원래 명칭은 『북두칠성연명경北斗七星延命經』에 나오는 대성북두칠원군大聖北斗七元君이다. 대성칠원군은 대성북두칠원군의 약칭이다.

『정역』은 ‘원’과 ‘대성칠원군’에 대해 다른 곳에서 언급하지 않아 더 이상 상세한 내용은 알 수 없다. 즉 대성칠원군과 원은 동일한 존재가 아닐 수도 있다는 뜻이다. 대성칠원군은 북두칠성을 인격화 혹은 신격화한 일곱 분이지만, ‘원’은 한 분이기 때문이다. 대성칠원군이 다신多神이라면, ‘원’은 일신一神이다. 만약 원을 대성칠원군과 동일한 존재로 간주할 경우는 다신과 일신 사이에 논리적 충돌이 일어난다. 대성칠원군은 다신의 하나에 불과하기 때문에 하늘의 으뜸가는 분으로 규정하기

76) 七元星君은 北斗七星의 일곱별을 존칭으로 불러 星君이라 한다. 곧 貪狼·巨門·祿存·文曲·廉貞·武曲·破軍이 바로 그것이다. 김일부는 불교 또는 민간의 별자리 신앙의 영향을 받았다고 할 수 있다.

77) 이정호, 앞의 책, 37쪽 참조.

는 무리가 뒤따른다.

『정역』에서 일원적 다신관의 흔적을 발견할 수 있다. 대성칠원군이 다신이라면, 원元은 자연신을 비롯한 수많은 신들을 하나로 통합한 절대자로 볼 수 있기 때문이다. 김일부는 화무옹, 화화옹, 화무상제라는 인격적 하느님과 비인격의 보편자를 하나로 묶어 '원'을 지고무상의 존재로 격상시켰다고 할 수 있다. 종교와 철학을 하나로 융합시키기 위한 구심점을 '하늘에서 가장 으뜸가는 분'이라는 '원'으로 표현했던 것이다.[78]

별자리 신앙과 북두칠성

織女와 牽牛는 은하수를 가운데 두고도 서로 만날 수 없는 애달픈 부부다. 그런데 매년 음력 7월7일, 칠월칠석에 견우와 직녀가 1년에 한 번 烏鵲橋를 통해 만날 수 있다. 이를 축복해 주기 위하여 金輪寶界熾盛光如來가 자신의 몸을 스스로 드러내면서 日光菩薩·月光菩薩을 좌우 補處(부처가 될 후보자, 또는 주불의 좌우에 모신 보살)로 삼고, 북두칠성 칠원성군과 그의 보처 28宿와 星君 등을 거느리고 인간 세상으로 하강하여 사람들의 소원을 성취하게 해준다는 날이다.

전국 사찰의 서북쪽 艮方 혹은 뒤쪽에 있는 삼성각이나 산신각 내부의 탱화를 보면, 중앙에 계신 분이 금륜보계치성광여래다. 좌우에 있는 日光遍照消災菩薩은 모든 재앙을 소멸케 하는 보살이고, 月光遍照息災菩薩은 모든 재앙을 쉬게 하는 보살이다. 그리고 탱화 뒤쪽에 7명의 神將이 있다.

78) 『聖經』「創世記」 1장1절의 "태초에 하느님이 천지를 창조하시니라"에 대한 중국어 성경은 '起初神이 천지를 창조했다[起初神, 創造天地]," 또는 "태초에 상제가 천지를 창조했다.[起初, 上帝創造天地.]"로 번역했다. 또한 「約翰福音」 1장1절은 "태초에 말씀이 계시니라. 이 말씀이 하느님과 함께 계셨으니, 이 말씀은 곧 하느님이시니라. 그가 태초에 하느님과 함께 계셨다[太初有道, 道與神同在, 道就是神. 這道太初與神同在.]"고 했다. 예전에는 '元'을 上帝라 번역했으나, 지금은 起初神 또는 道, 神으로 번역하고 있다.

우리나라 사찰은 칠성각, 북극전, 칠성전, 북극보전, 금륜각 등의 이름으로 전각을 세워 熾盛光如來(북극성)를 중심으로 좌우로 일광변조소재보살(해)과 월광변조식재보살(달)로 삼존불을 이루고, 다시 좌우로 칠성여래와 칠원성군이 배치된 탱화를 모신다. 칠원성군이 불교에 수용되어 부처님의 모습으로 화현한 것이 곧 칠성여래이고, 칠성신의 전신이 칠원성군인 것이다.

밤하늘을 아름답게 수놓은 별 가운데 북두칠성은 한민족이 매우 친근하게 여긴 별자리다. 예로부터 북두칠성은 인간의 삶과 죽음의 두 세계를 수호한다는 믿음의 대상이었다. 불교와 도교에서 말하는 북극성을 비롯한 북두칠성 신앙은 동양 천문학에 깊은 영향을 끼쳤다.

"불교 천문학에서 북극성을 신격화한 불보살로 妙見菩薩 외에 여러 갈래 반열의 치성광여래가 있다. 일월성수를 권속으로 하는 熾盛光佛頂(Prajvalosnisah)은 석가불의 教令化身으로 모공에서 熾盛光焰을 뿜어낸다 하여 붙은 이름이다. 치성광여래는 '빛이라는 매체를 통해 중생을 제도하는 불'로 뭇 성상의 중심에 거듭난 존재인데, 광명이 온 누리에 두루 비친다는 뜻을 지닌 법신 毘盧遮那 곧 밀교의 大日如來와도 그 의미가 일맥상통한다."(김일권, 『우리 역사의 하늘과 별자리』, 고즈윈, 2008, 171-174쪽 참조.)

김일부는 성인 출현의 근거를 '하늘에서 가장 으뜸가시는 분[元]'이라는 새로운 언어로 규정했다. 그것은 기존의 관념을 허물어뜨리는 혁신적 해석이다. 과거에는 성인과 하도낙서의 유래를 비인격의 하늘에 두었기 때문이다. 『서경』의 이른바 하늘이 백성을 도와 (성인 같은) 임금과 스승이 있도록 마련해주었다거나,[79] 하늘은 성인과 신비스러운 하도낙

79) ① 『書經』「周書」"泰誓", "天祐下民, 作之君作之師, 惟其克相上帝, 寵綏四方, 有罪無罪, 予曷敢有越厥志?" ② 『孟子』「梁惠王」下, "書曰 天降下民, 作之君作之師, 惟曰其助上帝寵之. 四方有罪

서를 통해 계시했다는 것이 바로 그것이다.

옛 고전에 나타난 담론의 주어는 하늘과 성인이 많다. 이를테면 하늘의 권능을 표현할 때, 주로 사용하는 『주역』의 "위대하도다, 건의 으뜸이여! 만물이 이로부터 비롯하니, 이에 하늘을 통솔하도다[大哉, 乾元. 萬物資始, 乃統天.]"의 '하늘'과 '으뜸[元]'이 증명한다. 『서경』에는 하늘과 상제가 동시에 등장하는데, 이 세상을 주재하는 최고 권위자가 상제에서 하늘로 무게 중심이 바뀌는 과정이 투영되어 있다. 그러나 『주역』은 이 세상을 지배하는 만물의 보편성을 건'원'으로 나타냈을 따름이다.

그러면 '원原'과 '원元'은 어떻게 다른가? 『정역』에는 원래의 하늘을 뜻하는 '원천原天'과 원래의 역을 뜻하는 '원역原易'이 있다. 전자가 선천과 후천을 동시에 머금은 하늘의 원형이라면(과거에는 선천의 하늘을 '천'으로 인식했다), 후자는 선천의 윤역閏易과 후천의 정역正易을 동시에 머금은 본질 역을 뜻한다. 선천과 후천이 서로 대응하는 상대 세계라면, 원천은 양자를 포괄한 절대 경계를 지시하는 하늘의 본성이라 하겠다.

'원元'은 원형이정元亨利貞의 4덕 가운데 하나라는 덕목을 넘어서 오히려 4덕의 으뜸이라는 뜻도 있다. 유학자들은 '원'을 건원乾元 또는 생명의 시원과 우주의 으뜸가는 최고 원리라는 의미를 중시여겼다. 그것은 만물의 보편자 범주에서 종교성을 배제했기 때문이다. 정이천程伊川(1033-1107)은 하늘의 으뜸가는 원리를 다양하게 분석한 바 있다.

하늘을 전일하게 말하면 만물의 보편 법칙[道]이며, 형체로 말하면 하늘이고, 주재로 말할 때는 상제이고, 공용으로 말할 때는 귀신이고, 묘용으로 말할 때는 신이고, 성정으로 말하면 건이다. 그러니까 건은 만물의 시초라는 것이다.[80] 정이천이 만물의 다양성을 '하늘[天]'과 '도'로 압

無罪惟我在, 天下曷敢有越厥志?"

80) 『易程傳』「乾卦」, "夫天, 專言之則道也, 天且弗違是也. 分而言之, 則以形體謂之天, 以主宰謂之帝, 以功用謂之鬼神, 以妙用謂之神, 以性情謂之乾也. 乾者, 萬物之始, 故爲天爲陽爲父爲君."

축했다면, 김일부는 종교의 절대자 성격까지 포섭하여 '원'으로 집약했다고 할 수 있다.

하늘의 으뜸가는 분이 내려준 '신물'은 무엇이고, 성인은 신물을 어떻게 인식했는가? 김일부는 신물을 '하도낙서'라고 말했다. 이는 과거 학자들의 견해와 전혀 다를 바가 없다. 하지만 과거에는 하늘이 내려준 하도낙서를 성인이 본받았다고 말했다. 하도낙서는 하늘의 이법이고, 성인은 하도낙서를 문명화의 표본으로 삼았다는 것이다. 즉 하도낙서는 성인에 의해 밝혀진 하늘을 알 수 있는 인식의 틀인 셈이다. 『주역』은 하늘[天] → 신물(하도낙서) → 성인의 순서를, 『정역』은 하늘의 으뜸이신 분[元] → 성인 → 하도낙서의 순서를 제시하였다. 이들의 순서가 바뀌었는데, 『주역』은 문장의 주어를 하늘로 규정했으나, 『정역』은 '원'으로 교체했던 것이다.

하도낙서의 주제는 『주역』에 나온다. 천지의 섭리를 성인이 모델로 삼은 것이 바로 하도와 낙서다. "하늘이 신령한 물건을 내림에 성인이 본받으며, 천지가 변화함에 성인이 본받으며, 하늘이 형상을 드리워서 길흉을 나타냄에 성인이 형상화하며, 하수에서 하도가 나오고 낙수에서 낙서가 나옴에 성인이 본받았다.[是故, 天生神物, 聖人則之, 天地變化, 聖人效之, 天垂象見吉凶, 聖人象之, 河出圖洛出書, 聖人則之.]" '신비스런 사물[神物]'의 뿌리는 최고 궁극자인 '하늘'이라는 것이다.

하늘은 '신물'을 통해 자신의 의지를 세상에 드리웠다. 성인은 하늘로부터 받은 신물을 의심 없이 본받아 법칙화했다. '신물'은 두 가지 의미가 있다. 하나는 성인이 반드시 본받을 만한 합리적인 우주 원리와, 다른 하나는 이성적 사유를 넘어선 신비주의적 측면이 함축되어 있다. '하늘이 천문 현상으로 드리웠다'는 뜻이다. 신물의 내용이 바로 『주역』의 뿌리인 하도낙서다. 신물은 하늘이 내린 일종의 계시록이라 할 수 있다.

하늘이 내린 '신물'이 하도낙서라면, 하도낙서는 하늘이 형상으로 드리운 괘상卦象과 더불어 『주역』의 두 핵심축에 해당된다. 시간 중심으로 하도낙서를 설명한 것이 『정역』이라면, 괘상 중심으로 공간의 전개를 설명한 것은 『주역』이다. 이런 의미에서 하늘이 내린 신물을 시초점과 거북점[蓍龜]으로 한정할 이유는 하나도 없다.

'천지변화'의 해석은 둘이 있다. 하나는 현상계에서 일어나는 모든 변화를 가리키는 일반적 의미가 있고, 다른 하나는 천지 자체가 변화한다는 뜻이 있다. 전자는 현실에서 일어나는 인류의 역사, 정치, 문화, 생명체를 다루는 자연학의 총체일 것이다. 후자는 만물의 최종 근거인 천지 자체가 얼굴을 바꾼다는 것에 핵심이 있다. 즉 선천이 후천으로 변화하는 것을 가리킨다. 이는 조선조 말기에 태동한 개벽사상의 이론 근거로 제공되었다.

하도낙서는 선후천변화라는 시간 질서의 전환 문제를 담고 있다. 그래서 김일부는 역의 본질은 시간의 해명에 있으며, '역은 캘린더 = 책력[易者曆也]'이라는 명제로 거듭 태어났다. 따라서 「대역서」의 '위대한 변화(Great Change) = 위대한 열림(Great Opening)'의 의미도 주의 깊게 살필 필요가 있다.

하도낙서에 대한 패러다임 전환은 『정역』의 선후천론으로 나타났다. 과거에는 하도와 낙서란 세상을 들여다보는 자연의 '창窓(window)'으로 인식했으나, 낙서는 선천이고 하도는 후천이며, 더 나아가 선천이 후천으로 변화한다는 근거를 하도낙서에서 찾았다. 그래서 하도낙서는 하늘이 내려준 신령한 보물이라 표현한 것이다.

圖書之理는 **后天先天**이오
도 서 지 리 　 후 천 선 천
天地之道는 **旣濟未濟**니라
천 지 지 도 　 기 제 미 제

하도와 낙서의 이치는 후천과 선천이요,
하늘과 땅이 가는 길은 기제와 미제이다.

이 글에 정역사상의 전체 구도가 녹아 있다고 해도 과언이 아니다. 하도낙서의 핵심은 선후천의 전환에 있다는 뜻이다. 과거의 하도낙서가 동양형 천지창조의 설계도라면, 김일부는 하도낙서를 천지의 재창조설로 인식하였다.[81] 그러니까 과거의 하도낙서설만 고집하는 까막눈은 정역사상의 심층에 출입하기가 매우 어렵다. 그것은 하도낙서에 대한 인식의 패러다임 전환을 넘어서 천지 자체가 변화한다는 것이 곧 하도낙서의 본질이기 때문이다. 이는 『주역』에 정통한 학자들조차도 상상하지 못했던 사유의 혁명이라고 할 수 있다.

'하도와 낙서의 이치는 후천과 선천이다'라는 명제는 역학사를 통틀어 최초로 나온 선언이다. ① '하도 = 후천', '낙서 = 선천'라는 등식과, ② 후천을 먼저 말하고 선천을 뒤에 말하는 특유의 문법, ③ 하도낙서는 시간 위주의 사유이고, 괘효로 구성된 『주역』은 공간 위주의 사유라는 세 가지의 차별화는 정역사상의 압권이다. 그러니까 하도낙서는 만물의 보편 법칙을 너머 생명의 구성 근거로 존재한다는 시간의 형이상학이라 할 수 있다.[82]

왜 '하도=후천', '낙서=선천'이며, 천지는 어떻게 미제괘와 기제괘로 설명할 수 있는가? 지금의 천지는 하도에 근거하여 낙서 방식으로 생성 진화하고 있으며, 앞으로 낙서 세상을 거쳐 하도 세상으로 복귀한다는 전제에서 하도를 먼저 말했던 것이다. 그리고 하도는 완전체요, 낙서는 불완전체인 까닭에 선천이 후천으로 진화하여 성숙된다는 당위성과 필

81) 천지창조를 강조하는 기독교는 천지의 재창조 사유를 허용하지 않는다.
82) 김일부는 하도낙서에 대한 깊은 신뢰감을 조화옹의 의지체라고 믿을 정도였다. 그는 『정역』을 하도낙서에서 시작하여 하도낙서를 끝맺은 다음에 그 결과물을 정역팔괘도로 압축했다.

연성이 그 밑바탕에 깔려 있다.

천지가 걸어가는 길은 『주역』 세상이다. 왜냐하면 64괘는 건곤에서 시작하여 기제괘既濟卦(䷾)를 거쳐 미제괘未濟卦(䷿)로 끝맺기 때문이다. 그것은 시간이 과거 → 현재 → 미래로 흐른다는 낙서의 논리가 전제된 발언이다. 한마디로 『주역』의 괘상으로는 하도낙서의 방향성을 설명하기 불가능하다는 것을 지적한 것이다. 그러니까 괘상이 하도낙서에 근거하듯이, 『주역』이 『정역』에 근거한다는 논리가 성립하는 것이다.

낙서가 1에서 시작하여 10을 지향하는 선천 상극의 논리라면, 하도는 10에서 1로 나아가는 후천 상생의 논리인 것이다. 그러면 왜 천지가 움직이는 길을 선천 낙서의 기제와 미제라고 했는가? 그 근저에는 시간의 '쌍방향성'이 하도낙서의 본질이라는 것을 전제했기 때문이다. 하도와 낙서는 생명의 숫자로 헤아릴 수 있다.

河圖(順=倒의 방향, '→')	洛書(逆의 방향, '→')
10→9→8→7→6→5→4→3→2→1	1→2→3→4→5→6→7→8→9→10
火 水　　　火 水	水 火　　　水 火
未濟의 논리	旣濟의 논리

하도	10 → 9 → 8 → 7 → 6 → 5 → 4 → 3 → 2 → 1
낙서	10 ← 9 ← 8 ← 7 ← 6 ← 5 ← 4 ← 3 ← 2 ← 1

하도와 낙서의 두 방향

김일부는 하도낙서에 함축된 존재론과 인식론의 지평을 새롭게 열어 제쳤다. 정역사상은 하도에 근거하여 낙서 선천의 천지가 형성되어 다시 하도로 복귀한다는 하늘의 섭리를 시간론, 우주론, 6갑론, 음양오행, 도수론, 금화교역론 등의 다양한 방법으로 풀어냈다. 『정역』은 시간의 구조를 파헤친 천상의 학문이고, 『주역』은 천상을 모방한 지상의 학문이라는 뜻이다. 왜 이런 역설이 생길까? 하도낙서를 『주역』의 해석에서 원천 배제시킨 전통에서 비롯되었기 때문이다. 그것은 여태까지 『주역』이 천상의 학문이라고 알았던 믿음에 찬물을 끼얹는 엄청난 충격이다.

주자는 『역학계몽易學啓蒙』에서 하도낙서에 근거하여 복희팔괘도와 문왕팔괘도가 형성되었다고 말했다. 괘도의 근거가 하도낙서라고 인식한 것은 김일부와 똑같지만, 주자는 책력(시간) 중심으로 논의하지 못했다. 김일부는 처음으로 하도낙서를 선천과 후천으로 나누고, 더 나아가 선천이 후천으로 바뀐다('낙서의 금화金火에서 하도의 화금火金으로')고 말하여 조선 역학의 주제를 새롭게 혁신하였다.[83] 그리고 일자一者 중심의 형이상학을 3수 중심의 형이상학으로 재편성하고, 시공과 생명의 근거와 방향성에 대한 논의를 3극론으로 귀결시켰던 것이다.

龍圖는 **未濟之象而倒生逆成**하니 **先天太極**이시니라
용도 미제지상이도생역성 선천태극

용도는 미제의 형상인데, 거꾸로 생겨나 거슬러 이루는 것이니 선천 태극이시다.

용도는 황하 유역의 하수河水에서 나온 용마龍馬 등에 새겨진 무늬가 하도와 똑같기 때문에 생긴 명칭이다. 하도로 부르면 될 것을 왜 용도라 했으며, 용은 어떤 존재인가? 용은 전설과 상상의 동물로 알려졌는데, 용 만큼 육해공을 통틀어 시간의 변화를 이끄는 동물은 이 세상에 없다. 이를테면 건괘 초효부터 상효까지 만물의 변화를 설명하기에 가장 적합했으므로 『주역』은 '용龍'으로 호칭했다. 그러나 김일부는 『주역』에서 말하는 자연의 변화보다는 시공의 결합체[天干地支]를 상징하는 6갑의 무궁한 변화를 '하도' 대신에 '용도'로 호칭했던 것이다.

---

83) 김일부는 『정역』의 모든 것을 "金火正易圖" 한 장에 담아냈다.

용도의 '아직 건너지 못했다[未濟]'는 말은 무슨 뜻인가? 『주역』은 이미 건넜다가[旣濟] 마침내 건너지 못했다는 순서로 끝난다. 그렇다면 『주역』은 '건너지 못한다' 것을 예고한 것으로 자연과 인류는 미해결[未濟]의 운명을 걷는다는 말인가? 여기서의 용도는 선천을 매듭짓고 인류가 아직 경험하지 못한 미래의 이념과 프로그램을 담지한 도형이라는 뜻이다. 용도는 미래에 뿌리를 두고 과거의 태극[先天太極]에서 출발한 시간과 생명의 숨결을 도상으로 형상화한 것이다.

'거꾸로 생겨나 거슬러 이룬다[倒生逆成]'의 어원은 『주역』 수지비괘水地比卦(䷇) 5효 「상전象傳」에 나온다. "상전에 이르기를 '거슬리는 것은 내버리고 순응해서 오는 것을 취하는 것'은 앞의 새를 놓침이요, '마을사람들이 경계하지 않는 것'은 윗사람이 중도를 쓰기 때문이다.[象曰 舍逆取順, 失前禽也, 邑人不誡, 上使中也.]"

'거슬리는 것은 내버리고 순응해서 오는 것을 취하는 것[舍逆取順]'에는 정역사상에서 말하는 시간론의 선구가 될 수 있는 아이디어가 담겨 있다.[84] 정이천程伊川은 "도망가는 자를 '역逆'이라 하고 오는 자를 '순順'"이라 했다. '간다'는 것은 현재에서 미래로, '온다'는 것은 미래에서 현재로 다가오는 시간의 법칙을 뜻한다. 즉 전자는 역생도성逆生倒成, 후자는 도생역성倒生逆成으로 정리할 수 있을 것이다. 전자와 후자는 각각 별개의 독립적인 시간의 사태를 가리키는 것이 아니다. 이 둘은 연속적인 관계를 유지하면서 시간의 양면성으로 존재한다.

시간이 과거에서 현재로, 현재에서 미래로 흘러간다는 사실을 『정역』은 '역생도성逆生倒成'으로 규정했다. 반대로 시간의 원리는 미래에서 현

84) 『易程傳』 比卦, "禮에 '명령을 따르지 않는 자를 취한다' 했으니, 이것은 곧 순종하는 자를 버리고 거슬리는 자를 취하는 것이니, 명에 순종하여 도망간 자는 모두 잡힘을 면하는 것이다. 비는 향배로써 말했으니, 도망가는 자를 '역'이라 하고 오는 자를 '순'이라 한다.[禮取不用命者, 乃是舍順取逆也, 順命而去者 皆免矣. 比以向背而言, 謂去者爲逆, 來者爲順也.]"

재로, 현재에서 다시 과거로 비춰져온다는 것이 '도생역성倒生逆成'이다. 그렇다고 '역생도성'을 사실적 시간의 흐름에 한정해서 이해하면, 『정역』의 시간관은 직선적 시간관에 빠질 위험이 있다. 마찬가지로 '도생역성'을 오로지 미래적 시간관이라고 단정한다면, 『정역』은 미래학의 이론과 동일한 것으로 오해될 수 있으며, 또한 시간의 역설에 대한 함정에도 속수무책일 것이다.

진리를 어떻게 표상할 것인가?

"신은 낮과 밤을 만들었고, 인간은 달력을 만들었다"는 격언이 있다. 세상의 모든 캘린더는 달이 찼다가 이지러지는 주기 혹은 계절의 규칙적 교대와 태양의 운행에 의해서 이어지는 밤과 낮을 토대로 한다. 그러므로 자연의 시간표를 보여주는 어떤 징후라도 인간의 생존에 지대한 영향을 끼치게 마련이다.

천지일월과 성신의 운행으로 인해 생명체가 태어나서 자라나고 늙는다. 천체의 운행을 관찰하는 행위는 인간 스스로가 시간의 아들임을 깨닫도록 한다. 만일 천지일월과 성신이 없다면 생로병사도 없을 것이다. 따라서 천체의 운행은 인간 삶의 시간적 맥동의 원천인 것이다. 결국 '천문'의 인간화가 '인문'의 형태로 나타났다고 할 수도 있다.

『주역』은 시간을 섭리하는 진리를 어떻게 설명하는가? 괘도(복희팔괘도, 문왕팔괘도)로 표상하는 방식이 있고, 상수론의 극치인 하도낙서로 표상하는 방법이 있다. 전통 주역학은 괘도에 근거한 의리학을 정통으로 인정하는 경향이 많았다. 괘도가 진리의 공간적 표상 방식[象]이라면, 하도낙서는 진리의 시간적 표상 방식[曆]이다. 역생도성과 도생역성이 시간의 흐름과 전환을 얘기하는 하도와 낙서라면, 공간의 전개를 설명한 것이 곧 괘의 형성 원칙이다.

『서경』의 '일월성신의 운행을 역법으로 계산하고, (괘의 형태로) 상징화하여 백성들에게 시간표를 알려주라[曆象日月星辰, 敬授人時]'는 것과, '하늘의 역수가 네 몸에 있다[天之曆數在汝窮]'의 '曆數'는 천체 운동의 고유한 수 체계를 뜻하는 시간의 형식이 인간의 본성으로 내재화되어 있다는 말이다. 역수는 시간의 구성과 절도성을 반영한 것이다. 하도는 도생역성의 원칙에 따라 10,9,8,7,⑥,5,4,3,2,1의 방향으로 진행하고, 낙서는 역생도성의 원칙에 따라 1,2,3,4,⑤,6,7,8,9의 방향으로 진행한다.

역생도성[逆]은 상극질서를, 도생역성[順]은 상생질서를 뜻한다. 그러니까 낙서는 상극질서를, 하도는 상생질서를 대표한다. 상극질서는 삶의 고난과 역경을 요구하는 시스템이다. 그것은 음양의 부조화와 불균형에서 비롯된 地軸의 傾斜에서 그 원초적 원인을 찾을 수 있다고 주장하는 사람이 있다.

한마디로 '曆'과 '象'은 천도를 표상하는 방법이다. 우리말로 옮기면 천도는 '曆으로 셈하다(캘린더의 법칙)', 또는 '象으로 이미지화하다'는 동사로 풀이해야 할 것이다. 그러니까 '象(상징화 작업)'을 디자인 차원으로 이해해서는 안 된다. 주자도 卦의 형상은 진리에 대한 模寫라고 규정한 바 있다. 模寫說은 플라톤의 이데아설을 연상시키지만, 주역학에서의 모사설은 형식과 내용이 일치한다는 전제가 밑바탕에 깔려 있다. 주자는 卦라는 형식과 진리의 내용이 어떻게 일치하는가라는 논증은 생략한 채 '眞理의 自明性'에서 출발하였다.

동양 천문학은 蓋天說의 영향을 받아 하늘은 왼쪽으로 돌고, 태양과 달을 비롯한 행성은 오른쪽으로 돈다는 '天左旋, 日月右行'을 주장했다. 河圖를 天左旋으로, 洛書를 日月右行으로 연관시키는 해석이 한참동안 학계를 주름잡았다. 그러나 "우주의 생성론과 구조론과 수학을 통일해서 이해한 주자는 장횡거의 이론을 받아들여 하늘과 일월은 똑같이 왼쪽으로 돌아간다는 '天左旋, 日月左旋'에 동의를 표시했다."(야마다 케이지 저/김석근 옮김, 『주자의 자연학』, 통나무, 1991, 218-223쪽 참조.) 하늘과 태양과 달의 운행의 속도 차이에서 비롯된 것을 계산의 편의를 위해 '天左旋說과 '日月右行說'이 생긴 것이지, 실제로는 모두 왼쪽으로 돈다는 것이다. 동양 천문학은 우주 운행의 항상성을 얘기했다면, 김일부는 우주의 운행보다는 시간의 구성 원리를 밝히는 것에 집중하였다.

曆은 일차적으로 시간을 재거나 헤아리는 시스템[曆法]이다. 과거의 좌표를 정하는 척도인 동시에 미래를 가늠할 수 있는 메카니즘 체계로 나타난 것이 바로 曆法이다. 역법에 기초한 캘린더의 두 가지 주요한 형태는 태음력과 태양력이다. 하지만 曆法과 曆理를 혼동해서는 안 되며, 이 둘을 구분해서 이해해야 할 것이다.

'曆理'는 단순히 캘린더의 구성 법칙을 뜻하는 것이 아니다. 그것은 캘린더 구성의 근거, 즉 태양력과 태음력이 나뉘어지기 이전의 先驗 원리를 뜻한다. 왜 태양력은 1년 366일[堯之朞] 혹은 $365\frac{1}{4}$일[舜之朞]로 구성되는가, 그리고 태음력은 왜 1년 360일에서 며칠이 모자라는 1년 354일까?라는 근본적 물음을 던지면서 김일부의 철학이 태동했다고 할 수 있다.

비록 정역사상이 몇 천 뒤에 출현하였으나, 『정역』이 천도 자체를 풀이한 순수 우주론이라면, 『주역』은 도덕과 윤리와 정치철학 등을 총망라한 종합 성격을 지닌다. 예컨대 『정역』이 10과 5라는 본체 수를 핵심축으로 삼는데 반해서, 『주역』은 9와 6이라는 작용 수를 중심으로 논리를 전개하고 있기 때문이다.[85] 다시 말해서 『주역』이 본체수 10과 5를

85) 周易 乾卦「文言傳」은 "건도가 9를 쓰는 것에서 하늘의 뜻을 알 수 있다.[乾元用九, 乃見天則.]"고 했으며, 坤卦 卦辭「象傳」은 "'6을 쓰는 것이 오래도록 곧다'는 것은 큰 것으로 마친다[象曰 用六永貞 以大終也.]"고 했다. 그래서 『周易』은 陽을 九로, 陰을 六으로 사용한 체계인 까

숨겨진 이치로 남겼던 것을 김일부가 이를 낱낱이 드러내고 재조직하여 복원시켰다라고 할 수 있다. 따라서 역수曆數란 시간성의 내부 구조를 상세하게 해부한 천지의 속살이라 하겠다.

『주역』에서 괘의 명칭을 부를 때는 위에서 시작하여 아래로 부르고, 해석할 때는 아래부터 시작해서 위를 향해 마친다. 예컨대 천지비괘天地否卦(䷋)의 경우, 위는 하늘이고 아래는 땅이다. 괘의 명칭은 위에서 아래의 원칙(↓)으로 만들어졌으나, 천지비괘의 해석은 초효에서 상효를 향해 하나씩 위로 올라가는 것이 원칙(↑)이다. 위에서 아래로의 '순順'이 자연의 길이라면, 아래에서 위로의 '역逆'은 인간의 길을 상징한다.

아기가 어머니 뱃속에서 태어날 때는 머리부터 거꾸로 나온다[倒生]. 하지만 사람이 태어난 뒤에는 발로 땅을 딛고, 하늘을 머리에 짊어지고 살아가야 하는 운명[逆成]을 대변한다. 여기에서 바로 하늘로의 회귀 당위성이 대두되는 것이다. 생명의 씨앗은 과거에 뿌리를 두지만, 그 원리는 미래에서부터 빛이 비추어져 오는 이치에 의해 탄생과 죽음이 순환하고 반복하기 때문이다. 아버지의 원리는 과거에, 어머니 땅의 원리는 미래에 뿌리를 두고 있다는 뜻이다.

'도역倒逆'과 동서양 시간론의 특성

시간의 본질에 대한 논쟁에서 어떤 사상가이든 승자도 없고 패자도 없다. 동서양 철학자들은 시간 자체에 대해 골머리를 앓으면서 숱한 해답을 제시했으나, 시간 문제에 종지부를 찍지 못하고 오히려 하나의 물음을 덧붙임으로써 혼란을 가중시켰다. 물음은 또다른 물음을 낳고, 해답은 종종 또다른 의문을 제기하여 새로운 탈출구를 모색하는 형태

닭에 본체인 10과 5를 근거로 삼은 『정역』은 존재론이며, 9와 6을 작용으로 쓴 『주역』은 생성론인 것이다.

로 나타났다. 이런 의미에서 시간론은 우주와 역사와 문명의 문제를 해명하는 통로인 까닭에 철학의 가장 중대한 주제가 되었던 것이다.

동서양 시간론의 유형은 크게 순환형 시간관과 직선형의 시간관이 있으며, 이들의 절충형도 있다. 과거와 현재와 미래를 어떻게 받아들이느냐에 따라 과거중심주의와 미래중심주의와 현재중심주의가 성립된다고 볼 때, 시간을 객관적으로 인식하는 작업은 매우 중요하다. 과거중심주의는 불확실한 변화를 가져오는 미래로부터 과거를 해방시키려 하며, 미래중심주의는 시간은 무한하기 때문에 미래를 중심으로 과거로부터 미래를 해방시키려고 노력한다. 현재중심주의는 오직 믿을 수 있는 것은 현재인 까닭에 과거와 미래보다는 현실에 충실한 삶을 살아야 한다는 인생관을 낳았다.

과거적 진리관은 진리의 원형을 과거에 두는 경향이 있다. 서양의 철학자 플라톤이 여기에 해당될 것이다. 과거적 진리관은 인과율을 금과옥조로 삼는다. 그것은 과거적 시간관 또는 직선형 시간관과 동일선상에 있다는 것은 다음의 사실이 입증한다. 결과는 원인을 결코 앞설 수 없다. 인과율에 의하면, 범인이 쏜 총알이 심장에 박혀 피를 흘리며 죽는 것이지, 죽은 다음에 총알이 와서 심장에 박힐 수 없다는 뜻이다. 이는 곧 시간의 역전 현상이 불가능하다는 것을 대변한다.

이와는 다르게 미래적 진리관은 미래적 시간관과 동일선상에 있다. 직선적 시간관은 과거에서 현재로, 현재에서 미래로 시간은 일방향적으로 흐른다는 것이 핵심이다. 하지만 우리는 이를 뒤집어 생각할 수도 있다. 미래는 끊임 없이 현재를 혁신시키고 과거 속으로 사라져가는 힘의 원천으로 볼 수 있을 것이다. 미래적 시간관은 미래 → 현재 → 과거의 방향으로 시간이 흘러간다고 상정한다. 이는 시간에 대한 혁명적 발상이 아닐 수 없다.

과거적 시간관과 미래적 시간관의 결합이 바로 『정역』의 통합형 시간관이라고 할 수 있다. 왜냐하면 시간의 양면성을 해명한 역생도성과 도생역성이 있기 때문이다. 역생도성은 과거 → 현재 → 미래를 지향하며, 도생역성은 미래 → 현재→ 과거를 지향하여 나아가는 것을 상징한다. 역생도성의 이면에는 도생역성이 있고, 도생역성의 이면에는 역생도성이 존재한다. 그것은 단순히 과거적 시간관 또는 미래적 시간관에서 말하는 일방향의 시스템이 아니라, 쌍방향의 시스템으로 이룩된 전혀 새로운 시간관이다. 특히 우주는 시간의 거대한 순환 속에서 직선으로 흐른다는 거대담론과 미시담론과 함께 시간질서의 극적인 전환을 구비한 시간관이라 할 수 있다.

'시간의 역설'에 대한 최신 이론을 소개하면 다음과 같다. "다수의 물리학자들이 시간여행에 대하여 부정적인 생각을 고수하고 있는 것은 각 이론의 세부 사항을 문제 삼기 때문이 아니라, 시간여행 자체가 다양한 역설을 야기시키기 때문이다. 예를 들어, 당신이 타임머신을 타고 태어나기 이전의 과거로 돌아가 부모님을 살해했다면, 당신은 더 이상 존재할 수 없게 된다. 과학은 논리적으로 타당한 아이디어에 기초를 두고 있으므로 이것은 결코 가볍게 넘길 문제가 아니다. 시간여행과 관련해 지금까지 제기된 역설들을 음미해보면, 시간여행은 불가능하다는 결론을 내릴 수밖에 없을 것 같다. 시간과 관련된 역설은 다음과 같이 몇 개의 부류로 나눌 수 있다. ① 할아버지 역설- 현재의 상황이 절대로 일어날 수 없도록 과거를 바꿈으로써 발생하는 역설이다. 과거로 갔다가 인류의 조상과 우연히 마주쳤는데, 그가 당신의 생명을 위협해 어쩔 수 없이 죽였다면 논리적으로 당신은 존재할 수 없다. ② 정보역설- 현재를 가능하게 만든 정보가 미래로부터 오는 경우이다. 한 늙은 과학자가 타임머신을 발명한 후, 과거로 이동하여 젊은 자신에게 타임머신의 제작법을 알려주었다고 하자. 이렇게 되면 타임머신에 관한 정보는 그 근원을 상실하게 된다. ③ 빌커(Bilker)의 역설- 미래에 발생할 사건을 미리 알고 있는 사람이 그 사건이 일어나지 않도록 무언가를 행함으로써 야기되는 역설이다. 타임머신을 타고 미래로 갔다가 당신과 제인이 결혼하는 장면을 목격하고 현재로 돌아 왔다. 당신은 제인과의 결혼을 원치 않았기에 억지로 헬렌과 결혼했다. 그렇다면 당신이 보고 온 미래는 어디로 사라진다는 말인가.

이밖에도 몇 가지의 역설이 있다. 현대 물리학자들은 시간 역설과 관련하여 두 가지 가능한 해법을 제시한다. 첫째, 러시아의 우주론자 이고리 노비코프의 주장대로 '모든 사건들이 역설적 상황에 빠지지 않도록 질서를 유지시키는 힘이 어딘가 존재한다'고 믿는 것이다. 둘째, '여러 갈래로 갈라지는 시간'을 허용하는 것이다. 당신이 출생 전의 과거로 돌아가 장래의 부모를 살해했다면 그 후의 모든 사건들은 다른 우주에서 진행된다고 생각하자는 것이다. 물론 당신의 부모가 무사하여 당신이 태어나는 우주도 '부모소급 살인사건'의 영향을 받지 않은 채 별개로 존재한다.

흔히 '다중 우주이론(many worlds theory)'이라 불리는 이 논리는 모든 가능한 양자적 세계가 여러 개의 우주 속에 공존한다는 것을 기본 가정으로 삼고 있다."(미치오 카쿠 저/박병철 옮김, 『평행우주(Parallel Worlds)』, 김영사, 2006, 231-236쪽 참조.)

도생역성의 끝을 뜻하는 태극의 정체성은 선천 무극에서 비롯되었다. 그것은 시작과 끝은 물론 끝과 시작이 맞물려 존재한다는 순환형 종시론終始論의 특성이다. '도倒의 시작이 10무극'이고, '성成의 끝이 1태극'이기 때문에 10무극과 1태극은 서로의 존재 근거인 것이다.

龜書는 **旣濟之數而逆生倒成**하니 **后天无極**이시니라
귀서 기제지수이역생도성 후천무극

五居中位하니 皇極이시니라
오거중위　　황극

귀서는 기제의 수로서 거슬러 생겨나 거꾸로 이루니, 후천의 무극이시다. 다섯이 중앙에 위치하니 황극이시다.

앞에서는 용도龍圖를 얘기했고, 여기서는 거북이 등에 새겨진 글 또는 문서를 '귀서'라 했다. 용도가 하도라면, 귀서는 낙서다. 낙서는 거북이 등에 우물 정井 자 형상이 새겨진 신비한 문서가 낙수洛水에서 나왔다는 전설에서 비롯되었다. 옛날에 천하가 홍수에 시달릴 때, 우임금이 오행의 이치가 새겨진 낙서를 받아 치수에 성공했다는 얘기가 있다. 이것을 은말주초殷末周初의 성인였던 기자箕子가 문건으로 정리한 것이 홍범洪範이다. 홍범사상의 형성은 낙서의 수리가 밑받침되어 있는 것이다.

『정역』의 주제는 하도낙서로 귀결된다. 낙서는 1에서 시작하여 9를 거쳐 10을 지향하는 체계로 이루어져 있다. 낙서는 1수水, 2화火에서 시작하므로 '수화'의 길이라고 불린다. 『주역』 63번 수화기제괘의 '6 + 3 = 9'에는 낙서 9수의 이치가 숨어 있고, 기제괘는 미제괘를 향하기 때문에 낙서는 『주역』 64번 화수미제괘의 '6 + 4 = 10'의 하도 10수를 목표로 삼는다는 뜻도 있다.

'역생'이란 1에서 시작한다는 것이고, '도성'이란 10에서 완성한다는 것으로서 '역생'이 선천의 과정이라면, '도성'은 선천이 후천으로 성숙된다는 뜻이다. 이를 종합하면 '역생이도성逆生而倒成 = 선천이후천先天而后天'이라는 논리가 성립한다.

태극은 1, 황극은 5, 무극은 10이므로 1에서 시작한 낙서는 10무극을 향해 진화와 성숙의 길을 걷는다. 낙서의 지향처는 하도의 10수 세계에 있다는 뜻이다. 그래서 자연과 문명을 통틀어 완벽한 평화가 이루어지는 경지를 '무극대도'라 불리는 문화가 형성되었다. 1태극과 10무극은 머리와 꼬리를 이루면서 서로의 본체와 작용이 된다. 이를 체용體用 관계로 정리하면 다음과 같다.

태극	무극
선천의 작용/후천의 본체	선천의 본체/후천의 작용

태극과 무극의 체용 관계는 선천과 후천에 따라 달라진다. 그것은 본질 자체 뿐만 아니라, 그 역할도 달라진다는 뜻이다. 무극이 본체이고 작용이 태극일 때는 선천이고, 태극이 본체이고 작용이 무극일 때는 후천이다. 이것은 태극이 본체이고 음양오행이 작용이라고 규정한 성리학과는 다르다. 성리학의 체용론이 존재계(불변의 태극)와 생성계(현상의 음양오행)의 관계라면, 정역사상은 존재계 차원에서 벌어지는 3극의 본체와 그 작용의 역할을 나눈 것이다. 선후천의 교체는 엄청난 물리적 변화로 무턱대고 나타나는 것이 아니라, 존재론 차원의 체용 전환이 일어난 뒤에야 비로소 현실에 구현된다는 우주론적 근거가 전제되어 있다.

김일부는 3극을 존재(Being) 차원으로 인식하고, 음양오행은 생성(Becoming) 차원이므로 이 둘 사이의 범주 착오를 범해서는 안 된다고 경계했다. 전자의 창조적 변화[造化]가 전제되지 않은 후자의 변화는 물리적 사태만을 강조하는 종말론과 연계되기 쉽기 때문이다. 그는 형이상학적 근거가 확실해야 비로소 음양오행 차원의 금화교역金火交易에 대한 정당성 확보가 가능하다고 판단했던 것이다.

	성리학	정역	
본체	(본체계) 태극	(본체계) 무극	(본체계) 태극
작용	(현상계) 음양오행	(본체계) 태극	(본체계) 무극

김일부는 3극 차원에서 이루어지는 본체와 작용의 전환을 언급하기 위해서 '선천 태극'과 '후천 무극'을 제시한 것이다. 여기서는 비록 본체만을 언급하고 있으나, 본체를 말하면 작용은 저절로 따라 나오는 『정역』의 문법에 익숙할 필요가 있다. 그래서 선천의 배후는 후천이요 후천의 배후는 선천인 것처럼, 하도의 도생역생[順]과 낙서의 역생도성[逆] 논리에다가 무극과 태극 사이의 역동적 체용 문제를 도입하였다. 그리고 1태극은 10무극을 지향하며, 1태극의 최종 근거는 10무극이므로 3극과 체용의 결합을 통하여 선후천과 수지도수와 6갑을 일원화하는 작업에 착수했던 것이다.

김일부는 도생역생[順]과 역생도성[逆]의 양면성을 통합할 수 있는 논리적 근거를 황극에 두었다. 선천과 후천을 체용으로 분류한 다음에 다시 선천에서 후천으로의 전환 논리를 적용하고, 그 이론 근거는 새롭게 발견한 중도中道인 황극에서 찾았다. 따라서 황극은 하도 혹은 낙서의 어느 한쪽만의 중앙이 아닌 두 측면 모두를 포괄하고, 선후천을 꿰뚫는 중도라는 의미가 내포되어 있다.

황극의 힘은 무극이라는 생명의 바다에 뿌리를 둔 한편, 생명의 불꽃을 피우는 태극으로부터 비롯된 것이다. 이 둘을 연결시키면서 태극을 무극으로 향하게도 하고 다시 무극을 태극으로 바꾸어 선후천 전환을 일으키는 조화造化의 엔진이 바로 황극이다.

황극은 낙서의 중앙 또는 하도의 중앙 어느 하나만을 가리키는 것이 아니라, 양자를 하나로 융합하는 중도이어야만 순역의 소통과 선후천 전환이 가능할 것이다. 낙서의 중도는 1, 2, 3, 4, ⑤, 6, 7, 8, 9의 5이다. 하도의 중도는 10, 9, 8, 7, ⑥, 5, 4, 3, 2, 1의 6이다. 그러니까 숫자로는 낙서의 중도는 5이고, 하도의 중도는 6이라는 모순이 생긴다.

김일부는 이러한 모순을 해결하기 위한 방안으로 선후천을 관통하는 중도를 '5인 동시에 6[包五含六]'이라고 규정하여 유교의 중용을 대신할 새로운 황극을 창안했던 것이다. 이것은 과거의 중용에 대한 인식이 편협했다는 것을 지적한 혁신 이론이라 하겠다.

숫자 5와 6에 얽힌 비밀 이야기

"극단적인 것은 피하고 중용(Golden Mean)을 취하라!"는 서양 격언이 있듯이, 황금 분할의 아름다움을 뜻하는 숫자 5, 펜타드(Pentad)는 조화와 균형을 자연에 구현하는 재생과 원형의 핵심이다. 숫자의 질서 속에서 상호 작용하는 방식은 자연의 원형을 보여준다. 생명의 방정식은 무한의 옷을 걸친 수학의 만다라다. 자연은 기하학을 통해 우주의 철학을 표현한다.

오각형 별이 가진 힘과 권위는 아름답게 디자인된 자연에서 잘 드러난다. 그것은 자연의 생산력과 생식력의 열쇠로서 생명의 신선함과 완전성과 번식력을 제공한다. 5는 생명의 형태와 생물의 속성으로 자신을 표현하다. 그래서 시리아 출신 이암블리코스(Iamblichos: 250-325)는 특별히 "펜타드는 우주의 자연 현상을 대표한다"고 말했다.

자연계에서 가장 광범위하게 나타나는 모양은 나선형을 띤다. 나선형은 우주의 설계에 깊이 뿌리박혀 있으며, 모든 물질에서 발견된다. 나선형의 우주적 통일성은 모든 창조물을 통합하는 기능을 반영한다. 나선형은 ① 자기 누적을 통해 성장한다. ② 모든 나선형은 '조용한 눈'을 가지고 있는 까닭에 ③ 반대되는 것끼리 충돌하면 균형이 이루어지도록 만든다. 자기 재생, 자기 누적, 자기 반복, 자기 닮음이라는 나선형의 원리에 하나의 단서가 똬리를 튼 채 기다린다. 계속 반복되는 키워드는 '자기(Self)'이다. 나선형은 우리 자신의 성장과 변환이라는 메시지를 전달하고 있다.

6의 산술적 성격과 육각형의 기하학적 성질을 조사하면, 헥사드

(Hexad)는 모나드와 트리아드, 즉 원과 삼각형, 통일성과 삼위일체, 전체성과 균형잡힌 구조와 밀접한 관계가 있다는 사실을 발견하게 된다. 육각형은 구조, 작용, 질서가 함수 관계로 존재한다는 뜻이다.

헥사드의 원리는 '구조-작용-질서'와 '공간-힘-시간'으로 요약할 수 있다. 6의 배수, 그 중에서도 12, 36, 60은 수학, 자연, 상징 미술, 일상 등에서 '자연의 틀'로 나타난다는 것이다. 1은 모든 수를 낳으며, 모든 수의 성질을 공유하고 있다. 펜타드가 이러한 자기 재생을 생명체 속에서 표현한다면, 헥사드는 스스로 보강되는 구조-작용-질서 속에서 자기 닮음을 드러낸다. 그래서 피타고라스 학파는 6을 '형태의 형태요, 닮지 않는 모루'라고 불렀다. (마이클 슈나이더 저/이충호 옮김, 『자연, 예술, 과학의 수학적 원형』, 경문사, 2002, 101-183쪽 참조.)

황극은 두 가지 뜻이 있다. 하나는 3극 차원에서 말하는 것이요, 다른 하나는 하도낙서 차원에서 말하는 것이 있다. 하도 도상의 내부를 차지하는 것처럼, 3극은 무극과 황극과 태극의 위상과 관계성 및 운동의 형식을 밝힌 존재론이라면, 하도낙서는 시간과 공간의 구조(3극)와 전개를 '순역'의 수數로 설명한 것이다. 전자가 존재의 구성 원리를, 후자는 우주에 이미 펼쳐져 보이는 질서와 미래에 펼쳐질 숨겨진 질서와 함께, 선후천 전환을 일으키는 창조적 변화[造化]의 당위성을 수의 논리로 설명하기에 아주 유용하다.

황극 앞에 붙은 숫자 5는 하도 '순'과 낙서 '역'의 중앙을 꿰뚫는 숫자를 가리킨다. 황극은 5를 중심으로 생수와 성수가 나뉘고, 생수는 5의 중재를 통해 성수가 된다. 이를테면 1+5=6, 2+5=7, 3+5=8, 4+5=9, 5+5=10이 이루어지듯이, 생수가 성수로 변할 수 있는 이유(플러스와 마이너스 역할)는 5의 중개가 매우 소중하다는 것을 증명한다.

1태극이 10무극으로 나아가기 위해서는 반드시 5황극을 통과해야 하는 것처럼, 10무극에서 1태극으로 진행하는 통과 의례 역시 중앙에 존재하는 황극 자리를 거쳐야 한다. 5황극은 생수와 성수, 선천과 후천, 상극과 상생의 징검다리인 동시에 선후천 운동의 주체라고 할 수 있다.

이런 연유에서 김정현金貞鉉은 『정역주의正易註義』에서 선후천의 중도인 5황극의 덕성이 만물의 존재 의미와 가치를 실현하는 주체라고 찬양한 바 있다. 그래서 지극히 커서 무한한 것이 '황皇'이고, 절대 보편의 중용을 '극極'이라 한다. 하도와 낙서의 중앙에 위치하면서 만물의 생성을 조절하는 권능을 '지대지중至大至中'이라고 표현하였다.[86)]

易은 **逆也**니 **極則反**하느니라
역　　역야　　극즉반

역은 거슬리는 것이니, 극한에 도달하면 돌이킨다.

'역은 거슬린다'는 말은 무엇인가? 그것은 일차적으로 『주역』은 낙서에 기초했다는 규정으로서 생명의 방향성, 혹은 시간은 일방향으로 흐른다는 것을 지적한 내용이다. "지나간 것을 셈하는 것은 '순'이고, 미래를 아는 것은 '역'이다. 이런 까닭에 역은 거슬러 세는 것이다."[87)] 『주역』은 수의 논리에 의존하여 우주사와 시간사와 자연사가 동일 궤도를 걷는다는 것을 전제하고, 만물의 법칙과 시간의 궤적을 수로 그려내었다.

괘는 시간의 연속성을 담지하고 있다. 갈 '왕往'은 과거, 올 '래來'의 미래는 시간 관념을 빼놓고는 얘기할 수 없다. 시간은 만물의 근거이자 형식이며 내용을 담는 그릇이다. 수는 지나간 일과 아직 오지 않은 미래를

---

86) 『正易註義』, "至哉, 五皇極之爲德也! 中位正易之實體. … 於是土性沖和之德, 充諸內而達於外矣. … 十便空位, 五獨居中. 十非眞空也, 尊其位也. 五不自專, 承其職也. 其本也 靜而正, 陰之德也; 其動也 光而大, 五之性也."

87) 『周易』「說卦傳」 3장, "數往者, 順, 知來者, 逆, 是故, 易, 逆數也."

알 수 있는 유효한 수단이다. 수는 시간의 언어로서 하늘의 뜻을 읽을 수 있는 『주역』의 독법인 것이다.

시간 의식은 과거와 현재와 미래의 근거는 어디에 있는가를 묻는 것으로부터 출발한다. 과거·현재·미래를 기준으로 어떤 사건에 순서를 매기는 것은 동서양 철학의 시간에 대한 공통된 인식이었다. 과거 → 현재 → 미래의 순서로 진행하는 시간 흐름의 과정을 읽는 방법은 두 가지가 있다. 하나는 과거가 원인이 되어 현재라는 결과가 나타난다는 '순順의 방식'이다. 다른 하나는 미래의 가능 결과, 즉 행위의 목표 기대치에 대한 명확한 판단에 근거하여 현재의 원인을 추구하는 '역逆의 방식'이다. 전자는 '원인과 뿌리를 과거로부터 연역하는 방법[數往]'이고, 후자는 '미래를 앞당겨 추측하는 방법[知來]'을 가리킨다.

'수왕'은 과거에서 비롯된 경험과 교훈을 종합하여 지식을 축적하는 것이고, '지래'는 이성적 판단으로 앞으로 일어날 징조를 미리 예견하여 문명과 역사의 굵직한 패러다임을 세우는 것이 목적이다. 이 둘은 긴밀한 관계로 얽혀 있다. '수왕'은 '지래'의 전제 조건이다. '수왕'이라는 지식의 쌓임이 없으면 미래를 예측하는 일은 공허하기 때문이다. 수왕의 최종 목표는 '지래'에 있다. 미래에 대한 전망은 아예 포기하고 단순히 과거에 전념한다면 실용에 아무런 도움을 주지 못할 것이다. '지래'가 '수왕'보다 훨씬 중요하다. 『주역』은 사물을 열어 완수하는 미래학이기 때문이다. 지나간 일을 셈하는 것은 '순'의 방법이고, 미래를 알아야 성공을 담보할 수 있기 때문에 '역易은 역수逆數'라고 했던 것이다.

『주역』은 시간 자체에 대한 물음보다는 시간에 얽힌 인식에 초점을 맞추었다. 즉 시간의 자연성보다는 인간의 의식에 의해 투영된 관념이 시간을 구성한다는 측면을 강조하고 있다. 여기서 바로 『주역』과 『정역』이 나뉘는 분기점이 생긴다. 김일부는 겉으로 『주역』 언어를 답습하고 있으나, 실제로는 시간의 본성과 전환 문제에 알맞도록 변형시켰기 때문이다.

한마디로 시간에 대한 인간의 심층 의식을 강조한 것이 『주역』이라면, 시간의 구조와 본성을 아는 것이 『정역』의 핵심이다. 이런 이유에서 '순역'에 대한 『주역』과 『정역』의 개념 규정이 다르게 나타났던 것이다.[88] 김일부는 '순順'이 전제되지 않은 '역逆'은 겉으로 드러난 운동 법칙에 지나지 않기 때문에 '역逆'은 '순順'의 경계에 도달하는 것이 목적이라고 단정했다.

『정역』은 『주역』이 '역逆'을 말한 것은 인정하지만, '순順'을 놓치고 있는 결점을 비판하고 극복하였다. 이것을 김일부는 다할 '극極'의 한 글자에 모두 담아냈다. 보통 5행 법칙을 말할 때, 가장 많이 사용되는 어휘는 상생相生과 상극相剋(相克)이다. 상극은 서로를 이기고 극복하면서 만물이 모순 대립으로 성장한다는 용어다. 김일부는 이러한 상극이 특정한 시간대에 상생으로 넘어가는 변곡점을 '극한[極]'으로 표현한 것이다.

그러면 『정역』의 다할 '극極'과 상극의 '극克'은 무엇이 어떻게 다른가? 이길 '극'의 상극은 만물을 성장시키는 동력이다. 상극이 없으면 만물의 진화는 기대할 수 없다. 그렇다고 상극이 최고의 가치라고는 할 수 없다. 모순과 대립으로 점철된 상극은 경쟁에서 이긴 자만이 생존할 수 있다는 약육강식이 정당화되기 때문이다. 어쩌면 자본주의 역시 상극의 경제 원칙에서 발전해 왔다. '부익부빈익빈'의 격차를 당연하게 여기는 것도 상극의 긍정적 측면만 보기 때문에 만들어졌다. 상극은 사회에만 적용되는 것이 아니라, 원래는 자연 전체에 통용되는 공식이다. 상극이 파국으로 치닫지 않도록 배후에서 자율 조정하는 것이 상생이다.

김일부는 낙서의 상극 세상을 거슬릴 '역逆'으로 표현했다. 하늘의 의지를 거슬리는 방식으로 작동하는 것이 바로 시간의 법칙이라는 뜻이다. 시간이 실제로 전개되는 법칙이 '역逆'이다. '역'은 곧 '극克'이다. '극克'은 또한 상극이다. 상극이 폭발하면 우주가 무너져 내릴 정도로 파괴

88) 김정현 역시 『정역』의 順逆과 體用을 『주역』의 관점으로 풀이하는 아쉬움을 드러냈다. "易無體, 以逆爲體, 以順爲用. 順者理之常, 逆者理之變, 觀其變而知其逆, 比如剝復之理, 極則必反."

력이 엄청나다. 그러면 상극의 극한은 세상의 끝장을 의미하는가? 파국의 벼랑끝에서 상극의 모든 것을 감싸안으면서 새 세상으로 건넌다는 것이 바로 '극즉반極則反'의 뜻이다.

상극 뒤에는 상생이 기다리고 있다. 상극이 임계점(the Critical Point)에 도달하면 상생의 자리로 돌이킨다는 것이다. 돌이킨다는 말은 상극이 상생에게 자리를 물려준다는 뜻이다. 상극이 낙서 선천이라면, 상생은 하도 후천이다. 상극이 부정의 대명사라면, 상생은 긍정의 대명사로서 평화의 세상을 상징한다. 그러나 상극은 포기의 대상이 아니라, 상극과 상생은 한몸되는 공존의 동반자라는 사실을 잊어서는 안 된다.

극한에 이르면 원래의 자리로 돌아간다는 것은 동양철학의 근간이었다. 양 에너지가 극한에 이르면 음 에너지로, 음 에너지가 극한에 이르면 양 에너지로 바뀌면서 만물이 순환한다는 우주론이다. 하지만 김일부가 말한 '돌이킨다'는 말은 단순히 상극과 상생이 서로 자리바꿈하는 것이 아니라, '판板 자체'가 바뀌어 낙서 선천이 하도 후천의 새로운 세상으로 거듭 태어난다는 것[89]이 핵심이다.

3극의 합동에 의해 통일이 이루어지는 상태[極]를 수지도수로 보면, 10무극과 1태극과 5황극이 엄지손가락에서 하나로 모이는 현상을 가리킨다. 순역 논리에서 볼 때, 엄지손가락을 펴거나 굽힌 형상이 10무극과 1태극인데, 5황극은 새끼손가락이 엄지손가락으로 옮겨가는 체용의 전환 과정을 거쳐야 3극이 (엄지손가락에서) 하나로 통일된다. 5황극은 낙서

89) 『도전』 2:144:4, "하루는 상제님께서 말씀하시기를 '후천은 丑板이니라' 하시니라." '板'은 시간과 생명의 본질을 구성하는 틀이라는 뜻이다. 이를 김일부는 天干地支의 조합으로 설명한다. 천간이 선천의 5토 중심에서 후천에는 10토 중심으로 바뀐다고 말했다. 즉 陽數 5토의 '戊' 중심에서 陰數 10토의 '己'로 바뀐다는 것이다. 천간이 바뀌면 지지도 바뀌게 마련이다. 즉 天干이 '戊 → 己'로 바뀜에 따라 地支도 선천이 子에서 시작하던 것이 후천은 丑으로 바뀐다. 이처럼 천간지지가 모두 바뀌어 생명과 시간의 구조 자체가 바뀌는 것을 '板이 바뀐다'고 표현한 것이다.

의 중심으로서 천간으로는 5토의 '무戊'인데, 이것이 10토의 '기己'로 바뀌는 것이 곧 3극 차원의 체용 전환인 것이다.

그러니까 새끼손가락에 있던 5토를 엄지손가락으로 옮기는 사건을 가리켜 체용 전환이라 일컫는 것이다. 이러한 3극 차원의 근본적인 전환이 '돌이키다[反]'의 핵심이다. 왜 상극이 극한에 도달하면 근본으로 되돌아가는가? 순환 운동은 우주의 거시 세계와 미시 세계를 관통한다. 순환은 한 순간도 멈추지 않고 매일매일 순역을 반복한다는 것이고, 선후천 교체는 일정한 시간대에 나타나는 근본적 전환을 가리킨다. 매 순간 시간이 연속해서 흐른다는 것이 미시적 관점이라면, 이와는 달리 시간과 생명의 종말을 막기 위해 자연의 시간표가 바뀐다는 관점에서 보는 거시적 시각이 있다. 그것은 지금의 1년 365$\frac{1}{4}$일[相克]에서 1년 360일[相生]로의 전환이 바로 '극즉반'의 실상이다.

그러니까 시공의 성숙도를 의미하는 360은 존재와 가치가 동일하다는 것을 입증하는 준거이다. 둥근 원圓과 사각형[方]의 공간도 360°요, 1년 360일이라는 시간도 360이 똑같은 기준이 되는 360은 『정역』의 핵심 코드인 것이다. 김일부는 '극한에 도달하면 (원형으로) 돌이킨다'고 말하여 낙서가 원래의 고향인 하도로 복귀한다고 선언했던 것이다.

土極하면 **生水**하고 **水極**하면 **生火**하고
토극 생수 수극 생화
火極하면 **生金**하고 **金極**하면 **生木**하고
화극 생금 금극 생목
木極하면 **生土**하니 **土而生火**하느니라
목극 생토 토이생화

토가 다하면 수를 낳고, 수가 다하면 화를 낳고,
화가 다하면 금을 낳고, 금이 다하면 목을 낳고,
목이 다하면 토를 낳으니, 토는 살아있는 불이다.

이 구절은 전통 음양오행의 상극도와 상생도에서 찾을 수 없는 색다른 논리로 구성되어 있다. 한마디로 순역 논리와 수지도수가 일치하는 질서로 시간과 만물이 생성한다는 뜻이 숨어 있다. 그것은 『주역』「계사전」 상 11장의 내용을 수학 공식으로 설명한 것이다. "이런 까닭에 역에 태극이 있으니, 태극이 양의를 낳고, 양의가 사상을 낳고, 사상이 팔괘를 낳으며 팔괘는 길흉을 정하고 길흉이 대업을 낳는다."[90]

역 → 태극 → 음양 → 사상 → 팔괘의 논리는 자연을 읽는 공식이다. 그것은 천지의 생성과 발전 과정을 추론한 방정식이다. 정명도程明道(1032-1085)는 이를 가리켜 '가일배법加一倍法'이라고 규정하여 성리학의 이론적 기초를 제공한 바 있다. 음양론은 오행론과 결부되어 음양오행론으로 수립되었고, 다양한 해석 방법이 뒤따랐다. 그리고 학자들은 상극도와 상생도를 만들어 음양오행을 설명하는 도구로 삼았다. 주자는 '1 → 2 → 4 → 8'의 논리를 '자연의 이법'이라고 정리했다.[91] 기존의 상생도는 '1 → 2 → 4 → 8' 논리에 꼭 들어맞지 않는다. 도리어 상극도의 순서와 일치한다. 다만 '극克'과 '극極'의 내용이 다를 뿐이다.

'극極'은 『정역』의 '토土' 중심 사유의 극치를 보여준다. 하도의 10토 중심 '순順'의 질서에 따라 전개되는 '토 → 수 → 화 → 금 → 목'의 순서를 따르고 있기 때문이다. 여기서 토는 10무극을 가리킨다. 10토 → 1수 → 2화 → 4금 → 8목의 질서에 따라 하도와 음양오행의 상극도와 수지도수를 일치시키고 있다. 만물의 진정한 조화調和를 의미하는 하도와 상극도의 일치는 존재론과 생성론의 통합[造化]으로 인해 가능하다는 이유에서 성립되었다.

그것은 상생도의 '토 → 금 → 수 → 목 → 화'의 순서와는 다르지만,

---

90) "是故, 易有太極, 是生兩儀, 兩儀生四象, 四象生八卦, 八卦定吉凶, 吉凶生大業."
91) 『周易本義』, "一每生二, 自然之理也. 易者, 陰陽之變; 太極者, 其理也; 兩儀者, 始爲一畫以分陰陽; 四象者, 次爲二畫以分太少; 八卦者, 次爲三畫而三才之象始備."

상극도의 '화 → 금 → 목 → 토 → 수'와는 부분 일치한다. 왜냐하면 상극도는 서로가 서로를 이긴다는 상호 배타성이 밑받침되어 있으나, 『정역』은 10토의 주재성을 통해 상극과 상생의 통합을 겨냥하기 때문이다. 또한 상극의 이길 '극克'은 극복의 대상이지만, 『정역』의 '극極'은 상극마저도 빨아들이는 블랙홀 역할을 하기 때문에 상극의 이면에 감추어진 이치가 만물의 새로운 공식[造化]임을 공표한 것이다.[92)]

'극極'은 '선천→후천', '9수→10수', '낙서→하도', '상극→상생', '천지비天地否→지천태地天泰', '$365\frac{1}{4}$일→360일'로 바꾸는 조화造化의 원리(Principle of creative change)라고 할 수 있다. 문자로는 상극도의 '극克'이 '극極'으로 바뀌었으나, 그 속에 담긴 함의는 무궁무진한 내용으로 가득 차 있다. 상극은 부정의 대상이 아니기 때문에 현재와 미래까지도 함께 가야 할 동반자라는 의미의 '극極'으로 표현한 것이다.

여기서 바로 『정역』의 조화론이 개벽사상으로 변신할 수 있었던 기반을 발견할 수 있다. '극克'이 닫힌 세계라면, '극極'은 열림의 세상을 지향하기 때문이다. 상극도가 반영하듯이, 상극의 '(1)수→(2)화→(4)금→(3)

92) '極'은 상생과 상극의 통일, 造化와 調和의 융합을 통해 이루어지는 '반대[逆說] 일치'의 극치를 보여준다.

목→(5)토'가 우주가 성장하는 과정이라면, '(10)토→(1)수→(2)화→(4)금→(8)목'은 창조적 변화[造化]에 의해 만물이 성숙되는 과정과 결과를 뜻한다. 상극도가 5토를 중심으로 순환한다면, 『정역』은 10토의 주재로 말미암아 5행이 새롭게 돌아간다는 토의 주체성을 심화시켰다.

더욱이 '극克'이 과거에서 미래라는 시종始終을 뜻한다면, '극極과 반反'은 끝을 이어받아 새로운 비약을 약속하는 종시終始를 뜻한다. 한마디로 '반反'은 시종과 종시를 소통시키고 융합함으로써 천지의 고향인 하도로 복귀한다는 것을 가리킨다. '돌이킨다'는 말은 원래 태어난 곳으로 돌아간다는 '영원회귀'의 귀향을 뜻한다. 그 고향은 이미 낡고 케케묵어 비어 있는 집이 아니라, 모든 인류가 마음 놓고 숨쉴 수 있는 '신천지新天地'일 것이다. 그것은 이미 오래된 미래의 고향이었고, 인류가 꿈꾸던 유토피아였던 것이다. 여기서 우리는 『정역』에서 미래를 배울 수 있는 실마리를 얻을 수 있다.

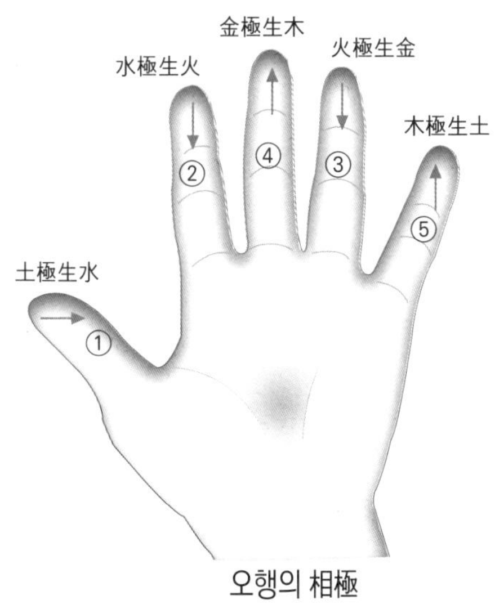

오행의 相極

마지막으로 '토이생화土而生火'에 대한 명쾌한 번역과 해석이 남아 있다. "토는 화에서 나는 것이다"(이정호), "토는 화를 생한다"(김주성), "토는 화에서 생긴 것이다."(권영원)[93] 이 글 역시 수지도수와 연관시켜 풀이하는 것이 가장 합당하다.

왜냐하면 10토의 엄지손가락을 편 상태에서 엄지손가락을 굽히면 1수[土極生水]요, 둘째손가락을 굽히면 2화[水極生火]요, 네째손가락을 굽히면 4금[火極生金]이요, 계속 계산하여 세째손가락을 펴면 8목[金極生木]이요, 새끼손가락을 펴면 목극생토木極生土이기 때문이다.[94] 다시 엄지손가락[拇指]을 펴는 것은 10무극인데, 그것은 정역팔괘도의 칠지七地 자리에서 '토이생화土而生火'로 종결하는 것과 맞물려 있다. 10무극인 '기토己土'는 정역팔괘도의 7지와 동일하며, 그것은 2화와 접속되어 있는 까닭에[95] '토이생화土而生火'라고 감탄했던 것이다.

'(10)토→(1)수→(2)화→(4)금→(8)목'의 질서는 5행의 재편성을 통해 천지와 만물이 성공하는 길을 상징한다. 그것은 선천의 천지비괘天地否卦(䷋)가 후천의 지천태괘地天泰卦(䷊)로 성숙되는 자리가 '땅'이라는 점에서 정역팔괘도의 7지地는 2천天과 더불어 새로운 희망의 중심축이 되는 것이다.

5행에서 토가 화를 낳는 것은 자명한 사실이다. 그렇다면 『정역』 또한 과거 5행설의 재탕에 불과한가? '토가 화를 낳는다'는 말의 토는 5행을 주재하는 힘을 강조한 말이지, 단순히 순서상 토가 앞서고 화는 뒤라는 것을 가리키지 않는다. 5행의 주체, 특히 만물의 으뜸 원리로서 토는 영원히 꺼지지 않는 생명의 불꽃이라는 뜻이 부각된다. 화가 토에서 생성된다는 의미보다는 '토와 화는 동격'이라는 사실을 강조한 것이다. 생명의 불을 무궁토록 낳는 '화의 불멸성'과 '토의 주재력'이 동등하다는 의

93) 이정호와 권영원은 '火가 土를 낳는다'고 했고, 김주성은 '土가 火를 낳는다'고 했다. 필자는 '火가 土를 낳는다'는 견해에 동조하면서도 '土와 火는 同格'이라고 본다.

94) 이를 정리하면 10토에서 출발하여 숫자 중심으로 '1水→2火→4金→8木→16土'로 전개된다.

95) 정역팔괘도에서 위의 7地, 아래의 2天은 地天泰(䷊)를 형성한다. 손가락을 펴면 굽히는 것이 전제되고, 굽히면 상대편은 편 상태를 전제한다는 논리다.

미에서 말 이을 '이而'를 사용한 것이라 하겠다.

	體位度數
无極(하늘)	己巳 戊辰 己亥 戊戌(61度)
皇極(땅)	戊戌 己亥 戊辰 己巳(32度)
月極	庚子 戊申 壬子 庚申 己巳(30度)
日極	丙午 甲寅 戊午 丙寅 壬寅 辛亥(36度)

왜냐하면 시공의 뿌리를 사주四柱 형식[96]으로 제시한 '무극체위도수无極體位度數'의 "기사己巳, 무진戊辰, 기해己亥, 무술戊戌"에서 '기사'는 10토의 '기己'와 불을 상징하는 '사巳'의 조합으로 이루어져 있기 때문이다. 기사궁은 절대 불변하는 토의 권위를 상징하는 '신성한 불(the Living Holy Fire)'로 이루어진 까닭에 시공의 근거가 되기에 부족함이 없다. 그래서 김일부는 "조화옹께서는 일정한 자리가 없으시고 원래 하늘의 신성한 불꽃이시니 10의 기토를 낳는다."[97]고 말하여 하늘의 정체를 생명 의지로 가득 찬 불꽃[原天火]이라고 표현한 것이다.

金火互宅은 倒逆之理니라
금화호택 도역지리

96) 엄밀히 말해서 무극체위도수와 황극체위도수는 '萬歲曆'으로도 포착되지 않는 천지의 四柱에 해당한다. 월극체위도수와 일극체위도수는 겉으로 보면 달과 태양의 四柱로 보이지만, 실제로는 순수 양 에너지 또는 순수 음 에너지를 가리킨다. 천지의 분신이 일월이라는 사유가 반영되어 있다. 인간의 四柱는 역법 체계로 포섭될 수 있으나, 천지는 오히려 역법의 구성 근거라는 뜻이다.

97) 『正易』「十五一言」"日極體位度數", "化翁, 无位, 原天火, 生地十己土." 조화옹은 일정한 자리 없이 신령한 불꽃으로 존재한다. 시공을 초월한 무극이 10토를 낳는다고 표현하였다. 낳을 '生'은 원천이 10토를 낳는다는 사실 차원보다는 논리적 의미의 10토가 '생명의 불'로 존재하는 경계를 표현한 것이다.

금과 화가 서로 집을 바꾸는 것은 거꾸로 낳아 거슬러 이루거나, 거슬러 낳아 거꾸로 이루는 이치다.

이 글에 『정역』의 핵심이 담겨 있다. '금화'는 5행의 두 요소로서 하도와 낙서 도상에 위치한 금과 화의 위상을 가리킨다. '호택互宅'은 문자 그대로 '서로 집을 같이 한다', '서로 집을 짓는다' 등으로 해석하는 것이 보통이다. 수지도수로 보면, 둘째손가락에서 도역倒逆이 만나기 때문에 '금화교역金火交易'이란 명칭이 생겼다. 거꾸로 법칙[倒]으로는 9금金이고, 거슬림[逆] 법칙으로는 2화火가 닿는다.[98] 또한 네째손가락에서 7화 또는 4금이 만나기 때문에 '같은 집에서 만난다'는 뜻으로 해석한 것이다. 결국 둘째손가락에 하도의 9와 낙서의 2가 같은 집에 있으며, 네째손가락에 하도의 7과 낙서의 4가 같은 집에 있다는 것이다.

	手指 象數										倒逆
河圖	10	9	8	7	6	5	4	3	2	1	倒
洛書	1	2	3	4	5	無	6	7	8	9	逆
手指	1指	2指	3指	4指	5指	5指	4指	3指	2指	1指	
金火互宅		金火		火金							

'도역의 이치'는 무엇인가? 하도와 낙서의 법도란 뜻이다. 얼핏보기에 '도역'은 '도생역성'의 준말로 하도의 이치라 할 수 있는데, 거기에는 낙서의 이치가 제외되어 있다. 반쪽 번역일 수밖에 없다. 또한 "금과 화가 서로 집을 같이 한다"는 번역도 하도와 낙서의 도형이 다르다는 사실만을 언급한 것에 지나지 않는다. 특히 '거꾸로 낳고[倒生] 거슬러 이루는[逆成] 이치'라는 번역은 금과 화가 서로 바뀐다(금화교역)는 원칙을 만족

98) 여기서는 '金火'의 5행보다는 '9와 2'의 숫자에 맞춘 언급이다.

시키지 못한다. 비록 '거슬러 낳고 거꾸로 이룬다[逆生倒成]'는 낙서의 원칙이 하도의 이면에 내포되어 있다고 할지라도 완성도가 부족한 번역이기 때문이다.

아무리 하도와 낙서를 '서로 집을 같이한다'는 의미의 본체와 작용 관계로 분석할지라도 그것은 『정역』의 선후천론에 부합하지 않는다. 왜냐하면 성리학은 태극인 본체는 불변이요, 음양인 작용만이 변화한다는 것을 체용론體用論의 대원칙으로 삼기 때문이다.

그러나 『정역』은 체용의 전환에 의해 - 본체가 작용으로, 혹은 작용이 본체로 환원하는 원리 - 낙서가 하도(선천이 후천으로)로 전환될 수 있다고 말한다. 그러니까 '도역倒逆'의 '도倒'는 하도를, '역逆'은 낙서로 해석해야 옳고, 앞의 서로 '호互' 자도 형용사가 아니라 '바꾸다' 또는 '갈마들다'는 의미의 동사로 새겨야 논리의 일관성을 유지할 수 있기 때문이다.

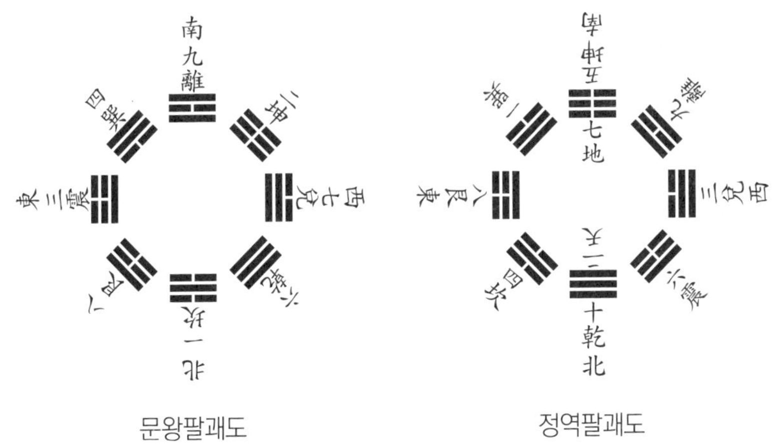

문왕팔괘도 정역팔괘도

'금화호택'이란 말 자체는 하도낙서에 대한 혁신적 해석이 분명하다. 더욱이 '금화가 서로의 집이다'라는 말과 마찬가지로 하도와 낙서가 존재근거라는 학설은 이미 주역학자들에 의해서 발표되었다. 그것은 『주역』이지 『정역』의 해석은 아니다. 그러니까 "'금화호택'은 금화가 서로 집을 바꾸다[互]"로 번역해야 옳다. 만약 '서로 집을 같이 한다'고 번역할 경우는 『정역』을 『주역』의 아류로 인식하는 오류를 범하기 쉽기 때문이다. 따라서 이 글은 하도낙서를 선후천의 문제로 규정한 선언문이라 하겠다.

한편 하도낙서의 '도역'은 괘도의 이치로도 설명이 가능하다. "선천의 문왕괘도에서 후천 정역괘도로 바뀌는 '금화호택'의 이치를 논한 것이다. 문왕괘의 9리화離火가 서남방 2곤지坤地 자리로 옮기니 '구이동궁九二同宮'이며, 또한 9리화는 수로는 9금이나 체상體象은 2화이므로 역시 금화가 호택하는 이치다. '도역倒逆'은 괘위卦位의 논리로서 금화호택의 이치를 말한 것이다. 9리화가 2곤지 자리로 옮겨 '구이도생九二倒生(土而生火)이 되고, 2곤지는 9리화 자리로 옮겨 정위하니 역성逆成하는 바, 이는 후천에서 금화가 도역하여 호택하고 용사用事하는 이치를 밝힌 것이다. 또 하도와 낙서의 금화호역에서도 금화가 호택하는 이치를 볼 수 있는 바 즉 서방 9금이 남방 7화의 자리로 도행倒行하고, 남방 7화는 서방 9금의 자리로 역수逆數하여 호역하므로 이것이 곧 '도역지리倒逆之理'이며 금화가 호택하는 것이다. 천지만물의 이치는 하나로 꿰뚫으므로 하도낙서와 정역괘도의 이치는 상통하는 것이다."[99]

嗚呼至矣哉라 **无極之无極**이여 **夫子之不言**이시니라
오호지의재 무극지무극 부자지불언
不言而信은 **夫子之道**시니라
불언이신 부자지도

아아, 지극하구나. 무극의 무극이여! 공자께서 말씀하시지 않으셨네.

말씀하지 않고 믿으심은 공부자의 도이시라.

김일부는 특유의 감탄법으로 무극의 진리와 공자를 칭송하였다. 지금까지는 무극을 언급만 해도 노자老子(?-?)의 종지에 부합한다고 오해할

99) 김주성, 앞의 책, 69쪽 참조.

까 두려워했다. 하지만 김일부는 자신의 독특한 무극관에 대한 진정성을 부각시키기 위해 '무극의 무극'이라고 표현했던 것이다. 무극은 노자의 독점물이 아니다. 오히려 노자가 밝히지 못했던 새로운 세계를 공자는 알고 있으면서도 언급하지 않았을 뿐이라고 말했다. 『정역』의 무극은 노자의 무극과 글자는 같을지언정 그 콘텐츠가 매우 다르다는 것을 알 수 있다.

'무극'과 '무극의 무극'은 어떻게 다른가? 전자가 과거의 시점에 맞춘 무극이라면, 후자는 미래에 이루어질 무극대도의 세상을 의미한다. 그것은 무극을 세상의 근본 원인 또는 유형과 무형의 근거라는 논의는 반쪼가리 학문이라는 반성에서 비롯된 표현이다. 미래가 담보되지 않는 무극은 과거 지향성을 띨 수밖에 없기 때문에 진리의 원형을 과거에서 찾으려는 학설로 나타날 수밖에 없다는 뜻이다.

그렇다고 '무극의 무극'이 미래 지향성만을 강조하는가? 전혀 그렇지 않다. 과거 없는 현재가 있을 수 없고, 현재 없는 미래 역시 있을 수 없는 까닭에 과거와 현재를 바탕으로 미래까지도 앞당겨 조망할 수 있는 무극이야말로 새 시대의 테마가 될 수 있는 충분 조건을 갖출 수 있기 때문이다.

이러한 사실을 공자가 몰랐을 리 없었고, 단지 말하지 않았을 따름이라는 것이다. 그래서 공자는 앞으로 펼쳐질 무극대도의 세상을 말할 때는 직접 화법보다는 간접 화법을 썼다. 그 실상은 '열림'의 10수 무극 세상이라는 뜻이다. 김일부는 다른 곳에서 네 번이나 10수 세상을 찬양하였다. "말은 없으나 믿은 것은 공자의 도다.[不言而信, 夫子之道.]" "성인이 말씀하지 않은 것[聖人所不言]", "무극을 말하지 않고 뜻만 두었다[不言无極有意存]" 등은 10수 세계의 현실화에 대한 믿음을 사무치도록 설파한 것이다.

김일부는 10수(하도)에 방점을 찍었고, 공자는 8괘을 중시했다. 하지만 김일부는 공자 역시 10수 세계의 도래를 알았다고 치켜세웠다. 그러니까 큰 틀에서 보면 김일부와 공자의 생각은 같았고, 『정역』과 『주역』의 외투는 다르지 않았다. 그만큼 공자의 위상은 높고 컸다. 하늘에 대한 믿음은 공자와 김일부는 똑같았으나, 9수 세계가 10수 세계로 성숙한다는 논리를 밝힌 것은 김일부가 처음이다.

『주역』을 달달 외운다고 하늘의 의지를 알 수 있다는 보장은 없다. 비록 세상이 알아주지 않더라도 하늘의 뜻에 기꺼이 순응하는 인격자가 더 자격이 있다.[100] 세속의 가치에 휩싸이지 않고, 말 없는 하늘의 섭리를 사무치는 마음으로 믿으면서 자아를 완성하고 실천하는 인품을 갖춘 군자만이 가능하다[默而成之, 不言而信, 存乎德行.]는 뜻이다.

『주역』은 '덕행'으로 결론짓는다. 그것은 마음의 칼을 휘두르는 선비들이 고루한 규범을 지키려고 삶 전체를 투자하는 것과는 무관하다. '덕'은 하늘의 뜻을 나의 실존적 삶의 방식으로 받아들여 의식 혁명을 통해 거듭난 군자의 품성을 의미한다. '행'은 깨달은 바 하늘의 섭리를 반드시 현실에 구현하는 실천의 힘이다.

그러니까 하늘의 가호는 반드시 인간의 순응과 믿음에 반응하기 마련이다. "공자가 말하기를 도움이라는 것은 돕는 것인데, 하늘이 돕는 바는 '순'이요, 사람이 돕는 바는 '믿음'이다. 믿음을 실천하여 하늘의 법도에 순응함을 생각하고 또한 어진 이를 숭상함이다. 이로써 하늘로부터 도와서 길하여 이롭지 않음이 없다."[101]

이 말은 화천대유괘火天大有卦(☲☰) 상효의 '하늘로부터 도와서 길하여 이롭지 않음이 없다'에 대한 공자의 해석이다. 진정한 행복과 성공의 원천은 하늘로부터 비롯된다는 것이다. 하늘이 돕기 때문에 만사형통한다. 하늘은 순응의 법칙[順]으로 만물에게 사랑을 베풀며, 사람이 하늘의 은

---

100) 『周易本義』, "卦爻所以變通者在人, 人之所以能神而明之者在德."

101) 『周易』「繫辭傳」 上 12장, "子曰 祐者 助也, 天之所助者順也. 人之所助者信也, 履信思乎順, 又以尙賢也. 是以自天祐之, 吉无不利也."

혜에 보답하는 길은 믿음[信] 이외에는 없다. 하늘의 일에 참여하는 길은 내면 깊숙한 곳에서부터 진심으로 믿음을 실천하고, 하늘의 섭리에 순응하는 것만을 거듭 생각하는 것에 있다. 하늘은 뭇 생명의 부모로서 인간의 길흉화복을 심판하기 때문이다.

그렇다면 '무극의 무극'이란 무엇인가? 학자들은 주렴계의 「태극도설」을 자신의 입론 근거로 삼는 것을 자랑스럽게 여겼다. 「태극도설」에 나타난 무극은 태극의 근거라기보다는 만물에 대한 태극의 초월성을 강조하기 위한 방편으로 도입되었다. '무극이 곧 태극[無極而太極]'이라는 말은 양자가 동일한 존재라는 뜻이다. 하지만 「태극도설」의 무극은 9수 세계에 한정된 개념이고, 『정역』의 무극은 10수 세계를 가리킨다. 「태극도설」의 무극과 『정역』의 무극은 똑같은 글자임에도 불구하고 가까운 점보다는 다른 점이 많다는 것을 확인할 수 있다.

晩而喜之하사 **十而翼之**하시고 **一而貫之**하시니
만 이 희 지 　　십 이 익 지 　　일 이 관 지
儘**我萬世師**신저
진 아 만 세 사

나이 들어서 (『주역』 읽기를) 기뻐하시어 열로 날개하시고 하나로 꿰뚫으시니, 진실로 만세의 스승이로세.

공자는 타인에 대한 감화력이 뛰어났을 뿐만 아니라 학문에 종사하여 불후의 업적을 남긴 인류의 영원한 스승이다. 공자는 『주역』 읽기를 좋아하여 책을 엮은 가죽 끈이 닳아 없어져 세 번 교체할 정도로 심취하였다. 그 결과 『주역』에 쉽게 접근할 수 있는 안내서 「십익」을 만들었던 것이다. 김일부는 「십익」의 10을 『정역』의 핵심 코드로 삼아 논리를 전개시켰다.

사마천은 공자의 업적을 다음과 같이 말했다. "공자가 만년에 역易을 좋아하여 「단彖」, 「계繫」, 「상象」, 「설괘說卦」, 「문언文言」 편에 문장을 보탰다.

『역』을 읽는데 (죽간을 묶은) 가죽 끈이 세 번이나 끊어질 정도였다. '만약 내게 몇 년이 더 있다면 『역』에 제대로 통달할 수 있을텐데.'"라고 했다.[102)]

공자는 「십익」을 지어 자연과 역사와 인간을 총체적으로 들여다볼 수 있는 길을 열었다. 「십익」은 『주역』을 사서삼경의 으뜸가는 경전으로 올라서게 만든 것이다. 김일부는 「십익」의 10과 "나의 도는 하나로 꿰뚫었다[吾道一以貫之]"는 말의 하나[一]에 입각하여 10수 세계의 도래를 풀어냈다. '10'으로 날개를 삼고[十而翼之], 모든 것을 '1'로 꿰뚫었다[一以貫之]는 명제에 담긴 깊은 의미는 수지도수로 접근하는 것이 최상의 방법이다. 10은 만물의 보편성이고, 1은 모든 생명체에 내재된 개체성의 근거를 제공한다는 점에서 10과 1은 몸과 몸짓의 관계로 존재한다.

10무극과 1태극은 엄지손가락을 펴는가 굽히는가에 달라진다. 그동안 선천의 갇힌 9수 세상을 상징하는 왼손(엄지손가락은 굽히고, 나머지 네 손가락은 모두 편 형상)을 활짝 펴면, 10수가 되는 형상을 '날린다[翼]'고 표현했으며, 곧바로 그 자리에서 엄지손가락을 굽히면 하나[一]가 모든 수들을 통솔하는 이치를 말한 것이다.[103)] 『정역』은 엄지손가락에서 일어나는 10무극과 1태극 운동의 동시성同時性(simultaneity)을 통해 우리가 살고 있는 현실과 광활한 우주는 하나의 이치로 이루어졌다는 사실을 수의 구조로 설명하고 있는 것이다.

역경易經을 읽으려면 「십익」을 징검다리로 삼는 것이 가장 정확하기 때문에 유학자들은 「십익」을 중시여겼다. 공자는 「십익」을 통해 성인의 반열에 올랐으며, 김일부는 「계사전」과 「설괘전」과 건곤괘 등에서 수많은 영감을 얻어 『정역』을 집필하는데 큰 도움을 받았다. '10'은 시공과

---

102) 『史記』 권 47 「孔子世家」, "孔子晩而喜易, 序彖, 繫, 象, 說卦, 文言. 讀易, 韋編三絶. 曰: 假我數年, 若是, 我於易則彬彬矣."

103) 1은 만물을 꿰뚫는다. 1+1=2, 1+2=3, 1+3=4 등 무한으로 확대된다. 1은 자기 동일성을 갖는 自然數다.

생명의 뿌리요, '1부터 9까지'는 시공과 생명을 성숙시키는 날개라는 의미로 사용하여 『정역』의 뼈대를 세웠던 것이다.

天四면 **地六**이오
천사 지육
天五면 **地五**요
천오 지오
天六이면 **地四**니라
천육 지사
天地之度는 **數止乎十**이니라
천지지도 수지호십

하늘이 넷이면 땅은 여섯이고,

하늘이 다섯이면 땅도 다섯이고,

하늘이 여섯이면 땅은 넷이다.

하늘과 땅의 도수는 수가 열에 그친다.

우주는 숫자의 패턴으로 가득 차 있다. 역학은 숫자를 통해 하늘과 땅의 본성을 알려고 기획한 학문이다. 하늘과 땅의 운동을 아는 것은 '나'를 아는 것으로 직결되며, 생명과 시공의 본성을 알아야 인간다운 삶을 영위할 수 있는 토대를 확보하기가 쉽다.

『정역』은 『주역』의 수리를 받아들여 천지가 움직이는 패턴을 수로 표시하였다. 1, 3, 5, 7, 9는 양陽이요 2, 4, 6, 8, 10은 음陰이다. 또한 1, 2, 3, 4, 5가 선천이라면 6, 7, 8, 9, 10은 후천이다. 선천의 1, 3, 5는 양이고 2, 4는 음이므로 양과 음은 3:2의 비율을 이룬다. 한편 후천의 7, 9는 양이고 6, 8, 10은 음이므로 양과 음은 2:3의 비율을 이룬다, 그러니까 음양은 항상 3:2, 또는 2:3으로 구성된다.[104)]

---

104) 이밖에도 건괘와 곤괘의 조합으로 이루어지는 1년 날수의 216:144 역시 3:2이다.

이 대목 역시 10수 중심으로 논의하고 있다. 하늘과 땅의 비율이 6:4, 5:5, 4:6으로 구성된다는 것이다. 그것은 3:2, 음양의 균형, 2:3의 비율로 압축할 수 있다. 그러면 이러한 구성은 무엇을 근거로 삼는가? 보통 춘분과 추분 때의 낮 길이를 중심으로 동지와 하지 혹은 하지와 동지의 비율로 구분한다. 춘분과 추분은 5:5, 동지와 하지는 4:6, 하지와 동지는 6:4의 비율을 이룬다.

수는 무엇이고,[105] 도수[度]는 무엇인가? 자연을 읽는 독법이 '수'라면, 천체 운행이 보여주는 자연의 시간을 규칙적인 리듬으로 나눈 것이 '도수'다. 도수는 역법의 등장으로 말미암아 자연을 정확하게 인식하는 술어로 떠올랐다. 자연의 규칙적인 변화를 읽는 방식은 자연의 시간에 근거하기 때문이다.

자연의 시간은 크게는 봄·여름·가을·겨울을 지나 다시 봄으로 이어지는 계절의 순환에 기초하고, 작게 하루로는 낮에서 밤으로 또는 밤에서 낮으로 순환하는 질서에 기초한다. 시간의 리듬은 곧 자연의 리듬을 반영하여 옮긴 것이다. 이렇게 '자연과 시간의 리듬'을 일정한 주기로 계산한 것이 바로 도수인 것이다. 그러니까 『정역』에 나타난 수는 역법의 형식으로 나타날 수밖에 없다.

천문학이 발달한 송대에 이르면 적도좌표계의 작성이 이루어지는데, 측정의 단위로서 '도度'가 도입되었다. "도는 하늘을 옆으로 분할하여 많은 도수로 나눈 것이다."[106] "하늘에 365도가 있는 것을 어떻게 알 수 있고 누가 측정한 것인가? 하늘이 운행하여 지나간 곳을 도로 삼은 것

---

105) 우리 주위는 온통 숫자에 둘러싸여 있다. 인간은 숫자로 대화하고 숫자를 발판으로 찬란한 문명을 창출해냈다. 숫자 탐구는 세상의 본질을 이해하는 첫걸음이다. 인류는 자연의 패턴을 설명할 때, 수를 사용하는 지혜를 터득했다. 수는 일종의 언어인 것이다. 수의 본질에 대한 탐구는 자연의 비밀을 들여다볼 수 있는 아주 강력한 수단이므로 수학은 자연의 문법이라 할 수 있다. 수의 언어로 자연이 설계되었다는 신뢰가 짙게 깔린 발언이다.

106) 『朱子語類』 권2 "沈僩錄", "度却是將天橫分爲許多度數."

일 뿐이다. 하늘이 지나간 곳이 곧 태양이 물러난 곳이다."[107]

일자와 다자를 이어주는 연결고리는 수처럼 좋은 언어는 없다. 1에서 10까지의 수와 천원지방天圓地方에 투영된 수의 패턴은 일관성이 있다. 10개의 수는 만물의 질서에 새겨진 자연의 책이다. 자연의 패턴은 수의 배열에 명백하게 드러나 있으며, 그것은 수학과 미학에서 말하는 아름다운 질서를 구성한다. 수의 배열은 일종의 생성(becoming) 과정의 단계들을 형성한다. 개개의 수로 조직된 수열은 전체와 통합되어 존재하는데, 그것은 자연에서 발견되는 창조적 과정을 재현한다는 것이 사실로 밝혀지고 있다.

수의 논리와 '10'의 의미

고대 피타고라스 학파의 수학자이자 천문학자인 필롤라오스(Philolaos: ?-?)는 10을 만물의 근본이라 말했다. "수의 본질은 10의 개념에 담겨 있는 힘으로 측정해야만 한다. 왜냐하면 이것(힘)은 매우 크고, 모든 것을 포용하고, 모든 것을 이루고 인간의 삶 뿐만 아니라 신과 하늘의 근본이자 안내자이기 때문이다." 10은 수 자체의 영역을 넘어선 곳, 일상적인 수들의 상호작용과 기하학적 관계들이 뒤섞여 있는 곳을 넘어선 곳으로 데려간다. 10은 전체의 반복을 나타낸다. 10은 그 속에 수들의 부모(1과 2)와 그 일곱 자식(3에서 9까지)을 포함하고 있다. 10은 함께 모여 각각 자신의 원리를 동시에 펼쳐보이고 있는 원형들의 전체 가족 초상화와 같다. 로마의 시인, 오비디우스(Ovidius: BCE 43-ADE 17)는 "10은 예전부터 아주 높이 받들어졌다. 우리가 수를 세는 손가락의 수도 10이며, … 숫자들은 10까지 증가한 다음, 거기서 다시 새로

107) 『朱子語類』 권2 "甘節錄", "如何見得天有三百六十五度, 甚麼人去量來. 只是天行得過處爲度. 天之過處, 便是日之退處."

운 순환이 시작된다."

10을 뜻하는 데카드(Decad)는 데카(deka: 10)와 다차스(dachas: 그릇)라는 단어의 조합어다. 데카드가 그 아래에 있는 모든 수를 포함하고 조화시키기 때문에 '세계'나 '하늘'이라고 불렸다. 10은 모든 것을 포함하는 완전을 나타낸다. 10의 성질을 이해하는 것은 모든 것을 아는 것과 같다. 데카드는 모나드(1)에서 엔네아드(9)에 이르기까지 모든 원형 원리들은 담고 있는 창조 과정의 패러다임이다. 데카드는 마치 열 개 손가락 안에 모두 들어 있는 것처럼, 우주로 발현되는 모든 산술적 비례와 기하학적 패턴을 포함하고 있다. 질서정연한 우주의 구조를 이해하는데 필요한 모든 것이 데카드 안에 있다.

숫자 10의 뿌리는 1이다. 즉 '10 = 1 + 0 = 1'의 형식을 띤다. 따라서 데카드는 1로 다시 흘러가 새로운 모나드가 된다. 원형 원리와 9까지의 수에 대한 모나드의 관계는 모나드 뒤를 잇는 모든 수에 대한 데카드의 관계와 같다. 피타고라스 학파는 10을 '하나가 펼쳐지는 더 높은 1(unity)'이라고 불렀다. 그래서 10은 피타고라스 학파에서 완성과 새로운 시작을 상징하는 '완전수'로 취급되었다. 이밖에도 유대교 뿐만 아니라 기독교, 불교, 수피교, 이슬람교의 전통에도 십계가 있다. 특히 불교에서는 완전에 이르는 길에 열 단계가 있다고 말한다.

전 세계의 신화와 종교에서는 완성과 힘 및 새로운 시작의 상징으로 데카드가 사용된 예가 풍부하다. 10의 출현은 종종 여행의 완결과 정화를 위한 아홉 겹의 경험 뒤에 근원으로 돌아가는 것을 나타낸다. 특히 피타고라스 학파는 우주의 짜임을 팽팽하게 해주는 우주의 장력에는 열 쌍이 있다고 믿었다. 유한과 무한, 홀과 짝, 일자와 다자, 왼쪽과 오른쪽, 남성과 여성, 정지와 운동, 똑바른 것과 굽은 것, 빛과 어둠, 선과 악, 정사각형과 직사각형 등이 바로 그것이다.

10으로 가는 단계는 어떤 넓은 틈을 뛰어넘는 것이라기보다는 계속 존재해온 내재적인 통일성과 전체성을 인식하는 것이다. 데카드는 수의 충돌을 넘어서서 보고, 수를 가두면서 스스로 뛰어넘어 더 높은 표현과 완성으로 뻗어나갈 수 있게 해준다. 데카드는 통일성이 또 다른 차원에서 나타나는 것, 곧 모나드가 다시 반복되는 것이다. (마이클 슈나이더 지음/이충호 옮김, 『자연, 예술, 과학의 수학적 원형』, 경문사, 2002, 323-346쪽 참조.)

자연과 시간을 관통하는 숫자는 열 개로 이루어졌다[天地之度, 數止乎十]는 것이다. 1부터 10까지의 수 가운데 1은 모든 수에 들어 있다. 1의 확대판이 10이고, 10의 압축판은 1이라는 뜻이다. 수는 아주 간단하고도 명료하다. 그러니까 아인슈타인은 'E = mc²'라는 아주 간단한 기호와 숫자로 우주의 힘을 설명했다. 김일부 역시 1부터 10까지의 수로 천지의 운동과 순환 및 선후천 전환을 설명하고 있다. 특히 왼손 손가락으로 3극과 하도낙서의 수와 육갑은 물론 왼손 손가락 마디에 맞추어 28수宿까지도 설명하였다.

『정역』의 수지도수는 명리학 방식과는 완전히 다르다. 수지도수는 1부터 10까지의 수를 굽히고 펴는 손가락 모양에 따라 3극과 5행 및 율려의 변화상을 표시한다. 아주 간단한 방법이지만 그 속에는 우주의 깊은 이치가 담겨 있는 까닭에 그 의미는 아는 만큼 깊어진다. 김일부는 손가락 열 개로 선후천변화가 일어나는 이유와 과정을 밝히는 독특한 방법론을 창안했다. 그는 수지도수를 덕당德堂 김홍현金洪鉉(1863-?)에게 전수하였다.

덕당은 누구인가? 그는 김일부의 수제자로 알려져 있다. 덕당이 정역계에서 차지하는 위상은 공자의 비서실장 격에 오른 자로子路와 비슷하다. 자로는 그다지 학식이 높지 않았음에도 불구하고 공자가 그를 측근에 둔 까닭은 충직한 심성 때문이었다. 덕당이 스승을 성심성의로 모시는 태도는 타인의 추종을 불허했다. 스승은 한밤 중에 일자무식꾼 제자를 불러 손가락으로 도수 맞추는 방법을 직접 가르쳤다. 손가락 움직임이 맞는지 틀리는지를 제자의 손을 어루만지면서 꼼꼼히 살폈던 것이다. 날이 갈수록 수지도수 치는 것에 능숙해지는 것을 본 스승은 "네가 이게 웬일이냐?"고 칭찬을 아끼지 않았다고 전한다.

덕당 또한 이정호를 제자로 받아들였다. 이정호는 스승으로부터 직접 수지도수와 『정역』의 핵심을 하나도 빠짐없이 배웠다. "일부선생의 허다한 문인 제자 가운데 정역의 도수를 아는 이는 오직 덕당 한 분으로서 만약 덕당의 무식과 충직이 아니었던들 선생의 정역도수正易度數는 거의 쉬었을지도 모를 일이다."[108]

이정호는 정역사상에 관심 있는 사람들을 충청도 계룡산 국사봉으로 초청하여 함께 학술 활동을 전개했다. 그때 참여한 인물들은 한국을 대표하는 지식층으로 성장했다. 1960년대 국사봉에서 논의된 얘기들은 뒤에 굵직한 책자로 발간되었다. 김일부 사후에 국사봉은 전국에서도 손꼽히는 문화 살롱으로 알려졌고, 정역계 최고의 전성기를 이루었다. 솔직히 말해서 지금의 수준은 국사봉 세대들을 능가하지 못한다. 후학들의 끈질긴 노력과 대중화와 세계화를 겨냥한 재도약을 기대한다.

이름	출생 년도	생애와 저술 활동
韓長庚	1896-1967	함경도 함흥 출신으로 호는 三和로 말년에는 충남대 도서관에서 근무했다. 권영원과 함께 『磻溪隨錄』을 공동 번역했으며, 『易學原論』과 『周易 · 正易』을 저술하였다.
李用熙	?-?	충청도 부여가 고향이며, 한때는 대학에서 시간강사로 일했으며, 漢詩에 뛰어났다고 전한다.

108) 이정호, 『정역연구』(국제대학출판부, 1983), 212-213쪽 참조.

이름	출생 년도	생애와 저술 활동
金近洙	?-?	충청도 연산이 고향으로 김일부의 먼 친척이다. 초등학교 교장으로 정년퇴임했다.
李正浩	1913-2004	덕당 김홍현의 제자로서 호는 鶴山이다. 김일부 이래 정역사상의 기초와 전파에 힘쓴 최고의 학자로 손꼽힌다. 저술로는 『正易研究』, 『正易과 一夫』, 『第3의 易學』, 『學易纂言』, 『周易正義』, 『훈민정음의 구조원리』, 『周易字句索引』과 주옥같은 수많은 논문이 있다.
柳承國	1923-2011	충청북도 청원 출신으로 충남대와 성균관대 교수를 거쳐 한국정신문화연구원장을 역임했으며, 젊어서는 『정역』을 공부했다. 이정호의 아들과 동서지간이다.
鄭聖章	1923-현재	호는 聖貫으로서 현재 미국 테네시에 거주하고 있다. 치과의사의 자격증을 취득한 다음에 60년대 초반에 미국으로 이민갔다. 영어로 된 『정역』 관련 책을 출간했다. ①"SEEKING A NEW WORLD - A New Philosophy of Confucius and Kim Hang", iUniverse, Inc, NewYork Bloomington, 2009. ②"the Book of RIGHT CHANGE, Jeong Yeok 正易", iUniverse, Inc, NewYork Bloomington, 2010.
陸鍾澈	1926-현재	경북 선산 출신으로 한국 최초로 원자력 공학박사 학위를 취득하여 충남대와 한양대 교수를 역임했다. 기독교 신앙인의 입장에서 정역사상을 풀이한 『東과 西』라는 책을 펴냈다. 지금은 경기도 군포시에 살고 있다.
柳南相	1927-2015	강원도 출신으로 호는 觀中이다. 이정호에게 배운 다음, 충남대 교수로 재직하면서 평생을 정역 연구에 몸을 바쳤다. 특히 '曆數'와 '聖統' 및 河圖洛書를 중심으로 正易史의 한 페이지를 그은 학자이다. 저술로는 『周 · 正易合經編』과 정역사상 관련의 논문이 많으며, 많은 제자들을 양성했다.

이름	출생 년도	생애와 저술 활동
權寧遠	1928-2018	대전 출생(호는 三正)으로 이정호에게 정역을 배웠고, 漢詩에 능한 재야학자이다. 저술로는 『正易句解』와 『正易과 天文曆』이 있고, 또한 훈민정음 관련 연구서 등이 있다. 특히 동양 천문학에 대한 해박한 지식을 정역사상과 접목시켜 독자적인 성과를 이뤘다.
韓東錫	1911-1968	『黃帝內經』을 萬讀한 한의사로서 韓長庚의 소개로 국사봉에 들어와 정역 공부에 흠뻑 빠진 것으로 알려져 있다. 그의 『우주변화의 원리』는 정역사상을 오행 중심으로 해석한 뛰어난 저술이다.

十은 **紀**요 **二**는 **經**이오
십 기 이 경
五는 **綱**이오 **七**은 **緯**니라
오 강 칠 위

10은 기이고 2는 경이요,

5는 강이고 7은 위이다.

앞에서 얘기한 숫자 10이 자연의 구성과 패턴과 리듬을 뜻한다면, 여기서 말하는 10을 비롯한 나머지 숫자들은 정역팔괘도와 깊은 연관이 있다. 열 개의 숫자 중에서 10과 5, 2와 7은 모두 정역팔괘도의 수직축을 형성하기 때문이다. 다만 전자가 바깥에 있고, 후자는 안쪽에 위치하는 것이 다를 뿐이다.

김정현은 "10건乾은 벼리요 2천天은 날줄이며, 5곤坤은 벼리요 7지地는 씨줄이다. 건·곤·천·지의 4상이 서고, 기·강·경·위의 4유가 갖추어져 10·5·2·7의 4수가 성립하는 것이다."[109]라고 풀이했다. 『정역』에는 하

109) 『正易註義』, "十乾爲紀, 二天爲經, 五坤爲綱, 七地爲緯. 乾坤天地, 四象立焉, 紀綱經緯, 四維

도낙서의 수, 정역팔괘도의 수, 6갑의 수, 음양오행의 수, 금화정역도의 수, 율려의 수 등이 나온다. 이들은 모두 10수 안에 포괄되는 동시에 10수 정역팔괘도로 귀결되는 특징이 있다.

'사람은 경위에 밝아야 하고 기강을 벗어나서는 안 된다'는 말이 있다. 기강과 경위는 하늘과 땅이 촘촘하게 엮인 그물망과 같다는 뜻이다. 어부가 가로와 세로로 짠 그물을 던져 고기를 잡듯이, 천지는 안팎으로 네트워크의 형식으로 얽혀져 있다는 뜻이다. 비록 하늘의 그물이 성근 것 같으나, 만물은 어느 것도 하늘의 이치를 빠져나가지 못한다는 것이다.

『정역』은 이 세상이 그물망 형식으로 구성되었다고 설명한다. 그물의 꼭지는 '기紀'이고, 그물 끝에 달린 중심 추는 '강綱'이며, 그물의 세로줄은 '경經'이고 가로줄은 '위緯'라 한다. '기경'은 그물의 핵심축이며, '경위'는 기경을 중심으로 상하사방을 이루는 조직을 뜻한다. '기강경위'는 60갑자 구성에 반영되어 있다. '기'는 기사궁己巳宮, '강'은 '무술궁戊戌宮'이다. 경과 위는 각각 10 천간과 12 지지로 뻗어나간 갈래를 뜻한다. 60갑자는 곧 그물망 형식으로 이루어진 것이다.

인드라망은 부처가 세상 곳곳에 머물고 있음을 상징하는 말이다. 고대 인도신화에 따르면 인드라 망은 '관계의 그물'을 뜻한다. 신화는 이 세상의 실상을 하나의 그물로 표현했다. 이 그물은 구슬로 이루어져 있는 까닭에 서로가 서로를 비추어준다. 불교의 인드라망은 곧 『정역』의 '기강경위'에 해당될 것이다.

이 대목은 괘도의 변천사로 읽으면 알기 쉽다. 복희팔괘도는 8수, 문왕팔괘도는 9수, 정역팔괘도는 10수로 이루어져 있다. 과거에는 복희팔괘도 혹은 문왕팔괘도를 통해 세계의 근원과 생성을 설명했다. 이 둘에

備焉, 十五二七, 四數成焉."

서는 정역팔괘도의 '기강경위' 혹은 '10건·5곤·2천·7지'에 대한 인식을 찾을 수 없다. 즉 과거의 학설로는 『정역』의 종지를 해명하기 어렵다는 뜻이다. 8수는 9수로 진화하고, 9수는 10수로 진화한다는 것이 『정역』의 입장이다. 그러니까 김일부는 8괘의 논리와 하도의 10수 논리를 꿰뚫기 위해 '기강경위'를 도입하여 정역팔괘도를 그었던 것으로 보인다. 한마디로 복희팔괘도는 천지의 탄생[生] 단계, 문왕팔괘도는 성장[長] 단계를 거쳐 정역팔괘도의 성숙과 완성[成]을 향해 나아간다는 것을 전제한 발언이다.

그렇다면 기강과 경위는 무엇을 가리키는가? 과거 역학도 비슷한 말을 했지만,[110] 『정역』의 10과 5의 '기강'과 2와 7의 '경위'에는 미치지 못했다. '기강'은 하늘과 땅을 연결하는 수직의 축이고, '경위'는 기강 속에 숨겨진 천지의 원형인 동시에 특정한 시간대에 드러날 '신천지'를 뜻한다.

왜 2천天과 7지地가 10건乾과 5곤坤에 결부되어 있는가? 여기에는 두 가지 뜻이 있다. 하나는 2천과 10건은 하늘을, 7지와 5곤은 땅을 상징한다. 7지와 5곤이 남쪽에 있고, 2천과 10건이 북쪽에 있는 형상은 후천의 지천태地天泰(䷊)를 이룬다. 그것은 선천과 후천이 본체와 작용의 관계로 존재하는 천지의 두 얼굴을 반영한 체계라고 할 수 있다. 그러니까 2 + 10 = 12, 5 + 7 = 12의 등식은 하늘과 땅, 즉 음양의 균형이 이루어지는 이상세계를 상징한다.

다른 하나는 10과 5를 5행의 '토土'로 보는 경우가 있을 것이다. 10토와 5토가 바로 그것이다. 『정역』은 토 중심 사유의 극치라고 말할 정도로 토의 주체성을 강조한다. 유형과 무형의 세상을 주재하는 주체는 토

---

110) 복희팔괘도와 문왕팔괘도로 보면 '기강'이 부모인 乾坤이라면, '경위'는 자녀에 해당하는 나머지 여섯 괘라 할 수 있다. 특히 경위는 만물이 상하사방으로 생성 전개되는 인터넷 망을 상징한다.

이며, 선천은 5토[戊] 중심으로 돌아가고, 후천은 10토[己]가 주재한다. 이 두 개의 토 역시 천간지지로 나누면, 선천과 후천이 대응하는 체계를 이룬다는 것을 알 수 있다. '무 5토'는 선천을 주재하고, '기 10토'는 후천을 주재한다는 뜻이다. 그러면 무토와 기토가 주재하는 방식은 무엇인가?

戊位는 **度順而道逆**하여 **度成道於三十二度**하니
무위 도순이도역 도성도어삼십이도
后天水金太陰之母시니라
후천수금태음지모
己位는 **度逆而道順**하여 **度成道於六十一度**하니
기위 도역이도순 도성도어육십일도
先天火木太陽之父시니라
선천화목태양지부

무위는 간지의 법칙으로 순하고 도는 거슬러 도수가 32도에서 성도하니, 수금으로 된 후천 태음의 어머니이시다.

기위는 간지의 법칙으로 거슬리고 도는 순하여 도수가 61도에서 성도하니, 화목으로 된 선천 태양의 아버지이시다.

이 대목의 주어는 천간을 뜻하는 '무戊'와 '기己'다. 천간에서 차지하는 무토와 기토의 본질을 밝힌 글이다. '무'와 '기'는 위상과 역할과 운동의 방향 및 정체성이 다르다. 하지만 둘의 존재 이유는 통합이 궁극 목적이라는 것을 전제하고 있다. '무'와 '기'는 영원한 파트너다. 어느 하나가 없으면 천지가 성립될 수 없으며, 생명의 탄생과 성장도 불가능하다. 다만 서로 본질과 조건이 다르기 때문에 만날 수 있는 여건이 생긴 것이다. 만일 서로가 똑같다면 헤어질 이유도 없고 만날 필요도 없다. 서로는 만나기 위해서 존재한다는 뜻이다.

'무'와 '기'가 만나기 위해서는 길이 필요하다. 고속도로에 속도 안내

판이 있듯이, 무위와 기위는 순역 원리를 비롯하여 속도 조절의 장치 등 다양한 규칙이 있다. '무'가 '기'에 골인하기 위해서는 32 단계가 필요하고, '기'가 자기를 확인하기 위한 절차는 61 단계를 거친다는 것이다. 그리고 무위는 후천 태음의 어머니로서 '수水'와 '금金'의 신분을 지니고 있으며, 기위는 선천 태양의 아버지로서 '화火'와 '목木'의 신분을 지닌다. 결국 무와 기는 '금수목화'로 이루어졌다는 뜻이다.[111)]

그러면 '도수[度]'와 '도道'는 어떻게 다른가? 여기서 말하는 도수는 60갑자에서 어떤 특정한 위치를 차지하는 집이 1도라는 것을 전제한다. 그러니까 60갑자는 60도를 이룬다. '도道'는 생명과 시공과 진리의 뿌리를 뜻하는 『정역』 고유의 용어다. 도수와 도의 뿌리는 '기사己巳'의 '기'와 '무술戊戌'의 '무'에 있다. 10토와 5토, 즉 기토와 무토가 작동하는 방식은 무엇인가? 그것은 하늘과 땅의 '감응感應' 원칙으로 움직인다. 하늘은 하늘대로 땅은 땅대로 독립하여 있는 것이 아니라, 하늘과 땅은 감응하면서 존재한다는 뜻이다.

과거에는 음양으로 감응을 얘기했으나, 『정역』은 6갑으로 감응을 말한다. 6갑은 천간지지와 음양오행으로 구성되었기 때문에 결국 『정역』의 감응은 음양론의 원칙과 동일하다. '기사'는 10의 토土와 사巳 화火의 결합이고, '무술'은 5의 토土와 술戌 수水의 결합이다. 한마디로 우주는 토의 주재로 말미암아 수화 운동으로 전개된다는 것이다. 5토와 10토는 서로 짝을 이루는 구조[待對]로 존재하면서 상대방을 지향하고 감응하면서[流行] 운동한다.

감응이란 무엇인가? 서로 느낌을 주고 받으면서 반응하는 천지의 존재 방식이다. 4계절의 변화는 감응 작용에 의해 일어난다. 봄, 여름, 가을, 겨울은 하나의 감응 과정이다. 감과 응은 서로의 근거가 되어 움직

---

111) 여기서 말하는 '금수목화'는 존재론 차원의 규정이지, 생성론 차원의 5행이 아니다.

인다. '응'은 다시 '감'을 이루고, '감'은 또한 다시 '응'이 된다. 봄과 여름이 하나의 커다란 '감'이라면, 가을과 겨울은 '응'이 된다. 반대로 가을과 겨울이 '감'이라면, 봄과 여름은 '응'이 된다. 봄은 여름의 '감'이요, 여름은 봄의 '응'이며 다시 가을의 '감'이 된다. 가을은 겨울의 '감'이요, 겨울은 가을에 '응'하고 다시 봄의 '감'이 됨으로써 자연은 감응이 끊이지 않는 것이다.

> "무릇 하늘과 땅 사이에 감응의 이치가 아닌 것이 없다. 조화와 인간사가 모두 그렇다."[112)]
> "낮에서 밤으로, 다시 밤에서 낮으로 되는 것처럼 순환하여 막히는 곳이 없다. 이른바 '한 번 움직이고 한 번 정지하여 서로 그 뿌리가 된다'는 것은 모두 감통의 원리인 것이다."[113)]
> "한 가지 일에 근거하여 다시 하나의 일을 낳는 것이 감과 응이다. 두 번째 일에 근거하여 다시 세 번째의 일을 낳게 된다. 두 번째 일도 감이며, 세 번째 일 또한 응이다."[114)]

감응은 자연의 인과율을 내포한 만물의 보편 법칙이다. 우리의 천체권은 감응 원리로 이루어져 있기 때문에 자연의 순환을 비롯하여 계절의 변화가 생기는 것이다. '기사'와 '무술' 사이의 구조에서 일어나는 순역과 감응 운동은 60갑자에 고스란히 투영되어 있다. '기사'와 '무술'은 서로 대대 관계로 존재하는 동시에 서로를 향해 변화하면서 조직을 형성한다.

---

112) 『朱子語類』 권72 "徐寓錄", "凡天地之間, 無非感應之理. 造化與人事, 皆是."
113) 『朱子語類』 권72 "錢木之錄", "曰如晝而夜, 夜而復晝, 循環不窮. 所謂一動一靜, 互爲其根, 皆是感通之理."
114) 『朱子語類』 권72 "陳淳錄", "曰只因這一件事, 又生出一件事, 便是感與應. 因第二件事, 又生出弟三件事, 第二件事, 又是感, 第三件事, 又是應."

甲子	乙丑	丙寅	丁卯	戊辰	← 己巳	庚午	辛未	壬申	癸酉
甲戌	乙亥	丙子	丁丑	戊寅	己卯	庚辰	辛巳	壬午	癸未
甲申	乙酉	丙戌	丁亥	戊子	己丑	庚寅	辛卯	壬辰	癸巳
甲午	乙未	丙申	丁酉	→ 戊戌	己亥	庚子	辛丑	壬寅	癸卯
甲辰	乙巳	丙午	丁未	戊申	己酉	庚戌	辛亥	壬子	癸丑
甲寅	乙卯	丙辰	丁巳	戊午	己未	庚申	辛酉	壬戌	癸亥

『정역』은 '기'를 무극의 중추, '무'를 황극의 중추로 규정한다. 김일부는 기와 무의 성격에 대해 다양한 설명 장치를 덧붙였다. 수는 10과 5, 3극은 무극과 황극, 천간은 기와 무, 5행은 화와 수, 8괘는 건과 곤, 천지는 하늘과 땅, 6갑은 기사와 무술, 음양은 음과 양으로 논리로 구성된다.[115)]

이처럼 기와 무 사이 혹은 내외부를 관통하는 논리는 순역이다. 순역은 전체와 개체를 관통하는 보편 원리다. 순역은 일종의 피드백(feed-back) 운동을 하는 까닭에 천지는 영원히 살아 숨쉬는 것이다. 어떤 원인에 의해 나타난 결과가 다시 원인으로 작용해 그 결과를 줄이거나 늘리는 '자동 조절' 능력이 작동된다. 이러한 피드백 과정을 통해 자연의 항상성이 유지된다고 할 수 있다.

그러면 "'무'는 간지의 법칙으로 순하고 도는 거슬려 도수가 32도에서 성도하며[戊位, 度順而道逆, 度成道於三十二度.], '기'는 간지의 법칙으로

115) 이 대목의 핵심은 기위와 무위에 있다. 기위는 무극이고, 무위는 황극이다. 무극수는 10이고 황극수는 5이다. 무극위는 '기'이고 황극위는 '무'이다. 무극의 집은 기사궁이고, 황극의 집은 무술궁이다. 이것이 바로 천지를 바라보는 『정역』의 거울이다.

거슬리고 도는 순하여 도수가 61도에서 성도하는가?[己位, 度逆而道順, 度成道於六十一度.]" 하늘의 도수[度]와 진리의 빛[道]은 왜 길이 다른가? 도수와 진리의 길은 순역의 법도에 포섭되지만, 하늘(무극)과 땅(황극) 사이에 일어나는 도수와 진리의 방향은 엇갈리게 움직인다는 것이다.

기위에 비해 무위는 비대칭의 구조로 이루어졌다. 왜냐하면 기위는 시공과 생명의 뿌리인 무극의 위상인 반면에, 무위는 기위에 비해 반 바퀴의 32도에 지나지 않아 균형이 무너져 있기 때문이다. 만약 이들이 대칭으로 이루어졌다면, 감응 또는 작용할 이유도 없고 만물의 생성과 진화의 필연성도 없을 것이다. 기위와 무위 사이의 비대칭 구조로 인해 생명이 성장한다. 대칭과 비대칭의 두 축이 곧 기사궁과 무술궁이다. 이 두 집은 균형을 이룬 아름다운 대칭의 세계를 겨냥하기 때문에 속도 차이 또는 운동량이 다를 수밖에 없는 것이다.

이러한 대칭과 비대칭의 문제를 『정역』은 하도와 낙서로 제시하는 한편, 비대칭에서 대칭으로 나아가야 하는 논리적 필연성을 32도와 61도의 차이점에서 찾았다. 겉으로 보면 대칭 형식이지만, 근본적으로는 비대칭으로 이루어진 기위와 무위의 관계는 신비 중의 신비라고 할 수 있다. 아인슈타인은 "우리가 경험할 수 있는 가장 아름다운 것은 신비다. 그것은 모든 예술과 과학의 진정한 근원이다. 이런 감정이 이질적으로 보이고 더 이상 경이로움에 사로잡힐 수 없는 사람은 죽은 것과 마차가지다. 그의 눈은 닫혀 있기 때문이다."라고 말했다.

김일부는 무엇을 근거로 무위와 기위를 대칭과 감응 관계로 보았고, 왜 순역 논리로 인식했을까? 그리고 도수와 진리는 왜 쌍방향의 길로 나아가는가에 대한 이유를 명확하게 제시하지 않는 대신에 이성을 넘어선 신비감의 극치를 보여주었다. "조화옹은 시공간에 구애받지 않고 신성한 불덩이로 존재한다[化翁, 无位, 原天火, 生地十己土.]라고 말하여 기사궁 자체가 신비스럽다고 말했다. 기위와 무위는 대칭관계를 형성하는 자연에 내포된 수의 세계의 신비라고 할 수 있다. 기위와 무위를 넘나드는 순역은 자연과 역사와 문명을 꿰뚫는 만물의 공식이다. 하늘과 땅의 운동 방식에서 비롯된 순역의 정체가 바로 도수와 진리의 길인 것이다.

천문학은 하늘과 땅이 어떻게 운동하는가에 대한 수많은 이론을 만들어냈다. 그 중에서도 '천원지방天圓地方'에 근거한 개천설蓋天說과 혼천설渾天說이 유명하다. 개천설이 천문학의 발전에서 비롯된 우주 구조론이라면, 혼천설은 우주의 구성을 달걀에 비유하여 껍질은 하늘이고 노른자는 땅이라는 운행에 초점을 맞춘 이론이다.[116)]

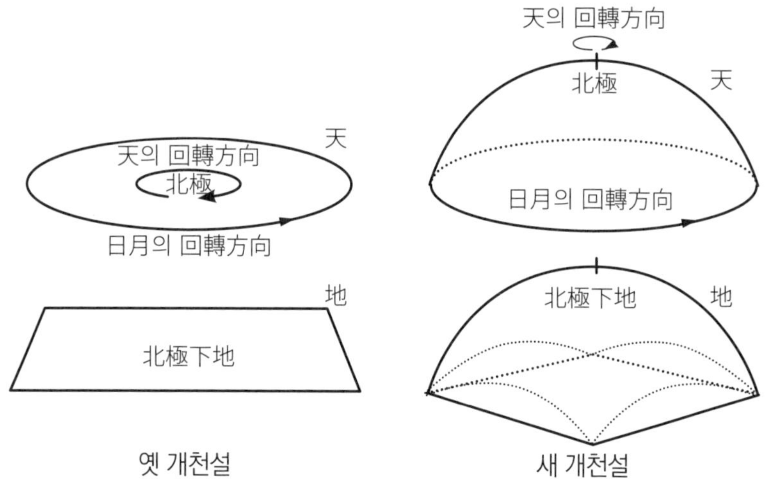

개천설에 따르면, 하늘은 둥글고 땅은 네모지고 위아래에 위치하여 북극을 그 정점에 둔다. 하늘은 북극을 중심으로 왼쪽으로 즉 동에서 서로 돌고, 해와 달은 오른쪽으로 즉 서에서 동으로 돈다. 흔히 하늘과

116) 동양 천문학에서 개천설보다는 더욱 설득력 있는 이론은 혼천설이다. "混天은 달걀과 같다. 껍질은 하늘이고, 노른자는 땅에 해당된다. 하늘의 형체는 탄환처럼 둥글고 땅을 둘러싸고 있다. 하늘의 외부와 내부에 물이 있다. 하늘과 땅의 위아래에 상대적인 위치를 정립시키는 것은 氣이며, 모두 물 위에 떠 있다. 땅은 정지되어 있고, 하늘은 남북극을 축으로 하여 끊임없이 수레바퀴처럼 회전하고 있다."(야마다 케이지, 앞의 책, 38쪽 참조.)

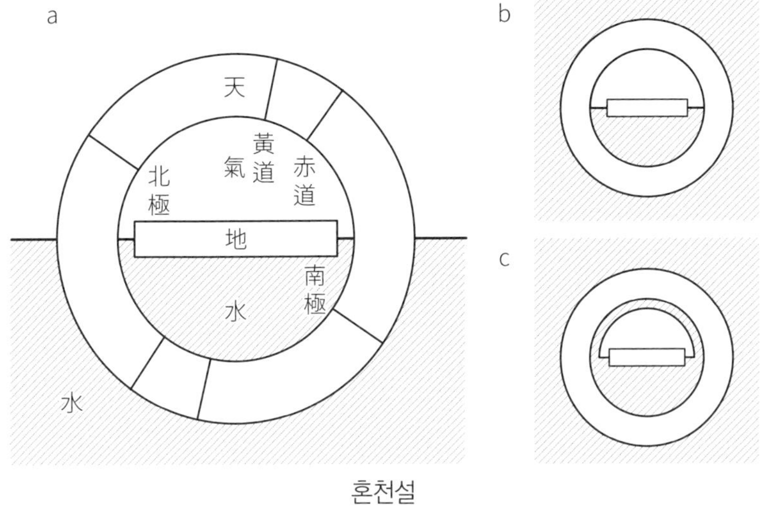

혼천설

일월은 맷돌과 개미의 비유로 설명된다. 맷돌은 왼쪽으로 돌고, 그 표면을 개미가 오른쪽으로 간다. 맷돌의 회전은 개미의 걸음보다 빠르기 때문에 개미도 왼쪽으로 도는 것처럼 보인다. 해와 달은 실제로는 동쪽으로 나아가지만, 하늘에 끌려 서쪽으로 지는 것이다.

하늘은 좌측으로 돌고[天左旋], 해와 달은 오른쪽으로 간다[日月右行]는 것이 곧 개천설의 요지다. 아마도 김일부는 천문학의 개천설을 영향을 받은 것으로 짐작된다. '천원지방'의 구조론에다 하늘은 왼쪽으로 돌고 땅은 오른쪽으로 돈다[天左旋, 地右旋]는 운행설을 결합하여 기위와 무위가 서로 감응하면서 반대편을 향해 움직인다는 순역 이론을 구축했던 것으로 추정할 수 있다.

그러면 태음과 태양은 무엇을 가리키는가? 여기에는 두 가지 풀이가 있을 것이다. 하나는 천문학에서 말하는 달과 해를 태음과 태양으로 보는 경우가 있다. 이는 지구와 태양과 달의 삼각 관계에서 비롯되는 태양계 중심의 사고에서 탄생한 것이다. 다른 하나는 우주 형성의 물질적 토대인 음과 양의 순수 에너지를 태음 또는 태양으로 보는 경우다. 김일부는 이 둘을 종합하여 우주의 심층을 구성하는 본질을 순수 음양 에너지로 인식했다.

순역은 현대 물리학에서 말하는 시간의 비가역성非可逆性에 배치되는 것은 아닌가? 시간의 비가역성이란 시간은 화살처럼 직선으로 앞으로 달려가므로 거꾸로 되돌릴 수 없다는 뜻이다. 만약 시간의 화살을 거꾸로 돌릴 수 있다면, 과거로의 시간여행이 가능하다는 논리가 성립하므로 애당초 시간의 가역성은 인정될 수 없다는 것이 현대 물리학의 결론이다.

하지만 『정역』은 동서양의 숱한 시간론은 관념에 치우친 사변철학이라고 비판하고 우주의 구성 문제를 근원에서부터 사유하였다. 우주는 선천과 후천으로 구성되었고, 지금은 선천의 막바지에 이르렀고, 머지않아 후천이 다가온다는 것에 주목하여 시공의 완성을 제시했는데, 그것이 바로 성도成道이다. 도수[度]가 길이를 재는 척도라면, '성도'는 목적지에 도달하는 수치를 가리킨다. 그러므로 출발점과 목적지 사이에 깔려 있는 왕복 도로가 곧 순역의 길이라 할 수 있다.

기위는 왜 61도이고, 무위는 왜 32도인가? 그 출발점과 목적지는 어디인가? '무극체위도수'의 출발점은 기사궁이고, 중간 정거장인 무술궁을 거친 다음의 최종 목적지는 기사궁이다. '황극체위도수'의 출발점은 무술궁이고, 목적지는 기사궁이다. 기사궁은 출발점인 동시에 목적지이고, 무술궁은 출발점과 목적지가 다르다. 황극체위도수는 출발점과 서로의 방향성이 다른 까닭에 목적지에 도달하는 과정 역시 다를 수밖에 없다.

기사에서 출발하여 다시 기사에 도달하는(←) 무극체위도수는 61도, 무술에서 출발하여 기사에 도달하는(→) 황극체위도수는 32도이다. 10토의 지배력이 5토의 두 배인 것처럼, 무극체위도수는 황극체위도수에 비해 2배 더 돈다. 반대로 말해서 황극체위도수는 무극체위도수에 비해 반밖에 돌지 못한다. 무극체위도수가 하늘의 사주라면, 황극체위도수는 땅의 사주라고 할 수 있다. 결국 하늘이 완벽한 진리의 모습이라면, 땅은 하늘에 비해 50% 남짓 부족하다. 도수의 원초적 구조에서 비롯된 자연의 불균형은 물론 선천이 후천으로 전환되어야 한다는 당위성을 무극체위도수와 황극체위도수의 비대칭과 불균형에서 찾을 수 있다.

'무극체위도수'와 '황극체위도수'의 '체위體位'란 무엇을 뜻하는가? '체'란 시공의 모태로서의 본체, '위'란 시공이 처음으로 현실화되는 장소로서 무극의 진리가 흘러나오는 생명의 뿌리를 가리킨다. 즉 체위란 곧 사주四柱 형식으로 이루어진 항구 불변하는 시공의 모체를 뜻한다.

기사궁은 10토이고, 무술궁은 5토이다. 10토와 5토 중심으로 짜여진 조직이 바로 60갑자다. 기사궁은 순수 양 에너지로 뭉쳐진 만물의 아버지에 해당되는 태양을 잉태하고, 무술궁은 순수 음 에너지로 구성된 만물의 어머니에 해당되는 태음을 잉태한 집이다. 이처럼 태음과 태양의 부모와 자식이 만들어내는 조합, 즉 6갑의 패턴은 만물의 발생과 순환의 질서를 나타낸다.

이때 기사궁과 무술궁은 시공의 축(axis)을 형성하는 '부동不動의 기둥'이다. 시공의 축을 중심으로 시간의 물레방아는 한쪽으로 돌아가는 것이 아니라, '←' 또는 '→'의 순역 방식으로 움직인다. 무극은 '←'의 방향으로, 황극은 '→'의 방향으로 움직여 서로를 지향하면서 만물을 낳아 키우고 길러내는 것이다.

无極體位度數(←)	皇極體位度數(→)
己巳 戊辰 己亥 戊戌[117]	戊戌 己亥 戊辰 己巳

무극체위도수는 '←'으로 움직여서 한 바퀴 돌아 제자리에 오는 까닭에 61도이며, 황극체위도수는 무술에서 출발하여 '→' 방향으로 돌아 기

117) 기사→무진→기해→무술을 거쳐 기사로 돌아오면 61도이다.

사궁에 도달하면 32도가 된다. 똑같이 61도이어야함에도 불구하고 황극체위도수는 무극체위도수에 비해 50%에 지나지 않는 비대칭을 형성한다. 즉 하늘과 땅 사이의 불균형 현상이 곧 지축地軸의 경사傾斜[118]로 나타났다는 해석이 가능하다.

그러면 기위와 무위가 서로 교차하는 형식을 순역으로 표현한 이유는 무엇인가? 도수[度]와 진리[道]가 서로 엇갈리는 원인은 어디에 있을까? 그것은 현실의 시간 흐름과 진리의 본질에 대한 언급일 것이다. 보통은 도수와 진리를 간지로 셈하는 법칙 또는 수로 셈하는 법칙으로 번역하는 경우가 대부분이었다. 반은 옳고 반은 틀리다. 그것은 시간의 흐름과 진리의 뿌리에 대한 관계성만을 지적한 것이기 때문이다.

무위의 도수는 시간의 화살처럼 과거에서 현재를 거쳐 미래로 흐른다는 시간의 흐름을, 진리는 미래에 뿌리를 두고 현재를 거쳐 과거를 향해 비춘다는 뜻이다. 반면에 기위는 후천에 이루어질 시공의 원형이므로 도수는 시간의 화살이 거꾸로 미래에서 현재를 거쳐 과거로 흐르는 이치를, 진리는 하늘이 스스로의 의지를 땅에게 내려준다는 방향성을 뜻한다.

마지막으로 무위는 선천을 지배하지만 그 뿌리는 후천의 태음에 있으며, 기위는 후천을 지배하지만 그 뿌리는 선천의 태양에 있다는 것이다. 태음과 태양은 어머니와 아버지의 관계 또는 땅과 하늘의 관계로 인식할 수도 있다. 선천과 후천이 맞물려 존재하듯이, 하늘과 땅은 물론 태음과 태양 역시 서로의 근거로 존재한다는 발상이다.

---

118) 김일부는 구체적으로 지축 경사를 언급하지 않았다. 다만 후천의 6갑 조직에서 天干의 변화에 따른 地支의 전환에 대해 얘기했다. "아아! (후천의) 丑宮이 왕성한 기운을 얻음에 선천을 지배했던 子宮이 물러나도다[嗚呼! 丑宮得旺, 子宮退位.]"(『正易』「十五一言」"化翁親視監化事") 여기서 말하는 地支의 근본적 변화를 지축정립이라 말해도 틀리지 않는다. 지축정립에 너무 과민하게 반응할 필요는 없다.

현대 물리학이 말하는 시간

영국의 형이상학자 맥타가트(J. M. E. Mctaggart: 1866-1925)는 '시간은 존재하지 않는다(unreal)'는 놀라운 논증을 했다. 그의 논증은 이후 많은 철학자의 관심을 불러일으켰고, 이에 자극받은 철학자들은 이후 100년 동안 '시간은 흐르는가?' 하는 매력적인 문제에 다시 뛰어 들었다.

맥타가트는 먼저 두 가지 유형의 시간 이론을 제시한다. A 시간론과 B 시간론이 바로 그것이다. A 시간론에서는 과거/현재/미래가 근본적인 개념이다. 그래서 과거는 이미 지나갔다든지, 미래가 현실로 다가왔다든지, 미래는 아직 오지 않았다든지 등의 표현은 메타포가 아니라 실제로 시간의 흐름을 나타낸다. 또한 개별자는 과거성(pastness), 현재성(presentness), 미래성(futurity)과 같은 본래적 속성을 가진다. 그래서 어떤 존재자가 과거성을 가지면 과거-존재자가 되고, 현재성을 가지면 현재-존재자가 되며, 미래성을 가지면 미래-존재자가 된다. 예컨대 케사르는 과거성을 가지며, 트럼프는 현재성을 가진다. 그리고 2022년 월드컵 축구공은 미래성을 가진다. 과거-존재자, 현재-존재자, 미래-존재자는 질서정연한 순서에 따라 A 시간 속에 자리잡고 있다.

B 시간론에서는 이전/이후/동시 개념이 근본적인 개념이다. 과거/현재/미래 개념은 부차적인 개념일 뿐이므로 이전/이후/동시 개념으로 환원될 수 있다. 그래서 케사르는 과거-존재자라기보다는 트럼프-이전-존재자라고 말해야 하고, 2022년 월드컵 축구공은 미래-존재자라기보다는 트럼프-이후-존재자라고 말해야 한다. 이전-동시-이후 관계는 한 번 결정되면 절대로 변하지 않는 관계다.

맥타가트 논증에 대해 많은 철학자들은 문제점을 지적하고 반박하였다. "변화 없는 텅 빈 시간은 있을 수 없다"는 주장은 틀렸다는 것이다. 미국의 슈메이커(Sydeny Shoemaker: 1931- 현재)는 "세계는 얼어붙어버려도 시간은 흘러갈 수 있다"고 말했다.

20세기 전반까지 논리와 언어에 골몰했던 철학자들은 20세기 후반에 들어 본격적으로 형이상학 시간 이론을 다루기 시작했다. 시간의 본질적 특징에 대한 두 가지 질문을 하는 것으로부터 시작한다. 첫째, 현재는 계속해서 미래로 움직이는가? 둘째, 과거/현재/미래 중에서 오직 현재만이 존재하는가? 이 두 질문에 어떤 대답을 하느냐에 따라 현재주의, 영원주의, 가능주의, 스포트라이트 이론으로 분류할 수 있다.

구분	현재는 움직이는가?	무엇이 존재하는가?
현재주의	YES	현재
영원주의	NO	과거/현재/미래
가능주의	YES	과거/현재
스포트라이트 이론	YES	과거/현재/미래

(김필영, 『시간여행』, 들녘, 2018, 163-167/194-195쪽 참조.)

太陰은 **逆生倒成**하니 **先天而后天**이오 **旣濟而未濟**니라
태음 역생도성 선천이후천 기제이미제

태음은 거슬러 나서 거꾸로 이루니, 선천이로되 후천이요 기제로되 미제이다.

역생도성의 특징을 낙서 혹은 무위라 하지 않고, 태음이라 호칭한 까닭은 무엇인가? 태음의 저변에는 태양이 있고, 낙서 뒤에는 하도가, 무위의 배경에는 기위가 있다는 것이 전제되어 있을 뿐만 아니라 낙서의 뿌리를 근원적으로 파헤치려는 의도에서 음의 순수 에너지를 태음이라

호칭했던 것이다. 태음과 태양, 선천과 후천, 기제와 미제는 쌍둥이 형식으로 존재한다.

『정역』은 이란성 쌍둥이 논리를 통하여 태양은 태음을 마중하고, 태음은 태양을 마중하는 형국으로 이루어져 있다고 말한다. 태음은 낙서의 길이며, 태양은 하도의 길이다. 그것의 요지는 선천에서 후천으로, 또는 기제에서 미제로의 전환에 있다.

천지가 음양의 본체라면, 음양은 천지의 작용이다. 음양은 시작도 없고 끝도 없으며, 앞과 뒤를 구분할 수 없으나 서로의 뿌리로 존재하면서 운동한다는 것이다. 그러니까 태음의 성도는 태양에서 이루어지고, 태양의 성도는 태음에서 이루어진다는 것을 의미한다.

태음은 낙서가 작용하는 선천이며, 태양은 하도가 작용하는 후천이다. 그러므로 태음의 목적은 거슬러 거꾸로 이루는[逆生倒成] 하도에 있다. '역생'이 선천이라면, '도성'은 후천인 것이다. 그리고 선천이 기제(䷾)라면, 후천은 미제(䷿)이다. 왜냐하면 기제괘가 선천의 '천지天地'를 가리킨다면, 미제괘는 후천의 '지천地天'을 가리키기 때문이다. 결국 이 대목의 요지는 선천과 후천의 교체에 있으며, 그것은 체용의 전환을 통해 이루어진다는 것을 밝힌 것이다.

그런데 음에서 양으로, 또는 양이 음으로 바뀌는 사태를 바탕으로 선천과 후천으로 나누는 것은 『정역』을 왜곡하는 것이 아닐 수 없다. 그것은 음양의 교체, 즉 날마다 일어나는 반복형 순환을 지적한 말이기 때문이다. 그러면 왜 태양보다 태음을 먼저 말하고, 후천보다 선천을 먼저 말했을까? 태음은 음양의 뿌리가 분명하지만, 태음은 자신의 모태인 태양을 향해 성숙되어야 할 책무가 있고, 또한 지금의 선천은 후천을 향해 진화한다는 뜻을 밝혔기 때문이다.[119)]

119) 태양과 태음의 실질적 모체는 무극·황극·태극의 3극이다. 3원(극)에서 日月이 나온다. 또한 戊位(황극)는 '太陰之母'이고, 己位(무극)는 '太陽之父'이다.

一水之魂이오 **四金之魄**이니 일 수 지 혼 사 금 지 백	1수의 혼이요 4금의 백이니,
胞於戊位成度之月初一度하고 포 어 무 위 성 도 지 월 초 일 도	무위 도수를 이루는 달의 초1도에서 포하고,
胎於一九度하고 태 어 일 구 도	9도에서 태하고,
養於十三度하고 양 어 십 삼 도	13도에서 양하고,
生於二十一度하니 생 어 이 십 일 도	21도에서 생하니,
度成道於三十이니라 도 성 도 어 삼 십	도수가 30에서 성도한다.
終于己位成度之年初一度하고 종 우 기 위 성 도 지 년 초 일 도	기위 도수를 이루는 해의 초1도에서 마치고,
復於戊位成度之年十一度니라 복 어 무 위 성 도 지 년 십 일 도	무위 도수를 이루는 해의 11도에서 회복한다.
復之之理는 **一八七**이니라 복 지 지 리 일 팔 칠	회복하는 이치는 1-8-7이다.
五日一候요 **十日一氣**요 오 일 일 후 십 일 일 기	5일이 1후요, 10일이 1기요,
十五日一節이오 십 오 일 일 절	15일이 1절이요,
三十日一月이오 삼 십 일 일 월	30일이 한 달이요,
十二月一朞니라 십 이 월 일 기	12월이 1년이다.

이 대목은 태음의 본질은 무엇이며, 어떤 과정으로 성숙되는가를 일목요연하게 얘기하였다. 이는 지금의 천지가 새롭게 변신하는 이유와 과정을 밝혀 현재의 역법 체계가 바뀔 것을 예고한 것이다. 기존의 천문학 또는 역법에 익숙한 사람에게는 매우 당혹스런 논의가 아닐 수 없다. 한편 '포태양생胞胎養生'이란 전통의 풍수 용어가 등장하여 『정역』의 성격에 강한 의문을 갖도록 하는 점도 부정할 수 없다.

己	政令
庚四金	政 - 太陰의 魂魄(정령)
壬一水	
甲八木	令 - 太陽의 氣體(정령)
丙七火	

태음과 태양의 겉[120)]

'포태양생'이란 무엇인가? '포'와 '태'는 어떻게 다른가? 넓게 보아 포태는 '아이를 배다, 임신하다'는 말의 통칭이다. 『정역』의 입장에서 보면, '포'는 임신 이전의 상태 즉 어떤 특정한 남녀가 서로 만나 아이를 가질 운명을 뜻하고, '태'는 정자와 난자가 만나 여성의 태반에 착상하는 상태를 지적한 것이다.[121)] 그리고 '양'은 어머니 뱃속에서 태아가 자라는 과정을, '생'은 뱃속 태아가 세상 바깥으로 처음 나오는 순간을 가리킨다.

그러니까 『정역』은 '포태양성'을 통하여 시간의 모태, 즉 시간의 본질 또는 지금까지 밝혀지지 않은 시간의 영혼과 속살을 해부한 철학이라 할 수 있다. 과거의 철학이 시간의 생성만을 중시했다면, 김일부는 생성 이전의 구조 분석을 통해 과거와 현재와 미래를 관통하는 시간의 구조를 파헤쳤다고 하겠다.

이 대목에는 황극체위도수가 전제되어 있다. 무위(태음, 황극)는 '무술, 기해, 무진, 기사'로 구성된다. 그러면 태음의 씨앗은 어디서 싹틔울까? 태음인 까닭에 '월月'에 초점을 맞추어야 할 것이다. 황극체위도수는 일종의 사주 형식이므로 무술은 '년', 기해는 '월', 무진은 '일', 기사는 '시'에 해당되기 때문이다. 그러니까 '포'는 성도하는 달, 즉 기해를 건너서

120) 무위는 후천의 무극을 본체로 삼으면서 1수4금으로 태음의 어머니를 구성하는데, 그것은 달의 모체를 가리킨다. 달은 水·金의 기운으로 이루어져 있다는 뜻이다.
121) 예컨대 戊戌이 '胞' 이전의 뿌리라면, 己亥는 '胞'의 순간 즉 기둥이라 할 수 있다.

1도에 해당하는 '경자'에서 실제로 이루어진다는 뜻이다.

戊戌	己亥	戊辰	己巳
年	月	日	時

태음의 구조

'태'는 기해에서 시작하여 9도인 '무신'에서 이루어지고, '양'은 기해에서부터 13도인 '임자'에서 길러지고, '생'은 기해에서 21도인 '경신'에서 낳아, 태음의 도수는 30도인 '기사'에서 이루어진다. 그리고 기위가 성도하는 년年이 '기사'이므로 매듭짓는 곳은 '기사'에서 1도 나아간 '경오'에서 마친다는 것이다. 다시 무위가 성도하는 년年은 무술이므로 새롭게 시작하는 곳은 '무술'로부터 11도이니까 '기유己酉'이다. '기유'의 기己는 10토이고 '유酉'는 시간을 알리는 닭을 상징하기 때문에 결국 태음이 '기유'에서 새롭게 시작한다는 것은 시간 질서의 전환, 즉 역법의 근본이 바뀐다는 것을 시사한다고 할 수 있다.

순서	내용	과정	간지
1	胞	胞於戊位成度之月初一度(1)	庚子
2	胎	胎於一九度(9)	戊申
3	養	養於十三度(13)	壬子
4	生	生於二十一度(21)	庚申
5	成	度成道於三十(30)	己巳
6	終	終于己位成度之年初一度	庚午
7	復	復於戊位成度之年十一度	己酉

태음의 '포태양생성종복'

태음의 도수는 30이다. 그것은 후천의 한 달 30일에 맞췄기 때문이다. 선천의 태음력은 대략 한 달 29.5일이며, 1년은 354일(=29.5×12)이다. 반면에 태양력은 1년 $365\frac{1}{4}$이다.[122] 1년 360일을 기준으로 볼 때, 태음은 양陽이 보태져야 균형이 맞고, 태양은 양을 덜어내야 음양의 균형이 이루어질 것이라는 계산이 나온다.

황극체위도수가 32이지만, 실제로는 무술[年]에서 기해[月]를 건너뛰어 경자[日]에서 시작하여 기사에 도달하면 30도가 이루어진다. 왜 『정역』은 '초1도'라 했는가? 한 달은 30일로 구성되므로 '날'은 경자 초하루에서 시작되기 때문이다. 그것은 『주역』의 논리와 무관하지 않다. 선후천 원리를 담지한 18번 산풍고괘山風蠱卦(䷑)와 57번 중풍손괘重風巽卦(䷸)가 바로 그것이다. 그 중에서 손괘 5효에는 '경자'를 암시하는 대목이 나온다.

"구오는 올바르면 길하여 뉘우침이 사라져 이롭지 않음이 없으니, 처음은 없으나 마침은 있다. 경에 앞서 3일 하며 경을 뒤로 3일 하면 길할 것이다.[九五는 貞이면 吉하야 悔亡하야 无不利니 无初有終이라 先庚三日하며 後庚三日이면 吉하리라]"

약간은 생뚱맞은 '선경삼일, 후경삼일'의 명제가 갑자기 등장하는가? 그것은 산풍고괘山風蠱卦(䷑) 「단전」의 '갑에 앞서 3일 하고, 갑에 뒤져 3일 한다[先甲三日, 後甲三日.]'와 세팅시켜 이해해야 옳다. 이러한 안목으로 『주역』을 들여다보고, 오랫동안 답보 상태에 머물렀던 주역학의 신

---

122) "역법은 천체 현상과 주기성을 수학으로 처리한 결과로 얻어지는 법칙이다. 역법과 수학은 밀접한 연관을 가지고 있다. 중국처럼 太陰太陽曆을 사용하는 곳에서는 閏月을 어떻게 두느냐를 우선 해결해야 한다. 1년의 현재치는 365.2422日, 1朔望月은 29.53058日이며, 양자는 간단한 倍數 관계는 아니다.

$$365.2422 \times 19 = 6939.6018$$
$$29.53058 \times 235 = 6939.6863$$

즉 19년의 日數와 235月의 그것은 거의 일치한다. 이것은 19년간에 235月을 포함하도록 하면 19년 후에 계절과 月의 차고 기우는 것이 거의 같은 曆日로 복귀한다는 것을 의미한다. 그러니까 235=19×12+7이므로 19년간에 7개의 閏月을 두면 되는 셈이다."(藪內淸 지음/현정준 옮김, 「중국의 曆」『세계의 曆』, 삼성문화재단, 1975, 31쪽.)

선한 물꼬를 튼 인물이 바로 『정역』을 지은 김일부다. 그는 손괘와 고괘의 명제를 결합하여 선천이 후천으로 전환하는 근본 이유와 과정을 밝혀 세상을 깜짝 놀라게 했다. 이런 점에서 보면 기존의 해석들은 고괘 따로, 손괘 따로 해석하는 단편적인 이론에 불과했다고 할 수 있다.

『주역』을 바탕으로 선후천의 전환 논리와 그 과정의 정당성을 체계적으로 밝힌 점에서 『정역』과 『주역』은 별개의 이론이 아니다. 다만 『주역』은 선천과 후천 개념을 제시했을 뿐이며, 김일부는 그것을 낱낱이 해부한 다음에 재결합시킨 선후천 논리로 주역계에 혜성같이 데뷔했던 것이다.

6갑이 비록 대부분 사주와 택일을 비롯한 달력 용도로 사용되었을지라도 단순한 자연의 프그로램으로만 인식해서는 옳지 않다. 김일부는 과거 학자들이 가볍게 지나쳤던 6갑의 논리를 이용하여 선후천론을 수립했기 때문이다. 그는 과거와 현재와 미래를 관통하는 시간 흐름의 목적과 과정이 투영된 6갑 시스템에 우주사와 시간사와 문명사의 문제가 압축되어 있음을 깨달았다. 이때 『주역』의 고괘와 손괘의 '선후갑 3일'과 '선후경 3일'이 큰 몫을 했다.

김일부는 '말씽 많은 선천달이 그려내는 율려의 행방을 찾아보라[影動天心月]'는 스승의 권유를 받고 『주역』과 『서전』을 정독하는 노력을 기울였다. 그 결과 "천지는 갑기甲己의 질서로부터 기갑己甲의 질서로 바뀌는 동시에 일월은 회삭晦朔의 전도로 인하여 16일이 초하루로 전환되고, 1년은 360일의 무윤력無閏曆으로 변화됨을 예견했다."[123] 그것은 선천의 윤력을 끝맺고 후천의 무윤력으로 다시 시작하는 종시終始의 법칙에 의해 가능하다. 김일부는 손괘 5효에서 힌트를 얻어 시간의 속살을 벗겨내는 데 성공했던 것이다.

---

123) 이정호, 『正易硏究』(국제대학출판부, 1983), 201쪽.

『정역』의 전승자

정역사상은 『주역』을 해석한 수많은 주석서의 하나에 지나지 않는다는 혹평은 성급한 판단이다. 또한 『주역』의 신비로운 세계를 들여다보는 안내서로 평가하는 것도 옳지 않다. 정역사상의 위상은 새롭고 종합적인 시각에서 조명되어야 마땅하다. 마냥 우리 것이 소중하다는 정서에 호소하고 싶지도 않다. 우선 정역사상은 고괘와 손괘를 결합시켜 그 이론을 소통시킨 것은 독창성을 뛰어넘어 합리성을 구축했다는 점에서도 주역사의 한 페이지를 장식하는 위대한 쾌거였다.

이정호는 평생 정역사상의 보편성을 밝히기 위해 노력했다. 그는 젊어서부터 『정역』의 입장에서 『주역』 공부를 했다. 그의 입김은 아직도 충남대학교 철학과에 서려 있다. 그의 학통은 柳南相(전 충남대 교수)에 계승되었고, 그 후학들이 전통을 이어받으려 연구에 전념하고 있다. 지금은 정역사상의 현대화 작업을 통해 외연과 내포를 확대 심화할 단계에 접어들었음을 실감한다.

고괘(☶☴) 5효가 변하면 손괘의 형태가 되고, 손괘(☴☴) 5효가 변하면 고괘의 형태가 되는 것에서 상호 동질성을 발견할 수 있다. 고괘 「단전」이 선천의 끝맺음과 시작[終始]를 말했다면, 손괘 5효는 후천의 시작과 끝맺음[始終]을 설명한 것이다. '선경삼일'은 경자를 중심으로 정유, 무술, 기해이다. '후경삼일'은 경자를 중심으로 신축, 임인, 계묘이다. 고괘의 '선갑3일'에서 낙서의 본고향이 '신유'라면, '후갑3일'은 을축과 병인을 거친 정묘이다. 손괘의 '선경3일'이 고괘의 '후갑3일'인 정묘에서 끝나면, 다시 시작하는 원칙에 의해서 정묘와 '정유'가 맞물리는 하도의 본고향에 닿는다. 이를 도표로 정리하면 다음과 같다.

先甲三日, 後甲三日	辛酉(낙서궁) - 壬戌 - 癸亥 - 甲子 - 乙丑 - 丙寅 - 丁卯
先庚三日, 後庚三日	丁酉(하도궁) - 戊戌 - 己亥 - 庚子 - 辛丑 - 壬寅 - 癸卯

『주역』은 '삼오착종三五錯綜'을 말했으나, 『정역』은 '신유'에서 '정유'로 변화하는 '구이착종九二錯綜'의 원리를 계발하여 선후천 전환 이론의 정립에 성공했다. 그러면 '구이착종'은 무엇인가? 『정역』은 시종일관 '뒤집기 논리'를 견지한다. 선천의 '갑과 기 사이의 한 밤중에 갑자가 생겨난다[甲己夜半, 生甲子.]'가 후천에는 '기와 갑 사이의 한 밤중에 계해가 생겨난다[己甲夜半, 生癸亥.]'는 원칙에 의해 선천과 후천을 이루는 근본틀이 완전히 바뀐다. 그것은 상극에서 상생으로, 낙서에서 하도로, 건남곤북에서 건북곤남의 형태로 바뀌는 천지 자체의 근원적 변화를 뜻한다. 선천에 갑자가 생긴 곳에서 계해가 생겨나는 파천황의 논리가 바로 '구이착종'[124]인 것이다.

甲子	乙丑	丙寅	丁卯	戊辰	己巳	庚午	辛未	壬申	癸酉
甲戌	乙亥	丙子	丁丑	戊寅	己卯	庚辰	辛巳	壬午	癸未
甲申	乙酉	丙戌	丁亥	戊子	己丑	庚寅	辛卯	壬辰	癸巳
甲午	乙未	丙申	丁酉	戊戌	己亥	庚子	辛丑	壬寅	癸卯
甲辰	乙巳	丙午	丁未	戊申	己酉	庚戌	辛亥	壬子	癸丑
甲寅	乙卯	丙辰	丁巳	戊午	己未	庚申	辛酉	壬戌	癸亥

선천 6갑표

124) 이정호, 앞의 책 149쪽. "구이착종이야말로 金火正易 전체의 대동맥이다."

己丑	庚寅	辛卯	壬辰	癸巳	甲午	乙未	丙申	丁酉	戊戌
己亥	庚子	辛丑	壬寅	癸卯	甲辰	乙巳	丙午	丁未	戊申
己酉	庚戌	辛亥	壬子	癸丑	甲寅	乙卯	丙辰	丁巳	戊午
己未	庚申	辛酉	壬戌	癸亥	甲子	乙丑	丙寅	丁卯	戊辰
己巳	庚午	辛未	壬申	癸酉	甲戌	乙亥	丙子	丁丑	戊寅
己卯	庚辰	辛巳	壬午	癸未	甲申	乙酉	丙戌	丁亥	戊子

후천 6갑표

'갑'에서 시작하여 '경'에 이르는 기간은 7일이 걸린다. 그것은 복괘에 나오는 '7일을 주기적 단위로 하는 회복의 원칙[七日來復]'에 부합한다. 또한 『주역』 57번 손괘는 6갑의 순서에서 '경신庚申'에 닿는다. 바꿀 '경'과 펼칠 '신'이다. 선천이 후천으로 바뀌어[庚], 새로운 세계가 펼쳐진다[申]는 의미가 숨겨져 있다. 이런 이유에서 '선경삼일, 후경삼일'을 말하는 손괘가 57번에 배열된 것이다.

고괘 「단전」은 '선갑삼일, 후갑삼일'에 대해 "끝마치고 다시 시작하는 것이 하늘의 운행이다[終則有始, 天行也]"라고 했다. 선갑3일이 신유로부터 임술을 거쳐 계해로 마치기 때문에 하늘의 운행이 천간으로는 계(癸)에서 끝나기 때문이다. 다시 갑자에서 다시 출발하여 을축과 병인을 거쳐 정묘에 닿는다. 고괘가 '종시의 논리'라면, 손괘는 '처음은 없고 마침은 있다[无初有終]'는 '시종의 논리'가 적용된다. '선경삼일, 후경삼일'은 경자를 중심으로 정유, 무술, 기해, 경자, 신축, 임인, 계묘의 순서이다. 손괘는 갑, 을, 병이 없는 '정'에서 출발하기 때문에 '처음이 없다[无初]'라고 했다. 그러나 '후경삼일'은 신축, 임인, 계묘의 '계'로 끝맺기 때문에 '마침은 있다[有終]'는 고괘를 이어받는 계승의 원리가 작동하는 것이다.

손괘 역시 고괘와 마찬가지로 '계'로 끝난다는 점이 동일하다. 그러니까

6갑 시스템 내부에 원래 선천과 후천의 원리가 담지되어 있다는 뜻이다. 결국 선경삼일의 정유는 '무초'이고, 후경삼일의 계묘는 '유종'이므로 '무초유종'은 고괘와 연계해서 풀어야 옳다. 따라서 성인이 지은 『주역』을 어느 하나의 내용에 한정해서 이해한다면 오류를 범하기 쉽다. 손괘와 고괘를 연결해서 해석하는 안목이 틔어야 하듯이, 『주역』에 대한 종합적인 시각을 확보하는 것이야말로 선후천론의 종지에 접근하는 열쇠일 것이다

이 대목의 요지는 태음이 어떤 과정을 거쳐 성숙되는가의 문제를 서술한 것이다. 태음의 본질은 '4금1수'인데, 그것은 '포태양생성'이라는 "경자(1) → 무신(9) → 임자(13) → 경신(21) → 기사(30)"의 절차를 거쳐 한 달 '30일' 단위가 구성된다고 설명하였다.

그러면 태음의 '4금1수'는 천간과 지지 중, 어느 것에 해당되는가? 천간은 식물의 성장을 의미하는 용어인데, 그것은 식물이 장소를 옮기지 않고 일정하게 커나간다는 '불변'의 변화를 강조한다. 하지만 동물의 이름으로 풀이된 지지는 천간 또는 식물의 불변보다는 '변화'에 민감하다. 그러니까 태음의 성장 역시 경자에서 천간 '경'보다는 지지의 '자', 무신에서도 천간 '무'보다는 지지의 '신'에, 임자도 천간 '임'보다는 지지의 '자'에, 경신에서 천간 '경'보다는 지지의 '신'에 5행의 성격을 부여해야 옳다. 자子는 수水에, 신申은 금金에 해당된다. 특히 태양은 양陽이기 때문에 천간을, 태음은 음陰이기 때문에 지지가 강조될 수밖에 없는 것이다.

태음은 무술로부터 기사까지가 32도이지만, 포태양생의 도수에 맞추면, '포'는 기해를 건너 경자에서 시작하므로 기사에 닿으면 실제로는 30도이다. 이 둘의 차이를 구분할 줄 알아야 『정역』 읽기가 쉽다. 또한 왜 기사'년'의 1도를 지난 경오에서 마치는가? 태음은 태양을 지향하고, 태양은 태음을 지향한다. "기위 도수 이루는 해의 초1도에서 마친다[終于己位成度之年初一度]"에서 기위(무극)는 한 바퀴 돌아 제자리에 돌아오면 61도인 까닭에 기사에서 1도를 건넌 '경오'에서 마친다는 것이다.

그러면 후천의 태음은 어디서 다시 시작하는가? 김일부는 "무위 도수를 이루는 해의 11도에서 회복한다[復於戊位成度之年十一度]"라고 했다. 무위(황극)는 기위(무극)를 지향하면서 움직인다. 그러니까 무술의 천간 '무'가 한 바퀴 돌면 11도는 '기유己酉'에 닿는다.

왜 하필 11번째일까? 그것은 수지도수에 맞추는 것이 도움이 될 것이다. 무위가 성도하는 해[年]는 분명히 기사가 맞지만, 태음은 달[月]이 기준인 까닭에 무술 다음의 '기해'의 '기'를 중심으로 엄지손가락이 한 번 돌면 '기유'에 닿는다. 그러니까 기해에서 시작하여 기유까지는 11도라는 것이다.[125] 기유의 '기'는 후천의 새로운 시스템을 뜻하는 10토의 음이며, '유酉'는 새로운 시간을 알리는 닭을 가리킨다. 한마디로 '기유'는 새롭게 구성된 역법에 의해 신천지가 열린다는 것을 지적한 것이다.

『정역』은 수지도수로 3극을 비롯하여 율려와 정역팔괘도를 설명한다. 태음이 성숙되는 과정을 거친 다음에 새롭게 다시 시작하는 이치는 무엇인가? 김일부는 "회복하는 이치는 1-8-7이다[復之之理, 一八七]"라고 했다. 그것은 태음의 다양한 움직임을 '회삭현망晦朔弦望'의 리듬과 패턴으로 읽어냈기 때문이라 할 수 있다.

기위(무극, 태양)	무위(황극, 태음)
己巳 戊辰 己亥 戊戌	戊戌 己亥 戊辰 己巳

김일부는 가장 먼저 태음의 패턴과 정역팔괘도의 질서를 일치시켰다. 1이 초하루라면, 8은 상현달이고, 7일이 지나면 15일 보름이 된다. 보

125) 김주성은 "己巳宮의 初一度는 庚午에서 終하고, 己亥宮에서 회복함은 도수가 30도이므로 이치에 합당하나, 11도 己酉宮에서 成道한다는 해석은 수긍할 수 없다."고 비판하였다.(김주성, 앞의 책, 83쪽 참조.) 그는 후천은 '己' 중심 사유 체계임을 간과했고, 심지어 태음이 비록 태양을 지향하더라도 태음의 중심지가 '月'이라는 사실을 놓치고 있다.

름에서 8일 지나면 23일 하현달이 되고, 다시 7일이면 그믐이 된다. 초하루와 보름을 기준으로 보면, 8 + 7 = 15라는 리듬을 형성한다. 이를 정역팔괘도에 맞추면 1은 엄지손가락에서 출발하여 엄지손가락에서 매듭짓는 이치를 가리킨다.

왜냐하면 8은 엄지손가락을 굽히면서 시작하는 후천의 8간艮을, 7은 손가락을 활짝 펴는 10무극의 새로운 천지를 상징하는 7지地를 뜻하기 때문이다. 그러니까 8간艮(엄지손가락 굽힘) → 9리離(둘째손가락 굽힘) → 10건乾(세째손가락 굽힘) → 1손巽(네째손가락 굽힘) → 2천天(새끼손가락 굽힘) → 3태兌(새끼손가락 폄) → 4감坎(네째손가락 폄) → 5곤坤(세째손가락 폄) → 6진震(둘째손가락 폄) → 7지地(엄지손가락 폄)로 끝난다.

마지막으로 김일부는 한 달 30일을 구성하는 표준을 '5'로 삼았다. 왜 5를 기본 단위로 삼았을까? 태음의 구성은 비록 '4금1수'이지만, 태음 선천을 주재하는 것은 무戊 5토이기 때문이다. 나머지는 5의 몇 배수를 이루는가에 따라 다를 뿐이다. 5일 단위의 '후候', 10일 단위의 '기氣', 15일 단위의 '절節', 30일 단위의 '월月'이 바로 그것이다. 그리고 1월이 12번 반복해서 형성되는 1년의 '기朞'가 있다.

> **太陽**은 **倒生逆成**하니 **后天而先天**이오 **未濟而旣濟**니라
> 태양　도생역성　후천이선천　미제이기제
>
> **태양은 거꾸로 나서 거슬러 이루니, 후천이로되 선천이요 미제로되 기제이다.**

위 태음의 성격에 비추어 보면, 태양은 태음과 정반대의 성격을 지닌다. 태음과 태양은 하나의 사물을 이루는 두 축이다. 도생역성倒生逆成의 특징을 하도 혹은 기위라 하지 않고, 태양이라 호칭한 까닭은 무엇일까? 태양의 밑바탕에는 태음이 있고, 하도 뒤에는 낙서, 기위의 배경에

는 무위가 있다는 것이 전제되어 있을 뿐만 아니라 하도의 뿌리를 근원적으로 파헤치려는 의도에서 양의 순수 에너지를 태양이라 호칭했던 것이다. 태양은 하도의 길이며, 태음은 낙서의 길이다. 그 요지는 후천에 근거해서 선천이 이루어졌고, 또는 미제(미래)에 근거해서 기제(현재와 과거)가 펼쳐졌다는 것에 있다.

태양은 하도가 작용하는 후천이며, 태음은 낙서가 작용하는 선천이다. 후천은 낙서가 본체이며, 선천은 하도가 본체라는 뜻이다. 그러므로 태양의 목적은 거꾸로 낳아 거슬러 이루는 낙서의 형성에 있고, 태음의 목적은 거슬러 낳아 거꾸로 이루는 하도의 형성에 있는 것이다.

'도생'이 후천이라면, '역생'은 선천인 것이다. 그리고 후천이 미제(䷿)라면, 기제(䷾)는 선천이다. 왜냐하면 미제괘가 후천의 '지천地天'을 가리킨다면, 기제괘는 선천의 '천지天地'를 가리키기 때문이다. 이 대목의 요지는 후천과 선천의 교체에 있으며, 그것은 체용의 전환을 통해 이루어진다는 것을 밝힌 것이다.

'후천이로되 선천'이란 말은 두 곳에 나온다. 하나는 태양을 얘기하는데, 그것은 선천을 본체로 삼는다는 뜻이다. 다른 하나는 "무술궁은 후천이로되 선천이다[戊戌宮, 后天而先天]"[126)]는 말이 있는데, 후천을 바탕으로 선천이 전개되었다는 것이다. 무술궁은 본체를 먼저 말했다면, 태양은 작용을 먼저 말한 것이 다를 뿐이다.

『정역』은 선후천의 대비를 통해서 선후천의 전환을 얘기한다. 선후천의 교체는 본체와 작용의 전환으로 말미암아 이루어진다. 김일부는 하도와 낙서라는 표현 대신에 태양과 태음의 체용 관계로 대응시키고 있다. 태양과 태음의 체용 관계에 따라 선천과 후천의 구분이 달라지는 것이다. 선천은 10수 하도(태양)가 본체이고, 9수 낙서(태음)는 작용이 된

126) 『正易』「十五一言」"日極體位度數·月極體位度數", "己巳宮, 先天而后天. … 戊戌宮, 后天而先天."

다. 후천에는 태양이 작용하고 태음은 본체가 된다.

한마디로 태양은 선천의 본체요 후천의 작용이라고 하겠다. 그래서 태양은 후천에 작용[倒生]하고 거슬러 이루므로[逆成] '도생역성'이라 한 것이다. 또한 태양은 후천의 작용이기 때문에 10에서 거꾸로 낳아 1에 도달한다. 그것은 5행으로 '2화火1수水'의 순서로 진행하므로 화수미제괘(䷿)가 앞이고 수화기제괘(䷾)가 뒤를 차지하는 것이다.

七火之氣요 **八木之體**니 칠 화 지 기　　팔 목 지 체	7화의 기운이요 8목의 몸체이니,
胞於己位成道之日一七度하고 포 어 기 위 성 도 지 일 일 칠 도	기위도수 이루는 날의 7도에서 포하고,
胎於十五度하고 태 어 십 오 도	15도에서 태하고,
養於十九度하고 양 어 십 구 도	19도에서 양하고,
生於二十七度하니 생 어 이 십 칠 도	27도에서 생하니,
度成道於三十六이니라 도 성 도 어 삼 십 육	36도에서 성도한다.
終于戊位成度之年十四度하고 종 우 무 위 성 도 지 년 십 사 도	무위도수 이루는 해의 14도에서 마치고,
復於己位成度之年初一度니라 복 어 기 위 성 도 지 년 초 일 도	기위도수 이루는 해의 초1도에서 회복한다.
復之之理는 **一七四**니라 복 지 지 리　　일 칠 사	회복하는 이치는 1-7-4이다.
十五分一刻이오 **八刻一時**요 십 오 분 일 각　　팔 각 일 시	15분이 1각이요, 8각이 1시요,
十二時一日이니라 십 이 시 일 일	12시가 하루이다.

'4금1수'가 태음의 혼백이라면, '8목7화'는 뜨거운 태양의 겉 모양을 표현한 말이다. 앞에서 기위己位는 화목으로 이루어진 선천 태양의 아버

지[己位, 先天火木太陽之父.]라고 했는데, 여기서는 기위에 뿌리박은 태양이 어떤 과정을 거쳐 성숙되는지를 설명하고 있다. 과연 태음의 30과 태양의 36은 어떤 상관성이 있을까?

태양의 성숙 절차가 겉으로는 36도이지만, 실제로는 30도이다. 왜냐하면 태양의 기운과 몸체[氣體]의 '병오'가 되려면 눈에 보이지 않는 7도라는 잉태의 준비 기간이 필요하기 때문이다. 거꾸로 계산하면 병오에서 7도를 빼면 경자庚子에 닿는다. 태음이 경자에서 씨앗을 포태했다면, 태양 역시 경자로부터 눈에 보이지 않는 포태의 예비 기간인 7도를 거친 병오에 이르러 실제로 포태한다는 것이다. 그러니까 태양도 태음과 마찬가지로 30도의 주기를 갖는데, 다만 7도의 준비 기간이 필요하다는 것이 다를 뿐이다.

7도를 제외하면, 태음과 태양이 성숙되는 기간은 동일한 리듬을 갖는다. 태음이 '금수金水'의 본질을 지켜야 하듯이, 태양 역시 '화목火木'의 본질을 지켜야 하는 원칙이 적용될 수밖에 없다. 출발점이 다를뿐 '포-태-양-생-성' 사이의 간격이 똑같다는 사실을 발견할 수 있다.

태음의 포태양생성			태양의 포태양생성		
胞	庚子	1	胞	丙午	7
胎	戊申	9(8)	胎	甲寅	15(8)
養	壬子	13(4)	養	戊午	19(4)
生	庚申	21(8)	生	丙寅	27(8)
成	己巳	30(9)	成	辛亥	36(9)

(괄호 안의 숫자는 각 단계 사이의 간격, 즉 뺄셈의 나머지를 가리킨다.)

그것은 태양과 달이 동일한 걸음걸이로 움직이려는 몸짓이라 하겠다. 예컨대 군대의 제식훈련에서 코너를 돌 때, 안쪽에 있는 군인은 잰걸음으로 돌고 바깥쪽에 있는 군인은 큰 폭으로 걸어야 일사분란한 대열을 유지할 수 있는 것처럼 태양은 태음에 맞추고, 태음 역시 태양의 보폭에 맞추려는 시도가 곧 태음 30도와 태양 36도라고 할 수 있다.

결국 태음과 태양이 동일한 리듬으로 움직일 것이라는 문제를 지구가 태양을 감싸 안고 도는 타원궤도가 정원궤도로 바뀐다고 해석하려는 것과 크게 틀리지 않는다.

순서	내용	과정	간지
1	胞	胞於己位成道之日一七度(7)	丙午
2	胎	胎於十五度(15)	甲寅
3	養	養於十九度(19)	戊午
4	生	生於二十七度(27)	丙寅
5	成	度成道於三十六(36)	辛亥
6	終	終于戊位成度之年十四度	壬子
7	復	復於己位成度之年初一度	庚午

태양의 '포태양생성종복'

태양의 정기는 경자에서부터 숙성 기간을 거친 다음에 병오(7) → 갑인(15) → 무오(19) → 병인(27) → 신해(36)에 이르러 완수된다. 그런데 『정역』에도 나타나지 않은 병인에서 36도를 뛰어넘어 '임인'에 닿는 전무후무한 정체 불명의 사건이 기다리고 있다. 왜 이러한 현상이 나타날까?

'병인 → 임인'으로의 비약은 무엇을 의미하는가? 선천에서 후천으로의 교체는 그냥 바톤 터치하듯이 이루어지는 것이 아니라, 일종의 고통을 겪고 넘는다는 것이다. 천지의 몸살은 엄청난 물리적 충격, 즉 시공의 근본적 전환에 따른 현실의 극심한 변화를 시사하는 36도의 '비약'이 뒤따른다. 형이상학적 원리에 대한 교체는 관념의 요청에 불과하므로 관념과 현실을 이어주는 연결 고리가 바로 36도의 초월인 것이다.

보통은 이를 36도의 '헛도수'라 일컫는데, 그 이유는 『정역』 원문에 없기 때문에 붙여진 명칭일 것이다. 하지만 선천이 후천으로 넘어가기 위한 논리적 비약, 즉 시공 질서의 근본적 전환은 현실에서는 기후 변화를 비롯한 화산 폭발과 지진 등 수많은 자연 재앙과 대격변이 일어날 것으로 추측된다. 그것은 종말론에서 얘기하는 신천지로 거듭나기 위한 변신이라고도 할 수 있다.

왜 태음에는 없고, 태양에서 천지의 비약을 말하는 것일까? 그것은 선천은 양이 많고 음이 모자란 형국이기 때문일 것이다. 한 달 30일을 기준으로 태양이 36도인 까닭은 속으로는 6도를 덜어내기 위한 준비 기간이 필요하고, 겉으로는 태음과 맞게 속도 조절하기 위한 태양의 제자리 걸음걸이[調陽律陰]라고 할 수 있다.

이러한 논의들은 이미 『주역』에 깊이 감추어져 있다. 『정역』이 제기하지 않았다면, 전혀 밝혀질 수 없는 문제였을 것이다. 산풍고괘(☶☴)와 중풍손괘(☴☴)가 바로 그것이다. 고괘 「단전」은 "갑에 앞서 3일 하고, 갑 뒤에 3일 한다. 끝맺음과 동시에 다시 시작하는 것이 곧 하늘의 운행이다.[先甲三日, 後甲三日, 終則有始, 天行也.]"라 했으며, 손괘 5효는 "시초는 없고 마침은 있다. 경에 앞서 3일 하고, 경 뒤에 3일 하면 길할 것이다.[无初有終, 先庚三日, 後庚三日, 吉.]"고 했다. '선갑삼일'은 신유, 임술, 계해이고 '선경삼일'은 정유, 무술, 기해이다. 신유는 낙서궁이고, 정유는 하도궁인 까닭에 신유와 정유는 건곤교乾坤橋 또는 지변간지도至變干支圖의 핵심으로 불리기도 한다.[127)]

'신유, 임술, 계해' 다음은 갑자이며, '정유, 무술, 기해'의 다음은 경자이다. 선천은 갑자에서 출발하고, 후천은 경자에서 시작한다. 갑자는

127) '至變干支圖'란 명칭은 이정호가 만들었고, '乾坤橋'라는 명칭은 권영원이 즐겨 사용하였다.

'정유'를 거쳐 경자에 도달하므로 선천 갑자에서 후천 경자까지는 36도를 뛰어넘어야[超越][128] 하기 때문에 이 36을 '헛도수[虛度數]'라고 부르게 된 것이다. 한마디로 후천은 태음과 태양이 똑같이 '경자'에서 출발하는 것을 의미한다. 다만 태음이 경자에서 포하고, 태양은 경자에서 7도[129]를 더 나아간 병오에서 포하는 것이 다르다. 그 이유는 태양이 한 달 30일에 맞추기 위한 예행 연습의 시간이 필요하다는 것을 의미한다.

36도의 비약이 생기는 이유는 크게 세 가지가 있다. 첫째, 낙서궁 신유에서 하도궁 정유로의 비약이 바로 그것이다. 신유에서 정유까지의 과정이 곧 36도로서 선천이 후천으로 교체되기 위해서는 시공 질서의 비약이 필요하다. 둘째, 『주역』 18번 고괘에서 57번 손괘까지는 38괘를 넘어야 도달할 수 있다. 그런데 『주역』은 '건곤감리乾坤坎離'를 4대 축으로 삼는다. 왜냐하면 건곤은 천지天地이고 감리는 수화水火이기 때문이다. 천지는 이 세상을 구성하는 틀이고, 물과 불은 이 세상을 움직이는 힘이다. 따라서 감리 두 괘를 뺄 경우에 고괘에서 손괘까지는 36의 차이가 있다. 셋째, 고괘(☶☴) 5효가 변하면 손괘(☴☴)가 된다. 고괘에서 손괘까지는 '36괘 × 6효 = 216효'가 형성된다. 216효는 건책乾策이고, 나머지 144효는 곤책坤策이다. 216 + 144 = 360은 1년으로서 선천이 후천으로 전환하려면 건책이 곤책으로 바뀌어야 한다는 논리가 성립한다.[130]

실제로 태양은 '경자(1) → 병오(7) → 갑인(15) → 무오(19) → 병인(27)

---

128) 그것은 1년 $365\frac{1}{4}$일에서 $5\frac{1}{4}$일 만큼 실제로 시간이 사라져야[空化] 1년 360일이 되기 때문이다.

129) 7일이란 기간도 『周易』 復卦 「彖傳」에 이미 예시되어 있다. "反復其道七日來復, 天行也. 利有攸往, 剛長也, 復, 其見天地之心乎!"

130) 그래서 『周易』 乾卦 「단전」은 "乾道變化, 各正性命."이라고 말하여 건도가 변화해야 만물의 존재 의미와 가치가 올바르게 된다고 했다. 건도가 곤도로 변화해야 한다는 뜻이 묻어 있다. 건도가 지배하는 세상이 선천이라면, 곤도가 지배하는 세상은 후천이다. 양 에너지가 넘치는 건책이 216이고, 음 에너지가 모자라는 곤책이 144이기 때문이다. 선천은 216 : 144 = 3 : 2라는 '三天兩地'의 논리가 성립한다. 180을 기준으로 양은 36이 넘치고, 음은 36이 모자란다.

→ 임인(36) → 신해(36)'로 전개된다. 그 가운데 '병인 → 임인'의 36도 비약이 생긴다. 왜 병인에서 임인의 비약이 일어날까? 신유에서 정유로의 비약이 원리 차원의 초월이라면, 그것이 현실화되기 위해서는 병인에서 임인으로 비약이 일어나야 시공의 본질 전환이 이루어진다고 하겠다.

만약 '병인 → 임인'의 비약이 없다면, 선후천의 교체도 불가능할 것이다. 이것이 사실(fact)로 이뤄진다면, 우리 모두는 시간 앞에 절대 복종할 수밖에 없다. 그 누구도 시간이라는 요리사를 피해 갈 수 없기 때문이다. 세상을 지배하는 것은 강력한 권력자가 아니라, 시간이라는 것을 절감하기 때문에 6갑 차원의 비약이 필요하다는 뜻이다.

여기서 소강절의 '36궁이 모두 봄[三十六宮都是春]'이라는 시귀가 떠오른다. 소강절은 복희팔괘도를 구성하는 360° 원 안에서 온 세상이 봄날처럼 평화로운 정경을 읊었다. 그는 김일부처럼 시공의 질적인 비약을 통해 1년 360일이 된다고 언급하지 않았으나, 사계절이 항상 봄볕 같은 음양의 조화를 가슴에 품고 그리워하였다.

눈과 귀가 총명한 남자의 몸,
하늘이 나에게 주신 것을 가난으로 여기지 않았네.
달집을 찾음으로 인해 바야흐로 사물을 알고,
하늘의 뿌리를 밟지 않고서 어찌 사람을 알리오.
건이 손을 만날 때,[131] 달집을 보고,
곤이 진을 만날 때,[132] 천근을 보네.
천근과 월굴이 한가롭게 오가니,
36궁이 모두 봄이라네.[133]

---

131) 하늘[乾]이 바람[巽]을 만나면 天風姤卦(䷫)가 형성된다.
132) 땅[地]이 우레[震]를 만나면 地雷復卦(䷗)가 형성된다.
133) 『伊川擊壤集』 권16 「觀物吟」, "耳目聰明男子身, 洪鈞賦與不爲貧, 因探月窟方知物, 未躡天根豈識人, 乾遇巽時觀月窟, 地逢雷處看天根, 天根月窟閑往來, 三十六宮都是春."

소강절은 음양의 조화를 매우 중시여겼다. 양의 극한에서 음이 시작하고, 음의 극한에서 양이 시작한다고 말하여 음양의 균등과 조화를 말했다. 양의 시작은 복괘(䷗)이고, 음의 시작은 구괘(䷫)라고 말하여 복괘에서 하늘의 뿌리를 볼 수 있고, 구괘에서 달집을 볼 수 있다고 했다. 소강절은 복희팔괘도가 선천이고, 문왕팔괘도는 후천이라고 인식했다. 그는 문왕팔괘도에 반영된 질서는 음양의 배합이 엉크러져 무한 성장하기 때문에 선천 복희팔괘도가 제시한 세상을 회복해야 한다고 주장하였다.

결국 소강절에게는 『정역』처럼 36도의 비약을 통해 선천이 후천으로 진화한다는 발상은 찾을 수 없다. 소강절과 김일부가 똑같이 36궁이란 단어를 사용했으나, 지시 대상은 전혀 다르다. 소강절은 음양의 조화를 동경했다면, 김일부는 음양의 창조적 변화[造化]를 통해 이루어지는 조화調和의 세계를 확신하였다. 이런 의미에서 소강절이 과거지향성의 역학을 수립했다면, 『정역』은 미래지향성의 역학을 열었다고 할 수 있다.

'36궁'에 얽힌 다양한 풀이들

소강절은 선천도(복희팔괘도)에 근거하여 '하늘의 뿌리와 달의 집[天根月窟]' 이론을 창안하였다. 그것은 『參同契』의 건곤이 음양의 문호라는 견해에서 비롯된 것이다. 8괘로는 坤과 震 사이에서 하나의 양이 솟는 곳이 천근이고, 乾과 巽 사이에서 하나의 음이 생겨나는 곳이 월굴이다. 程前村은 卯離兌의 정 중앙이 천근이고, 酉坎艮의 중앙이 월굴이라 했다. 朱子는 '천근월굴'은 復卦와 姤卦라 했으며, 12辟卦로 말하면 11월이 천근이고 5월이 월굴이라고 했다.

36궁 이론은 여섯 가지가 있다. 8괘로 보는 경우가 셋이 있고, 64괘로 보는 경우가 둘이 있고, 12벽괘가 있다. ① 乾(1)+兌(2)+離(3)+震(4)+巽(5)+坎(6)+艮(7)+坤(8)=36. ② 건(1)+곤(8)=9, 태(2)+간(7)=9, 리

(3)+감(6)=9, 진(4)+손(5)=9. 이들을 모두 합하면 36이다. ③ 건(3획)+곤(6획), 진·감·간(5획), 손·리·태(4획)로 3+6+15+12=36획이다. ④ 하나는 朱子의 주장으로 위아래를 뒤엎어도 바뀌지 않는 괘가 여덟이 있다. 건(☰)·곤(☷)·감(☵)·리(☲)·이(☶)·중부(☴)·대과(☱)·소과(☳)가 그것이다. 또한 반대로 바뀌는 것이 28괘인데, 이 둘을 합하면 36이다. ⑤ 方虛谷回의 주장이 있다. 復卦의 子에서 시작하여 왼쪽으로 돌면 180일, 姤卦의 午에서 오른쪽으로 돌면 180일이다. 이 둘을 합하면 360일인데, 열흘이 1궁에 해당되므로 360일은 36궁이다. ⑥ 鮑魯齊恂은 12辟卦로 설명한다. 복괘에서 건괘까지의 여섯 괘에서 양효는 21, 음효는 15로 이 둘을 합하면 36이다. 구괘에 곤괘까지의 여섯 괘에서 음효는 21, 양효는 15로 이 둘을 합해도 36이다. 36+36=72는 서로 배합한 것이므로 실제로는 36이다.

이 여섯 가지는 서로 다른 것 같지만, 양이 태어나는 곳은 '천근'이요 음이 태어나는 곳은 월굴이라 인식한 것은 똑같다. 소강절은 천근을 天性으로, 월굴은 天命이라고 했다.(이상은 『宋元學案』 권10 「百源學案」 下의 내용을 정리한 것임.)

그러면 (선천의) 태양은 어디서 완결되는가? '무위도수를 이루는 해의 14도에서 마친다[終于戊位成度之年十四度]'고 했는데, 왜 14도인가? 무위는 연월일시가 '무술, 기해, 무진, 기사'이고, 무위는 달[月] 중심이므로 기해에서 시작하여 14도 임자에서 마친다는 것이다. 왜 임자에서 마칠까? 임자 다음은 계축癸丑이다. 선천이 무진戊辰에서 출발하면 보름은 임오이고 16일은 계미이며, 무술에서 시작하면 보름은 임자이고 16일은 계축이 된다. 선천이 후천으로 전환되면 계미와 계축이 후천 초하루가 되기 때문에 계축 전의 임자에서 마친다고 했던 것이다. 그것은 완전히 새로운 세상이 펼쳐지는 것을 뜻한다.

그리고 태양은 어디서 다시 시작하는가? '기위도수 이루는 해의 초1도에서 회복한다[復於己位成度之年初一度]'는 곳은 '경오'이다. 경오는 기위가 끝나는 곳인 동시에 새롭게 시작하는 곳이기 때문이다. 경오는 태음이 성도하는 곳이요, 태양이 다시 시작하는 곳[終復]이다. 이런 점에서 『정역』은 '종시론終始論'에 입각했음이 증명되는 것이다. 『주역』 곤괘坤卦는 '경오'를 후천 군자가 수레[庚午馬]를 타고 갈 곳이 있다[134]라고 간접 표현하였다.

태양은 어떤 패턴으로 움직이는가? 이는 수지도수로 보아야 쉽게 이해할 수 있다. 왼손 1, 2, 3, 4번의 손가락을 모두 굽히거나 새끼손가락을 편 상태, 또는 반대로 새끼손가락을 굽힌(선천을 닫고) 다음에 다시 새끼손가락을 편 형상을 가리킨다. 그것은 하도의 10, 9, 8, 7의 순서로 손가락을 굽힌 형상으로서 수지도수로 보면 하도의 7과 4가 같은 손가락에 닿기 때문에 '1-7-4'라 했던 것이다. 숫자로는 7+4=11인데, 그것은 새끼손가락을 편 형상으로서 정역팔괘도의 '삼태택三兌澤'의 모습이다. '태兌'는 1년 360일이 항상 봄날 같이 온 세상에 기쁨이 넘치는 것을 상징한다.

태양의 패턴은 동양인으로 하여금 시간 감각을 익히도록 했다. 태양은 하루를 기본 단위로 삼는다. 하루는 8각으로 이루어지는데, 8은 8괘에서 온 것이다. 1각은 15분으로 이루어지는데, 15분은 10무극과 5황극의 10과 5에서 온 것이다. 15분이 1각이고, 8각은 120분으로 오늘날의 2시간이다. 그러니까 옛날식으로 하루는 12시간인 것이다.

天地合德三十二요 **地天合道六十一**을
천지합덕삼십이 지천합도육십일
日月同宮有无地요 **月日同度先后天**을
일월동궁유무지 월일동도선후천

---

134) 『周易』 坤卦, "坤, 元, 亨, 利, 牝馬之貞, 君子, 有攸往."

三十六宮先天月이 **大明后天三十日**을
삼 십 육 궁 선 천 월　대 명 후 천 삼 십 일

하늘과 땅이 덕을 합하니 32요, 땅이 하늘과 도를 합하니 61일세.

해는 달과 집을 같이하지만 없는 땅이 있고, 달은 해와 도수를 같이하지만 후천을 먼저 하네.[135)]

36궁의 선천달이 후천 30일의 해를 크게 밝히는구나.

이 대목은 앞에서 나온 태음과 태양의 '포태양생'의 과정과 결과를 칠언시七言詩로 읊은 것이다. 여기서는 천지와 지천을 대비시키고, 다시 일월의 운동이 균형을 이루어 한 달 30일이 되는 천지의 목적을 설명하였다. '천지'는 선천의 황극체위도수가 전개되는 방식을, '지천'은 후천의 무극체위도수가 전개되는 방식을 지시한다. 전자의 무술에서 기사까지의 32도는 천지합덕의 천지비天地否(䷋)를, 후자의 기사에서 기사까지의 61도는 지천태地天泰(䷊)의 운수를 가리킨다. 천지의 합덕은 음양의 부조화를, 지천의 합도는 음양의 균형과 조화를 의미한다. 왜냐하면 천지 32도는 지천 61도보다 절반이 모자라 만물이 비정상으로 성장하는 것을 상징하기 때문이다.

"해는 달과 집을 같이하지만 없는 땅이 있다.[日月同宮有无地]"는 말은 복잡하게 표현했으나, 매우 단순한 논리다. 태음과 태양이 생겨나는 집은 같은데, 포태의 과정이 다르다는 뜻이다. 태음은 '경자'에서 초1도로 포하지만, 태양은 '병오'에서 7도로 포하기 때문이다. 태음과 태양 모두가 '기해'에서 집을 같이 하지만, 땅이 있고 없는 것이 다르다는 것이다.

왜냐하면 태음은 무위의 '달 (중심)' 즉 기해에서 나온다면, 태양은 기위의 날 중심의 '일日'에 해당하는 기해에서 나오는 까닭에 기해를 '일월

135) '달은 해와 도수를 같이하지만 선천과 후천임을'이라는 번역도 가능하다.

동궁'이라 표현했던 것이다. '동궁'이란 결국 일월이 합삭合朔하는 현상, 30일에 맞게 초하루가 같아지는 이치를 설명한 것이다.

	년	월	일	시	
태음(무위)	戊戌	己亥	戊辰	己巳	无而有
태양(기위)	己巳	戊辰	己亥	戊戌	有而无

'동궁'이란 말은 무위의 '월'과 기위의 '일'은 '기해'로 같고, 또한 무위의 '일'과 기위의 '월'은 '무진'으로 같다는 뜻이다. 그런데 태음과 태양의 시작이 다른 까닭에 '유지有地'와 '무지无地'로 나뉜다. 태음은 경자라는 본바탕이 있기 때문에 '유지'인데 반해서, 태양은 경자에서 7도를 뛰어 병오에서 출발하기 때문에 '무지无地'라는 것이다. 일월이 각각 기해라는 집에서 존재한다는 것은 일월이 똑같은 초하루에서 시작하기[合朔] 때문에 지상에서는 달의 몸체가 보이지 않아 '없는 땅이 있다[有无地]'라고 말한 것이다. 기해에서 일월이 합삭하고 경자에서 각각 시작하므로 태음과 태양의 포태 방식이 다르다는 것을 지적한 것이다.

"달은 해와 도수를 같이하지만 후천을 먼저 한다[月日同度先后天]"는 말은 달과 해의 보름을 말한 것이다. 보름 이전은 선천이고, 보름 이후는 후천이다. 태음은 30도로 성숙하고, 태양은 36도로 성숙하는데 태음은 경자(1도)에서 포하고, 태양은 병오(7도)에 포하므로 달과 해가 성도하는 도수는 30도로 동일하나 선천과 후천이 다르다는 것이다.[136]

"36궁의 선천달이 후천 30일의 해를 크게 밝히는구나.[三十六宮先天

136) 태음은 경자 1도에서 포하여 30도 기사궁에서 성도하고, 태양은 병오 7도에 포하여 36도 신해궁에서 성도하므로 月日이 성도하는 도수(30도)는 같으나, 성도하는 집은 선후천이 다르다는 것이다. 이는 月日相望을 말함이니, 望은 月體가 日光을 흡수하여 성도하지만 月體를 비추는 해(태양)는 반대편에 위치하며, 望前은 선천이나 望後는 후천이 된다.(김주성, 앞의 책, 94-95쪽 참조.)

月, 大明后天三十日.]" 이 대목의 요지는 36도의 신해궁이 후천 30일의 '해[日]'를 크게 밝힌다는 뜻이다. 선천 초하루의 무진 또는 무술에서부터 계산하면 14일에는 신해 또는 신사에 닿는 선천 보름달이 된다. 후천은 계미 또는 계축의 초하루에서 계산하면 29일에는 신해 또는 신사가 닿으므로 36도 신해궁이 후천 30일을 크게 밝힌다고 했던 것이다.

선천에는 신해의 태양이 보름달을 밝히지만, 후천에는 (선천의) 30일 그믐에 보름달을 밝힌다는 뜻이다. 왜냐하면 선천 15일 보름달이 후천에는 30일 보름달로 바뀌기 때문이다. 왜 15일의 비약이 나타나는가? 선천과 후천의 본체와 작용이 전환되기 때문이다. 선천은 무극이 본체이고 태극을 작용으로 삼기 때문에 '역생도성'하여 15일이 보름이 된다. 그러나 후천은 체용이 바뀌는 까닭에 10무극을 작용으로 삼으므로 10수에서 '도생역성'한다. 즉 달의 본체가 15일에서 시작하여 15도에 닿으면 30일이기 때문에 '후천 30일을 크게 밝힌다'[137]고 말했던 것이다.

'대명후천 30일 도표'

															16	17	18	19	20	21	22	23	24	25	26	27	28	29	30
癸 未	甲 申	乙 酉	丙 戌	丁 亥	戊 子	己 丑	庚 寅	辛 卯	壬 辰	癸 巳	甲 午	乙 未	丙 申	丁 酉	戊 戌	己 亥	庚 子	辛 丑	壬 寅	癸 卯	甲 辰	乙 巳	丙 午	丁 未	戊 申	己 酉	庚 戌	辛 亥	壬 子
軫	翼	張	星	柳	鬼	井	參	觜	畢	昴	胃	婁	奎	壁	室	危	虛	女	牛	斗	箕	尾	心	房	氐			亢	角
癸 丑	甲 寅	乙 卯	丙 辰	丁 巳	戊 午	己 未	庚 申	辛 酉	壬 戌	癸 亥	甲 子	乙 丑	丙 寅	丁 卯	戊 辰	己 巳	庚 午	辛 未	壬 申	癸 酉	甲 戌	乙 亥	丙 子	丁 丑	戊 寅	己 卯	庚 辰	辛 巳	壬 午
1	2	3	4	5	6	7	8	9	10	11	12	13	14	15	1	2	3	4	5	6	7	8	9	10	11	12	13	14	15

↖후천 초하루 ↖선천 초하루

『정역』은 선천 15일 다음날인 16일이 후천 초하루가 되므로 보름은

137) 김일부가 말년에 제자들을 양성했던 국사봉은 지금의 충청남도 논산시 上月面 大明里와 계룡시 奄寺面 道谷里에 걸쳐 있다. 김일부는 국사봉 정상에서 上月面 大明里에 뜬 아주 밝은 보름달을 보고서 후천의 이치를 크게 밝혔다[大明]고 표현한 것으로 보인다.

당연히 30일이 된다고 말한다. 한 달에서 15일이라는 시간이 우주 공간으로 사라짐으로써 시간의 질적 변화가 일어난다는 뜻이다. 김일부는 선천 30일이 후천의 보름이 되는 이치를 '황심월皇心月'이라 불렀다.

한달 30일에서 15일이 공화空化되면, 1년으로 계산하면 6개월이 된다. 다시 사계절로 계산하면 가을이 변해서 겨울을 뛰어넘어 봄이 되는 현상을 '추변위춘秋變爲春'이라 부른다. 그래서 『정역』 연구자들은 선천 30일을 기준으로 보면 15일이 보름이고, 30일이 후천의 보름이 된다고 정리했다. 후천을 중심으로 보면 선천 15일 다음날이 곧 후천 초하루이므로 보름은 (선천의) 30일이기 때문이다. 이런 현상에 대해 연구자들은 소강절의 '삼십육궁도시춘三十六宮都是春'을 인용하여 후천 1년 360일의 날씨가 항상 온화할 것이라고 즐겨 말했다.

四象分體度는 **一百五十九**니라
사상분체도 일백오십구
一元推衍數는 **二百一十六**이니라
일원추연수 이백일십육

4상으로 나뉜 본체의 도수는 159이다.

1원을 추리하여 늘린 수는 216이다.

이 글은 『주역』에서 찾을 수 없는 시공간의 전개에 대한 『정역』의 독특한 설명이다. 『주역』은 태극이 음양으로 나뉘고, 음양이 다시 태양·소음·소양·태음으로 나뉜 것을 4상으로 부른다. 또한 우주 생명의 본원인 원형이정에 대한 시간의 전개인 춘하추동과 공간의 전개인 동서남북을 4상으로 부르기도 한다.

김일부는 시공의 원형을 무극과 황극으로 규정한다. 무극과 황극이 하늘과 땅이라면, 태음은 달이고 태양은 해를 가리킨다. 그러니까 4상은 천지일월天地日月인 셈이다. 여기서의 천지는 Sky가 아니라 Heaven에 가깝다. 천지는 태양계에 한정되지 않고 태양계를 너머 우주 전체의 시공과 생명의 본원이며, 일월은 천지를 대표하는 태양계 안의 해와 달이라는 것이다. 한마디로 일월은 천지의 분신인 것이다.

『정역』은 '천'을 무극체위도수, '땅'을 황극체위도수, '일'은 일극체위도수, '월'은 월극체위도수라 부른다. 이 넷의 도수를 모두 합하면 159가 형성된다.[138] 무극과 황극과 일월이 시공으로 전개되는 경계는 신비롭기 그지없다. 신화학자 조셉 캠벨(Joseph Campbell: 1904-1987)은 인도 신화를 거론하면서 생명 창조의 신성한 영역은 아기를 생성시키는 우주적인 행위라고 말한다. 생명 에너지가 시공의 장場으로 분사되는 신비를 보여주는 것이 링가와 요니의 상징 즉 남성과 여성의 창조적 결합이라는 것이다.[139]

『정역』은 생명을 태동시키는 원형인 동시에 만물 형성의 에너지를 일으키는 동력원이 곧 하늘과 땅과 해와 달이라는 것을 6갑의 패턴으로 설명하였다. 무극과 황극이 시공의 뿌리라면, 일월은 시공을 현실화시키는 원동력이다. 김일부는 무극과 황극을 사주 형식으로 제시했고, 해와 달은 무극과 황극의 우주 유전자 정보(DNA)에 근거하여 시간의 질서와 흐름을 조율하고 조절하는 임무를 맡았다고 보았다.

无極體位度數	皇極體位度數	日極體位度數	月極體位度數	四象分體度
61	32	36	30	= 159

사상분체도

그러면 '일원추연수一元推衍數 216'이란 무엇인가? '1원'은 우주의 궁극적 일자로서 『주역』의 관점에서는 건원乾元이 여기에 해당될 것이다. 『주역』의 수는 건책수乾策數와 곤책수坤策數로 구성된다. 건책수는 (양효 9×4

138) 『正易註義』, "四象體度, 謂无極皇極日極月極, 合度數爲一百五十九."
139) 조셉 켐벨·빌 모이어스 저/이윤기 옮김, 『신화의 힘』(고려원, 1996), 320쪽 참조.

방×6효)= 216이고, 곤책수는 (음효 6×4방×6효)= 144이다. 그러나 『정역』의 '1원'에 대한 계산 방식은 『주역』과 다르다. 『주역』이 현실의 변화 운동에 초점을 맞춘 체계라면, 『정역』은 선천이 후천으로 넘어가는 시간대 계산에 초점을 맞추었기 때문이다.

「십오일언」 앞부분에 "아아! 오늘인가, 오늘인가! 63과 72와 81은 일부에서 하나 되는구나.[嗚呼, 今日今日! 六十三 七十二 八十一, 一乎一夫.]" '63+72+81=216'의 수식에는 김일부의 유토피아 사상이 담겨 있다. 그것은 건괘의 극한을 뜻하는 216과 곤괘 144가 교체되는 시간이 문턱에 다가왔음을 상징한다. 김일부는 감탄사 '아아!'를 내뱉으면서 자신이 살던 시간대를 통찰했던 것이다. 그것은 선천을 마무리짓고 후천을 맞이하는 선후천의 교대 시간을 가리키는 수학 언어라 할 수 있다.

그런데 216에는 구구단 법칙이 내재되어 있다. (9×7)+(9×8)+(9×9)= 63+72+81=216이 이루어진다. 63, 72, 81의 순서로 진행하는 것은 '역생도성逆生倒成'의 낙서의 원칙이 적용되었기 때문이다. 216은 낙서 상극의 벼랑끝을 넘어서 후천 하도로 진입하기 직전이라는 방정식이라 하겠다.[140] 그것은 구천지의 종말 시계를 마감하고 신천지가 열리는 시간대를 의미한다.

7 × 9 = 63	7 × 6 = 42	
8 × 9 = 72	8 × 6 = 48	
9 × 9 = 81	9 × 6 = 54	
(用九) = 216	(用六) = 144	* 216 + 144 = 360

140) 『周易』「繫辭傳」 상 9장의 "건책은 216이요 곤책은 144이다. 무릇 360은 1년의 수"라는 내용에 근거하였다. 216은 양의 끝을 쓴다는 '用九'로 계산하고, 144는 음의 시작을 뜻하는 '用六'이다.

한편 김일부는 선천과 후천에 하루 동안 지구가 태양을 도는 도수를 계산하였다.[141] 그렇다면 천지와 일월은 어떤 관계로 존재하는가? 힌두교 신화에서 아바타르(Avatar)[142]는 세상의 특정한 죄악을 물리치기 위해 신이 인간 혹은 동물로 변신해서 나타나는 것을 뜻한다. 신이 형상을 바꾸어[化身] 인간 세상에 나와 중생을 제도한다는 것이다. 이것은 인도 고대의 대서사시 『마하바라따』의 주인공으로 등장하는 크리슈나 등이 대표적인 아바타라고 할 수 있다. 일월은 천지의 목적을 달성하는 분신인 것이다. 김일부는 천지일월이 빚어내는 시공의 메카니즘을 다음과 같이 정리했다.

<table>
<tr><td rowspan="2">一夫之朞 375</td><td>一元推衍數 216</td><td>7 × 9 = 63
8 × 9 = 72
9 × 9 = 81</td><td rowspan="2">* 15 尊空,
375 − 15 =
360(1년 날수)</td></tr>
<tr><td>四象分體度 159</td><td>无極體位度數 61
皇極體位度數 32
日極體位度數 36
月極體位度數 30</td></tr>
</table>

시공의 메카니즘

이때 15는 fifteen이 아니라 10토의 10과 5토의 5를 합한 수이다. 그것은 10무극의 10과 5황극의 5를 합한 수와 똑같다. 즉 하늘과 땅의 본체는 10과 5로 이루어졌다는 뜻이다. 이 10과 5가 현실로 전개될 때는 10은 9로 작용하고, 5는 6으로 작용한다. 그래서 『주역』은 '건원용구乾

141) 여기서도 체용의 전환을 엿볼 수 있다. 216=36×6(用六)이고, 324=36×9(用九)라는 등식이 성립한다. 이는 육종철, 『東과 西』(한양대출판부, 1991), 128-130쪽 참조.

구분	先后天 周回度數	用九用六	壬水와 子水	己位와 戊位
乾	324만리	九	天一壬水	己位 61도
坤	216만리	六	地一子水	戊位 32도

142) 'ava'는 '위에서 아래로'라는 뜻이며, 'tar'는 '건너뛰다'라는 뜻이다.

元用九 또는 곤원용육坤元用六'이라고 말하여 작용 중심으로 이 세상을 설명하는 체계를 갖추었던 것이다. 그러니까 10무극이 작용할 때는 9수를 쓰고, 5황극이 작용할 때는 6으로 쓴다.143) 『정역』은 선천의 '용구용육用九用六'의 배후에 존재하는 '본체 10과 5[體十體五]'의 속살을 벗겨냈다고 할 수 있다.

이 대목을 통해 우리는 『주역』이 9와 6으로 이 세상의 변화를 설명했으나, 그 본체는 제시하지 못한 채 반쪼가리 형이상학에 의존해 역사와 문명의 발전을 얘기했다는 것을 알 수 있다. 『정역』은 작용 중심의 『주역』을 넘어 본체의 실재를 밝혔을 뿐만 아니라, 본체와 작용의 전환을 통해 1년 360일이 성립하는 체계를 세웠던 것이다.

김일부가 발견한 375는 본체수 15와 작용수 360의 총합이다. 선천은 이 10과 5가 건괘로는 9, 곤괘로는 6으로 작용하면서 1년 $365\frac{1}{4}$일을 이루게 했던 장본인이다. 그러나 후천은 체용의 전환에 의해 10과 5는 본체로 돌아가고 360이 작용하는 까닭에 조화와 상생의 시대가 열리는 것이다. 『정역』의 공로는 『주역』이 밝히지 못한 본체 10과 5를 발견한 것에 있다고 말해도 과언이 아니다.

乾策	坤策
9 × 9 = 81 8 × 9 = 72 7 × 9 = 63	6 × 9 = 54 (5 × 9 = 45) * 尊空 4 × 9 = 36 3 × 9 = 27 2 × 9 = 18 1 × 9 = 9
216	144

143) 본체 10과 5는 숨겨진 질서로 존재한다는 뜻이다.

后天은 政於先天하니 水火니라
후천 정어선천 수화
先天은 政於后天하니 火水니라
선천 정어후천 화수

후천은 선천에 정사하니 수화이다.

선천은 후천에 정사하니 화수이다.

이 글은 선천과 후천 개념을 중심으로 하도와 낙서를 본체와 작용으로 나누고, 그 작용의 운동은 물과 불이 맡는다고 설정한 것이다. 하도와 낙서의 작동 방식은 각각 인과율의 범주에 속하나,[144] 이들이 체용의 전환에 의해 선천이 후천으로 바뀜에 따라 본체와 작용의 범주도 달라질 수밖에 없는 논리가 성립한다.

선천과 후천, 하도와 낙서, 물불의 운동은 체용의 전환으로 인해 얼굴을 바꾸는 까닭에 인과율에서는 찾을 수 없는 순환의 극치를 보여준다. 선천의 본체인 하도는 후천에는 작용이 되고, 선천의 작용인 낙서는 후천에는 본체가 된다. "후천은 선천에 정사하므로 수화이다"는 말은 하도가 본체이고, 낙서가 작용하는 수화기제괘(䷾)의 원리가 선천을 지배했다는 뜻이다. 또한 "선천은 후천에 정사하므로 화수이다"라는 말은 후천에는 낙서가 본체이고 하도가 작용하는 화수미제괘(䷿)의 원리가 이 세상을 지배한다는 뜻이다.

하늘 아래에 상극하는 이치가 없느니라

水火木金이 待時以成하나니 水生於火라

故로 天下에 無相克之理니라

수화금목[四象]이 때를 기다려 생성되나니

144) 결과는 원인보다 앞설 수 없다는 인과율은 체용의 전환 문제를 제기하지 않는다.

물[水]이 불[火]에서 생성되는 까닭에

천하에 서로 克하는 이치가 없느니라. (『도전』 4:152:3)

이 구절은 하도와 낙서의 수리론으로 이해해야 좋다. '물이 불에서 생성된다'는 말은 불이 물을 낳는다는 것으로 바꾸어 표현할 수 있다. 5행의 숫자에서 물이 불을 낳는 순서(1수 → 2화)는 낙서의 역생도성 방식이라면, 거꾸로 불이 물을 낳는 순서는 하도의 도생역생(2화 → 1수) 방식이라는 뜻이다.

낙서는 선천 상극의 질서요, 하도는 후천 상생의 질서라는 것이 전제된 언급이다. 지상선경의 후천은 상생이 세상을 주재한다. 선천은 상생이 본체이고 상극이 작용의 범주였다면, 후천은 체용의 전환에 의해 상극이 본체가 되고 상생이 작용하는 시스템으로 바뀐다는 것이다.

'수화(䷾)'에서 '화수(䷿)'로의 전환은 선천 우주가 새롭게 정화淨化된 환경을 조성하려는 자기 긍정의 운동이라 하겠다. 그것은 조선 백성들에게 희망을 주려는 목적에서 우주에 대한 객관적이고 합리적인 추론 결과를 바탕으로 인류의 미래와 문명의 운명을 미리 앞당겨 말한 것은 아닐까?

인류는 지금 최첨단 과학이 자랑하는 정보화 시대를 살고 있다. 그럼에도 인류는 심각한 기후 위기에 직면하고 있다. 100년 전, 김일부는 이런 상황들이 후천으로 접어드는 예고편이라고 말했을까? 그는 동양 고유의 수리론을 새로운 학술 차원으로 승격시키고, 거기에 자신의 깨달음의 경지를 융합하여 '선천에서 후천으로'라는 선후천론을 창안하였다. 김일부는 결단코 담론을 위한 담론, 학문을 위한 새로운 학설을 제창하지 않았다. 오직 인류의 생존과 문명의 위기를 극복하기 위한 방안으로 자연과 시간의 혁명에 대한 적절한 대응책을 제시했던 것이다.

지구촌은 오존층 파괴, 엘니뇨 현상으로 인한 기상 이변, 폭염으로 시달리고 있는 북반구, 전세계 TV에 방영된 바짝 마른 북극곰을 통해 극심한 기후변화를 실감하고 있다. 이미 인류의 생활 터전은 불치병에 걸린 것처럼 극한 상황에 도달했다. 기후변화는 단순히 위험의 지표(Climate crisis)가 아니라, 문명의 총체적 붕괴를 예고하고 있다. 기후의 이상 징후는 인간과 동식물의 생존을 넘어 생명의 위기로 번지고 있다.

특히 지구는 온난화라는 자궁암에 걸려 신음하고 있다. 지구 온난화의 주범은 이산화탄소와 메탄 가스의 증가에 있다. 급격한 인구 증가에 따른 석탄과 석유 자원 등의 마구잡이 개발과 산업화가 남긴 재앙이 바로 기후 위기의 원인이다. 찜통 더위에 허덕이고 있는 지구촌, 이미 겨울이 실종된 한반도 등[145] 이미 여러 징후들이 문명의 위기를 피부에 느끼도록 만들고 있다.

김일부는 과학자들이 기후 위기의 배후에 존재하는 궁극적 원인에 대해 한 번도 생각하지 못했던 천지 자체의 변화에 시선을 돌렸다. 그는 천지 변화를 통해 이루어지는 새로운 세상을 맞이하기 위한 궁극적 대비책으로서 역법의 메카니즘과 시간의 본질을 탐구하는 체계를 수립했던 것이다.

인류의 존립 기반이 무너지고 있는 지금, 우리는 『정역』의 경고에 귀담아 들어야 할 것이 있다. 『정역』은 100년 후의 일을 미리 예측한 예언서가 아니다. 김일부는 참담한 국내 상황과 민초들의 아픔을 몸소 체험하면서 새로운 사고와 새로운 가치를 수립하려는 고뇌의 심정으로 『정역』을 내놓았다. 그는 21세기 문명의 위기에서 탈출할 수 있는 지혜를 『정역』에 담아 인류에게 선물했던 것이다.

145) 전 세계적으로 유례없이 포근한 겨울 날씨로 '기후 비상' 우려가 한층 고조된 가운데, 남극 대륙에서 사상 처음으로 영상 20도를 넘는 기온이 측정됐다.(연합뉴스, 2020. 2. 14일 기사 참조.)

金火一頌
금 화 일 송

『정역』의 핵심은 '금화송金火頌'에 녹아 있다. 『정역』에는 다섯 개의 '금화송'이 있다. 금화송이란 무엇인가? 금화란 하도와 낙서의 서쪽과 남쪽에 있는 금과 화가 바뀌어만 하는 필연성과 당위성을, 송頌은 찬송을 뜻한다. '송'은 원래 신이나 조상의 공덕을 송축하는 노래였으나, 김일부는 금화교역에 대한 다섯 개의 찬양가를 시로 읊은 것이다. 다섯 개의 금화송은 금화교역의 중요성을 다른 각도에서 조명한 것이다.

頌	5행	핵심 내용	손가락	十一歸體의 모습
金火一頌	1水	金火明	拇指	十一
金火二頌	2火	理金火	食指	九二
金火三頌	3木	赤赤白白	中指	八三
金火四頌	4金	金火門	無名指	七四
金火五頌	5土	金火互易	小指	六五

금화송의 특징

금화송을 쉽게 읽는 감상법은 다음과 같다. 『시경』에 수록된 305편은 크게 풍風·아雅·송頌 세 부분으로 나뉘어져 있다. '풍'은 국풍國風이라고도 하는데, 주남周南과 소남召南 등 여러 지역에서 채집된 민요로 이루어져 있다. '아'는 궁중 의식에서 연주되던 곡에 붙인 가사를 일컫는다. '송'은 제사를 지낼 때, 신이나 조상을 송축하는 노래로서 특별히 춤에 어울리는 장단을 '송'이라 부른다.

기독교에는 좋은 소식, 기쁜 소식, 복음이란 의미의 가스펠(Gospel)이 있다. 하나님께서 예수 그리스도를 통해 죄인을 구원한다는 기쁘고 복된 소식, 즉 복음福音을 말한다. 김일부가 사용한 금화'송'은 새하늘 새땅의 출현을 축하하는 노래로 보아도 틀리지 않을 것이다.

공자는 제자들에게 시詩를 많이 읽어야 한다고 가르쳤다. "너희들은 어찌하여 시를 공부하지 않느냐? 시를 배우면 감흥을 불러일으킬 수 있고, 사물을 잘 볼 수 있으며, 사람들과 잘 어울릴 수 있고, 사리에 어긋나지 않게 원망할 수 있다. 가까이는 어버이를 섬기고, 멀리는 임금을 섬기며, 새와 짐승과 풀과 나무의 이름에 대해서도 많이 알게 된다."

『논어論語』「양화陽貨」에서 공자가 제자들에게 한 말이다. 시를 배우면 세상을 잘 알 수 있고, 어떻게 해야 사람을 감동시킬 수 있는지 알 수 있다는 뜻이다. 이어서 공자는 아들 백어伯魚에게 "너는 주남周南과 소남召南을 공부하였느냐? 사람으로서 주남과 소남을 공부하지 않는다면, 그것은 바로 담벽을 마주하고 서 있는 것과 같다"고 했다. 주남과 소남은 『시경』의 편명이다. 『시경』을 공부하지 않으면 학업을 더 성취할 수 없다고 말한 것이다. 「위정爲政」에서는 "『시경』에 있는 300편의 시를 한마디로 얘기하면 '생각에 거짓됨이 없다[思無邪]'"라고 했다. 시를 배우면 순수한 감정이 일어나고, 진리를 향해 나아갈 수 있다는 뜻이다. 시 공부는 곧 학문의 첫 관문인 동시에 마지막 코스인 것이다.

聖人垂道하시니 **金火明**이로다
성인수도 금화명

將軍運籌하니 **水土平**이로다
장군운주 수토평

農夫洗鋤하니 **歲功成**이로다
농부세서 세공성

畵工却筆하니 **雷風生**이로다
화공각필　　뇌풍생
德符天皇하니 **不能名**이로다
덕부천황　　불능명
喜好一曲 瑞鳳鳴이로다
희호일곡 서봉명
瑞鳳鳴兮 律呂聲이로다
서봉명혜 율려성

성인이 도를 드리우시니 금화가 밝도다.

장군이 산가지 움직이니 수토가 균형잡히도다.

농부가 호미를 씻으니 한 해의 공이 이루어지도다.

화공이 붓을 내려놓으니 뇌풍이 생기도다.

덕이 천황에 닿음은 이름 짓지 못하도다.

기쁘고 좋구나 한 곡조가, 상서로운 봉황이 울도다.

상서로운 봉황의 울음이여, 율려의 소리로다.

이 글의 요지는 성인에 의해 금화교역의 이치가 밝혀졌으며, 5행[146]의 물리적 변화에 의해 10수 하도의 평화 세계가 올 것이며, 그것은 율려의 우주 음악과 리듬으로 성취된다는 것에 있다.

"성인이 도를 드리우니 금화가 밝다"는 말에서 도의 주체는 하늘이고, 성인은 인류를 위해 천명을 전수했으며, 하도와 낙서에 있는 금과 화가 서로 위치를 바꾸는 이법을 밝힌 존재야말로 위대한 성인이라는 것이다. '드리운다[垂]'의 방식은 '천상에서 지상으로'라는 원칙이 적용된다. 지고무상한 하늘이 내리는 메시지에는 철두철미 상하관이 주입되어 있기 때문이다.

여기서 '드리우다'의 주체는 성인이다. 성인은 하늘에 새겨진 금화교

146) 김일부는 오행으로 우주와 시간의 수수께끼를 풀어헤친 오행론자이다. 그는 소강절의 四象論보다는 한의학과 기철학이 숭상하는 5행론에 기초하였다.

역의 이치를 모든 사람이 깨닫도록 가르쳤다는 의미로 표현한 것이다. 자연의 생명 현상으로 나타나는 시간의 현현顯現이 곧 하늘의 뜻이다. 성인은 말없는 하늘의 뜻을 깨달아 문명을 일으키고, 인류를 가르치는 사명을 맡았다. 하지만 김일부는 시간의 섭리에 의해 성인이 결정된다는 시간사와 문명사를 꿰뚫는 도통관을 설파하였다. 『정역』에는 14성인이 등장하는데, 이들은 복희, 문왕, 주공, 공자, 김일부로 압축할 수 있다. 성인들의 업적을 도표로 간략하게 살펴보자.

성인	업적
伏羲	1. 문자 이전의 괘도로 세상을 읽는 방법을 가르치다. 2. 河圖에 근거하여 복희팔괘도를 긋다 3. 인류 문명의 시조로 추존되고 있다.
文王	1. 羑里獄에 갇힌 힘든 상황에서 『주역』을 지어 문화 영웅의 반열에 오르다. 2. 洛書에 근거하여 문왕팔괘도를 긋다.
周公	1. 문왕의 아들로서 周나라의 문물제도를 완비하다. 2. 64괘에 대한 爻辭를 지어 『주역』의 체계화에 공헌하다.
孔子	1. 十翼을 지어 점술로 알려졌던 『주역』을 인문학으로 전환시키다. 2. 고전의 체계화를 통하여 동양학의 앞길을 틔우다. 3. 김일부는 공자를 지극히 존경하였다.
一夫	1. 하도낙서에 대한 새로운 패러다임을 수립하다. 2. 후천의 도래를 3극과 하도낙서와 정역팔괘도로 논증하고, 그 궁극적 이유를 金火正易圖로 제시하였다. 3. 역학의 주제를 도덕 형이상학에서 시간론으로 바꾸다.

금화교역에 의해 밝혀지는 후천은 낙서 역생도성의 길인가, 하도 도생역성의 길인가? 낙서는 선천이 후천으로 넘어가는 직전까지의 과정을, 하도는 낙서를 내포하면서 새로운 신천지가 펼쳐지는 10무극의 세상을

뜻한다. '금화가 밝다'는 말은 낙서의 도상에서 뒤바뀌었던 금과 화가 제자리로 돌아가 '10→9→8→7→6→5→4→3→2→1'이라는 하도의 순서로 진행되는 가운데, 9와 2가 (수지도수에서) 둘째손가락에 맞닿는 현상을 가리킨다. 낙서에서 시작하는 1태극이 올려주는 운동(↑)이라면, 하도에서 시작하는 10무극은 아래로 내려주는 운동(↓)이라고 언급한 것이다.

'금화가 밝다'는 말은 4금7화가 아니라, 9금2화를 뜻한다. 전자는 낙서의 방식이고, 후자는 하도의 방식이기 때문이다. 그러니까 금화교역이란 낙서가 하도로 바뀌는 것이고, 상극이 상생으로 바뀌는 것이고, 윤력閏曆이 정력正曆으로 바뀌는 이법을 뜻한다. 수지도수로 왼손 둘째손가락[食指][147]에서 금화가 서로 만나기 때문에 금화가 미래를 밝힌다는 뜻으로 표현한 것이다.

이것은 하도낙서에 대한 관념을 송두리째 뒤엎어버린 혁신적 이론이다. 과거에는 하도낙서를 단지 하늘이 내린 신비롭고 상서로운 물건으로서 괘효의 근거라고만 알았다. 그러나 『정역』은 낙서에서 하도로의 전환은 금화교역에 의해 가능하며, 그것은 역법과 시간의 혁명을 통해 드러난다는 점을 최초로 언급한 문건이라고 할 수 있다.

손가락 순서	1	2	3	4	5	6	7	8	9	10
河圖 數	十	九	八	七	六	五	四	三	二	一
		金							火	

金火明의 실체

'장군이 산가지[148] 움직이니 수토가 균형잡히다'에서 말하는 장군은

147) 엄지손가락이 10무극 본체를 상징한다면, 둘째손가락은 乾卦에서 말하는 천지의 작용이 비롯되는 근원[乾元用九]을 뜻한다.

148) 산가지[籌]의 용도는 크게 세 가지가 있다. 하나는 점술의 수단과 방법이요. 다른 하나는 投壺 놀이에 쓰는 도구요, 마지막은 수를 셈하는데 쓰이는 막대로 주나라 때 처음 사용된 것

연개소문 같은 최고 사령관이 아니라, 실제로 자연의 선후천 변화를 주도하는 5행 장군을 뜻한다. 특히 성인과 장군은 문덕文德과 무공武功을 상징하는 절묘한 대귀로 이루어져 있다. 주어인 성인과 장군이 대비되는 것처럼, 술어인 '금화명'과 '수토평' 역시 대조를 이루고 있다. 전자가 후천에 초점이 맞추어졌다면, 후자는 선천의 막바지 경계에 초점이 맞추어져 있다.

그것은 순順과 역逆의 논리에 의거해 전개되는 사태인 것이다. '10 → 1'이 순응의 길이라면, '1 → 10'의 길은 거슬림의 길이다. 즉 순이 하도의 길이라면, 역은 낙서의 길이라 할 수 있다. '수토가 균형잡힌다[水土平]'란 말은 아직까지 한 번도 없었던 자연의 혁명으로서 만물의 완성이자 10수 세계의 열림[金火明]을 의미하는 낙서 선천의 귀결처를 가리킨다.

하도[順]	10土	9金	8木	7火	6水	5土	4金	3木	2火	1水	金火明
낙서[逆]	1水	2火	3木	4金	5土	6水	7火	8木	9金	10土	水土平

하도낙서의 순역 논리[149]

낙서의 5토와 6수의 관계도 '수토평'이라고 할 수 있다. 이때의 5토는 선천에서 중심 역할을 맡은 무토戊土이며, 6수의 6은 천간으로는 기己인데, 이 '기'가 시공의 혁명을 통해 10토로 전환되는 것이 바로 선후천 변화의 핵심이기 때문이다. 그러니까 선천에 생수였던 5토가 체용이 전환되면 후천의 성수로 바뀌는 까닭에 성수인 6수와 결합하면 11이 되어 본체로 돌아가는 것을 의미한다.

한편 1수에서 시작한 낙서가 10수 하도로 완수되는 것을 '수토가 하

으로 알려져 있다. 나중에 주판으로 대체되면서 산가지는 점차 사라졌다. 산가지의 재료는 대나무에서 보통 나무로 바뀌었기 때문에 算木이라고도 불린다.

149) '金火明'은 낙서가 하도로 바뀜에 따라 10수 세계가 열림을, '水土平'은 낙서의 9수가 하도의 10수로 완성되어 1水에서 10土까지 만물이 하나로 통일되는 경지를 뜻한다.

나로 통일된다'는 뜻도 있다. 그러니까 '수토평'은 1수 10토, 혹은 5토 6수를 가리킨다. 낙서의 1수가 10토에 도달하면 수토가 동화同化되고, 반대로 하도의 10토가 1수에 도달해도 수토가 일치되는 이치를 '수토평'이라 말한 것이다.

분명한 사실은 '수토평'의 경계는 낙서가 하도로 변화하여 선천이 후천으로 바뀌고, 5토 중심의 선천이 10토 중심의 후천으로 전환되어 이 땅에 이상세계가 열리는 것을 뜻한다. 전체 수 10에서 1이 모자랐던 낙서 9수가 마침내 10수로 성숙되어 시공은 물론 생명의 존재 의미와 가치가 두루 완수되는 것을 '수토평'이라 표현한 것이다.

겉으로 보기에 1수 10토 혹은 10토 1수의 결합이 '수토평'의 결과를 가져오지만, 그 궁극적 원인은 중앙에 존재하는 5의 역할과 기능에서 비롯된 것이다. 1, 2, 3, 4, 5의 생수를 6, 7, 8, 9, 10의 성수로 만들어주는 것은 중앙의 5토에 있다. 1+5=6, 2+5=7, 3+5=8, 4+5=9, 5+5=10의 결합에 나타난 것처럼 생수를 성수로, 또는 성수를 생수로 만들어주는 연결고리(link)가 곧 5황극인 것이다.

3극론에서 10은 무극이요, 5는 황극이요, 1은 태극이다. 10무극이 하늘이라면, 5황극은 땅이요, 1태극은 하늘과 땅이 살아있도록 하는 생명의 숨결인 동시에 불꽃이라 할 수 있다. 10무극이 생명을 아래로 널리 내려주면, 5황극은 생명의 영속성을 위해 위로 되돌려주는 운동을 한다. 그러니까 1에서 시작하여 5까지가 생명 운동의 전반부라면, 6부터 10까지는 생명 운동의 후반부에 해당된다고 하겠다.

생수와 성수가 음양 관계라면, 만물을 동서남북으로 확장시키는 운동이 곧 5행이다. 이처럼 하늘과 땅 사이는 5행 구조로 형성되었고, 이를 다시 음양으로 곱하면 10이 이루어지는 것이다. 5행은 천지를 가득 채우는 에너지의 흐름과 경로를 알 수 있는 시공의 혈관과 같다. 5행은 목화토금수 사이에서 존재하는 힘의 균형과 불균형, 서로를 보완하거나

이기는 관계 등 상생과 상극을 이루면서 만물에게 에너지를 전달한다.

『정역』에는 비록 상생과 상극이란 단어는 없으나, 하도와 낙서의 관계를 통해 상생과 상극을 협조와 긴장 관계로 설정하였다. 상생과 상극이 갈마들면서 만물은 생장수장의 과정을 거치고, 인간은 생로병사를 겪는다. 상생과 상극이 만물의 생성과 삶과 죽음을 관장하기 때문에 5행을 '장군'이라 표현했던 것이다. 5행의 주요한 기능은 위치를 특정화시키고, 시공간의 조직을 구성하는 것에 있다.[150]

'농부가 호미를 씻으니, 한 해의 공이 이루어지다.'는 말은 땀 흘린 농부의 덕분으로 한 해 농사가 풍년을 기대해도 좋다는 뜻이다. 호미를 씻는 날[洗鋤節]은 농사일을 마친 일꾼이 내년 농사를 위해 깨끗이 씻어 보관한다는 말이다. 세서절 만큼은 하인과 머슴들이 반기는 날이다. 왜냐하면 온 나라를 통틀어 두레패들이 마을을 돌아가면서 호미 씻기 등을 비롯하여 잔치를 벌이는 휴식 기간이기 때문이다.

세시 풍속- 호미 씻는 날

호미 씻는 날을 洗鋤節이라 부르는데, 그것은 七夕에 벌이는 행사와 연관성이 있다. '호미를 씻다'는 것은 곧 농사일을 마쳤다는 뜻이다. 농경사회에서는 보름달을 기점으로 삼는 전통이 있다. 정월 보름이 1년의 시작이라면, 7월 보름은 후반기가 시작되는 날이다. 7월 보름을 百中이라고 하는 것도 모든 절기의 중앙에 있다고 여기는 풍속에서 비롯된 것이다. 칠석부터 백중까지는 농사일을 끝내고 쉬는 시간이다. 칠석을 명절로 삼은 것은 힘든 농사일을 마치고 찌는 듯한 삼복더위를

150) "이를테면 '下-北-水-1·6', '上-南-火-2·7', '左-東-木-3·8', '右-西-金-4·9', '中-中-土-5·10'의 등가 관계는 분류체계와 상응체계의 전제가 된다. 5행에 나타난 수들의 상호 작용을 나타내는 배치 방식에 따라 우주는 인식과 안배가 가능하게 된다."(마르셀 그라네 저/유병태 옮김, 『중국사유』, 한길사, 2010, 180-181쪽 참조.)

피해 잠시 휴식을 취하는 기간이기 때문이다. 견우와 직녀의 만남 역시 잠시 일을 멈추고 쉰다는 의미도 있다.

호미 씻는 날의 또다른 명칭이 많다. 百中, 百種, 칠석, 亡魂日, 머슴의 생일, 中元, 축수한 날 등이 바로 그것이다. 그리고 백중날에 얽힌 속담도 많이 전해온다. 백중날은 논두렁 보러 안 간다. 백중 무수기에는 메밀농사 끝에 늘어진 불 보려고 구멍에 든 소라가 다 나온다. 백중에 바다 미역하면 물귀신 된다, 칠월 백중사리에 오리 다리 부러진다.

농부가 한 해 농사를 위해 땀 흘리듯이, 천지도 춘하추동 사계절 운동하면서 생명을 낳아 키우는 목적을 달성하려고 힘쓴다.[151] 호미를 씻는 행위는 씨 뿌리고 키워서 수확만 기다리면 될 정도로 농사짓기에 철저했다는 뜻이다. '한 해의 공이 이루어진다[歲功成]'는 말은 고생한 대가로 풍년을 이룰 것이라는 뜻 외에도 시간의 혁명을 통해 1년 $365\frac{1}{4}$일이 1년 360일로 자연이 성숙된다는 것을 함축한다.

'화공이 붓을 내려놓으니 뇌풍이 생기다[畵工却筆, 雷風生.]'란 것은 선천에 대한 조화옹의 심판이 끝나면, 물리적 변혁의 첫 신호탄으로 우레와 바람이 일어난다는 뜻으로 새길 수 있다. 보통은 '화공'을 선후천 변화에 대한 밑그림을 그린 김일부의 거대한 기획으로 풀이하고 있다. 학자들은 흔히 화공을 김일부로, '각필'은 정역팔괘도의 완성이라고 말한다. 복희팔괘도와 문왕팔괘도를 이어 10수 정역팔괘도가 완성됨으로 인해 앞으로는 새로운 괘도가 탄생할 수 없다는 의미에서 '붓을 내려놓다[却筆]'라고 표현한 것이다. 만일 김일부가 『정역』을 내놓지 않거나, 정역팔괘도를 그리지 않았다면 후천은 오지 않을까? 정역팔괘도가 그어졌기 때문에 후천이 온다는 말인가?

151) 『周易』「繫辭傳」 下 1장, "天地之大德曰生." 생명을 낳고 낳아 키우는 것이 바로 천지의 위대한 덕성이라는 뜻이다.

후천이 오는 까닭은 천지 자체의 원리와 조화옹의 심판에 의해 인류가 구원받는 것이지, 인간의 염원과 바램에서 비롯되는 문제는 아니다. 그래서 논자는 '화공'은 이 세상의 주인인 조화옹 또는 화무상제의 섭리라고 규정한다. 로마의 시스티나 성당의 천장에 '천지창조' 벽화를 그린 미켈란젤로(Michelangelo: 1475-1564)에 얽힌 이야기가 있다. 이 불멸의 작품은 16세기가 낳은 걸작이다. 이미 500년이나 지난 천장 벽화를 복원해 낸 미술가들 역시 그 작업을 하면서 미켈란젤로라는 한 인간에게 매료당했다. 미켈란젤로는 세월 앞에 인간의 목숨은 부질없으나, 하나님이 빚어낸 자연은 영광스럽다는 뜻을 되뇌이면서 조물주의 위대함에 비해서 자신의 예술은 초라하다고 고백했던 것이다.

자연의 선후천 변화로 나타나는 조화옹의 손길은 '인간' 화공을 능가하고도 능가한다. 조화옹이 그린 그림이 바로 이 세상이기 때문이다. 특히 자연의 위대함, 선천이 후천으로 바뀌는 조화옹의 의지와 조화의 힘은 너무도 놀랍다. 그러니까 조화옹은 자연의 거대한 그림을 끝내자마자 선천 세상을 대청소하는 우레소리와, 만물을 새롭게 재창조하는 엄청난 위력의 바람으로 신고식을 치른다는 것이다. 우레(☳)와 바람(☴)은 장남과 장녀를 상징하는데, 그들은 아버지와 어머니를 대행하여 새하늘 새땅을 여는 주인공이다.

신화에 나오는 우레 신

雷帝, 雷神은 천둥을 관장하는 신으로 알려져 있다. 우레는 무섭다. 아무런 예고없이 갑자기 덮치기 때문이다. 우레는 하늘의 천명을 받아 인간을 단죄하는 임무를 맡았다. 비를 내릴 수 있게 도와주는 일과 함께 악행을 단속하는 것이 우레의 책무라는 것이다. 그러니까 벼락맞아 죽는 것은 최대의 치욕이라는 속담이 생기게 되었다. 특별히 도교에서는 雷神(= 雷公)은 악행을 저지른 인간의 생명을 빼앗는 집행관의 직분을 가지고 있으며, 그의 상사는 선악을 판단하여 천둥으로 판결하는 최고신인 雷帝다.(마노 다카야 저/이만옥 옮김, 『도교의 신들』, 들녘, 2001, 218쪽 참조.)

뇌신은 천지의 탄생을 축하하는 선물로 굉음의 우레를 내려보내며, 풍신은 최고신의 위력을 바람으로 전달한다. 『주역』은 천지의 첫 작품을 우레(맏아들)와 바람(맏딸)으로 설정했다. 도교가 신화에 입각했다면, 『주역』은 우주의 구성과 생성을 얘기한 점이 다르다.

한편 뇌풍항괘雷風恒卦(䷟)는 『주역』의 하경의 첫머리를 장식한다. 64괘의 건곤괘로부터 감리괘까지가 선천이라면, 항괘로부터 미제괘까지는 후천이다. 『주역』의 입장에서 보면, 항괘는 후천의 시작이므로 김일부는 후천은 영원하다는 의미의 이름인 '항恒'으로, 호를 '일부一夫'라고 바꿨던 것이다.[152] 문맥으로 보면 정역팔괘도를 그린 김일부가 화공이고, 뇌풍항괘가 시사하듯이 뇌풍은 김일부가 후천 세상의 정체성을 드러냈다는 의미도 있다.

이 대목은 괘도사의 패러다임 전환을 알리는 내용이 담겨 있다. 소강절은 복희팔괘도가 선천이고, 문왕팔괘도는 후천이라고 인식했다. 하지만 김일부는 복희팔괘도와 문왕팔괘도가 선천이고, 새롭게 출현한 정역팔괘도가 후천이라고 말했다. 전자는 만물이 '안에서 바깥을 향해' 생성되는 이치를, 후자는 만물이 '바깥에서 안으로'으로 성숙되는 이치를 설명하는 방식을 취했다. 우레와 바람이 세차게 몰아치는 이유는 신천지를 열려는 환희의 진통이요, 인류를 구원하려는 희망의 합성이라 하겠다.

---

152) 金恒의 어렸을 때 이름은 金在一이며, 『정역』을 지은 뒤에 '김항'이라고 바꿨다. '一夫'라는 호는 꿈에 나타난 공자가 정역팔괘도를 그은 공덕을 칭찬하면서 지어주었다는 일화가 전해온다.

'덕이 천황에 닿음은 이름 짓지 못하도다[德符天皇, 不能名.]'라는 대목은 『정역』의 혁신 이론이 담겨 있다고 말해도 틀리지 않는다. 새로운 가치관 형성의 논리가 밑받침되어 있기 때문이다. 그것은 수지도수, 3극론, 6갑과 5행의 문제 등이 하나로 관통되는 까닭에 정역사상의 압권이라 할 수 있다. '덕이 천황에 닿는다'는 말은 무슨 뜻인가? 이는 수지도수로 접근해야 알기 쉽다.

'덕'은 천간 무戊의 덕성을, 천황[153]은 10무극을 가리킨다. 무는 5행으로는 토, 천간으로는 무戊, 3극으로는 황극이다. 무의 덕성이 무극에 닿는다는 것은 5토가 10토로 바뀐다는 것이요, 황극이 무극으로 바뀐다는 것이요, 무戊 5가 기己 10으로 바뀌어 5토 양의 세계가 10토 음의 세계로 바뀐다는 것이다. 황극과 무극이 같은 자리에서 통일되는 경지는 언어로 표현하기가 불가능하다는 뜻이다.

왜냐하면 새끼손가락에 있던 5토 무戊는 선천을 주도했던 운동의 핵심이었으나, 이것이 엄지손가락 10 기토己土로 바뀌는 것은 선후천 변화가 아니면 불가능한 까닭에 그 경계가 '무'인지 '기'인지를 분별하는 것조차 힘들다는 것이다.[154] 무극과 황극과 태극의 3극 모두가 엄지손가락에 깃들어 있기 때문이다.

무극과 황극이 엄지손가락이라는 한몸에 두 이름을 지니고 존재하기 때문에 무극과 황극에 대한 정체성에 혼란을 일으킬 수도 있다. 그 이유는 유형 무형의 만물이 무극에서 비롯되었다는 의미 외에도 천지가 지천으로 뒤바뀌는 이치, 즉 황극이 무극에 닿는 것은 선후천 변화를 통해서만 가능하다는 것을 가리킨다.[155]

153) 三極이 우주론의 특수 용어라면, 三皇은 인격신의 표현이다. 3황에서 天皇은 無極에, 地皇은 皇極에, 人皇은 太極에 조응한다.

154) 한동석, 『우주변화의 원리』(대원출판, 2001), 206쪽. "우주의 본체란 것은 창조하는 면에서 보면 十이 본체이지만, 작용하는 면에서 보면 五가 본체다."

155) 노자는 일찍이 도를 도라고 설명하는 순간, 그것은 참다운 도가 아니라고 했다. 만물의

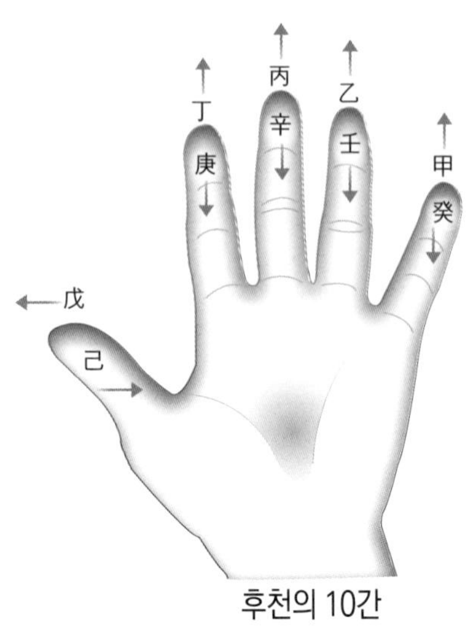

후천의 10간

엄지손가락을 굽히면서 '갑 1 → 을 2 → 병 3 → 정 4 → 무 5' 하면서 새끼손가락을 모두 굽힌 모습이 곧 선천이다. 선천은 닫힌 세계라는 것을 상징한다. 새끼손가락을 펴면 '기 6'이 되는데, 이 '기'를 엄지손가락으로 옮기는 것이 곧 시간과 6갑의 혁명을 통해 후천이 이루어지는 것을 뜻한다. 엄지손가락을 다시 굽히면서 시작하는 '기 1 → 경 2 → 신 3 → 임 4 → 계 5' 하고 모두 굽힌 다음에 다시 새끼손가락을 펴기 시작하면 '갑 6 → 을 7 → 병 8 → 정 9 → 무 10'이 된다. 결국 기와 무가 엄지손가락에서 한몸이 된다. 선천 '무 5토'가 엄지손가락에서 후천 '기 10토'로 바뀌는 형상이 바로 선후천 변화의 묘미인 것이다.

"기쁘고 좋구나 한 곡조가, 봉황이 우는구나. 상서로운 봉황의 울음이여, 율려의 소리로다.[喜好一曲, 瑞鳳鳴. 瑞鳳鳴兮, 律呂聲.]" 봉황이 기뻐서 우는 소리가 곧 율려의 노래라고 했다. 고전에서는 보통 봉황은 성인의 출현을 예고하는 상서로운 징조라고 했다. 『주역』이 학鶴을 애

궁극적 존재는 생성 차원의 언어로 규정하는 것은 범주 오류를 저지른다는 판단에서 연유한 것이다.

기했다면,[156] 『정역』은 율려를 언급하기 위해 봉황을 끌어들이고 있는 셈이다.

율려란 무엇인가? 율려는 흔히 음악 이론으로 알려져 있다. 하지만 김일부는 율려라는 용어를 그대로 답습했으나, 그 외연과 내포를 다르게 사용했다. 그는 율려를 선천이 후천으로 바뀌는 궁극 원리로 삼았던 것이다. 다시 말해서 선천의 금화가 후천의 화금으로 바뀌어야 하는 현실의 물리적 변화를 겪기 이전에 율려의 조화가 먼저 일어나야 한다는 것을 말하고 있다. 형이상학 차원의 창조적 변화가 곧 율려인 것이다.

『정역』은 일차적으로 율려의 조화를 겪은 다음에, 현실 차원에서 5행의 금화교역을 거쳐 선후천 변화가 일어난다고 말한다. 그러니까 율려는 선후천 변화의 핵심이자 시간과 생명의 이정표를 알 수 있는 우주의 DNA라고 할 수 있다. 강물이 강을 버려야 바다에 도착할 수 있는 것처럼, 김일부가 말하는 율려의 이해는 기존의 율려관을 버려야 접근하기가 쉽다.

김일부는 태양과 태음, 또는 무극과 황극의 속과 겉을 나누는 것으로부터 율려의 세계를 구성하기 시작했다. 여기서 말하는 태양과 태음은 4상에서 말하는 소음과 소양에 세팅되는 네 요소 중의 둘을 가리키지 않는다. 오히려 태양은 순수 양, 태음은 순수 음의 근거를 뜻한다. 그것은 원래부터 맞물려 존재하는 태양태음의 겉과 속의 관계로 구분하였다.

태양의 겉이 8목木7화火라면, 태음의 겉은 4금金1수水로 구성되어 있다. 『정역』은 전자를 기체氣體, 후자를 혼백魂魄이라 불렀다. '율'은 6수水9금金이고, '여'는 2화火3목木이다. 그러니까 율려는 태양과 태음의 속에 해당된다.

---

156) 『周易』 風澤中孚卦(䷼) 2爻, "우는 학이 그늘에 있거늘 그 새끼가 화답하도다. 내가 좋은 벼슬을 두어(좋은 술잔이 있어) 내 그대와 함께 있(하)노라.[九二, 鳴鶴在陰, 其子和之. 我有好爵, 吾與爾靡之.]"

태양의 겉[氣體]	8木7火로 구성
태음의 겉[魂魄]	4金1水로 구성
태양의 속[呂]	2火3木으로 구성
태음의 속[律]	6水9金으로 구성

『정역』의 율려 구성[157)]

그러니까 하도낙서에서 일어나는 금화교역의 최종 근거는 율려에 있다. 따라서 『정역』의 형이상학은 율려론이라 말해도 과언이 아니다. 그것은 음악의 근거를 밝힌 과거의 율려론에서 벗어나, 시간의 내부 구조로 자리 잡은 생명의 본질을 얘기한 것이다. 율려는 태음태양의 속에서 흘러나오는 우주의 음악[律呂聲]이므로 율려의 리듬에 맞추어 정신의 계발과 육체의 수련을 위해 노래 부르는 행위를 '영가詠歌 소리'라고 불렀다.[158)]

수지도수로 따져서 봉황과 학은 어느 손가락을 가리키는가? 그것은 정역팔괘도의 6진震이 둘째손가락이 펴진 상태의 '유酉'에 닿는 자리를 가리킨다. 손가락을 모두 편 7지地는 후천 10무극을 상징한다. 10무극을 펴는 동시에 다시 굽히는 형상은 8간艮이며, 9리離를 거쳐 10건乾에 도달하면 땅에 사는 닭[酉]이 하늘로 올라가서는 학 또는 봉황이 되는 것을 상징한다.

157) ① 『正易』「十五一言」, "太陰, 逆生倒成, 先天而后天, 旣濟而未濟. 一水之魂, 四金之魄." ② 『正易』「十五一言」"金火五頌", "六水九金, 會而潤而律. 二火三木, 分而影而呂."

158) 이정호, 『원문대조 국역주해 정역』(아세아문화사, 1990), 19쪽. "봉황의 우는 소리가 心肺肝腎에서 우러나오는 詠歌의 소리와 해와 달이 지구를 둘러싸고 돌아가는 율려성과 같이 울린다."

金火二頌
금화이송

吾皇大道當天心하니
오황대도당천심

氣東北而固守하고 **理西南而交通**이라
기동북이고수 이서남이교통

庚金九而氣盈하고 **丁火七而數虛**로다
경금구이기영 정화칠이수허

理金火之互位하여 **經天地之化權**이라
이금화지호위 경천지지화권

風雲動於數象이오 **歌樂章於武文**이라
풍운동어수상 가악장어무문

喜黃河之一清이여 **好一夫之壯觀**이라
희황하지일청 호일부지장관

風三山而一鶴이오 **化三碧而一觀**이라
풍삼산이일학 화삼벽이일관

觀於此而大壯하니 **禮三千而義一**이라
관어차이대장 예삼천이의일

우리 황극대도 천심에 당도하니,

동북의 기는 굳게 지키고 서남의 리는 서로 통하네.

경금은 9이나 기운이 찼고, 정화는 7이나 수가 비었네.

금화가 서로의 자리를 다스려 천지의 조화권을 경영하네.

풍운은 수와 상에서 움직이고, 가악은 무와 문에서 빛나네.

기쁘다, 황하의 한 번 맑음이여! 좋구나, 일부의 장관이로구나.

두루미는 3산에서 바람 쏘이고, 황새는 3벽에서 조화하는구나.

여기서 바라보아 크게 장엄하니, 예는 3천이요 의는 하나로구나.

금화일송이 선후천 변화 일반에 대한 성격이 강하다면, 금화이송은 철학과 문학과 윤리를 묶어서 선후천 변화를 얘기하기 때문에 전체 분석이 쉽지 않다. 왜냐하면 그 밑바탕에는 5행과 하도낙서, 수지도수와 6갑, 역법과 정역팔괘도 등을 관통하는 논리가 복잡하게 얽혀 있기 때문이다. 금화이송의 주제는 8괘와 수지도수, 5행과 하도낙서, 3극과 6갑을 하도의 10진법에 맞추어 설명한 것에 있다.

더욱이 새롭게 태어나는 신천지를 '2천7지二天七地' 중심으로 금화교역과 정역팔괘도의 변화로 해석하였다. 갑, 을, 병, 정, 무를 세면서 손가락을 모두 굽히는 것은 2천의 천심天心이며, 또한 다시 손가락을 펴면서 기, 경, 신, 임, 계를 세면 7지의 지심地心이 된다. 왜냐하면 손가락을 모두 굽힌 상태가 바로 선천을 매듭짓는 '무' 5토이며, 정역팔괘도로는 2천이기 때문이다. 그 새끼손가락을 편 여섯 번째의 '기己'를 엄지손가락으로 옮겨서 '기, 경, 신, 임, 계, 갑, 을, 병, 정, 무'로 다시 시작하는 것이 곧 선후천 변화의 핵심이다.[159)]

이 '기'를 표시하는 엄지손가락을 굽히면서 '기, 경, 신, 임, 계'하면 하도의 순서이고, 다시 새끼손가락을 펴기 시작하면 '갑, 을, 병, 정, 무'가 되면서 마지막으로 무가 엄지손가락에 닿는다. 이처럼 '기'와 '무'가 엄지손가락에서 만나는 것은 곧 무극과 황극의 통일을 의미한다. 선천에 '천심'였던 무가 후천에는 '지심'이 되는 것이다. 이를 '금화일송'에서는 '덕이 천황에 닿는다'고 표현했다. 흥미로운 사실은 2천7지에서의 '2와 7'은 하도에서는 불[火]이다. 한마디로 2천7지의 불은 이 세상이 살아 있도록 만드는 우주의 신성한 불덩어리라 말할 수 있다.

'우리 황극대도 천심에 당도하다[吾皇大道當天心]'는 주렴계(1017-

---

159) 과거의 상수론은 1+5, 2+5, 3+5, 4+5, 5+5라는 등식에서 생수를 성수로 넘기는 5토의 역할을 중시했으나, 『정역』은 이 戊가 엄지손가락으로 이동해서 10이 되는 이치 혹은 하도의 10己에서 다시 시작하는 땅[陰] 중심의 신천지를 겨냥하고 있다.

1073)의 "검문각시劍門閣詩"에 나오는 대목을 3극의 선후천론으로 변형시켜 응용한 것이다. 『정역』에서 말하는 '황'은 황극을 지시한다. 『서경』의 황극이 정치적 최고 실권자인 황제를 가리킨다면, 3극론의 황극에는 선후천 변화를 맡은 바 임무가 지극히 중대하다는 뜻이 배어 있다.

『주역』은 천심을, 『정역』은 황심皇心을 말한다. 정역팔괘도와 수지도수로 보면 2천天 자리인 5토[160]는 하늘의 마음[天心], 7지地는 땅의 마음[地心]이라 할 수 있다. 하늘에 닿은 땅의 마음이 곧 황심이다. 황심 대도는 10무극 자리에 존재하는 기위己位를, '천심에 당도한다'는 말은 수지도수로 지십地十에 해당하는 무戊가 하늘[天]이 된다는 뜻이다.

황극을 유교식으로 표현하면 중용이다. 중용은 A와 B 사이의 중간을 의미하는 공간 개념이 아니다. 『정역』은 시간의 중용을 중시여긴다. 그것도 선천과 후천을 관통하는 동시에 선천을 후천으로 전환시키는 황극이야말로 참다운 중용이라고 강조한다. 그래서 '황극대도'란 말이 생겼던 것이다. 무극대도가 이 세상에 펼쳐져 만물이 평화와 공존을 누리는 경지라면, 황극대도는 황극이 선후천 변화의 중추로 작동하여 무극대도를 일으키는 열쇠라 하겠다.

吾皇大道의 전거

'오황대도'는 周濂溪가 지은 『周子全書』 권17의 "劒門"이란 시에 나온다. 그것은 劉禹卿의 『劍門銘詩集』에도 나온다.

劍立溪峯信險深　검문[161] 계곡과 봉우리는 진실로 험하고 깊으나,

---

160) 우리 또는 나 '吾'는 숫자 5와 발음이 같다. 그러니까 5황극을 상징한다.

161) 劍門은 중국 四川省 劍門山의 북동쪽 협곡 저지대에 만들어진 군사 요충지로 알려져 있다. 양측 석벽에는 '최고의 관문', '천하의 으뜸가는 요새' 등의 역대 시문과 머리말이 적힌 비석이 남아 있다. 삼국 시대의 蜀나라 장수 姜維(202-264)는 이곳에 병사 3만 명을 주둔시켜 魏나라의 10만 대군에 맞서 촉나라를 지킬 수 있었다고 전한다.

吾皇大道正天心　우리 황제의 대도는 천심을 바로 바로잡았네.
百年外戶都無閉　오랜 세월 바깥 출입문을 닫지 않았는데,
空有關名點貢琛　부질없이 관문 이름을 부르며 보물을 바치는구나.

정역학자 韓長庚(1896-1967)은 달의 변화에 맞추어 황극대도를 풀이하였다. "吾皇大道는 皇心에서 皇中月의 生하는 道이다. 吾皇大道當天心이라 함은 天心은 洛書中宮의 五인데, 后天의 皇極中心月이 先天天心의 位에 當하여 皇心月이 된다 함이다. 氣東北而固守라 함은 洛書의 東北 一六三八이 그대로 后天河圖九宮의 東北 一六三八이 된다 함이다. 后天九宮의 東北 一乾 八坤 三離 六坎은 곧 天地日月로서 그 卦象이 反易이 없고 顚倒하여도 變치 아니하니, 이것도 또한 氣東北而固守의 象이다."(『周易·正易』, 삶과 꿈, 2001, 511쪽 참조.)

김일부는 황극대도가 형성되는 이유를 하도와 낙서의 도상을 머리에 그리면서 5행의 공간 개념 중심으로 설명하였다. 그는 우주에 대한 근원적 성찰을 통해 낙서가 하도로 바뀌는 이치야말로 하늘과 땅이 진정으로 소통하는 방식이라고 인식했다. 만물의 고향인 하도에서 낙서로 진화하는 것이 선천의 논리라면, 낙서에서 하도로의 복귀가 선후천 전환이라는 것이다.

"동북의 기는 굳게 지키고, 서남의 리는 서로 통하네.[氣東北而固守, 理西南而交通.]"라는 말은 낙서에서 하도로의 귀향이야말로 만물의 성숙과 가치의 실현을 뜻한다. 하도와 낙서는 방위와 5행으로 보아서 동쪽과 북쪽은 변화 없는 것이 공통 사항이나, 서쪽과 남쪽은 선후천의 이법으로 관통되어 있다는 것이다.

금화교역은 낙서에서 남방의 4·9금金과 서방에 있는 2·7화火가 하도로 귀향하여 남방에는 2·7화가, 서방에는 4·9금이 자리잡는 과정을

의미한다. 성리학은 불변의 원리를 이理로, 변화의 차원를 이 세상[氣]으로 설정했다. 『정역』은 1, 2, 3, 4, 5라는 선천의 생장 과정을 '기'로 규정했으며 6, 7, 8, 9, 10이라는 후천의 성숙 과정을 '리'로 규정하였다.

따라서 '이서남이교통'은 낙서의 4·9와 2·7화가 서로 교통하여 자신이 원래 있던 고향으로 되돌아가는 '금화교역'을 가리킨다. 김일부의 제자인 김정현金貞鉉은 '금화일송'을 주석하면서 금화교역의 목적과 공능을 찬양한 바 있다. "아름답도다! 지금의 이 시간에 도가 밝혀지고 조화가 실행되므로 땅이 평정되고 하늘이 완성되며, 금목수화토 5기가 순조롭게 퍼져서 만물을 낳아 성취하는 것은 금화의 신묘한 공능이 아닌 것이 없다. '덕이 천황에 부합하여 이름 붙여 말할 수 없다'는 이유를 다섯 개의 시로 지은 것이다. 이를 칭송하여 노래하고 맑게 초탈하여 밝은 것은 상서로운 봉황이 울고 율려가 조절하는 것이 아니겠는가?"[162]

금화교역이란 무엇인가?

금화교역은 본래 洛書에서 그 象이 나타났던 것이다. 河圖에서는 生하는 象만을 나타냈는데, 낙서의 출현에 의해서 상극의 象이 제시되면서부터 원리로서의 기본이 생긴 것이다. 낙서에 4·9金이 남방에 있고, 2·7火가 서방에 가 있는 것은 金이 불[火]을 싸기 위하여 位를 바꿔서 있는 것이다.

금화교역의 완전한 모습을 파악하려면 금화정역도를 참고로 하지 않을 수가 없고, 또한 금화정역도를 이해하려면 正易의 내용을 알지 못하면 안 된다. 왜냐하면 정역은 금화교역의 원리를 主로 하는 易이기

162) 『正易註義』「十五一言」"金火一頌"의 주석, "美哉, 於斯時也, 道明化行, 地平天成, 五氣順布, 萬物生遂, 莫非金火之神功也. 德合天皇, 不能名焉, 五頌所以作也. 頌而歌之, 淸越且明, 玆豈非瑞鳳鳴兮, 律呂之調也."

때문이다.

문왕팔괘도가 정역팔괘도로 전환되지 않을 수 없는 점을 연구하는 것이 금화교역의 필연성이다. 문왕팔괘도는 지축이 경사진 象에서 취한 것이고, 정역팔괘도는 지축이 정립된다는 입장에서 취상한 것이다. 그러므로 문왕팔괘도 시대, 즉 현실의 금화교역은 불완전한 교역이므로 변화가 불측하지만 정역팔괘도 시대는 변화가 정상으로 되므로 不測之變이 없는 평화시대가 온다고 보는 것이다.

正易의 금화교역이란 것은 문왕팔괘도가 방위를 옮기게 됨으로써 금화교역이 만전을 기하게 된 것이다. 그러나 현재와 같은 불완전한 교역, 즉 문왕도의 교역은 혼란과 투쟁을 가져오게 되는 것이다. (한동석, 『우주변화의 원리』, 대원출판, 2001, 249-263쪽 참조.)

"경금은 9이나 기운이 찼고, 정화는 7이나 수가 비었네.[庚金九而氣盈, 丁火七而數虛.]"의 명제는 천간으로 후천 역법의 성립을 수지도수에 맞추어 설명하고 있다. 10수로 구성된 천간에서 1년 360일을 중심으로 약 6일이 모자라면 1년 354일의 태음력인 반면에, $5\frac{1}{4}$일이 넘치면 태양력이라는 원칙 아래 선천의 생장과 후천의 성숙으로 나누어 풀이하고 있다.

이 대목의 이해는 『정역』 맨 마지막 부분에 있는 천간의 원형을 밝힌 '십간원도수十干原度數'와 비교하는 것이 좋다. 하지만 십간원도수와 여기서 말하는 '경금 9'과 '정화 7'은 서로 어긋난다. 왜 이런 현상이 나타날까? 그것은 십간원도수에 근거하지 말고, 수지도수에 맞추라는 얘기다. 『정역』은 수지도수로 정역팔괘도, 하도낙서, 6갑, 5행, 성인의 도통사 등을 꿰뚫고 있기 때문이다. 그만큼 수지도수로 설명 불가능한 것은 『정역』의 세계에 들어올 수 없다는 뜻이다. 수지로는 둘째손가락에서 하도(10진법)의 순서대로 9와 2가 만나기 때문에 '금'과 '화'가 언급된 것이다.

그런데 9 경庚에 대응하는 2화 대신에 왜 7화를 언급했을까? 2화와 7

화, 4금과 9금에서 2와 4는 생수이고 7과 9는 성수이다. 생수는 만물을 성장 팽창시킬 수 있으나, 멈추게 할 수 있는 기능은 없기 때문에 천지는 자율 조정력과 성숙의 권능을 성수에 안배한 것이다. 수에서 7과 9는 성숙을 상징하기 때문에 금 기운에서는 에너지가 가득 찼다고 했고, 화 기운에서는 정丁이 실제로는 2이어야 함에도 불구하고 7인 까닭에 '7-2=5'라는 수식에 나타난 것처럼 '수가 비었다'고 표현한 것이다.

이밖에도 하도낙서에서 금화가 서로 바뀌어 남방으로 옮긴 9금은 에너지가 충만하기 때문에 '기영氣盈'이라 했으며, 낙서의 측면에서 보면 9금이 남방에서 넘치는 힘을 뽐내는 형상이다. 이를 정역팔괘도로 보면, "9리화離火가 서남쪽에 있으나 화火의 원리인 2·7은 괘위에서 물러나 2천과 7지로 퇴위했으므로 괘도의 리화離火는 본래 수가 없는 화火이므로 '수허數虛'라고 한 것이다.[163] 또한 7화의 수는 5곤지坤地의 아래에 위치하여 태양이 서방에서 지하로 내려가 모습을 감춘 형상이고, 2화의 수만이 10건천乾天 위에 남아 있는 형상이므로 이것이 곧 '수허數虛'이다. 그러므로 김일부는 금화교역으로 2·7 화수火數가 괘위에서 물러나 화수火數가 비어 있기 때문에 '수허'라고 한 것이다."[164]

여기서 우주를 새롭게 구성하려는 '기운이 가득 차 있다[至氣]'는 주장을 부르짖은 동학의 가르침에 귀기울일 필요가 있다. '지기금지원위대강至氣今至願爲大降' 여덟 자 주문에서 말하는 지극한 기운은 금화교역에 의해 후천을 가져 오는 성숙한 힘을 연상시킨다. 실제로 금화교역은 둘째 손가락에서 이루어지는 까닭에 10무극과 5황극의 본체보다는 물리적 변혁을 일으켜 선천을 후천으로 뒤바꾸는 '작용'의 역할을 강조한 것이다.

163) 수의 측면에서 2화가 7화로 변질된 것에서 2는 2天을, 7은 7地를 상징한다.
164) 김주성, 앞의 책, 112-113쪽 참조.

역법에서 말하는 '氣盈數虛(氣盈朔虛)'의 유래

생각컨대 하늘의 형체는 둥글며, 주위는 $365\frac{1}{4}$도로서 땅 주위를 왼쪽으로 돌며, 언제나 하루에 한 바퀴 돌고 다시 1도 더 간다. 태양은 하늘에 걸려 있어서 조금 느린 까닭에 하루에 땅 주위를 딱 한 바퀴 돌아 언제나 하늘에 1도 미치지 못한다. $365\frac{235}{940}$일 후에야 하늘과 만난다. 이것이 1년의 태양 운행의 수치(1태양년)다. 달은 하늘에 걸려 있어서 더욱 느린 까닭에 하루에 언제나 하늘보다 $13\frac{7}{19}$도 미치지 못한다. $29\frac{499}{940}$일 후에야 태양과 만난다. 12번 만나서 全日(일수의 整數 부분) 348, 전체 여분(분수 부분의 분자) 5,988을 얻는다. 만약 日法(분모)을 940으로 하면 정수에 6을 얻게 되고, 나누어지지 않는 것이 348이다. 합해서 $354\frac{348}{940}$일을 얻는다. 1년 달의 운행수(12 朔望月)이다. 1년은 12개월이 있으며, 1월은 30일이 있다. 360일은 1년의 常數이다. 그래서 태양 운행에서 $5\frac{235}{940}$일 많은 것을 '氣盈'이라 하고, 달의 운행에서 $5\frac{592}{940}$일 적은 것을 '朔虛'라고 하는데, 기영과 삭허를 합쳐서 '閏'이 생긴다. 그러므로 1년의 閏率은 $10\frac{827}{940}$일이다. 3년에 윤달[三歲一閏]이면 $32\frac{601}{940}$일, 5년에 윤달이 두 번[五歲再閏]이면 $54\frac{375}{940}$일, 19년에 윤달이 일곱 번[十九歲七閏]이면 氣朔의 수치가 같아진다. 그것을 '一章'이라 한다.

"按天體至圓, 周圍三百六十五度四分度之一, 繞地左旋, 常一日一周而過一度. 日麗天而少遲, 一日繞地一周無餘, 而常不及天一度. 積三百六十五日九百四十分日之二百三十五, 而與初躔會, 是一歲日行之數也. 月麗天而尤遲, 一日常不及天十三度十九分度之七. 積二十九日九百四十分日之四百九十九, 而與日會. 十二會得全日三百四十八, 餘分之積五千九百八十八, 如日法九百四十而一得六, 不盡三百四十八. 通計得日三百五十四九百四十分日之三百四十八, 是一歲月行之數也. 歲有十二月, 月有三十日, 三百六十者, 歲之常數也. 故日行而多五日九百四十分日之二百三十五者, 爲氣盈. 月行而少五日九百四十分日之五百九十二者, 爲朔虛. 合氣盈朔虛而閏生焉, 故一歲閏率, 則十日九百四十分日之八百二十七, 三歲一閏, 則三十二日九百四十分日之六百單一, 五歲再閏, 則五十四日九百四十分日之三百七十五, 十有九歲七閏, 則氣朔分齊, 是爲一章也.(『朱子文集』 卷65, 『尙書』「堯典」)

"금화가 서로의 자리를 다스려 천지의 조화권을 경영하네.[理金火之互位, 經天地之化權]."란 말은 천지의 조화 권능이 금화교역으로 구체화되어 선천이 후천으로 얼굴을 바꾼다는 것이다. 금화교역은 천지가 조화를 일으키는 실질적 변화의 힘을 뜻한다. 수지도수로는 둘째손가락에서 금화가 서로 소통한다. 하도의 남방 2·7화와 서방 4·9금 가운데, 서로 자리를 바꾸어 존재하는 것은 남방과 서방의 9금과 7화인 것이다.

문왕팔괘도가 정역팔괘도로 변화하는 과정을 살피면 금화교역의 이치가 일목요연하게 드러난다. 문왕팔괘도의 2곤지坤地 자리에 정역팔괘도의 9리화離火가 위치하여 '구이착종九二錯綜' 현상을 보이며, 한편 9리화離火의 9는 9수數의 금金을 뜻한다. 그것은 9금金이 작용하는 곳에 리화離火가 같은 위치에 존재하는 '금화호역金火互易'을 의미한다. 김일부는 금화가 서로 위치를 바뀌는 원리를 문왕팔괘도와 정역팔괘도의 배치를 통해 '금화송'을 읊은 것이다. 둘째손가락을 굽히고 펴면 9금2화가 공존하고, 넷째손가락을 굽히거나 펴면 4금7화가 공존하는 금화교역을 수지도수로 밝힌 것이다.

천간의 혁명은 역법의 혁명으로 직결되며, 역법의 혁명은 자연의 혁명으로 드러난다. 그것은 생수가 성수로 바뀜에 따라 자연에 본질적인 비약이 일어난다는 뜻이다. 천지가 발휘하는 조화의 힘은 율려律呂의 '정丁 2'가 '정丁 7'로, 정령政令의 '경庚 4'가 '경庚 9'로 바뀌는 권능에서 비롯된 것이다. 화火의 권능은 만물이 성장하는 작용(fuction)을 촉진시키는데, 이때 금 기운이 약하여 만물의 무한 팽창을 막지 못하면 만물은 폭발하여 소멸될 것이다. 금金의 권능은 만물이 무한 성장하는 것을 멈추게 하고 열매 맺도록 촉진시키는 조화의 힘을 뜻한다.

'풍운은 수와 상에서 움직인다[風雲動於數象]'는 말에서 바람은 정역팔괘도의 1손풍巽風, 그리고 구름 운雲은 4감수坎水를 가리킨다. 1과 4는 정역팔괘도의 수數를, 바람과 구름은 '☴' 또는 '☵' 상象을 지시한다. 정역팔괘도의 손괘는 넷째손가락의 1을, 특히 엄지부터 넷째손가락을 모두 굽힌 형상은 건괘의 원형이정을 상징한다. 그리고 1손풍, 2천, 3태택, 4감수를 합하면 수의 총합인 10을 겨냥하고 있다. 결국 풍운의 변화는 수와 상으로 읽어낼 수 있다는 뜻이다.

『정역』은 수의 질서와 손가락 형상을 일치시키고 있다. 그것은 1손풍과 4감수가 넷째손가락에서 만나는 것이 대표한다. 10진법으로 정역팔괘도를 해명하고, 더 나아가 만물이 움직이는 패턴을 비롯하여 선후천 변화를 수지도수로 헤아린 것이다. 1 + 2 + 3 + 4 = 10의 수식은 10 무극대도를 상징하고 있다.

'가악은 무와 문에서 빛난다[歌樂章於武文]는 말은 노래와 음악이 아름다운 문채와 힘을 이룬다는 뜻으로 둘째손가락에서 정역팔괘도의 9리화離火와 6진뢰震雷가 만나는 것을 읊은 것이다.[165] 우렁찬 우레가 무武라면, 빛나는 광명은 문文을 가리킨다. 문무의 최고 결합이 둘째손가락에서 이루어진다는 뜻이다. 그것은 후천에 이루어질 광명과 새로움에 대한 놀라움을 경탄한 글이다.

앞 문장의 '풍운은 수와 상에서 움직인다'와 '가악은 무와 문에서 빛난다'는 말을 정역팔괘도에 맞춘 수지도수로 보면 재미있는 현상이 나타난다. 전자는 첫째, 둘째, 셋째, 네째손가락을 모두 굽힌 건괘의 '원형이정元亨利貞'을 표상한 네째손가락에서 1손풍과 4감수가 만나는 것을

---

165) 엄지손가락을 굽히기 시작하면서 8艮 → 9離 → 10乾 → 1巽 → 2天 → 3兌 → 4坎 → 5坤 → 6震 → 7地로 매듭짓는다. 정역팔괘도는 8艮山에서 시작하는 것이 돋보인다.

상징한다. 후자는 새끼손가락부터 거꾸로 굽히기 시작하여 네째, 세째, 둘째손가락을 굽힌 곤괘 '원형리빈마지정元亨利牝馬之貞'은 둘째손가락에서 일어나는 '구이착종九二錯綜'의 금화교역을 상징한다.

수지도수의 둘째손가락은 『주역』에서 말하는 건괘의 작용(function)이 시작하는 곳이기도 하다.[166] 무공武功은 선천의 낡고 묵은 찌꺼기를 청소하는 강력한 힘을 담당하고, 후천을 새롭게 포장하는 일은 문덕文德이 으뜸이다. 벼락을 동반한 우레는 선천을 마감하고 7지地의 후천 세상을 맞이하기 위한 팡파레 역할을, 9리離의 새롭게 떠오르는 태양은 광명과 문명의 새출발을 상징한다.

手指	1	2	3	4	5	6	7	8	9	10
정역팔괘	8艮	9離	10乾	1巽	2天	3兌	4坎	5坤	6震	7地
文武		文							武	

"기쁘다, 황하의 한 번 맑음이여! 좋구나, 일부의 장관이로다.[喜黃河之一淸, 好一夫之壯觀.]"라는 말은 머지않아 펼쳐질 미래는 누구나 누릴 만한 멋진 세상이라고 읊은 것이다. 누런 흙탕물의 황하가 천 년에 한 번 맑아지면 3년 동안 지속된다는 전설이 있다. 맑은 황하는 성인 출현의 상서로운 징조를 말한 것이다. 그것은 수지도수와 정역팔괘도로 보아서 둘째손가락과 넷째손가락의 중앙에 있는 가장 긴 세째손가락의 '10건乾5곤坤'을 상징한다. 셋째손가락은 다섯 손가락 중에서 한 가운데 있으며, 가장 길다. 중지中指를 굽히면 10건이요, 펴면 5곤이다.

그렇다면 김일부는 후천 세상을 목격했다는 말인가? 후천을 가져오는 절대자가 바로 김일부란 뜻인가? 아직 후천이 오지 않았다는 점에서 보면 전자는 틀린 판단이다. 후자는 김일부가 종교적 숭배 대상자 또는 성인의 대

166) 『周易』 乾卦 「象傳」, "用九, 天德不可爲首也." 또한 「文言傳」, "乾元用九, 乃見天則."

열에 오를 것으로 추측하는 시각일 것이다. 김일부가 직접 후천이 펼쳐지는 광경을 보았다는 것이 아니라, 정역팔괘도의 배치를 통해 장엄하게 펼쳐지는 후천을 마음으로 읽은 것을 뜻한다. 그것은 복희팔괘도의 건곤 위치가 천지비天地否(䷋)에서 정역팔괘도의 지천태地天泰(䷊)로 바뀌는 이른바 '주역에서 정역으로'라는 메시지를 가르친 내용이라 할 수 있다.

중지中指 옆의 오른쪽 네째손가락의 1손풍(☴)은 장녀, 중지 옆의 왼쪽 둘째손가락의 6진뢰(☳)는 장남을 가리킨다. 장남과 장녀는 중지를 굽힌 중지의 아버지 10과, 중지를 편 어머니 5를 좌우에서 잘 보좌한다. 중지를 뜻하는 아버지 천天과 어머니 지地를 중심으로 장남 뇌雷와 장녀 풍風이 곁에 있다. 특히 뇌풍의 조합으로 인해 새롭게 결성되는 괘는 우레와 바람으로 새로운 세상의 문을 여는 신호탄을 상징한다.

새로운 문은 곧 금화교역에 의해 열리는 금화문이요, 후천문이요, 개벽문이다. 그것은 새로운 시공 질서와 진리가 수립되는 것을 의미한다. 정역팔괘도로 볼 때, 금화문의 실체는 건곤괘 내부에 있는 2천7지라는 이름의 신천지의 문門(golden gate)이다. 우레와 하늘이 만나 뇌천대장雷天大壯(䷡)을 이루고, 바람과 땅이 만나 풍지관風地觀(䷓)을 형성한다. 대장의 장壯과 풍지의 관觀이 합성되어 '일부의 장관壯觀'이란 말이 생겼던 것이다. 김일부는 새롭게 불끈 솟는 후천의 해와 달이 하늘과 땅을 밝히는 것을 찬양한 바 있다.

일월은 크게 건곤 집을 밝히고,
천지는 뇌풍궁을 장엄하게 보는구나.
누가 알리오, 선천의 복상달이
금화 날로 생기는 집을 밝힐 줄이야.[167)]

---

167) 『正易』「十五一言」"一歲周天律呂度數", "日月大明乾坤宅, 天地壯觀雷風宮, 誰識先天復上月, 正明金火日生宮."

시공 구조의 재편성, 생명의 재창조로 인해 새롭게 형성된 후천은 선천과 판연하게 다른 까닭에 '장관'으로 표현했다. 과거에는 삭망월朔望月과 항상월恒常月이 만들어내는 일식日蝕과 월식月蝕 등을 지상 최대의 사건이라 불렀다. 자연에서 발생하는 수많은 현상들 중에서 한낮에 갑자기 해가 사라지는 일식이야말로 가장 충격적인 대형 사건이고, 한밤중에 보름달이 갑자기 사라지는 월식도 일식에 버금가는 돌발 사건이다. 과거에는 일식을 재난의 징조로 알았다. 일식과 월식은 다양한 자연 현상 중의 하나일 뿐이다. 그러나 금화교역에 의해 새롭게 펼쳐지는 후천은 과거의 천문 인식과는 차원이 다르다. 김일부는 여태까지 볼 수 없었던 최대의 자연 혁명을 '장관'이라 감탄했던 것이다.

이 대목은 미로에 얽힌 듯한 발언으로 이루어져 있으나, 자연의 변화를 에너지 흐름에 맞추어 설명한 소식괘消息卦 체계로 보면 '장관'의 의미를 쉽게 이해할 수 있다. 관괘 「단전」에는 특별히 신도神道가 나타난다. "하늘의 신도를 봄에 사시가 어긋나지 않으니, 성인이 신도로써 가르침을 베풂에 천하가 복종한다.[觀天之神道而四時不忒, 聖人以神道設教而天下服矣.]" 『주역』 관괘 앞의 임괘臨卦의 '임'은 절대자의 강림을 뜻하는 글자이기 때문에 임괘 뒤에 오는 관괘가 '신도'를 언급한 것이다.

月	11월	12월	1월	2월	3월	4월	5월	6월	7월	8월	9월	10월
卦	復	臨	泰	大壯	夬	乾	姤	遯	否	觀	剝	坤
象	䷗	䷒	䷊	䷡	䷪	䷀	䷫	䷠	䷋	䷓	䷖	䷁

12월 소식괘

"두루미는 3산에서 바람 쏘이고, 황새는 3벽에서 조화하는구나.[風三山而一鶴, 化三碧而一觀.]" 이 글은 동양화에 나오는 한 폭의 산수화를 연상시킨다. 게다가 팔괘도 철학의 심오한 이치를 담고 있는 까닭에 알기가 쉽지 않다. 복희팔괘도와 문왕팔괘도는 물론 정역팔괘도의 세계상을 관통해야 제대로 음미할 수 있다. 이 대목의 핵심은 선천이 후천으로 바뀌는 이치를 문왕팔괘도가 정역팔괘도로 전환되는 과정을 설명한 점에 있다. 그것은 19세기 한국 역학의 주제로 떠올랐다. 중국 역학은 복희팔괘와 문왕팔괘 중심으로 세계의 변화상을 읽어냈는데, 김일부는 제3의 괘도를 그려내어 중국 역학을 극복하고 새로운 주역학의 지평을 열어제쳤던 것이다.

'바람이 세 산을 옮겨 한 마리의 학(두루미)이 나온다[風三山而一鶴]'[168]는 말은 무슨 뜻인가? '바람[風]'은 한국인의 영혼을 대변하는 용어다. 『주역』의 '용구用九' 자리를 뜻하는 둘째손가락에 닿는 6진뢰震雷와 더불어 7지地를 셈하면서 모두 편다. 새로운 세상을 의미하는 엄지손가락 7지地를 다시 굽히면 8간산艮山이 된다. 6 → 7 → 8의 순서를 거치면서 간괘를 으뜸으로 삼는 정역팔괘도가 성립되는 것이다. 한마디로 6의 진괘震卦가 8의 간괘艮卦로 바뀐다는 '진변위간震變爲艮'의 논리가 곧 8간의 산에 우아한 자태의 학이 둥지를 튼다는 뜻이다. 왜 둘째손가락부터 시작하는가? 6갑으로 따질 경우에, 후천의 새로운 시간을 알리는 닭[酉]이 둘째손가락에 닿기 때문이다.

앞 귀절의 '바람[風]'과 뒷 귀절의 '변화[化]'가 결합된 풍화風化는 바람의 힘으로 만물을 교화한다는 한국인 고유의 뿌리 정신과 맞물려 있다. 이것은 8간산과 3태택兌澤, 막내아들과 막내딸이 새 세상을 이끌어갈 주인공이라고 암시하는 대목이다. 8간을 세계 지도로 보면 한반도 조선이요,[169] 3태는 19세기부터 초강대국으로 떠오른 미국에 해당될 것이

---

168) 金貞鉉은 一淸·十淸·三山·一鶴·三碧·一觀은 김일부의 제자였다고 말했다. 이들은 일부선생의 문도로서 이 학문에 깊이 빠져 매우 즐겼고, 선생님이 보신 장관을 깨달아 기뻐서 좋아하고 바람처럼 변화하였다고 전한다.(『正易註義』"金火二頌"의 주석)

169) 조선 초기의 卞季良(1369-1430)은 華山別曲(모두 8장으로 된 京畿體歌로서 서울을 찬양한 노래다. 華山은 삼각산의 다른 이름으로 서울을 일컫는다)이라는 가사를 지었는데, 거

다.[170] 『주역』의 '용육用六' 자리를 뜻하는 넷째손가락을 굽히면서 1손풍巽風과 2천天을 지나 3태택兌澤에 이른다. 1 → 2 → 3의 순서를 거치면서 '손변위태巽變爲兌'의 논리가 성립되는 것이다.

한마디로 동방의 '간'과 서방의 '태'가 결합되는 이치가 곧 '간태합덕艮兌合德'이다. 수지도수로 보면 8간과 3태가 서로 마주보면서 대응하고 있는 형상이다.[171] 정역팔괘도의 8간이 3극의 무극 자리에 닿는다는 논리가 성립하는 것이다. "두루미(학)는 3산에서 바람 쏘이고, 황새는 3벽에서 조화하는구나."에 나오는 한 마리의 학은 15성인의 도통을 이어서 후천의 이치를 밝힌 김일부 자신이고, 한 마리 황새[鸛]는 '삼산일학三山一鶴'의 뜻을 계승하는 황새로서 김일부가 진심으로 염원하는 후천 성인을 가리킨다는 해석도 있다.[172]

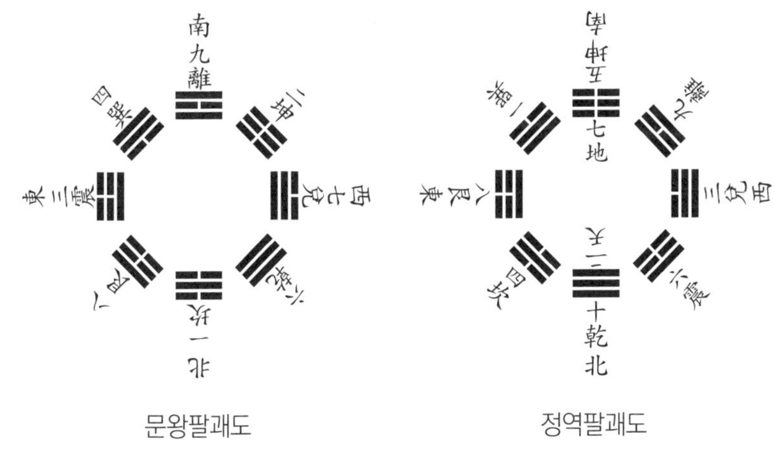

문왕팔괘도 정역팔괘도

기에 "蓬萊方丈瀛洲三山"이라는 명칭이 나오듯이, 蓬萊와 瀛洲와 三山은 우리나라를 가리키는 고유명사였다.

170) 그 당시에 김일부가 과연 美國을 알았을까? 제자 중의 한 사람이 하와이로 이주했다가 귀국하면서 일부선생에게 미국의 실상을 전했다는 얘기가 있다. 미국의 실체는 몰랐을지라도 동방 조선이 앞으로 세계를 이끌어갈 종주국이 될 것이라는 믿음에서 서방을 미국으로 꼽았던 것으로 짐작할 수 있다.

171) 정역팔괘도는 철두철미 '대응' 체계로 구성되어 있다. 그러니까 '風'은 5坤을 보좌하고 있는 1巽風의 '풍'이며, 3산은 동방의 주인공인 8간을 뜻한다.

172) 김주성, 앞의 책, 118쪽 참조.

정역팔괘도의 동서에 있는 8간산과 3태택은 이미 김일부에 의해 제3의 괘도를 설명한 것이라고 평가된 '산과 연못이 기를 통한 뒤에야 비로소 능히 변화할 수 있고, 이미 만물을 완성할 수 있다.[山澤通氣, 然後能變化, 旣成萬物也.]는 「설괘전」 6장의 내용에는 동서의 간'산'과 태'택'이 교감한 뒤에야 자연의 혁명이 가능하다는 것을 예고했다. 그것은 '이미' 과거로부터 우주의 시공 질서와 생명의 정보로 등록되어 있기 때문이라는 뜻이다. 『주역』 32번 택산함괘澤山咸卦(䷞)가 하경下經의 으뜸이듯이, 「설괘전」 6장의 내용대로 '택산'을 뒤집어엎은 산과 연못이 동서에 대응하는 형식을 이룬다. 이처럼 『정역』은 간괘로 시작하는 체계를 갖추고 있는 것이다.

"여기서 바라보아 크게 장엄하니, 예는 3천이요 의는 하나로구나.[觀於此而大壯, 禮三千而義一.]"는 말은 다양한 의미를 함축하고 있다. 앞에서 자연의 혁명을 8괘의 변화, 금화교역에 의한 역법의 완비 등을 얘기한 것은 어쩌면 원론 차원의 논의에 그치는 약점이 있다. 하지만 이 구절에서는 예의禮義 규범들의 차별성을 인정하면서, 문명 사이의 충돌을 방지하기 위한 거대한 통일의 기획을 언급하고 있다.

수많은 도덕 규범을 자랑하는 유교는 문명 사회를 꿈꾸었다. 한마디로 유교는 개인의 도덕적 가치가 사회에 구현되는 대동사회의 건설을 지향한다. 예가 3천이라는 말이 분화分化의 논리에 기초한 다양성의 공존이라면,[173] 의리가 하나로 통합된다는 말은 동화同和의 논리가 최고의 가치로 대접받는 세상을 뜻한다.

이 글은 사서四書에 나오는 명언을 정역사상에 부합하도록 부연한 것이다. 공자는 시 삼백 편은 한마디로 생각에 사특함이 없다고 말했다.[174] 마찬가지로 예禮 수 백편 역시 '공경하지 않음이 없다'는 말로 요

---

173) 禮記가 300편이라면, 儀禮는 3,000가지의 규범이 있다는 뜻이다.

174) 『論語』「爲政」, "子曰 詩三百, 一言以蔽之, 思無邪."

약할 수 있다.[175] 그래서 율곡栗谷(1536-1584)은 선비다운 삶의 요건으로 '스스로를 속이지 말라[毋自欺]'와 '혼자 있을 때를 삼가야 한다[愼其獨]'는 덕목을 좌우명으로 추천하였다.

'여기에서 대장을 본다'의 여기는 어디인가? 풍지관괘에는 신도神道와 제사가 나오고, 뇌천대장괘에는 예와 의가 나온다.[176] 수지도수로 보면, 중지中指인 10건천乾天의 왼쪽이 6진뢰震雷이므로 뇌천대장(䷡)이 되며, 중지인 5곤지坤地의 오른쪽이 1손풍巽風이므로 풍지관(䷓)이 된다. 중지를 중심으로 좌우에 보필자가 자리 잡고, 동서에서 간태艮兌가 결합하면 신천지에 걸맞은 새로운 예악 문화가 출현한다는 뜻이다.

175) 『禮記』「曲禮」, "毋不敬, 儼若思, 安定辭, 安民哉!"
176) 『周易』 大壯卦 「象傳」, "雷天在上, 大壯, 君子以, 非禮弗履."

金火三頌
금 화 삼 송

北窓淸風에 **暢和淵明无絃琴**하고
북 창 청 풍　　창 화 연 명 무 현 금

東山第一三八峯에 **次第登臨**하여
동 산 제 일 삼 팔 봉　　차 제 등 림

洞得吾孔夫子小魯意를
통 득 오 공 부 자 소 로 의

脫巾掛石壁하고 **南望靑松架短壑**하니
탈 건 괘 석 벽　　남 망 청 송 가 단 학

西塞山前白鷺飛를
서 새 산 전 백 로 비

懶搖白羽扇하고 **俯瞰赤壁江**하니
나 요 백 우 선　　부 감 적 벽 강

赤赤白白互互中에
적 적 백 백 호 호 중

中有學仙侶하여 **吹簫弄明月**을
중 유 학 선 려　　취 소 농 명 월

북녘창 맑은 바람에 도연명의 줄 없는 거문고에 가락 맞추고,

동산 제일 삼팔봉에 차례로 올라가니,

우리 공부자께서 노나라가 작다고 하신 뜻을 훤히 알겠구나.

두건 벗어 석벽에 걸고, 남쪽을 바라보니 푸른 솔 횟대질러 짧은 구렁 걸쳤는데,

서쪽 변방 산 앞에서 해오라기가 날아든다.

느릿느릿 흰 부채 흔들면서 적벽강을 굽어보니,

붉고 붉으며 희고 흰 것이 서로서로 섞인 가운데,

그 속에 학선려가 있어 퉁소 불며 밝은 달을 희롱하네.

이 글은 60년 솔성의 공부를 마친 후, 금화교역과 정역팔괘의 세계를 통달한 경지에서 읊은 시이다. 특히 도연명陶淵明, 맹자孟子, 이백李白, 장지화張志和, 제갈공명諸葛孔明, 소동파蘇東坡, 구단丘丹의 시, 혹은 역사 등을 인용하여 정역팔괘도 형성의 과정을 설명하였다. 이런 의미에서 금화삼송은 정역팔괘에 대한 칭송이라고도 할 수 있다.

맑은 바람 부는 북녘창은 정역팔괘도의 북쪽에 자리 잡은 '건괘乾卦'를 두고 한 말이다. 그것은 북쪽 창문에 들락날락하는 바람소리를 들으면서 줄 없는 거문고에 장단 맞춰 시와 함께 가난한 삶을 살아간 도연명의 인생에 화답한 내용이다. 첫 대목은 생명 창조의 자궁에 해당되는 건괘의 방위가 남쪽에서 북쪽으로 이동하는 사태를 노래한 가락이다.

"동산 제일 삼팔봉에 차례로 올라가니, 우리 공부자께서 노나라가 작다고 하신 뜻을 훤히 알겠구나.[東山第一三八峯, 次第登臨, 洞得吾孔夫子小魯意.]"라는 내용은 정역팔괘도가 간괘로부터 시작한다고 주장하여 복희팔괘도와 문왕팔괘도의 세계는 너무 시야가 좁기 때문에 문명화된 사회에서는 더 이상 효용 가치가 떨어진다는 견해를 맹자의 말을 인용하여 설명하였다.

동산의 가장 높은 3·8봉에 올라가서 아래를 내려다보니 공자가 노나라의 규모가 작다고 평가한 것을 알겠다는 것이다. "공자께서 동산에 올라가서는 노나라가 작다고 여기셨고, 태산에 올라가서는 천하를 작다고 여기셨다."[177] 공자는 자신의 큰 뜻을 펴기에는 모국은 너무 작고, 심지어 천하마저도 작다고 느꼈다. 한마디로 선천은 소천지小天地요, 후천은 대천지大天地라는 뜻이다.

공자가 말하는 천하와 김일부가 말하는 천하는 어떻게 다른가? 그것은 문왕팔괘도와 정역팔괘도를 비교하면 그 차이점이 극명하게 드러난

177) 『孟子』「盡心」上, "孟子曰 孔子登東山而小魯, 登泰山而小天下."

다. 낙서에 근거한 문왕팔괘도는 선천 5토 중심의 9수 세계인 반면에, 정역팔괘도는 무극과 황극(10+5=15)의 중심인 8간으로부터 시작한다. 전자가 5토 중심의 세계라면, 후자는 10토 중심의 세계인 까닭에 선천보다 후천은 광대무변할 수밖에 없다는 것이다. 특히 3·8봉은 하도의 동방 3·8목木이며, 정역팔괘도의 동방에 있는 간괘를 뜻한다. 한편 그것은 산악 지역이 많은 동방 한국을 지적한 것이다.

이는 복희와 문왕을 넘어서 김일부에 의해 새롭게 펼쳐진 정역팔괘도의 독창성과 보편성을, 건곤괘 중심의 과거 역학에서 간괘로부터 새롭게 시작하는 미래의 역학을, 그 동안 문명의 발전에 기여한 중국역학의 역할은 끝났고 한국역학이 세계 인문학의 준거가 될 수 있다는 가능성을 제시·점검한 것이다.

"두건 벗어 석벽에 걸고, 남쪽을 바라보니 푸른 솔 횟대질러 짧은 구렁 걸쳤다.[脫巾掛石壁, 南望青松架短壑.]" 이 대목은 '주역에서 정역으로'라는 큰 주제 안에서 건괘가 남방에서 북방으로 이동하는 과정을 밝힌 내용이다. 더운 날씨를 피하는 이태백의 방법을 시로 읊었으나, 김일부는 복희팔괘의 남방 건괘가 정역팔괘의 북방으로 옮기는 이유를 말한 것이다.

탈脫은 벗다라는 의미보다는 어디서 벗어나 어느 곳으로 옮기다는 뜻으로 새겨야 옳다. 그 다음에 반대편을 바라보니 푸른 소나무 가지가 줄기를 중심으로 양쪽으로 나뉜 형상(☷)으로 보인다는 것이다. 복희팔괘도에서 건괘는 남방에 있었으나, 정역팔괘도의 북방으로 이동하기 때문에 반대편의 곤괘는 남방에 위치하는 모습을 띤다. 그것은 양陽 중심의 『주역』이 음陰 중심의 『정역』으로 전환되는 것을 시사한다.

"서쪽 변방 산 앞에서 해오라기가 날아든다.[西塞山前白鷺飛]" 이 구절 역시 장지화의 옛 시를 빌려서 이른바 '간태艮兌'가 대응하는 이치를 설명한 것이다. 정역팔괘도로 보면, 서쪽은 태괘兌卦이며 색깔로는 흰색이므로 백로白鷺를 얘기한 것이다. 서방 태괘에 대응하는 괘는 동방 간괘艮卦다. 간태가 대응하여 천지의 존재 이유와 목적을 달성하기 위해서는 선천을 상징하는 복희팔괘의 북남 천지비天地否(䷋)가 정역팔괘의 남북 지천태地天泰(䷊)로 바뀌어야 한다. 남북에 위치한 건곤은 시간의 'X' 축을, 동서에 위치한 간태는 공간의 'Y' 축을 상징한다. 그것은 동서의 공간 축을 상징하는 간태와, 남북의 시간 축을 상징하는 건곤이 음양의 균형을 이루도록 하는 힘으로 작동하는 것을 뜻한다.

정역팔괘도는 5곤지坤地와 10건천乾天이 남북(䷊)에 대응하고, 8간산艮山과 3태택兌澤이 동서에서 서로 교통한다. 간괘와 태괘가 서로 호응하는 이법을 흔히 '간태합덕艮兌合德'이라 부른다. 간(☶)과 태(☱)는 소남과 소녀를 지칭한다. 선천은 장남(☳)과 장녀(☴)가 천지부모를 대신했으나, 후천은 소남과 소녀가 그 역할을 맡는다는 것이다. 한편 산택을 뒤집은 『주역』의 '택산'이 부부의 사랑은 영원히 지속된다는 구조(䷞)를 반영하고 있으나, 소남소녀는 후천 세상을 짊어질 주인공이라는 뜻이다.

"느릿느릿 흰 부채 흔들면서 적벽강을 굽어본다.[懶搖白羽扇, 俯瞰赤壁江.]" 이 대목 역시 중국 역사를 빌려 정역팔괘도의 특징을 대응 논리로 설명하고 있다. '백우선'은 촉나라 재상 제갈량諸葛亮(181-234)이 3군을 지휘할 때 쓰던 부채를 가리킨다. 부채는 바람을 일으키는 까닭에 1손풍巽風을 상징하며, 이에 대응하는 곳에 6진뢰震雷가 있다. 부채는 흔들지[震] 않으면 바람[風]이 생기지 않는다. 부채를 천천히 움직이는 것은 진괘(☳)를, 바람을 뜻하는 백우선은 손괘(☴)를 뜻한다.

적벽강의 물은 4감수坎水를, 이에 대응하여 몸을 구부려 위에서 아래로 내려본다[俯瞰]는 말은 9리화離火를 뜻한다. 결국 '나요'는 6진뢰, '백우선'은 1손풍, '부감'은 9리화, '적벽강'은 4감수를 가리킨다. 적벽강의 주제는 주유周瑜(175-210)와 조조가 싸우던 전쟁이야기를 들추어 회상한다는 것이 아니라, 정역팔괘도의 성립 과정을 설명하려고 도입한 것이다. 4감과 대응하는 9리를 달리 표현하면 수화水火이며, 수와 화가 결합하여 기제괘旣濟卦를 형성한다. 그것은 가운데가 빈 9리화(☲)에 흐르는 4감수의 강물이라 말할 수 있을 것이다.

김일부는 소동파의 「적벽부」에 나오는 '임술년 가을 7월 16일[壬戌之秋七月旣望]', '청풍淸風', '명월明月', '월출동산月出東山', '두우斗牛' 등을 선후천 변화의 의미로 사용했다고 짐작할 수 있다. 이런 연유에서 『정역』 읽기가 보통 어려운 것이 아니다. 우선 내용 자체도 『주역』과는 뚜렷하게 다를 뿐만 아니라, 수많은 고사성어 등을 집필의 의도에 맞추어 변형시킨 까닭에 『정역』 전반에 대한 심화된 이해가 전제되지 않고는 한 치도 앞으로 나아갈 수 없기 때문이다.

"붉고 붉으며 희고 흰 것이 서로서로 섞인 가운데, 그 속에 학선려가 있어 퉁소 불며 밝은 달을 희롱하네.[赤赤白白互互中, 中有學仙侶, 吹簫弄明月.]" 이 대목은 구단丘丹의 시를 빌려 금화교역을 설명하였다. '붉고 붉다[赤赤]'는 2·7화火요, '희고 희다[白白]'는 4·9금金을 가리킨다. 2·7화와 4·9금을 교체하는 축은 수지도수로 3·8의 건곤이다. 3·8은 정역팔괘도의 숫자가 아니라, 하도낙서와 수지도수 측면에서 말한 것이다. 가운데 손가락의 왼쪽은 9·2요, 오른쪽은 4·7이다. 말 그대로 4·9와 2·7이 3·8(괘도로는 건곤) 중심으로 섞여 있는 모양새를 이루고 있다.

食指	中指	藥指	二七四九 赤赤白白
九二 白赤	三八 中	四七 白赤	
互互中			

수지도수로 보는 금화교역

유학과 선도와 승려를 뜻하는 '학선려學仙侶'는 유불선이 통합될 것이라는 확신을 언급한 내용이다. 유불선을 뛰어넘어 어디에도 걸림 없어야 통소 불면서 밝은 달을 즐겨 감상할 수 있다는 것이다. '취소吹簫'는 장자방張子房(BCE 250-BCE 186)이 옥통수 부는 전술로 항우項羽(BCE 232-BCE 202)의 군사들을 애간장 끊도록 만들어 승리를 거머쥔 고사에서 비롯된 말이다.

김일부는 "무위시无位詩"에서 유불선의 통일을 다음과 같이 읊었다.

道乃分三理自然하니 도 내 분 삼 리 자 연	진리가 셋으로 나뉨은 이치의 자연스러움이니,
斯儒斯佛又斯仙을 사 유 사 불 우 사 선	유도 되고 불도 되고 선도 되는구나.
誰識一夫眞蹈此오 수 식 일 부 진 도 차	뉘라서 일부가 진실로 이 셋을 밟을 줄 알았으리오.
无人則守 有人傳을 무 인 즉 수 유 인 전	사람이 없으면 홀로 지키고, 사람이 있으면 전하라.

유불선을 멋진 시의 언어로 '학선려學仙侶'라고 표현하였다. 유불선은 동양 문화의 큰 줄거리다. 유儒는 유도를, 선仙은 선도를, 여侶는 불도를 뜻한다. 이 유불선의 뿌리는 원래 하나인데, 이 하나에서 셋으로 분화되고 전개되어 문명을 꽃피웠다는 것이다. 머지않은 장래에 유불선이 다시 하나로 통일될 것이라는 예고편이다.

이밖에 '통소 불며 밝은 달을 희롱하네.[吹簫弄明月]'에서 '악기를 불다[吹]'는 움직이다, 운동을 뜻하는 우레 진震을, 달[月]은 괘로는 수水를 상징한다. 이 둘을 결합하면 40번 뇌수해괘雷水解卦(䷧)가 형성된다. 전통을 해체하고 하나로 통합하여 유불선의 갈등과 모순을 해결하는 새로운 진리가 출현할 것이라는 깊은 뜻이 숨겨져 있다.

金火三頌에 얽힌 이야기

① 줄 없는 거문고를 뜯은 陶淵明(365-427): 시골로 은거한 도연명은 직접 괭이와 삽을 들고 농사 짓고 살았다. 평생 가난과 질병에 시달렸지만 권세와 타협하지 않고 꿋꿋하게 살았다. 몸은 비록 가난했으나, 마음은 부자였던 전원 시인!

『채근담』은 자연의 소리를 듣고 읽어야 한다고 말했다. "사람들이 글자 있는 책은 읽고 아는데, 글자 없는 책은 읽고도 알지 못한다. 줄 있는 거문고는 뜯을 줄 아는데, 줄 없는 거문고는 뜯을 줄 모른다. 형상 있는 것만 쓸 줄 알고, 정신은 쓸 줄 모른다. 무엇으로 거문고와 글의 참 맛을 알았다 하겠는가?[人解讀有字書, 不解讀無字書. 知彈有絃琴, 不知彈無絃琴. 以跡用, 不以神用, 何以得琴書之趣?]" 하늘의 음성을 듣는 이는 어떤 악기 소리가 필요 없듯이, 귀에 들리지 않는 자연의 소리를 마음으로 읽어야 한다는 뜻이다.

도연명의 시를 사랑한 조선의 철학자 徐敬德(1489-1546) 역시 '無絃琴銘'을 지었다. "거문고에 줄이 없는 것은 본체는 보존하고 작용을 뺀 것이다. 진실로 작용을 뺀 것이 아니라, 고요함에 움직임을 함유하고 있는 것이다. 소리를 통하여 듣는 것은 소리 없음에서 듣는 것만 같지 못하며, 형체를 통해 즐기는 것은 형체 없음에서 즐기는 것만 같지 못하다. 형체 없음에서 즐기므로 그 오묘함을 체득하게 되며, 소리 없음에서 들음으로써 그 미묘함을 체득하게 된다. 밖으로는 있음에서 체득하지만, 안으로는 없음에서 깨닫게 된다. 그 가운데에서 흥취 얻음을 생각할 때, 어찌 거문고 줄에 대한 공부에 힘쓰겠는가?[琴而無絃, 存體去用. 非誠去用, 靜基含動. 聽之聲上, 不若聽之於無聲, 樂之形上, 不若樂之於無形. 樂之於無形, 乃得其微, 聽之於無聲, 乃得其妙. 外得於有, 內得於無. 顧得趣乎其中, 爰有事於絃上工夫?]"

그리고 조선의 화가 李慶胤(1545-1611)은 月下彈琴圖라는 그림을 그렸다. 그는 옛 선비들이 인격 수양의 한 방편으로 달 빛 아래서 줄 없는 거문고 타는 장면을 화폭에 담았다. 여러 사람과 더불어 즐기는 풍류가 있고, 호젓한 장소에서 홀로 즐기는 풍류가 있다. 홀로 즐기는 풍류객이 빼 놓을 수 없는 짝꿍이 바로 거문고였다.

동양의 시인 묵객들은 도연명을 사모했다. 특히 선비들은 현란한 솜씨의 거문고 연주보다는 줄 없는 거문고를 뜯으면서 자연과의 합일을 꿈꾸었다. 이런 의미에서 '無絃琴의 연주'는 예술혼의 극치라고 할 수 있다. 유교의 미학은 주역학에 녹아 있다. 이를테면 "'역은 소리 없는 거문고요, 거문고는 소리 있는 역이다'라는 시처럼, '무현금의 미학'은 동양 예술과 미학의 궁극이자 유가와 도가와 불가를 하나로 통합하는 경지를 만들어냈다."[178]

② 李白(701-762)의 "夏日山中"- 한 여름 산 속에서

亂搖白羽扇 난요백우선	하도 더워 백우선 흔들기도 귀찮아,
裸體青林中 나체청림중	옷 벗고 숲속으로 들어갔네.
脫巾掛石壁 탈건괘석벽	두건은 바위에 걸어두고,
露頂灑松風 노정쇄송풍	맨머리 드러내어 솔바람에 씻어보네.

③ 張志和(732-774)의 "漁父歌"

西塞山前白鷺飛 서새산전백로비	서새산[179] 앞에는 백로가 날아들고,
桃花流水鱖魚肥 도화류수궐어비	복사꽃 뜬 강물에는 쏘가리 살찐다.

178) 우실하, 『전통음악의 구조와 원리』(소나무, 2004), 484-495쪽 참조.
179) 중국 湖北省 黃石에 위치한 산 이름이다. 산의 형태가 마치 큰 고래와 흡사하며, 강 한 가운데에 우뚝 서 있다. 군사 전략가에 따르면, 서새산은 공격과 방어가 동시에 가능한 천연 요새다.

靑箬笠綠簑衣 청약입록사의	대나무 삿갓 쓰고 푸른 도롱이 옷 입은 채,
斜風細雨不須歸 사풍세우불수귀	빗겨 부는 바람, 부슬비에 돌아가지 않으리라.

장지화는 당나라 숙종 때, 조그만 벼슬하다가 폄적된 일이 있었다. 그 뒤에 관직을 사퇴하여 절강성 太湖와 苕溪에서 고기 잡으며 살았다. 이 시는 조정에 복귀하라는 당시 湖州刺史 安眞卿(709-785)의 충고에 답한 글이다. 초계 주위의 시원스런 정경을 배경으로 어디에도 걸림 없는 어부의 자유분방한 삶을 느끼게 한다.

④ 丘丹(?-?, 대략 780년 전후에 살았다)이 지은 시는 淸代에 편찬된 『全唐詩』에 11수가 수록되어 있다. "이슬방울은 오동잎에 떨어지며 소리 내고, 가을바람은 계수나무 꽃을 피우네. 그 가운데 유불선이 있는데, 퉁소 불어 산에 뜬 달을 희롱하네.[露滴梧葉鳴, 秋風桂花發. 中有學仙侶, 吹簫弄山月.]"

⑤ 蘇東坡(1036-1101)의 赤壁賦: 소동파는 아버지 蘇洵(1009-1066), 동생 蘇轍(1039-1112)과 더불어 三蘇로 널리 알려졌다. 이들 삼부자는 당송팔대가에 꼽힐 정로도 유명한 산문가이자 시인이었다. '적벽부'는 필화 사건으로 인해 좌천되어 호북성 黃州 長江(양쯔강)에 친구와 함께 배 띄어 조조와 손권이 싸웠던 '적벽'에서 쓴 시이다. 음력 7월 지은 '前赤壁賦'와, 음력 10월에 지은 '後赤壁賦'가 있다. 이 두 편은 천고의 명문으로 인생에 대한 느낌을 호방하게 표현하였다.

소동파는 시인, 문장가, 서예가, 화가, 유학자 등을 망라한 다재다능한 인물이다. 황주성 밖에는 赤壁磯라는 산이 있는데, 삼국 시대 때 적벽을 불태웠던 전쟁터이다. "소동파는 고향 친구 楊世昌과 더불어 밤놀이 가기를 좋아했다. 부드러운 산들바람이 수면을 흩뜨리지 않으면서 강 위로 천천히 불어왔다. 두 사람은 작은 술병을 들고서 애창하는 곡조를 읊조렸다. 점점 둥근 달이 동편에서 떠올라 북두성과 견우성 사이를 배회하였다. 하얀 안개가 강 위를 덮어 달빛에 반사된 안개빛에 물빛이 녹아들어 구분할 수 없게 되었다. 그들은 뱃전을 두드려 박자를 맞춰가며 노래를 불렀다. … 음악이 끝나자 소동파는 피리 곡조가 어찌 그리 슬프냐고 물었다. 그 친구는 이렇게 대답했다. '적벽 아래 바로 이 강 위에서 옛날에 무슨 일이 일어났는지 생각나지 않나?' 천여년 전에 삼국의 운명을 결정짓는 역사적인 해전이 바로 여기에서 있었다. 돛대가 숲처럼 빽빽한 曹操의 함대가 江陵에서 내려오는 장관을 소동파가 어찌 상상하지 못했으랴! 그래서 소동파는 조조가 지은 '달 밝고 별빛 성근데, 까마귀는 남쪽으로 날아가네[月明星稀, 烏鵲南飛]'란 시구를 떠올렸다."(林語堂 지음/진영희 옮김, 『쾌활한 천재, 소동파 평전』, 지식산업사, 2001, 318쪽 참조.)

逝者如斯, 서자여사	흘러가는 것이 이와 같으나
而未嘗往也. 이미상왕야	일찍이 다 흘러가 버린 적이 없네.
盈虛者如彼, 영허자여피	달이 차고 비는 것이 저와 같으나
而卒莫消長也. 이졸막소장야	끝내 늘거나 줄어들지 않는다.
蓋將自其變者而觀之, 개장자기변자이관지	무릇 변하는 것에서 보면
則天地曾不能以一瞬. 즉천지증불능이일순	천지도 한 순간일 수밖에 없으며,
自其不變者而觀之, 자기불변자이관지	변하지 않는 것에서 보면
則物于我皆無盡也. 즉물우아개무진야	만물과 내가 모두 다함이 없으니,
而又何羨乎? 이우하선호	또 무엇을 부러워하리요?

且夫天地之間, 차부천지지간	또한 대저 천지 사이의 만물에는
物各有主, 물각유주	제각기 주인이 있으니,
苟非吾之所有, 구비오지소유	진실로 나의 소유가 아니라면
雖一毫而莫取. 수일호이막취	비록 터럭 하나일지라도 취하지 말라.
惟江上之淸風, 유강상지청풍	오직 강 위의 시원한 바람과
與山間之明月, 여산간지명월	산간에 뜬 밝은 달은
耳得之而爲聲, 이득지이위성	귀로 들으면 소리가 되고,
目遇之而成色. 목우지이성색	눈으로 보면 경치를 이루어서,
取之無禁, 취지무금	이것을 가져도 금할 이 없고,
用之不竭, 용지불갈	아무리 써도 다함이 없으니,
是造物者之無盡藏也. 시조물자지무진장야	이는 조물주의 다함이 없는 보물이니,
而吾與者之所共樂. 이오여자지소공락	나와 그대가 함께 누릴 바로다.
客喜而笑, 객희이소	손님이 기뻐서 웃고
洗盞更酌, 세잔갱작	잔을 씻어 다시 술을 따르니,
肴核旣盡, 효핵기진	고기와 과일 안주가 이미 다하고
杯盤狼藉. 배반낭자	술잔과 소반이 어지럽네.
相與枕籍乎舟中, 상여침적호주중	배안에서 서로 함께 포개어 잠이 드니,
不知東方之旣白. 부지동방지기백	동녘 하늘이 밝아 오는 줄도 몰랐네.

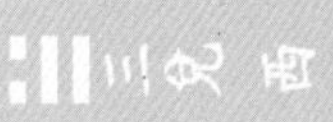

金火四頌
금 화 사 송

四九二七金火門은 사구이칠금화문	4·9와 2·7의 금화문은
古人意思不到處라 고인의사부도처	옛 사람의 뜻과 사유가 도달하지 못한 곳이로다.
我爲主人次第開하니 아위주인차제개	내가 주인이 되어 차례로 금화문을 여니,
一六三八左右分列하여 일육삼팔좌우분열	1·6과 3·8이 좌우로 나뉘어서,
古今天地 一大壯觀이오 고금천지 일대장관	고금의 천지에 하나의 크나큰 장관이요,
今古日月 第一奇觀이라 금고일월 제일기관	금고의 일월에 가장 으뜸가는 기관일세.
歌頌七月章一篇하고 가송칠월장일편	칠월장 한 편을 칭송하여 노래하고,
景慕周公聖德하니 경모주공성덕	주공의 성덕을 사모하니,
於好夫子之不言이 오호부자지불언	아아! 공부자가 말씀하지 않은 것이
是今日이로다 시금일	바로 오늘일세.

금화사송은 넓은 의미에서 『정역』은 매우 독창성이 뛰어난 작품이고, 좁은 의미에서 금화교역에 대한 발상은 동서양 어떤 학자도 생각하지 못한 사유의 극치를 설파했다는 자긍심을 드러냈다.

김일부는 금화교역에 의해 선천이 후천으로 바뀌는 출입구를 '금화문'이라 표현했다. 금화문은 후천이 열리는 개벽문이고, 선천 1년 $365\frac{1}{4}$

일이 1년 360일로 거듭 태어나는 시간의 문이며, 태양계의 행성들이 타원궤도에서 정원궤도로 돌아가는 새로운 공간의 문이며, 온 인류가 고통과 질곡으로부터 해방되는 구원문이며, 인간이면 누구나 꿈꾸던 해탈문이요, 신천지의 숨구멍인 생명문이다.

김일부는 선천을 물리치고 새롭게 태어나는 재창조의 금화문은 선천의 창조문보다 훨씬 위대하다고 말했다. 그는 찬탄에 그치지 않고, 수지도수와 정역팔괘도의 소통을 통하여 동서양 성자들 누구도 생각하지 못한 논리를 개발하여 새로운 시공관에 대한 보편성의 획득에 심혈을 기울였다.

금화교역이 이루어지는 서방과 남방, 수리로는 4·9와 2·7의 자리바꿈을 옛 학자들은 전혀 인식하지 못했는데, 김일부는 하도낙서의 본질은 금화교역에 있다는 사실을 처음으로 발견한 기쁨을 노래하였다. 선배 학자들 역시 하도낙서에 대한 활발한 논의를 진행했음에도 불구하고 금화교역에 대한 문제 의식은 전혀 없었다는 것이다. 심지어 선후천 변화에 대한 이해가 전무했을 뿐만 아니라, 아직도 금화교역을 형이상학적 종말론의 변형이라고 매도하는 경우가 허다하다.

"옛 사람의 뜻과 사유가 도달하지 못한 곳이다[古人意思不到處]"의 옛 사람은 복희, 문왕, 주공, 공자를 비롯하여 『주역』에 대한 수많은 주석서를 펴낸 선배들의 업적을 통째로 비판한 내용이다. 그렇다고 과거의 성현과 학자들의 실명을 거론하면서 비판하지는 않았다. 또한 전통 학술의 미비점을 꼭 집어서 논쟁하지도 않았다. 다만 괘도의 변천사를 통해 선천이 후천으로 전환된다는 사실에 방점을 찍으면서 복희팔괘도와 문왕팔괘도의 유통 기한은 이미 끝났고, 앞으로 정역팔괘도와 하도가 일치되는 후천 세상이 온다는 것을 밝혔다.

김일부는 복희팔괘도와 문왕팔괘도의 특징을 비교하면서 정역팔괘도 성립의 당위성 입증에 집중하였다. 복희팔괘도는 만물 생성의 기원과 원리를 밝힌 8수 중심의 체계이며, 문왕팔괘도는 만물의 성장 과정을 9

수 중심으로 설명한 체계이며, 정역팔괘도는 만물의 탄생과 성장을 매듭짓고 성숙의 단계로 나아가는 질서를 밝힌 체계라고 구별하였다. 정역팔괘도는 복희팔괘도와 문왕팔괘도의 이법을 함축한 10수 중심의 생명의 창조와 재창조의 문제를 해독한 문서라고 할 수 있다.

복희팔괘도가 천지창조의 설계도라면, 문왕팔괘도는 만물의 변화상을 그려낸 문명 발전의 청사진이며, 정역팔괘도는 미래에 건설될 하도의 이상향을 수리철학으로 설명한 체계라고 할 수 있다. 문왕팔괘가 정역팔괘로 진화하는 과정을 해명하려면 괘도보다는 하도낙서에 투영된 3극과 5행 문제로 분석하는 것이 효과가 더 크다. 3극이 본체 영역이라면, 5행은 작용 영역이기 때문이다.

하도는 본체와 작용을 종합한 체계를 갖춘 반면에, 낙서는 작용 위주의 체계만 갖추었다. 낙서에서 하도로의 전환은 본체와 작용의 극적인 교체에 의해 이루어진다. 이것이 바로 금화교역의 본질 문제인 것이다. 왜냐하면 하도 도상에는 금화교역의 조화造化를 일으키는 3극이 중앙에 배치되어 있기 때문이다.

그런데 하도와 낙서의 4·9와 2·7을 정역팔괘도로로 계산하면 2자리에 9리가, 7자리에 4감이 위치하는 우연 아닌 필연 현상이 생긴다. 그것은 금화교역을 통한 '2천7지의 신천지' 수립을 시사하는 것은 아닐까? 김일부는 '4감9리2천7지'의 괘를 4·7과 2·9의 수지도수로 일치시키는 이른바 하도와 괘도의 통합을 겨냥했던 것이다.

손	1	2	3	4	5	6	7	8	9	10
正易八卦	8艮	9離	10乾	1巽	2天	3兌	4坎	5坤	6震	7地
雷風			'→'	風	'←'			'→'	雷	'←'
中				中					中	

건천과 곤지의 중심에 바람과 우레가 우뚝 서다

“내가 주인이 되어 차례로 금화문을 여니, 1·6과 3·8이 좌우로 나뉜다.[我爲主人次第開, 一六三八左右分列.]”는 대목의 핵심은 지금까지는 『주역』 중심의 문명사가 세상을 지배했으나, 앞으로는 금화교역이 주제인 『정역』 중심으로 재편될 것이라는 확신을 선언한 것에 있다. 그것은 김일부 스스로가 금화교역설에 대한 선봉장의 역할을 맡겠다는 각오와 함께, 『주역』의 그늘에서 벗어나 마침내 새로운 진리를 개발했다는 사실을 알리는 일종의 광고문이다.

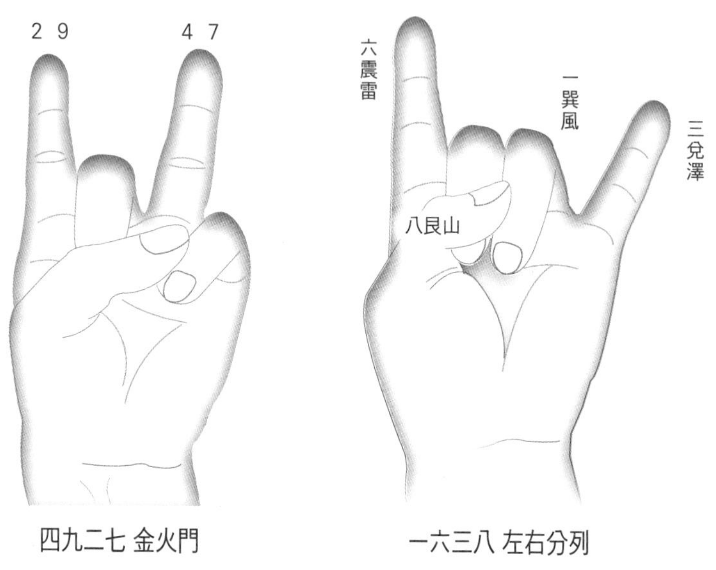

四九二七 金火門　　一六三八 左右分列

‘1손풍·6진뢰·3태택·8간산’이 금화문을 중심으로 좌우로 배열되어 있다는 것이다. 이러한 사실은 복희팔괘와 문왕팔괘에서는 찾을 수 없고, 오직 정역팔괘에서만 통용되는 현상이다. 괘도의 배열과 수지도수가 일치하는 이유를 밝힌 자신감은 스스로가 진리의 주체로 거듭 태어났다는 사실과 무관하지 않다.

금화문의 신비란 무엇인가? 그것은 선후천을 꿰뚫는 원리요, 선천의 창조 이래 아직까지 한 번도 볼 수 없었던 시공의 문이 열리고 닫히는 신비로운 블랙홀을 뜻한다. 김일부는 망원경 혹은 현미경으로 우주의 신비를 관측한 것이 아니라, 오랜 동안 시간과 진리에 대한 깊은 사유의 결과를 금화교역 이론으로 집약했던 것이다.

금화문은 지금까지 아무도 보지 못했던 놀라운 '장관壯觀', 앞으로도 전혀 찾을 수 없는 기이한 볼거리라는 뜻의 '기관奇觀'이다. 그런데 뇌천대장雷天大壯(䷡)의 '장관'과 풍지관風地觀(䷓)의 '기관'을 합치면 흥미로운 조합이 생긴다. 그 중에서 뇌풍항雷風恒(䷟)[180]과 '2천7지의 신천지新天地'와 지천태地天泰(䷊)와 위대한 볼거리라는 뜻의 대관大觀이 바로 그것이다.

특히 예전부터 지금까지라는 의미의 '고금古今'에는 미래가 배제되어 있다. 그러니까 금화문이 열리는 이치를 설명한 자신의 이론은 과거로부터 현재에 이르기까지 시간 전체를 담지한 철학이라는 것이다. 그리고 현재로부터 과거까지라는 의미의 '금고今古'에도 역시 미래가 빠져 있다. 현재와 미래가 만나 금화문이 열리는 시간대를 중심으로 풀었다는 뜻이다. 김일부는 아무도 보지 못했던 미래의 사태를 미리 앞당겨 이 글을 썼다고 장담할 수는 없으나, 미래 시간에 대한 통찰과 체험이 전제되지 않고는 '장관'과 '기관'은 허울 좋은 수식어에 불과할 것이다.

앞 문장의 주어는 뇌천대장의 '천'과 풍지관의 '지'에 방점이 찍혀 있다. 그것은 과거와 현재의 천지보다는 미래의 천지를 강조한 것이다. 더욱이 뒷 문장의 주어 역시 새롭게 태어날 '일월'이기 때문이다. 그러니까 천지일월이 이 대목의 키워드라고 할 수 있다. 천지가 새롭게 태어나 신천지가 되면, 일월 역시 새롭게 태어난 일월이 될 것이다.

한마디로 복희팔괘도와 문왕팔괘도가 선천의 변화에 맞춘 세계관이라면, 정역팔괘도는 후천의 질서에 맞춘 세계관이기 때문에 처음보는 장관이요 기이한 구경거리라고 말한 것이다. 이는 금화문 중심으로 정

180) 뇌천대장의 '뇌'와 풍지관의 '풍'을 결합하면 항구불변하다는 의미의 雷風'恒'이 만들어지는데, 恒이 곧 金一夫의 이름이다.

역팔괘도의 성립을 설명한 것이다.

금화문이 열리려면 천지의 조화造化가 먼저 일어나야 한다. 천지가 바뀌어야 일월도 바뀐다는 뜻이다. 조화造化가 일어나야 현실에서 조화調和세상이 구현될 수 있기 때문이다. 천지일월의 근본적 변화는 지구촌의 한반도 중심으로 벌어지는 사건에 국한되지 않고, 생명권 전체에 일어나는 우주사적 사태이므로 장엄하고 기이한 광경일 수밖에 없다.[181]

"칠월장 한 편을 칭송하여 노래하고, 주공의 성덕을 사모한다.[歌頌七月章一篇, 景慕周公聖德.]" 이 구절의 핵심은 주나라의 문물제도를 완비한 주공의 공덕을 높이는 것에 있는 것이 아니라, '7월'에 있다.[182] 1년을 선후천으로 나누어 보면, 금화교역은 여름에서 가을로 넘어가는 7월에 일어난다는 의미가 숨겨져 있다.

금화문이 열리는 시기를 7월로 유추한 것은 『시경』「국풍國風」에 나오는 고사에서 비롯되었다.[183] "빈풍장豳風章"은 주공이 어린 조카 성왕成王을 도와 백성들이 계절 감각에 맞추어 농사지어야 한다는 가르침을 수록하고 있다. 그것은 천지 바깥의 경계를 통각하고, 금화교역의 당위성을 밝힌 자신의 업적을 "빈풍 7월장"을 노래한 주공의 공적에 비유한 것이다.

---

181) 『정역』이 지구라는 행성의 미래와 한반도의 운명에 초점을 맞추었다면, 필자는 더 이상 컴퓨터 자판을 두드리지 않을 것이다.

182) 우리 세시풍속에 '정월 보름' 또는 '7월 百中'을 귀중하게 여기는 전통도 칠석과 백중이 거의 비슷한 날짜에 이루어지기 때문이다.

183) 『詩經』「國風」"豳風", "7월이 되면 大火星이 기울고, 9월에는 겨울옷을 준비한다[七月流火, 九月授衣.]"라는 시에 전거를 두고 있다. 음력 7월이 되면 대화성이 서쪽으로 흐르고, 9월이 되면 가을과 겨울을 대비해 따뜻한 옷을 준비한다는 뜻이다. 자연의 변화에 따른 7월의 밤하늘을 읽고 가을이 시작됨을 알았으니, 9월에는 추운 계절에 대비하라는 교훈이다. 大角星(東方七宿 중에서 두 번째 별자리인 亢宿에 속한 별이다. 대각성은 28수의 기준 별자리인 角宿를 찾아가는 길잡이 역할을 하는 별이기 때문에 하늘의 용마루로 불린다.)과 角星이 서쪽으로 기울어 갈 즈음이면 동남쪽 하늘에는 붉고 밝은 별이 하나 뜨기 시작한다. 짙은 붉은 색깔을 띤 별을 心大星이라 부른다. 청룡의 심장이란 뜻으로 心 자를 넣은 별자리 이름이다.

김일부는 "빈풍장"을 통해 공자와 맹자 다음으로 주공을 드높였고, 『정역』의 탈고는 인류와 이 세상을 사랑한 징표라고 마음으로 다짐했다. 볕, 빛, 태양, 환하다 뜻의 경景은 공경 경敬과 같다. 그러니까 마음속으로 우러러 사모한다는 경모景慕는 경모敬慕와 똑같다.

"아아![184] 공부자가 말씀하지 않은 것이 바로 오늘일세.[於好夫子之不言, 是今日.]" 공자는 『주역』에 자신의 모든 것을 쏟아부어 동양 인문학의 최고봉에 우뚝 선 성인이다. 그럼에도 공자가 하지 못한 말이 있다는 것은 무엇인가? 공자학의 특색은 도덕 형이상학에 있다. 공자는 점술로 치부되었던 『주역』을 도덕관 중심으로 역사와 문명을 꿰뚫는 체계를 세워 인류의 영원한 스승으로 발돋움했다.

김일부는 『주역』을 '시간 문제'로 풀지 않은 것이 공자학의 최대 약점이라고 지적하였다. 특별히 감탄의 '오'와 언제나라는 의미의 '늘'을 합성한 '오늘[今日]'을 강조함으로써 공자는 시대 인식이 부족했다고 판단했다. 특히 금화문이 왜 자신이 살던 시기에 열려야 하는가에 대한 물음을 던진 것은 하늘의 시간을 받들어야 한다는 일종의 소명 의식이 반영되었기 때문이다. 따라서 금화사송의 핵심은 '바로 오늘이다![是今日]'라는 언어에 우주사와 시간사와 문명사의 전환 시간대가 압축되어 있다고 하겠다.

184) '於'가 감탄사일 때는 '오'라 읽어야 하며, '좋을 好'는 앞의 '오'와 결합하면 '嗚呼'와 같다.

金火五頌
금 화 오 송

嗚呼라 **金火互易**은 **不易正易**이니
오호　금화호역　불역정역

晦朔弦望 進退屈伸 律呂度數 造化功用이 **立**이라
회삭현망 진퇴굴신 율려도수 조화공용　입

聖人所不言이시니 **豈一夫敢言**이리오
성인소불언　기일부감언

時요 **命**이시니라
시　명

아아! 금화가 서로 바뀌는 것은 바뀌지 않는 정역이다.

회삭현망과 진퇴굴신과 율려도수와 조화의 공용이 정립한다.

성인이 말씀하지 않은 바이니, 어찌 일부가 감히 말하리오.

시간의 섭리와 하늘의 명령이시다.

이 천지에서 벌어지는 금화교역은 의심할 수 없는 조물주의 시간 약속인 동시에 천명이다. 그래서 김일부는 자신이 깨달은 경지를 '천지무형지경天地無形之景'이라 말한 바 있다. 그 정체가 바로 '지금 여기서' 일어나는 '일대장관一大壯觀'이요, '제일기관第一奇觀'인 금화호역이다.

금화오송은 금화송의 결론에 해당된다. 김일부는 먼저 금화호역의 시기가 다가오는 것을 감탄하면서 금화송을 읊기 시작했다. 그는 금화가 서로 바뀌어 새롭게 펼쳐지는 후천은 더 이상 바뀌지 않는 정역正易 세상이라고 강조하였다.

정역 세상은 미륵이 직접 이 세상에 와서 가르침을 베푼다는 불교의 용화세계를 뜻한다. 그것은 토마스 모어(Thomas More: 1478-1535)가 말한 '여기에는 없다(no-place)'는 유토피아가 아니다. 용화세계는 '바로 이곳에(now and here)' 펼쳐지는 세상, 또는 죽은 다음의 미래가 아니라 현재 살고 있는 지상을 뜻한다.

금화교역을 통해 시간에 꼬리가 붙는 윤역閏易 세상은 물러나고, 시공이 360으로 통일되는 정역 세상은 만세토록 바뀌지 않기 때문에 그곳은 꿀과 젖이 흐르는 유토피아와 하등 다를 바가 없다. 정역 세상에 도달하기 위해서는 『주역』이 강조하는 무한 순환의 고리를 끊고, 새롭게 순환하는 항구 불변의 캘린더 법칙이 형성되어야 할 것이다.

전통 역학은 '변역變易, 이간易簡, 불역不易' 개념을 중심으로 다양한 학설로 전개되었다. 유형 무형의 만물은 모두 변한다는 것이 '변역'이고, 만물은 음양의 변화처럼 쉽고(easy) 간단한(simple) 방식으로 움직인다는 것은 '이간'이다. 만물이 변화하고 있는 사실 만큼은 변하지 않으며[不易], 또한 음양의 존재 근거로서 '불변의 일자一者'인 태극을 중심으로 보이는 세계와 보이지 않는 세계를 설명하는 체계가 곧 성리학이다.

그렇다면 금화호역은 변역일까, 불역일까? 금화가 교역함으로써 선천을 문닫고 후천을 열기 때문에 '변역'이지만, 선천이 후천으로 전환되어 이룩되는 정역의 원리는 바뀌지 않는다는 의미에서는 '불역'이다. 금화호역은 매년 일어나는 사계절의 순환과 비교해서는 안 된다. 사계절의 순환은 무한 반복의 순환이기 때문이다.

더욱이 부조리와 모순으로 얼룩진 상극의 순환은 만물의 무한 성장을 부추겨 세상을 붕괴 직전의 벼랑 끝까지 몰고 왔다. 금화가 서로 교역하는 까닭은 상극을 상생의 질서로 바꾸기 위한 몸부림이다. 선천이 음양의 불균형으로 인한 갈등 증폭의 상극 세상이라면, 후천은 음양이 균형을 이루어 자연과 문명과 인간이 성숙되는 세상을 뜻한다.

금화호역은 시간의 혁명을 동반하는 까닭에 자연의 본질에 변화가 올 수밖에 없다. 김일부는 먼저 달 변화의 '회삭현망晦朔弦望', 조수 변화의

'진퇴굴신進退屈伸'이라는 눈에 보이는 변화를 제시하였다. 지구 생명체가 겪는 자연의 변화는 아무렇게 이루어지는 것이 아니라, 물리 법칙의 지배를 받는다. 그러나 달과 조수 변화의 근본적인 전환은 3극 차원에서 비롯된 조화造化가 먼저 발동되어야 가능하다. 특히 일정한 시간대에 천지의 조화 공용이 구현되기 위해서는 우주의 자율 조정의 원리인 율려도수가 시간의 힘으로 변형되어야 한다. 이런 배경에서 탄생한 『정역』의 형이상학은 '율려학'이라고 할 수 있다.[185]

김일부는 율려도수와 조화공용의 진실을 달의 궤적과 조석潮汐 현상에서 확인하였다. 그는 1달 29.5일을 12달 모으면 1년 354일의 태음력 안에서 그믐과 초하루, 상(하)현달과 보름달의 준거가 형성된다는 것을 알았다. 그리고 지구와 달이 벌이는 천체의 줄다리기에 의해 밀물과 썰물 현상이 생기는 이치를 역법으로 객관화했으며, 더 나아가 천체 운행의 메카니즘에 대해서도 정통하였다. 이를 토대로 달과 조수의 변화를 통해 율려도수를 입증할 수 있는 체계를 세웠던 것이다.

율려도수란 무엇인가? 율려는 과거의 음악 이론에서 비롯된 용어이지만, 김일부는 그 외연과 내포를 전혀 다르게 사용하였다. 금화교역이 현실 차원의 변화라면, 율려는 금화교역이 일어날 수 있는 근거이므로 『정역』은 율려학이라도 해도 과언이 아니다. 율려는 태음과 태양의 속, 혹은 황극의 내부 구조를 뜻한다. 선후천 변화에 따른 시공 전환의 질서는 율려의 형식으로 정보화되어 있기 때문에 무극, 황극, 태극의 3극론의 주제는 율려론과 깊은 연관을 갖고 있다.

눈에 보이는 자연의 혁명, 즉 회삭현망과 진퇴굴신의 변화는 궁극적으로 천지의 도수, 즉 율려에 의해 결정된다. 그것은 천지 자체의 구조 변화를 통해 나타나는 천지의 재창조를 뜻한다. 이것은 공자도 언급하

185) 필자는 이정호 박사의 현토를 '晦朔弦望과 進退屈伸은 律呂度數와 造化功用이 立일새라'로 바꾸어 해석한다.

지 못한 부분이다. 공자는 태극만 말했고, 황극과 무극은 말하지 못했기 때문이다. 공자의 학술은 태극음양설로 전개되었으나 태극의 근거에 해당되는 황극의 속살, 즉 율려의 존재와 생성 문제에 대해서는 생각조차 못했다는 비판이다.

새 시대의 사명을 짊어진 김일부 자신이 선후천 변화를 상세하게 설명할 필요가 있으랴마는 시간의 섭리요 하늘의 명령이 있기 때문에 어쩔 수 없이 말할 수밖에 없다는 변명 아닌 변명을 늘어놓았다. '시명時命'을 시간[時]과 명령[命]으로 나누어 현토를 달아 해석하는 경우가 보통이다. 한 단어로 시간의 명령이라고 말해도 틀리지 않다. 왜냐하면 천상의 명령은 하늘의 뜻이고, 하늘의 명령은 일정한 때에 시간 흐름을 통해 '천시'의 본질로 드러나기 때문이다.

시간의 섭리가 곧 하늘의 시간[天時]이요, 하늘의 의지는 명령[天命]을 통해 표출된다. 그것은 종교성에 가까운 언어다. 하늘의 시간표는 인간이 고안한 역법 메카니즘과 일치할 수 없다. 왜냐하면 천시는 역법 성립의 근거이기 때문이다. 더구나 천시는 일상의 시간표를 초월한 시간의 본질로서 역법으로 환원될 수 있는 인식의 대상이 아니기 때문이다.

그럼에도 김일부는 역법 메카니즘에 의존할 수밖에 없음을 절감했다. 비판자들은 『정역』이 종교적 예언을 철학적 예언으로 고급스럽게 꾸민 사유일 뿐만 아니라, 19세기 조선의 시대상을 반영한 담론에 지나지 않는다고 혹독하게 몰아쳤다. 그것은 언어 철학의 한계를 극복하려는 김일부의 고뇌를 전면 외면한 것에서 비롯된 왜곡이라 할 수 있다. 하이데거(Heidegger: 1889-1976)가 "언어는 존재의 집"이라고 지적한 것처럼, 진리는 언어화되지 않고는 전달될 수 없는 까닭에 부득이 정제된 술어만을 썼던 것이다.

역법의 역사는 천체의 움직임을 정치적 목적 혹은 근사치 계산으로 인해 숱한 오류를 발생시켰다. '천시'가 형이상학 차원 또는 종교철학의 탐구 대상이라면, 역법은 관측에 기초한 농업 시간표 작성이 주요 목표였기 때문에 왕조가 바뀔 때마다 수많은 종류의 역법이 탄생했던 것이다. 따라서 천시 자체와 인간이 고안한 역법은 다를 수밖에 없다.[186] 김일부는 천시와 천명을 마음에 담아 두지 않고, 말로 표현한 까닭은 시간과 하늘이 말하라고 명령했기 때문이라고 밝혔다.

시간의 손길은 어떻게 인지되는가?

러시아의 물리학자 이고르 노비코프(Igor Novikov: 1849-1912)는 자신의 저서 『시간의 강(The River of Time)』이 "인간은 같은 강물을 두 번 들어갈 수 없다"는 헤라클레이토스의 유명한 격언을 상기하는 뜻에서 저술된 것이라고 말했다. 시간은 강물처럼 흐른다. 로마 황제 마르쿠스 아우렐리우스(Marcus Aurelius: 121-180)는 『명상록』에서 "시간은 사건들로 이루어진 강물이고, 그 물살은 거세다. 무언가가 나타나는 순간 휩쓸려 가버리고, 곧이어 다른 것이 그 자리에 도래한다. 그리고 또 순간 휩쓸려 간다." 영국 시인 매튜(Matthew: 1822-1888)는 저서 『미래(Future)』에서 아우렐리우스의 정서에 공감을 표명했다. "방랑자로 태어난 인간, 시간의 강가에 놓인 배 안에서 태어났지."

하지만 시간의 유령은 인간의 마음 속에서 과거, 현재, 미래를 종횡무진 옮겨 다닌다. 심지어 내 생각조차 시간의 화살에 부착되어 있다. 이 우주에서 시간의 잔혹성과 무관한 유일한 곳은 우리 마음 뿐일 것이다. 호르헤 보르헤스(Jorge Borges: 1899-1986)는 에세이 「시간에 대한 새로운 반박」에서 다음과 같이 말했다. "시간은 나를 만든 물질이

186) 주자는 역법이 시대에 따라 바뀔 수 있으나, 하늘의 시간 자체는 바뀔 수 없다고 말했다.(『朱子文集』 권42, "答吳晦叔書", "孟子所謂七八月, 乃今之五六月, 所謂十一月十二月, 乃今九月十月, 是周人固已改月矣. 但天時則不可改.")

다. 시간은 나를 운반해주는 강이지만, 내가 또 그 강이다. 시간은 나를 잡아먹는 호랑이지만, 내가 또한 그 호랑이다. 시간은 나를 태워버리는 불꽃이지만, 내가 또 그 불꽃이다." 죽음에 대한 우리의 승리는 시간의 화살을 비켜가는 능력일 뿐이다.(크리스토퍼 듀드니 지음/진우기 옮김, 『세상의 혼, 시간을 말하다』, 예원미디어, 2010, 60-68쪽 참조.)

시간에 대한 물음은 인간의 본성에 대한 인식에 막대한 영향을 끼친다. 물고기는 물속을 헤엄쳐 다니면서도 물을 알지 못하는 것처럼, 인간은 시간을 벗어나 살 수 없으면서도 정작 시간의 본질이 무엇인지는 모르고 지낸다. 사랑하는 가족의 죽음이나 코로나 바이러스의 엄청난 재앙을 겪고 나서야 시간의 힘을 깨닫기 일쑤이다.

아인슈타인은 심리 상태에 따라 인간은 시간을 상대적으로 느낀다고 언급한 바 있다. "아름다운 여인과 함께 있는 남자는 한 시간을 1분처럼 느낀다. 하지만 그를 뜨거운 난로 곁에 앉혀두면 1분을 한 시간처럼 느낄 것이다. 이것이 바로 상대성이다." 물리 법칙은 변하지 않지만, 심리 원칙은 상황이나 기준 틀에 따라 달라지기 때문이다.

시간에 대한 타인의 생각을 다시 생각하는 문화사를 시간관의 역사라 말해도 과언이 아니다. 인간이 얼마나 시간에 집착하는지 '시간'이라는 글자는 영어 단어 가운데 가장 많이 사용되는 명사가 되었다. 몇 해 전, 인터넷 검색창에 뜬 '시간' 관련 단어는 10위 안에 세 개나 들어 있었다. 1위가 시간(time), 3위가 해(year), 5위가 날(day)로 조사되었다. 시간은 70억 개, 돈(money)은 30억 개, 섹스(sex)는 10억 개 정도가 뜬다.

시간관은 시간과 관련된 태도, 믿음과 가치를 반영한다. 과거, 현재, 미래 중 언제의 일을 생각하며 더 많은 시간을 보내는가? 시간 심리학자 필립 짐바르도와 존 보이드는 서구 사회에서 가장 흔하게 발견되는 여섯 가지 시간관을 정리한 바 있다.

1. 과거 부정적(Past-negative) 시간관

2. 과거 긍정적(Past-positive) 시간관

3. 현재 숙명론적(Present-fatalistic) 시간관

4. 현재 쾌락적(Present-hedonistic) 시간관

5. 미래지향적(Future) 시간관

6. 초월적 미래지향(Transcendental-future) 시간관 (필립 짐바르도 · 존 보이드 지음/오정아 옮김, 『타임 패러독스』, 미디어윌, 2008, 20-75쪽 참조.)

嗚呼라 **日月之德**이여 오호 일월지덕	아아! 해와 달의 덕이여!
天地之分이니 천지지분	하늘과 땅의 분신이니,
分을 **積十五**하면 **刻**이오 분 적십오 각	분을 15번 쌓으면 각이요,
刻을 **積八**하면 **時**요 각 적팔 시	각을 8번 쌓으면 시요,
時를 **積十二**하면 **日**이오 시 적십이 일	시를 12번 쌓으면 일이요,
日을 **積三十**하면 **月**이오 일 적삼십 월	일을 30번 쌓으면 월이요,
月을 **積十二**하면 **朞**니라 월 적십이 기	월을 12번 쌓으면 기이다.

천시와 천명을 온몸으로 체득한 김일부는 시간의 구성 근거를 낱낱이 해부하기 시작한다. 그는 시간의 구성은 천지와 일월에서 비롯된다고 설정했다. 시간은 천지일월의 분합分合 논리에 기초하는데, 시공의 모체를 뜻하는 철학적 의미의 '공空'과, 종교에서 말하는 절대자 조화옹을 만나는 곳에서 깨달았다고 고백했다. 텅빈 충만을 뜻하는 '공'에서 시공과 생명의 자궁을 발견한 것이다.

'공'에서 탄생한 시간은 하도낙서의 순역順逆처럼, 나뉘고 모이는[分合] 질서를 잉태하였다. 만물은 일월의 덕德으로 태어나 성장하는 덧셈 방향

(→)으로 다양하게 분열하고, 천지는 뺄셈 방향(←)으로 되돌아가는 길을 걷는다. 천지는 나뉨의 방식에 따라 생명을 더욱 분화 발전시키며, 일월 운동은 더더욱 결합하여 만물을 풍성하게 만든다. 천지와 일월의 분합은 시간의 순역 패턴으로 움직인다는 뜻이다.

『정역』「십오일언」"이십팔수운기도二十八宿運氣圖"에 나오는 바와 같이, 천지는 북극성과 안드로메다 성층권의 범위를 넘어서 시공과 생명을 뿜어낼 정도로 광대무변하다. 일월은 태양계 행성 중의 하나에 불과하다. 그러나 『정역』은 천지를 태양계와 생명권 전체를 포괄하는 시공의 원천으로 규정한다. 그럼에도 천지의 광활한 세계를 '일월'의 범주로 축소 또는 한정시키는 것은 무지의 소산이며, 정역사상을 맹목적으로 부정 또는 파괴하는 행위라는 사실을 알아야 할 것이다.

인간을 포함한 모든 생명체는 천지일월의 덕분에 삶을 유지한다. 그러니까 천지일월의 몸짓과 리듬과 패턴을 통해 시간의 정체를 알 수 있는 실마리를 확보할 수 있는 것이다. 천지가 몸이라면, 일월은 천지의 몸짓이다. 천지는 부모이고, 일월은 천지의 뜻을 대행하는 자녀이다. 일월은 천지의 분신이기 때문에 일월 운동을 통해 천지의 존재 이유와 목적을 알 수 있다는 뜻이다. 『정역』은 시간의 성립을 분합 관계로 정리하고 있다.

15분 = 1각	10乾 5坤
8각 = 1시	8괘
12시 = 하루	地支
30일 = 한 달	一月
12월 = 한 해	一年

시간 성립의 코드

위 도표에 나타난 바와 같이 15분, 8각, 12시, 30일, 12월의 시간의 구성은 천지와 일월 운동에 기초했기 때문에 일종의 수학 형식을 띠고 있다. 15분은 하늘(무극)의 10과 땅(황극)의 5에 근거했으며, 8각은 시간이 8방위로 전개되는 것에 근거했으며, 12시는 지구가 하루 동안 움직이는 자전自轉 시간에 근거했으며, 30일은 초하루부터 그믐까지 달의 형태를 시간으로 계산한 것에 근거했으며, 12월은 지구가 태양을 한 바퀴 도는 주기에 근거한 것이다.

우리가 현재 사용하는 '분'의 유래는 하늘과 땅이 15분 단위로 분리되는 법칙에 기초한 것이다. '각'은 시간이 공간으로 전개되는 방식을 의미하는 8괘에서 유래했으며, '시'는 지구의 자전을 하루 12시간으로 나눈 땅의 질서를 의미하는 '12지지'에서 유래했으며, '일'은 지구가 하루 동안 자전하는 기간에서 유래했으며, '월'은 하루와 달의 주기를 결합한 것에서 유래했으며, '기'는 12지지에 한 달 30일을 곱한 것에서 유래한다.

6갑의 유래에 얽힌 얘기들

10천간은 음양 이원론과 5행이 결합해서 발달했다고 한다. 그리고 12지지는 회귀년에서 달의 길이로 적용되었으나, 천문학자들은 목성의 공전 주기에 기초했다고도 말한다. 천문학 관련 저술에서 이것을 확인할 수 있다. 기원전 168년 경 馬王堆 묘에서 발굴된 자료에 의거하면, 각 행성은 5행과 방위에 각각 하나씩 연결되어 있다.

특별히 목성의 공전 주기가 거의 12년(실제로는 11.86년)이라는 점에서 처음부터 주목받았다. 한대 천문학자들은 이런 체계를 이용하여 행성의 회합 주기와 공전 주기를 일치시키려고 노력했다. 그들은 어떤 순간에는 모든 행성들이 일치했고, 다시 세상이 끝날 무렵에 이런 일이 일어날 것이라고 생각했다. 목성과 토성이 59.5779년마다 하늘의 동

별	옛 명칭	5행	공간
木星	歲星	나무	동
火星	熒惑	불	남
土星	鎭星	흙	중앙
金星	太白	쇠	서
水星	辰星	물	북

일한 장소에서 만나는데, 이는 60년 주기와 거의 같다. 또한 목성과 토성과 화성의 합은 516.33년마다 일어나는데, 『맹자』에서 위대한 성인이 다시 오는데 걸리는 시간이라고 하는 500년 주기와의 관련성을 떠올리게 한다.(조셉 니덤 지음·콜린 로넌 축약/이면우 옮김, 『중국의 과학과 문명- 수학, 하늘과 땅의 과학 물리학』, 까치, 2000, 214-223쪽 참조.)

여기에는 지구 중심으로 천문을 바라보는 인식이 짙게 깔려 있다. 그것은 하루가 빚어내는 지구의 자전과 공전 주기를 시간의 척도로 삼은 것이 증명한다. 태양과 지구와 달은 태양계의 3대 축이며, 그 중에서 지구는 생명권의 보물이다.

주지하다시피 태양계에서 지구는 태양을 중심으로 돌고, 달은 지구를 중심으로 도는 삼각 관계를 형성한다. 『정역』이 선후천 변화를 천지보다는 일월 중심으로 해명하는 방법을 선호한 이유가 있다. 태양 빛은 너무 눈부셔 1초도 볼 수 없지만, 달은 누구나 쉽게 볼 수 있는 까닭에 달 변화를 통해 천지의 혁명을 입증하는 방법을 취했던 것이다.

朞는 **生月**하고 (기 생월) — 기는 월을 생하고,

月은 **生日**하고 (월 생일) — 월은 일을 생하고,

日은 **生時**하고
일　생 시

일은 시를 생하고,

時는 **生刻**하고
시　생 각

시는 각을 생하고,

刻은 **生分**하고
각　생 분

각은 분을 생하고,

分은 **生空**하니
분　생 공

분은 공을 생하니,

空은 **无位**니라
공　무 위

공은 일정한 자리가 없다.

앞 문장은 천지일월의 분합에 의해 시간이 생성되고, 만물이 성장하는 '역생도성逆生倒成'의 과정을 취했다. 특별히 연역법演繹法(deductive method)과 귀납법歸納法(inductive method)을 활용하여 우주의 기원과 시간의 법칙이 유래하는 이유를 밝혔다.

이곳 역시 '도생역성倒生逆成' 논리를 끌어들여 마침내 시간의 모체를 깨달은 경계를 소개하고 있다. 천지의 나뉨[分]은 극미의 세계와 극대의 세계를 관통하여 하늘의 10과 땅의 5로 분화 전개된다고 말한다. 1년은 12달을 낳고, 한 달은 하루를 낳고, 하루는 12시를 낳고, 1시는 8각을 낳고, 1각은 15분을 낳는다. 그리고 극미가 극한에 이르면 극소의 '나뉨[分]'마저 소멸되는 공空의 세계와 마주친다는 것이다.

김일부는 시공의 모체를 설명하기 위해서 불교의 형이상학을 과감하게 도입했다. '공' 자체는 시간의 범주로 포착할 수 없으나, 실제로 시공을 낳는 생명의 모태라고 할 수 있다. 일정한 공간조차 없는 '공'은 시간이 흘러나오는 원천을 뜻한다. 『정역』은 수의 초미세 경계를 '공'으로, 반대로 최대 용량의 컴퓨터로도 셈할 수 없는 수의 극한을 '막막막무량莫莫莫無量'이라고 불렀다.[187]

---

187) 『正易』「十五一言」"亢角二宿尊空詩"는 28수의 "室宿에서 張宿까지의 36도는 아득하고 또 아득하여 무량이로구나[室張三十六, 莫莫莫无量.]"라고 읊었다. '莫莫莫无量'은 수의 세계를 초

그런데 오직 시간만이 극소와 극대를 관통한다. 시간은 유형과 무형, 거시와 미시를 통틀어 생명의 근본이기 때문이다. 시공이 멈춘 '공'에서 시간이 흘러나와 무량 세계까지 지배한다. 극미의 시간에서 극대의 세계를 쌓아가는 것이나, 극대의 시간을 계속 분할하면, 즉 1년에서부터 '초' 단위를 계속 미분하면 시간의 흐름이 끊어진 곳으로 수렴된다. '공' 속에 '무량'이 깃들어 있고, '무량' 속에 '공'이 머문다. 아마도 순간 속에 영원이 존재한다는 뜻일 것이다. 시간은 순간과 영원을 지속시키는 유일무이한 힘이다.

이 '공'과 '무량'이 겹치는 곳에 조화옹이 거주한다. 조화옹은 종교적 절대자를, 철학적으로는 일자와 무한자를 꿰뚫는 도 또는 공으로 불린다. 이 셋은 비록 성격이 다르지만, 본질로는 하나를 가리킨다. 『주역』은 "신은 일정한 방소가 없고, 역에는 실체가 없다"고 했으며,[188] 『정역』은 "조화옹은 일정한 방위에 거처하지 않고, 영원한 불꽃으로 존재한다"고 말했다.[189] 『주역』은 범신론의 성격이 강한 신神을 강조했으나, 『정역』은 인격성을 지닌 조화옹의 숨결에서 시공이 흘러나온다고 말하여 시간 문제를 수학과 철학과 종교의 문제로 풀었던 것이다.

수와 시간의 본성을 뜻하는 '공'과 그 무한성을 통합한 『정역』은 벌써 철학과 신학의 정점에 서 있다. 『정역』은 시간 프레임을 과학철학의 범주로 취급하지 않고, 종교 차원으로 끌어들였다. 공이 빛을 빨아들이고 뿜어내는 시간의 블랙홀이라면, 무량은 시간의 무한 항구성을 뜻하기 때문에 시간은 영원과 같고, 영원은 시간과 같다는 논리가 성립한다.

월한 '空'을 지적한 것이다.

188) 『周易』「繫辭傳」上 4장, "範圍天地之化而不過, 曲成萬物而不遺, 通乎晝夜之道而知, 故神无方而易无體."

189) 『正易』「十五一言」"日極體位度數", "化翁, 无位, 原天火, 生地十己土."

서양에서는 무無로부터 만물이 발생했다는 우주 생성론과, 무로부터의 창조를 내세우는 기독교의 전통이 있다. 종교인들은 창조 이전에는 에너지도 물질도 시간도 공간도 없었다고 말한다.[190] 하지만 김일부는 '공'에서 생겨난 시간은 '무량'의 세계로 수렴되며, 이 둘은 조화옹의 의지와 만나는 곳에서 알 수 있다고 밝혔다.

그러니까 조화옹은 생명과 시간의 운명을 거머쥔 지고무상의 최고신이다. 『정역』에서 조화옹은 수학의 신, 시간의 신이다. 왜냐하면 조화옹은 수의 질서로 움직이는 시간의 방식인 '역생도성'과 '도생역성'을 주재하기 때문이다. 조화옹은 우주의 심층에서 시간과 만물의 법도를 관장하는 수학의 신 곧 화무상제인 것이다.

그러면 조화옹의 거처는 어디인가? 조화옹은 특정한 장소 없이 존재한다[化翁, 无位.]. '무위'가 바로 화옹이 머무는 곳이다. 동양 천문학은 조화옹이 거처하는 북극성 자리를 하늘의 고향, 하늘의 궁전을 뜻하는 천정天井, 태일신이 숨 쉬는 지고한 성소聖所 즉 태을천太乙天이라 불렀다. 북극성을 정점으로 만물이 '만卍' 자 형태를 띠면서 생명을 뿜어내는 형상을 신격神格으로 파악한 심성이 투영되어 있다. 인도인들은 극미의 작은 수와 극대의 큰 수가 만나는 셈법을 정리하여 '공'과 '무량'에 이르는 순서를 도표로 만들었다.[191]

---

190) 소광희, 『시간의 철학적 성찰』(문예출판사, 2001), 8-9쪽. "시간을 연구하는 차원은 세 가지가 있다. 첫째는 과학의 차원이고, 둘째는 종교의 차원이며, 셋째는 철학의 차원이다. 과학 차원에서 보면 시간은 태양계에 속하는 생물들이 해와 달과 별들의 주기적 운행에 맞추어 사는 데 근거한 상식화된 견해로서 다른 차원의 시간론의 기초가 된다. 이를 흔히 우주적 시간 또는 자연적 시간이라 한다. 농경 사회의 시간 표상이 여기에 속한다. 종교 차원의 시간론은 인간 영혼의 구원으로 모아진다. 가령 성스런 시간과 세속적 시간을 구분하여 후자로부터 전자로 전환하는 대목에 비약적 계기를 설정한다. 이런 시간관은 대개 직선적으로 표상된다. 직선적 시간 표상을 가지고 있는 민족들은 인간의 삶의 근거를 자연에 두기보다는 역사에 둔다. 그리스도교 시간론에서 그 단초를 '역사의 의미'에 대한 물음에서 찾는 까닭이 여기에 있다."
191) 박청정, 『물 때』(일중사, 1998), 102-103쪽 참조.

이름	分	釐	毛	絲	忽	微	纖	沙	塵	埃	渺
수	10^{-1}	10^{-2}	10^{-3}	10^{-4}	10^{-5}	10^{-6}	10^{-7}	10^{-8}	10^{-9}	10^{-10}	10^{-11}
이름	漠	模糊	逡巡	須臾	瞬息	彈指	刹那	六德	淸淨	空虛	
수	10^{-12}	10^{-13}	10^{-14}	10^{-15}	10^{-16}	10^{-17}	10^{-18}	10^{-19}	10^{-20}	10^{-21}	

1에서 '空'까지

이름	單	十	百	千	萬	億	兆	京	垓	堤	壤
수	1	10	10^{2}	10^{3}	10^{4}	10^{8}	10^{12}	10^{16}	10^{20}	10^{24}	10^{28}
이름	溝	澗	正	載	極	恒河沙	阿曾祇	那由他	不可思議	无量	
수	10^{32}	10^{36}	10^{40}	10^{44}	10^{48}	10^{52}	10^{56}	10^{60}	10^{64}	10^{68}	

1에서 '无量'까지

『정역』의 쓰임새는 깊이와 넓이를 통틀어 무량하다는 뜻이다. '공'은 너무 작아서 볼 수 없는 경계이고, '무량'은 너무 커서 시야에 들어오지 않는다. 하지만 이 둘은 하나이면서 둘이고, 둘이면서 하나의 관계로 존재한다. 공이 곧 무량이다. 만물은 공과 무량 사이에서 시간의 손길에 의거하여 존재한다는 뜻이다.

帝堯之朞는 **三百有六旬有六日**이니라
제요지기 삼백유육순유육일
帝舜之朞는 **三百六十五度四分度之一**이니라
제순지기 삼백육십오도사분도지일
一夫之朞는 **三百七十五度**니
일부지기 삼백칠십오도
十五를 **尊空**하면 **正吾夫子之朞 當朞三百六十日**이니라
십오 존공 정오부자지기 당기삼백육십일

요임금의 기는 366일이요,

순임금의 기는 365 $\frac{1}{4}$ 도이다.

일부의 기는 375도이니,

15를 존공하면 곧 우리 공자의 기로서 1년 360일이 마땅하다.

앞 문장이 시간의 구성 근거와 법칙을 제시했다면, 이 대목은 역법의 변천(사)을 시간의 구성 근거로 환원시키고 있다. 따라서 과거의 역법사와 시간의 구성 근거를 제시한 김일부의 이론을 혼동해서는 안 된다. 왜냐하면 전자는 이미 성현들이 보다 정확한 책력을 제정했던 발자취를 더듬은 것이고, 후자는 선후천 변화의 입론 근거이므로 이 둘은 반드시 구별해야 마땅하다.

요임금이 쓰던 책력은 1년 366일이고, 순임금이 쓰던 책력은 1년 $365\frac{1}{4}$도를 기준으로 삼았다.[192] 전자는 천문학이 덜 발달한 시대의 역법이고, 후자는 전자보다 한 단계 더 발전한 체계로서 현행의 역법과 거의 일치한다. 전통에서는 요임금과 순임금의 역법을 천문학 발전의 역사로 읽었다. 그러나 『정역』은 요임금과 순임금 당시에 실제로 시간의 변화를 겪은 사건으로 보는 까닭에 이 둘은 엄격하게 구분해서 인식해야 옳다.

김일부는 순임금이 만든 책력을 말할 때, 요임금의 '일日' 대신에 $365\frac{1}{4}$'도'로 표기했다.[193] 그이유는 책력 또는 역법의 문제를 선후천 변화의 객관성을 보증하는 수학 법칙으로 도입했기 때문이다. 요임금과 순임금 때, 시간의 질적 변화를 겪었으며 앞으로도 시간의 혁명이 다가올 것이라는 사실이 전제된 발언이다. 즉 과거에는 천체 운행을 캘린더로 만드는 것이 주요 과제였다면, 『정역』은 해와 달의 궤도 변혁이 시간의 혁명으로 직결된다고 밝혔다. 전자는 천문학의 대상이요, 후자는 도

192) 『書經』「虞書」 "堯典"에 대한 蔡沈의 주석, "蓋天有三百六十五度四分度之一, 歲有三百六十五日四分日之一, 天度四分之一而有餘, 歲日四分之一而不足, 故天度常平運而舒, 日道常內轉而縮, 天漸差而西, 歲漸差而東, 此歲差之由, 唐一行所謂歲差者是也."

193) 『書經』「虞書」"堯典", "帝曰 咨汝羲暨和! 朞, 三百有六旬有六日, 以閏月, 定四時成歲, 允釐百工, 庶績咸熙."

수度數 즉 과학을 초월한 시간의 본질을 다룬 이론이기 때문이다.

김일부가 창안한 '기朞'는 무엇인가? 그는 자신이 처음으로 발견한 375도를 『정역』 성립의 핵심으로 삼았다. 375도는 누구도 알지 못했고, 동서양 철학자 중에서 아무도 제시하지 못했던 유일한 명제이다. 그는 역법사에 등장하는 시간의 변천을 소개한 다음에 지금까지 전혀 알지 못했던 시간의 모체를 들여다보고 해부하기 시작했다.

시간의 모체는 정력正曆 360도의 본체인 15도를 가리킨다. 15도의 정체는 10무극의 10과 5황극의 5를 합산한 것이다. 이 15가 본체의 범주라면, 360은 작용의 범주이다. 그러니까 375는 본체와 작용을 통틀어서 계산한 시간의 주름을 뜻한다. 360의 작용 속에 본체 15가 주름잡혀 있기 때문에 그 주름을 펼치면 375가 되는 것이다. 그것은 이미 과거에 설정된 현재와 미래에 대한 시간의 중앙은행이라 할 수 있다.

그러면 본체 15는 어떻게 작용하는가? 15가 현실화될 때는 9와 6으로 작용한다. 건괘는 9로, 곤괘는 6으로 작용한다. 이런 의미에서 보면, 『주역』은 작용 중심으로 이 세상의 변화를 설명한 체계이며, 『정역』은 작용의 근거인 본체, 즉 시간의 본질을 해명한 철학이다. 작용이 구체적인 시간의 전개라면, 본체는 작용의 근거인 시간성 자체라고 할 수 있다. 그러니까 『정역』은 『주역』이 언급하지 못한 본체의 범주를 발굴하고 다루어 역학사의 새로운 지평을 열어 제쳤던 것이다.[194]

예컨대 『주역』 건괘는 "9를 작용 수로 사용함은 하늘의 덕은 으뜸이 되어서는 안 된다는 것이다.[用九, 天德, 不可爲首也.]" 또한 "건원이 9수를 사용하는 것에서 하늘의 법도를 볼 수 있다.[乾元用九, 乃見天則]"고

194) 하이데거에 의하면, 서양철학사는 *存在 忘却*의 역사다. 아리스토텔레스 이후의 철학은 '*存在*'를 언급한다고 하면서도 실제로는 '*存在者*'를 언급하는 오류를 범했다는 것이다. 이런 시각에서 보면 『주역』이 존재자의 세계를 말했다면, 『정역』은 말 그대로 '본체 즉 존재' 차원에 접근한 새롭고도 형이상학다운 형이상학이다.

말했다. 특히 '하늘의 덕은 으뜸이 되어서는 안 된다'는 말에서 하늘의 덕 대신에 땅의 덕이 으뜸이 될 것이라는 해석이 가능함을 엿볼 수 있다. 그리고 『주역』 곤괘는 "6을 사용함은 영구하고 올바름이 이롭다는 것은 마침을 크게 하는 것이다.[象曰 用六永貞, 以大終也.]"라고 말하여 건도가 곤도로 바뀔 것을 시사하는 내용이 증명한다. 한마디로 『정역』은 『주역』의 보조 수단 혹은 대용품이 아니라, 오히려 작용만을 언급한 『주역』의 미비점을 충족시킨 결정판이라 하겠다.

김일부가 최초로 발견한 도수는 '15도 + 360도 = 375도'이다. 15는 본체이고, 360은 작용이다. 본체의 자기 분화가 바로 작용의 세계로 전개된다는 뜻이다. 다만 작용의 세계로 진입할 때, 본체는 9와 6으로 나뉘어 질서화된다는 것이다. 9는 양이고, 6은 음이다. 그래서 9 중심의 책력은 태양력으로, 6 중심의 책력은 태음력으로 나타났다.

선천이 후천으로 교체될 즈음에는 다시 본체와 작용의 역전 현상이 일어난다. 그것을 『정역』은 '존공尊空'이라 표현한다. '공 자리로 드높인다', '조화옹이 머무시는 최고 존엄의 자리에 모신다'는 존공은 곧 체용의 전환을 의미한다. 이 둘은 서로가 서로를 쉽게 용납하지 않는 논리일 수도 있다. 『주역』에서는 체용 전환의 의미를 전혀 찾을 수 없기 때문이다.

이것은 시간 문제에도 그대로 적용된다. 그것은 시간의 혁명이 일어나는 사실(fact)의 문제인 까닭에 『정역』은 『주역』에 대한 정통과 비정통의 문제가 항상 뒤따랐다. 얼핏 보면 '존공'은 성인의 단계를 넘어 절대자에 대한 지극한 존칭어라고 할 수 있다. 김일부가 15 본체를 바탕으로 시간의 혁명 문제를 논증하기가 얼마나 어려웠을까를 짐작해본다.

서양의 아우구스티누스(Augustinus: 354-430)는 『고백록』에서 시간이 무엇인가라는 물음이 얼마나 어려운 대답인지를 다음과 같이 고백한 바 있다.

"그러면 시간이란 도대체 무엇입니까? 누가 쉽게 그리고 간략하게 그것을 설명할 수 있겠습니까? 누가 감히 그것을 잘 이해하여 그 대답을 말로 표현할 수 있겠습니까? 우리는 일상 대화에서 시간보다 친근하게 그리고 잘 이해하는 것도 없습니다. 우리가 시간에 대하여 말할 때, 우리는 분명히 그것을 알고 있습니다. 또한 다른 사람들이 시간에 대하여 말하는 것을 들을 때 그것을 알고 있습니다. 만일 아무도 나에게 묻지 않는다면 나는 알고 있습니다. 그러나 묻는 자에게 내가 시간을 설명하려고 하면 나는 모릅니다. 그럼에도 내가 자신을 갖고 말할 수 있는 것은 만일 아무것도 흘러 지나가지 않으면 과거의 시간은 없을 것이요, 만일 아무것도 흘러오지 않으면 미래의 시간이 없을 것이며, 만일 아무것도 현존하지 않는다면 현재라는 시간이 없으리라는 것입니다. … 그러면 이제 내가 '하느님이 천지를 창조하시기 이전에는 무엇을 하시고 계셨는가?'라고 묻는 자에게 대답하겠습니다. 그러나 나는 어떤 사람이 질문의 힘을 꺾기 위해 익살맞게 '하느님은 너무 깊은 신비를 꼬치꼬치 파고드는 사람들을 위해 지옥을 만들고 계신다'고 대답한 것처럼 하지는 않겠습니다."[195]

플라톤(BCE 427-BCE 347)은 시간을 영원의 모상模像이라고 보았다. 플라톤의 이데아설에 의하면, 불변하는 이데아가 변하는 개별 사물 안에 부분적으로 들어 있다[分與, Methesis]. 불변하는 영원이 변하는 시간 안에 부분적으로 내재해 있다는 뜻이다. 이데아와 영원은 모두 원형이고, 개개의 사물들과 시간들은 각각의 모상인 것이다.

플로티노스(Plotinos: 205-270)는 시간을 파악하는 주체는 인간의 마음이라고 주장했다. 시간은 '마음 밖에서' 파악할 수 없고, 오직 '마음 안에서' 드러나며, 마음과 하나라는 것이다. 그래서 마음이 변하면 삶이

195) 어거스틴 지음/선한용 옮김, 『고백록』(대한기독교서회, 2018), 391-394쪽 참조.

변하고, 삶이 변하면 시간도 변하기 마련이다. 플로티노스는 "시간이란 마음의 삶이다"라고 선포했다. 플라톤에서 플로티노스, 그리고 아우구스티누스로 이어지는 존재론 전통에서 말하는 시간을 '심리적 시간'이라고 부르는 계기가 되었던 것이다.[196]

15도와 360도는 본체와 작용의 관계이며, 그것은 인간의 심리와 인식을 뛰어 넘는 시간의 존재 방식이다. 플라톤 이래의 2원론 사유가 아니다. 하나는 완전이고, 다른 하나는 불완전이라는 2원론은 『정역』의 사유에 개입될 수 없다. 왜냐하면 본체와 작용은 하나이면서 둘이고 둘이면서 하나의 관계로 존재하기 때문이다.

그러나 2원론에서 말하는 이데아와 사물은 별개의 세계에 존재하는 까닭에 체용 전환의 발상은 전혀 허용될 수 없다. 즉 2원론의 시각으로 『정역』의 시간관을 해석하는 것은 무리가 뒤따를 수밖에 없다. 선천에서 본체 15가 둘로 나뉘어 9와 6으로 전개되었다면, 후천은 체용의 전환에 의해 10과 5는 본체로, 360은 작용으로 바뀐다. 후천은 시간과 공간이 360을 준거로 삼는 까닭에 음양이 균형잡힌 세상이 된다는 것이다.

375도는 두 가지 방식으로 구성된다. 하나는 실제 운용하는 도수요, 다른 하나는 체용 관계의 존립이 그것이다.

(A) {일원추연수 216(63 + 72 + 81)} + {사상분체도수 159(61 + 32 + 30 + 36)} = 375

(B) 15 + 360 = 375

(A)는 선후천 변화의 시간대를 분석한 '일원추연수一元推衍數'와, 천지일월이 원래부터 소유한 각자의 존재 방식인 '사상분체도수四象分體度數'의 결합으로 이루어졌다. 일원추연수는 선천이 후천으로 바뀌는 시간대

---

196) 김용규, 『서양 문명을 읽는 코드, 신』(휴머니스트, 2010), 325-327쪽 참조.

를 인류사의 시각으로 추론한 대목이다. 반면에 (B)는 시간의 순수 구성에 대한 공식이다. 선천은 왜 시간과 공간이 똑같이 360도를 지향하는가의 물음과 동시에 선후천의 교체는 체용의 전환을 통해 이루어진다는 뜻이다. 15 본체 속에 360 작용이 깃들어 있고, 작용 속에서 본체의 흔적을 찾을 수 있다는 뜻이다.

'존공'을 자연과 시간의 혁명 측면에서 보면, '삼천양지三天兩地'라는 음양의 불균형으로 이루어진 9와 6의 선천이 체용 전환을 통해 15(9+6) 본체가 '공'의 세계로 되돌아가는 이치를 뜻한다. 후천은 작용 360이 주도한다. 그래서 김일부는 후천은 한 달이 30일, 1년은 360일로 형성된다는 사실을 공자의 말로 증거를 삼았던 것이다.

『정역』에는 '공空'과 연관된 귀공歸空과 존공尊空이 있다. '공'은 단순히 비어 있거나, 무엇으로 대용代用되어 본래 자리가 비어 있는 경우를 뜻한다. '귀공'은 무엇을 없애는 것을 가리킨다. '존공'은 『정역』 특유의 표현으로서 건곤乾坤, 무기戊己, 무극·황극, 신명神明과 같이 특별히 신성시하여 높이 모시거나 그 자리를 피하여 비워두는 경우를 가리킨다.[197)]

그러니까 '십오존공十五尊空'은 기위己位와 무위戊位의 10과 5를 존공한다는 뜻이다.[198)] 15가 본체로 환원되는 까닭에 현행 1년 $365\frac{1}{4}$일의 윤력閏曆이 1년 360일 정력正曆으로 바뀐다. 그것은 자연의 물리학적 혁명으로 인해 이루어지는 까닭에 인간의 힘으로 감당할 수 있는 문제가 아니다.

김일부는 과거에 이미 입력된 시간의 원형 정보가 미래의 특정한 시점에 펼쳐진다는 점을 375도에서 발견하였다. 그것은 과거와 현재와 미래를 꿰뚫는 시간의 원형 유전자로서 선후천 변화를 이해할 수 있는 열쇠라고 하겠다.

197) 이정호, 『正易硏究』(국제대학출판부, 1983), 92-94쪽 참조.
198) 김일부에 의해 정역팔괘도라고 알려진 『周易』「說卦傳」 6장은 건곤괘를 제외한 6자녀 괘만을 언급하고 있다. 왜 그럴까? 乾坤 즉 '十五'를 尊空의 자리로 비어 두었기 때문일 것이다.

360이 성립하는 공식들

1. {5행(금목수화토) × 75 = 375} - 15 = 360
2. 375 - 15[199] = 360
3. {일원추연수 216(63 + 72 + 81)} + {사상분체도수 159(61 + 32 + 30 + 36)} - 15 = 360
4. 19 × 19 - 1 = 360[200]
5. (1 + 2 + 3 + 4 + 6 + 7 + 8 + 9) × 9 = 40 × 9 = 360[201]

그런데도 (혹자는) "정역에 一夫之朞가 孔子之朞(360度)와 같다고 하였으므로 후천이 도래하면 지구의 공전 日數(주기)와 朞數(360度)가 일치하게 되고 또한 지구의 지축이 90도로 바로 서게 되므로 黃道와 赤道가 일치하여 冬至夏至가 없어지고 極寒極暑의 기후변화가 없는 四時春風의 地上天國이 화현된다는 등의 荒唐한 해석을 하여 후천 원리를 밝힌 정역을 秘訣類와 같은 후천 예언서로 전락시키는 현실은 참으로 안타까운 일이다."[202]

이러한 비판은 이정호와 한동석을 겨냥한 것으로 보이지만, 실제로는 『정역』 전반에 대한 비판이다. 김주성의 경고는 얼핏 보면 맞는 것 같으나, 『주역』의 논리에 매몰되어 『정역』을 부정한 발언이 아닐 수 없다. 김일부가 직접 지축정립을 비롯한 '사시장춘四時長春'을 언급하지 않은 상태에서 원문에 대한 응용 해석이 오해를 낳았다는 성급한 판단이 도리어 『정역』을 『주역』의 유사품 쯤으로 오해하는 원인으로 작동하였다. 지금은 솔직하게 『정역』을 전면 해부하고 재해석한 다음, 현실에 맞게

199) 김정현은 『正易註義』에서 十五를 '天地性命의 至尊'이라 규정했다.
200) 19×19=361은 바둑판의 구성을 상징한다. 중앙의 1은 360의 본체를 뜻한다.
201) 황극의 수 또는 문왕팔괘도의 중앙에 있는 5는 계산하지 않는다.
202) 김주성, 앞의 책, 151쪽.

재구성하는 작업이 필요하다.

예언이 아닌 예언 형식만을 띠고 있음에도 불구하고 공자의 인문학에 어긋난다고 『정역』을 깍아내리는 태도가 더욱 문제를 심각하게 만들 뿐이다. 김일부의 제자들 중에서 『정역』을 예언서로 보는 학자는 매우 드물었다. 오히려 예언서로 보는 것을 더욱 경계하는 자세로 연구했을 뿐만 아니라, 천명의 자각과 함께 조화옹의 손길에 관심을 돌리라는 권고를 잊지 않았던 것이다.

五度而月魂生申하니 **初三日**이오
오도이월혼생신 초삼일
月弦上亥하니 **初八日**이오
월현상해 초팔일
月魄成午하니 **十五日**이 **望**이니 **先天**이니라
월백성오 십오일 망 선천

5도를 지나 월혼이 신에서 생겨나니 초3일이요,
달이 해에서 상현되니 초8일이요,
월백이 오에서 이루어져 15일이 보름이니, 선천이다.

앞 대목은 원론 차원에서 우주를 구성하는 시간의 근거를 얘기했으나, 이 대목은 후천이 왜 한 달 30일로 형성되는가를 논의했다. 이 대목은 뒷 대목과 세팅해서 분석해야 한다. 이 둘은 선천과 후천 달의 성립을 얘기하고 있기 때문이다. 선천 없는 후천은 존립 근거가 없고, 후천 없는 선천은 공허하다. 『정역』은 후천을 먼저 말한 다음에 선천을 언급하는 체제와 문법으로 이루어졌다.

따라서 이곳 문장의 앞뒤를 바꾸어 읽으면 독자들의 이해도가 훨씬 쉬울 것이다. 그것은 이 대목의 주어가 뒷 문장에 있음이 증명한다. '5도를 지난다'의 주어는 분명코 '달이 진에서 굴하니 28일이다.[月窟于辰,

二十八日.」라는 뒷 문장의 '진辰'이 주어이기 때문이다. 28일을 기준으로 29일, 30일, 1일, 2일을 지나 달의 혼령이 생기는 날이 3일이라는 것이다. 왜 '진辰'에서 출발하는가? '진'은 5행으로 5토이고, 동물로는 '용龍'이다. 이런 점에서 『주역』은 '용' 문화로 전개되었음을 짐작할 수 있다.

건괘가 초효부터 상효까지 잠룡潛龍, 현룡見龍, 군자君子, 혹약或躍, 비룡飛龍, 항룡亢龍으로 이루어졌듯이, 『주역』은 변화에 능통한 '용'을 중심으로 풀어나가고 있다. 『주역』이 '용' 중심의 선천을 얘기했다면, 『정역』은 선천 '용'을 대체하는 후천이 오는 필연성을 밝혔다. 이 점에서 김일부는 책력을 따지는 학술을 넘어 5행과 6갑으로 『주역』 전체를 훤하게 꿰뚫은 전문가 중의 전문가였다고 할 수 있다.

경진[203]에서 출발하여 신사, 임오, 계미, 갑'신'에 이르러 달의 영체가 생기므로 '신申'의 근거는 '진辰'이다. 왜 경진에서 출발하고, 경진이 28일이어야만 하는가? 28일로부터 거꾸로 계산하면 그 출발점은 계축癸丑이기 때문이다. 후천 초하루가 계미·계축이라는 뜻이다.[204] 12지지의 4정방은 '진술축미辰戌丑未'이고, 시간의 축을 의미하는 남북의 축미丑未에서 '축丑'은 생명의 뿌리인 북방이기 때문에 5행의 이치에도 부합한다.

선천은 무진戊辰의 '무'와 '진' 모두가 5토 중심의 세상이다. 특히 진은 용이다. 선천은 무진에서 출발한다. 그러니까 무진 초하루에서 8일이 지나면 상현(반달)이 된다. '달이 해에서 상현되니 초8일이다'는 말은 무진에서 출발하여 여덟 째 을해乙亥에 닿은 날이 상현달이라는 뜻이다.

1	2	3	4	5	6	7	8	9	10	11	12	13	14	15
戊辰	己巳	庚午	辛未	壬申	癸酉	甲戌	乙亥	丙子	丁丑	戊寅	己卯	庚辰	辛巳	壬午
朔				魂			弦							望,魄

203) 우연의 극치이지만, 庚辰은 '용을 바꾸다'는 뜻이 숨어 있다.
204) 이것은 『正易』「十五一言」"二十八宿運氣圖"의 체제에서 확인할 수 있다.

우리는 '용'이 변화를 일으키는 세상의 끝에서 선천 책력의 근거를 확보할 수 있다. 무진에서 출발한 선천은 을해乙亥 8일이 상현달이고, 달의 형체는 임오壬午에서 보름달이 된다. 초하루 무진에서 시작하여 15일 임오에 이르면 달은 둥근 형태의 보름달이라는 것이다. 15일 보름을 선천이라 말한 것은 한 달을 선천과 후천으로 나누었기 때문이다.

앞 문장은 360일 중심의 태양[日] 정사를 말한 것이고, 이곳은 30일 중심의 태음[月] 정사로 달의 회삭현망晦朔弦望을 언급한 것이다. 그런데 28일 경진에서 달이 사라졌다가 왜 5일만에 조그맣게 떠오를까? 5의 근거는 어디에 있는가? 경진, 신사, 임오, 계미, 갑신의 과정이 5이기 때문이다. 그것은 '1수4금'이 응축되어 형체[體]를 이루는 한편, '2화3목'은 서로 감응하여 율려의 그림자[影]를 생기게 하는 것에서 비롯된 것이다.

月分于戌하니 **十六日**이오
월분우술　　십육일
月弦下巳하니 **二十三日**이오
월현하사　　이십삼일
月窟于辰하니 **二十八日**이오
월굴우진　　이십팔일
月復于子하니 **三十日**이 **晦**니 **后天**이니라
월복우자　　삼십일　회　후천

달이 술에서 나뉘니 16일이요,

달이 사에서 하현되니 23일이요,

달이 진에서 굴하니 28일이요,

달이 자에서 회복하므로 30일이 그믐이니, 후천이다.

앞 문장이 선천의 달 움직임을 얘기했다면, 이곳은 후천의 달 움직임을 얘기한다. 선천의 달은 무진·무술을 초하루로 시작하기 때문에 임오·임자가 15일 보름이 된다. 하지만 후천의 달은 선천 16일이 후천

초하루이기 때문에 임오·임자의 다음인 계미·계축이 곧 초하루이다. 계미·계축에서 시작하면 무진·무술 중에서 무'술'이 16일이 되는 까닭에 무진·무술을 선천의 초하루로 삼는 것이다. 끝나는 곳에서 다시 시작하는 원칙에 의거하여 선천 보름달이 끝나자마자 곧이어 후천 초하루가 시작되므로 '달이 술에서 나뉘니, 16일이다.[月分于戌, 十六日.]'라고 말했던 것이다.

이런 의미에서 무술에서 8도 지나면 을사(을해) 하현달이고, 다시 5도 지나면 달이 굴한다는 경술·경진에 닿는다. 다시 2도를 지나면 임자·임오가 되고, 30일은 그믐이 된다.[月復于子, 三十日, 晦, 后天.]

후천에는 선천 16일인 계미·계축이 초하루가 된다. 결국 한 달 정사에서 15일이 우주 시공에서 귀체歸體되는 현상이 일어난다. 그것은 자연에서 15일이 소멸되어 사라짐으로써 한 달이 30일로 정착되는 결과를 가져 온다. 계축 초하루에서 계산해서 28일은 경진에 닿기 때문에 '달이 (경)진에서 굴하니 28일이다.[月窟于辰, 二十八日.]'라고 말했던 것이다.

달은 직접 빛을 생산하지 못하는 행성이다. 달 자체는 어둠에 휩싸여 존재하지만, 태양 빛을 반사하여 회삭현망의 모습을 그려낼 뿐이다. 달의 정령이 3일에 생기고 8일에 상현달, 15일에 보름달이 되고, 23일에는 하현달이 되고, 28일에 흔적 없이 사라졌다가 30일에 달의 본체로 회복한다는 것이다. "달이 자에서 회복하므로 30일이 그믐이니, 후천이다.[月復于子, 三十日, 晦, 后天.]"에서 후천은 계미·계축이 초하루가 되고, 30일은 임자·임오에 닿기 때문에 임자의 '자'에서 회복한다고 말했던 것이다.

한 달 30의 두 배는 60, 그러니까 60을 둘로 나누면 30이다. 『정역』은 6갑과 달 변화를 통합시키는 체계를 정립했다. 특별히 '용'이 들어간 무진을 선천 초하루의 기준으로 삼았다. 선천의 시작이 용[辰]이라면,

후천의 시작은 소[丑]이다. 그래서 『정역』은 '축' 중심의 사유를 전개했던 것이다.[205] 진과 축은 지지다. 지지의 변화는 저절로 이루어지는 것이 아니라, 천간의 변화가 선행한 까닭에 가능하다. 천간의 변화가 곧 시간의 섭리요, 하늘의 명령[時命]이기 때문이다.

月合中宮之中位하니 **一日**이 **朔**이니라
월합중궁지중위　　일일　삭

달이 중궁의 중위에서 합하니, 1일이 초하루이다.[206]

아래 도표는 1960년 대 초기 무렵, 계룡산 소재 국사봉에서 정역사상을 연구했던 학자들이 직접 만들어 공부하고, 후천에 일어날 달 변화를 주목하면서 익혔던 내용이다. 선천 역법의 성립을 아는 것도 힘든 일인데, 후천 달 변화를 이해하는 것은 더욱 어려웠으리라. 무턱대고 초하루를 정하는 것보다는 한 달의 중앙에 있는 보름을 찾는 방법을 알면 초하루와 그믐은 저절로 정해질 것이다.

癸	甲	乙	丙	丁	戊	己	庚	辛	壬	癸	甲	乙	丙	丁	戊	己	庚	辛	壬	癸	甲	乙	丙	丁	戊	己	庚	辛	壬
未	申	酉	戌	亥	子	丑	寅	卯	辰	巳	午	未	申	酉	戌	亥	子	丑	寅	卯	辰	巳	午	未	申	酉	戌	亥	子
癸	甲	乙	丙	丁	戊	己	庚	辛	壬	癸	甲	乙	丙	丁	戊	己	庚	辛	壬	癸	甲	乙	丙	丁	戊	己	庚	辛	壬
丑	寅	卯	辰	巳	午	未	申	酉	戌	亥	子	丑	寅	卯	辰	巳	午	未	申	酉	戌	亥	子	丑	寅	卯	辰	巳	午

戊	己	庚	辛	壬	癸	甲	乙	丙	丁	戊	己	庚	辛	壬	癸	甲	乙	丙	丁	戊	己	庚	辛	壬	癸	甲	乙	丙	丁
辰	巳	午	未	申	酉	戌	亥	子	丑	寅	卯	辰	巳	午	未	申	酉	戌	亥	子	丑	寅	卯	辰	巳	午	未	申	酉
戊	己	庚	辛	壬	癸	甲	乙	丙	丁	戊	己	庚	辛	壬	癸	甲	乙	丙	丁	戊	己	庚	辛	壬	癸	甲	乙	丙	丁
戌	亥	子	丑	寅	卯	辰	巳	午	未	申	酉	戌	亥	子	丑	寅	卯	辰	巳	午	未	申	酉	戌	亥	子	丑	寅	卯

무진 · 무술의 선천 초하루가 계미 · 계축의 후천 초하루로 바뀌는 도표

205) 『正易』「十五一言」"化翁親視監化事", "嗚呼, 丑宮得旺, 子宮退位."
206) 지구 둘레를 공전하는 달이 지구와 태양 사이에 위치해 지구에서 달의 모양을 관찰할 수 없는 상태로서 음력으로 1일에 해당한다. 대략 2~3일 지나면 초승달 모양이 나타난다.

'중궁中宮'은 보름달이 뜨는 15일이며, '중위中位'는 금번 보름에서 다음 달 보름까지 30일의 중심체를 가리킨다. 중궁이 공간의 중앙에 가깝다면, 중위는 지나간 시점과 아직 오지 않은 미래 사이의 부동의 중심을 뜻한다. 중궁과 중위는 바로 시공을 하나로 결집한 중심에서 만난다. 그러나 선천의 한 달 28일 체제에서는 중궁과 중위가 어긋나는 경우가 많을 수밖에 없다.

후천은 계미·계축이 초하루이기 때문에 무술 또는 무진이 16일로서 한 달 30일의 중심체가 된다. 선천은 무진·무술을 초하루로 삼기 때문에 계미·계축은 당연히 '중궁의 중위'가 된다. 따라서 한 달의 중심체와 일월의 운행 도수가 일치하지 않으면 초하루, 보름, 그믐 찾기는 곤란할 것이다. 선후천을 통틀어 달이 '중궁의 중위'에서 만나는 때가 곧 초하루라는 뜻이다.

이 대목은 6갑으로 초하루 정하는 방법을 헤아린 것이다. 선천의 보름은 임오·임자이며, 그 다음 날 16일은 계미·계축이다. 이 계미·계축에서 다음 달 임오·임자까지 30일 동안의 중궁과 중위는 무진·무술이 된다. 그러니까 선천 초하루는 무진·무술에서 시작하기 때문에 '달이 술에서 나뉘니 16일이다.[月分于戌, 十六日.]'라고 했으며, 바꾸어 말하면 16일을 후천 초하루로 삼은 것이라 하겠다. 마찬가지로 16일을 무진·무술로 삼을 경우는 다음 달 15일 보름 정유·정묘까지 30일 동안의 중궁 중위는 계미·계축이 되므로 후천 초하루를 계미·계축으로 정한 이유가 바로 여기에 있는 것이다.

김일부는 30일 기준의 달 변화와 6갑의 순환을 통합시켰다. 만일 한 달 28일의 현행 태음력을 6갑과 일치시키면 혼란이 뒤따르기 마련이다. 태음력과 태양력의 불일치로 인해 3년에 1번, 5년에 2번, 19년에 7번의 윤달을 끼워 넣는 태음태양력의 책력이 만들어졌던 것이다. 김일부는 6갑의 순환 원리와 후천의 순환 법도가 일치한다는 것을 확인하고, 달의 회삭현망과 자연의 영허소장이 천지의 율동상에 부합하도록 달의 변화를 6갑 법칙으로 설명했던 것이다.

六水九金은 **會而閏而律**이니라
육수구금 회이윤이율
二火三木은 **分而影而呂**니라
이화삼목 분이영이여

6수와 9금은 모이고 불어나서 율이 되고,

2화 3목은 나뉘어 영으로 여가 된다.

앞에서 책력의 구성 법칙과 달 변화의 주기성을 얘기하다가, 여기서는 갑자기 율려도수를 언급한 이유는 무엇인가? 전자는 가시적 현상에 의존하는 역법으로 설명이 쉽지만, 후자는 역법 성립의 근거이기 때문에 접근이 쉽지 않다. 더구나 율려의 용어 자체가 음악 이론과 결부된 까닭에 『정역』의 율려에 대한 이해를 더욱 어렵게 만들고 있으며, 또한 각종 학술에서 파생된 인식들이 도리어 『정역』 율려관의 이해를 방해하는 요인이 되었다. 게다가 전통의 율려 음악이나 『정역』이 똑같이 5행 언어를 사용했기 때문에 범주 착오 또는 혼동을 일으킴으로써 생성론에 쓰이는 5행으로 존재론 차원의 율려를 분석하는 것은 자칫 『정역』의 율려론을 기氣 철학으로 오인하기 쉬운 위험이 있다.

한때 한국 사회에서도 율려의 문화 운동이 일어난 적이 있었다. 그것은 생태계 보존을 위한 일종의 의식 개혁을 일깨우는 목적에서 추진되었다. 특히 『정역』 중심의 율려 운동을 전개한다고 다짐했음에도 불구하고 율려에 대한 치밀한 연구가 수반되지 못했기 때문에 실패로 끝났던 것으로 기억한다. 그 원인은 형이상학의 빈곤과 철학의 부재에서 비롯되었기 때문이다. 단지 '율려선律呂船'을 타야 선천에서 후천으로 건널 수 있다고 주장하는 수준에 머물렀던 아쉬움이 있다.

『정역』의 율려란 무엇인가? 율려는 세상의 비밀을 여는 우주와 시간의 비밀 코드이다. 율려는 시간의 본성을 뜻한다. 시간의 본성을 읽어내야 인간의 본성을 비롯하여 만물의 궁극적 원인, 시간 흐름의 목적을 알 수 있을 것이다.

율려는 무정한 시간의 흐름 속에 숨겨진 시간의 선험적 절도[度數]와 조화의 역동성을 의미하는 형이상학 개념이다. 가장 중요한 사실은 율려도수의 작동으로 인한 본체와 작용의 본질적 전환이 이루어지고, 금화교역을 통한 선후천의 교체도 가능하다는 것이다. 율려는 선후천 변화와 직결된 명제인 것이다. 김일부는 단지 율려를 음양오행으로 설명하는 방식을 취했다.

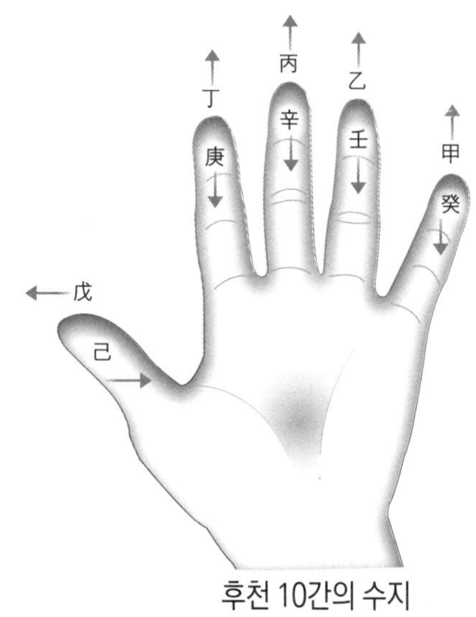

후천 10간의 수지

手指	1	2	3	4	5	6	7	8	9	10
呂							乙 3木		丁 2火	戊
律			辛 9金		癸 6水					
會分			會					分		

율려의 변화가 있어야 금화교역이 이루어질 수 있다. 이런 연유에서 김일부는 율려의 변화를 조화造化라 불렀다. 과거에는 음양의 변화, 즉 밤은 낮이 되고 낮이 밤으로 변하는 것을 하늘의 변화라 불렀던 것을 『정역』의 율려는 금화교역을 일으킬 수 있는 3극 차원의 조화를 뜻하는 새로운 형이상학 정립의 열쇠로 삼았던 것이다.

그러면 『정역』의 율려와 관련된 무극無極과 황극皇極을 5행의 상수 및 6갑六甲을 결합하여 도수度數로 풀은 것을 살펴보자.

己位는 四金一水八木七火之中이니 無極이니라 = {(4+1)+(8+7)} = 5+15 = 20, 己土는 10무극
戊位는 二火三木六水九金之中이니 皇極이니라 = {(2+3)+(6+9)} = 5+15 = 20, 戊土는 5황극

이 글귀는 「십일일언十一一言」 "뇌풍정위용정수雷風正位用政數"에 나온다. 그것은 뇌풍이 올바른 위치에서 우주 정치를 시행하는 방정식을 5행으로 해석한 것이다. 우레와 바람[雷風]은 물리적인 강력한 힘으로서 사물의 존재 방식마저 바꾸는 원동력이다. 즉 선천을 후천으로 뒤바뀌는 실질적인 에너지의 원천을 가리킨다. 그 힘의 원천은 도수에 근거하여 발동되는데, 도수에 근거하지 않은 율려는 보편성이 확보될 수 없기 때문이다.

무극과 황극은 금수목화 또는 화목수금의 중앙[中]에 존재하는 중용만을 지적하는 말이 아니다. 오히려 이들을 가장 앞에서 조절, 통합, 주재하는 우주의 으뜸가는 역동적인 중용이라는 의미가 부각된다. 그것은 공자의 이른바 윤리 도덕의 근거, 언제 어디서나 일정한 규범을 실천해야 한다는 행위의 표준을 뜻하는 시중時中을 넘어서 우주를 이끌어가는 동력원을 가리킨다.

천지의 분열 운동과 통일 운동을 총괄하고 통섭하는 역동적 본체[10토, 5토]인 '중中'에 대해 신화학자 켐벨은 귀 기울일 만한 시사점을 제공하였다. "이를 서양에서는 부동의 자리'라 표현한다. 부동不動의 동자動者(unmoved mover)라 불렀다. 그것은 세계의 배꼽(World Navel) 혹은 세계축(World Axis)의 이미지"[207]가 아닐 수 없다. 서양이 실체론의 사고를 귀중하게 여겼다면, 『정역』은 만물을 선천에서 후천으로 넘기는 원리와 그 과정을 주재하는 존재를 '움직이는 본체(moving mover)'로 보았다. 과거의 형이상학이 부동의 본체에 대한 태극 중심의 사유를 전개했다면, 김일부는 움직이는 본체인 무극과 황극과 태극에 대한 새로운 형이상학을 수립한 것이다.

여기서 말하는 '중中'은 어떤 공간적 위치의 중간점을 가리키지 않는다. 즉 A와 B 사이의 정 가운데를 뜻하는 것이 아니라, 오히려 A와 B 사이의 중심에서 모든 것을 주재하는 핵심 자리를 지칭한다. '기위' 무극은 금수목화를 관통하는 핵심[中]이며, '무위' 황극은 화목수금을 관통하는 핵심이다. 따라서 '중中'은 이들을 통합시키기도 하고 분열시키기도 하는 생명 활동의 근원을 뜻한다.

이때 무극과 황극 사이에서 이루어지는 '태음태양'의 구조를 꿰뚫고 소통하는 운동 방식이 곧 율려다. 율려 운동의 목적은 선천에서 후천으로의 전환에 있다. 이런 의미에서 정역사상이 말하는 율려는 시간 질서의 획기적 전환을 통한 새로운 세상의 창조를 겨냥했다고 하겠다. 무극과 황극은 천지의 구성 근거를 밝히는 이론이고, 태음과 태양의 속살 즉 율려는 서로의 근거로 뿌리박혀 있음을 얘기한 것이다.

과거의 천지론이 하늘과 땅의 구성에 초점을 맞추었다면, 정역사상은 천지의 속살을 태양과 태음으로 끄집어낸 다음에, 그들의 운동 방식을 율려

207) 조셉 켐벨/이윤기, 『천의 얼굴을 가진 영웅』(민음사, 2002), 47쪽 참조.

로 재탄생시켜 하늘땅의 구성 근거를 밝힌 점에 그 의미가 있다고 하겠다.

순수 陰陽	太陰	太陽
干支	(己)庚壬	甲丙
형상	四金之魄(庚) 一水之魂(壬)	八木之體(甲) 七火之氣(丙)
손가락의 숫자	1, 2, 4	6, 8

『정역』은 무극(태음과 태양의 겉)의 정령도수政令度數와 황극(태음과 태양의 속)의 율려도수律呂度數로 천지의 구성 근거를 밝히고 있다. 원칙적으로 무극[己位]이 태양이라면, 황극[戊位]은 태음을 뜻하는 천지의 근원을 상징한다. 천지의 본질을 물리적인 하늘땅(sky, earth)에서 찾은 것이 아니라, 시간과 생명의 본원을 태음과 태양에 둔 것이다. 특히 태양과 태음을 수와 천간과 오행[度數]으로 설명하였다.

> "정령은 기경임갑병己庚壬甲丙이오 여율은 무정을계신戊丁乙癸辛이라"[208] ("십일귀체시")
> "6수와 9금은 모이고 불어서 율이 되고, 2화와 3목은 나뉘어 영으로 여가 된다[六水九金, 會而潤而律. 二火三木, 分而影而呂.]"("금화오송")

율려에 앞서 『정역』이 말하는 정령政令은 태음太陰 표면의 혼백魂魄(경임庚壬)과, 태양太陽 표면의 기체氣體가 된 갑병甲丙을 말한다. 이를 도표를 만들면 아래와 같다.

208) 정령과 율려는 '戊'와 (특히 새로운 시작을 알리는) '己'를 중심으로 1, 2, 3, 4, 5, 6, 7, 8, 9, 10의 순서로 진행한다. 정령은 '己'에서 경임갑병으로, 율려는 '戊'에서 정을계신의 방향으로 움직인다. 결국 정령과 율려는 順逆 관계를 형성한다. 順이 微分이라면, 逆은 積分을 이룬다.

天干	甲	乙	丙	丁	戊	己	庚	辛	壬	癸
數	1 (6)	2 (7)	3 (8)	4 (9)	5 (10)	6 (1)	7 (2)	8 (3)	9 (4)	10 (5)
五行	8木	3木	7火	2火	5土	10土	4金	9金	1水	6水

굳이 빅뱅이론을 거론하지 않더라도 태양과 태음(해와 달)[209]이 인간의 생체 리듬을 지배하고 있음은 주지의 사실이다. 모든 생물체는 밝음과 어둠의 질서에 맞추어 살도록 각인되어 있다. 그래서 과거에는 태양신과 달을 숭배하는 종교가 성행했으며, 그것은 또한 신화학의 기초가 되기도 하였다. 즉 인류의 문명과 문화는 낮과 어둠(음과 양)의 질서에 발맞추어 꽃피워왔던 것이다. 해와 달은 인간의 몸과 정신 활동에 지대한 영향을 미치고 있다. 밝음과 어둠의 주기적 교체는 자연의 순환과 문명의 순환을 주장하는 학설로 정초되었고, 거기에 제도와 관습으로 의례화된 것이 현대문명의 원형이 되었다고 할 수 있다.

己位 政令	태양의 겉은 8木의 體와 7火의 氣
	태음의 겉은 4金의 魄과 1水의 魂
戊位 律呂	태양의 속은 6水9金
	태음의 속은 2火3木

정령政令이 '기경임갑병己庚壬甲丙'의 순서로 진행한다면, 여율呂律은 '무정을계신戊丁乙癸辛'의 순서로 진행한다. 위 도표에 나타난 바와 같이 정령政令과 율려律呂는 반대 방향으로 진행한다. 그것은 삶과 죽음의 관계

209) 태양과 태음은 해와 달을 특정한 것이 아니라, 오히려 우주 전체를 통괄하는 순수 음양체로서의 태양과 태음을 뜻한다.

를 연상하면 쉽다. 인간의 생애는 삶에서 죽음을 향해 줄달음치는 과정을 거친다. 살면 살수록 죽음에 가까워지기 때문에 삶은 죽음의 방향으로, 거꾸로 죽음은 삶의 방향으로 움직인다.

이를 1과 10 사이에서 이루어지는 수리 도식으로 대비해보자. 1이 탄생이고 10이 죽음이라고 가정할 경우에, 1에서 10의 방향으로 진행하면 할수록 죽음에 가까워지고, 죽음은 삶의 시간을 반감시키는 방향으로 진행하므로 결국 삶과 죽음 사이에는 역설의 논리가 성립한다. 한마디로 생명은 역설의 통합 논리라 할 수 있다.

순역 논리에 투영된 삶과 죽음의 패러독스! 이는 생명을 읽는 코드라고 할 수 있다.[210] 패러독스[順逆]는 모순 투성이 법칙이 아니라, 생명은 두 방향으로 서로 교차하면서 움직인다는 시간의 선험 원리를 뜻한다. 끝없이 되풀이되는 순응[順]과 거슬림[逆]의 방식은 시간과 생명 영속의 DNA인 까닭에 정령과 율려는 태양과 태음의 피부와 속살로서 서로를 변화 충족시켜주는 상호의존, 상호요청의 방식으로 운동하는 것을 특징으로 삼는다.

생명의 숨결인 시간의 패러독스는 낙서의 '역생도성逆生倒成의 원리(상극)'와 하도의 '도생역성倒生逆成(상생)의 원리'가 서로 교차하는 방식(크로스 체킹의 방식[順逆])으로 움직인다. 태양과 태음은 생명을 주고 받으면서 일

210) 안드레아스 바그너 지음/김상우 옮김, 『생명을 읽는 코드, 패러독스』(와이즈북, 2012), 340-346쪽 참조. 안드레아스 바그너는 패러독스를 인식해야 하는 이유를 다음과 같이 제시한 바 있다. 첫째, 최종적인 진리를 포기하면 겸손과 평온이라는 혜택을 얻을 수 있다. 역설에 대한 인식은 인간에게 그들의 세계를 창조하는 대화에 적극적으로 참여할 거대한 힘과 책임을 돌려준다는 것이다. 그렇다고 인간의 힘과 정신이 무한하다는 뜻은 아니다. 세계는 사람들의 머릿속에 그저 존재하는 것이 아니다. 인간은 단지 거대한 대화 속의 한 참가자일 뿐이다. '중력은 착각'이라는 시각에 기초해 창문 밖으로 뛰어내리는 선택을 한다면 고통스러운 깨달음만을 얻게 될 것이다. … 세상을 유지시키는 것, 역설 너머에 있지만 역설의 원천인 것, 그리고 역설적 긴장의 원심력을 통해 빛과 어둠, 부분과 전체, 자아와 타자, 우주의 거울방 등에서 확인되는 역설을 증거하는 창조로 조용히 폭발해 나오는 것을 우리는 알 수 없으나, 희망할 수는 있다. 우리가 희망할 수 있는 것은 그것뿐이다.

정한 시간의 주기에 맞추어 지구를 비롯한 모든 생명체에 영향을 끼친다.

그래서 천지는 일월의 부모이며, 일월은 부모인 천지를 대행하면서 만물을 싹틔워 열매 맺고 성숙시킨다는 것이 정역사상의 대전제가 되었던 것이다. "천지는 일월이 아니면 생명력이 없는 빈 껍데기요, 일월은 지극한 사람[至人 = 眞人]이 아니면 헛된 그림자에 불과하다"[211]는 말에 나타나 있듯이, 정역사상은 해와 달 이야기로 일관되어 있다.

김일부에 의하면, 우주는 의식을 소유한 일종의 영혼의 집[靈體]이다. 그는 태양의 내부와 외부, 태음의 내부와 외부 구조를 도수로 추론한 바 있다. 6수水9금金(태양의 속)의 존재 근거는 태음의 겉에 있다[六水九金, 會而潤而律.]. 활활 타오르는 태양의 겉모습은 모든 것을 한꺼번에 녹여버릴 듯이 뜨겁지만(7화火8목木), 태양의 내부는 태음의 겉을 상징하는 차가운 기운이 오랜 세월을 거치면서 모이고 쌓이면[會] 어느 순간에 불어나[潤] 태양의 내부 질서[律]로 자리 잡는다는 것이다.

태양의 표면은 7화火가 뿜어내는 기운과 8목木의 활기찬 물체로 구성되어 있다. 이것이 오랜 시간이 흐르면서 수많은 개체화의 과정을 거쳐 분열의 극치에 이르게 되면 나뉘고 나뉘어지는 현상[分]이 누적됨에 따라 어느 순간에 숨겨진 실체[影]가 되어 태음의 내부 질서[呂]로 자리 잡는다는 뜻이다.

'율律'은 태양의 내부 질서로 자리잡는 과정, '여呂'는 태음의 내부 질서로 자리잡는 과정을 뜻한다. 율려의 원칙은 겉이 속으로 변환하는 질서로서 '율'은 숫자가 plus 방향으로, '여'는 숫자가 minus 방향으로 바뀌는 현상으로 나타난다. 외부에서 내부로 수렴되는 질서화 과정은 정역팔괘도가 밖에서 안으로 욱여드는 형태가 반영한다. 그것은 율려의 논리와 일치한다. 안에서 밖을 지향하는 복희팔괘도와 문왕팔괘도의 형태

211) 『正易』「十五一言」"一歲周天律呂度數", "天地匪日月空殼, 日月匪至人虛影."

에서 거꾸로 밖에서 안을 지향하는 역설의 극치가 바로 조화造化의 논리라 하겠다.

앞서 말했듯이 태양의 겉은 7화火의 기氣와 8목木의 체體, 태음의 겉은 1수水의 혼魂과 4금金의 백魄, 태양의 속은 6수水9금金, 태음의 속은 2화火 3목木이라는 율려의 구조와 작용이 바로 정역사상이 말하는 도수의 실체다.[212] 다시 정리하면 태음 외부[4金1水]의 질서 → 태양 내부[6水9金]의 질서로 자리잡는 것이 '율律(생수에서 성수로)'이고, 태양 외부[8木7火]의 질서 → 태음 내부[2火3木]의 질서로 자리잡는 것이 '여呂(성수에서 생수로)'이다. 한마디로 '율'과 '려'는 태양과 태음의 내부 질서로 자리잡는 점이 동일하다. 그것은 복희괘와 문왕괘처럼 안에서 바깥으로 에너지가 발산하는 방향이 아니라, 정역팔괘도처럼 외부에서 내부로 욱여드는 방식으로 전개되는 것과 같은 이치라 할 수 있다.

그러면 율려도수는 어떻게 구성되고 운용되는가? 율려도수는 본체[體]와 운용[用]의 도수로 구성된다. 체위도수는 시간의 파수꾼으로서 시간을 섭리하고 주재하는 정보를 담지하고 있는 원리, 운용도수는 시간의 질서를 실제로 움직이도록 하는 시간의 물레방아, 이 둘을 합쳐서 시간의 지도라 할 수 있다. 체위도수와 운용도수[213]를 간편하게 정리하면 다음과 같다.

律呂體位度數	6水9金 癸,辛 五,三 (律: 태양의 내부 도수)
	2火3木 丁,乙 九,七 (呂: 태음의 내부 도수)
律呂運用度數	(6水 × 3木) + (9金 × 2火) = 36

212) 태양의 겉과 속은 成數로, 태음의 겉과 속은 生數로 이루어졌다.
213) 體位度數는 年月日時의 구조로, 運用度數는 四柱의 연월일시 관계에서 비롯되어 생기는 힘의 균형과 불균형이 생성되는 관계를 뜻한다.

그러면 이들 중에서 왜 6 × 9 = 54와 2 × 3 = 6, 또는 6 × 2 = 12 및 3 × 9 = 27의 형식은 불가하고, 6 × 3 = 18과 9 × 2 = 18이라는 결합 형식만이 유효한가? 이들의 결합은 '↘'와 '↙' 형식으로 이루어졌다. 그 이유는 첫째, 서로 맞물려 있는 태양 금수金水와 태음 화목火木의 결합은 각각 근친의 결합인 까닭에 생명의 영속성을 담지할 수 없기 때문이다. 둘째, 애당초 사주 형식으로 구성된 무극의 체위도수, 황극의 체위도수의 구조[體]와 운용[用]에 근거했기 때문이다.

무극체위도수는 도생역성의 방식, 황극체위도수는 역생도성의 방식으로 움직인다. 전자는 시간이 미래에서 현재를 거쳐 과거로 흘러가고, 후자는 시간이 과거에서 현재를 거쳐 미래로 흘러가는 양상이다. 또한 무극과 황극의 기사와 무술[年], 무진과 기해[月], 기해와 무진[日], 무술과 기사[時]가 서로 대응하는 형식을 이루고 있다. 한편 무극의 기사와 황극의 기사, 무극의 무진과 황극의 무진, 무극의 기해와 황극의 기해, 무극의 무술과 황극의 무술이 각각 '☓'의 형식으로 대응하고 있다. 하늘과 땅의 사주四柱 형식으로 이루어진 무극과 황극의 체위도수가 '☓'의 형식으로 성립된 까닭에 율려 역시 무극과 황극의 운용에 근거하여 움직인다고 할 수 있다.

無極體位度數	己巳 戊辰 己亥 戊戌
皇極體位度數	戊戌 己亥 戊辰 己巳

마치 기독교가 '태초의 말씀'을 외쳤다면, 동양은 원래부터 태음과 태양의 조직으로 구성된 하늘땅이 존재했다고 할 수 있다. 여기서 말하는 조직은 6갑 또는 3극 사이의 운동을 뜻하는 율려(음양오행의 구조와 패턴으로 이루어진 구조)의 질서를 말한다. 조직에는 모름지기 운영 세칙이 있기 마련이다. 조직이 율려의 체위(본체) 도수라면, 운용은 조직을 살아

움직이게 만드는 활력 운동을 가리킨다. 체위도수와 운용도수는 도수의 두 얼굴인 셈이다. 율려의 체위도수와 운용도수는 다음과 같은 등식이 성립된다고 할 수 있다.

律呂 體位度數	五行	天干	數	內(外)部
	2火3木	丁乙	9, 7	呂- 태음의 속
	6水9金	癸辛	5, 3	律- 태양의 속
律呂 運用度數	(6水 × 3木) + (9金 × 2火) = 36			

김일부는 율려를 본체도수와 운용도수[214]로 나누어 고찰함으로써 천지의 원초적 프로그램을 읽어냈다. 이는 결정론이라 해도 좋다. 결정론의 폐단은 인간의 자유의지와 실천의 당위성을 약화시키는데 있다. 하지만 '지금 우리는 어디에 와 있는가'라는 시간 의식의 통각을 통해 인간의 사명을 확립하는데 도움을 주는 장점이 있다.

『정역』의 율려관은 시간론으로 귀결된다. 『정역』 시간론의 요체는 '지금, 여기의' 인류가 사는 시간대는 선천이 후천으로 교체되는 시기에 들어섰음을 지적한 점에 있다.

> "아아! 오늘이여, 오늘이여! 63, 72, 81은 나 일부에게서 하나 되는구나.[嗚呼, 今日今日! 六十三 七十二 八十一, 一乎一夫.]"[215]

위에 나온 (7×9 =) 63 + (8×9 =) 72 + (9×9 =) 81 = 216의 등식은 『주역』에서 말하는 건괘가 작용을 일으키는 수[乾之策] 216과 동일하다. 63+72+81 = 216이라는 방정식은 지금이 바로 선후천 교체기의 문

214) 율려 체위도수가 관계의 구조 원리라면, 율려 운용도수는 관계의 생성 원리라 할 수 있다.
215) 『正易』「十五一言」

턱에 돌입했다는 것에 강조점이 있다. 여기서 양陽의 극한수 9를 거듭한 81은 우주사의 Omega point를 뜻하며, 이 문장에 등장하지 않은 (6× 9[216] =) 54는 음양의 본질적 균형을 이루어지도록 하는 성숙한 에너지[至氣]를 상징한다. 한마디로 63과 72와 81의 과정을 거쳐 정역세계正易世界로 진입하는 우주사의 전환점이 코앞에 닥쳤음을 지적한 것이다.

체위體位란 '본체'와 '자리'의 합성어로서 시간의 구성 근거의 '구조와 위상'을 가리킨다. 일종의 사주四柱 형식의 시간 질서가 우주사에서 최초로 본체의 위상으로 뿌리박는 사건이다. 본체는 특정한 시공의 질서 속에서 머물면서 시공을 지배한다는 이중의 뜻을 갖는다. 체위는 본체가 생성의 단계에 접어들기 이전의 시공 질서로 자리잡은 본성을 가리킨다. 다시 말해 우주의 탄생에서 시간 흐름이 최초로 분화된 공간의 형태가 곧 '자리[位]'인 것이다. 그 이후는 바로 시공간의 실제 전개 과정이라 할 수 있다.

운용도수는 율려가 작용하는 기능(function)과 법도를 뜻한다. 운용도수 36수에 관련된 설명은 과거로부터 다양하게 논의되어 왔다. 대략 여섯 가지의 풀이가 있다. 크게 나누어 세 가지는 8괘의 차원에서 말한 것이며, 두 가지는 64괘의 차원에서 말한 것이며, 나머지 하나는 12벽괘辟卦의 이론이 그것이다.

36에 얽힌 견해들

(1) ① 乾1 + 兌2 + 離3 + 震4 + 巽5 + 坎6 + 艮7 + 坤8 = 36, ② (乾1 + 坤8 = 9) + (兌2 + 艮7 = 9) + (離3 + 坎6 = 9) + (震4 + 巽5 = 9) = 36. 이는 복희괘의 8수 세계가 문왕괘의 9수 세계로 진화됨을 시

216) 9가 乾이라면, 6은 坤이다. 선천이 9수의 극한(9 × 9 = 81)이라면, 후천은 6수 시대로 접어든다는 뜻이다. (9 × 9 = 81) + (9 × 8 = 72) + (9 × 7 = 63)은 216(81+72+63)의 乾策數이며, (9 × 6 = 54) + (9 × 4 = 36) + (9 × 3 = 27) + (9 × 2 = 18) + (9 × 1 = 9)은 144(54+36+27+18+9)의 坤策數가 형성된다. 마침내 216 + 144 = 360이 이루어진다.

사한다. 그리고 생수 1, 2, 3, 4는 逆 방향으로 진행하고, 성수 8, 7, 6, 5는 順 방향으로 진행되어 선천은 분열과 팽창으로 만물을 길러내는 성장 과정을, 후천은 만물을 수렴하여 통일시키는 성숙 과정을 함축하고 있다. ③ 乾劃3 + 坤劃6 + (震劃5 + 坎劃5 + 艮劃5 = 15) + (巽劃4 + 離劃4 + 兌劃4 = 12) = 36. (2) ④ 다음은 朱子의 견해이다. 괘를 거꾸로 놓아도 그 형태가 바뀌지 않는 것[不易]이 8개이고, 괘가 각각 반대[反易]의 형태로 성립되는 것이 모두 28개라는 것이다. 전자는 乾, 坤, 坎, 離, 頤, 中孚, 大過, 小過 등이다. ⑤ 地雷復卦(지지로는 子)에서 시작하는 왼편이 180일, 天風姤卦(지지로는 午)에서 시작하는 오른편도 180일이다. 360일을 1旬(10일)으로 나누면 36이 된다는 견해도 있다. (3) ⑥ 復卦에서 乾卦까지의 여섯 괘에서 양효는 21이며 음효는 15인데, 이들을 합하면 36이다. 또한 姤卦에서 坤卦까지의 여섯 괘에서 음효는 21이며 양효는 15이므로 이들의 합 역시 36이다. 양효와 음효의 총합은 72다. 하지만 72에는 음양짝이 전제되어 있는 까닭에 실제로는 36이다. ⑦ 결국 위의 설명들은 합리적인 설명이라 할 수 있지만, 거기에는 상수학의 신비로운 측면이 내재되어 있음을 확인할 수 있다. 한편 天玄子는 "하나의 양이 비롯되는 復卦와 하나의 음이 비롯되는 姤卦 사이에서 벌어지는 음양의 끊임없는 왕래가 운동을 가능토록 한다. 36宮은 風流(바람기운은 우주의 살아 움직이는 힘)의 이치를 설명한 것이다"라고 한다. 하지만 兪琰은 소강절의 '三十六宮都是春'에 대해서 "인간의 육체 속에 화기가 이밖에도 건괘의 작용수와 그것의 공간적 전개를 표현한 「繫辭傳」 상 9장에 근거하여 풀이하는 9 × 4 = 36이라는 방법도 있다. 이것도 매우 합리적 해석이다.

이들은 『주역』과 연관된 괘 구성의 세부 규칙으로서 『정역』의 율려도수 구성과는 거리가 멀다. 그것은 한결같이 외부의 변화에 초점을 맞추었을 뿐 본체 자체의 구조와 운용에 대한 견해는 아니기 때문이다. 『정역』의 율려도수에는 본체도수와 운용도수가 있다. 체위도수는 인간의 사주처럼 연월일시의 형식으로 구성되어 있다. 사주는 인간의 운명을 평생 동안 지배하므로 바뀌지 않는다. 체위도수가 무극과 황극(태양과 태음)에 대한 일종의 사주팔자의 구성이라면, 운용도수는 연월일시가 서로 관계를 맺으면서 조직을 운영하는 세칙을 뜻한다.

无極體位度數	己巳 戊辰 己亥 戊戌
皇極體位度數	戊戌 己亥 戊辰 己巳

무극과 황극의 체위도수

율려는 태양 태음의 구성과 운용을 접속시키는 연결고리에 해당된다. 성리학은 태극과 음양 관계를 본체와 현상으로 설명하고 있으나, 『정역』은 태양과 태음의 속을 각각 율과 여로 규정한 까닭에 본체에 대한 인식이 성리학과 극명하게 다를 수밖에 없다. 태극과 음양이 일물양체一物兩體의 관계라면, 율려는 일물일체一物一體에서 속과 겉의 관계를 이룬다. 태극이 음양의 통일체라면, 율려는 태양과 태음이 원래부터 하나의 몸체라는 사실을 겉과 속으로 분류한 것이다.

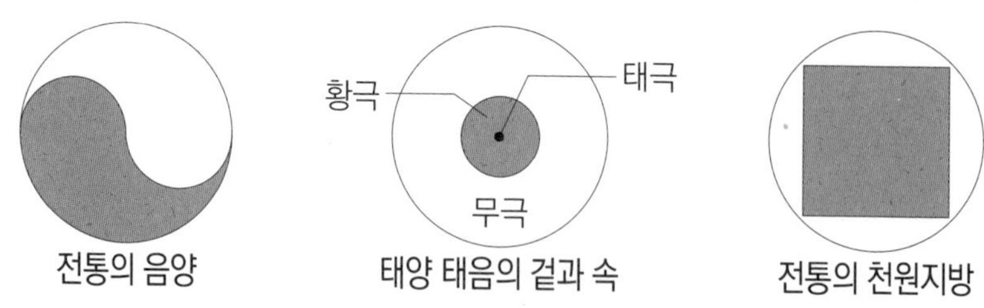

전통의 음양 / 태양 태음의 겉과 속 / 전통의 천원지방

체위도수(율려의 구조)가 '시간이 생겨나는 사주四柱의 집'이라면, 율려의 생성을 뜻하는 운용도수는 생명이 전개되는 '공간의 집'이라 하겠다.

시간의 전개는 공간화로 드러나기 때문이다. 김일부는 하늘과 땅의 분리[天地之分]에 의해 만물이 분화 생성된다고 말했다. 시간론의 권위자 알렉산더 데만트가 "시간은 대상과 공간을 필요로 한다"[217]고 했듯이, 시간은 움직임을 필요로 하고 움직임은 시간을 필요로 한다. 율려도수는 시간의 조직과 운용 질서를 표현하고 있다.

	5행	6갑	수지	여율
律呂體位度數	2火3木	丁, 乙	九, 七	呂: 태음의 내부 도수
	6水9金	癸, 辛	五, 三	律: 태양의 내부 도수
律呂運用度數	(6水 × 3木) + (9金 × 2火) = 36			

우리는 언제 어디서나 자신이 처한 특정한 시간[天干], 특정한 장소[地支]에 놓여 있다. 따라서 모든 사물과 사건 및 과정은 언제(when), 어디서(where), 어떻게(how)와 같은 시간과 공간의 성격을 띤 존재 방식을 지닌다. 공간 없는 시간을 생각할 수 없고 시간의 흐름 없이는 공간화될 수 없듯이, 천간 없는 지지는 존재할 수 없고 지지 없는 천간은 인식될 수 없다.

동서양 시간관에서 시간의 선형 또는 순환 문제는 시간에 대한 인식이 뚜렷하게 차이나는 프레임이었다. 서양이 시간의 시작과 끝을 얘기하는 선형적 시간관이 대세였다면, 『정역』은 천간지지의 결합에 의한 6갑 조직의 구성과 운용을 통해 시간의 직선형 진행과 더불어 순환을 얘기한다. 그리고 시간이 직선 또는 순환으로 움직이는 가운데 정령과 율려에 의한 순역의 극적인 역전 현상으로 말미암아 선천이 후천으로 교체된다는 조직론의 결정판을 보여주고 있다.

217) 알렉산더 데만트 저/이덕임 옮김, 『시간의 탄생』(북라이프, 2018), 26-29쪽 참조.

주렴계周濂溪(1017-1073)는 음양 관계를 '서로의 존재 근거[互爲其根]'라고 하여 음의 근거는 양에, 양의 근거는 음에 있음을 말한 바 있다. 주렴계는 음양의 근거를 태극으로 설명하고 있으나, 김일부는 태극을 무극과 황극이 살아 있도록 만드는 생명의 불꽃으로 인식했다. 그가 무극체위도수와 황극체위도수를 말하면서도 태극체위도수를 언급하지 않은 것은 성리학의 태극음양설과 결별을 선언한 것과 다르지 않다. 음양이 생성의 세계라면, 태극은 불변의 존재(자기항상성의 존재)라는 것이 성리학의 입장이었다.

체위도수와 운용도수는 도수의 두 얼굴이다. 율려의 체위도수는 존재 차원의 구조를, 운용도수는 존재 차원의 역동성을 나타낸다. 구조만으로는 운동이 불가능하고, 운동만으로는 그 근거가 희박하기 때문에 이 둘이 결합해야 운동의 필연성과 합리성이 확보될 수 있는 것이다.

특히 율려를 선후천 전환이라는 창조적 변화[造化]로 규정하려면 그 과정을 가능케 하고, 그것을 지탱할 수 있는 성립 근거가 있어야 할 것이다. 그것이 바로 율려의 체위도수다. 체위도수와 운용도수는 율려의 형식과 내용, 구조와 생성이라는 이중성을 담지하고 있다. 체위도수와 운용도수의 양자를 동시에 확보할 때야만 비로소 율려도수의 자격이 있는 것이다.

『정역』의 편집 체제는 후천을 먼저 말한 다음에 선천을 말하는 것이 특징이다.[218] 그것은 후천을 중심으로 선천을 조명하는 관점이다. 여기에는 정역사상 특유의 시간관과 진리관이 전제되어 있다. 시간이 과거에서 현재로, 현재에서 미래로 흘러간다는 미래지향성 시간관(진리관)과 함께 시간은 미래에서 현재로, 현재에서 과거로 흘러간다는 과거지향성 시간관(진리관)이 동시에 함축된 개념이다. 이처럼 김일부는 시간이 순역

---

218) 예컨대 ① "圖書之理, 後天先天; 天地之道, 旣濟未濟."(「十五一言」) ② "十土六水, 不易之地; 一水五土, 不易之天."(「十一一言」)

의 쌍방향으로 교차하는 방식으로 전개되는 질서 속에서 선천이 후천으로 전환되는 원리를 발견하였다. 이때 선후천 전환의 창조적 변화를 가능케 하는 실체가 곧 율려의 체위도수와 운용도수인 것이다.

율려의 뿌리는 바로 무극과 황극(과 태극)의 3극에 있다. 3극론이 19세기 후반에 새롭게 정립된 존재론(형이상학)이라면, 음양오행은 형이하학적 생성의 범주에 속한다. 『정역』의 율려는 형이상학적 존재 차원의 입체적 구조와 역동성을, 기존의 음양오행설은 자연의 생성과 변화 문제를 끌러내는 이론인 까닭에 이들이 다루는 범주는 다를 수밖에 없는 것이다. 율려가 무극과 황극 사이에서 운동하는 본체 개념이라면, 성리학에서 말하는 음양오행의 본체는 오직 불변의 태극일 뿐이다.

그러나 성리학은 태극 '이전의' 무극과 황극에 대해서는 전혀 언급이 없었다. 『태극도설』에서 말하는 무극은 태극에 대한 초월성과 내재성을 가리키는 형용사 역할을 했을 따름이다. 김일부는 태극 이후에 생겨난 음양오행은 만물을 생성 변화하는 힘이고, 율려는 매 순간 현실에 개입하면서 특정한 시간대에 선천을 후천으로 뒤바뀌게 하는 시간의 선험원리라고 규정했다.

이런 의미에서 한동석이 율려를 3극(무극, 황극, 태극) 사이에서 벌어지는 운동 방식인 까닭에 '변화하는 본체'[219]라 부른 것은 옳다. 황극은 시간 흐름 속에서 율려(본체도수)가 현실의 생성 변화로 드러나게 하는 가능태로 잠재되어 있는 까닭에 "무극은 우주 창조의 본원이며, 황극은 우주 운동의 본체"[220]인 것이다.

---

219) 한동석, 『우주변화의 원리』(대원출판, 2001), 41쪽.

220) 한동석, 앞의 책, 42-47쪽 참조. 한동석이 말하는 '변화하는 본체'에는 크게 두 가지 뜻이 있다. 첫째, 본체가 일정한 패턴으로 움직인다. 둘째, 본체가 다른 어떤 것으로 변화한다는 뜻이 있다. 과거 성리학에서는 불변의 부동자는 본체이고, 음양오행이 변화한다고 말했다. 그러나 무극과 황극과 태극의 3자의 관계성 속에서 특별히 무극과 황극의 역할이 서로 뒤바뀐다는 존재론이 바로 『정역』 율려론의 실상이라 하겠다.

무극과 황극은 본체 내부의 입체 구조와 그 역동성을 설명한 개념이다. 미국에서 활동한 이정용은 아주 유익한 발언을 했다. "'부동不動의 동자動者'가 아니다. '움직이는 동자動者(Moving mover)' 혹은 '스스로 변화하면서 변화를 일으키는 것(Changing Changer)'으로서 모든 창조적 생성의 근원이 된다. 그러므로 황극은 생성에 종속되지 않고, 생성과 변화하는 과정의 근본을 이룬다."[221]

김일부는 율려와 음양오행을 구분한다. 전자는 3극의 존재론 특히 태음 태양의 내부 구조론, 후자는 금화교역金火交易을 일으켜 자연의 거대한 변화를 가져오는 생성의 세계를 설명하는 개념으로 구분한다. 그래서 '율려가 음양을 조절한다[律呂調陰陽]'[222]고 표현했다. 율려는 규정자, 음양은 피규정자인 셈이다. 비록 금화교역을 일으키는 근본 원인은 율려이지만, 율려와 음양은 맞물려 돌아간다는 뜻이다. 만일 율려와 음양오행이 서로 떨어져 존재한다면 율려는 음양을 조절할 수도 없고, 더 나아가 선후천 전환도 불가능하기 때문이다. 결국 율려(움직이는 본체)와 음양의 변화(생성의 세계)가 서로 연결되어 움직인다는 것은 곧 선천과 후천이 맞물린 까닭에 『정역』은 종말론이 아니라 희망의 철학인 것이다.

---

221) 이정용, 『易의 神學』(대한기독교서회, 1998), 71-72쪽 참조.

222) 『正易』「十五一言」"亢角二宿尊空詩", "올바르게 금화의 이치를 밝히니, 율려가 음양을 조절하는구나.[正明金火理, 律呂調陰陽.]"

一歲周天律呂度數

일 세 주 천 율 려 도 수

分은 **一萬二千九百六十**이니라 분 일만이천구백육십	분은 12,960이요,
刻은 **八百六十四**니라 각 팔백육십사	각은 864요,
時는 **一百八**이니라 시 일백팔	시는 108이요,
日은 **一九**니라 일 일구	일은 홀 9이다.

이 대목은 율려의 본체도수에 근거한 운용도수의 실제를 거론한 내용이다. 운용도수는 지구가 하늘을 한 바퀴 도는 율려의 주기를 본체도수에 의거하여 계산한 것이다. 과거 천문학의 주요 관심사 역시 율려였다. 그것은 왕조마다 『천문지天文志』「율력지律曆志」를 정리한 역사가 증명한다. 하지만 과거의 천문학은 1년 $365\frac{1}{4}$도에 입각한 책력 위주의 학술이었기 때문에 진정한 의미에서 시간의 본질에 대한 탐구는 아니다. 김일부는 율려 운용도수의 구체적 실현, 율려가 음양의 변화에 내재하여 조화를 일으킨다는 사실을 '한 해의 하늘을 돌아가는 율려도수'라고 말했다.

分	36分 × 360日 = 12,960分
刻	12,960分 ÷ 15分 = 864刻
時	864刻 ÷ 8刻 = 108時
日	108時 ÷ 12時 = 9日

율려가 개입하는 시간과 비율

지구가 태양을 감싸 안고 도는 공전 주기는 1년 360일이다. 지구가 하루 동안 자전하는 주기는 12시간이지만, 공전과 자전에 율려가 참여하는 시간의 비율은 '360일 : 9일'의 등식이 성립한다. 즉 360일에 9일 동안 율려가 작동한다는 뜻이다.

율려도수는 1년에 12,960분 동안 개입하므로 하루로는 36분 개입한다. 왜냐하면 '12,960분÷360일 = 36분'이 이루어지기 때문이다. 1년 360일에서 9일 동안 순수 율려가 개입되므로 360÷9 = 40의 등식에서 $\frac{1}{40}$만큼 작용한다는 뜻이다.[223)]

동양 천문학은 1일 = 12시, 1시 = 8각, 1각 = 15분 형식의 시간표를 작성하였다.[224)] 즉 하루는 12시, 96각, 1,440분이다. 『정역』"일세주천율려도수一歲周天律呂度數"는 율려가 하루에 36분씩 가담하기 때문에 $\frac{36}{1,440} = \frac{1}{40}$의 비율로 적용된다고 말했다. 따라서 1년 360일 동안에는 9일(108시간, 864각, 12,960분)의 시간이 작용한다.

1년 360에 대한 9일의 비율은 $\frac{1}{40}$이다. 극미세계와 극대세계를 통틀어 율려도수는 $\frac{1}{40}$만큼 일정하게 적용된다는 뜻이다. 그것은 15도(무극 10과 황극 5의 합)에서 6도가 정령으로 작용했다면, 나머지 9도는 율려에서 비롯된 것이다. 이런 의미에서 율려도수는 9도이고, 정령도수는 6도라 할 수 있다. 여기서 정령도수 6도와 율려도수 9도는 각각 6일과 9일에 상응한다. 정역세상 360일을 기준으로 볼 때, 지금의 366일은 '정령' 6도가 자연을 뒤바꾸려는 현상이 극대화한 시점이고, 그 이면에서 '율려' 9

223) 이것은 지구의 자전 중심으로 계산했기 때문에 공전 주기로 계산하면 1년 12,960의 10배는 129,600이 성립한다는 계산도 나온다. 12,960 : 129,600 = 1 : 10, 36 : 360 = 1 : 10이라는 공식에서 공통으로 '1 : 10'의 비율을 발견할 수 있다. 또한 사람 체온의 36.5도와 1년 $365\frac{1}{4}$의 비율도 거의 1 : 10을 이루는데, 그것은 1년 주기의 $\frac{1}{10}$만큼 생체 온도가 정해졌다는 것을 상징한다. 이러한 수의 법칙은 마치 생물학적 항상성을 뜻하는 프랙탈(Fractal) 원리와 매우 유사하다.

224) 하루의 성립 도표 :

1日	1時	1刻
12時	8刻	15分

도로 전환되는 현상이 극대화되는 교차점에 있다고 하겠다.

율려도수 9도가 4방으로 전개되면 4×9 = 36이 된다. 그것은 율려의 본체도수에 근거한 율려의 운용도수가 (6수×3목) + (9금×2화) = 36으로 형성되기 때문이다. 왜 하필 36일까? 그 원인은 태양이 성숙하는 질서를 통해 발견할 수 있다.

순서	내용	과정	간지
1	胞	胞於己位成道之日一七度(7)	丙午
2	胎	胎於十五度(15)	甲寅
3	養	養於十九度(19)	戊午
4	生	生於二十七度(27)	丙寅
5	成	度成道於三十六(36)	辛亥
6	終	終于戊位成度之年十四度	壬子
7	復	復於己位成度之年初一度	庚午

태양의 '포태양생성종복'

태양의 정기는 경자에서부터 숙성 기간을 거친 다음에 병오(7) → 갑인(15) → 무오(19) → 병인(27) → 신해(36)에 이르러 완수된다. 그런데 『정역』에도 나타나지 않은 병인에서 36도를 뛰어넘어 '임인'에 닿는 전무후무한 정체 불명의 사건이 기다리고 있다. 왜 이러한 현상이 나타날까?

'병인 → 임인'으로의 비약은 무엇을 의미하는가? 선천에서 후천으로의 교체는 그냥 이루어지는 것이 아니라, 일종의 고통을 겪고 넘는다는 뜻이다. 천지의 몸살은 엄청난 물리적 충격, 즉 시공의 본질적 전환에 따른 현실의 극심한 변화를 시사하는 36도라는 '율려도수의 비약'이 뒤따른다. 형이상학적 이론과 현실을 이어주는 연결 고리가 바로 36도의 초월인 것이다. 그리고 낙서의 집 신유궁辛酉宮이 하도의 집 정유궁丁酉宮

과 만나려면 36도를 비약해야 가능하기 때문이다.

그렇다면 율려가 자연 세계에 직접 참여하는 증거는 어디에 있으며, 9일은 율려와 어떤 관계가 있을까? 태양과 태음 사이의 인력引力과 척력斥力에서 비롯된 중력重力은 지구에 엄청난 힘으로 나타난다. 중력은 우주에 존재하는 4대 힘의 비밀 중의 하나다. 지구와 달 사이에 일어나는 썰물과 밀물은 바로 중력이 작용하는 힘의 방식으로 나타난 것이다. 밀물과 썰물은 지구와 달이 살아 있음을 증거하는 가장 큰 율려도수의 몸짓이라 할 수 있다. 다만 김일부는 이에 대해 하루에 36분, 1년에 9일 동안 지구에 영향을 미치는 역학力學 관계를 원론 차원에서 간명하게 얘기했던 것이다.

이러한 징조는 지구에서 일어나는 조석의 차이와 밤낮의 길이에서 찾을 수 있다. '1일의 36분'은 하루에 밀물이 36분씩 늦어가는 현상이며, '1년의 9일'은 밤낮의 장단(길고 짧음)이 9일마다 1각刻(15분)씩 길어지거나 짧아지는 현상을 지적한 것이다.

권영원은 밤낮의 길이와 밀물과 썰물을 예로 들면서 율려의 운용도수를 설명한 바 있다.[225] 우리 속담에 동지가 지나면 하루에 노루꼬리만큼 해가 길어진다는 얘기가 있다. 하지에서 동지까지는 180일이다. 따라서 180일 ÷ 9일 = 20, 즉 율려도수가 20번의 큰 주기로 가담한다는 뜻이다. 20 × 15분 = 300분이다. 180일(반년) 동안, 오늘날의 시간 개념으로는 300 ÷ 60 = 5시간의 차이가 난다. 실제로 하지 때에는 낮이 5시간 정도 이상이 길어졌다가 반대로 하지에서 동지까지는 9일마다 15분씩 햇빛의 길이[日照量]가 짧아진다는 논리인 것이다.

동양 천문학에서 시간을 계산하는 방법에는 일정한 틀이 있다. 3극론에서 말하는 10무극과 5황극이 전제되어 시간의 최소 단위를 15분分(하

225) 권영원, 『正易入門과 天文曆』(동서남북, 2010), 330쪽 참조.

늘은 10, 땅은 5)으로 삼았던 것이다. 김일부는 시간 형성의 원리에 근거하여 율려의 콘텐츠를 밝혔다고 할 수 있다.

김일부는 일월의 운행을 바탕으로 천지와 일월 사이에 벌어지는 시공도수時空度數를 추론하였다. 그는 손가락으로 도수度數를 추론하는 방법이 최상이라고 인식했기 때문이다. 특히 관념적 사유의 포로가 되어서는 안 된다는 신념 아래 손가락을 꼽고 거듭해서 꼽는 일을 되풀이하여 검증했던 것이다. 수지도수手指度數는 다섯 손가락의 구성(오행)과 그 굴신屈伸의 방식(음과 양, 선천과 후천) 역시 천지의 질서에 근거한다는 발상이다. 우선 천지를 부모로 간주한 다음에, 천지부모를 위해서도 율려도수를 함부로 추론하지 않았다고 고백한다.

> "천지도수를 계산하고 추론하는데 혹시라도 올바른 윤리를 어기지 말라. 천리를 거꾸로 잃으면 부모님이 위태하시다. 불초가 감히 어찌 천지의 이치를 수리로 추론하리오마는 오로지 원하옵기는 부모님 마음이 편안하실 따름이다."[226)]
> "천지의 수는 해와 달을 수놓으니 해와 달이 올바르지 않으면 역은 역이 아니로다. 역이 정역이 되어야만 역은 비로소 역이 될 것이니, 원역이 어찌 항상 윤역만을 쓰겠는가?"[227)]

천지는 일월의 존재 근거이며, 일월은 천지가 나뉘어 이루어진 것이라는 뜻이다.[228)] 더 나아가 인간 삶의 터전은 일월의 덕택으로 만들어졌으

226) 『正易』「十五一言」"化无上帝重言", "推衍, 无或違正倫. 倒喪天理父母危. 不肖敢焉推理數, 只願安泰父母心."
227) 『正易』「十五一言」"正易詩", "天地之數, 數日月, 日月不正, 易匪易. 易爲正易, 易爲易, 原易何常用閏易."
228) 『正易』「十五一言」"金火五頌", "아아! 해와 달의 덕이여, 하늘과 땅의 분신이다.[嗚呼! 日月之德, 天地之分.]"

며, 일월은 천지의 완성을 위해 운행한다고 말했다. 인류가 꿈꾸는 후천 세상은 율려 운용도수의 작동으로 인해 가능하다는 것이다. 그래서 김일부는 『정역』의 주제를 일월 운행을 중심으로 역법 성립의 근거[正曆] 문제로 압축한 다음에, 자연의 혁명(1년 $365\frac{1}{4}$일 윤역閏易 → 1년 360일 정역正易)은 천지의 변신을 통해 확연하게 드러난다고 말했다.

한동석의 율려 이론

한동석은 5행으로 율려를 이해한 한의사 겸 『정역』 연구가였다. 그는 김일부의 再傳 제자로서 율려에 대해 폭넓게 연구한 사람에 속한다. 특히 만물을 주재하는 5토와 10토 중심으로 해명하였다. "우주의 본체란 것은 창조하는 면에서 보면 十이 본체이고, 작용하는 면에서 보면 五가 본체이다."(『우주변화의 원리』, 207쪽) "5는 만물을 生하는 中이고, 10은 만물을 통일하는 中이 곧 천하의 中이다."(201쪽)

"우주 정신의 생성은 무극인 건곤에서 이루어지고, 인간 정신은 태극인 일월로서 이루어진다. 그렇다고 건곤과 일월이 본체는 아니다. 모든 사물에는 본말과 始終의 의존처가 있는데, 그 의존처가 中이라고 하는 우주정신의 본체다. 우주의 中인 바의 정신은 본체면에서 보면 中이지만, 작용면에서 보면 律呂作用이라고 한다. 율려란 운동하는 음양의 순수 핵심을 말한다. 일반적인 음양은 混成體로 이루어진 음양을 가리킨다. 율려는 혼성체인 음양 운동의 본체로서 군림하는데, 그것은 음양의 본체인 동시에 정신 운동의 순수 본체인 것이다."(316-317쪽 참조)

지구가 하루에 360度 자전 운동을 하는 것을 分으로 계산하면 1,440분이다. 1,440분 동안은 혼성 음양의 운동, 변화의 현상을 나타낸다. 그 중에서 36분 동안은 변화의 본체, 즉 순수 음양인 율려의 분수가 된

다. 36분의 작용이 곧 음양 운동의 본체, 순수 정신인 것이다.(317쪽)

한동석은 율려의 주재처를 '十'의 중심 교차점에서 찾는다. "율려 운동의 中은 8風의 주재처인 것이다. 8괘는 8풍의 운동하는 象이며, 4象은 四正中의 象, 兩儀는 8풍이 각각 律과 呂의 범주 즉 음양의 범주에 속하고, 태극은 양의의 통일점을 말한다. 그러니까 '十' 자의 중심점은 태극의 정신이므로 율려의 主宰位가 된다. 율려의 운동 본체인 태극의 핵심처는 무극에서 비롯되었다. 무극은 태극이 음양으로 갈라지기 이전의 象을 말한다. … 그것은 乾의 위상이 바로 태극으로서 불교의 이른바 空이며, 또한 '十' 자의 中이다. 1日의 360도 운동은 1,440분이다. 율려는 그 중에서 36분의 운동을 한다. $\frac{36}{1,440}$분, 즉 1日의 운동 분수의 $\frac{1}{40}$만큼 율려가 작용한다는 뜻이다. 복희괘도나 문왕괘도에 표시된 우주의 운동 수는 40數를 지나지 못하고, 8풍의 수화금목(6+7+8+9=30)의 작용 수도 40을 지나지 못한다. 율려의 수가 $\frac{1}{40}$이라는 말은 1이 우주 운동의 본원이며, 그것이 곧 율려라는 뜻이다. 율려는 창조적 기본에서 보면 1이지만, 운동하는 현상에서 보면 36일 뿐이므로 그 기본을 태극이라 하는 것이다. 그러므로 36은 운동하는 음양의 순수성을, 1은 36의 歸藏 즉 순수 음양의 통일을 가리킨다."(319-320쪽)

"우주정신이란 순수 음양을 말한 것인데, 그것은 창조의 본원인 무극과 작용의 본체인 태극 사이에서 왕래하는 율려 작용에 의해서 창조되는 것이다."(320쪽) "율려는 우주정신이다. 더욱이 $\frac{36}{1,440}$이란 數는 丑未辰戌을 四正中으로 하는 우주정신을 표시한 것이다."(323쪽)

또한 한동석은 율려의 작용을 바탕으로 지축의 기울기를 계산하는 탁견을 제시하기도 했다. '(1,440-36)÷60=23.4'라는 공식을 만들어 천지와 일월은 물론 지구의 운명까지도 수학 공식으로 이해했던 것이다.

천지의 분신인 일월은 정령과 율려의 두 얼굴로 운행한다. 정령과 율려의 질서로 움직이는 일월은 천지가 빚어낸 위대한 작품이다.[229] 그렇다고 율려를 일월의 운동으로만 특정해서 이해하면 『정역』 율려관의 핵심에 접근할 수 없다. 왜냐하면 단지 일월의 운행 문제로 한정할 경우는 역법의 형성과 관련된 과학의 영역에 그치기 때문이다. 김일부가 (정령과) 율려를 제시한 이유는 역법의 구성 근거[曆理]와 선후천 변화의 근거를 밝히는 새로운 형이상학을 정립하기 위해서다. 그래서 일상적 경험을 넘어선 깨달음의 경지에서 율려도수를 본체론의 영역으로 격상시켰던 것이다.[230]

일월의 운동이 아니면 천지의 율동을 파악하기가 힘들다. 천지가 우주의 발전소라면, 일월은 우주 변화의 엔진이기 때문이다. 그것은 '일日 + 월月 = 역易'이라는 글자에 투영되어 있듯이, 일월 운행의 규칙성에 의거하여 만들어진 캘린더는 곧 문명의 역사[曆]라는 뜻이 담겨 있다. 일월의 변화는 시간의 변화로 나타나고, 일정한 시간대에 자연의 창조적 변화를 일으키는 수수께끼가 곧 율려의 운용도수라고 할 수 있다.

태양 : 태음 = 10 : 5 → 10은 9로, 5는 6으로 전개[231]
하도 : 낙서 = 10토 : 5토

---

229) 金貞鉉은 "율려는 일월이 아니면 작용할 수 없고, 일월은 율려가 아니면 몸체로 성립할 수 없다.[律呂非日月無用, 日月非律呂無體.]"고 말했다.

230) 『正易』「一夫事實」, '道通天地無形之外也.'

231) 왜 6과 9인가? 괘효의 구성에서 건괘는 '用九原理(乾元用九, 乃見天則)'이고, 곤괘는 '用六原理(用六, 利永貞)'이다. 건괘는 '體十用九', 곤괘는 '體五用六' 원리에 근거한다. 즉 건괘는 10무극을 전제로 9수로 작용하며, 곤괘는 5황극을 전제로 6수로 작용하는 것을 뜻한다. 이는 하도낙서에 근거해서 『주역』의 괘효가 성립되었음을 입증하는 결정적 증거다. 『정역』에 근거해서 『주역』이 성립되었다는 뜻이다. 이는 역학사를 통틀어 최초의 선언임에 틀림없다.

理會本原 原是性이라
이 회 본 원 원 시 성
乾坤天地 雷風中을
건 곤 천 지 뇌 풍 중

본원의 이치를 아는 것[232]은 원래의 본성이고,

건곤 천지가 뇌풍을 꿰뚫고 있네.

이 글은 금화송을 매듭짓는 결론에 해당한다. '이회'는 우선 이해의 이두식 표현이란 견해가 있다. 그것은 일상적 앎[知] 또는 사물의 밑바닥을 들여다보는 통찰을 포함해 보이지 않는 세계에 대한 깊은 깨달음의 경지를 이두로 표현한 것이다. 수많은 개체의 이치들을 모아[理會] 하나의 보편적 원리[本原]로 꿰뚫는 바탕은 하늘이 베풀어준 천성이라는 것이다. 유형 무형한 만물의 이치는 하늘로부터 부여받은 본성이라는 뜻이다. 그러니까 사물의 원리를 바깥에서 찾지 말고, 인간 본성에서 찾으라는 내면의 명령에 귀 기울여 주체적 자각에 '눈을 떠라'라는 가르침이다.

김일부는 '회통會通'이란 말 대신에 '이회'를 사용했다. 회통의 대가, 원효元曉(617-686)는 서로 모순처럼 보이는 몇 가지의 교리를 상세하게 대조한 다음에, 그것들은 원래 서로 모순이 없음을 밝혀 여러 사실의 관점을 명료하게 하나로 꿰뚫는 것을 회통이라고 말했다. 김일부가 회통 대신에 '이회'를 사용한 까닭은 논리의 충돌을 방지하는 이론을 구축했다기보다는 오히려 깨달음의 경계에서 글을 썼다는 의미로 보는 것이 좋을 것이다.

원효의 주장에 원융회통圓融會通과 화쟁和諍이 있다. '원'은 모든 것을 두루 포용하는 원만함, '융'은 융합 또는 화합, '회'는 모음, '통'은 소통을 뜻한다. 한마디로 다양한 견해를 모아서 소통시켜 충돌을 피하고, 서

232) 보통은 '수많은 이치가 본원에 모이는 것이 원래의 본성'으로 번역하고 있다.

로 조화를 이루게 하는 경계가 회통이다. 부처의 가르침은 하나인데도 불구하고 여러 종파들이 생겨나 혼란스러움을 부채질하기 때문에 이를 극복하기 위한 방법으로 교리 또는 언어에 집착하지 않아야 대립을 넘어서 서로 통할 수 있다는 것이 곧 화쟁이다.

건곤과 천지는 무엇이고, 뇌풍은 왜 등장하는가? 건곤은 하늘땅의 덕성과 힘이요, 천지는 만물의 근본 바탕을 뜻하는 하늘과 땅을 가리킨다. 뇌풍에는 크게 세 가지 의미가 있다. 첫째, 우레와 바람은 건곤 천지로 하여금 원래의 자리로 돌아가도록 만드는 자연의 커다란 힘을 상징한다. 정역팔괘도에서, 건남곤북의 내부에 2천7지가 지천태地天泰(䷊)의 형상을 목표로 삼아 후천을 만드는 자연의 실질적 파워를 상징한다. 둘째, 뇌풍항恒은 김일부의 이름으로서 자신이 밝힌 『정역』의 이치는 만물을 중도로서 꿰뚫은 천지처럼 항구불변하다는 뜻이다. 셋째, 수지도수의 입장에서 셋째손가락 건곤의 좌우에 닿는 둘째손가락과 넷째손가락의 뇌풍은 '율려'를 형상화한 것이다. 태음의 내부인 '여'는 둘째손가락이 펴진 상태의 '정丁'을, 그리고 넷째손가락이 펴진 상태의 '을乙'을 지적한 것이다. 이 대목의 주제가 율려인 점을 고려하면 뇌풍은 정역팔괘도보다는 수지도수에 맞춘 내용으로 보는 것이 가장 타당할 것이다. 그래서 건곤천지가 율려의 뇌풍을 꿰뚫는 내용이 곧 중도라고 말했던 것이다.

	5행	6갑	수지의 숫자	여율
律呂體位度數	2火3木	丁, 乙	九, 七	呂: 태음의 내부 도수
	6水9金	癸, 辛	五, 三	律: 태양의 내부 도수

歲甲申六月二十六日戊戌에 **校正書頌**하노라
세 갑 신 유 월 이 십 육 일 무 술　　교 정 서 송

갑신년 6월 26일 무술에 교정한 다음 쓰고 칭송하노라.

이 글의 편집 체제는 약간 색다르다. "일세주천율려도수"의 내용이 비록 어려우나, 매우 중요하기 때문에 율려도수에 대한 세밀한 검증을 거쳤다는 의미의 교정 일지를 기록한 것이다. 특히 율려도수는 수지도수와 형이상학 차원의 이론이므로 설명하기가 힘들지만, 율려의 역할이 인류의 생명줄을 거머쥔 중차대한 문제임을 부각시켰다. 금화송의 다섯 개 시가 금화교역에 대한 이론이라면, 율려도수는 금화교역의 근거이다. 그러니까 '금화오송' 다음에 형이상학과 형이하학을 연결시키는 율려 문제를 화두로 던지면서 금화교역을 찬양했던 것이다.

더욱이 집필 중간에 교정 날짜를 기록한 것도 매우 특이하다. 김일부는 1884년 6월 26일에 "일세주천율려도수" 문제를 정밀하게 교정하여 쓰고 율려의 노래를 칭송했다. 이때는 환갑을 앞둔 59세였다. 『정역』을 탈고하기 1년 전에 이미 거듭거듭 교정을 거쳤다는 사실을 밝힌 것이다.

水土之成道는 **天地**요
수 토 지 성 도　　천 지
天地之合德은 **日月**이니라
천 지 지 합 덕　　일 월

수와 토가 성도한 것이 하늘과 땅이요,

하늘과 땅이 합덕한 것이 일월이다.

이 글은 천지일월의 덕분에 만물이 태어나 성장하고, 천지가 존재하는 목적이 있다는 것을 말하고 있다. 앞에서는 하늘과 땅이 나뉨에 따라 일월이 생겨나고, 일월의 운행 덕분에 생명체가 존속한다고 말했다. 천지의 분리에 의해 생명 형성의 굵직한 틀이 만들어지는 한편, 천지가 결합하여 만물의 생성이 활발해진다는 것이다. 천지는 수와 토의 합작에 의해 그 목적을 완수하는데, 일월이 천지의 목적을 완수하는 선봉장 역할을 맡는다는 뜻이다.

선후천을 통틀어 천지는 수토로 이루어진다. 선천은 1수와 5토가 지배하는 반면에, 후천은 10토 6수로 완수된다. 그 밑바탕에는 선천이 생수 위주의 세상이라면, 후천은 성수 위주의 세상으로 바뀐다는 뜻이 숨겨져 있다. 수토가 비록 5행 언어이지만, 그 지시 대상은 3극 차원의 무극과 황극과 태극이다. 3극을 평면도로 만들어 숫자와 5행을 부여하면, 1수 태극과 5토 황극과 10토 무극의 형식을 이룬다.[233)]

그래서 「십일일언十一一言」 첫머리에서 "10토와 6수는 바뀌지 않는 땅이요, 1수와 5토는 바뀌지 않는 하늘이다.[十土六水, 不易之地. 一水五土, 不易之天.]"라고 했다. 여기에는 『정역』 특유의 선후천관이 반영되어 있다. 생수는 선천이고 성수는 후천이며, 선천은 하늘 위주의 세상이고 후천은 땅 위주의 세상이라는 것이다. 아울러 후천은 도道가 완수되는 세상이고, 선천은 음양의 불균형으로 인해 천지의 교합이 기울어진 채로 돌아간다는 뜻이다.

『정역』은 새로운 도덕관을 외쳤다. '도'는 후천에 세워질 원리요, '덕'은 천지의 교호 작용을 대행하는 임무가 곧 일월의 운행이라는 것이다. 율려 운용도수의 작동에 의해 선천을 후천으로 바꾸는 실제 원동력은 일월이 대행하는 까닭에 일월의 역할을 '덕'이라고 표현한 것이다. 수토가 천지를 완성하는 역할을 맡았다면, 일월은 금화교역을 일으켜 선천을 후천으로 바뀌게 만든다. 그래서 "금화이송"은 "금화가 서로의 자리를 다스려 천지의 조화권을 경영한다.[理金火之互位, 經天地之化權.]"고

233) 『정역』에서 무극은 하늘이요, 황극은 땅에 비유할 수 있다. 태극은 하늘과 땅을 소통시키고 살아 있도록 하는 생명의 불꽃이다. 그런데 무극 하늘과 황극 땅은 수평 관계가 아닌 수직을 형성한다. 이를 평면으로 이해하는 방편으로 1태극, 5황극, 10무극이라 부른다. 5행으로 보아서 1은 水, 5는 5토, 10은 10토로서 1水5土가 선천개벽을 주도하는 에너지의 원천이라면, 10土6水는 후천개벽을 주도하여 만물을 성숙시키는 동력원이다. 지금까지 학술계는 무극과 황극을 하늘과 땅으로 인식하지 않고, 숫자 중심으로 황극은 생수와 성수를 연결시키는 고리로만 인식하여 1태극과 10무극을 중개하는 숫자 5만을 중시여기고, 5토의 5는 무극에 대한 황극 또는 땅이라는 사실을 망각했다.

말하여 천지는 조화 권능을 소유하고, 천지의 권능을 위임받은 금화교역에 의해 선천의 천지(☰)가 후천의 지천(☷)으로 바뀐다.

太陽恒常은 **性全理直**이니라
태양항상　　성전이직
太陰消長은 **數盈氣虛**니라
태음소장　　수영기허

태양이 언제나 변함 없는 것은 본성이 온전하고 이치가 곧기 때문이요, 태음이 사라지고 자라나는 것은 수는 차고 기가 허하기 때문이다.

태양이 언제 어디서나 일정하게 에너지를 전달할 수 있는 이유는 다른 무엇으로부터 빛과 열을 빌리는 것이 아니라, 스스로 핵융합을 통해 에너지를 창출하여 생명체 모두에게 골고루 베풀기 때문이다. 빛을 쏟아내는 방향이 굴절되지 않고 직선으로 뻗는 것은 스스로를 속이지 않는 곧음 때문이다. 그러니까 태양은 태음처럼 '수허기영'의 현상이 없는 것이다.

태음의 손길은 음양의 불균형을 낳아 달이 차고 비는 현상을 빚어낸다. 그래서 달의 움직임을 본받은 태음력이 생겨났던 것이다. 태양이 일정하다면, 태음은 일정하지 못하기 때문에 역법 구성에 기계적인 짜맞추기가 도입되기에 이르렀다. 태양의 주기에 맞추어 3년에 한 번, 5년에 두 번, 19년 일곱 번의 윤달을 끼워 넣는 태음태양력이 산출되었던 것이다.

『정역』은 태양과 태음의 대비를 통해서 후천에는 태양력 중심으로 태음력을 흡수 통합하는 시스템이 만들어질 것이라고 말하였다. 왜냐하면 태양(무극, 하늘)의 본성은 언제 어디서나[恒常] 흠결이 없고, 태양(sun)의 순환 역시 천지의 법도에 의거하여 올바르고 곧아 일정불변하기 때문이다.

'氣盈朔虛'와 연관된 置閏法

'1 朔望月'의 길이를 계산하면 다음과 같은 공식이 성립한다.

$29.530588(\text{일}) \times 13\frac{7}{19}(\frac{\text{도}}{\text{일}}) - 365\frac{1}{4} = 29.527334(\text{도})$

周天度數 $= 365\frac{1}{4}$

태양의 공전 주기(1 태양년) $= 365\frac{235}{940}(\text{일})$

日月의 會合 주기(1 삭망월) $= 29\frac{499}{940} \leftarrow 365\frac{1}{4} \div 13\frac{7}{19} = 29\frac{499}{940}(\text{일})$

氣盈 $= 365\frac{235}{940} - 360 = 5\frac{235}{940}(\text{일})$

朔虛 $= 354\frac{348}{940}(\leftarrow 29\frac{499}{940} \times 12) - 360 = -5\frac{592}{940}(\text{일})$

一歲閏率 = 氣盈 + 朔虛 $= 5\frac{235}{940} + 5\frac{592}{940} = 10\frac{827}{940}(\text{일})$

三歲一閏 $= 10\frac{827}{940} \times 3 = 32\frac{601}{940}(\text{일})$

五歲再閏 $= 10\frac{827}{940} \times 5 = 54\frac{375}{940}(\text{일})$

19歲7閏 $= 10\frac{827}{940} \times 19 = 29\frac{499}{940} \times 7$

동양 천문학은 한대로부터 발전한 정밀한 계산법을 기반으로 송대의 장횡거와 주자에 이르러 한층 심화되었고, 그것은 현대의 캘린더 법칙과 거의 똑같을 정도로 정확하다.

김일부는 선천의 복잡다단한 역법의 분석에 관심을 두지 않았다. 도리어 선천에는 왜 수많은 역법이 만들어졌는가에 대해 의문을 던지고, 태양력과 태음력 사이에 불균형이 생기는 근본 이유를 캐물었다. 「십오일언」에서 태음은 낙서의 '역생도성逆生倒成', 태양은 하도의 '도생역성倒生逆成'으로 분류한 바 있다. 태음의 '역생逆生'은 수의 셈법으로 1에서 탄생하여 자라는 과정이므로 '장長'이며, '도성倒成'은 생장이 극한에 이르면 열매 맺고 본래의 자리로 돌아가는 과정이므로 '소消'라 한다. 태음은 달의 운행과 밀접한 관계가 있는 까닭에 '자라나고 사라진다[消長]'라고 표현한 것이다.

태음은 한 달의 운행을 기초로 삼았으나, 『정역』은 후천의 태음은 30도로 성숙한다고 말했다. 달은 태양 에너지를 받아 반사하면서 밤낮을 이룬다. 그래서 30에 알맞도록 수는 가득 찼다고 할 수 있으나, 아직은 후천에 진입하지 못했기 때문에 '기운이 비었다[氣虛]'라고 말한 것이다. 그러니까 보름을 중심으로 전반부는 달이 커가는 과정이므로 '기영'이고, 후반부는 달이 사라지는 과정이므로 '기허'라고 표현했던 것이다.

盈虛는 **氣也**니 **先天**이니라
영허 기야 선천
消長은 **理也**니 **后天**이니라
소장 이야 후천

먼저 찼다가 뒤에 비는 것은 기이니 선천이요,
먼저 사라졌다 뒤에 자라는 것은 이치이니 후천이다.

『주역』 뇌화풍괘雷火豐卦(䷶) 「단전」에 '영허盈虛'가 나온다. "해가 중천에 이르면 곧 기울며 달이 차면 이지러지나니, 천지가 가득 차고 비움도 시간과 더불어 줄고 불어나는데, 하물며 사람이며 귀신이랴![日中則昃, 月盈則食, 天地盈虛, 與時消息, 而況於人乎, 況於鬼神乎!]." 풍괘는 천체의 주기적인 순환이 만물의 공식이라고 강조한다. 다양한 천문 현상 중에서 인류에게 직접 영향을 주는 것은 태양과 달의 운행이다. 태양은 지상의 모든 생명체에게 1년과 하루의 생체 리듬을 익히도록 하고, 달의 운행은 30일이라는 주기적 리듬 감각을 부여한다. '하루'라는 길이를 중심으로 한 달(30), 1년(12달)을 조합하는 역법의 기초가 되었다.

천지는 거대한 생명체다. 해는 한복판에 들어서자마자 곧바로 기울고, 달은 만월이 되면 곧바로 이지러지기 시작한다. 하늘과 땅이 차고 비는 것은 시간과 더불어 숨 쉬는 천지의 호흡 작용이다. 시간의 수레바퀴가 멈춘 적이 없듯이, 해와 달 역시 병들어 쉰 적이 없다. 태양과 달은 '소식영허'라는 자연의 순환 원리에 의거하여 운행한다.

태양계의 3대 축인 해와 지구와 달은 시간의 법칙에 맞추어 돌아간다. 시간의 법칙은 곧 생명의 질서와 직결되어 있다. 심지어 귀신과 인간 역시 시간의 법칙을 비껴갈 수 없다. 따라서 『주역』이 시간 생물학이라면,[234] 『정역』은 시간을 근본에서부터 사유한 천지의 영혼과 율려의 철학이라 하겠다.

『주역』은 자연의 순환을 강조하지만, 『정역』은 '영허'를 낙서의 '역생도성逆生倒成'으로 나누어 설명한다. 역생은 '차는 과정[盈]'을, 도성은 '비는 과정[虛]'을 뜻한다. 한 달 30일 역시 15일 기준으로 영허의 원칙에서 벗어나지 않는다. 영허는 '기氣'의 진퇴로 인해 생기는 자연의 현상이므로 "먼저 찼다가 뒤에 비는 것은 기의 운동"이다. 왜냐하면 15일 이전은 차는 과정이고, 15 이후는 비는 과정이기 때문에 선천의 변화라는 것이다.

"먼저 사라졌다 뒤에 자라는 것이 후천의 원리"라는 것은 하도의 '도생역성倒生逆成'에 근거한 말이다. 한 달 30의 운행에서 초하루에서 보름까지는 달이 자라나는 과정이므로 선천이라 하고, 16일부터 그믐까지의 후보름은 달이 사라지는 까닭에 후천이라 한다. 『정역』은 16일 기망旣望이 후천 초하루가 되므로 30일은 후천 보름이 된다. 선천의 보름달을 선천월先天月이라 하고, 선천 16일 달을 황중월皇中月이라 하며, 선천 30일 즉 후천 보름달을 황심월皇心月이라 부른다. 선천의 30일 즉 후천의 15일 보름까지는 자라나는 과정이고, 그 이후는 사라지는 과정이다.

---

234) 움베르토 에코 외 지음/김석희 옮김, 『시간박물관』(푸른숲, 2000), 215-221쪽 참조. "인간의 삶은 여러 유형의 시계에 의해 여러 방식으로 지배받고 있다. 인체는 유기체의 리듬을 조절하는 '시계'의 지배를 받는다. 예컨대 여성의 생리 주기는 평균 29.5일인데, 이것은 삭망월과 정확히 일치한다. 또한 인간의 수면은 24.8 시간의 주기에 따른다. 이 기간은 생물학적 주기의 리듬에 해당된다."

그래서 후천의 달 변화가 이뤄지는 원리를 '소장'이라 하고, 그것이 바로 후천의 이치라는 것이다.

后天之道는 **屈伸**이오
후천지도 굴신
先天之政은 **進退**니라
선천지정 진퇴

후천의 도는 굽혔다가 폈다 하는 것이요,
선천의 정사는 나갔다가 물러서는 것이다.

『정역』에서 말하는 굴신은 자연의 이치를, 진퇴는 자연의 힘을 뜻한다. 김정현은 "유형에서 무형으로 나아가는 것은 이치요, 빈 것에서 시작하여 가득 채우는 것은 자연의 힘이다"[235]라고 했다. 만물이 형체를 갖춘 까닭은 천지의 기를 듬뿍 받았기 때문이다. 선천은 무형의 이치에서 유형의 사물이 생겨나는 과정이므로 '정사[政]'라 했다. 후천은 체용의 전환에 의해 작용[氣]이 본체[理]로 환원되는 까닭에 '도道'라고 표현한 것이다.

선천은 기의 진퇴 운동이 지배하면서 발전을 거듭하는 운명이다. 그것은 태음력의 29.5일이 30일로 성숙되기 위해 '포태양생성胞胎養生成'의 과정을 거친다. 후천은 일정한 굴신의 법도로 돌아간다. 다만 후천의 굴신을 선천의 달 모양에 비유하면, 16일부터 그믐까지의 후반부는 굽히는 것[屈]이요, 초하루부터 보름까지의 전반부는 펴는 것[伸]이다. 왜냐하면 30일(후천 보름) 이전은 성장 단계이므로 손가락을 굽히는 형태이며, 보름 이후는 펴는 형태를 띠기 때문이다.

후천의 굴신과 선천의 진퇴 문제를 지구의 자전과 공전으로 연결시킬 수도 있다. 지구의 자전은 동서로 굴신 운동하는 방식으로 움직인다. 선

235) 『正易註義』, "屈伸以理言, 進退以氣言. 自有而無謂之理, 始虛而盈謂之氣."

천의 진퇴를 달의 변화로 보면, 초하루에서 보름까지는 달이 커지지만[進], 16일부터 30일까지는 물러간다[退]. 그러나 후천 달의 굴신은 16일에 굽히는[屈] 형상에서 시작해서 다음 달 보름까지는 펴는[伸] 형상을 취한다. 진퇴는 지구가 공전하면서 남쪽으로 나아가고 북쪽으로 물러나는 양상으로 움직이는 것을 뜻한다.

우리가 사는 지구에 사계절이 생기는 까닭은 23.5도 기울어진 상태에서 남북으로 진퇴하는 운동에서 비롯된 것이다. 만일 지구의 공전이 타원궤도에서 정원궤도로 바뀌면, 진퇴 운동 대신에 굴신 운동으로 남기 때문에 김일부는 '후천을 굴신'이라고 표현한 것이다.

進退之政은 **月盈而月虛**니라
진퇴지정　월영이월허
屈伸之道는 **月消而月長**이니라
굴신지도　월소이월장

나갔다가 물러서는 정사는 달이 찼다 비었다 하는 것이요,

굽혔다 폈다 하는 도는 달이 사라졌다 다시 자라났다 하는 것이다.

조석은 바닷물이 수평 방향으로 끌어당기는 운동의 결과로 해수면이 높아지거나 낮아지는 현상이다. 지구가 자전하기 때문에 어떤 장소에서 조석 현상을 일으키는 힘은 시시각각 다르기 마련이다. 만약 지구의 자전 속도가 아주 느려진다면 해수면은 남쪽으로 볼록하게 될 것이다. 그러나 현실은 자전 속도가 매우 빠르기 때문에 바닷물과 바다 밑바닥의 마찰로 인하여 조석 현상을 일으키는 힘의 변화에 따라가지 못한다.

조석이 일어나는 '물때'는 삭·망 주기에 의한 15간법으로 계산되며 달은 1삭망월 동안 그믐달, 초승달, 상현, 볼록달, 하현, 오목달,[236] 새벽

236) 볼록달은 상현달과 보름달 사이의 11일-12일 쯤에 뜨고, 오목달은 하현달과 그믐달 사이의 26-27일 쯤에 뜬다.

달, 그믐달의 경로로 모양이 변화한다. 그믐달(30일)과 보름달(15일)은 달, 지구와 태양이 일직선상으로 배열되어 달과 태양에 의한 기조력이 합성되어 둘 다 간만의 차가 크며 조류도 강하다. 상현(8일)과 하현(23일)은 달, 지구의 배열 상태가 같아지는 경우가 이 기간에 두 번씩 있게 된다. 즉 삭·망에 의한 15간법이다. 그래서 15일과 30일, 8일과 23일은 조석 현상이 같다고 할 수 있고, 그믐과 보름달, 상현과 하현 경, 오목달과 볼록달 경의 짝일 역시 조석 현상이 같다고 할 수 있다.[237)]

음력일		潮時				潮高名
		옛 시간	지금 시간	옛 시간	지금 시간	
1	16	卯初	0500	酉初	1700	七水 일곱매
2	17	卯中	0530	酉中	1730	八水 여덟매
3	18	卯正	0600	酉正	1800	九水 아홉매
4	19	辰初	0700	戌初	1900	十水 열매
5	20	辰中	0730	戌中	1930	一折 한꺽기
6	21	辰正	0800	戌正	2000	二折 두꺽기
7	22	巳初	0900	亥初	2100	亞潮 아조
8	23	巳中	0930	亥中	2130	潮禁 조금
9	24	巳正	1000	亥正	2200	水深 수심
10	25	子	0000	午	1200	一水 한매
11	26	丑初	0100	未初	1300	二水 두매
12	27	丑中	0130	未中	1330	三水 세매
13	28	丑正	0200	未正	1400	四水 네매
14	29	寅初	0300	申初	1500	五水 다섯매
15	30	寅正	0400	申正	1600	六水 여섯매

인천의 옛 만조표[238)]

237) 박청정, 앞의 책, 88쪽 참조.
238) 이은성, 『역법의 원리분석』(정음사, 1985), 384쪽 참조.

밀물과 썰물은 달과 태양의 인력에 의해 발생하는데, 달의 인력이 태양의 인력보다 더 크게 작용한다. 태양과 지구와 달이 일직선을 이루는 합삭(음력 29일 전후), 만월(음력 15일 전후) 때에 밀물과 썰물의 수위水位 차가 크게 일어나며, 직각을 이루는 상현과 하현 때는 수위가 작게 일어나는데, 조차가 큰 것을 대조大潮(사리), 작은 것을 소조小潮(조금)라고 한다.

달이 차고 비는 현상은 선보름을 중심으로, 달이 사라졌다 자라는 현상은 후보름을 중심으로 말한 것이다. 전자는 초하루부터 달이 겉으로는 점점 차오르는 반면에, 속으로 비는 현상을 지적한 것이다. 후자는 달이 겉으로 사라지는 현상의 이면에는 달의 본체가 점차 자라는 것을 지적한 것이다. 달의 본체는 보름이 아니라 그믐에 가장 크게 응기되어 있다. 달은 본체가 밝아서 밝은 것이 아니라, 태양 빛을 받아서 밝기 때문이다. 그믐과 초하루 때, 달의 본체가 왕성하다는 뜻이다.

"달이 (경)진에서 굴하니 28일이다.[月窟于辰, 二十八日.]"[239] 우리의 눈에 보이는 것과 반대로 달의 본체는 어두운데, 태양 빛에 의해서 빛나는 것처럼 28일 경진에서부터 신사, 임오, 계미, 갑신에 이르기까지의 기간에 달의 에너지가 왕성하다는 뜻이다. 그러니까 진퇴 운동에 의해 달이 찼다가 비워지는 정사는 15일 보름 이전까지를 설명하는 낙서 선천의 '역생도성'을 가리킨다.

"굽혔다 폈다 하는 도는 달이 사라졌다 다시 자라났다 하는 것이다.[屈伸之道, 月消而月長.]"는 말 역시 선천의 날짜와 달 모양새를 기준으로 설명한 것이다. 후천 초하루는 계미·계축에 닿기 때문에 후천 달은 선천 16일 이후의 과정처럼 30일까지는 사라졌다가 점차 자라나는 형태로 간다는 뜻이다.

김일부가 달의 움직임을 반복해서 말한 이유가 있다. 눈이 부셔 1초도

---

239) 『正易』「十五一言」"金火五頌"

보기 어려운 태양보다는 달의 모양새를 통해 선후천 변화를 읽어내기 쉽기 때문이다. 선천은 기氣가 진퇴하는 정사였다면, 후천은 10무극이 작용하는 태양의 정사인 까닭에 하도의 '도생역성' 논리에 부합하는 '도道'로 설명한 것이다. 선천은 기가 작용하는 세계라면, 후천은 체용의 전환에 의해 작용은 뒤로 물러나고 본체가 겉으로 드러나 작용한다는 뜻이다.

抑陰尊陽은 **先天心法之學**이니라
억음존양 선천심법지학
調陽律陰은 **后天性理之道**니라
조양율음 후천성리지도

음을 누르고 양을 높이는 것은 선천의 심법을 닦는 학문이요, 양을 고르고 음을 맞추는 것은 후천 성리의 도이다.

이 대목에 『정역』의 저술 동기와 목적이 극명하게 드러나 있다. 『주역』은 선천의 학술이고, 『정역』은 후천에 살아갈 세계관과 가치관의 모범이라는 것이다. 선천의 인류는 왜 끊임없이 심법을 닦아야 하는가에 대한 의문을 생긴다. 선천에는 선천에 알맞은 심법만 있는 줄만 알고, 후천이 존재한다는 이법을 모르고 있다는 뜻이다. 또한 심법을 닦아 도덕적 가치를 사회에 구현하는 유교의 이념은 훌륭하지만 근본적인 한계가 있다는 지적이다.

선천 심법학의 요체는 욕망에 대한 채움과 비움의 투쟁 역사였다. 유교는 욕망을 절제하고 제거하는 것을 미덕으로 삼았다. 욕망이 지시하는 사악한 마음과 행위를 제어하여 도덕의 율법으로 재무장하는 것이 군자의 사명이었다. 그래서 『주역』 건괘 「문언전」 2효는 "사특한 것을 막고 성실함을 보존하다[閑邪存其誠]"고 말하여 하늘이 부여한 성실성을 지켜야 한다고 했으며, 그것은 '존천리거인욕存天理去人欲' 또는 '양선알악揚善遏惡'으로 확대되어 유교 최고의 가치관이 되었다.

억음존양은 유교에 대한 비판을 넘어서 천지의 구성 자체에 의문을 던지는 화두였다. 왜 선천은 '음을 억누르고 양을 드높이는' 문명을 낳았을까? 선천은 양이 넘치고 음이 모자라는 비율로 구성된 까닭에 '억음존양'의 가치관, 인생관, 사회관, 정치관이 생겨났다는 판단이다. 군자가 양이라면, 소인은 음이기 때문에 군자가 대접받는 사회가 형성되었고,[240] 여성보다는 남성이 훨씬 능력이 뛰어나다는 남성 위주의 정치, 경제, 예술 문화가 잉태되어 선천을 이끌어왔던 것이다.

『주역』은 '억음존양'의 논리에 기초하고 있다. "하늘은 높고 땅은 낮으니 건곤이 정해지고, 낮고 높음으로 베푸니 귀천이 자리 잡는다.[天尊地卑, 乾坤定矣, 卑高以陳, 貴賤位矣.]"[241]는 말이 바로 그 증거이다. 그러니까 유교는 억음존양에 근거한 인의예지의 규범을 천하에 구현하는 대동사회를 지향했던 것이다.

유교는 군자와 성인을 목표로 삼아 심신을 닦는 행위를 심법의 요령이라고 불렀다. 유교는 원래 심학이다. 불교처럼 마음으로부터 모든 것이 빚어진다는 뜻이 아니라, 마음의 거울을 통해 하늘의 뜻을 알 수 있다는 의미의 심학이다. 그런데 마음 이외에도 본성이 있다. 본성은 마음의 심층에 뿌리 박힌 인간의 본질로서 인의예지가 바로 그것이다. 마음은 인의예지를 통해 깨닫고 실천하는 바탕이 된다. 이른바 맹자의 측은지심惻隱之心·수오지심羞惡之心·사양지심辭讓之心·시비지심是非之心이 본성을 인식하는 마음의 네 개의 실마리[四端]인 것이다. 이처럼 유교는 도덕적 본성과 4단을 탐구한 심학의 역사라고 말해도 과언이 아니다.

채침蔡沈(1167-1230)은 『서경』의 핵심을 중용과 황극으로 압축한 『서집전書集傳』「서문序文」을 지었다. 그는 중도 또는 황극 자체보다는 '세우다

---

240) 『周易』 天地否卦(䷋) 「彖傳」, "天地不交而萬物不通也, 上下不交而天下无邦也. 內陰而外陽, 內柔而外剛, 內小人而外君子, 小人道長, 君子道消也."
241) 『周易』「繫辭傳」 上 1장.

[建]'에 방점을 찍고, 인간 주체성 확보와 성인의 심법을 통해 올바른 역사 정신의 전승과 천하의 안녕 문제로 매듭지었던 것이다. 채침은 "홍범"의 요지를 2제3왕이 천하를 다스리던 대경대법의 경전으로 인식하고, 그 핵심은 '중도를 세우고 황극를 세우는 것에 있다[建中建極]'에 있다고 압축하였다.

"아아! '서'를 어찌 쉽게 말할 수 있으리오. … 2제3왕의 다스림은 도에 근본하고, 2제3왕의 도는 마음에 근본을 둔 것이니, 바로 그 마음을 깨우치면 그 도와 다스림을 진실로 말할 수 있을 것이다. 무슨 까닭인가? 오직 일심을 갖고 중용의 도를 잡음은 요·순·우가 서로 전한 심법이요, 중용의 도를 세우고 만민의 삶의 푯대를 세움은 상의 탕과 주의 무왕이 서로 전한 심법이니, 덕과 인과 경과 성은 말이 비록 서로 다를지라도 이치는 하나로서 이 마음의 오묘함을 밝힌 것 아님이 없다. … 2제3왕은 이 마음을 잘 보존한 자요, 하의 걸과 상의 수는 이 마음을 잃은 자요, 태갑과 성왕은 어려움을 당하고 나서야 이 마음을 보존한 자이다. 마음을 간직하면 다스려지고 잃어버리면 어지러워지니, 치세와 난세가 나뉨은 마음을 보존하고 그렇지 못했느냐에 달려 있을 따름이다."[242]

도에 근거한 것이 도학이요, 도학은 심법으로 전승되기 때문에 심학이요, 도학과 심학에 근거한 성인의 정치가 곧 유교의 도통道統이라는 것이다. 한마디로 채침은 도학과 심학과 정치학의 일치를 겨냥하면서 성인

242) 『書集傳』「序」, "嗚呼! 書豈易言哉. … 然二帝三王之治, 本於道, 二帝三王之道, 本於心, 得其心, 則道與治, 固可得而言矣. 何哉, 精一執中, 堯舜禹相授之心法也, 建中建極, 商湯周武, 相傳之心法也. 曰德 曰仁 曰敬 曰誠, 言雖殊而理則一, 無非所以明此心之妙也. … 二帝三王, 存此心者也, 夏桀商受, 亡此心者也, 太甲成王, 困而存此心者也. 存則治, 亡則亂, 治亂之分, 顧其心之存不存如何耳."

제왕의 통치 정신이 곧 성학聖學의 역사로 전승되었다고 말했다.

김일부 역시 『정역』을 집필하는 과정에서 영가무도의 수행과 『주역』의 탐독을 통해 심법 수련에 집중하였다. 그는 심법을 닦아야 할 궁극적 이유를 천지가 기우뚱한 몸체로 구성된 것에서 찾았다. 『정역』은 선천이 양은 셋이고, 음은 둘이라고 규정하였다.[243] '삼천양지'는 인간 인식의 산물이 아니라, 천지의 불균형에서 비롯된 것이다.

선천은 '삼천양지'로 구성된 까닭에 이 세상은 남성, 군자, 양반 등 사회 지도층 위주로 돌아가는 운명이다. 여기서 바로 선천 문화는 수많은 대립 갈등을 낳아 약자에 대한 강자의 지배가 합리화되었고, 그것은 새로운 불행의 씨앗을 잉태시키는 악순환을 반복하기에 이르렀다. 그러니까 선천은 계속 심법을 닦을 수밖에 없는 환경이라는 뜻이다.

이 문장은 '억음존양'과 '조양율음'이 대귀로, '선천의 심법학과 후천 성리의 도'가 대조를 이루고 있다. 심법을 닦기 위해서는 수많은 독서와 사색이 필요하다. 김일부는 "서경 읽고 『주역』 배우는 것은 선천의 일이요, 이치를 궁구하고 몸 닦는 것은 후천 사람 누구인가"라고 말하여 끊임없는 공부에 매진할 것을 권고했다.[244] 선천의 심법학은 도덕과 반도덕을 둘로 나누는 억음존양의 논리에 기초했으나, 후천학은 성선설이 성악설을 흡수 통합하여 천명이 현실에 구현되는 진정한 의미의 진리가 수립되는 것을 의미한다.

억음존양은 문왕팔괘도의 구조에, 조양율음은 정역팔괘도의 구조에 투영되어 있다.[245]

243) 『正易』, ① 「十五一言」"日極體位度數", "先天, 三天兩地. 后天, 三地兩天." ② 「十一一言」, "一三五次, 度天, 第七九次, 數地, 三天兩地."
244) 『正易』「十五一言」"九九吟", "讀書學易先天事, 窮理脩身后人誰."
245) 『正易演解』, "此指文王卦運而言也. 此指正易卦運而言也."

문왕팔괘도	정역팔괘도
9수	10수
생장	성숙
감리(일월)- 남북축	건곤(천지)- 남북축
낙서와 상응	하도와 상응
만물의 진화	천지의 재창조

특히 문왕팔괘도에서 2곤坤·4손巽·6건乾·8간艮은 네 모퉁이[維位]에 끼어 있는 '억음'의 형태로 있고, 1감坎·3진震·7태兌·9리離는 동서남북의 정위正位에서 '존양'의 형태로 있다. 짝수 음은 억눌림의 대상이고, 홀수 양은 드높임의 대상이라는 뜻이다. 아름다운 대칭의 하도에서는 1·6, 2·7, 3·8, 4·9, 5·10이 각각 음양 짝이 조화를 이룬 상태를 나타내고 있다. 낙서와 문왕팔괘도의 억음존양 논리가 정역팔괘도의 정음정양正陰正陽의 논리로 전환되는 이유를 시사하고 있다.

"양을 고르고 음을 맞추는 것은 후천 성리의 도이다.[調陽律陰, 后天性理之道.]"에서 음양을 조율하는 실체는 무엇인가? 보통은 삼천양지에 의해 기울어진 심성을 마음으로 바로 잡다는 뜻으로 번역한다. 마음으로 마음을 고친다는 것이다. 마음이 주체인 동시에 대상이라는 역설과 모순이 생긴다. 그러나 '조양율음'은 심법의 문제 외에도 율려가 음양을 고르게 한다는 것이 더 중요한 과제로 떠오른다.

『정역』「십오일언」"항각이수존공시亢角二宿尊空詩"에 "금화의 이치를 올바르게 밝히니, 율려가 음양을 고르는구나[正明金火理, 律呂調陰陽.]"라는 내용이 나온다. 태양과 태음의 '속'으로서 존재하는 율려가 삼천양지의 기우뚱한 음양 관계를 정상으로 되돌린다는 뜻이다. 이 대목의 주어는 율려이고, 그 대상은 음양이다. 한마디로 음양을 고르게 하는 율려를 밝히는 것이 곧 후천 성리의 도라는 것이다.

天地匪日月이면 **空殼**이오
천 지 비 일 월　　　공 각
日月匪至人이면 **虛影**이니라
일 월 비 지 인　　　허 영

천지는 일월이 아니면 빈 껍질이요,

일월은 지극한 사람이 아니면 헛된 그림자[246]에 불과하다.

이 글은 『정역』에서도 손꼽히는 명문장이다. 천지와 일월, 일월과 지인至人, '공각'과 '허영'이 멋진 대귀로 표현되었다. 이 대목의 주제는 천지와 일월, 지인과 율려라고 할 수 있다. 우선 천지와 일월은 부모와 자식 관계다. 천지에 일월이 없다면 알맹이 없는 허상에 불과하며, 마치 계란에서 흰자와 노른자가 빠진 빈 껍질과 같다는 것이다. 거꾸로 일월만 존재하고 천지가 없다면 일월은 뿌리 없는 천체 덩어리에 지나지 않을 것이다.

천지와 일월은 본체와 작용 관계로 존재한다. 천지의 작용이 일월이라면, 일월의 본체는 천지다. 이를테면 복희팔괘도는 남북의 건곤을 본체로 삼고, 동서의 감리를 작용으로 삼은 것은 천지와 일월을 체용으로 삼은 것이다. 천지는 일월을 비롯한 생명권 전체를 담보한다. 일월은 천지에 비하면 아주 작은 행성에 불과하지만, 천지의 목적을 달성하는데 없어서는 안 되는 소중한 배꼽이다.

천지가 몸이라면, 일월은 천지의 몸짓을 대변하는 팔다리와 같다. 일월의 변화를 통해 천지의 존재 이유와 목적을 알 수 있기 때문이다. 천지가 비록 광대무변할지라도 일월이 없다면 작용 없는 무정한 빈 껍질과 같다. 천지와 일월은 언제 어디서나 맞물려 존재한다. 이 둘은 지금

246) 影은 그림자보다는 '율려'가 더 어울린다. 왜냐하면 앞 문장의 주제가 율려이기 때문이다. 율려를 언급한 "二火三木이 分而影而呂이니라."의 影이 왜 그림자일까? 필자는 선배들의 '헛된 그림자' 대신에 '헛된 율려'로 바꾼다.

도 살아 있는 생성의 과정을 겪고 있다. 그렇다고 천지는 이미 완성되어 있고, 일월은 마냥 순환하면서 만물을 키워낸다는 발상은 『정역』의 종지에 어긋난다.

왜냐하면 천지 자체도 성숙하려고 몸짓하는 살아 있는 생명체이기 때문이다. 일월은 물론 천지 역시 1년 360일 세상을 겨냥하면서 '있음(Being)'에서 '됨(Becoming)'의 과정으로 진화한다. 『정역』을 실체론적 사유로 접근해서는 안 되는 이유가 바로 여기에 있다. 불변과 변화 중에서 불변에 최고의 가치를 부여하는 것은 이미 이분법의 함정에 빠지기 쉽다. 왜냐하면 『정역』은 불변하는 천지마저도 변화한다는 자연의 혁명을 강조하기 때문이다.

이러한 자연의 혁명을 선도하는 존재가 바로 일월이다. 일월이 그려내는 자연의 질서를 표현한 것이 곧 역易이다. 또한 일정한 시간에 해와 달이 지나가는 궤도를 계산한 것이 곧 책력이다. 즉 '일월日月 = 역易 = 역曆'이라는 등식이 성립한다. 일월이 움직이는 궤도는 캘린더 작성의 준거인 셈이다. 캘린더 작성의 책임은 성인이 맡았다. 과거에는 요순堯舜이 천하를 위해 농사 스케쥴을 만들어 백성들에게 알려주었다. 요순이 제정한 달력은 선천에 유용하게 쓰였으나, 시간의 꼬리가 붙는 윤력閏曆이었다. 1년 360일에 $5\frac{1}{4}$의 꼬리가 붙은 책력이 곧 선천의 일월이 빚어내는 캘린더인 것이다. 지극한 사람[至人]은 선천 성인을 뛰어 넘어 선천과 후천을 꿰뚫는 책력의 근거를 밝힌 인물을 가리킨다.

「대역서」는 천지일월이 빚어내는 시간의 질서와 성인을 결부시켜 시간의 섭리가 없으면 성인도 없다고 말하여 선후천을 관통하는 캘린더의 원형을 밝히는 것이 진정한 역학이라고 천명하였다. "성스럽구나. 역이 역으로 됨이여! 역이란 책력이니, 책력이 없으면 성인이 없고 성인이 없으면 역도 없다. 이런 까닭에 선천역과 후천역이 제작된 이유다.[聖哉, 易之爲易! 易者曆也, 無曆無聖, 無聖無易. 是故, 初初之易, 來來之易, 所以作也.]"

캘린더 작성의 뿌리가 되지 못하는 일월은 헛된 그림자(율려)에 불과할 것이다. 김일부는 선천 책력을 지은 사람은 성인이고, 후천 책력을 만든 사람은 지인至人이라고 구분했다. 「대역서」에서 '성인'이라 한 것을 여기서는 왜 '지인'이라 했을까? 성인이 문명의 발전에 지대한 공로를 쌓은 인물이라면, 지인은 하늘의 섭리를 내려받아 시간의 수수께끼를 밝힌 선각자를 의미한다. 김일부의 제자들은 '지인'을 스승이라고 지목했으나, 평소 겸손했던 김일부 스스로가 성인으로 불리는 것을 용납할 수 없었던 까닭에 후천 책력을 지은 성인을 '지인'으로 표현했던 것이다. 지인至人은 지시知時, 지천知天, 지지知地, 지신知神, 지인知人을 꿰뚫은 경지에 도달한 존재를 뜻한다.

과거에도 생활 시간표를 만들어 문명의 발전에 이바지한 존재를 성인으로 추앙했으나, 그것은 인류의 구원과는 거리가 멀었다. 지인은 선천이 후천으로 바뀌는 책력 구성의 근거를 밝힌 후천 성인을 뜻한다. 특히 『주역』은 율려에 대해 언급하지 못했으나, 『정역』은 선후천 전환의 열쇠인 율려에 밝은 사람을 '지인'으로 꼽았던 것이다.

그렇다면 "일월은 지극한 사람이 아니면 헛된 그림자에 불과하다.[日月匪至人, 虛影.]"에서 '헛된 그림자'는 무엇을 지칭하는가? 천지는 실체이고, 일월은 그림자라는 의식이 반영된 번역이다. '허영'을 헛된 그림자 또는 빈 그림자로 번역하는 것이 보통이다.[247] 그나마 '헛된 그림자'는 좋으나, '빈 그림자'는 앞뒤 문맥에 맞지 않을 뿐만 아니라, 『정역』의 취지와 부합하지도 않는다. '헛된 그림자'라는 직역은 옳지만, 헛된 그림자일 수밖에 없는 이유에 대한 설명이 부족하여 매우 아쉽다. 선천의 일월이 후천의 일월로 바뀌려면 음양의 질서가 바뀌어야 한다. 음양은 저절로 바뀔 수 없고, 먼저 율려의 조정이 있어야 한다[律呂調陰陽]. 율려

247) 이정호(앞의 책, 35쪽)와 권영원(앞의 책, 354쪽)은 '헛된 그림자'로 번역했고, 김주성(앞의 책, 174쪽)은 '빈 그림자'로 번역했다.

만이 음양의 질서를 바꿀 수 있기 때문이다.

그러니까 율려를 모르면 일월은 천지를 비추는 헛된 그림자 또는 실체 없는 허상으로만 보일뿐이라는 뜻이다. 율려를 알아야 천지일월의 진실을 알 수 있는 것이다. 『정역』「십오일언」"선후천주회도수先后天周回度數"의 "달빛이 선천월을 움직이다[影動天心月]"에서의 '영'도 율려의 숨겨진 질서로 이해해야 옳다. 왜냐하면 달빛이 거대한 달을 움직일 수 없기 때문이다. 오직 태음의 속, 즉 내부 질서인 율려의 '여'만이 1달 30일로 만드는 원동력의 자격이 있다.

선천의 상극이 현실로 전개된 것이 음양의 세계라면, 선천을 후천 상생으로 바꾸는 율려는 상극의 배후에 숨겨진(감추어진) 질서라고 할 수 있다. 설령 율려를 깨달은 지인이 없을지라도도 천지와 일월은 계속 순환하면서 생명을 키워낸다. 율려는 우주의 보편 원리이기 때문이다. 김일부가 발견한 뒤에 비로소 율려가 존재하는 것이 아니라, 율려는 천지일월의 원형 정보로 입력되어 있다는 뜻이다. 이런 의미에서 선천 학문은 음양학이고, 후천 학문의 주제는 율려학이라고 할 수 있다. 율려학은 김일부가 처음으로 정립한 새로운 형이상학이다.

潮汐之理는 **一六壬癸水位北**하고 **二七丙丁火宮南**하여
조석지리 일육임계수위북 이칠병정화궁남

火氣는 **炎上**하고 **水性**은 **就下**하여 **互相衝擊**하며
화기 염상 수성 취하 호상충격

互相進退而隨時候氣節은 **日月之政**이니라
호상진퇴이수시후기절 일월지정

밀물과 썰물이 생기는 이치는 1·6 임계수가 북쪽에 자리 잡고,

2·7 병정화가 남쪽을 집으로 삼고 있어

불 기운은 위로 타오르고 물의 성질은 아래로 내려가 서로 충격하며,

서로 진퇴하면서 시후절기를 따르는 것이 일월의 정사이다.

이 대목은 밀물과 썰물이 생기는 이치를 낙서와 문왕팔괘도에 비유해서 설명한 것이다. 1·6 임계수가 북쪽에 있다는 것은 복희팔괘도의 서쪽에 있던 감수坎水가 아래로 내려와 문왕팔괘도의 북방에 자리 잡는다는 것이요, 2·7 병정화가 남쪽에 집을 둔다는 것은 복희팔괘도의 동쪽에 있던 리화離火가 위로 올라가 문왕팔괘도의 남방에 자리 잡는 것을 뜻한다. 그것은 만물이 탄생 단계에서 왕성한 성장 단계에 접어들었음을 상징한다.

낙서를 반영한 문왕팔괘도의 북방 1감수坎水(☵)는 역생逆生을, 남방 9리화離火(☲)의 도성倒成하는 이치가 곧 선천의 일월이 펼치는 정사라는 것이다. 불 기운은 가벼워 위로 올라가고, 물 기운은 무거워 아래로 내려오는 과정에서 서로 충돌하면서 밀고 당기는 힘이 바로 밀물과 썰물이다. 그것은 상현과 하현 때의 조감潮坎과 보름과 그믐 때의 사리射離 현상으로 나타난다. 또한 차가운 물과 뜨거운 불이 맞부딪쳐 진퇴를 거듭함으로 인해 추위와 더위가 번갈아 들면서 사계절의 변화가 생기는 것이다.

조석潮汐의 조潮는 아침 밀물이고, 석汐은 저녁 밀물이라는 뜻이다. 또한 조潮는 '사리'를, 석汐은 '조금'의 의미로 사용되기도 한다. 조석은 태양과 달과 지구의 삼각 관계에서 비롯되어 나타나는 현상이다. 지구의 기후를 주무르는 손길은 조석과 바람의 거대한 진동이 일으키는 힘이다. 해양과 대기의 운동이 상호 결합하여 추위와 더위 등의 기후 변화로 나타나는 것이다.

'1·6 임계수'는 천간과 5행을 결합해서 말한 것이다. 1은 생수로서 '임수壬水'를, 6은 성수로서 '계수癸水'를 뜻한다. 그리고 2·7 병정화의 2는 생수로서 '병화丙火'를, 7은 성수로서 '정화丁火'를 뜻한다. 형식 논리로 보면, '1·6 임계수'와 '2·7 병정화'는 하도의 북방에 있는 물과 남방에 있는 불을 가리키는 것으로 오해할 수도 있다. 하도보다는 낙서가 만물의 변화를 설명하는 것이 훨씬 효과가 크다. 하도는 외형상 변화보다는 음양의 균형과 안정을 표상하기 때문이다. 하도가 상생을 표상한다면, 낙서는 상극을 표상한다.

여기서 말하는 북쪽과 남쪽은 어디일까? 지구는 북반구와 남반구로 이루어져 있다. 북반구에서는 '1·6 임계수'가 있는 곳이 북쪽이고, 남쪽은 '2·7 병정화'가 있는 적도 부근일 것이다. 그러나 남반구는 북반구와는 정반대로 적도 부근이 '1·6 임계수'이고, 남극 쪽이 '2·7 병정화'가 될 것이다. 북반구가 겨울이면 남반구는 여름이고, 북반구가 가을이면 남반구는 봄이기 때문이다.

이처럼 일월 변화에 의해 만들어지는 조석 현상은 수화水火로 압축할 수 있다. 수화 운동은 매 순간 반복하는 물불의 순환이라기보다는 정역팔괘도 내부에 있는 새로운 천지를 창조하는 북방의 '2천天'과 남방의 '7지地'의 물과 불을 가리킨다.[248]

『정역』은 조석이 일어나는 근거를 과학적 방법으로 입증하는 것에 목적을 두지 않았다. 어쩌면 종말론 언어에 가까운 '충격'이란 말은 분석과 검증으로 포착될 수 없기 때문이다. 충격은 일상에서 말하는 찌르거나 부딪친다는 뜻이 아니라, 선후천 교체기에 물불이 일으키는 엄청난 파워의 물리적 대격변(upheaval)을 의미한다. 물은 쓰나미와 같은 거대한 파도의 물결을, 불은 몇 천 도로 달궈진 마그마를 쏟아내는 화산 폭발을 연상시킨다.

과연 '충격'을 어떻게 해석할 것인가? 두 가지 해석이 가능하다. 하나는 보통 변화의 동력을 얻기 위해 음양이 교호 작용하는 것을, 다른 하나는 물과 불이 창조적 변화[造化]를 일으켜 선후천 전환을 선도하는 동력원을 가리키는 경우가 있다. 『정역』은 후자의 입장에 선다. 첨단 과학

248) 한편 하도의 북방 2화는 차가운(물에 가까운) 불을, 남방의 7화는 뜨거운 불을 뜻한다. 물에 불을 넣은 것이 곧 '술'이다.

의 장비로 측정하는 일기 예보의 정확도가 예전보다 훨씬 높아졌으나, '충격(deep impact)'은 현실의 시공을 초월한 차원에서 밀려오는 변화이기 때문이다.

기후 변화가 생기는 이유

기후 변화는 크게 지구 밖의 외부요인으로부터 생기는 경우와, 외부요인 없이도 대기, 바다, 얼음 등의 지구 시스템을 통해 일어날 수도 있다. … 지구 자전축의 기울기는 기후에 커다란 영향을 미친다. 기울기가 크면 클수록 극지방은 여름에 더 많은 태양빛을 받는다. 현재까지는 지구의 자전축이 극지방을 충분히 냉각시켜 얼음으로 덮을 정도로 기울어져 있다. 만일 이 기울기가 더 커진다면 양 극지방은 여름에 좀 더 많은 태양빛을 받게 되어 빙하가 줄어들고, 자전축의 기울기가 작아지면 빙하가 더 늘어날 것이다.

지구 자전축의 기울기 변화가 비교적 작음에 감사해야 한다. 달의 인력 덕분에 지구 자전축의 기울기가 안정화되었기 때문이다. 자전축의 비교적 작은 변화도 현저한 기후변화를 촉발하므로 훨씬 더 크게 변한다면 문제는 달라진다. 2004년 말 남아시아에 있었던 지진 해일은 진도 9.0으로 그 규모와 강도가 1995년 고베 지진의 1,600배에 달한다. 지구 자전축이 변화되면 태양에서 오는 에너지가 지금까지와는 다르게 특히 극지방이 받는 에너지의 양이 많아지면서 해수면 상승과 더불어 엄청난 기후변화를 초래할 수 있다.

세르비아 출신의 천체물리학자 밀란코비치(Milankovitch: 1879-1958)는 지구의 공전 및 자전 운동의 변화에 따라 지구의 기후 패턴이 변화한다는 이른바 빙하기 주기에 기초한 밀란코비치 주기 이론을 확립했다. 그는 지구 공전 궤도의 형태, 자전축의 변화, 세차운동 등 3가지 요소는 지구에 도달하는 태양 복사 에너지의 양과 도달 위치를 변화시키며, 이로 인해 기후변화가 초래되었다는 것이다. 특히 이미 10만년, 4만 천 년 등의 주기에 따른 지구상의 과거 기후를 다양한 방법으로 재현하였다. 빙하기의 도래에서 비롯된 기후는 아주 작은 요인에도 매우 예민하게 반응한다는 것을 논증하였다.(모집 라티프 지음/이혜경 옮김, 『기후의 역습』, 현암사, 2005, 58-68쪽 참조.)

嗚呼라 **日月之政**이여 **至神至明**하니 **書不盡言**이로다
오호 일월지정 지신지명 서부진언

아아, 해와 달의 정사여! 지극히 신비하고 지극히 명백하니 글로서는 다 말할 수 없네.

과거에 해와 달은 신비와 경외의 대상이었다. 해는 생명의 원천에 대한 숭배 대상이었고, 달은 시인 묵객들이 정서를 읊는 소재였다. 둘 다 신화와 전설의 단골 테마였다. 현대 과학의 발전은 태양과 달의 운행에 얽힌 신화와 전설을 쓸어 없애버렸다. 일월의 정사는 과학이든 신화이든 일월의 운행 질서와 연관되어 있다. 하지만 『정역』에서 말하는 일월의 정사는 지구의 공전과 자전에서 비롯된 천체의 운행 질서에 한정된 것이 아니라, 일월의 궤도 자체의 변화를 함축하고 있다. 그래서 일월의 궤도 수정은 만물의 공식을 초월한 까닭에 논리적으로 설명하기 힘들 수밖에 없다는 것이다.

천지는 자신의 꿈을 지구에 심었으나, 지금은 낡고 케케묵어 새롭게 정비하지 않으면 안 되는 지경에 이르렀다. 천지 창조가 선천 개벽이라면, 천지의 재창조는 후천 개벽이라 하겠다. 선천을 뒤로 물리고 후천을 몰고오는 원천이 곧 일월이기 때문에 일월의 정사를 신비성[至神]과 합리성[至明]의 극치라고 표현한 것이다.

과학 만능주의에 빠진 현대인들은 선후천 변화를 아직 경험하지 못한 사태이므로 누구도 신뢰하지 않는다. 특히 일월 자체의 질서가 변화한다는 것은 상상조차 할 수 없는 까닭에 인간은 기존 체제에 묻혀 입을 다물기 일쑤이다. 하지만 김일부의 눈에는 선후천 변화가 너무도 신비로우나[至神], 조화옹이 알려준 계시[神告, 上敎]이므로 명백한 사실[至明]이라고 표현하였다.

'글로서는 다 말할 수 없네.'의 전거는 『주역』에 있다. "글은 말을 다하지 못하며, 말은 뜻을 다하지 못한다. 그렇다면 성인의 뜻을 가히 볼 수 없는가?" 공자가 말하기를 "성인이 상을 세워 그 뜻을 다하며, 괘를 만들어 참과 거짓을 다 보여주며, 말을 매어놓아 그 뜻을 다하며, 변하고 통함으로써 이로움을 다하며, 두드리고 춤을 춤으로써 신을 다함이다.[子曰 書不盡言, 言不盡意, 然則聖人之意, 其不可見乎. 子曰 聖人立象以盡意, 設卦以盡情僞, 繫辭焉以盡其意, 變而通之以盡利, 鼓之舞之以盡神.]"[249]

"글은 말을 다 표현하지 못하고, 말은 뜻을 다 표현하지 못한다"는 것은 언어의 한계성을 지적한 말이다. 언어의 기능은 의사 전달에 있다. 의사 소통은 문자와 언어를 통하지 않고는 불가능하다. 문자와 언어는 시공간의 제약을 받기 때문에 진리를 설명하는 데 한계가 있다는 것이다. 그렇다면 입을 다물고 언어를 포기해야 하는가? 공자는 진리를 표현하는 방법은 없는가라고 반문하면서 역전을 시도한다.

성인은 세상의 이치를 상징화하여 문화의 불씨를 댕겼다[聖人立象以盡意]. 더 나아가 팔괘라는 부호를 만들어 진리와 거짓을 분별화하는 작업에 몰두하였다[設卦以盡情僞]. 성인은 64괘에다 상세한 설명을 가하여 합리성을 보강하였다[繫辭焉以盡其意]. 게다가 괘상의 변화를 통

249) 『周易』「繫辭傳」上 12장.

하여 세상사에 적응할 수 있는 이로움을 밝혀 문명의 혜택을 입도록 하였다.

성인은 최고의 경지인 신명의 세계에 드나들었다. 귀신이 움직이는 변화 원리를 깨달으면 자신도 모르게 맥박이 뛰어 신명이 나고[鼓之], 신명이 나면 손발이 저절로 춤추는 지경에 이르러[舞之] 신과 함께 노닐 수 있다[盡神]. 몸으로 생명의 약동을 체험하라는 뜻이다. 『정역』은 언어로 쓰인 문자를 낱낱이 분석하는 앎을 즐기지 않는다. 오히려 무형의 영험한 지혜를 선호한다. 이것이 바로 신비 체험의 우월성이다.

嗚呼라 **天何言哉**시며 **地何言哉**시리오마는 **一夫能言**하노라
오호 천하언재 지하언재 일부능언

아아! 하늘이 무엇을 말씀하시며 땅이 무엇을 말씀하시리오마는 일부가 능히 말하도다.

천지는 원래 말이 없다. 오직 만물의 변화를 통해 자신을 드러낼 뿐이다. 공자는 "하늘이 무엇을 말하더냐? 사시가 운행하고 만물이 나고 자라지만, 하늘이 무엇을 말하더냐?[子曰 天何言哉, 四時行焉, 百物生焉, 天何言哉.]"[250]고 했다. 공자는 하늘 위주의 사유를 했다면, 김일부는 하늘보다 땅을 앞세우는 까닭에 땅 역시 무언의 말씀으로 자신의 의지를 드러낸다고 표현했다.

선천에는 하늘이 높은 줄만 알았지, 땅이 더 소중한 줄을 몰랐다는 것이다. 김일부는 앞으로 땅이 하늘만큼 대접받는 날이 올 것을 알고, 천지가 지천으로 바뀌는 후천에 대한 확신감을 말했던 것이다. 특히 이 대목은 능할 '능能' 자에 방점이 찍혀 있다.

250) 『論語』「陽貨」

"천지와 더불어 서로 같다. 그러므로 어긋남이 없으니, 지는 만물에 두루 통하고 도는 천하를 구제할 방도를 갖추었다. 그러므로 지나치지 아니하며, 곁으로 행해도 잘못된 곳으로 흐르지 아니하여 하늘의 섭리를 즐기고 천명을 안다. 그러므로 근심하지 않으며, 땅의 이치를 본받아 편안해서 인을 돈독하게 한다. 그러므로 능히 사랑을 베풀 수 있다.[與天地相似, 故不違, 知周乎萬物而道濟天下, 故不過, 旁行而不流, 樂天知命, 故不憂, 安土敦乎仁, 故能愛.]"[251)]

위 문장의 주어는 역易이다. 역의 이치는 천지의 궁극 원리와 하등 다를 바가 없다. 역을 읽으면 세상 둥글어가는 이치에 두루 통하여 천명에 어긋나는 행위를 하지 않는다는 것이다. 천지의 이치를 깨달아 행동하는 것이 바로 진리와 하나될 수 있는 유일한 방법이기 때문이다.

역은 설령 곁가지로 흘러도 그 종지에서 멀어지지 않는다. 설명 방식이 너무도 다양하고 방대하기 때문에 잠시 샛길로 빠져 헤맬 수 있지만, 금방 원래의 곳으로 돌아와 자리 잡아야 한다. 성인은 현실과 초현실 사이에서 갈등을 느끼지 않고, 하늘의 명령을 깨달아 그 섭리에 순응하고 하늘이 낳은 생명의 참모습을 즐긴다. 이것이 바로 유교가 지향하는 '낙천지명樂天知命'의 경지인 것이다. '낙천지명'은 하늘의 지상 명령을 자신의 운명으로 기쁘게 받아들이고, 심지어 삶의 좌표로 삼아 기꺼이 순응하는 까닭에 전혀 근심과 고민에 휘둘리지 않는다.

"땅의 이치를 본받아 편안해서 인을 돈독하게 한다. 그러므로 능히 사랑을 천하에 베풀 수 있다[安土, 敦乎仁. 故能愛]"라는 명제에 대한 해석은 구구절절하다. 특히 '토土'를 '흙에 편안히 해서', 또는 '땅에 편안히 있고'라거나 '흙에 안정하고'라는 등 농부의 심정으로 풀이한 것이 대부

---

251) 『周易』「繫辭傳」 上 4장.

분이다. 이밖에도 "자리에 편안하여" "어떠한 곳에서도 만족하여 있는 것"이라고 하였다. 이들은 한결같이 땅[土]이 가장 편안한 거주처라고 지극히 평범한 해석을 덧붙였다.

『정역』의 입장에서 보면 위의 해석들은 터무니없는 번역이다. 여기서 우리는 『정역』이 얼마나 선후천론을 강조하고 있는 지 확인할 수 있다. 넓은 의미에서 '땅[土]'은 만물을 풍요롭게 키워내는 어머니 대지를 뜻한다. 특히 '토土'는 뒤에 나오는 '천지의 창조적 능동성[能]'과 연결해서 이해해야 옳다. 천지의 본래 정신이 능동적(positive)으로 발현되는 시기는 선후천 교체기일 것이다. 이러한 해석이 가능한 이유는 김일부에 의해 정역팔괘도의 구성 원리라고 불린 「설괘전」 6장에서 찾을 수 있다.

> "신이라는 것은 만물을 묘하게 함을 일컫는 것이다. 만물을 움직이게 하는 것은 우레보다 빠른 것이 없고, 만물을 흔드는 것은 바람보다 빠른 것이 없고, 만물을 말리는 것은 불보다 잘 말리는 것이 없고, 만물을 기쁘게 하는 것은 연못보다 잘 기쁘게 하는 것이 없고, 만물을 적시는 것은 물보다 잘 적시는 것이 없고, 만물을 그치고 시작하는 것은 간(산山이라고 하지 않은 점에 주목)보다 성한 것이 없다. 그러므로 물과 불이 서로 따르며, 우레와 바람이 서로 거스리지 아니하며, 산과 연못이 기운을 통한 연후에야 능히 변화하여 이미 만물을 다 이룬다.[神也者, 妙萬物而爲言者, 動萬物者莫疾乎雷, 撓萬物者莫疾乎風, 燥萬物者莫熯乎火, 說萬物者莫說乎澤, 潤萬物者莫潤乎水, 終萬物始萬物者莫盛乎艮, 故水火相逮, 雷風不相悖, 山澤通氣然後, 能變化既成萬物也.]"

특히 마지막 단락의 '능할 능能'과 '이미 기既'를 주의 깊게 살펴야 한다. 이 대목은 선후천이라는 문제 의식이 없이 생태학적인 유토피아를 노래한 것으로 볼 수도 있기 때문이다. 그러나 『정역』은 그것을 사실(fact)의 차원에서 언급한다. 선후천 전환은 천지 자체의 능동적 변화에서 비롯되며, 그것은 창조의 설계도에 이미 프로그래밍되어 있다는 뜻이다. 이런 의미에서 능애能愛의 '능'과 김일부가 말한 능언能言의 '능'은 동일 경계의 언어라 할 수 있다.

선후천 변화의 수수께끼

김일부는 '能'을 천지의 능동성 이외에도 당위성의 의미인 마땅 '宜'로 사용하기도 했다. 蓮潭 李守曾이 선후천변화의 수수께끼를 풀어보라고 김일부에게 내린 화두가 『정역』 「십오일언」 "先后天周回度數"에 나타나 있다. "내 나이 36세 때 처음으로 연담 이선생을 따르니, 선생이 호를 내리시니 '관벽'이라 하시고, 시 한 수를 주시되 '맑은 것을 보는 데는 물 같은 것이 없고, 덕을 좋아함은 어짐을 행함이 마땅하다. 율려가 천심월을 움직이니 그대에게 권하노니 이 진리를 찾아 보시게나.[余年三十六, 始從蓮潭李先生, 先生賜號二字曰觀碧, 賜詩一絶曰 觀淡莫如水, 好德宜行仁, 影動天心月, 勸君尋此眞.]"

一夫能言兮여 **水潮南天**하고 **水汐北地**로다
일 부 능 언 혜　　수 조 남 천　　　수 석 북 지

일부가 능히 말함이여! 밀물은 남쪽 하늘에 모이고, 썰물은 북쪽 땅에서 빠지는구나.

이 대목은 수많은 논란을 낳은 문장이다. 이 글을 어떤 이는 김일부 개인의 예언으로 돌리거나, 혹자는 하늘의 계시 내용으로 읽어 천지의 말씀을 대신 구술한 간증 내용으로 보았다. 나 김일부가 말할 수 있는

한마디는 지구에 엄청난 변화가 일어날 것이라는 확신이다.

그것은 서해안에 일어나는 밀물 썰물에 대한 얘기가 아니다. 북극에서 물이 빠져 남극으로 몰린다는 사태는 일종의 특수한 예언일 수도 있으나, 지금의 전 인류가 티핑 포인트에 진입했다는 증거일 수도 있다. 또한 선후천 변화에 대한 학술적 사유의 결과로 볼 수도 있으며, 또는 조화옹의 계시에 의한 가르침이라고 할 수도 있다.

"밀물은 남쪽 하늘에 모이고, 썰물은 북쪽 땅에서 빠진다"는 것은 김일부 생전의 과학계는 아무도 주목하지 않았던 주제다. 2차 세계대전 이후, 생태계 보호에 관심을 갖던 환경론자들이 '불치병에 걸린 지구를 살리자'라는 운동을 벌인 적이 있다. 북극과 남극에 얼음이 잔뜩 있어야 지구가 건강하다는 것을 최근에 와서야 알아챘다. 바짝 마른 북극곰이 쓰레기통을 뒤지고 있는 처절한 광경, 철조망을 쥔 채 불탄 캥거루 사진 등을 보고 인간의 환경 파괴에 대한 자연의 보복을 절감하고 있다. 느닷없는 폭염과 홍수, 폭설과 한파 등 전 세계에 빈발하는 기상 이변의 숨은 원인은 무엇일까?

데드라인에 선 기상 이변! 뜨거운 열로 인해 과거로 회귀 불가능한 침묵의 병(global crisis)에 걸린 지구는 기후 위기에 시달리고 있다. 환경론자들은 북극에서 일어나는 변화가 지구 전체에 중대한 영향을 미치고 있기 때문에 지구의 기후를 만들어내는 북극의 얼음이 녹는 것을 경고한 바 있다. 기상학자들은 빙하가 녹으면서 북극으로 오는 따뜻한 공기를 막아주던 제트 기류가 약화된 것에서 원인을 찾고 있다.

지금의 추세라면 머지않아 북극의 얼음은 전부 녹아 해수면이 높아질 것이라는 끔직한 보고서가 발표되었다. 심지어 남극의 얼음마저 녹아 땅이 드러나는 기상천외한 현장이 전세계에 생방송으로 중계되고 있다. 지구 온난화의 원인은 북극의 얼음에 있으며, 북빙하가 녹는 원인은 환경 파괴를 일삼는 인간의 탐욕에서 비롯되었다는 지적이다.

북극의 빙하와 역학의 논리

북빙양이 녹는 현상과 비슷한 얘기가 『주역』 澤風大過卦(䷛)에 나온다. "상전에 이르기를 연못이 나무를 멸하는 것이 대과이다. 군자는 이를 본받아 홀로 서도 두려워하지 않으며, 세상을 멀리 떠나 있어도 번민하지 않는다.[象曰 澤滅木, 大過, 君子以, 獨立不懼, 遯世无悶.]" 연못은 물이다. 물이 나무를 멸한다는 것은 곧 물이 이마까지 차오른 극한 상황을 뜻한다. 특히 「상전」의 문법이 자연 현상에 비추어 인간의 태도를 촉구하는 점에서 보면, 물이 나무 꼭대기까지 위협하는 상황이 바로 자연의 큰 허물이라는 뜻이다.

이밖에도 탄허스님(1913-1983)은 북빙하의 빙산이 완전히 녹아 대양의 물이 불어서 하루에 440리의 속도로 흘러내려 일본과 아시아 국가들을 휩쓸고, 해안 지방이 수면에 잠긴다고 예언한 바 있다. "역학의 二天七地에 의하면 지축 속의 불기운[火氣]이 지구의 북극으로 들어가서 북극에 있는 빙산을 녹이고 있다. 또 어떤 사람들은 지구의 기온이 점차로 하강하고 있으므로 새로운 빙하시대가 올 것이라도 한다. 정역 이론에 따르면 한국은 지구의 중심 부분에 있고, 艮兌가 축으로서 계룡산이 지구의 축이라고도 한다. 복희팔괘는 天道를 밝혔고, 문왕팔괘는 人道를 밝혔으며, 정역팔괘는 地道를 밝힌 셈이다. 이 정역팔괘는 후천팔괘로서 미래역이다. 그것은 지구의 멸망이 아니라, 지구는 새로운 성숙기를 맞이하게 되며, 이는 곧 사춘기의 처녀가 初潮를 맞이하는 것과 같다. 북빙하가 녹고 23도 7분 가량 기울어진 지축이 바로 서고 땅속의 불에 의한 북극의 얼음물이 녹는 심판이 있게 되는 현상은 지구가 마치 초조 이후의 처녀처럼 성숙해 간다는 것을 의미한다."(탄허, 『부처님이 계시다면』, 교림, 1997, 128-133쪽 참조.)

지축 정립에 의해 새롭게 출현하는 문명의 새벽을 여는 한국이 세계의 종주국이고, 일본 침몰과 같은 논의는 이미 김일부가 생전에 국사봉에서 제자들에게 가르쳤던 담론이었다는 증언이 있다. 오직 김일부만이 거시적 안목에서 '2천7지'와 연관된 세계 질서의 재편성을 언급할 수 있다는 뜻이다. 이것을 탄허가 최초로 출판함으로써 일반인들에게 널리 알려졌을 뿐이다.

과학자들은 지금의 현실은 기후 변화를 넘어선 기후 위기의 시대라고 말한다. 기후 위기는 인류의 생존 문제와 직결되어 있다. 뜨거워지는 지구! 매년 겪는 실종된 겨울 추위, 여름 내내 이어지는 폭염 등은 기상 이변을 실감나게 한다. 온실 가스로 인해 온난화가 나타났다는 이론은 이미 과거의 추억이 되었다. 기상 이변의 징후는 지구촌 곳곳에 심각한 후유증을 낳고 있다. 무분별한 지하 자원의 발굴과 소비는 환경 오염을 불러일으켜 온난화 현상을 초래했고, 더 나아가 기상 이변은 무서운 감염병 유행을 촉발시키고 있다.

게다가 얼음 속에 잠들어 있던 세균과 바이러스를 깨워 전 인류를 공포에 떨게 하는 팬데믹은 어디서 온 것일까? 감염병 학자들은 코로나 19를 일으킨 원인을 박쥐에서 찾기도 한다. 인간에 의해 파괴된 생태계에서 먹이가 부족한 박쥐가 인간과 직접 접촉하는 가운데 바이러스 병이 발생했다는 보고가 있다. 일부 학자는 얼음 속에 묻혀 있던 수 만년 전의 바이러스가 지구 온난화 현상으로 인해 되살아났다고 주장하여 과거의 망령이 코로나 19의 원인이라고 진단하기도 한다.

지금의 인류는 기상 이변을 실감하고 있다. 전례 없는 홍수와 극심한 폭염으로 인한 가뭄과 물 폭탄 등은 '죽음의 악순환(death cycle)'의 공식을 만들어내고 있다. 이러한 기후 위기는 전염병 대유행에 비견된다. 정치가들은 기후 변화가 대량 살상 무기를 능가할 것이라고 경고한 바 있다. 지구가 정말 이상하다. 전 세계에 동시다발로 나타나는 기상 이변의 실체는 무엇인가?

인류가 직면한 최대 위기는 핵무기가 아니라 기상 이변이다. 기후 변화가 날마다 일어나는 일상적인 변화라면, 『정역』에서 얘기하는 기상 이변은 시간의 섭리와 함께 오는 것이므로 인류는 속수무책일 수밖에 없다. 그것은 환경 보호 운동으로 극복될 수 있는 성질의 것이 아니다. 조화옹의 손길로 다가오는 기상 이변은 선천이 후천으로 바뀌는 길목에서 나타나는 지독한 몸살일 수밖에 없는 것이다.

기상 이변은 외부에서 오는 것인가? 아니면 내부 조건에 의해서 유발되는가? 김일부는 천지의 자율 조정력인 율려도수를 추론한 것조차도 조화옹의 가르침이었다고 고백한 것처럼, 내부 요인과 더불어 지구에 엄청난 '충격'을 가져오는 대격변은 외부 요인이 분명하다. 결국 후천은 이 양자가 결부되어 일어나는 것이라고 할 수 있다.

"밀물은 남쪽 하늘에 모이고, 썰물은 북쪽 땅에서 빠진다."는 문맥에서 밀물과 썰물, 남과 북, 천과 지가 대귀를 이루고 있음을 발견할 수 있다. 그것은 지구의 남과 북이 뒤바뀌는 현상, 즉 선천의 천지비天地否(䷋)가 후천의 지천태地天泰(䷊)로 바뀌는 원리와 함께 지구 시스템의 전면적 교체가 바로 후천개벽의 내용이라는 것을 시사하고 있다.

북극에서 물이 빠지는 것이 자연 시스템의 붕괴를 알리는 신호탄이라면, 남극에 물이 몰리는 현상은 신천지 출현의 징조일 것이다. 태양의 겉 온도는 6,000도이고, 속 온도는 측정 불가능할 정도로 뜨겁다. 지구의 속 맨틀의 온도 역시 6,000도에 가깝다는 연구 결과가 있다. '2천7지'의 추동력은 지구의 자전 속도에서 비롯되며, 자전 또한 지구속 열에 기인하여 돈다고 추측할 수 있다. 따라서 지구와 태양이 갖고 있는 열에너지가 곧 조석 변화를 일으키는 원동력이라 할 수 있다.

옛 사람의 말에 바닷가의 밀물과 썰물은 땅의 기침[喘息]이란 말이 있듯이,[252] 북극에서 물이 빠져 남극으로 물이 몰리는 이유는 무엇인가? 밀물과 썰물의 충격이 곧 후천이 오는 징조이기 때문이다. 남극은 밀물로 넘쳐나고, 북극은 썰물로 인해 육지가 드러난다는 것이다. 비록 이 대목에 나타나지 않았으나, 밀물과 썰물의 충격은 지구 자체의 변동과 동시에 일월의 궤도 수정이 이루어지는 시기와 맞물려 후천이 도래한다는 예고편이다.

水汐北地兮여 **早暮難辦**이로다
수석북지혜 조모난판

물이 북쪽 땅에서 빠짐이여! 이르고 늦음을 가늠하기 어렵구나.

이 글귀는 예언서를 읽는 분위기를 자아낸다. 지금의 해수면 상승은 매년 20㎝에 불과하지만, 앞으로는 2m 정도 높아질 것이라는 끔찍한 조사 결과가 있다. 남북극 빙하가 모두 녹으면 해수면이 약 60m 높아진다는 주장도 있다. 심지어 2030년 이후에는 반드시 기후 위기가 닥쳐가이아 여신도 어쩔 수 없을 것이라는 경고도 있다. 종교인들은 기후 위기의 원인을 인간에 대한 신의 심판이 자연 재앙으로 나타났다는 해석을 내놓는다.

김일부는 북극에서 물이 빠지는 대규모 사태가 일어나는 시간은 오래 걸리지 않는다고 했다. 혹자는 『주역』의 글귀를 유추하여 대자연의 급격한 변동을 윤리 문제로 희석시키기도 한다. "선을 쌓은 집안은 반드시 생각하지 않은 여분의 경사가 있고, 불선을 쌓은 집안은 반드시 생각하지 않은 재앙이 있다. 신하가 군주를 죽이고 자식이 아비를 죽이는 것은 하루아침과 저녁의 연고가 아니요, 그 유래한 바가 점진한 것이니 분변

252) 『皇極經世書』「觀物外篇」, "海潮者, 地之喘息."

할 것을 일찍 분변하지 못함에서 비롯된 것이다."[253] 이것은 국가와 가정 윤리의 타락에서 비롯된 죄악은 하루아침에 만들어지지 않는다는 업보를 말한 것이지, 지구의 변화와는 전혀 무관하다는 것이다.

썰물이 북극에서 빠지는 것[水汐]은 북방 '임계수'의 '1·6수' 운동을, 밀물이 들어오는 것[水潮]은 남방 '병정화'의 '2·7화' 운동을 가리킨다. 밀물과 썰물은 '1·6 임계수'와 '2·7 병정화'의 충격과 진퇴 운동에서 비롯된 대격변을 의미한다. 김일부는 밀물보다는 썰물을 더 중시여겼다. 오늘날 북극의 얼음 녹는 속도가 너무도 빨리 진행되고 있기 때문이다.

지구가 정말로 이상하다. 머지않아 얼음 없는 북극이 노출될 것이고, 심지어 북극 주위는 소금기가 거의 없는 바다로 변질할 것이라는 보고서가 발표되었다. 지구에 엄청난 변동을 일으키는 추진력은 북극 '천일天一 임수壬水'의 썰물이 거대한 충격을 일으켜 지구의 자전과 공전에 영향을 끼치는 것이라고 할 수도 있다.

『정역』에서 얘기하는 조석의 변화는 육지와 바다의 변화로 나타난다. 그것은 계절이 바뀌듯 점진적으로 이루어지는 것이 아니다. 그렇다고 어떤 특정 시점이라고 못박을 수는 없으나, '어느 순간 한꺼번에 일어난다'는 뜻이다. 말 그대로 눈 깜짝할 사이에 벌어지는 사태인 까닭에 '일찍인지 늦을지는 알 수 없다'고 표현한 것이다. 비록 대격변이 이루어지기까지 오랜 세월이 걸렸지만, 지축의 변동은 자연 시계로는 잴 수 없을 정도로 너무 빠른 시간에 이루어지므로 '조모난판早暮難辦'이라고 한 것이다. '인간은 항상 깨어 있어야 한다'는 교훈이다. 자연의 혁명은 삶의 터전과 함께 문명의 전환을 동반한다는 점에서 인류는 심각하게 받아들여야 할 것이다.

---

253) 『周易』 坤卦 「文言傳」 2절, "積善之家, 必有餘慶, 積不善之家, 必有餘殃, 臣弑其君子弑其父非一朝一夕之故, 其所由來者漸矣, 由辨之不早辨也."

水火旣濟兮여 **火水未濟**로다
수 화 기 제 혜　화 수 미 제

수화가 이미 건넘이여! 화수미제로 바뀜이로다.

이 대목의 핵심은 선천의 '수화'가 후천 '화수'로 전환하는 것에 있다. 선천이 '1수2화'로 시작하는 낙서의 세계라면, 후천은 '2화1수'로 마무리 짓는 하도의 세계를 가리키기 때문이다. '1수2화'에서 '2화1수'로의 극적인 전환은 천지비天地否(☰☷)에서 지천태地天泰(☷☰)의 결과를 가져오며, 상극이 상생으로, 윤력에서 정력으로의 전환을 뜻한다. '물이 북쪽에서 빠진다'는 지구의 대격변은 마주잡이로 이루어지는 것이 아니라, 『주역』 64괘가 일정한 질서로 배열된 것처럼, 선후천의 교체는 수학 공식에 의해 이루어진다는 뜻이다.

낙서 [逆生]	1수 →	2화 →	3목 →	4금 →	5토 →	6수 →	7화 →	8목 →	9금 →	10토 →
1수 ←	2화 ←	3목 ←	4금 ←	5토 ←	6수 ←	7화 ←	8목 ←	9금 ←	10토 ←	하도 [倒生]

'수화'는 낙서의 '역생'도성을, '화수'는 하도의 도생'역성'의 이치를 의미한다. '수화기제'가 선천의 논리라면, '화수미제'는 후천의 논리이다. 여기에는 수화기제가 화수미제로 바뀐다는 것이 전제되어 있다. 『주역』 63번 수화기제괘는 '6+3=9'를, 64번 화수미제괘는 '6+4=10'을 상징한다. 9는 낙서의 세계상을, 10은 하도의 세계상을 반영하는 점에서 볼 때, 기제괘에서 미제괘로의 이동은 선천이 후천으로 바뀌는 비약의 논리라 하겠다.

大道從天兮여 **天不言**가
대 도 종 천 혜　천 불 언

大德從地兮여 **地從言**이로다
대덕종지혜　지종언

대도가 하늘을 좇음이여! 하늘이 말씀을 않겠는가.

대덕이 땅을 좇음이여! 땅은 말씀을 좇는도다.

대도는 하늘의 위대한 진리를, 대덕은 땅의 위대한 덕성을 뜻한다. 여기서 천도天道와 지덕地德이란 말이 생겨났다. 이 대목은 하늘과 땅을 대비시켜 그 역할 분담과 함께 주연은 조연으로 바뀌고, 조연은 주연으로 바뀐다는 것을 읊었다. '말씀'은 단순히 언어(language, word)가 아니라, 하늘의 말씀(logos)이라는 뜻이다.

대도의 근원은 무엇인가? 하늘과 땅은 불변의 존재가 아니라, 서로의 위상을 바꾸는 것이 곧 대도의 진실이라는 것이다. 율려도수의 발동에 의해 금화교역이 일어나는 원리를 설명한 「십일일언」"십일귀체시十一歸體詩"에 "땅의 10이 하늘로 되므로 하늘의 5는 땅이 된다.[地十爲天, 天五地.]"는 말이 나온다. 5행에서 선천의 6이 후천에는 10이 되는 까닭에 1은 자연스럽게 5로 내려간다는 뜻이다.

수지도수에서 왼손 엄지손가락을 굽히기 시작하면 갑 1, 을 2, 병 3, 정 4, 무 5는 선천이다. 다시 손가락을 펴기 시작하면 기 6, 경 7, 신 8, 임 9, 계 10이 된다. 선천이 후천으로 바뀌는 이치는 새끼손가락 '기 6'이 엄지손가락으로 옮겨 '기 10'으로 새롭게 시작하는 사건이다. 그러니까 기 6이 기 10으로 옮기는 사태를 거쳐야 '기위친정己位親政' 시대가 열리는 후천이다.

선천이 1에서 시작하고 5토가 주재하는 세상이라면, 후천은 10토 기위가 주재하는 10무극의 세상을 가리킨다. 이것이 곧 하늘의 질서에 새겨진 대도의 실상이다. 김일부는 반어법을 사용하여 하늘은 반드시 약속을 지킨다고 강조했으며, 또한 "금화일송"에서는 "덕이 천황에 닿음은 이름 짓지 못한다.[德符天皇, 不能名.]"고 말하여 땅의 위대한 덕성이 10무극 자리로 옮기는 이치는 설명하기가 너무도 어려워 이름 붙이기조차 힘들다고 토로했던 것이다.

"대덕이 땅을 좇음이여! 땅은 말씀을 좇는도다"는 말은 불교의 공안과 비슷하다. 김일부는 『주역』에서 힌트를 얻은 한편에 『주역』의 논리를 뒤집어엎을 수 있는 근거를 확보한 것으로 추정된다. 『주역』 건괘 「상전」은 "9라는 수로 작용함은 하늘의 덕을 머리(으뜸)로 삼아서는 안 된다는 것이다.[用九, 天德, 不可爲首也.]" 양의 이치는 9로, 음의 이치는 6으로 설명하는 것이 『주역』의 용례였다.

그럼에도 하늘의 덕성을 뜻하는 9가 으뜸이 될 수 없다는 말은 무슨 이유일까? 9수는 낙서의 세계상을, 10수는 하도의 세계상을 해명하는 체계라는 점에서 보면, 아마도 건괘의 으뜸은 10수를 작용으로 삼아야 한다는 뜻일 것이다. 『주역』이 선천 10수를 숨겨진(감추어진) 본체로 삼았던 것을 『정역』은 10수를 작용으로 삼아야 한다는 필연성과 당위성을 얘기한 것이라 할 수 있다.

땅의 위대한 덕성은 10수 기위己位가 으뜸되는 것으로부터 시작한다. 선천 '무토戊土 5'가 '10토 기위'로 변신하는 사태가 바로 천심天心이 바로 지심地心 즉 황심皇心으로 바뀌기 때문이다. 과거에는 천도를 불변의 존재, 만물의 근원, 생명과 시공의 원천으로 인식했다. 하지만 김일부는 천지가 선천과 후천이라는 두 얼굴로 구성되는데, 후천은 천도 대신에 지도로 옷을 갈아입는다고 강조했다. 그렇다고 천도가 경시된다는 뜻은 아니다.

천정天政이 지정地政으로 바뀌는 것이 곧 진정한 하늘의 말씀[地從言]이다. 땅의 위대한 덕성은 하늘의 공능을 완수하면서 반드시 자연 현상으로 드러난다.[254] 하늘 중심에서 땅 중심으로 전환되는 것은 하늘이 보증

254) 『正易註義』, "大德從地而成功兮, 地必言." 결국 천간과 지지의 구조에 변화가 일어나기 때문에 '위대하다[大]'는 글자를 붙였던 것이다.

한 약속이라는 뜻이다.

天一壬水兮여 **萬折必東**이로다
천일임수혜　만절필동
地一子水兮여 **萬折于歸**로다
지일자수혜　만절우귀

천일 임수여! 만 번 꺽여도 반드시 동쪽으로 흐르도다.

지일 자수여! 만 번 꺽여도 임수를 따라 돌아가도다.

이 대목 역시 천과 지, 임과 자가 대귀로 이루어져 있다. 천1은 하늘의 생수, 지1은 땅의 생수이다. 하늘과 땅은 같은 길을 가는 영원한 동반자다. 천1의 생수는 만물을 생장시키고, 지1은 천1과 짝을 이루어 하늘의 뜻을 따른다는 뜻이다. 다만 누가 앞서고 뒤따르냐만 다를 뿐이다. 하늘이 생명을 낳고 땅은 생명을 일궈내는 행위가 곧 천지의 프로그램이라는 것이다.

'천1 임수'는 생명의 원천이다. 북쪽 하늘에서 물이 빠져 남쪽 하늘로 모이는 이유는 새로운 생명을 싹틔우기 위한 하늘의 뜻이다. 하늘의 뜻을 펼치기 위한 새로운 공간은 어디인가? 『주역』「설괘전」 5장에 "간은 동북방의 괘다. 만물이 마침을 이루고 새로운 시작을 이루기 때문에 '간에서 말씀을 이룬다'고 말한 것이다.[艮, 東北之卦也, 萬物之所成終而所成始也, 故曰成言乎艮.]"라고 했다.

'만절필동'에 얽힌 이야기

만절필동은 『荀子』 권20 「宥坐」 28에 나오는 말에서 유래되었다. "만 번 꺾여도 반드시 동쪽으로 가는 것은 의지가 굳은 것과 같다. 이런 까닭에 군자는 큰 물을 볼 때는 반드시 관찰하듯이 보아야 할 것이다.[其萬折也必東, 似志. 是故, 君子見大水, 必觀焉.]"

주지하다시피 황하의 물결은 만 번 굽이쳐도 결국은 동쪽으로 흘러 황해 바다로 빠진다. 임진왜란 때, 명나라가 조선에 원병을 보내 왜군과 싸웠던 역사가 있다. 경기도 가평군에 있는 朝宗巖에는 再造藩邦(명나라가 군대를 동원하여 조선을 구원해 준 은혜를 말한다)의 의미로 선조가 쓴 '만절필동'이 바위에 남아 있으며, 충북 괴산군 청천면 華陽洞 계곡 바위에는 尤庵 宋時烈의 필적이 새겨져 있다.

숙종 43년(1717)에는 명나라 神宗(萬曆帝)과 毅宗(崇禎帝)을 제사지내기 위해 송시열의 遺命에 따라 萬東廟가 세워졌다. 혹자는 명나라에 대한 의리, 또는 崇明排淸 의식으로 만력제를 기린다는 의미에서 '만절필동'이 유래되었다고 주장하는 사람도 있다.

원래 중국의 지형은 서쪽이 높고 동쪽이 낮은 까닭에 물은 반드시 동쪽으로 흐를 수밖에 없다. 그래서 만절필동은 자연의 이치에 의거하여 모든 일이 순리에 따라 풀린다는 뜻으로 사용되었다. 한편 무너져가는 명나라의 학문 권력이 동쪽 조선으로 넘어와 꽃핀다는 뜻도 있다.

'만절필동'은 비록 고사성어에서 비롯되었으나, 정역팔괘도의 동방 간괘를 지적한 말이다. '북쪽에서 물이 빠진다[水汐北地]'는 것은 밀물과 썰물의 격동에 의해 동방에서 새로운 생명이 다시 싹트기 위한 몸짓이다. 이것은 문왕팔괘도의 동방 진괘震卦가 정역팔괘도의 동방 간괘로 바뀌는 형상을 반영하고 있다. 문왕팔괘도의 동북방에 있던 간괘가 정역팔괘도의 동방으로 옮긴 것이다. 선천의 동방에 있던 진괘가 후천에는 서북방으로 물러나 간괘에게 동방 자리를 넘겨주는 사건[震變爲艮]은 시공 질서의 전환을 의미한다.

5행으로 북방의 물을 뜻하는 '천1 임수'를 이어받는 것은 '지1 자수'다. 만물은 1에서 태어나기 때문에 천간 '임수 1'을 지지 '자수 1'이 계승

동행한다는 것이다. 신부가 처음으로 시댁에 들어가는 것을 '우귀于歸'라 한다. 천지가 수없이 우여곡절을 겪으면서 변화하더라도 마침내 원래의 자리로 돌아가 새롭게 태어난다는 뜻이다. 땅의 진화가 수 만 번 굴절해도 하늘의 의지와 합쳐져야 하기 때문이다.

임수가 물러나면 정화丁火가 들어온다.[255] 동해가 비록 왼쪽에 있으나, 만 번 꺾여도 반드시 아침이 오듯이, 자수가 물러나면 축토丑土가 일어나 귀신의 문으로 돌아간다는 주장이 있다.[256] 선천의 '자오묘유子午卯酉'는 지축이 기울어진 상태를 상징한다면, 후천은 '축미진술丑未辰戌'의 방위가 동서남북으로 자리 잡는 것을 뜻한다. 여기서 말하는 지지의 '축'은 10토를 함축하기 때문에 후천에는 천간지지의 틀이 바뀔 것을 시사한다.

천간지지의 변화는 시공 질서의 전환을 동반한다. 시공의 혁신은 자연의 혁명과 함께 문명의 전환을 수반한다. 그래서 간괘가 정역팔괘도의 동방을 차지하는 것이다. 간방은 지구촌에 새로운 문명이 탄생하는 배꼽이다. 『정역』은 한반도가 후천의 종주국이 된다는 것을 '만절필동'이라는 용어에 담아냈던 것이다. 그것은 명나라를 섬겼던 사대주의를 넘어서 명나라의 문화 대권이 조선으로 넘어오는 거대한 물결을 시사하는 발언이라 하겠다.[257]

歲甲申 流火六月七日에 **大聖七元君**은 **書**하노라
세갑신 유화유월칠일 대성칠원군 서

갑신년 유화 6월 7일에 대성칠원군은 쓰노라.

---

255) 하도에서 북방 壬水의 역할을 남방 丁火가 계승하는 것을 가리킨다.

256) 『正易註義』, "壬水退而丁火入兮, 東海雖左, 萬折必朝. 子水退而丑土起兮, 萬折歸于鬼門."

257) 이런 의미에서 『정역』도 東學의 범주에 속한다. 한민족의 자주성을 萬折必東의 동녘 '東'에 담아냈던 것이다. 그렇다고 최제우의 東學에 포섭된다는 뜻은 아니다.

김일부는 율려도수에 대한 글을 매듭지으면서 자신의 신분을 '대성칠원군'이라고 호칭했다. 자신은 1884년 음력 6월 7일에 북두칠성의 정기를 받고 율려의 움직임을 헤아리라는 사명을 짊어졌다는 뜻이다. '유화流火'는 28수 중에서 한민족이 좋아했던 심수心宿를 불로 비유한 것에서 비롯된 말이다. 유화는 원래 7월을 가리키는데, 7월에 이르면 여름의 불기운도 점차 사그라져 심수가 남쪽에서 서쪽으로 기울어지는 형상을 지적한 것이다.

『조선왕조실록朝鮮王朝實錄』"고종실록高宗實錄"을 보면 고종 21년(1884)에는 윤달이 5월[閏五月]이라고 나온다. 그런데 1909년에 발간된 필사본筆寫本[258]과 1912년의 하상역河相易(1859-1916) 본에는 '대성칠원군'이 없고, 오직 1923년 돈암서원遯巖書院에서 출간한 『정역』에만 나온다. 과연 김일부가 자신을 '대성칠원군'의 현신現身으로 불렀을까라는 의문이 생긴다. 만약 '대성칠원군'을 자신의 존칭으로 사용했다면, 스스로의 인격을 깍아 내리는 어리석은 일이 분명할 것이다. 아마도 북두칠성의 영험에 감화받은 사실을 '대성칠원군'이란 단어에 투영시킨 것으로 추정된다.

혹시 생명의 근원을 북두칠성에서 찾는 별자리 신앙에 기초한 것은 아닐까? 유학자들이 기피하고 감추고자 했던 도교와 무속의 영향을 솔직하게 드러낸 것인가라는 물음이 제기될 수도 있다. 그것은 어쩌면 무병장수와 길흉을 주관하는 북두칠성에 소원을 빌었던 한민족 고유의 정신이 배어 있음을 『정역』이 답습한 증거라고 할 수 있다.

대성칠원군의 원래 명칭은 『북두칠성연명경北斗七星延命經』에 나오는 대성북두칠원군大聖北斗七元君이다. 대성칠원군은 대성북두칠원군의 약칭이다. 칠원성군七元聖君[259]은 인간의 길흉화복을 맡은 북두칠성을 가리킨

258) 己酉年(1909: 隆熙 3년)에 金貞鉉이 서문을 쓰고, 이듬해 庚戌年(1910)에 金黃鉉의 이름으로 베낀 필사본의 명칭은 『正易大經』이다.
259) 七元星君은 北斗七星의 일곱별을 존칭으로 불러 星君이라 한다. 곧 貪狼·巨門·祿存·文曲·

다. 하필 북두칠성과 원군일까? 북두칠성은 대자연의 큰 시계[260]로서 인간의 수명과 길흉을 맡은 생명의 원천이다.

대성칠원군에서 '대성'은 유교의 위대한 성인처럼 북두칠성은 인간이 귀향해야 할 모체이며, '칠원군'은 일곱 개의 별로 구성된 북두칠성을 여성성으로 신격화한 존재로서 유교와 도교의 결합체로 나타났다. 김일부는 유교, 불교, 도교의 구분이 필요 없는 절대 경지를 '대성칠원군'으로 표현한 것으로 보인다.

별자리와 연관된 도교의 신선들

도교 신화에 帝君, 道君, 眞君, 星君, 元君이 등장한다. 실제로 도교에는 남성신 뿐만 아니라 다양한 여성 신선이 있는데, 西王母처럼 지위가 높은 여성신을 원군이라 부른다. 성군은 28수 별자리를 숭배하는 신앙에서 비롯된 호칭이다. 진군은 천상의 중간에 존재하는 신선의 별칭으로서 지위는 그다지 높지도 낮지도 않은 신분을 갖는다. '제군' 중에서 가장 유명한 것은 文昌帝君, 關聖帝君, 東華帝君 등이 있다. 3계를 관장하는 玉帝를 신선 중의 으뜸이므로 제군이라 부른다.

김일부는 북두칠성의 명령으로 자신이 지은 "일세주천율려도수"의 비밀을 인류에게 알려줄 막중한 책임을 짊어졌다는 자긍심을 가졌다. 복희와 문왕, 공자를 계승했다는 유학자의 자존심 대신에, 왜 북두칠성 기

廉貞·武曲·破軍이 바로 그것이다. 김일부는 불교 또는 민간에서 유행한 별자리 신앙의 영향을 받았다고 할 수 있다. 충청남도 논산군 觀燭寺 七星閣에 七元星君을 모신 위패가 있다. 그것은 김일부 생존 때부터 존재했던 것으로 추정된다. 미륵부처 앞에서 보면 멀리 김일부가 말년에 거처하다 운명했던 崔宗烈 가택이 있다.

260) 이은성, 앞의 책, 88쪽 참조. "모든 별은 일주 운동에 의해 하루에 한 번씩 천구 자오선을 지나므로 항성은 마치 하늘의 시계 구실을 한다. 특히 북두칠성은 대자연의 큰 시계이다."

운의 영감을 받았다고 말했을까? 혹시 김일부는 영성에 밝은 인물은 아닐까? 단지 학술과 영감을 통합하려는 의도에서 '대성칠원군'을 끌어들였을까? 천문학에 뛰어났던 유학자일지라도 도교의 신선설을 받아들인 사실은 대담한 용기가 아닐 수 없다.

『정역』에서 일원적 다신관의 흔적을 발견할 수 있다. 대성칠원군이 다신이라면, 원元은 자연신을 비롯한 수많은 신들을 하나로 통합한 절대자로 볼 수 있기 때문이다. 김일부는 화무옹, 화화옹, 화무상제라는 인격적 하느님과 비인격의 보편자를 하나로 묶어 '원'을 지고무상의 존재로 격상시켰다. 그는 종교와 철학을 하나로 융합시키기 위한 구심점을 '하늘에서 가장 으뜸가는 분'이라는 뜻의 '원'으로 표현했던 것이다.

대성칠원군을 북두칠성의 성령 대신에 7이라는 숫자에 맞추어 풀이하는 경우도 있다. 역易을 창시한 복희伏羲와 우禹·기자箕子·문왕文王·주공周公·공자孔子와 후천역을 지은 일부一夫를 모두 합하면 대성칠원군이 되므로 앞 성인의 도통을 이어받은 '일부'라는 뜻으로 읽는 것이 옳다는 주장도 있다.[261)]

嗚呼라 **天地无言**이시면 **一夫何言**이리오
오 호　천 지 무 언　　일 부 하 언
天地有言하시니 **一夫敢言**하노라
천 지 유 언　　일 부 감 언

아아! 천지가 말씀이 없으시면 일부가 어찌 말하리요.

천지의 말씀이 계시니 일부는 감히 말하노라.

이 글은 합리적 사유를 통한 논리의 귀결이라기보다는 체험과 깨달음 또는 계시를 통한 영감의 말투가 강하다. 앞에서는 북두칠성의 성령을

261) 김주성, 앞의 책, 185쪽 참조.

받은 것을 얘기했다면, 여기서는 천상의 계시 내용을 말하지 않을 수 없는 신념을 밝히고 있다. 일종의 별자리 신앙에서 영감을 받은 내용을 학술로 접목시키려는 의도를 엿볼 수 있다.

천지는 말이 없다. 그렇다고 천지는 침묵하지 않는다. 천지는 오직 자연 현상으로 말할 뿐이다. 김일부는 자연에 깃든 천지의 마음을 읽고 입을 열 수밖에 없었다고 했다. 이 대목의 주제는 '말씀'이다. 천지의 말씀은 자연 현상으로 계시되고, 내면의 깨달음으로 완수된다. 인간은 천지의 말씀을 통해 성숙되고 천지와 동화된다. 천지의 말씀이 곧 자아 완성의 핵심이자 동력원인 셈이다.

『정역』의 '말씀'은 인식의 대상을 넘어선 계시인 동시에 천명이다. 그것은 불교처럼 마음을 통해 부처가 되는 것에 목표를 두지 않았다. 김일부는 줄곧 천지는 무엇인지, 과연 말씀의 실제 내용은 어떻게 구성되었는지에 관심을 기울였다. 그는 천지의 말씀을 언급하는 것에 대해 전혀 망설임이 없었다. 천지의 마음을 마지못해 말하는 것이 아니라, 거듭된 검증을 통한 믿음의 경계에서 확신을 갖고 말할 수 있었다는 것이다.

그것은 천지와 나눈 무언의 대화록을 공개하는 것과 다르지 않다. 김일부는 진리에 대해 말할 수 없는 충동을 느끼고 천지의 말씀을 구술하였다. 아인슈타인도 '신의 마음을 읽어라(Read the mind of God)!고 말하여 우주와의 공명심共鳴心을 권장한 바 있다. "나는 고요히 쉬고 싶고, 신이 세계를 어떻게 창조했는지 알고 싶다. 그밖에는 아무 것도 원하지 않는다. 나는 신의 생각이 궁금하다."[262)]

이 글은 환상적인 신앙 체험을 서술하는 고백 형식이 아니라, 천명과 시간의 섭리를 통해 드러나는 선후천과 금화교역이 옳다는 것을 하늘의 '말씀'으로 밝히는 증언 형식을 취했다. 아우구스티누스의 『고백록』

---

262) 에른스크 페터 피셔 지음/전대호 옮김, 『아인슈타인은 이렇게 말했다』(해나무, 2019), 80-81쪽 참조.

의 라틴어 제목 'confessiones'를 영어로 번역할 때, 'confession'으로 한 것은 단순히 음역音譯 표기로 잘못된 것이라는 지적이 있다. 라틴어 'confessiones'에는 '고백' 이외에도 '증언(testinomy)'라는 의미도 있다. 아우구스티누스가 자신의 책 제목을 'confessiones'라고 붙였을 때는 후자를 염두에 두었다는 견해가 있다. 그래서 미국의 윌스(Garry Wills: 1934-현재)는 아우구스티누스의 책 제목을 '고백록'이라 하지 않고 '증언'이라고 번역했다.[263)]

선후천 전환과 금화교역에 대한 천지의 말씀은 우주사와 문명사와 시간사가 어떤 우연이나 운명에 지배당하는 것이 아니라, 오직 조화옹의 손길과 천지의 조직 질서와 구도에 의해 운행되고 인도된다는 점을 밝힌 것이다. 김일부는 선후천 전환이 일어나는 지금의 자연이 곧 천지의 말씀을 발견할 수 있는 장소라고 이해하고 있음이 분명하다. 그는 '천지의 말씀'에 기초하여 새 시대에 부응하는 미래의 형이상학을 구상했던 것이다.

김일부가 알고 싶은 것은 천지는 왜 선천과 후천으로 구성되고, 언제 어떻게 선천이 후천으로 바뀌는가를 계시한 천지의 말씀에 있다. 그는 천지의 말씀을 계시의 방법에만 의존하지 않고, 철학적 사유로도 충분히 접근할 수 있는 실마리를 열었다. 계시와 이성의 결합을 통해 천지의 말씀을 이해한 것이다. 그것은 천지의 구조를 규칙적이며, 수학적 방법으로 이해할 수 있는 근거로서 28수 별자리와 천문학에 대한 깊은 조예에서 비롯되었다고 하겠다.

天地言一夫言하시니 **一夫言天地言**하노라
천 지 언 일 부 언　　　일 부 언 천 지 언

천지가 일부에게 말하라고 말씀하시니, 일부는 천지의 말씀을 말하노라.

---

263) 김용규, 『서양문명을 읽는 코드, 신』(휴머니스트, 2010), 267-258쪽 참조.

나 김일부의 말이 곧 천지의 말씀이고, 천지의 말씀을 내가 대신한다는 뜻이다. 그것은 홀로 터득한 독백 수준에 머물러서는 안 되며, 하늘이 보여주는 진리는 인류의 구원을 위해 반드시 선언해야 옳다는 판단에서 나온 말이다. 여기서 김일부는 자신이 천지의 나팔수, 입, 앵커 역할을 소화하고 있으며, 하늘의 말씀을 전달하는 소임을 무한한 영광으로 인식하였다.

이것은 천지와 소통을 거친 증언자의 자격으로 '천지의 말씀이 곧 나의 말'이며, '나의 말은 곧 천지의 말씀'이라고 선언한 것이다. 말씀은 배워서 아는 앎이 아니고, 명상을 통한 영혼의 치유 또는 내면의 순례 여행으로 터득되는 것도 아니다. 하늘은 특정인을 선택하고, 그 특정인은 하늘과의 소통을 위해 부단한 노력을 거쳐 천명 체험을 통해 터득되는 진리를 뜻한다. 천지는 율려도수를 밝히라고 말하며, 일부는 천지의 비밀을 율려도수로 자신있게 말할 수 있다는 뜻이다. 이것이 곧 율려도수에 근거한 금화교역, 후천 책력을 밝힌 성인의 위상에 부합하는 조건들이다.

공자와 제자들의 대화를 수록한 『논어』 끝에 '말씀[言]'이 나온다. "천명을 알지 못하면 군자가 될 수 없고, 예를 알지 못하면 스스로 설 수 없으며, 하늘의 말을 알지 못하면 사람을 알지 못하는 것이다."[264] 맹자 역시 호연지기浩然之氣를 말하면서 도의道義를 아는 것이 곧 하늘의 뜻을 아는 것이라는 의미의 '지언知言'을 얘기했다.[265]

나 일부가 전하는 천지의 말씀은 주관적 억측 또는 천기누설이 아니라, 일종의 계시 언어라고 할 수 있다. 「계사전」은 "역은 천지와 똑같다. … 천지와 더불어 서로 같다."[266]라고 역의 위상을 칭송했듯이, 김일부

264) 『論語』「堯曰」, "子曰 不知命, 無以爲君子也. 不知禮, 無以立也. 不知言, 無以知人也."
265) 『孟子』「公孫丑」 上, "何謂知言? … 聖人復起, 必從吾言矣."
266) 『周易』「繫辭傳」 上 4장, "易, 與天地準. … 與天地相似." 여기서의 주어는 비인격적 존재인 易이다.

는 자신의 말을 하늘의 권위와 동일 차원으로 격상시켰다. 도덕으로 무장한 마음으로 천명을 경외하는 태도보다는 조화옹의 말씀을 대변하는 종교 철학자 같은 경건한 면모가 드러나 있다.

大哉라 **金火門**이여
대재 금화문
天地出入하고 **一夫出入**하니 **三才門**이로다
천지출입 일부출입 삼재문

위대하도다. 금화문이여!

천지가 출입하고 일부가 출입하니 삼재문이로다.

이 글은 금화문과 삼재문에 대한 김일부의 체험담이다. 율려도수가 작동하는 후천의 문턱에서 열리는 금화문의 권능이 위대하다고 칭송하고 있다. 율려도수가 원리 차원이라면, 금화교역은 물리 세계를 뒤바꾸는 거대한 힘이다. 금화문은 금화교역이 이루어지는 생명문이요 개벽문이요 해탈문이다. 또한 금화문은 선천이 후천으로 바뀌는 시간의 문이요, 인류가 상극 세상의 굴레를 벗어나 상생의 세상으로 살아가는 구원의 문이다.

금화문은 생명을 새롭게 태어나게 하는 선후천 전환의 관문이다. 『정역』에는 천지인 모두가 출입한다는 금화문 이외에도 선천의 삼원문三元門과 다른 후천의 오원문五元門과 10수 무극대도의 십무문十无門이라는 의미의 후천문도 있다. 금화가 서로 자리를 바꾸어야 낙서가 하도로 바뀌고, 문왕팔괘도가 정역팔괘도로 바뀌며, 시공 질서마저 바뀔 수 있는 것이다. 그래서 김일부는 『정역』「십오일언」의 마지막을 천지인이 금화문을 통과하여 새롭게 태어나는 모습을 형상화시킨 "금화정역도金火正易圖"를 안배하였다.

삼재문은 어떤 문인가? 천지인 삼재가 통과해야 하는 '금화문(the

Gate of Metal and Fire)'이다. 천지天地가 생명권 전체의 자연이라면, '인人'은 인간이 창출한 문명을 함축한다. 자연과 문명과 역사와 인류의 미래까지도 금화문을 통과해야 후천에 진입할 수 있다는 뜻이다. 천지인이 모두 통과하는 금화문은 누구도 빠짐없이 지나가야 하는 보통문普通門이다. 죄인이 간혹 지옥문을 피해갈 수도 있으나, 금화문 만큼은 '유전무죄, 무전유죄'라는 특혜와 불법이 허용되지 않는다.

금화문은 언제 어떻게 열리는가? 금화문은 무턱대고 열리지 않는다. 우선 시간의 섭리가 발동되어야 할 것이다. 김일부는 1년 $365\frac{1}{4}$일 윤력閏曆에서 $5\frac{1}{4}$일이라는 시간의 꼬리가 사라지는 1년 360일 정력正曆으로 풀고 있으나, 정작 언제 어디를 중심으로 시간의 문이 열리는가의 문제는 거의 언급하지 않았다. 만일 금화문이 열리는 시간대를 집중적으로 거론할 경우에 『정역』은 시한부 종말론 또는 예언서로 전락하기 때문에 김일부는 낙서가 하도로 바뀌는 원리와 과정을 논의하는 문제에 힘을 쏟았던 것이다.

'출입한다'는 말의 의미는 무엇인가? 김일부는 천지인이 금화문으로 출입하는 방법을 6갑 논리로 설명하는 것을 선호했다. 천지는 6갑의 숨결로 호흡하며 둥글어간다는 것이 『정역』의 입장이다. 삼재문으로 들어가기 위해서는 6갑 형식의 시간표를 알아야 한다. 1부터 10까지는 천간과 지지가 동일하게 움직이지만, 11번부터 발걸음이 꼬이기 시작하면서 오운육기五運六氣의 질서로 진행한다. 천간이 갑, 을, 병, 정, 무, 기, 경, 신, 임, 계로 끝나는 것처럼 지지는 자, 축, 인, 묘, 진, 사, 오, 미, 신, 유까지는 천간과 동일 리듬으로 움직인다. 닭을 뜻하는 '유酉'는 시간을 정확하게 알리는 동물이다. 지지로 '유'는 시간의 종말을 끝내고 새로운 시작을 여는 금화문의 열쇠 같은 자리를 뜻한다.

신'유'가 낙서궁이라면, 정'유'는 하도궁이다. 『주역』에 따르면 선천은 갑자에서 시작하지만, 후천은 경자에서 시작한다. 갑자가 경자로 바뀌려면 우선 낙서가 하도로 바뀌어야 한다. '선갑삼일先甲三日 후갑삼일後甲三日'에서 신유, 임술, 계해, 갑자, 을축, 병인, 정묘에서 '신유'는 곧 낙서의 집이다. 또한 '선경삼일先庚三日 후경삼일後庚三日'에서 정유, 무술, 기해, 경자, 신축, 임인, 계묘에서 '정유'는 하도의 집이다. 낙서와 하도가 공통으로 지지 '유'를 집으로 삼는 점은 같으나, 각각 천간이 다를 뿐이다. 이처럼 김일부는 선후천 변화를 6갑의 구조 속에서 찾고, 그 정당성 또한 6갑 자체에서 논증하는 틀을 세웠던 것이다.

	先甲(庚) 3일			甲→庚	後甲(庚) 3일		
낙서궁	辛酉	壬戌	癸亥	甲子	乙丑	丙寅	丁卯
하도궁	丁酉	戊戌	己亥	庚子	辛丑	壬寅	癸卯

낙서궁과 하도궁

'유'는 수지도수로 보아서 9금金과 2화火가 맞물리는 자리[九二錯綜]에 왼손 둘째손가락이 닿는다. 그리고 『주역』 건괘의 작용[用九] 또한 둘째손가락에 닿는 공통점이 있다. 둘째손가락은 금화교역 성립의 핵심처이기 때문에 '유'는 금화문이 열리는 시간의 문이라고 할 수 있다.

시공의집	6갑
洛書宮	辛酉
河圖宮	丁酉
天根宮	癸酉
28宿宮	己酉
64卦宮	乙酉

6갑과 수지도수

日月星辰이 **氣影**하고
일월성신 기영
一夫氣影하니 **五元門**이로다
일부기영 오원문

일월성신이 율려의 기운을 띠고,

일부도 율려의 기운을 띠니 오원문이로다.

일월성신이 율려의 기운을 띤다는 말은 금화교역에 의해 천지가 새로운 세상으로 거듭나려고 꿈틀거리는 광경이 찬란하다는 뜻이다. 율려의 기운이 빛난다[氣影][267]는 말은 무슨 뜻인가? 금화교역에 의해 선천이 후천으로 바뀌는 새 기운이 싹트는 모습[造化]이 밝게 빛난다는 것이다.[268] 곧 선천의 천심월天心月이 후천의 황심월皇心月로 새롭게 태어나게 하는 거대한 힘을 가리킨다.

『서경』에는 '일월성신의 움직임을 책력 또는 괘상으로 포착하는 방법[曆象日月星辰]'을 통해 백성들에게 농사 시간표를 알려주라는 내용이 있다. 천문학에서 '일월성신'이 왜 중요한가? 우리는 달이 운행하면서 매월 초하루마다 태양과 만나는 곳을 추적할 수 있다. 28수의 각 별자리는 28일 동안 일월이 옮겨가면서 만나는 장소라는 뜻이다. 성신은 일월이 회합하는 어떤 특정한 별자리 또는 그 시간을 '신辰'이라고도 부른다.

일월성신의 기운이 '빛난다'는 말은 일월성신 역시 금화교역에 의해 새로운 기운으로 싹트는 순간을 형용한 것이다. 그것은 기울어진 천지의 몸체가 바로 세워져 새로운 구조와 질서[板]로 바뀌려는 몸짓이라 할 수 있다. 『정역』을 5행으로 풀었던 한동석은 선천의 삼원三元과 후천의

267) 『正易』에는 '氣影', '影動天心月', '影生', '影生數'란 어휘가 등장한다. 影은 '빛난다, 밝다' 혹은 '그림자' 등으로 번역되지만, 모두가 '分而影而呂'에서 말하는 율려의 숨겨진 질서와 연관된 개념이다.

268) 『正易註義』, "氣影謂光明也. 日月星辰以光明之性普照下土, 一夫亦以光明之德, 垂教世人, 豈非五元之門也."

오원五元을 비교하였다.

"우주 운동의 목적은 수화水火의 호혜 작용에 있다. 수水로서 화火를 만드는 것이 목적이고, 화火에서 보면 수水를 만드는 것이 목적이다. 이것을 수화일체水火一體 운동이라고도 한다. … 3원 운동은 5행 원리를 표시하는데는 족하지만, 5행 운동의 목적인 수화 운동의 완전한 모습을 표시할 수는 없었다. 우주가 3원 운동하거나 5원 운동하는 것은 지축의 정경립正傾立 운동에서 이루어지는 것이다. … 우주 변화의 기본인 본중말 운동이 5원 운동을 하기 어려웠던 선천에는 지축의 경사 때문에 그 위位가 'X'를 이룸으로써 우주 변화의 기본을 흔들어 놓았지만, 후천은 이러한 폐단이 없게 된다는 것이다. … 축미진술丑未辰戌의 작용이 정상화되지 못하는 이유는 바로 지축의 경사에 있는 것이거니와 토화 작용의 궁극 목적은 무극의 상象을 이루어서 공空을 만드는데 있는 것이다."[269]

토화작용의 삼원오원도

1. 내부의 地支는 지축경사도
2. 외부의 地支는 지축정립도
3. 巳午未申酉와 亥子丑寅卯 (외부)는 오원운동
4. 亥子丑 寅卯辰 巳午未 申酉戌 (내부)은 三元圖다.

269) 한동석, 앞의 책, 225-228쪽 참조.

일월성신의 변화에 대응하여 김일부의 마음에도 변화가 일어났다는 것은 무슨 말인가? 일월성신이 하늘의 움직임인 정령政令을 대변한다면, 정령을 움직이게 만드는 원인은 율려다. 율려가 정령을 움직이게 만드는 것이 조화의 핵심이다. '일부의 기운이 빛난다[氣影]'는 말은 율려의 정신을 깨닫고, 더 나아가 율려가 김일부의 마음으로 주체화되었다는 징표이다. 정령과 율려는 우주의 자기 조직의 역동성을 나타내는 개념이며, 그것이 바로 '우주의 마음'이다. 그래서 "신비주의자들은 과학적 접근을 넘어서는 우주 의식의 직접적 체험을 강조한다."[270)]

일월성신이라는 자연의 마음과 김일부의 마음이 일치한다는 표현은 자연과 인간을 하나의 시스템으로 의식한 것에서 비롯되었다. 그는 우주의 마음을 통해 일월성신의 운행 구조가 전환된다는 사실을 명확하게 읽어냈던 것이다.

八風이 **風**하고 **一夫風**하니 **十无門**이로다
팔풍 풍 일부풍 십무문

팔괘의 바람이 불고 일부의 바람이 부니, 십무문이로다.

이 대목은 팔괘의 진화를 애기한다. 8풍은 복희팔괘도를, '풍風'은 복희팔괘도를 문왕팔괘도로 전환시키는 바람의 힘을, 십무문은 정역팔괘도를 가리킨다. 복희팔괘도는 8수, 문왕팔괘도는 9수, 정역팔괘도는 10수로 이루어져 있다. '십무문十无門'은 10수 정역팔괘도로 들어가는 문이 없다는 뜻이 아니라, 갈등과 모순으로 얼룩진 선천 문왕팔괘도를 극복하고 새롭게 수립되는 10수 정역팔괘도의 진리가 온 누리에 펼쳐지는 무극대도의 문이라는 뜻이다.

270) 프리조프 카프라 지음/이성범 옮김, 『새로운 과학과 문명의 전환』(범양사, 1998), 282쪽 참조.

'풍'은 바람을 쏘이다. 바람을 일으키다, 바람을 맞다 등 생명 활동을 북돋는 의미가 강하다. 바람은 천지에 가득 찬 에너지를 이곳에서 저곳으로 옮겨 만물을 성장하도록 만드는 촉진제다. 8풍은 만물의 탄생 과정을 설명한 복희팔괘도를, '풍'은 복희팔괘도가 문왕팔괘도로 진화하는 힘을, 일부의 바람은 정역팔괘도의 그윽한 이치를 깨닫고 제3의 괘도를 그은 사실을, '십무문'은 10수 정역팔괘도의 세계로 들어가는 관문[无門]을 뜻한다.

10무문은 하도의 내부에 있는 5황극과 1태극을 내포한 10무극의 세계로 들어가는 관문이다. 앞에서 나온 문왕팔괘도 또는 낙서의 9궁을 지나 금화교역의 작동으로 말미암아 열리는 금화문을 통과해야 10무극의 세상에 도달할 수 있다. 금화교역에 의해 일월성신이 새 옷으로 갈아입는 사태에 부응하여 김일부의 정신 세계도 맑고 새로운 기운이 충만해지는 의식 체험에 도달한 것을 뜻한다.

바람은 계절을 바꾸는 자연의 손길이다. 8풍이 봄바람이면, 9풍은 여름에서 가을로 바뀌는 계절풍으로서 선천을 후천으로 바꾸는 조화의 바람이다. 그것은 『주역』 57번 중풍손괘重風巽卦(☴) 5효에 "경에 앞서 3일 하며 경을 뒤로 3일 하면 길할 것이다.[先庚三日, 後庚三日, 吉.]"의 '바람'을 뜻한다. 8풍에 1풍하면 9풍이요, 9풍에 1풍하면 10풍이다. 그런데 10풍이라 하지 않고 십무문이라 표현한 까닭은 선천과 전혀 다른 후천 10수의 무극대도이기 때문이다.

日月은 **大明乾坤宅**이오
일월 대명건곤택
天地는 **壯觀雷風宮**을
천지 장관뇌풍궁
誰識先天復上月이
수식선천복상월

正明金火日生宮가
정 명 금 화 일 생 궁

일월은 건곤 집을 크게 밝히고,

천지는 장엄하게 뇌풍궁을 보는구나.

누가 알리오. 선천 복상달이

바로 금화가 날로 생기는 궁을 밝힐 줄이야!

이 대목은 "일세주천율려도수"를 매듭지으면서 별도의 시로 읊은 내용이다. 특별히 정역팔괘도와 수지도수를 일치시켜 금화교역에 의한 후천의 성립을 얘기하고 있다. '일월이 건곤의 집을 크게 밝힌다'는 말은 수지도수로 보아서 일월이 중지中指인 건곤을 좌우에서 보좌하고 있는 모습을 읊은 것이다. '일'은 9리離, '월'은 4감坎를 뜻한다. 그러므로 정역팔괘도의 감리 4·9가 10건과 5곤을 둘러싸고 있는 까닭에 '일월대명건곤택'이라 노래한 것이다. 한편 정역팔괘도의 외부 건곤과 내부 2천7지는 안팎으로 체용 관계를 이룬다.

천지는 일월이 아니면 광명을 얻지 못해 빈 껍질에 불과하고, 천지는 또한 뇌풍이 아니면 창조적 변화가 불가능하므로 빈 집과 같을 것이다. 그래서 일월과 뇌풍의 힘과 역할을 칭송한 것이다. '천지가 장엄하게 뇌풍궁을 보다'라는 말은 수지도수에서 가운데 손가락의 건(천)곤(지)를 중심으로 좌우에 6진뢰震雷와 1손풍巽風이 각각 뇌천대장괘雷天大壯卦(䷡)와 풍지관괘風地觀卦(䷓)를 형성하는 것을 의미한다. 천지가 우레와 바람을 일으켜 만물을 재창조하는 광경이 너무도 장엄하고 웅장하기 때문에 뇌천대장의 씩씩할 '장壯'과, 바람이 지상을 바꾸는 광경을 '본다[觀]'를 조합하여 후천의 기상을 드높였던 것이다.

'일월'이 천지를 새롭게 꾸미는 선봉장이라면, '대명'은 일월이 합덕하는 권능을, 뇌풍은 각각 뇌천대장과 풍지관을 뜻한다. 소식괘로 뇌천대장괘는 2월에, 풍지관괘는 8월에 닿는다. 계절로 보면 새봄에 천지의 조화가 일어나 8월에 매듭짓는다는 의미가 함축되어 있다. 뇌풍이 하는 일은 천지가 보장하는 까닭에 김일부는 '뇌풍정위용정수雷風正位用政數'라는 표현을 사용하여 선후천 교체는 천지의 정당 행위라고 주장하였다.

복상월復上月은 '갑자'에서 시작하는 달을 일으켜 15일에 이르러 보름이 되는 천심월天心月을 가리킨다. 즉 손가락으로 꼽으면 1, 2, 3, 4, 5와 갑, 을, 병, 정, 무는 같은 길을 걷는다. 선천의 복상월을 지지로 보면 자오子午는 각각 '복구復姤'이다. 후천의 기, 경, 임, 갑, 병의 정령과 무, 정, 을, 계, 신의 율려는 서로 교차하는 형식으로 돈다. 이때 정령의 경금庚金과 율려의 정화丁火는 둘째손가락에 닿는 '구이착종九二錯綜'의 원칙이 적용된다.

천간	己	庚	辛	壬	癸	甲	乙	丙	丁	戊
十干原度數	10	4	9	1	6	8	3	7	2	5
순서	1	2	3	4	5	6	7	8	9	10

여기서의 '날'은 해[太陽]가 아니라, 시간 질서의 전환은 연월일시 중에서 '날[日]' 중심으로 재편성된다는 것을 의미한다. 천문 역법이 '하루'를 중심으로 시간을 계산하는 까닭은 오후 11시부터 다음 날 1시까지가 '자시子時'인데, 요즈음의 24시 정각은 날과 시가 한꺼번에 닥치므로 '날'을 중심으로[271] 시간을 판단하는 전통이 생겼다.

『정역』「십일일언」"삼오착종삼원수三五錯綜三元數"에 "선천의 갑년과 갑일과, 기년과 기일 사이의 야반에는 각각 갑자 월과 갑자 시가 생기니 병인으로 세수를 삼는다.[甲己夜半, 生甲子, 丙寅頭.]"는 말처럼, 선천과 후천을 나누는 표준을 '하루'로 설정하였다. 왜냐하면 시時가 성립하려

271) 지구의 자전도 '하루[日]'가 표준이다.

면 우선 '날'의 성립이 전제되어야 하기 때문이다.

선천에 갑자가 있던 자리가 후천에는 계해 월과 계해 시가 생긴다. 『정역』「십일일언」"구이착종오원수九二錯綜五元數"는 "후천의 기년과 기일, 갑년과 갑일 사이의 야반에는 각각 계해 월과 계해 시가 생기니 정묘로 세수를 삼는다.[己甲夜半, 生癸亥, 丁卯頭.]"고 했다. 그래서 이 대목의 "일세주천율려도수"의 주제도 연월일시 가운데 날[日]이 중심으로 설정된 것이다. '날'의 변화는 선천 1년 $365\frac{1}{4}$일이 후천 1년 360일로 바뀌는 사건의 결정판이다. 360일로 거듭 태어나게 하는 열쇠[宮]는 어디인가? 그것은 거친 우레와 거센 바람으로 선천의 낡고 묵은 찌꺼기를 청소하고, 후천이 오도록 만드는 장본인은 '뇌풍궁雷風宮'에서 비롯된다.

化无上帝言
화 무 상 제 언

'화무상제의 말씀'이라는 제목이 지적하듯이, 김일부는 조화옹의 말씀을 대독한 다음에 자신의 말을 보태는 형식을 취했다. 천상에 계시는 상제 체험, 또는 하느님과 마주하고 나눈 무언의 대화록을 글로 표현한 의미에서 '화무상제언'이라고 했다. 신성한 불덩어리로 원래의 하늘에 계시는[原天火] 조화옹의 음성을 받아 내렸다는 것이다.

조화옹은 과연 김일부에게 무엇을 당부했을까? 그것은 달 변화를 통해서 새롭게 솟는 일월의 변화에 주목하라는 내용이다. 이를 깨달은 김일부는 선천의 묵은 하늘이 후천의 새하늘 새땅으로 다시 태어나는 이치를 밝히라는 사명을 실천했다고 밝혔다.

復上에 **起月**하면 **當天心**이오 복상 기월 당천심	복상에 달을 일으키면 천심에 닿고,
皇中에 **起月**하면 **當皇心**이라 황중 기월 당황심	황중에 달을 일으키면 황심에 닿는다.
敢將多辭古人月하면 감장다사고인월	감히 말 많은 옛 사람의 달을 살피면,
幾度復上當天心고 기도복상당천심	몇 번이나 복상 건너 천심에 닿을고.

月起復上하면 **天心月**이오 월기복상 천심월	달이 복상에서 일어나면 천심월이요,
月起皇中하면 **皇心月**이로소이다 월기황중 황심월	달이 황중에서 일어나면 황심월이옵니다.

普化一天化翁心이
보 화 일 천 화 옹 심
丁寧分付皇中月이로소이다
정 녕 분 부 황 중 월

하나의 하늘을 두루 조화하시는 화옹의 마음이
정녕코 황중월을 분부하시옵니다.

"화무상제언"은 선천의 천심월이 후천의 황심월로 성숙되는 이치를 밝히라고 화무상제께서 내리신 지엄한 명령이었음을 고백한 것이다. 화무상제는 달 변화를 통해서 드러나는 선후천 교체의 주재자인가? 단지 김일부로 하여금 선후천 전환의 이치를 밝히라는 임무를 하달한 존재인가? 화무상제인 동시에 조화옹은 김일부에게 후천이 오는 이치를 밝히라고 분부한 천상의 하느님이다.

『정역』에는 화무상제(무극대도를 주재하는 상제) 이외에도 화화옹化化翁(선천의 변화를 후천으로 조화시키는 조화옹), 화무옹化无翁(10무극으로 조화시키는 조화옹) 등이 등장한다. 화무상제는 만물을 창조하여 생장시키고 성숙토록 하는 원래 하늘의 기사궁己巳宮에 계시는 하느님으로서 21도를 지나 천간의 10토와 지지의 10토가 만나는 기축己丑의 위상에서 새로운 천지를 만드시는 조화옹을 가리킨다.

화무상제는 누구인가? "'화'는 역의 본질이며, '무'는 유의 짝으로 도의 근본이다. '상'은 지극함을, '제'는 만물의 주재자를 뜻한다. 화무상제란 세상을 두루두루 조화시키는 참된 주재자로서의 상제를 의미한다. 그 존귀함이 '제' 같은 분이 없는데, 어찌 상대가 있겠는가."[272] 시공과 만물을 재탄생시키는 주재자를 화무상제로 호칭한 것이다. 화무상제는 감각을 초월하여 만물을 주재하는 최고신을 의인화한 존재인가? 과거와 현재와 미래를 통틀어 실제로 인격을 지닌 하느님인가? 『정역』은 양자를 모두 함축한 최고신의 의미 외에도 선천을 후천으로 뒤바꾸는 권

272) 『正易註義』, "化者變之漸, 易之體; 无者有之對, 道之本; 上者極至之謂, 帝者主宰之謂, 化无上帝者, 普化上帝之眞主宰也. 然則尊莫如帝而何以對乎. 幽莫如帝而何以言乎."

능으로 만물을 조화시키는 '화무상제'를 제시하였다.

김일부가 화무상제를 끌어들인 이유는 '윤역에서 정역으로', '상극에서 상생으로', '절망에서 희망으로'라는 화두처럼 역법의 혁명을 주도하는 최고 권능자의 존재와 주재의 내용을 밝히기 위해서로 추정된다. 그는 역법의 전환을 천심월과 황심월의 문제로 압축하였다. 천심월은 선천에 뜨는 달, 황심월은 후천에 뜨는 달을 가리킨다. 천심월은 초하루에 떠올라 15일에 보름이 되는 (윤달이 생기는) 선천 책력을, 황심월은 선천 보름 다음 날인 16일 곧 후천 초하루에 떠서 선천 30일이 후천의 보름이 되는 (윤달이 없는) 책력을 가리킨다. 한 달에서 15일이 우주 공간으로 사라지는 달 변화를 뜻한다.

선천의 '천간 갑과 기 사이의 한밤중[甲己夜半]'의 초하루에 뜨는 달이 천심월이다. 수지도수로 보면 갑 1, 을 2, 병 3, 정 4, 무 5를 세면서 손가락을 모두 굽히면(닫힌 세계를 상징) 정역팔괘도의 2천天에 닿기 때문에 '천심'이라 한다. 이것이 곧 갑에서 시작하는 '복상'을 가리킨다.

그러면 황중皇中이란 무엇인가? 『주역』의 중용과 시중은 무엇이고, 『정역』의 황중은 어떻게 다른가? 전자가 선천에 통용되었던 중용이라면, 후자는 선후천을 관통하는 중용을 의미한다. 전자가 9수 낙서의 중앙에 있는 5토를 중용이라 규정한 것을 극복하고, 『정역』은 선천에 드러나지 않았던(숨겨져 있던 후천의) 황중을 발견한 것이다.

기월起月이란 한 달에서 초하루가 시작된다는 뜻이다. '갑'이 왼손 엄지손가락에서 시작하는 것은 '복상기월復上起月'이라 하고, 새끼손가락을 펴면서 시작하는 (갑이 기로 바뀌는 이치) 것은 '황중기월皇中起月'이라 한다. 선천은 '갑甲'에서 시작하는 역법이고, 후천은 '기己'로 시작하는 역법이다. 손가락을 모두 굽힌 상태에서 새끼손가락의 5토 중용을 다시 펴면 '기 6'이 된다. 곧 낙서의 5가 하도의 6으로 변신하는 사태인 것이다.

왜냐하면 낙서는 1, 2, 3, 4, ⑤에서 ⑤가 중용이고, 하도는 10, 9, 8,

7, ⑥의 6이 낙서의 ⑤와 겹치기 때문이다. 그러니까 김일부는 ⑤와 ⑥이 중용이라는 것을 발견했고, 낙서에서 새끼손가락을 펴기 시작한 '기 6'을 황중이라 불렀던 것이다.

그렇다고 황중의 발견이 곧 선후천 변화의 추동력을 의미하지 않는다. 이 황중 즉 '기 6'이 엄지손가락으로 옮겨지는 사태가 곧 선후천 변화의 관건이다. 왜냐하면 선천이 양인 '갑'에서 시작한다면, 후천은 음인 '기'에서 시작할 뿐만 아니라 숫자도 황중 6이 황심 10으로 바뀌기 때문이다. 그것은 선천의 5황극이 후천의 10무극과 '하나 됨'으로 인해 시공 질서의 혁명이 일어나는 것을 가리킨다.

정역팔괘도로 보면 손가락을 모두 굽힌 2천에서 다시 펴기 시작하면서 3태, 4감, 5곤, 6진, 7에서 7은 '7지地'가 된다. 7지 자리가 곧 황심이다. 그러니까 손가락 형태로 보면 엄지손가락에서 무극과 황극, 하늘과 땅, 5토와 10토의 역전 현상이 생기는 것이다. 결국 뒤집기 논리에 의해 천지비天地否(䷋)가 지천태地天泰(䷊)로 바뀐다.

우리는 동서양 역법의 변천사를 아무리 뒤지더라도 천심월이 황심월로 바뀐다는 논리를 찾을 수 없었다. 화무상제는 옛 사람들이 수많은 노력으로 땜질한 누더기 역법으로 언제까지 선천의 천심월에 맞추는 불편함에 의존할 것인가라고 꼬집었다.[273] 조화옹은 김일부에게 '천심에서 황심(지심)으로'라는 화두를 내리고, 항구불변하는 역법 체계를 세우라고 명령한 것이다.

동양사는 왕조가 바뀔 때마다 관복 색깔과 함께 책력을 개정한 역법의 변천사였다고 말해도 과언이 아니다. 우리나라는 예로부터 음력과 양력을 함께 쓴 태음태양력을 사용했다. 음양력에서 가장 중요한 것은 바로 윤달을 언제 넣느냐에 있다. 윤력閏曆은 바로 음력에서 넘치는 달을

---

273) 金貞鉉은 "敢將多辭古人月, 幾度復上當天心."을 화무상제가 김일부에게 한 말로 이해하였다.

어디에 넣는 것이 합당할까라고 고민한 흔적이 담긴 캘린더이다.

김일부는 머지않아 불편하기 짝이 없는 윤달과 윤년을 사용할 필요가 없다는 것을 깨닫고, 역법과 천체 운행이 일치하는 날이 올 것을 예고하였다. 그 전제 조건으로 천심월이 황중월로 바뀌어야 하고, 천심이 지심으로 바뀌어야 한다. 천간지지의 전환은 시공의 혁명이 아니고는 불가능하다. 김일부는 초하루와 보름 사이의 15일이 소멸되는 자연의 혁명으로 인해 선천 16일이 후천 초하루로 변한다는 필연성을 애기하였다.

김일부는 수지도수에 맞추어 문장을 기술하였다. 수지도수는 다섯 손가락을 굽히고 펴는 동작을 통해 선후천 전환의 달 변화를 설명하기 쉬운 방법이다. 그것은 한 달이 30일로 고정된 상태에서 달 변화를 얘기하는 까닭에 주체와 객체 문제가 뒤따를 수밖에 없다. '월기月起'는 달이 일어나는 상태로서 달이 주체라면, '기월起月'은 달을 일으키는 상태로서 달이 객체가 된다. 전자는 달이 자연에서 순환 반복하는 선천의 모습을, 후자는 후천의 변화를 인간이 수지도수로 헤아리는 방식을 지적한 것이다.[274)]

復上月	선천 초승달
皇中月	후천 초승달
天心月	선천 보름달
皇心月	후천 보름달

김일부는 공자의 시중時中을 너머 선후천 전환의 열쇠를 황중에서 발견했다. 시중이 선천에 초점이 맞추어진 우주의 본성과 윤리의 표준이

274) 상하 문장을 수지도수에 맞추어 번역하면 다음과 같다. "달을 甲으로 시작하여[起月] 1자리에서 하면[復上], 戊가 5자리[天心]에 이른 달[月]이다. 달을 己로 시작하여[起月] 6자리에서 하면[皇中], 戊가 10자리[皇心]에 이른 달[月]이다."

었다면, 황중은 선천과 후천을 꿰뚫는 시간의 본성을 뜻한다. 선천 낙서의 논리는 역逆, 후천 하도의 논리는 순順이다. 순역을 관통하는 시중을 김일부는 황중이라 했는데, 낙서의 5가 하도에서는 6이므로 결국 황중은 '5인 동시에 6'인 것이다. 그것은 중용이 둘이 아니라, 하나의 '시중'을 하도 또는 낙서의 양 측면에서 살핀 것이다. 그러니까 선천의 시중은 황중에 비교하면 반쪼가리에 불과하다.

'보화普化'란 무엇인가? 『시경』의 "하늘 아래 천지는 모두 왕의 땅이며, 어디에 살든 누구든지 왕의 신하다"[275]란 말의 '보천普天'에서 비롯된 말이다. 김일부는 유형 무형의 만물을 두루 조화시키는 감화력을 가리키는 보천普天 대신에 '보화'로 사용했다. '보화'는 하늘의 드넓은 조화를 감독하고, 하늘을 거느리는 조화옹의 마음을 뜻한다. 『정역』「십일일언」"십이월이십사절기후도수十二月二十四節氣候度數"는 미월未月 18일의 절기 이름에 '보화'라는 명칭을 붙였다.

조화옹의 마음은 황중에 숨겨져 있는 달의 본질을 밝히는 것에 있다. 달 변화를 일으키는 천지 조화를 감독하는 조화옹의 의지를 아는 것은 하늘의 프로그램, 이정표, 시간표를 비롯한 우주를 구성하는 가장 보편적인 법칙을 아는 것과 다르지 않다. 김일부는 조화옹이 어떻게 선천을 후천으로 바꾸는지를 알고 싶어 했기 때문에 나머지는 아주 사소한 문제로 간주했던 것이다.

---

275) ① 『詩經』「小雅」"谷風之什·北山", "溥天之下, 莫非王土; 率土之濱, 莫非王臣." ② 『孟子』「萬章」上, "普天之下, 莫非王土; 率土之濱, 莫非王臣." ③ 『左傳』「召公 七年」, "溥天之下, 莫非王土; 率土之濱, 莫非王臣."

숨겨진 차원

새로운 차원의 공간에 숨은 미지의 세계. 이것은 과학 소설의 단골 소재다. 그런데 공간이 감각 경험 너머로 뻗어 있을지도 모른다는 개념은 인간의 생각만큼이나 오래되었다. 거의 모든 종교는 인간이 접근할 수 없는 세계가 있다고 주장한다. 그곳이 신들의 거처, 혹은 일종의 저승이라고 말하기도 한다. 20세기에 들어설 무렵, 새로운 차원에 대한 지적 관심은 더욱 세련된 방향으로 발전했다. 프로이트(Sigmund Freud: 1856-1939)는 '無意識'이라는 숨은 차원을 탐구했다. … 지금은 다중 우주로의 진입에 서 있다. 힉스 물질의 문제는 초대칭성, 여분 차원, 테크니컬러 등의 새로운 이론적 발상을 숱하게 탄생시킨 비옥한 원천이었다. … 다중 우주는 오히려 인간 중심주의를 철저히 부정하는 입장이다. 지구는 우주의 평범한 행성일 뿐이고 우리 우주조차 다중 우주의 한 평범한 구성 요소일 뿐이라고 말하기 때문이다. 이것이 사실이라면, 이것이야말로 궁극의 코페르니쿠스 혁명일 것이다.(잔 프란체스코 주디체 지음/김명남 옮김, 『젭토 스페이스』, 휴머니스트, 2017, 333-391쪽 참조.)

化无上帝重言
화 무 상 제 중 언

앞글에 이어 천상의 화무상제께서 김일부에게 거듭 명령한 말씀이다. 처음 글이 화무상제가 김일부에게 수지도수에 대한 정밀한 검증을 통한 사유의 결과물을 내놓아야 한다는 당위성을 얘기한 것이라면, 다음에 나오는 글은 김일부가 화답한 내용이다.

推衍에 **无或違正倫**하라 추 연　무 혹 위 정 륜	이치를 추론함에 혹시나 정륜에 어긋남이 없게 하라.
倒喪天理면 **父母危**시니라 도 상 천 리　부 모 위	천리를 거꾸로 잃으면 부모님이 위태하시다.

이 대목은 우주 법칙의 추론에 거듭 심사숙고하라는 천상에 계신 성령 하느님의 음성을 고스란히 기록한 것이다. 천지일월이 율동하는 원리를 손가락으로 셈하는 방법은 올바른 도덕을 정립하기 위한 황금률이기 때문에 명확하게 사유하라는 부탁을 얘기했다. 특히 천지의 절대자 화무상제와 자신을 부자 관계로 설정하여 성리학에서 잃어버렸던 상제관을 부활하였다.

화무상제는 스스로를 '부모'라 했고, 김일부는 스스로를 '못난 자식'이라고 불러 서로를 부자 관계로 설정하였다. 화무상제와 그 아들은 무언의 대화를 나누었던 것이다. 그러나 김일부는 스스로를 예수처럼 '조화옹의 아들[人子]'라고 하지 않았으며, 나중에 종교 지도자로 행세하지도 않았다.

不肖敢焉推理數리오마는 불 초 감 언 추 리 수	**불초가 감히 어찌 천지의 이치와 수를 헤아릴 수 있으리오마는**
只願安泰父母心하노이다 지 원 안 태 부 모 심	**오직 부모님 마음이 편안하기를 원할 뿐이로소이다.**

'불초'는 부모님을 닮지 못하여 걱정 끼치는 자식이 스스로를 일컫는 말이다. 어리석은 자식일지라도 어찌 부모의 뜻을 모르겠는가마는 천지의 이치를 수의 방식으로 추론할 수밖에 없는 심정을 얘기하였다. 천지일월의 변화를 손가락으로 굽히고 펴는 셈법에 의거하여 한 치의 오차도 없이 계산했다는 자신감이 묻어 있는 글이다.

효도는 부모의 말씀을 잘 받드는 것도 중요하지만, 우선 부모가 진심으로 원하는 것이 무엇인가를 아는 것이 최상이다. 김일부는 인류를 살리는 원리를 개발하여 천지 부모를 안심시키는 것이 최고의 효도라고 인식했다. 그것은 천지일월이 제자리를 찾아 생명의 본원을 회복하는 일을 밝히는 것이다. 김일부는 지극한 정성과 뜻을 가지고 부모님의 마음을 편안하게 위하여 『주역』을 넘어서는 『정역』을 집필했던 것이다.

歲甲申七月十七日己未에 **不肖子金恒**은 **感泣奉書**하노라
세 갑 신 칠 월 십 칠 일 기 미 　 불 초 자 김 항 　 감 읍 봉 서

해는 1884년(갑신) 7월 17일(기미)에 불초자 김항은 흐느껴 울며 받들어 씁니다.

이 내용은 1909년에 기록한 필사본筆寫本과 1912년에 하상역河相易의 이름으로 출간된 책에는 없고, 오직 1923년 돈암서원遯巖書院 출간본에만 있다. 필사본과 하상역이 빠뜨린 부분을 제자들 혹은 돈암서원의 『정역』 발간 사업에 참여한 유생儒生들이 고증을 거쳐 삽입한 것으로 추정할 수 있다. 특히 기쁨과 감격의 눈물을 흘리면서 화무상제께 올리는

글[感泣奉書]이라는 대목에서 순수 철학을 뛰어넘어 종교 체험의 극치에서 씌여졌음을 알 수 있다.

1884년은 김일부의 나이 59세의 때이고, 7월 17일은 백중百中(7월 15일)에 아주 가까운 날이다. 『정역』이 세상에 출생 신고하기 한 해 전에 쓴 글이라는 것이라고 기록했다. 아마도 화무상제의 깊은 사랑을 사무치게 느끼고, 비록 죽을지라도 영원히 잊지 않기 위해서 날짜를 기록한 것으로 보인다.

化翁親視監化事
화 옹 친 시 감 화 사

이 글은 화옹께서 친히 조화의 일을 감독하여 보여준 사실을 김일부가 기록한 내용이다. 금화교역에 의해 새롭게 탄생하는 신천지는 6갑의 시스템이 근본적으로 바뀌는 것이라고 결론지었다. 그것은 시간성의 구조가 본질적으로 혁신되는 아주 중요한 사건이기 때문에 조화옹께서 직접 6갑의 메카니즘이 바뀌는 과정을 설명하는 수지도수까지도 직접 감독했다는 뜻이다.

嗚呼라 **金火正易**하니 **否往泰來**로다
오호 금화정역 비왕태래

嗚呼라 **己位親政**하니 **戊位尊空**이로다
오호 기위친정 무위존공

嗚呼라 **丑宮**이 **得旺**하니 **子宮**이 **退位**로다
오호 축궁 득왕 자궁 퇴위

嗚呼라 **卯宮**이 **用事**하니 **寅宮**이 **謝位**로다
오호 묘궁 용사 인궁 사위

嗚呼라 **五運**이 **運**하고 **六氣**가 **氣**하여 **十一歸體**하니
오호 오운 운 육기 기 십일귀체

功德无量이로다
공덕무량

아아! 금화가 올바르게 바뀌니 천지비는 가고 지천태가 오는구나.

아아! 기위가 친히 정사하니 무위는 존공되는구나.

아아! 축궁이 왕성한 기운을 얻으니 자궁은 자리에서 물러나는구나.

아아! 묘궁이 일을 하니 인궁이 자리를 사양하는구나.

아아! 5운이 운행하고 6기가 운동하여 10과 1이 일체되는

공덕이 무량하도다.

"화옹친시감화사"는 시간과 역법의 혁명을 얘기하고 있는데, 그것이 과연 합당한가를 조화옹께서 친히 내려다보시고 확인했다는 것이다. 화옹은 세상을 조화시키는 생명의 어버이요, 도를 구현하는 최고신이다.[276] 생명은 하늘에서 비롯되어 만물을 낳고 키우는 땅에서 조화의 열매가 드러난다. 후천의 변혁은 모두 화옹의 감독 절차를 거친 뒤에 이루어지기 때문이다. 화옹의 의지에 의거하여 선후천이 전환되므로 선후천 변화의 주체는 천지의 조화주라고 할 수 있다.

화옹께서는 무엇을 감독했는가? 첫째, 선천의 하늘과 땅이 소통하지 못하던 형국이 금화교역으로 인해 후천에는 자연과 문명과 인류의 마음에 이르기까지 만물이 형통하는 세상으로 바뀐다. 둘째, 천간의 질서가 바뀐다. 셋째, 지지의 질서가 바뀐다. 넷째, 1년의 세수가 바뀐다. 다섯째, 무극과 황극이 일체화되어 천지의 공덕이 새로워지는 전 과정을 점검했다는 뜻이다.

'아아!'라는 감탄사가 다섯 번 등장한다. 아마도 5행 논리에 대한 깊은 신뢰가 개입된 것으로 보인다. '금화정역金火正易'의 주제는 '선천에서 후천으로'에 있다. 금화의 교체는 낙서와 하도의 도상에 나타나 있다. 낙서는 9수, 하도는 10수로 구성되었다. 낙서와 하도는 동방과 북방의 위치가 동일하지만, 서방과 남방이 서로 바뀌어 있다. 선후천 전환은 낙서 선천이 하도 후천으로 귀결되는 것에 있다. 여기서의 '정역正易'은 책 이름이 아니라, '금화가 올바르게 바뀐다'는 뜻이다.

『정역』의 사유에서 시간은 천지(우주)의 구조와 운행, 또는 생명의 진화와 밀접한 관계가 있다. 그러니까 『정역』의 시간관은 우주관의 토대가 된다고 말할 수 있다. 왜냐하면 시간의 구조와 탄생과 진화가 선후천 우주관 형성의 기초를 이루기 때문이다. 특히 "화옹친시감화사"의 내용 역시 시간의 구조 자체의 변화에 의해 천지의 구성이 바뀐다는 것을

276) 『正易註義』, "化翁, 造化之祖, 載道之神."

얘기하기 때문에 더욱 그렇다.

『주역』에도 이미 천지의 전환을 예고한 내용이 있다. 지산겸괘地山謙卦(䷎) 「단전」은 다음과 같이 말한다. "'겸이 형통한다'는 것은 하늘의 도가 아래로 내려와 밝게 빛나고, 땅의 도는 낮은 곳에서 위로 올라간다. 하늘의 도는 가득 찬 것을 이지러지게 하여 겸손한 것을 더하고, 땅의 도는 가득 찬 것을 변하게 하여 겸손한 데로 흐르고, 귀신은 가득 찬 것을 해롭게 하여 겸손함에는 복을 주고, 사람의 도는 가득 찬 것을 미워하고 겸손한 것을 좋아한다.[彖曰 謙亨, 天道下濟而光明, 地道卑而上行. 天道虧盈而益謙, 地道變盈而流謙, 鬼神害盈而福謙, 人道惡盈而好謙.]" 또한 지천태괘地天泰卦(䷊) 「단전」도 다음과 같이 말한다. "'태는 작은 것은 가고 큰 것이 오니 길하여 형통하다'는 것은 곧 하늘과 땅이 사귀어 만물이 통하며, 상하가 사귀어 그 뜻이 같음이다. 안은 양이고 밖은 음이며, 안은 건실하고 밖은 유순하며, 안은 군자이고 밖은 소인이니, 군자의 도는 자라나고 소인의 도는 사라지는 것이다.[彖曰 泰小往大來吉亨, 則是天地交而萬物通也, 上下交而其志同也. 內陽而外陰, 內健而外順, 內君子而外小人, 君子道長, 小人道消也.]"

"아아! 금화가 올바르게 바뀌니 천지비는 가고 지천태가 온다.[嗚呼! 金火正易, 否往泰來.]"는 하도와 낙서의 4·9금과 2·7화가 교역함으로써 선천의 비색한 운수는 가고 후천의 태평한 운수가 곧 닥칠 것이라는 확신의 말이다.[277] 『주역』이 괘도 측면에서 언급했다면, 『정역』은 하도낙서의 금화교역을 중심으로 논리 전개한 점이 다르다.

김일부는 선천의 천지비天地否(䷋)의 세상은 이미 낡았고, 후천의 지천태地天泰(䷊)의 세상이 온다는 것을 복희팔괘도와 정역팔괘도의 비교를 통해

---

277) 『周易』 64괘 중에서 가장 좋은 말로 구성된 것은 15번 謙卦이다. 왜 그런가? 『정역』의 이치대로 보면, 10土와 5土의 결합으로 이루어진 10무극과 5황극을 형상화했기 때문이다. 그리고 『주역』 11번 泰卦를 『정역』의 이치로 보면, 10土와 1水의 결합으로 이루어진 10무극과 1태극을 형상화했기 때문이다.

설명하였다. 복희팔괘도는 남북이 '천지'의 형상이고, 정역팔괘도는 남북이 '지천'의 형상을 이룬다. 남북이 바뀐다는 것은 공간 질서의 전환을 의미한다. 그것은 인식의 패러다임 전환을 얘기한 것이 아니라, 생명과 시간의 구조 자체가 바뀐다는 존재의 패러다임 전환을 언급한 것이다.

"아아! 기위가 친히 정사하니 무위는 존공되도다.[嗚呼, 己位親政, 戊位尊空.]"라는 말은 선천과 후천의 시간 질서가 바뀐다는 뜻이 담겨 있다. 선천이 후천으로 바뀌려면 지금까지의 세상을 지배했던 6갑 시스템이 바뀌는 것이 당연하다. 선천에는 갑甲에서 시작하여 을, 병, 정, 무, 기, 경, 신, 임, 계의 순서로 움직인다. 하지만 후천은 기己에서 시작하여 경, 신, 임, 계, 갑, 을, 병, 정, 무의 순서로 움직인다는 것이다. 천간과 지지는 각각 하늘과 땅이요, 시간과 공간을 지시한다. 천간 '갑'은 하늘이요 양이요 남자요, 사회적으로는 군자를 상징한다. 반면에 지지 '자'는 땅이요 음이요 여자요, 사회적으로는 소인을 상징한다. 선천이 하늘과 양과 남자와 군자를 떠받드는 세상이었다면, 후천은 땅과 음과 여자를 떠받드는 세상이라는 것이다.

'갑'으로 시작하는 세상은 선천, '기'에서 새롭게 시작하는 세상은 후천이다. 10토, 즉 10무극이 직접 정사를 챙긴다[己位親政]는 말은 기독교의 창조를 능가하는 천지의 재창조에 해당되는 사건이라 할 수 있다.[278] '기위친정'이란 10수 기토己土가 직접 우주의 정사를 주재하므로 선천을 지배했던 5무토戊土는 뒷자리로 물러난다는 뜻이다. 낙서 선천은 5토가 주재하고 10수 기토己土가 본체로 자리잡아 겉으로 드러나지 않았으나[尊空],[279] 후천은 10수 기토가 직접 주재하기 때문에 5토는 존공

278) 하늘의 기틀, 천지의 시스템 즉 板이 바뀌는 사건을 뜻한다. 후천에는 관혼상제를 비롯하여 길흉 판단의 방법을 기술한 圖讖書인 『天機大要』의 논리가 무너진다는 뜻이다.

279) 체용 전환에 따른 본체와 작용의 역전 관계를 지시하는 尊空은 본체로 돌아간 作用을 높이 모셔둔다는 뜻이다. '十五尊空'은 "亢角二宿尊空詩"에 나타난 것처럼 선천 15일에 맞추는 논리이고, '戊位尊空'은 戊五 卯八의 戊와 戌에 상응하는 논리를 뜻한다.

되는 것이다.

기위는 '기사궁己巳宮'을, 무위는 '무술궁戊戌宮'을 가리킨다. 수지도수로 보면 기사궁은 엄지손가락을 굽힌 형상이고, 무술궁은 엄지손가락이 펴진 형상이다. 엄지손가락을 굽힌 모습은 하도 10수가 처음으로 작용한다는 창조적 변화의 뜻이 담겨 있다. 『정역』이 자주 사용하는 조화造化는 선천의 시공 질서를 뜯어고쳐 변화시킨다는 뜻으로서 본체와 작용의 임무 교대가 아니면 불가능하다. 이것이 바로 19세기 조선에서 탄생한 조화(개벽)사상의 진실이다.

그러니까 선천 6갑은 천간 갑甲(하늘)이 시작하면 지지 자子가 뒤따라오면서 갑자, 을축, 병인, 정묘, 무진, … 신유, 임술, 계해로 끝맺는다. 6갑 체제는 천간이 중심이고, 지지가 천간에 호응하는 체계로 이루어져 있다. 후천 6갑은 5토 중심의 선천에서 10토 중심으로 바뀐다. 즉 갑이 양이라면 기는 음이기 때문에 선천은 양 에너지가 넘치는 세상이고, 후천은 넘치는 양 에너지가 음에 의해 조절되고 균형 잡힌다는 것을 시사하고 있다.

선천의 갑기甲己 질서가 후천의 기갑己甲 질서로 바뀌므로 갑·을·병·정·무의 순서로 움직이던 질서가 꺾이어 '기'로 시작하면 '무戊'는 자연적으로 엄지손가락으로 옮겨진다. 그것은 본체와 작용의 전환에 의해 천지가 지천으로 바뀌어 시공時空 질서가 전환되는 사태를 의미한다. 천간 즉 시간 질서의 변화는 지지 즉 공간 질서의 전환을 수반한다.

"아아! 축궁이 왕성한 기운을 얻으니 자궁은 자리에서 물러난다.[嗚呼! 丑宮得旺, 子宮退位.]" 선천에 생명을 낳던 집인 '자'는 불임 공간으로 전락되기 때문에 후천에는 새로운 시공의 창고(건축 행위)가 필요하다. 모든 형이상학이 우주론을 중시여기지만, 『정역』은 오히려 시간론이 우주론에 선행하는 특징을 갖는다. 따라서 시간의 구조에 변화가 일어나는 것에 따라 공간을 비롯하여 역사와 문명의 틀까지 변형되는 가능성을 제시한다. 시간 질서의 전환은 공간 질서의 전환을 동반하기 때문에 천간의 변화에 이어 지지의 변화를 얘기하는 것이다.

선천의 천간 '갑'이 후천에는 '기'로 바뀌므로 지지의 구조에도 변화가 뒤따르기 마련이다. 갑은 양이고 기는 음이다. 따라서 지지의 양인 '자'도 다른 어떤 것으로 바뀌어야 할 것이다. 즉 선천에 갑자로 시작하던 것이 후천에는 '을축'으로 시작한다. 왜냐하면 선천은 3원 운동으로 인해 '해자축亥子丑'의 중앙인 '자'에서 시작했다면, 후천은 5원 운동으로 '해자축인묘亥子丑寅卯'의 중심인 '축'[280]으로 시작하기 때문이다.[281]

만물은 끝나는 곳에서 다시 새롭게 시작한다는 '종시론'의 원칙에서 수지도수로 보면 엄지손가락부터 굽히면서 자, 축, 인, 묘, 진, 사, 오, 미, 신, 유의 '유'는 손가락이 모두 펼쳐진 형상이다. 엄지손가락을 다시 굽힌 술과 해에서 '해'는 둘째손가락이 굽혀진 모양이다. '해'가 끝난 곳에서 거꾸로 펴기 시작하면 해, 자는 모두 펴진 상태이다. 다시 엄지손가락을 굽히면 '축'이 된다. '해, 자, 축, 인, 묘'는 5원 운동을 상징하는데, 그 중심축이 곧 '축丑'인 것이다.

소강절과 김일부의 선후천관

邵康節의 '天開於子, 地闢於丑, 人起於寅'은 元會運世說에서 말하는 10,800년의 시간 순서에 따라 천지인에 탄생한다는 이론이다. 子에서 하늘이 열리고, 한참 뒤에 丑에서 땅이 열린 다음에 寅에서 인류 문명이 싹튼다는 것이다. 『정역』은 子에서 열린 하늘이 선천이고, 선천 子板이 완전히 뒤집어져 丑에서 다시 열리는 세상이 후천이라고 본다. 그

280) 이때의 '축'을 수지도수로 보면, 엄지손가락을 굽힌 형상이다.

281) 『도전』 2:144:4, "후천은 축판丑板이니라." 증산도사상에서 말하는 丑板의 '板'은 자연, 역사, 문명의 문제를 총괄한다면, 『정역』은 원론의 입장에서 천간지지 즉 시공의 문제에 한정시키고 있다.

러나 소강절은 '자에서 열린 하늘'이 선천이고, 땅과 인류의 탄생은 후천이라고 본다.

소강절과 김일부의 선후천관은 비록 漢字는 같지만 외연과 내포가 다를 뿐만 아니라, 지시 대상도 다르다. 김일부는 '지금 여기의 세상'이 선천이고, 앞으로 다가올 세상이 후천으로 보았다. 소강절은 처음으로 열린 세상이 선천이고, 그 이후는 줄곧 후천의 연속이라고 본다. 그러니까 소강절은 과거지향적 사유로 나타났고, 김일부는 미래지향적 사유를 낳았던 것이다.

선천이 '자'에서 출발한 천정天政이라면, 후천은 '축'에서 새롭게 시작하는 지정地政이다. 선천은 갑자에서 시작했다. 후천의 시작은 종시론의 원칙에서 둘째손가락을 굽히면서 계해로 끝나는데, 다시 그 둘째손가락을 펴면 계해이고, 이어서 엄지손가락을 펴면 갑자가 되고, 다시 그 엄지손가락을 굽히면 을축이 되는 것이다. 축궁은 곧 '을축'이라는 뜻이다. 10토가 왕성하면 자수子水는 축토에게 자리를 물려주고 양보하는 것을 상징한다. 천간 기己도 10, 지지 축丑도 10이다. 후천은 하도 10수의 무극대도라는 뜻이다.

"아아! 묘궁이 일을 하니 인궁이 자리를 사양한다.[嗚呼! 卯宮用事, 寅宮謝位.]" 이 대목에서 천간과 지지의 구성 자체에 일어나는 변화는 역법 구성의 메카니즘에 영향을 끼친다는 사실을 알 수 있다. 현재는 전통의 인월세수寅月歲首의 역법을 따르고 있다. 동양의 역법은 인월세수를 썼던 하夏나라로 거슬러 올라가며, 은殷나라는 축월세수丑月歲首를, 주周나라는 자월세수子月歲首를 썼다. 지금은 공자가 하나라 역법을 본받았다는 전통에 의거하여 인월세수를 쓰고 있다.[282)]

282) 『論語』「衛靈公」, "行夏之時, 乘殷之輅, 服周之冕."

선천의 새해 첫 달이 인월寅月였던 것이 후천에는 묘월卯月로 세수가 바뀐다. 선천의 정월이 인월寅月였다면, 머지않아 후천에는 묘월卯月을 정월로 삼는다는 것이다. '해'에서 시작하여 '묘'로 마무리짓는 '해자축인묘'의 5원 운동에 의해 묘월이 새해 첫 달이 되기 위한 전제 조건은 천간지지의 변화가 일어나야 한다. 결국 선후천 교체는 역법의 재편성으로 나타난다고 할 수 있다.

"아아! 5운이 운행하고 6기가 운동하여 10과 1이 일체되는 공덕이 무량하도다.[嗚呼! 五運運, 六氣氣, 十一歸體, 功德无量.]" 여기서 말하는 '운'은 금목수화토에 대응하는 땅의 구체적인 형태를 가진 변화를,[283] '기'는 하늘의 보이지 않는 기운 즉 기후를 뜻하는 '풍한서습조화風寒暑濕燥火'를 가리킨다. 5운과 6기는 5행의 묘용妙用 관계를 뜻한다.

오운육기학 입문

運氣란 기가 운행하면서 변화하는 경로와 패턴을 연구하는 분야를 가리킨다. "한의학에서 말하는 운기는 '우주의 궁극적인 질서라는 개념 이외에도 계절의 변화에 따른 기후변화의 질서'라는 실제적인 개념도 포함되어 있다. 운기론이란 기에 의하여 변화하는 법칙적 질서를 수

283) 한동석은 한의학과 『정역』의 선후천관을 결합했다. "5운은 우주의 본질적 개념이나 법칙을 말하는 것이 아니고, 다만 자율적으로 우주가 변화하는 법칙과 象, 즉 그 내면에서 일어나는 법칙을 말하는 것이다. 5운은 甲己土運에서부터 발생한다. 그러나 5행의 경우에는 甲乙木·丙丁火·戊己土·庚辛金·壬癸水의 순서로 左旋하면서 相生하였다. 5행은 木火土金水의 순으로 生하여 나아가는데, 5운은 甲己土가 生乙庚金하고, 乙庚金이 生丙辛水하고, 丙辛水가 生丁壬木하고 丁壬木이 生戊癸火하고 戊癸火가 다시 甲己土를 生하면서 순환하는 것이다. … 運은 甲己土運으로써 머리를 삼았다. 運을 生化하는 면에서 보면 甲己化土, 乙庚化金, 丙辛化水, 丁壬化木, 戊癸化火의 작용을 하면서 만물을 화생시키는 것이지만 반면으로 變成하는 면에서 보면 己甲土, 庚乙金, 辛丙水, 壬丁木, 癸戊火는 만물을 制化하는 작용을 하는 것이다. … 그러므로 5행의 甲乙木·丙丁火 같은 것은 방위 중심의 법칙이었지만, 甲己土·乙庚金 같은 것은 변화 중심의 법칙인 것이다."(한동석, 앞의 책, 119-122쪽 참조.)

학적 계산에 의해 추측함으로써 자연의 질서에 순응하는 방법을 모색했던 고대 동양의 자연관을 연구하는 분야라 할 수 있다. 결국 자연 법칙과 동떨어진 세계를 생각하지 않고 실제 존재하는 자연 속에서 인간사를 해석하는 특징을 갖는다. 질병의 원인을 자연계의 기후와 결부해서 하나의 이론 체계를 성립시킨 점은 의학으로서의 운기론의 의의에 해당된다. 한편 운기론에서 제시한 질병의 일정한 형식은 의학 이론의 응용 및 활용의 폭을 좁혀 결과적으로는 질병에 대한 다양한 분석과 새로운 치료법의 개발 등에 장애를 초래한 점도 있다.(權依經 저/김은하·권영규 역, 『오운육기해설』, 법인문화사, 2000, 9-10쪽 참조.)

『정역』에서 말하는 오운육기는 전통의 기후변화를 설명하는 이론이 아니라, 수지도수로 선후천 변화를 해명한 이론이다. 5운은 무戊5와 계癸6을 가리킨다. 전자는 낙서로 셈하는 새끼손가락을, 후자는 하도로 셈하는 새끼손가락을 지시한다. 낙서가 하도로 바뀌면 새끼손가락에 있던 무5가 10자리로 옮겨가 내려가고, 반대로 낙서의 10자리에 있던 계6은 하도의 5자리로 옮겨 올라와 '십일귀체'되는 현상을 이룬다. 이러한 변화로 말미암아 간지가 모두 6인 계해癸亥로 '용9[用九]'하고, 간지가 모두 5인 무진戊辰[284]으로 '용6[用六]'하는 현상이 일어나 그 공덕이 무량하다는 뜻이다.

6갑 체제에서 천간에 대한 지지는 5번 돌고(5×12=60), 지지에 대한 천간은 6번 순환한다(6×10=60). 5토 무진이 천심天心에서 황중皇中으로 내려가고[五運運], 계해가 황심皇心에서 복상復上으로 올라와[六氣氣] 계해와 무진이 '십일귀체'가 된다. 한편 '십일'은 삼팔三八이요, 3·8은 각각 선천 5의 중심과 후천 15의 중심이다. 또한 새끼손가락에 닿는 낙서와

284) 戊辰은 戊도 5토, 辰도 5토이다. 辰은 동물로는 龍이다. 『주역』은 龍을 중심 개념으로 삼는 텍스트인 까닭에 선천 문화의 중추 역할을 충실히 수행했다.

하도의 중용은 각각 5와 6이다. 이를 『정역』은 '포오함육包五含六'이라고 말하여 새로운 시중이라 했다. 순역 형식으로 운행하는 하도와 낙서는 만나는 곳마다 모두 '11'을 이룬다.

수지도수	1	2	3	4	5	6	7	8	9	10
하도[順]	10	9	8	7	6	5	4	3	2	1
낙서[逆]	1	2	3	4	5	6	7	8	9	10
십일귀체[上下合]	11	11	11	11	11	11	11	11	11	11

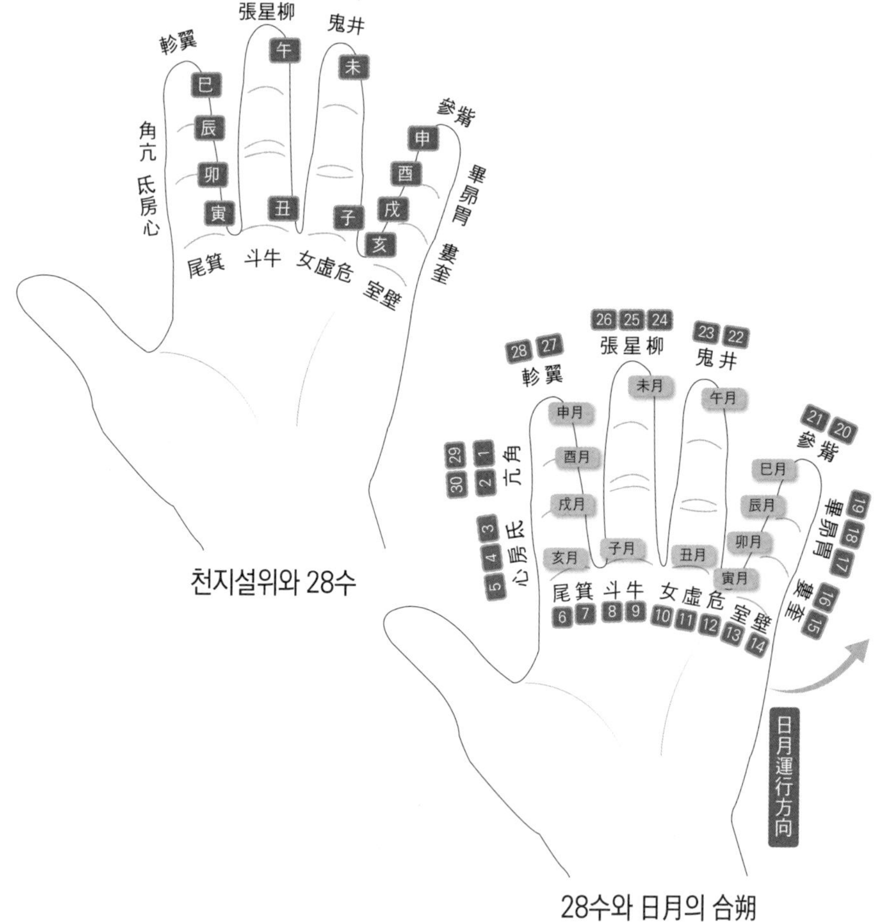

천지설위와 28수

28수와 日月의 合朔

왜 5와 6이 김일부가 발견한 새로운 중용이고, 『주역』은 용龍(진辰)을 숭상하는 문화를 잉태했는가? 그것은 천원지방天圓地方의 뿌리인 하늘과 땅의 운행에서 기초했기 때문이다. 김일부는 이를 하도낙서의 순역을 바탕으로 수지도수로 설명하였다.

위 도표에 나타난 것처럼, 몸쪽에 붙은 새끼손가락에서부터 해자축·인묘진·사오미·신유술의 방향으로 진행하는 것은 하늘과 땅이 자리 잡는 과정[天地設位]에서 땅의 운행이 우회전하는 것을 가리킨다. 반면에 하늘은 좌회전한다. 달의 운행은 '해亥'의 방위에서 인월寅月이 시작한다. 이렇게 손가락으로 천지일월을 헤아리는 방법을 고안한 것은 주역사에서 찾을 수 없는 독창적 사유의 극치라 할 수 있으며, 하늘과 땅이 서로 순역하는 이치를 본받은 것이 곧 하도낙서의 순역 논리인 것이다.

순과 역의 목적은 무엇인가? 하도와 낙서가 서로 어긋나면서 모두 11을 이루는 것에 있다. 11은 10무극과 1태극이 완전 일치요, 11이 성립하기 위해서는 새끼손가락에 닿는 5와 6이 서로 변신해야 한다. 5와 6의 교체에 의해 체용이 전환된다. 체용의 전환으로 말미암아 시공 질서가 완수되기 때문에 금화교역의 공덕이 진실로 무량하다고 찬탄했던 것이다.

无極體位度數
무극체위도수

'무극체위도수'란 무극이 하늘의 본체로 자리 잡은 질서를 가리킨다. 그것은 무극의 시간적 본성[體]과 공간적 위상[位]을 뿌리로 삼아 하늘의 운행[度]이 돌아가는 방식[順]을 사주 형식으로 풀이한 『정역』의 꽃이다. '무극체위도수'는 분명히 사주 형식을 띠고 있다. 그것은 인간의 사주에서는 찾을 수 없는 생명의 젖줄이자 시공의 옹달샘이며 만물의 모체를 뜻한다. 무극체위도수는 조화주 하느님[化翁][285]이 시간과 공간 형식으로 머무는 신성한 존재 방식을 뜻한다.

己巳 戊辰 己亥 戊戌이니라
기사 무진 기해 무술
度는 **逆**하고 **道**는 **順**하니라
도 역 도 순
而數는 **六十一**이니라
이수 육십일

무극의 체위도수는 기사, 무진, 기해, 무술이다.

간지의 길은 역행하고, 수리로는 순행한다.

그 수는 61이다.

무극체위도수의 '체'는 만물을 시간의 본성 방식으로 전개시키는 근거인 동시에 3극론 차원에서 보면 무극을 뜻하는 기사己巳는 선후천 전환의 최종 목적이다. '위'는 무극이 공간화되는 시간의 질서를 뜻한다.

285) 『正易』「十五一言」"日極體位度數", "化翁无位, 原天火, 生地十己土."

무극체위도수는 극대와 극미, 유형과 무형의 세계를 관통하여 시공의 모체에 DNA로 내재된 항구불변의 원리[四柱]를 의미한다. 무극체위도수는 하늘의 사주, 황극체위도수는 땅의 사주 형식을 띠고 있다. 『정역』에는 태극체위도수가 없다. 왜냐하면 태극은 다만 하늘과 땅이 살아 있도록 생명 활동을 부추겨 꺼지지 않게 타오르는 점화 장치와 같기 때문이다.[286)]

시간과 공간이 함께 공존한다는 것은 분명한 사실이다. 오죽하면 아인슈타인은 '시간과 공간(time and space)'이 아니라, '시-공간(time-space)'라고 했을까. 우리는 언제 어디서나 특정한 장소와 특정한 시간에 놓여 있다. 그러니까 모든 사건과 과정은 언제(when), 어디서(where), 어떻게(how)와 같은 날짜와 장소에 속하여 존재할 수밖에 없다. 특별히 사주 신봉자들에 의하면 인간은 사주에서 한 치도 벗어날 수 없다고 주장하는 것처럼, 6갑은 특별한 시간[時]과 특정한 공간[位]이 결합된 조직으로 구성되어 있다.

만세력萬歲曆에 등록된 인간의 사주는 하늘땅의 조직 질서에 좌우되지만, 무극체위도수와 황극체위도수는 시공 질서에 대한 '부동의 기둥'에 해당한다. 체위도수는 연월일시의 구조를 갖고 있다. 그것은 거시와 미시의 시간을 꿰뚫으면서 만물이 종결되지 않도록 하는 시간의 파수꾼이자 만물을 실제로 지배하는 시간의 축(Axis)인 것이다.

김일부는 왜 이다지도 시간의 문제에 끈질긴 사유를 거쳤을까? 시간은 모든 곳에 스며들어 존재하는 만물의 영혼이기 때문이다. 우주와 이 세상은 시간의 건축 행위로 인해 유지된다는 뜻이다. 인간은 과거로 되

---

286) 자동차 엔진이 무극이라면, 제너레이터는 황극, 플러그는 태극이라 할 수 있다. 제너레이터 곧 황극이 없으면 무극이라는 엔진이 쓸모없고, 무극 없는 황극은 엔진이 멈춘 상태에서 홀로 돌아가는 모터일 수밖에 없을 것이다. 무극이 축구장이라면, 황극은 서로 마주 보고 있는 양측 선수들, 태극은 축구공이라 할 수 있다. 태극이라는 공이 없으면 선수 또는 운동장 역시 쓸모없는 시공간일 것이다.

돌아가 상황을 바꿀 수도 없고, 미래를 결정할 수도 없다. 오직 시간만이 만물의 운명을 결정할 수 있다.

천체의 북쪽에는 천황대제天皇大帝, 즉 북극성이 자리 잡아 모든 별들을 거느린다. 북두칠성이 북극성을 중심으로 삼아 28수 주위를 도는 것처럼, 『정역』은 4대 체위(무극, 황극, 월극, 일극)가 모든 변화를 이끌어가는 시간의 질서라고 규정한다.

	체위도수	진행 순서	걸음걸이 수
无極	기사 무진 기해 무술	度逆道順	61
皇極	무술 기해 무진 기사	度順道逆	32
月極	경자 무신 임자 경신 기사		30
日極	병오 갑인 무오 병인 임인 신해		36

물리학에서는 시간을 만물이 한꺼번에 태어나지 않게 하고, 함부로 뒤섞이지 않도록 질서를 부여하는 원리이자 힘으로 본다. 하지만 『정역』은 시간을 '있음(Reality, Being)'에서 무엇으로 '됨(Becoming)'의 과정으로 규정하여 선후천 전환의 근거를 확보하였다. 그러나 기사궁己巳宮은 10토의 기己와 영구토록 꺼지지 않는 생명의 불꽃[巳]으로 결합되어 있다. 무극체위도수와 황극체위도수가 서로 짝을 이루면서 일정한 시간대에 체용이 교체하는 모습 자체는 '있음'이란 의미보다는 '됨의 과정'이라는 뜻이 더 강하게 부각된다.

체위도수가 애당초 시공의 질서로 내재화되었다는 점에서 보면 『정역』은 결정론적 시간관과 우주관의 전형이다. 그리고 황극(땅)이 무극(하늘)으로 전환되어 후천이 온다는 관점에서 보면, 분명코 목적론적 시간관과 우주관이라고 할 수 있다. 한편 인간의 사주가 바뀔 수 없는 것처럼, 황극체위도수 자체는 변화가 불가능하다. 하지만 무극체위도수의 연월일시 형태와 구조가 반대로 바뀔 경우에 황극체위도수와 일치될 수 있다는 점에서 보면, 이 세상에 영원한 것은 없다는 일종의 진리의 상대주의로 보일 수도 있다. 그러나 체위도수 자체는 변경될 수 없다는 측면에서 보면 절대주의 진리관을 견지한다고 할 수 있다.

무극체위도수는 과연 김일부 개인의 창안물일까? 만세력도 포착하지 못하는 무극체위도수에 대해 어떤 사유 과정을 거쳤는가의 언급이 없기 때문에 그 내역을 자세히 알 수 없으나, 아마도 화무상제(조화옹)의 계시를 받고 기록한 내용이라고 추정하는 것이 타당할 것이다. 그렇다면 김일부는 신의 영역을 훔쳐보고 시간의 비밀을 노출한 것인가? 아니면 염라대왕閻羅大王의 장부책을 천기누설天機漏泄한 것인가? 그것은 화무상제와 무언의 대화를 나눈 끝에 시공의 본질을 선언한 것이라 할 수 있다. 그럼에도 꿈의 해몽에 지나지 않는다는 혹독한 비판을 해소시킬 수 있는 전문가들의 연구가 뒤따라야 할 것이다.

"무극의 체위도수는 기사, 무진, 기해, 무술이다.[己巳 戊辰 己亥 戊戌]" 『정역』은 기사를 무극궁, 무술은 황극궁이라 부른다. 비록 기사, 무진, 기해, 무술이 연월일시의 사주 형식으로 구성되었으나, 전체 시스템으로 보면 무극 속에 황극이 내포되어 있다. 기사라는 거대 시간 속에는 황극이라는 또다른 거시 시간이 내포되어 있다는 것은 곧 거대 쪽에서 다른 거시 쪽을 꿰뚫는 방향성이 곧 무극체위도수의 구조인 것이다.

기사궁은 시간의 탄생이라는 관점에서는 과거, 현재, 미래의 시간이 태어나는 방이다. 반면에 무술궁은 시간이 운행의 관점에서 시간의 방향이 뒤집어져 기사궁을 향해 되돌아가는 반환점의 방에 해당된다. 시간이 흐른다는 것은 기사궁에서 끊임없이 현재의 시간이 태어난다는 뜻이다.

공중 목욕탕에 있는 가운데가 오목한 모래시계를 예로 들어보자. "모래시계의 위쪽에 쌓여 있는 모래는 '미래'를, 아래쪽에 쌓여 있는 모래는 '과거'를, 모래가 통과하는 가운데의 개미허리 같은 통로는 '현재'일 것이다. 이 개미허리 부분이 '시중時中'에 해당한다. 위쪽의 모래(미래의 시간)는 시중으로 흘러들어 현재의 시간을 태어나게 하며, 다시 현재의 시간은 시중을 통과하면서 아래쪽(과거의 시간으로)에 쌓인다. 이렇게 볼 때, 시중은 시간의 자궁子宮이며, 동시에 묘혈墓穴이다. 이것이 자궁인 것은 시간의 미래가 여기에 담기면 시간의 현재를 분만하기 때문이고, 이것이 묘혈인 것은 여기를 통과해버린 시간은 이미 죽어버린 과거의 시간이 되어버리기 때문이다. 또한 이것은 과거가 된 시간이 흘러빠져[流産] 버리지 않게 담아두는 자궁인 것이다."[287]

현재화하지 못한 미래의 시간이란 과거의 시간과 똑같이 아무런 조화를 일으킬 수 없는 것으로서 아직 자궁을 얻지 못한 유계幽界 시간의 혼령에 불과하다. 그럼에도 '시중'은 시간이 없다는 뜻의 '현빈玄牝'이라는 곳에서 시간이 태어나는 것이다. 그것을 '묘혈'이라 일컫는 이유는 시중을 통과해버린 시간은 이미 죽은 과거의 시간이기 때문이다. '자궁'이란 시간의 미래가 거기에 담기면 시간의 현재를 분만하기 때문이다. 그럼에도 '무시간'이라 일컫는 것은 시간의 미래가 영원히 존재하지 않으며, 시간의 과거 또한 이 현재 존재하지 않는 시간인데, 현재의 시간은 분만하기 전에는 시간의 미래였다가 분만됨과 동시에 시간의 과거가 되어버리므로 시간의 현재 또한 막연한 생각 속에만 존재하고 실제로 존재하는 시간은 아니다.[288]

생명의 사유에 관한 한 『정역』은 시간관과 밀접한 관계가 있다. 생명의 숨결은 천지의 율동 시간표로 드러나기 때문이다. 『정역』에 따르면, 천지의 숨결은 연월일시의 패턴으로 드러나고, 천지는 일월의 성숙을 통해 다시 태어난다. 무극과 황극, 하늘과 땅은 서로 소통과 순환을 통해서 만

---

287) 채기병, 『소통의 雜說』(문학과 지성사, 2010), 30-31쪽 참조.
288) 박상륭, 『神을 죽인 자』(문학동네, 2003), 281쪽 참조.

물을 일궈내지만, 어느 일정한 시점에 이르면 판을 갈아 엎고 옷을 갈아 입는다는 것이 곧 천지일월(무극체위도수, 황극체위도수, 일극체위도수, 월극체위도수)에 내포된 시간의 본질인 동시에 시간의 운명이라는 뜻이다.

시간의 윤회에 대한 어느 문학가의 사색

시간의 운행은 '과거-현재-미래'라는 시간의 축을 끝없이 선형적으로 이어가는 것이 아니라, 생명의 윤회와 마찬가지로 시간도 윤회한다. 시간의 흐름은 한 방향으로 진행되어가다가 어느 지점에 이르게 되면 뒤집혀 다시 돌아온다. 시작과 끝이 맞물려 있다는 것인데, 현재의 시간이 진행하여 미래의 시간을 과거로 만들고, 그 과거의 시간은 다시 미래의 시간으로 뒤집혀 현재화된다. 그러나 이런 시간의 윤회는 시작도 끝도 없는 원운동을 계속하는 것이 아니라, '양극을 갖는 타원형'의 궤도를 따라 윤회한다는 것이다. 시간은 흐름을 지속하다가 어느 지점 즉 '타원형의 양극의 지점'에서 그 시간은 뒤집혀 흐른다.

이 '양극'이 시작과 끝이 교차되는 지점인데, 이 '양극'에 '시중'이라는 '無性의 방'이 있어, 그 방을 통과하면서 끝은 다시 시작의 출발점이 된다. '시중'이라는 방을 '무성'이라 한 것은 '체'와 '음'으로서의 과거도 아니며, '용'과 '양'으로서의 미래도 아니기 때문이다. 시간이 뒤집히는 모습은 모래시계를 연상하면 쉽다. 위쪽에 쌓여 있는 미래의 시간은 현재화하면서 아래쪽에 쌓여 과거의 시간이 된다. 위쪽에 쌓여 있는 모래가 다 흘러내리면 모래시계를 다시 뒤집게 되는데, 그러면 과거의 시간은 다시 미래의 시간으로 뒤집힌다.

모래시계의 경우, 시간이 뒤집히기 위해서는 누군가가 이 모래시계를 뒤집어야 할 것이다. 그러나 朴常隆(1940-2017)은 시간의 輪轉은 그 자체 내의 어떤 힘에 의해서 뒤집혀진다는 시간관을 제안하였다. 그렇다면 시간을 뒤집는 자체 내의 힘이란 무엇인가? 그것은 어떤 절대적 힘의 섭리에 의해서가 아니라, '음'과 '양'이 스스로 조화를 이루려는 작용 때문이라는 것이다. … 시간이 태어나고 시간이 뒤집히는 방이라는 '시중'의 개념이 보다 폭넓게 사용되는 경우, 이것이 어떤 획기적인 변화가 일어나는 시점, 혹은 '한 우주가 폐막하고 한 우주가 개벽하는 시간'이 된다.(박상륭, 『七祖語論(1)』, 문학과 지성사, 2001, 124쪽 참조.)

"간지의 도는 역행하고, 수리로는 순행한다.[度, 逆, 道, 順.]" 왜 간지의 길은 거슬리는 방향으로 나아가고, 진리의 길은 순행하는가? 그것은 하늘과 땅은 상하로 구성되었다는 천원지방설天圓地方說과 하늘은 좌회전, 땅은 우회전한다는 동양 천문학에 기초한 것이다. 이 대목은 하늘의 좌회전과 땅의 우회전의 이치를 설명한 것이다.

甲子	乙丑	丙寅	丁卯	戊辰	己巳	庚午	辛未	壬申	癸酉
甲戌	乙亥	丙子	丁丑	戊寅	己卯	庚辰	辛巳	壬午	癸未
甲申	乙酉	丙戌	丁亥	戊子	己丑	庚寅	辛卯	壬辰	癸巳
甲午	乙未	丙申	丁酉	戊戌	己亥	庚子	辛丑	壬寅	癸卯
甲辰	乙巳	丙午	丁未	戊申	己酉	庚戌	辛亥	壬子	癸丑
甲寅	乙卯	丙辰	丁巳	戊午	己未	庚申	辛酉	壬戌	癸亥

6갑 조직표

『정역』은 본체를 둥근 원, 작용은 네모 형태라는 뜻의 '체원용방體圓用方' 또는 본체가 네모진 형태이고 작용이 둥근 형태일 경우는 '체방용원體方用圓'이라고 했다. 1, 3, 5, 7, 9는 낙서의 원圓이고, 10, 8, 6, 4, 2는 하도의 방方이다. 이 둘은 서로 엇갈리면서 교차한다. 그것은 무극체위도수 속에 황극체위도수가 들어있고, 황극체위도수 속에는 무극체위도수가 들어있다는 뜻이다. 곧 10, 8, 6, 4, 2 속에 1, 3, 5, 7, 9가 교차하면서 순행과 역행 논리를 형성한다.

무극은 하늘의 진리를, 황극은 땅의 진리를 대변한다. 무극은 하도의 길을, 황극은 낙서의 길을 대변한다. 하도는 순행順行의 길을, 낙서는 역행逆行의 길을 걷는다. 이를테면 무극은 10, 9, 8, 7, 6, 5, 4, 3, 2, 1의 방향으로 순행한다. 무극의 시간은 시계 반대 방향으로 미래에서 현재를 거쳐 과거로 흐른다는 뜻이다.

그러니까 간지가 미래에서 현재를 향하며, 현재는 과거를 향해 달린다는 것이다. 이와는 달리 무극(하도, 하늘)의 빛과 진리[道]가 순행한다는 것은 황극(낙서, 땅)의 역행에 따라 엇갈리며 나아간다는 뜻이다. 5에서 10은 역행이요, 10에서 5는 순행이다. 황극은 무극의 순행과는 반대로 역행의 길을 걷는다.

순행[順]과 역행[逆]의 근거는 어디에 있는가? 『정역』은 기己(하늘, 무극)를 10, 무戊(땅, 황극)는 5로 규정한다. 『정역』은 무기戊己에 대한 주석서라고 할 정도로[289] 하늘과 땅의 구성 방식을 중시 여긴다. 황극 5에서 10으로 가는 길은 도역道逆이고, 무극 10에서 5로 가는 길은 도순道順이다.[290]

度	무술 → 기사, 順	기사 → 무술, 逆
道	5 → 10, 逆	10 → 5, 順

순역 논리의 구조

체위도수는 우주 시계의 톱니바퀴와 같다. 『주역』은 춘하추동의 시간, 동서남북의 공간, 인성의 인의예지를 총괄하여 '원형이정元亨利貞'이라 했

289) 김상일, 『周易 너머 正易』(상생출판, 2017), 90쪽 참조.
290) 하늘은 위, 땅은 아래다. 위에서 아래로(↓)는 順, 아래에서 위로(↑)는 逆이라는 뜻이다.

다. 원형이정은 천지의 숨결을 네 단계의 패턴으로 압축한 생명의 본성을 의미한다. 『정역』은 원형이정 중에서 시간의 본성을 연월일시의 톱니바퀴로 표현했던 것이다. 그러면 무극체위도수는 왜 61인가? 사람의 환갑 행사처럼, 기사에서 한 바퀴 돌아서 기사에 닿으면 61도이기 때문이다. 무극체위도수는 '천원지방'에서 하늘이 둥글게 돌아가는 원형圓形을 본받은 것이다.

皇極體位度數
황극체위도수

황극체위도수는 무극체위도수와는 연월일시가 거꾸로 이루어져 있다. 이 둘은 서로의 존재 근거요 영원한 파트너라는 사실을 알려준다. 하늘과 땅, 낮과 밤, 남성과 여성, 보수와 진보, 남과 북 등은 겉으로 보면 대립 관계이지만 사실로는 공존 관계로 존재하며 생성한다는 뜻이다.

戊戌 己亥 戊辰 己巳니라
무술 기해 무진 기사
度는 **順**하고 **道**는 **逆**하니라
도 순 도 역
而數는 三十二니라
이수 삼십이

황극의 체위도수는 무술, 기해, 무진, 기사이다.

간지의 길은 순행하고, 수리로는 역행한다.

그 수는 32이다.

무극이 하늘이라면, 황극은 땅이다. 무극이 하도의 길이라면, 황극은 낙서의 길을 걷는다. 무극과 황극, 하늘과 땅, 태양과 태음, 하도와 낙서는 서로 만나기 위해 존재하는 것이다. 다만 만나는 방식이 서로 어긋나기 때문에 순행과 역행으로 움직일 따름이다.

왜 무극과 황극은 서로 엇갈리는 방식으로 움직이는가? 만물의 공식은 하도와 낙서의 패턴을 반영한 하도의 미분微分과 낙서의 적분積分 법칙이 적용되기 때문이다. 미적분 방정식의 뿌리는 어디에 있는가? 그것

은 태양과 태음의 존재 방식에 근거한다. 태양과 태음은 서로의 존재 근거이며, 선후천 교체 방식의 뿌리라는 뜻이다.

『정역』「십오일언」"금화오송"은 태양과 태음이 서로의 뿌리임을 밝히고 있다. "6수와 9금은 모이고 불어나서 율이 되고, 2화 3목은 나뉘어 영으로 여가 된다.[六水九金, 會而閏而律. 二火三木, 分而影而呂.]" 수학 용어로 말하면 모일 회會와 불어날 윤閏은 적분積分이고, 나뉠 분分과 율려의 그림자 영影은 미분微分일 것이다.[291]

태양의 뿌리는 태음이고, 태음의 뿌리는 태양이라는 것은 미분과 적분이 상대방을 지향한다는 사실을 알려준다. 태양과 태음의 자양분은 상대방에 있기 때문이다. 무극 속에 황극이 있고, 하늘 속에 땅이 있고, 하도 속에 낙서가 있고, 순행 속에 역행이 있고, 상생 속에 상극이 있는 이치와 똑같다. 만물은 공통으로 미적분을 생명의 공식으로 삼는다는 점이다.

成度之朞	无極體位度數		皇極體位度數	
	己位(太陽/日)		戊位(太陰/月)	
成度之年	己巳	陰陰	戊戌	陽陽
成度之月	戊辰	陽陽	己亥	陰陰
成度之日	己亥	陰陰	戊辰	陽陽
成度之時	戊戌	陽陽	己巳	陰陰

무극체위도수와 황극체위도수의 구성과 특성

무극궁과 황극궁은 기사와 무술이다. 무극궁 기사의 기는 10토, 사는

291) 微積分은 수학자들의 골머리를 앓게 했던 문제들을 풀어주고, 존재하는 줄도 몰랐던 세계의 문을 열어주었다. 미적분은 서로 逆 관계인 미분과 적분으로 나뉜다. 미분에 적분을 하면 처음의 식으로 돌아가고, 그 반대의 결과도 같다는 것이다. 미분과 적분 모두 기본적으로 근사치를 구하는 방법이기는 하지만 목적은 상한과 하한을 사용해 근사치의 오류를 0에 가깝게 만드는 것에 있다.(앤 루니 저/문수인 옮김, 『수학 오디세이』, 돋을새김, 2014, 216-217쪽 참조.)

불이다. 그러니까 기사는 영원히 살아 있는 불덩어리로 존재하는 10토 무극의 집을 뜻한다. 황극궁 무술의 무는 5토, 술은 물이다. 무술은 생명의 물을 뿜어내는 5토 황극의 집을 뜻한다. 황극체위도수는 무극체위도수의 연월일시와는 반대의 구조를 갖는다. 무극과 황극은 10토와 불, 5토와 물의 대응 관계로 구성되어 있다.

무술은 황극, 기사는 무극이다. 무술이 기사에 도달하기까지는 32도 걸린다. 왜 그런가? 기사가 한 바퀴 돌아 제자리에 돌아오면 61도이다. 반면에 황극은 무극에 비해 반절 만큼 돈다. 무극은 10토이고, 황극은 5토이기 때문이다. 황극은 창조의 능력이 무극보다 $\frac{1}{2}$배 정도로 작은 까닭에 황극은 항상 무극과의 합일을 목적으로 삼는다는 뜻이다. 황극은 무술에서 출발하여 귀향처 기사까지는 32도인 것이다.

무술궁은 태음의 모체인 5토 무위戊位의 방이다. 여기에는 두 가지 이유가 있다. 하나는 『주역』의 입장이 있고, 다른 하나는 『정역』의 입장이 있다. 『주역』에는 '선갑삼일先甲三日 후갑삼일後甲三日'과 '선경삼일先庚三日 후경삼일後庚三日'의 논리가 있다. 전자는 '갑자'를 중심으로 신유, 임술, 계해와 을축, 병인, 정묘이다. 후자는 '경자'를 중심으로 정유, 무술, 기해와 신축, 임인, 계묘이다. 그러니까 선천은 갑자에서 시작하고, 후천은 경자에서 시작한다는 뜻이다. 이때 갑자에서 경자까지는 36도의 간격이 있다.

『정역』은 하도와 낙서에 기초한다. 선갑삼일의 '신유'가 낙서궁이라면, 선경삼일의 '정유'는 하도궁이다. 신유에서 정유까지는 36도의 간격이 존재한다. 그러니까 하도궁 '정유'의 다음인 무술궁이 곧 태음의 모체에 해당되는 것이다. 무술이 기사에 닿는 길은 기해, 무진, 기사의 방향이므로 간지의 길은 순행하고 진리의 길을 셈하는 수는 황극에서 무극으로 나아가기 때문에 '5 → 10의 역행'이라고 했다. 그러니까 무술에서 기사까지가 32도라는 것이다.

月極體位度數
월 극 체 위 도 수

천지는 만물의 근본 바탕이다. 천지가 존재하는 까닭에 온갖 생명체가 생성을 거듭할 수 있다. 그 중에서 태양과 달은 천지의 아들딸 노릇을 한다. 태양이 아들이라면, 달은 딸이다. 그러니까 일월이 천지의 의지를 수행하는 가운데, 인간은 천지의 목적을 달성하는 만물의 영장으로 등장하는 것이다.

庚子 戊申 壬子 庚申 己巳니라
경자 무신 임자 경신 기사
初初一度는 **有而无**니라
초초일도 유이무
五日而候니라 **而數**는 三十이니라
오일이후 이수 삼십

월극의 체위도수는 경자, 무신, 임자, 경신, 기사이다.

초초1도는 있어도 없는 것이다.

5일이 후이다. 그 수는 30이다.

달이 성숙하는 이치와 과정은 천지의 목적을 달성하기 위한 몸짓이다. 월극체위도수와 일극체위도수는 천지가 완수되는 질서를 태양과 달이 성숙하는 발걸음에 맞추어 수치로 표현한 것이다. 천지에 음양의 균형이 이루어져야 태양과 달도 정상 궤도를 걸을 수 있기 때문이다. 그래서 일월의 성숙에 앞서 무극체위도수와 황극체위도수의 본질과 운명을 언급한 것이다.

그러면 월극체위도수는 왜 '경자·무신·임자·경신·기사'로 구성되는가? 하필 '경자'에서 시작할까? 여기에는 두 가지 견해가 있다. 하나는 『주역』의 주장처럼, 선천이 갑자에서 출발한다면 후천은 경자에 출발하기 때문이다. 갑자와 경자는 지지의 '자'가 똑같고, 천간만 바뀌었다. 이처럼 문자에 기초한 주장은 얼핏 보기에는 타당한 것으로 보이지만, 뚜렷한 근거가 부족하다.

다른 하나는 『정역』 특유의 태양과 태음에 기초한 논리가 있다. 무극체위도수와 황극체위도수는 '연·월·일·시'의 구조를 말했다면, 월극과 일극에서는 '포胞·태胎·양養·생生·성成'의 도수를 말한다. '포태양생성'은 태양과 태음이 성숙하는 정령과 율려의 리듬을 의미한다. 정령政令은 태양태음의 '겉'이고, 율려律呂는 태양태음의 '속'이라는 것이 전제되어 있다. 월극체위도수는 태음의 겉인 '일수지혼一水之魂, 사금지백四金之魄'의 1수水와 4금金에 근거하며,[292] 1수와 4금은 또한 무위戊位에 근거한다.[293]

'초초1도'란 무엇인가? 무술궁 자체는 태음을 직접 낳지 못한다. 무술, 기해 다음의 경자庚子에 이르러 첫 1도[初一度]로 태음을 낳을 수 있기 때문이다. 그러니까 무술과 경자 사이에 낀 기해는 '초초1도'라는 것이다. 황극체위도수에는 '기해'가 있지만, 월극체위도수에는 기해가 들어 있지 않는 까닭에 '있어도 없는 것[有而无]'이라고 표현한 것이다. 기해는 경자의 뿌리인 셈이기 때문에 '초초1도'라고 부른다. 무술에서 기사까지가 32도라면, 경자에서 기사까지는 30도이다. 실제로 한 달은 30일로 성숙된다는 뜻이다.

왜 '5일이 후候'가 되는가? 이에 대한 물음은 다양하다. 첫째는 5행의 리듬에 맞추는 것이다. 둘째는 역법에서 360일 ÷ 5 = 72후候라는 등식이 있다. 예컨대 갑자, 을축, 병인, 정묘, 무진에 이르면 5일이 1후候를

---

292) 『正易』「十五一言」, "太陰, 逆生倒成, 先天而后天, 旣濟而未濟. 一水之魂, 四金之魄."
293) 『正易』「十五一言」, "戊位, 度順而道逆, 度成道於三十二度, 后天水金太陰之母."

이룬다. 그런데 갑자는 갑기화토甲己化土, 을축은 을경화금乙庚化金, 병인은 병신화수丙辛化水, 정묘는 정임화목丁壬化木, 무진은 무계화화戊癸化火의 순서로 5행의 기氣가 상생하면서 5일에 한 바퀴씩 도는 것이다.

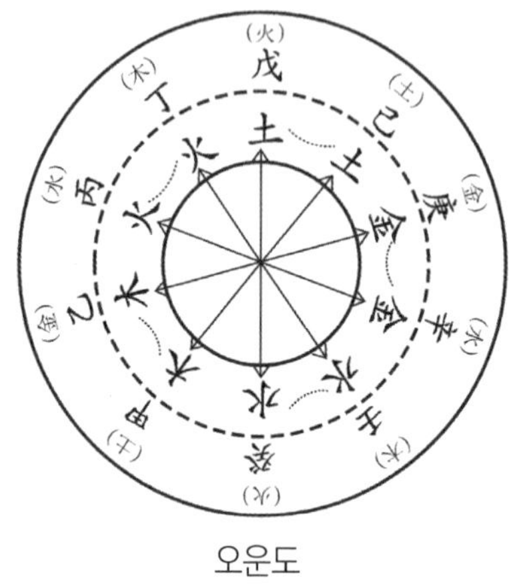

오운도

1. 점선 내부에 있는 木木火火 등은 五行이 方位順으로 生하는 모습
2. 점선의 외부에 있는 土金水木火 등은 五運의 모습
3. 이 그림에서 運의 運行은 天道가 生하는 順에 의하지만 運의 현상은 반대로 나타난다.

셋째는 『정역』의 논리에 맞추는 경우가 있다. "달은 진에서 굴하니 28일이요, 달이 자에서 회복하니 30일이 그믐이니 후천이다. … (무'진'에서 기사, 경오, 신미를 거쳐) 임'신'에서 생하는 것이 초삼일이다.[月窟于辰, 二十八日. 月復于子, 三十日, 晦, 后天. … 五度而月魂生申, 初三日.]"[294)]

황극체위도수가 무술에서 기사까지 닿는 32도라면, 황극체위도수에 근거한 월극체위도수는 경자에서부터 계산한다. 경자에서 기사까지는 30이므로 한 달은 30일이 된다는 것이다. 황극체위도수와 월극체위도수는 2도 차이가 생긴다. 그것은 무술이 황극체위도수의 모체라면, 월극체위도수의 경자는 실제 시간을 낳는 집[胞]이기 때문이다. 여기서도 갑자에서 경자까지의 헛도수[虛度數]가 전제되어 있다는 사실을 발견할 수 있다. 월극체위도수는 겉으로는 32도이지만 실제로는 30도이다. 6갑의 반

---

294) 『正易』「十五一言」"金火五頌"

은 양이고, 반은 음이기 때문에 월극체위도수는 30도인 것이다.[295]

월극체위도수의 경자와 임자의 '자'는 '1수의 혼'을, 무신과 경신의 '신'은 '4금의 백'을 가리키며, 기사는 무위 즉 월극체위도수의 태음이 성숙되는 귀결처를 뜻한다. 태음은 낙서의 길을 걷는다. 왜냐하면 '포·태·양·생·성'의 일정한 방향성 곧 과거 → 현재 → 미래의 방향으로 성숙 과정을 거치기 때문이다.

포태양생胞胎養生은 원래 술객들이 즐겨 사용하는 용어이기 때문에 『정역』 비판가들은 풍수 이론을 끌어들였다고 폄하한다. 하지만 김일부는 자신의 철학을 수립하기 위해서 도교와 불교의 개념들을 과감하게 도입하는 용기를 보여주었다.

한마디로 『정역』의 공덕은 시간의 숨겨진 질서(속, 胞)를 밝힌 것에 있다고 할 수 있다. 왜냐하면 태양력과 태음력이 자연의 보이는 질서에 기초한 체계라면, '포'는 태양력과 태음력이 나뉘기 이전의 보이지 않는 질서를 의미하기 때문이다. 시간으로 드러나기 이전의 숨겨진(감추어진) '포'의 세계를 밝힌 『정역』은 형이상학 이전의 형이상학이라 하겠다.

숨겨진 질서가 현실로 구현되면 선천이 후천으로 바뀐다. 선후천의 교체는 역법 질서의 전환으로 나타나는데, 역법의 체계는 1년 360일 태양력 중심으로 통일된다. 지금의 태음태양력 체계의 태음력은 한 달이 29.5일인데, 이것이 한 달 30일로 바뀐다. 그러니까 '30일 × 12'라는 1년 360일의 정력正曆이 수립되는 것이다. 후천은 태음력이 없어지고, 1년 360일 태양력 중심의 역법으로 통합된다는 뜻이다.

새로운 역법의 출현은 태양과 달과 지구 사이의 역학力學 관계를 새롭게 조명해야 한다는 것을 시사한다. 시공 질서의 근본적 전환은 자연의 혁명에 그치는 것이 아니라, 그것은 인간 완성의 가능성과 더불어 새로

295) 일극체위도수는 겉으로는 36도이지만, 실제로는 30이다. 성숙되는 과정의 36도 속에는 7도가 이미 내포되어 있기 때문이다.

운 형이상학의 출현을 예고한 것이다. 해와 달과 지구 사이의 물리적 균형 잡기에 따른 새로운 학술의 태동은 전무후무한 사건인 까닭에 지금도 『정역』을 『주역』에 대한 왜곡된 학술로 보는 사람들도 있다.

우리는 더 이상 19세기 조선의 상황 논리에 의존하지 않고, 『정역』을 순수 학술 차원에서 재검토한 다음에 비판해도 늦지 않을 것이다. 전혀 읽지도 않은 채 『주역』의 논리에 의거하여 『정역』은 태어나지 말아야 할 사생아 쯤으로 모독하는 태도는 옳지 않다. 육하六何 원칙으로 판단하지 않고 남의 주장을 추종하는 태도 역시 떳떳하지 않다. 그렇다고 『정역』은 우리 것이라는 이유 하나 때문에 무비판의 성역이 되는 것도 반대다. 어떤 사상이든 이치가 합리적이고 타당하다면 인정받을 자격이 충분할 것이다.

日極體位度數
일 극 체 위 도 수

무극과 황극의 질서가 바뀌는 것은 해와 달의 운행을 통해 극명하게 드러난다. 한 달이 30일로 자리잡는다면, 해의 운행도 30일 리듬과 동일하게 될 것이다. 다만 해의 운행에서 성숙되는 과정이 달과 다를 뿐이다. 일극체위도수에 나타난 해(태양)의 걸음걸이는 병오, 갑인, 무오, 병인, 임인, 신해의 과정을 거친다고 했다. 우선 해의 겉은 병오와 무오의 7화火의 '기氣'와, 갑인과 병인의 8목木의 '체體'로 구성되어 있다. 일극체위도수의 기본은 '기위己位'에 놓여 있다.

丙午 甲寅 戊午 丙寅 壬寅 辛亥니라
병 오 갑 인 무 오 병 인 임 인 신 해
初初一度는 **无而有**니라
초 초 일 도 무 이 유
七日而復이니라 **而數**는 **三十六**이니라
칠 일 이 복 이 수 삼 십 육

일극의 체위도수는 병오, 갑인, 무오, 병인, 임인, 신해이다.

초초1도는 없어도 있는 것이다.

7일에 회복한다. 그 수는 36이다.

태양은 기위己位에 기초하여 불[火] 에너지와 목木의 형체를 산출한다.[296] 무위戊位에 근거한 월극체위도수가 무술과 기해를 건너 경자에서 달의 몸체를 만들기 시작했다면, 일극체위도수는 경자의 뿌리인 '기해'에

296) 일극체위도수는 '기사'에 뿌리를 둔 무극체위도수의 구체적인 작용을 대변한다.

서부터 7도를 지난 병오에서 태양의 몸체를 만들기 시작한다. 그러니까 월극체위도수는 경자에서 포하고, 일극체위도수는 병오에서 포한다는 점이 다르다. 월극체위도수가 황극의 작용이라면, 일극체위도수는 무극의 작용이기 때문에 태양의 몸체가 성숙되는 과정을 얘기한 것이다.

순서	구분	月極體位度數(太陰)		日極體位度數(太陽)	
		胞 胎 養 生 成	6甲	胞 胎 養 生 成	6甲
1	胞	胞於戊位成度之月初一度	庚子	胞於己位成度之日一七度	丙午
2	胎	胎於一九度	戊申	胎於十五度	甲寅
3	養	養於十三度	壬子	養於十九度	戊午
4	生	生於二十一度	庚申	生於二十七度	丙寅 壬寅
5	成	度成道於三十	己巳	度成道於三十六	辛亥

태음과 태양의 완수 과정

'태양은 초초1도는 없어도 있는 것이다.[初初一度, 无而有.]'에서 초초1도 기해와 초1도 경자는 포태 이전의 집이기 때문에 6갑 시스템으로 보면 겉으로 드러나지 않았으나, 태양의 몸체는 그 본성이 온전하고 이치는 항상 곧기[太陽恒常, 性全理直] 때문에 7도는 은폐되어 있을뿐 실제로는 존재한다는 뜻이다. 기해와 경자는 태양의 병오·갑인·무오·병인·임인·신해라는 성도 과정에는 개입하지 않기 때문에 '없어도 있는 것[无而有]'이라고 표현한 것이다.

그러면 7도의 근거는 무엇인가? 태양과 태음이 30을 기준으로 음양의 균형을 이루려면 양은 덜어내고, 음은 보태는 이치가 작동되어야 할 것이다. 억음존양抑陰尊陽 논리가 존음억양尊陰抑陽의 논리로 바뀌어 실제로는 음양이 균형을 이루는 정음정양正陰正陽의 목적을 확보하는 것에 있다. 7도에 대한 견해는 매우 다양하지만, 6도를 경과한 7도에 이르러 원래의 자리로 되돌아가는 변화의 이치를 설명한 것에 있다.

첫째, 갑이 경으로 바뀌려면 여섯 단계를 지나 일곱 번째에 이르러야 한다. 둘째, 『주역』의 초효로부터 2효, 3효, 4효, 5효와 상효를 지나 다시 초효에 이르면 일곱 번째이기 때문이다. 셋째, 『주역』 지뢰복괘地雷復卦(䷗) 「단전」의 "'그 도를 반복해서 7일만에 돌아온다'는 것은 하늘의 운행이요, … 복에서 천지의 마음을 볼 수 있는 것인저![反復其道七日來復, 天行也. … 復, 其見天地之心乎!]"의 7일에 뿌리를 두는 경우가 있다. 넷째, 산풍고괘山風蠱卦(䷑)의 갑자를 중심으로 선갑삼일先甲三日과 후갑삼일後甲三日의 7일, 중풍손괘重風巽卦(䷸)의 경자를 중심으로 선경삼일先庚三日과 후경삼일後庚三日의 7일이 바로 그것이다.[297] 다섯째, 일극체위도수 여섯에 '초초1도' 하나를 보태어 일곱이라는 것이다.

왜 일극체위도수의 수는 36인가? 겉으로 보기에 (기해)[298] → 병오 → 갑인 → 무오 → 병인 → 임인 → 신해까지가 36도이다. 중간에 병인 → 임인까지의 36도라는 시간의 질적인 비약이 있지만, '인寅'이라는 집을 공유하고 있기 때문에 이중으로 계산하지 않을 따름이다. 그것은 시간의 재편성 과정에서 창조적 변화가 일어나는 시간의 선험적 이정표를 뜻한다.

무극궁 기사에서 한 바퀴 돌면 61도이고, 무술궁에서 기사궁에 닿으면 32도이다. 왜 월극체위도수가 30도인 반면에, 일극체위도수는 36일까? 연월일시의 구성을 보면 무기戊己는 곧 천지를 뜻한다. 따라서 천지의 걸음걸이는 12번의 초하루를 거쳐 1년[年]이 생기고, 태음의 걸음걸

297) 전자는 辛酉, 壬戌, 癸亥, 甲子, 乙丑, 丙寅, 丁卯의 7일이다. 후자는 丁酉, 戊戌, 己亥, 庚子, 辛丑, 壬寅, 癸卯의 7일이다.

298) '기해'는 도대체 무엇인가? 황극체위도수에서 '무술, 기해, 무진, 기사'의 기해가 한 달의 기준인 '月柱'라면, 무극체위도수에서는 '기사, 무진, 기해, 무술'의 기해는 '日柱'에 해당한다.

이는 30일을 거쳐야 한 달[月]이 생기며, 태양의 걸음걸이는 12시를 거쳐야 하루[日]가 생긴다. 그럼에도 무극체위도수는 61도이며, 일극체위도수는 왜 36도일까라는 궁금증이 생긴다.

우선 선천은 갑자에서 시작하고 후천은 경자에서 시작한다고 할 때, 36도를 뛰어넘는 헛도수가 생긴다. 헛도수를 배제하고 경자를 초1도로 계산하여 마지막 신해에 이르러 성도한다는 것이다. 그러나 일극체위도수는 경자에서 6도를 지나 7도인 병오에서 포胞하므로 실제로 성도하는 도수는 30인 것이다. 반대로 헛도수 36도 역시 6도를 제외해도 30도가 된다. 이것을 실제 성도하는 도수 30을 합하면 병오의 집에서 61도로 한 바퀴 돌기 때문에 무극체위도수 61도와 동일하게 되는 것이다. 그래서 김일부는 "7일에 회복한다. 그 수는 36이다.[七日而復, 而數三十六.]"라고 말했던 것이다.

이밖에도 36의 근거를 시간의 생성 차원에서 찾지 않고, 내부 구조 자체에서 비롯된 것으로 보는 견해가 있다. 그것은 정령政令과 율려律呂가 바로 그것이다. 정령은 무극과 황극의 겉, 즉 태양과 태음의 겉이다. 율려는 태양과 태음의 속을 가리킨다. 그러니까 이 세상은 정령과 율려가 지배하는데, 정령이 보이는 질서라면 율려는 보이지 않는 질서를 뜻한다. 선천을 후천으로 바꾸는 열쇠는 율려에 있고, 자연의 혁명을 일으켜 시간을 혁신하는 존재 역시 율려라고 할 수 있다.

구분		太陽	太陰
		七火之氣 八木之體	一水之魂 四金之魄
己位	政令(겉)	丙 甲 (7火) (8木)	壬 庚 (1水) (4金)
戊位	律呂(속)	癸 辛 (6水) (9金)	丁 乙 (2火) (3木)

무극과 황극, 태양과 태음, 정령과 율려의 표리 관계

태양의 겉은 성수成數로 이루어진 뜨거운 열로 불타는 몸체이고, 태음의 겉은 생수生數로 이루어져 자체 열이 없는 물과 쇠로 구성되었다. 정령[299]은 곧 태양과 태음의 겉이다. 겉이 있으면 속이 있기 마련이다. 율려는 태양과 태음의 속으로 황극의 내부를 뜻한다. 태양의 겉인 7화8목의 속은 성수로 이루어진 6수9금의 '율'이다. 태음의 겉인 1수4금의 속 역시 생수로 이루어진 2화3목의 '여'이다. 태양은 성수로 이루어져 있고, 태음은 생수로 이루어져 있다. 태양의 겉과 태음의 겉이 결합된 경·임·갑·병의 질서는 정령이고, 태양의 속과 태음의 속이 결합된 정·을·계·신의 질서는 율려다.

태음의 겉은 '혼백'으로 구성되었고, 태양의 겉은 '기체'로 구성되었다. 이것을 수지도수로 보면, 8목7화의 갑병甲丙은 태양의 '정政'이 되고, 4금1수의 혼백은 태음의 '령令'이 된다. 태양과 태음의 정령은 기위己位 무극의 '기 · 경 · 임 · 갑 · 병'에서 비롯된 것이다. 기위 정령의 숫자는 2, 4, 6, 8의 짝수로 이루어져 있다. 정령을 움직이는 것이 바로 율려다. 율려는 무위戊位 황극의 '무 · 정 · 을 · 계 · 신'에서 비롯된 것이다. 무위 율려의 숫자는 9, 7, 5, 3의 홀수로 이루어져 있다.

태양은 병7화와 갑8목의 정령의 신분이지만, 그 속에는 신9금과 계6수의 '율'이 함축되어 있다. 태음은 임1수와 경4금의 정령의 신분이지만, 그 속에는 정2화와 을3목의 '여'가 들어 있는 것이다. 태음은 4금1수의 혼백 속에 2화3목이 들어 있고, 태양은 8목7화 속에 6수9금이 들어 있다.

태음의 겉은 '금수'라는 생수生數로만 형성된 까닭에 스스로는 에너지를 방출할 수 없는 것이다. 한편 태양의 겉은 '목화'라는 성수成數로 형성된 까닭에 겉 온도가 6,000도가 넘을 정도로 뜨겁다. 태양의 속 온도는 시공도 빠져나가지 못할 정도의 블랙홀이라고 알려져 있다. 기위 정령

299) 정령은 올바르게 다스리라는 하늘의 명령으로서 군왕이 신하에게 내리는 절대 명령과 비슷하다.

을 숫자로 세면 1, 2, 4, 6, 8이고, 무위 율려는 10, 9, 7, 5, 3으로 이루어져 있다. 이들은 똑같은 손가락의 굴신에 따라 다를 뿐이다.

己位 政令	戊位 律呂
(1) 2, 4, 6, 8 / 짝수	(10) 9, 7, 5, 3 / 홀수

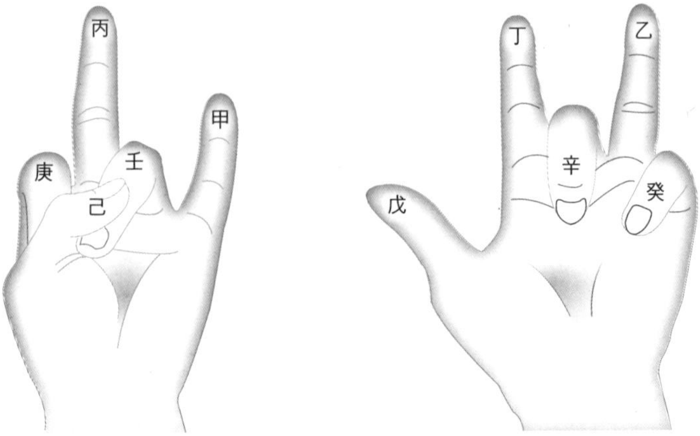

己位의 政令　　　戊位의 律呂

이밖에도 정령의 운용은 (7화×4금)+(8목×1수)=36의 등식이 성립하고, 율려의 운용 역시 (6수×3목)+(9금×2화)=36의 등식이 성립한다. 이런 의미에서 정령과 율려는 '십간원도수十干原度數'의 운용 세칙이라 할 수 있다. 율려의 운용도수 36을 『정역』「십오일언」"일세주천율려도수"를 바탕으로 태양과 태음의 관계를 도표로 그리면 무극과 황극과 태극의 관계가 명료하게 드러난다.

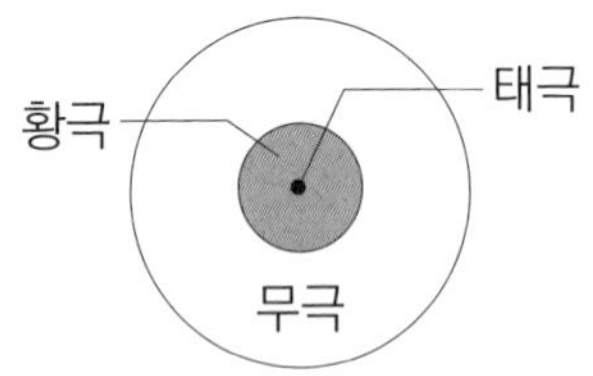

태양(무극)과 태음(황극)의 겉과 속

한편 겉 원이 1년 360일을 상징한다면, 속 원은 율려도수 36도를 상징한다. 그러니까 360 : 36 = 10 : 1의 등식이 성립하는 것이다.

化翁은 **无位**시고 **原天火**시니 **生地十己土**니라
화옹 무위 원천화 생지십기토

화옹은 일정한 자리가 없으시고, 원천의 불이시니 지십의 기토를 낳는다.

이 대목은 앞 구절을 이어받아 6갑의 조직론을 조화옹의 권능에 대한 주제로 바꾸면서, 다시 조화옹의 위격을 정령과 율려의 문제로 치환시키고 있다. 6갑의 조직 구성이 우주와 시간에 대한 논의라면, 화옹은 6갑을 통해 만물을 주재하는 최고신의 절대자를 가리킨다. 화화옹化化翁이 선천의 변화를 후천으로 뒤바꾸는 조화造化의 신이라면, 10무극 세상으로 조화시키는 무극상제无極上帝는 인격성을 지닌 조화옹造化翁을 가리킨다.

유교에서는 인격성을 지닌 상제를 만물의 궁극자라고 규정했으나, 김일부는 특정 공간의 형식으로 형상화할 수 없는(non locality) 주재자를 화무상제라고 표현했다. 화옹은 경험으로 포착될 수 없으나, 오히려 새로운 시공간을 (재)창조하는 신성한 생명의 불덩어리로 존재한다는 것이다. '원천原天'은 낮에는 파랗고 밤에는 시커먼 sky가 아니라, 선천과 후천을 관장하는 본래의 하늘(Original Heaven)이라는 뜻이다.

김일부는 선천과 후천을 구분하고, 앞으로 후천이 온다는 것을 주장하는 것에 그치지 않았다. 선천을 후천으로 바뀌게 하는 하늘이 곧 선천이 태어나기 이전의 하늘이라고 밝혔다. 하늘의 두 얼굴이 바로 선천과 후천이며, 원천은 원래 하늘의 고향이라는 뜻이다.

원천은 언어를 초월한 형이상학의 대상이라는 의미와 함께 성령(Holy Spirit)으로 가득 찬 생명의 불로서 만물로 하여금 활력을 불어넣는 시공

의 모체를 가리킨다. 그것은 신성한 불꽃인 동시에 광명의 빛을 뿜어내는 화옹이 거주하시는 거룩한 장소이다. 화옹은 시공을 초월하여 만물을 빚어내는 창조주라기보다는 시공에 내재하여 역사와 문명에 책임지는 조화造化의 하느님을 가리킨다.

화옹은 하나의 고정된 위치에 거처할 수 없기 때문에 일정한 자리가 없는 '무위无位'로 존재한다. '원천'은 조화를 일으키는 참 이치의 하늘로서 생명의 불[火]로 존재한다. '원천'은 형기形氣를 지닌 하늘이 아니라, 본연의 실재를 가리킨다. '불'은 5행의 하나인 물질(matter fire)이 아니라, 신묘한 작용으로 자존自存하는 신神을 일컫는 것이다.[300)]

조화옹은 자율의 조물주인 동시에 스스로 변화하는 신이다. 특히 선천을 후천으로 뒤바꾸는 창조적 변화[造化]의 인격자 신이다. 조화옹은 시공간의 제약을 받지 않고, 스스로 존재하는 인격신 화무상제인 것이다. 화옹은 만물에 두루 편재하는 까닭에 하나의 명칭으로 고정화시킬 수 없으므로 '무위'라 한다. 특별히 '무극체위도수', '황극체위도수', '월극체위도수', '일극체위도수'가 특정의 시공 또는 목적 달성의 과정을 6갑 조직으로 언급한 것에 반해서, '화옹' 만큼은 유형 무형의 만물을 두루 다스리는 조화주造化主인 것이다.

화옹은 새 생명의 기틀을 기획하고 감독하는 화무상제다. 왜냐하면 화옹은 진리의 옹달샘인 동시에 창조의 바다 또는 신성한 불덩어리(Holy Fire)로 존재하면서 만물을 끊임없이 생성하는 권능이 무한하기 때문이다.[301)] 화옹은 후천 하도로 하여금 '도생倒生'의 길을 걷게 하는 본원으로서 '지십기토地十己土'를 낳는다.

화옹이 직접 '지십기토'를 낳는다는 뜻인가? 만물 창조의 본원(matrix)

---

300) 『正易註義』, "化翁以萬物爲位, 不可以一位指名, 故曰无位. 原謂本也, 化之實理謂之天, 化之神妙謂之火. 盖原天非謂形氣之天也, 指其本然之實體也. 火者非謂五行之火也, 指其妙用之至神也."
301) 『正易』「十五一言」"先后天正閏度數", "原天, 无量."

의 경계를 '원천화'라 한 것인가? 하나는 조화옹이 직접 선천이 후천으로 교체되도록 6갑 원리를 지휘한다는 것은 전자의 입장이고, '지십기토'를 낳는다[生]는 말은 원천화의 살아 있는 숨결을 표현한 후자의 입장이다. 화옹은 '지십기토'의 신분으로 존재하기 때문에 이 둘은 종교와 철학이 하나로 융합된 개념인 것이다.

화옹은 인격을 지닌 조화주이고, 무위는 시공을 초월한 절대자가 숨쉬는 곳이며, 원천화는 거룩한 성령의 불덩어리를 의미한다. 그러니까 『정역』은 인격과 비인격, 성령을 하나로 통합한 화옹을 앞으로 인류가 숭배해야 하는 화무상제로 규정하고 있다. 화옹은 천지를 지천으로 바꾸기 위해 6갑 조직을 새롭게 구성하는 신천지의 기획자인 까닭에 6갑 논리는 일종의 신의 언어라 하겠다.

그렇다고 화옹은 초자연적 절대자는 아니다. 만약 초자연적 존재라면 6갑의 조직법에 구속되지 않을 것이다. 6갑의 조직법에 구속되지 않는다면 시간에 구속될 이유도 없다. 시간에 구속되지 않는다면 과거, 현재, 미래에도 변화하지 않는 초자연적 존재로 귀결되므로 시간을 주재할 수 없기 때문이다. 이러한 사유는 『정역』의 논리와 어울리지 않는다.

己巳宮은 **先天而后天**이니라 기 사 궁 　 선 천 이 후 천	기사궁은 선천이면서 후천이다.
地十己土는 **生天九辛金**하고 지 십 기 토 　 생 천 구 신 금	지십기토는 천구신금을 낳고,
天九辛金은 **生地六癸水**하고 천 구 신 금 　 생 지 육 계 수	천구신금은 지육계수를 낳고,
地六癸水는 **生天三乙木**하고 지 육 계 수 　 생 천 삼 을 목	지육계수는 천삼을목을 낳고,
天三乙木은 **生地二丁火**하고 천 삼 을 목 　 생 지 이 정 화	천삼을목은 지이정화를 낳고,
地二丁火는 **生天五戊土**니라 지 이 정 화 　 생 천 오 무 토	지이정화는 천오무토를 낳는다.

기사궁의 '기'는 10토요, '사'는 생명의 불꽃을 상징한다. 천지가 지천으로 바뀌는 신천지는 10토 세상이라는 뜻이다. 과거에는 갑자로 시작하는 시스템이 주목받아 왔으나, 그것은 10토의 역할이 부족한 시간대를 표현한 조직체였다. 하지만 김일부는 '선천에서 후천으로'라는 문제의식을 가지고 6갑 조직을 분석한 결과 기사궁은 원천화의 집인 동시에 6갑 조직의 핵심이라는 사실을 발견했던 것이다.

여기서는 아예 지십기토인 무극이 마침내 천오무토인 황극을 낳는다고 표현했다.[地十己土, … 生天五戊土.] 한편 지십기토의 밑바닥에서는 이미 천오무토가 올라오고 있다. 기위己位, 무극체위가 기사궁에서 후천이 시작되지만, 그 본체는 선천에 뿌리를 두었기 때문에 '선천이지만 후천이다[先天而后天]이라고 했다. 기위에 근거한 기사궁은 하도의 법도에 따라 움직인다. 낙서 선천은 1수水로부터 역생逆生하여 10토로 도성倒成하는데 비해, 하도 후천은 10토土에서 도생倒生하여 1수로 역성逆成한다. 낙서와 하도의 역행과 순행이 곧 '십일귀체十一歸體'인 것이다.

地十己	土	生天九	辛	金
天九辛	金	生地六	癸	水
地六癸	水	生天三	乙	木
天三乙	木	生地二	丁	火
地二丁	火	生天五	戊	土

하도 후천 기사궁의 생성

'선천이면서 후천'이라는 말은 천지는 선천과 후천으로 구성되었으며, 선천에는 하도가 본체이지만 후천에는 작용으로 바뀐다는 체용의 전환을 얘기하고 있다. 실제로 '10[302]→9→6→3→2'의 진행은 도생倒生의 과정이고, 5토를 낳은 다음에 황극은 역생逆生 과정을 거친다는 것을 예측할 수 있다.

왜냐하면 아래로 내려가는 질서인 '토→금→수→목→화'는 상생相生의 길이며, 반대로 위로 올라가는 '무→정→을→계→신'은 율려의 길을 드러내고 있기 때문이다. 율려는 원래 태양의 속인 6수9금과 태음의 속인 2화3목의 구조인데, 그것은 도리어 무극의 기사궁이 모체가 되어 율려를 잉태시키고 생성한다는 이치를 밝힌 것이다.

기사궁 무극은 순행 방식으로 '기(토)·신(금)·계(수)·을(목)·정(화)'를 낳았으나, 그 밑바닥에서 거꾸로 '무(토)·정(화)·을(목)·계(수)·신(금)'의 율려가 치고 올라오는 형태를 취하고 있다. 이는 무극과 황극, 정령과 율려는 '내함內含'의 관계인 동시에 서로를 바꾸는 '전환轉換' 논리가 유전자 정보로 새겨져 있다는 것을 알 수 있다.

또한 '기토(10)+신금(9)+계수(6)+을목(3)+정화(2)=30'은 '지·천·지·천·지'라는 '삼지양천三地兩天'의 구조로 이루어져 있다. 반대로 율려를 형성하는 '무토(5)+정화(2)+을목(3)+계수(6)+신금(9)=25'는 '천·지·천·지·천'이라는 '삼천양지三天兩地'의 구조로 이루어져 있다. 전자의 30과 후자의 25를 보태면 『주역』에서 말하는 '천지지수天地之數' 55가 형성되는 것이다.

이 대목의 핵심은 '땅이 하늘을 낳는다'는 것에 있다. 이를 바탕으로 『정역』의 끝에 천간의 본질을 밝힌 "십간원도수十干原度數"가 배치되었던 것이다. 이 글은 '무정을계신'의 수지도수에 알맞은 숫자 1, 3, 5, 7, 9의 손가락 형상을 가리키는 것이 핵심이다.

이 대목은 6갑, 5행, 무극과 황극, 율려의 생성, 하도와 낙서의 논리,

---

302) 후천 地十己土(무극)와 선천 天五戊土(황극)을 보더라도 『정역』은 '土' 중심 사유의 극치를 보여준다.

수지도수를 결합한 복잡다단한 셈법이 담겨 있다. 아주 많은 기초 지식을 비롯하여 웬만한 인내와 끈기가 동반되지 않으면 이해하기 힘든 내용이다. 한마디로 김일부는 기사궁과 무술궁에서 율려와 정령이 생성되는 이치에서 선후천 변화의 근거를 확보할 수 있었던 것이다.

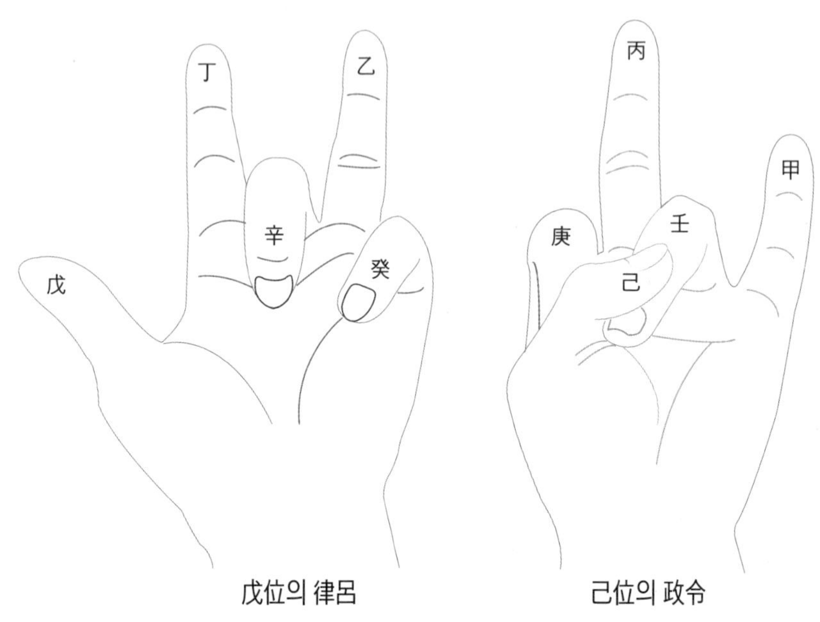

戊位의 律呂　　己位의 政令

己巳宮	수지도수	비고
地十己土는 生天九辛金	세째손가락[中指] 굽힘	
天九辛金은 生地六癸水	새끼손가락[小指] 굽힘	* 會而閏而律
地六癸水는 生天三乙木	네째손가락[無名指] 펼침	
天三乙木은 生地二丁火	둘째손가락[食指] 펼침	* 分而影而呂
地二丁火는 生天五戊土	첫째손가락[拇指] 펼침	

기사궁에서 비롯된 율려도수와 수지

戊戌宮은 **后天而先天**이니라　　무술궁은 후천이면서 선천이다.
무 술 궁　후 천 이 선 천

天五戊土는 **生地四庚金**하고　　천오무토는 지사경금을 낳고,
천 오 무 토　생 지 사 경 금

地四庚金은 **生天一壬水**하고　　지사경금은 천일임수를 낳고,
지 사 경 금　생 천 일 임 수

天一壬水는 **生地八甲木**하고　　천일임수는 지팔갑목을 낳고,
천 일 임 수　생 지 팔 갑 목

地八甲木은 **生天七丙火**하고　　지팔갑목은 천칠병화를 낳고,
지 팔 갑 목　생 천 칠 병 화

天七丙火는 **生地十己土**니라　　천칠병화는 지십기토를 낳는다.
천 칠 병 화　생 지 십 기 토

이 대목은 황극 속에 무극이 들어 있는 구조이기 때문에 무토인 황극이 마침내 지십기토인 무극을 낳는다고 표현했다. 무위戊位, 황극체위가 무술궁에서 선천의 작용을 시작하지만, 그 본체는 후천에 뿌리를 두기 때문에 '후천이면서 선천이다.[后天而先天]'라고 말한 것이다.

무위에 근거한 무술궁은 낙서의 법도에 따라 움직인다. 하도 후천은 10토로부터 도생倒生하여 1수로 역성逆成하는데 비해, 낙서 선천은 1수에서 역생逆生하여 10토로 도성倒成한다. 한마디로 후천을 바탕으로 선천이 전개된다는 뜻이다.

天五戊	土	生地四	庚	金
地四庚	金	生天一	壬	水
天一壬	水	生地八	甲	木
地八甲	木	生天七	丙	火
天七丙	火	生地十	己	土

낙서 선천 무술궁의 생성

'후천이면서 선천'이라는 말은 후천에는 낙서가 본체이고, 하도가 작용한다는 체용의 전환을 얘기한 것이다. 왼쪽의 '토→금→수→목→화'는 무위에 기반한 태양 태음의 겉인 정령의 길이고, 오른쪽의 '경→임→갑→병' 역시 기위己位에 기반한 정령의 길을 나타내고 있다. 이것은 정령이 율려를 만드는 관건, 황극이 무극을 낳는 열쇠라는 의미가 반영되어 있다. 황극궁인 무술궁이 모체가 되어 '4금1수'의 태음의 겉과, '8목7화'의 태양의 겉인 정령을 잉태시키고 생성한다는 것을 밝히고 있다.

무술궁인 황극의 '무토(5)+경금(4)+임수(1)+갑목(8)+병화(7)=25'는 '천·지·천·지·천'이라는 '삼천양지三天兩地'의 구조로 이루어져 있다. 무토에 기반한 '경임갑병'의 정령은 후천 기토己土를 만드는 열쇠, 곧 10토의 생성이 목적이다. 그것은 기사궁에 기반한 '정을계신'의 율려가 무토戊土를 만드는 열쇠, 곧 5토의 생성의 목적과 마찬가지의 이치와 똑같다. 무극과 황극, 정령과 율려, 태양과 태음은 상대 지향성을 본질로 삼는 생명의 공식이라 하겠다.

위 도표의 특징은 왼쪽과 오른쪽이 세팅을 이루고 있다. 왼쪽은 무토를 시작점으로 '천·지·천·지·천', '토·금·수·목·화', '무·경·임·갑·병', '5·4·1·8·7'의 질서를 이루고 있다. 오른쪽은 '지·천·지·천·지', '금·수·목·화·토', '경·임·갑·병·기', '4·1·8·7·10'의 형식을 이룬다. 왼쪽이 낳음의 주체라면, 오른쪽은 낳음의 대상이다. 그러니까 천은 지를 낳고, 지는 천을 낳는 형태로서 삼천양지와 삼지양천을 특징으로 삼는다. 왼쪽은 무토를 시작점으로 삼아 정령의 생성을, 오른쪽은 기토의 생성이 무술궁의 최종 목표로 제시되어 있다.

또한 '무토(5)+경금(4)+임수(1)+갑목(8)+병화(7)=25'는 '천·지·천·지·천'라는 '삼천양지'의 구조로 이루어져 있다. 밑에서 올라오는 '기토(10)+병화(7)+갑목(8)+임수(1)+경금(4)=30'은 '지·천·지·천·지'

라는 '삼지양천'의 구조로 이루어져 있다. 전자의 25와 후자의 30을 보태면 『주역』에서 말하는 '천지지수天地之數' 55가 형성된다. 이런 원칙에서 천간의 전환을 밝힌 "십간원도수"가 그려졌던 것이다. 이 글은 '기경임갑병'의 수지도수에 알맞은 숫자 1, 2, 4, 6, 8의 손가락 형상을 가리키고 있다. 이것은 하도가 생성하는 수의 변화를 나타내고 있다.

戊戌宮	手指度數
天五戊土는 生地四庚金	둘째손가락[食指] 굽힘
地四庚金은 生天一壬水	네째손가락[無名指] 굽힘
天一壬水는 生地八甲木	새끼손가락[小指] 펼침
地八甲木은 生天七丙火	세째손가락[中指] 펼침
天七丙火는 生地十己土	첫째손가락[拇指] 굽힘

무술궁에서 비롯된 정령도수와 수지

地十己土는 **生天九庚金**하고 지십기토 생천구경금 — 지십기토는 천구경금을 낳고,
天九庚金은 **生地六癸水**하고 천구경금 생지육계수 — 천구경금은 지육계수를 낳고,
地六癸水는 **生天三甲木**하고 지육계수 생천삼갑목 — 지육계수는 천삼갑목을 낳고,
天三甲木은 **生地二丙火**하고 천삼갑목 생지이병화 — 천삼갑목은 지이병화를 낳고,
地二丙火는 **生天五戊土**니라 지이병화 생천오무토 — 지이병화는 천오무토를 낳는다.

이 대목의 주어는 기사궁이 낳은 기토 10이다. 후천에 이르면 새로운 5행의 질서가 수립될 것을 예고하고 있다. 앞 대목의 기사궁에서는 지십기토가 천구신금을 낳는다고 했으나, 여기서는 지십기토가 천구경금

을 낳는다고 말한 것은 태극이 한 번은 양을 낳고 한 번은 음을 낳는다는 음양의 원칙 때문이다. 기사궁에서 처음 낳은 신금辛金은 '음'이었으나, 다음에 낳은 경금庚金이 '양'인 까닭은 음양이 생성되는 이치에서 비롯된 것이다.

『주역』이 '1-2-4-8'의 순서에 의거하여 태극이 양의兩儀(—, --)를 낳고, 양의陽儀(—)는 다시 태양太陽(⚌)과 소음少陰(⚎)을 낳고, 음의陰儀(--)는 다시 태음太陰(⚏)과 소양少陽(⚍)을 낳아 4상을 이루는 것이다. 4상은 다시 8괘와 64괘를 낳는다. 그것은 낙서의 역생逆生 질서를 반영하고 있다. 그러나 "지십기토는 역생의 방식이 아니라, 도생倒生의 순서를 갖는 점이 다를 따름이다. 선천은 1태극이 양의兩儀를 낳는 역생逆生의 순서를 지키지만, 후천은 10무극이 양의에 해당하는 기사궁과 무술궁(황극궁)을 도생倒生하는 점이 또한 다르다."[303]

'10→9→6→3→2→5'의 순서는 10토가 5토를 낳는 것이 목적이라는 것을 뜻한다. 수지도수로 보면 지십기토는 엄지손가락을 굽힌 형상인 반면에, '천오무토'는 엄지손가락을 편 10자리를 가리킨다. 이 대목은 '토→금→수→목→화'가 상생의 길이며, 반대로 위로 올라가는 '무→병→갑→계→경'은 율려의 길을 잉태하고 있다. 율려는 원래 태양의 속인 6수9금과 태음의 속인 2화3목의 구조인데, 그것은 도리어 무극궁인 기사궁이 모체가 되어 율려를 잉태시키고 생성한다는 것을 밝히고 있다.

지십기토 무극은 순행 방식으로 '기(토)·경(금)·계(수)·갑(목)·병(화)'를 낳았으나, 그 밑바닥에서 거꾸로 '무(토)·병(2화)·갑(3목)·계(6수)·경(9금)'의 율려의 숫자가 치고 올라오는 형태로 이루어진 것을 알 수 있다. 특히 생성은 정령이지만, 수지도수는 율려의 형상인 까닭에 무극과

303) 김주성, 앞의 책, 226쪽 참조. 기사궁과 무술궁이 양의에 해당된다는 설명은 무리가 있다.

황극, 정령과 율려는 '내함內含'의 관계인 동시에 서로를 바꾸는 '전환轉換' 논리가 생명의 정보로 새겨져 있기 때문이다.

이 대목의 핵심은 기토(무극)가 무토(황극)을 낳는 과정의 내부에 정령의 세 조목[庚·甲·丙]과 율려의 한 조목[癸]이 태어나는 이치를 밝히고 있다. 정령과 율려의 항목이 3 : 1로 구성되어 있다. 뒤에서는 정령과 율려의 항목이 1 : 3으로 구성될 것이 예견할 수 있다. 이처럼 무극과 황극, 기토와 무토 사이에서 움직이는 하늘땅의 질서에는 엄밀한 수학 법칙이 내재해 있음을 알 수 있다.

地十己土와 政令	手指度數
地十己土는 生天九庚金	세째손가락[中指] 굽힘
天九庚金은 生地六癸水	새끼손가락[小指] 굽힘
地六癸水는 生天三甲木	네째손가락[無名指] 펼침
天三甲木은 生地二丙火	둘째손가락[食指] 펼침
地二丙火는 生天五戊土	첫째손가락[拇指] 펼침

지십기토와 정령도수 및 율려도수

天五戊土는 **生地四辛金**하고 천오무토 생지사신금 — 천오무토는 지사신금을 낳고,

地四辛金은 **生天一壬水**하고 지사신금 생천일임수 — 지사신금은 천일임수를 낳고,

天一壬水는 **生地八乙木**하고 천일임수 생지팔을목 — 천일임수는 지팔을목을 낳고,

地八乙木은 **生天七丁火**하고 지팔을목 생천칠정화 — 지팔을목은 천칠정화를 낳고,

天七丁火는 **生地十己土**니라 천칠정화 생지십기토 — 천칠정화는 지십기토를 낳는다.

이 대목의 주제는 무토(황극)가 기토(무극)를 낳는다는 것과 함께 그 내부에서 정령(4금1수의 태음의 겉과, 8목7화의 태양의 겉)이 생성되는 이치를 밝히고 있다. 무토가 신금과 임수, 을목과 정화를 낳으나, 수지도수는 정령의 형태를 이루기 때문이다. 다만 정령에서 갑목 대신에 을목이, 병화 대신에 정화가 자리잡고 있는 점이 다르다. 무토가 기토를 낳는 과정의 내부에 율려의 세 조목[辛·乙·丁]과 정령의 한 항목[壬]이 태어나는 이치를 밝히고 있다. 율려와 정령의 비율이 3 : 1로 구성되어 있다.(앞에서는 정령과 율려의 비율이 3 : 1이다)

'천·지·천·지·천'의 삼천양지三天兩地가 '지·천·지·천·지'의 삼지양천三地兩天를 낳는다는 말은 서로가 서로의 논리를 잉태한다는 뜻이 아닐 수 없다. 선천은 후천을 머금고, 후천은 선천을 머금는다는 것을 정령과 율려, 역행과 순행, 선천 5토와 후천 10토가 각각 5행을 낳는 이치 등의 문제를 수지도수로 관통시키고 있는 것이다. 이것은 낙서가 생성하는 수의 변화를 나타내고 있다.

天五戊土와 정령·율려	手指度數
天五戊土는 生地四辛金	둘째손가락[食指] 굽힘
地四辛金은 生天一壬水	네째손가락[無名指] 굽힘
天一壬水는 生地八乙木	새끼손가락[小指] 펼침
地八乙木은 生天七丁火	세째손가락[中指] 펼침
天七丁火는 生地十己土	첫째손가락[拇指] 굽힘

천오무토와 율려도수 및 정령도수

기사궁과 무술궁의 생성

기사궁의 지십기토가 태음과 소양을 낳고, 황극궁의 천오무토는 태양과 소음을 낳아 후천의 倒生 四象이 이루어진다. 지십기토와 천오무토가 모두 금수목화를 차례로 倒生하는데, 이는 선천에 逆生한 生命之氣(木火)를 肅殺하는 뜻이 있으므로 이로써 보면 후천에서는 선천에서 낳은 만물[木火金水]을 숙살하고 새로운 생명을 倒生하는 뜻이 함축되어 있다.

四象의 바탕이 되는 토는 선후천에서 모두 만물이 의존하는 근본 모체로서의 위상은 변화가 없으나, 다만 그 작용에 있어서 선천에서는 만물의 생장을 주관했으나, 후천에서는 生長을 억제하고 결실을 收藏하는 역할로 바뀌게 되므로 만물을 수렴하고 축장하기 위해서는 생장이 극한에 도달한 만물을 숙살하지 않을 수 없는 것이다.

후천 四象은 토를 바탕으로 한 금수목화로서 곧 5행이며, 만물은 5행의 상호작용에 의하여 생성 변화를 반복하는 것이다. 선천 5행이나 후천 5행은 동일한 5행이나, 다만 그 작용은 다른 것이다. 선천은 목[甲]을 시두로 하여 逆生하는 상생 작용으로서 그 순서가 목화금수이며, 후천은 금[庚]을 시두로 하여 倒生하는 상극 작용으로서 그 순서가 금수목화이다. 후천의 무기토가 금수목화[四象]을 倒生하는 것은 그 목적이 선천에서 생장한 만물을 抹殺하는 작용이 아니라, 생장이 극한에 이른 만물을 收斂하여 다음의 선천으로 계승시키는 순환 작용에 있으므로 무기토는 순환체의 중심핵을 이루는 중앙 토이니, 그러므로 하도와 낙서의 중궁에 모두 토가 정위하는 것이다. 이러한 선후천의 반복과 생명의 순환은 天地變化之道에 따라 이루어지는 것이며, 사람의 의지대로 되는 것이 아니므로 일부께서는 "化翁은 无位시고 原天火시니 生地十己土니라"라고 말씀한 것이다.(김주성, 앞의 책, 229-230쪽 참조.)

地十己土는 **成天一壬水**하고 지 십 기 토 성 천 일 임 수	지십기토는 천일임수를 이루고,
天一壬水는 **成地二丁火**하고 천 일 임 수 성 지 이 정 화	천일임수는 지이정화를 이루고,
地二丁火는 **成天九辛金**하고 지 이 정 화 성 천 구 신 금	지이정화는 천구신금을 이루고,
天九辛金은 **成地八乙木**하고 천 구 신 금 성 지 팔 을 목	천구신금은 지팔을목을 이루고,
地八乙木은 **成天五戊土**니라 지 팔 을 목 성 천 오 무 토	지팔을목은 천오무토를 이룬다.

앞 대목에서는 지십기토와 천오무토의 생성 작용에서 '낳음[生]'이 주제였다면, 이곳은 '이룸[成]'이 주제어다. 전자의 5행이 '토→금→수→목→화'의 질서라면, 후자의 5행은 '토→수→화→금→목'의 질서를 형성한다. 선천의 생장 과정이 후천의 새로운 생명 법칙으로 바뀌기 때문이다. '토→금→수→목→화'가 선천 5행의 상생을 의미하지만, '토→수→화→금→목'은 성숙과 완성의 '지극한 조화[極]'의 후천 5행을 뜻한다.

지십기토가 9금을 낳는 것이 하도 도생倒生의 순서라면, 이 글은 10토가 1수로 역성逆成하는 끝판을 가리킨다. '10→9→8→7→6→5→4→3→2→1'의 길은 곧 '도생역성'의 과정으로서 10토는 1수라는 생명의 물을 성숙시키는 것이 바로 후천의 목표라는 뜻이다.

"역은 거슬리는 것이니, 극한에 도달하면 돌이킨다.[易逆也, 極則反.] 토가 다하면 수를 낳고, 수가 다하면 화를 낳고, 화가 다하면 금을 낳고, 금이 다하면 목을 낳고, 목이 다하면 토를 낳으니, 토는 살아있는 불이다.[土極生水, 水極生火, 火極生金, 金極生木, 木極生土, 土而生火.]"[304)]

보통 5행 법칙을 말할 때, 가장 많이 사용되는 어휘는 상생相生과 상극相剋(相克)이다. 상극은 서로를 이기고 극복하면서 만물이 모순 대립으로

304) 『正易』「十五一言」

성장한다는 뜻이다. 이러한 상극이 특정한 시간대에 상생으로 넘어가는 변곡점을 표현한 용어가 곧 '극한[極]'이다.

그러면 다할 '극極'과 상극의 '극克'은 무엇이 어떻게 다른가? 이길 '극'의 상극은 만물을 성장시키는 동력이다. 『정역』은 낙서의 상극 세상을 거슬릴 '역逆'으로 표현했다. 만물이 시공 속에서 실제로 전개되는 법칙이 '역逆'이기 때문이다. '역'은 곧 '극克'이다. '극克'은 또한 상극이다. 상극이 폭발하면 우주가 무너져 내릴 정도로 파괴력이 엄청나게 크다. 파국의 벼랑 끝에서 상극의 모든 것을 감싸 안으면서 새 세상으로 건넌다는 논리가 바로 '극즉반極則反'이다.[305] 상극이 임계점에 도달하면 상생의 자리로 돌이킨다는 것이다. 돌이킨다는 말은 상극이 상생에게 자리를 넘겨준다는 뜻이다.

'극極'을 통해 『정역』이 '토土' 중심 사유의 극치라는 것을 알 수 있다. 그것은 하도의 '순順'의 질서에 따라 전개되는 '토[306] → 수 → 화 → 금 → 목'의 순서를 따르고 있기 때문이다. 비록 상생도의 '토 → 금 → 수 → 목 → 화'의 순서와는 다르지만, 상극도의 '화 → 금 → 목 → 토 → 수'와는 부분 일치한다.

왜냐하면 상극도는 서로가 서로를 이긴다는 상호 배탕성이 밑받침되어 있으나, 『정역』은 10토의 주재를 통해 상극과 상생의 통합을 겨냥하기 때문이다. 또한 상극의 이길 '극克'은 극복의 대상이지만, 『정역』의 '극極'은 상극마저도 빨아들이는 역할을 하기 때문에 상극의 이면에 감추어진 이치가 만물의 새로운 공식임을 공표한 것이다. '극極'은 상생과 상극의 통일, 조화造化와 조화調和의 융합을 통해 이루어지는 '반대[逆說] 일치'의 극치를 보여준다.

---

305) "一夫讚揚歌"는 '反極相生 后天'이라고 말하여 相克을 극복하는 反極의 논리를 相生이라 했다.
306) 여기서 토는 10무극을 가리킨다.

'極則反과 완성'의 유토피아

'極'은 '선천→후천', '9수→10수', '낙서→하도', '상극→상생', '천지비→지천태', '365$\frac{1}{4}$일→360일'로 바꾸는 造化의 원리를 뜻하는 개념이다. 문자로는 상극의 '克'이 '極'으로 바뀌었으나, 그 속에 담긴 함의는 무궁무진한 내용으로 가득 차 있다. 상극은 부정의 대상이 아니라, 현재와 미래까지도 함께 가야 할 동반자라는 의미의 '極'으로 표현한 것이다.

여기서 바로 『정역』의 조화론이 개벽사상으로 변신할 수 있었던 토대를 발견할 수 있다. '克'이 닫힌 세계라면, '極'은 열림의 세상을 지향하기 때문이다. 상극도가 반영하듯이, 상극의 '(1)수→(2)화→(4)금→(3)목→(5)토'가 우주의 성장이라면, '(10)토→(1)수→(2)화→(4)금→(8)목'은 창조적 변화에 의해 만물이 성숙되는 질서를 뜻한다. 상극도가 5토를 중심으로 순환한다면, 『정역』은 10토의 주재로 말미암아 5행이 새롭게 돌아간다는 토의 주체성을 심화시켰다.

더욱이 '克'이 과거에서 미래라는 始終을 뜻한다면, '極과 反'은 끝을 이어받아 새로운 비약을 약속하는 終始를 뜻한다. 한마디로 '反'은 시종과 종시를 소통시키고 융합함으로써 천지의 고향인 하도로 복귀한다는 것을 가리킨다. '돌이킨다'는 말은 원래 태어난 곳으로 돌아간다는 '영원회귀'의 귀향을 뜻한다. 그 고향은 이미 낡고 케케묵어 비어 있는 집이 아니라, 모든 인류가 마음 놓고 숨 쉴 수 있는 '新天地'일 것이다. 그것은 이미 오래된 미래의 고향이었고, 인류가 꿈꾸던 유토피아였던 것이다.

이밖에도 삼지양천의 '지·천·지·천·지'의 원리가 삼천양지의 '천·지·천·지·천'을 완수한다고 했다. 선천을 후천이 완수한다는 뜻이다. 그것은 어떻게 가능한가? 전자가 조건이라면, 후자는 결과로서 양자는 이른바 인과율의 지배를 받는다. 원인 속에 결과가 내재되어 있고, 결과 속에 원인이 내재되어 있다는 순환 논리가 뒷받침되어 있다. 한마디로 원인과 결과가 별개라는 전통의 인과율을 뛰어넘어 원인과 결과가 '하나'라는 사실을 밝힌 것이 바로 '극極'의 논리라 하겠다.

地十己土의 성숙 논리	手指度數	卦의 생성	數
地十己土, 成天一壬水	엄지손가락[拇指] 굽힘	十便是一太極	1
天一壬水, 成地二丁火	둘째손가락[食指] 굽힘	太極生兩儀	2
地二丁火, 成天九辛金	네째손가락[無名指] 굽힘	兩儀生四象	4
天九辛金, 成地八乙木	세째손가락[中指] 펼침	四象生八卦	8
地八乙木, 成天五戊土	새끼손가락[小指] 굽힘	二天	

지십기토와 정령의 수지도수 형상 및 수의 질서

10토는 '도생역성'의 과정을 거쳐 1수로 매듭짓는다. 엄지손가락을 펼친 10무극을 다시 굽힌 '천일임수'는 10무극이 곧 1태극이라는 뜻이다. 그리고 (수지도수로 보아서) 1수가 2화를 이루는 것은 하도의 원리에서 비롯된 것이다. 실제로 하도는 10토가 9금을 낳는[生] 것이 원칙이지만, 그 이면에는 1(수)이 2(화)를 완수하는[成] 것이 목적이다. 1은 태극이고, 2는 음양이므로 태극이 양의兩儀를 낳는 형상이다. 지이정화가 이룬 천구신금은 원래 태음의 '4금1수'가 머무는 혼백魂魄의 공간이다. 9금은 '4금+5토'가 결합된 가장 견고한 상태를, 수數로도 이미 극한에 이르렀다. 9금은 외부의 딱딱한 껍질을, 4금은 내부가 부드러운 속살을 뜻한다. 천구신금이 이룬 8목은 생명력이 가장 뛰어난 봄기운을 상징한다. 9금이 8목을 형성하는 이치는 4상象이 8괘를 낳는 원리를 뜻한다.

河圖	土	金	木	火	水	土	金	木	火	水
生	10	9	8	7	6	5	4	3	2	1
成	1	2	3	4	5	6	7	8	9	10

하도의 생과 성

이 대목의 '10기토→1임수→2정화→9신금→8을목'은 '토→수→화→금→목'의 질서인 동시에 '지→천→지→천→지'라는 '삼지양천三地兩天'의 형식을 취하고 있다. '10토, 1수, 2화, 9금, 8목'은 하도의 절반에 해당되는데, 그것은 무토로 하여금 하도의 나머지 절반을 완성하게 만들게 한다. 그러니까 하도의 중앙에 10토와 5토가 중앙에 함께 존재하는 것이다. 기토와 무토는 서로를 보완하고 완수하는 목적으로 존재한다.

天五戊土는 **成地六癸水**하고 (천오무토 성지육계수) — 천오무토는 지육계수를 이루고,
地六癸水는 **成天七丙火**하고 (지육계수 성천칠병화) — 지육계수는 천칠병화를 이루고,
天七丙火는 **成地四庚金**하고 (천칠병화 성지사경금) — 천칠병화는 지사경금을 이루고,
地四庚金은 **成天三甲木**하고 (지사경금 성천삼갑목) — 지사경금은 천삼갑목을 이루고,
天三甲木은 **成地十己土**니라 (천삼갑목 성지십기토) — 천삼갑목은 지십기토를 이룬다.

앞 대목의 지십기토가 생명의 기氣인 천일임수를 이룬다면, 이곳의 천오무토는 만물의 형체[質]를 이룬다. 반대로 천오무토가 기氣를 이루면, 지십기토는 형체를 이룬다. 기토와 무토는 애당초 서로를 보완하여 생명의 진화에 흠결이 없도록 한다는 뜻이다.

지십기토가 생명의 원질인 천일임수를 이루고, 천오무토는 지육계수를 이루어 기질氣質을 형성한다. 천일임수가 지이정화를 이루면, 지육계수는 천칠병화를 이룬다. 지이정화가 천구신금을 이루면, 천칠병화는 지사경금을 이룬다. 천구신금이 지팔을목을 이루면, 지사경금은 천삼갑목을 이룬다. 지팔을목이 천오무토를 이루면, 천삼갑목은 지십기토를 이루는 체계를 갖는다.

天五戊土의 성숙 논리	手指度數	의미
天五戊土, 成地六癸水	새끼손가락[小指] 펼침	用六의 辛亥宮
地六癸水, 成天七丙火	네째손가락[無名指] 펼침	太陽之政 一七四
天七丙火, 成地四庚金	둘째손가락[食指] 펼침	用九의 金火門
地四庚金, 成天三甲木	세째손가락[中指] 굽힘	十五乾坤
天三甲木, 成地十己土	엄지손가락[拇指] 펼침	七地

천오무토와 정령의 수지도수 형상 및 수의 질서

만물이 형상을 갖추는 시초는 천구신금으로 시작하고, 형상의 마지막은 천삼갑목으로 마무리짓는 것은, 후천은 '금'이 주도하고 선천은 '목'이 주도하기 때문이다. 그래서 김일부는 「십오일언」"금화이송金火二頌"에서 "기는 동북에서 굳게 지키고, 천지의 이치는 서남에서 서로 통하네.[氣東北固守, 理西南交通.]"라고 했다. 북쪽과 동쪽은 수목水木이고, 서쪽과 남쪽은 금화金火이기 때문이다.

선천은 수목이 서로를 자극하여 목 에너지가 주도권을 행사하며, 선천의 마지막은 금 에너지가 막강해지며 목 에너지는 한층 약화된다. '금화교역'으로 인해 선천의 마지막은 가을의 금 기운이 막강해지며 여름의 불 에너지는 약화되기 시작한다. 하도의 '도생역성倒生逆成' 질서에 의해 만물의 생성이 한 치의 오차도 없이 전개되는 것이다. 이 대목은 하도와 정역팔괘도의 생성을 연결시켜 언급하고 있다.

丙甲庚三宮은 **先天之天地**이니라 병 갑 경 삼 궁　　선 천 지 천 지	**병·갑·경의 세 궁은 선천의 천지이며,**
丁乙辛三宮은 **后天之地天**이니라 정 을 신 삼 궁　　후 천 지 지 천	**정·을·신의 세 궁은 후천의 지천이다.**

이 글은 천간을 선천과 후천으로 나눈 다음에 선천은 천지 세상이고, 후천은 지천 세상이라고 밝혔다. 선천은 낙서의 역생逆生 질서로 움직이므로 1, 3, 5, 7, 9의 양 위주의 세상이다. 특별히 하도의 도상에서 남방에 양수의 7병화가 위치하고, 동서에 각각 3갑목과 9경금이 위치하기 때문에 '병·갑·경'의 셋은 선천의 천지라 표현한 것이다.

그러면 왜 양수 1, 3, 5, 7, 9 중에서 '7병·3갑·9경'만 언급하고, 1수와 5토를 제외했는가? 1수의 1은 태극을, 5토의 5는 황극을 상징하기 때문이다. 그래서 "금화정역도金火正易圖"의 본체를 형상화한 내부의 임壬·계癸가 각각 북방과 동방에 위치한 이유가 있다. 1태극과 5황극과 10무극은 천지의 본체로서 나머지 작용을 포괄하는 까닭에 제외된 것이다.

선천은 천지비괘天地否卦(䷋)의 세상이고, 후천은 지금의 천지가 뒤집어진 지천태괘地天泰卦(䷊)의 세상이다. 이것과 상응하여 선천을 상징하는 복희팔괘와 문왕팔괘가 후천을 상징하는 정역팔괘로 바뀌어야 할 것이다. 기토에 기반한 정령도수 '경·임·갑·병' 중에서 본체를 뜻하는 5무[土]와 1임[水]를 제외한 9경[金], 3갑[木], 7병[火]은 작용의 범주에 속하기 때문이다.

선천이 정령 위주로 움직였다면, 후천은 율려 위주로 움직인다. 율려의 '정·을·계·신' 중에서 본체를 뜻하는 기토 10과 생수를 성수로 넘기는 6[癸][307]이 제외되어 있다. '정·을·신'을 하도로 보면, 삼지양천三地兩天으로 후천의 지천태地天泰(䷊) 세상을 상징한다.

보통 상수론에서 선천은 1, 3, 5, 7, 9의 양수陽數가 지배하는데, 9수는 극한에 이른 낙서를 상징한다. 후천은 2, 4, 6, 8, 10의 음수陰數가 지배하는데, 완성수 10에 도달한 하도를 상징한다. 특히 선천은 양 위주의 '병·갑·경' 세상이므로 땅보다는 하늘이 앞서는 까닭에 '천지天地'라 불렀으며, 후천은 음 위주의 '정·을·신' 세상이므로 하늘보다는 땅이 앞서는 까닭에 '지천地天'이라 불렀던 것이다.

또한 복희팔괘도는 하늘이 땅 위에 있는 '건남곤북乾南坤北'의 형상이므로 선천의 천지라 했으며, 정역팔괘도는 땅이 하늘 위에 있는 '곤남건북坤南乾北'의 형상이므로 후천의 지천이라 불러 자연과 문명과 역사에 본질적 혁신이 일어날 것을 예고한 것이다.

先天은 **三天兩地**니라 (선천 삼천양지) — **선천은 삼천과 양지이며,**
后天은 **三地兩天**이니라 (후천 삼지양천) — **후천은 삼지와 양천이다.**

『주역』은 천지의 구성, 즉 하늘과 땅의 비율을 '삼천양지'로 보았다. 이러한 구성에 의거하여 만물이 전개되는 삼천양지를 우주의 상수라고 인식했다. 그것은 하늘이 셋, 땅은 둘이라는 비율로 구성된 천지가 영구토록 지속한다는 발상에서 비롯된 것이다. 그래서 『주역』에서 양효

307) 癸의 율려도수를 수지에 맞추면 새끼손가락[小指]을 굽힌 형상은 숫자로는 6이지만, 새끼손가락 자체는 5土를 뜻한다. 丁, 乙, 癸, 辛은 손가락 숫자로 각각 9, 7, 5, 3으로서 癸의 5는 土의 위치에 있다.

와 음효의 9 : 6의 비율은 곧 3 : 2의 삼천양지요, 건책수 216 : 곤책수 144 역시 3 : 2의 삼천양지의 비율을 이루어졌다고 강조한다.

보통 상수론은 1, 3, 5, 7, 9는 양으로, 그리고 2, 4, 6, 8, 10은 음으로 규정한다. 양수 중에서 생수生數(creating number) 1, 3, 5가 선천이라면 성수成數(becoming number) 7, 9는 후천으로 나누는 것이 통설이다. 한편 음수 중에서도 생수 2, 4가 선천이라면, 성수 6, 8, 10은 후천이기 때문에 전자는 '삼천양지'요, 후자는 '삼지양천'이 성립하는 것이다. 특히 양수 '1+3+5'의 합은 9이므로 용구用九이며, 음수 '2+4'는 6이므로 용육用六이라 얘기한 것이다. 괘효의 성립을 설명한 『주역』「설괘전」은 "하늘에서 셋을 취하고 땅에서 둘을 취하여 수의 이치에 근거했다"[308]고 말하였다.

이같은 분류에 대해 『주역』은 양수와 음수의 비율로 나눈 것일뿐, 선천이 후천으로 전환됨에 따라 삼천양지가 삼지양천으로 바뀐다는 사실과 가치의 전환 문제는 언급하지 못했다. 왜냐하면 『주역』은 지금의 천지가 미완성일지언정 시공의 원형인 선천의 태초 상태로 되돌아가면 된다는 과거로의 회귀 논리가 전제되어 있기 때문이다.

하지만 『정역』은 『주역』의 규정을 뒤집어엎는다. 『정역』은 과거 지향의 논리가 아닌 미래 지향성이 핵심이기 때문이다. 선천 삼천양지의 구성이 후천 삼지양천三地兩天로 바뀐다는 것이다. 『주역』이 삼천양지에 의거하여 복희팔괘도와 문왕팔괘도에 조응하는 문명과 역사를 발전시키는 인문학을 일깨웠다면, 『정역』은 삼지양천에 의거하여 후천의 이치를 밝힌 10수 정역팔괘도를 선포한 것이다.

308) 『周易』「說卦傳」 1장, "昔者聖人之作易也, 幽贊於神明而生蓍, 參天兩地而倚數."

'삼천양지'와 '삼지양천'

양수 1, 3, 5, 7, 9를 3:2로 양분하여 1, 3, 5를 '삼천', 그리고 7, 9를 양지로 나눈다. 음수 2, 4, 6, 8, 10 중에서 6, 8, 10은 '삼지', 그리고 2, 4는 '양천'이라 한다. 양수 속에 천지가, 음수 속에도 천지가 들어간다는 말이다. 일종의 프랙탈 현상이다. 왜 이런 기법을 『주역』은 말하지 않을까?

여기에는 멱집합의 논리로만 설명될 수 없는 측면이 있다. 우선 짝째기 천지론은 1~10수를 모두 동원하고 있는데, 이때에 자기언급이 필수적이다. 양수 집합 1, 3, 5, 7, 9에는 5가 들어가고, 음수 집합에는 2, 4, 6, 8, 10에는 10이 들어간다. 이 점이 중요하다. 5는 戊이고, 10은 己이다. 이들 戊己는 토로서 전체를 총괄하는 집합 자체이다. 이 집합 자체가 자기 집합의 한 부분으로 包含되는데, 이를 두고 '멱집합의 원리'라고 한다.(包涵은 열림이고, 包含은 닫힘이다.)

삼천과 삼지를 결정하는 것은 拇指의 굴신에 따라 삼천이 되기도 하고, 삼지가 되기도 하기 때문이다. 즉 拇指를 굽힐 때의 홀수인 1, 3, 5

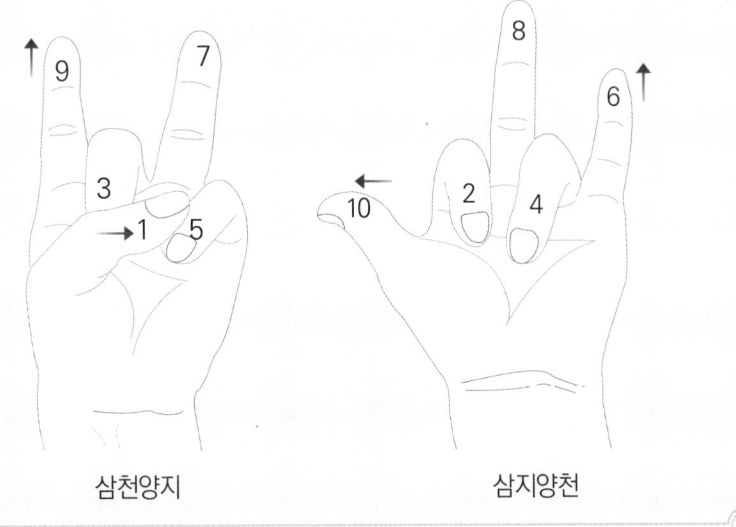

가 동시에 屈하여 삼천이 되기도 하고, 반대로 拇指 10하면 짝수인 8과 6이 동시에 伸하여 삼지가 된다. 그래서 拇指는 수지 전체를 관장하는 역할을 한다. 동일한 拇指가 굴신 여하에 따라서 삼천양지 가운데 어느 하나에 속하게 된다.

'천지'는 삼천양지를, 그리고 '지천'은 삼지양천을 의미한다. 이렇게 천과 지는 선후가 뒤바뀐다. 『周易』에서 천은 남쪽에, 그리고 지는 북쪽에 있었지만 『정역』에서는 반대로 천이 북쪽에, 그리고 지는 남쪽에 있다. 이렇게 선후천에서 천지가 바뀌는 것을 두고 김일부는 "월극체위성도"에서 '先天之天地' 그리고 '后天之地天'이고 했다. 선천의 '천지'가 후천에는 '지천'이 된다. 이렇게 짝찌기 천지론은 『정역』의 모든 부분에 연관이 된다.

최종적인 관심사는 짝째기 3:2 혹은 2:3의 비례이다. 이러한 비례가 손가락 마디에도 그대로 나타나 엄지는 2이고, 다른 것들은 3이다. 세 마디로 된 食指, 中指, 藥指, 小指들의 마디 가운데 食指와 藥指는 그 길이가 같다. 이는 낮과 밤의 길이가 같은 춘분과 추분을 의미한다. 이에 대하여 小指와 中指는 길이가 다르다. 이는 하지와 동지를 각각 나타낸다고 볼 수 있다.

3 : 2의 비례는 천6 : 지4, 용9 : 용6, 건책수 216 : 곤책수 144에도 그대로 나타난다. 3과 2의 합은 5, 6과 4의 합은 10, 9와 6의 합은 15, 그리고 건곤책수의 합 360은 當朞日에 해당된다. 장주기법에 해당하는 선후천 주회도수인 324만리 : 216만리 비례도 3 : 2이다. 실로 짝째기 천지론은 우주의 시공간을 망라한 모든 것에 적용될 수 있는 비례이다.(김상일, 『周易 너머 正易』, 상생출판, 2017, 116-119쪽 참조.)

子寅午申은 **先天之先后天**이니라
자인오신　선천지선후천
丑卯未酉는 **后天之先后天**이니라
축묘미유　후천지선후천

자·인·오·신은 선천의 선후천이며,

축·묘·미·유는 후천의 선후천이다.

『정역』의 주제는 선후천론이다. 이 세상은 선천과 후천으로 구성되어 있는데, 선천이 선천과 후천으로 구성되는 것과 마찬가지로 후천도 선천과 후천으로 구성된다는 뜻이다. 선후천은 자연과 역사와 문명과 시간을 관통한다는 프랙탈 이론의 원형이다. 김일부는 문장을 기술할 때, 선천과 후천을 철저하게 구분하였다. 자인오신에서 선천은 갑자의 '자'에서 시작한다면, 후천은 을축의 '축'에서 시작한다는 대비법을 사용했다. 선천이 '자판子板'이라면, 후천은 '축판丑板'이기 때문에 첫 글자를 '자' 혹은 '축'으로 시작한 것이다.

'자인오신子寅午申'에서 '자인'은 선천의 선천이요, '오신'은 선천의 후천이다. 전자는 북방과 동방에 있는 양방陽方이기 때문에 선천이고, 후자는 남방과 서방에 있는 음방陰方이기 때문에 후천이다.[309] 수지도수로 헤아리면 선천은 엄지손가락[拇指]을 굽히면서 시작하므로 자와 인은 무지와 중지中指는 굽히고, 오와 신의 무명지無名指와 약지藥指는 펼친다. 이를 체용의 관점에서 보면 '자인'은 선천의 작용이고, 후천에서는 본체가 된다. '오신'은 선천의 본체이고, 후천에서는 작용으로 바뀌는 까닭에 '자인오신'을 선천의 선후천이라 말했던 것이다.

후천은 '축묘미유'를 선후천으로 나누는 기준으로 삼았다. 축과 묘는

309) 子는 북방의 水로서 선천이 열리는 시초인 까닭에 선천의 선천이다. 午는 남방의 불, 申은 서방의 金으로서 金火交易이 이루어지는 방위다. 金火가 바뀌어 후천이 열리는 까닭에 선천의 후천이라 말한 것이다.

북방과 동방에 있는 양방陽方이기 때문에 후천의 선천이고, 미와 유는 남방과 서방에 있는 음방陰方이기 때문에 후천의 후천이다. 특히 축은 북방의 토土요 묘는 동방의 목木이므로 후천의 선천이며, 미는 남방의 토土요 유는 금金으로서 후천의 후천이다. 후천에서는 10수 기위己位가 직접 하늘의 정사를 챙기므로 선천에서처럼 북방 수 또는 남방 화로 작용하지 않고, 축토와 미토로 작용하여 하도의 질서인 '도생역성倒生逆成'의 길을 밟는 것이다.

구궁팔풍도[309]

1. 방위로서는 寅卯宮·巳午宮·申酉宮·亥子宮·辰戌丑未宮의 오궁이다.
2. 변화로 보면 子午·丑未·寅申·卯酉·辰戌·巳亥의 육궁이다.
3. 辰戌丑未는 궁이 아니고 중앙 토궁의 임시 출장소이다.

토화작용의 삼원오원도[310]

1. 내부의 地支는 지축경사도
2. 외부의 地支는 지축정립도
3. 巳午未申酉와 亥子丑寅卯(외부)는 오원운동
4. 亥子丑·寅卯辰·巳午未·申酉戌(내부)은 三元圖이다.

---

310) 이 도표는 한동석, 앞의 책, 164쪽의 그림을 옮긴 것임.
311) 이 도표는 한동석, 앞의 책, 223쪽의 그림을 옮긴 것임.

上元丑會干支圖
상 원 축 회 간 지 도

상원上元은 새로운 하늘땅이 시작되는 시공의 뿌리로서 6갑으로는 기축궁이라 부른다. 기축궁의 '축'과 기미궁의 '미'가 남북축을 형성하며, 기묘궁의 '묘'와 기유궁의 '유'가 동서축을 형성하며, 기사궁의 '사'와 기해궁의 '해'가 남북축과 동서축을 소통시키는 원리가 "상원축회간지도"에 입력되어 있는 것이다.

己丑宮은 **庚寅 辛卯 壬辰 癸巳 甲午 乙未 丙申 丁酉 戊戌**이니라
기축궁 경인 신묘 임진 계사 갑오 을미 병신 정유 무술

己亥宮은 **庚子 辛丑 壬寅 癸卯 甲辰 乙巳 丙午 丁未 戊申**이니라
기해궁 경자 신축 임인 계묘 갑진 을사 병오 정미 무신

己酉宮은 **庚戌 辛亥 壬子 癸丑 甲寅 乙卯 丙辰 丁巳 戊午**니라
기유궁 경술 신해 임자 계축 갑인 을묘 병진 정사 무오

己未宮은 **庚申 辛酉 壬戌 癸亥 甲子 乙丑 丙寅 丁卯 戊辰**이니라
기미궁 경신 신유 임술 계해 갑자 을축 병인 정묘 무진

己巳宮은 **庚午 辛未 壬申 癸酉 甲戌 乙亥 丙子 丁丑 戊寅**이니라
기사궁 경오 신미 임신 계유 갑술 을해 병자 정축 무인

己卯宮은 **庚辰 辛巳 壬午 癸未 甲申 乙酉 丙戌 丁亥 戊子**니라
기묘궁 경진 신사 임오 계미 갑신 을유 병술 정해 무자

'상원上元'은 원래 육십 갑자가 처음으로 시작하는 시공의 으뜸을 가리킨다. 상원은 감각으로 경험 불가능한 무위无位로 존재한다. 무위에 뿌리를 둔 기위己位와, 기위에 뿌리를 둔 무위戊位가 각각 후천과 선천을 주재한다. 그것은 선천 6갑의 뿌리가 무위戊位요, 후천 6갑의 뿌리는 기위己位라는 것이 전제되어 있다.

원문에 나타난 것처럼 상원의 축회는 '기축'에서 비롯된다. 천간이 '기'축에서 시작하므로 '기위친정己位親政'이란 말이 생겼다. 그러나 기축의 10토 기己는 천간이고 축丑 역시 10토의 지지다. 선천이 천간 중심으로 움직였다면, 후천은 지지 중심으로 움직이는 까닭에 '기축'은 기보다는 축 중심으로 이해해야 옳다.

기축궁의 형성은 어떻게 이루어지는가? 천간 '기己'와 지지 '축丑'은 무슨 원칙에서 결합되는가? 천간의 시작 '갑甲'과 지지의 시작 '자子'가 결합된 선천의 갑자는 천간과 지지가 똑같이 양陽이다. 하지만 후천은 '기축己丑'에서 시작한다는 점에서 '기己'와 '축丑'은 똑같이 음陰인 동시에 5행으로는 10토土이다. 그러니까 후천이 10수 세상이라는 것은 여기에서 비롯된 것이다. 후천의 육갑 조직표를 도표로 그리면 다음과 같다.

己丑宮	庚寅	辛卯	壬辰	癸巳	甲午	乙未	丙申	丁酉	戊戌
己亥宮	庚子	辛丑	壬寅	癸卯	甲辰	乙巳	丙午	丁未	戊申
己酉宮	庚戌	辛亥	壬子	癸丑	甲寅	乙卯	丙辰	丁巳	戊午
己未宮	庚申	辛酉	壬戌	癸亥	甲子	乙丑	丙寅	丁卯	戊辰
己巳宮	庚午	辛未	壬申	癸酉	甲戌	乙亥	丙子	丁丑	戊寅
己卯宮	庚辰	辛巳	壬午	癸未	甲申	乙酉	丙戌	丁亥	戊子

새로운 후천 육갑표

기축궁은 『정역』에서 어떤 위상을 갖는가? 수지로는 엄지손가락이 펴진 상태는 10무극에 도달한 경계를, 그 엄지손가락을 다시 굽히는 것은 1태극이 작용하여 시공을 만들어내는 경계를 뜻한다. 김일부는 이를 '십십일일지공十十一一之空'이라 불렀다. 그것은 선천을 끝내고 후천의 새로운 생명을 잉태하는 창고로서 6갑 조직에 숨겨졌던 으뜸 원리라 하겠다.

선천은 6갑이 갑자에서 시작하여 계해로 끝난다. 후천 6갑은 기축己丑에서 시작해서 무자戊子로 끝난다. 갑'자'로 시작하는 선천은 '자회子會'이고, 을'축'으로 시작하는 후천은 '축회丑會'이다. '선천 자회'가 하늘의 열림이라면, '후천 축회'는 땅의 열림을 뜻한다. 그것은 소강절의 원회운세설처럼 하늘이 열린 다음 10,800년이 지난 뒤에 땅이 열린다는 것이 아니라, 하늘의 위주의 선천 세상이 땅 위주의 후천 세상으로 그 근본 틀이 완전히 바뀐다는 뜻이다.

천간/책	爾雅	史記	지지/책	爾雅	史記	동물
甲	알봉閼逢	언봉焉逢	子	곤돈困敦	곤돈困敦	쥐
乙	전몽旃蒙	단몽端蒙	丑	적분약赤奮若	적분약赤奮若	소
丙	유조柔兆	부조浮兆	寅	섭제격攝提格	섭제격攝提格	호랑이
丁	강어彊圉	강오彊梧	卯	단알單閼	단알單閼	토끼
戊	저옹著雍	도유徒維	辰	집서執徐	집서執徐	용
己	도유屠維	축리祝犁	巳	대황락大荒落	대황락大荒落	뱀
庚	상장上章	상양商陽	午	돈장敦牂	돈장敦牂	말
辛	중광重光	소양昭陽	未	협흡協洽	협흡協洽	양
壬	현익玄黓	횡애橫艾	申	군탄涒灘	군탄涒灘	원숭이
癸	소양昭陽	상장商章	酉	작악作噩	작악作噩	닭
			戌	엄무閹茂	엄무閹茂	개
			亥	대연헌大淵獻	대연헌大淵獻	돼지

천간과 지지의 옛 이름

太歲年名	太歲位置	歲星位置	太歲年名	太歲位置	歲星位置
섭제격 攝提格	寅 (석목析木)	성기星紀 (醜)	군탄涒灘	申 (실심實沈)	순수鶉首 (未)
단알 單閼	卯 (대화大火)	현효玄枵 (子)	작악作噩	酉 (대량大梁)	순화鶉火 (午)
집서 執徐	辰 (수성壽星)	추자諏訾 (亥)	엄무閹茂	戌 (강루降婁)	순미鶉尾 (巳)
대황락 大荒落	巳 (순미鶉尾)	강루降婁 (戌)	대연헌 大淵獻	亥 (추자諏訾)	수성壽星 (辰)
돈장 敦牂	午 (순화鶉火)	대량大梁 (酉)	곤돈困敦	子 (현효玄枵)	대화大火 (卯)
협흡 協洽	未 (순수鶉首)	실심實沈 (申)	적분약 赤奮若	醜 (성기星紀)	석목析木 (寅)

(이 자료는 陸思賢·李迪 저/양홍진·신월선·복기대 옮김, 『天文考古通論』, 주류성, 2017, 525쪽 참조.)

'상원축회'란 새로운 시공이 열리는 순간부터 그 이후의 세상을 뜻한다. 일월성신의 주기가 발생하는 시점을 가리켜 '상원'이라 하는데, 축회는 선천 '자회'를 종결짓고 새로운 시공의 구조로 역사와 문명의 근본 토대가 정립되는 위대한 시작을 상징한다. 한마디로 새로운 6갑 시스템의 서막이 곧 "상원축회간지도"에 담긴 메시지다.

"상원축회간지도"에는 낙서에서 하도로, 천지비괘에서 지천태괘로, 문왕팔괘도에서 정역팔괘도로, 천간 중심에서 지지 중심으로 시공의 질서가 바뀜으로써 선천을 문닫고 후천이 열린다는 캘린더 시스템의 전환을 얘기했다. 특별히 선천의 무진·무술 초하루가 후천의 계미·계축 초하루로 바뀌는 근거를 태양계 너머 북두칠성을 포함한 광활한 천체권에서 찾았던 것이다. 그것은 음양의 근본적인 균형으로 인해 인류에게 희망을 주는 구원의 역법이 수립됨으로써 정의로운 사회가 구현될 수 있는 가능성을 검증한 이론이다.

二十八宿運氣圖

이십팔수운기도

28수는 하늘의 시계판이다. 하늘은 낮에는 푸르고 밤에는 까맣다. 하늘은 형체가 없으나 28수로 형체를 삼는다. 선천은 각항角亢에서 시작하여 하늘을 거스르며[逆] 운행하지만, 후천은 진익軫翼에서 시작하여 하늘을 순행[順]하는 방식으로 운행한다.[312)]

『정역』이 말하는 선후천 변화는 태양계 안에서 발생하는 소규모의 사건이 아니라, 북극성을 포함한 28수의 세계로 확대된다는 것에 있다. 선천에 각수角宿[313)]에서 출발했던 운행이 거꾸로 진수軫宿로 바뀌고, 심지어 초하루와 보름의 기준점도 새롭게 정립되는 이치를 얘기하고 있다. 그러니까 "이십팔수운기도"는 한 달 30일에서 초하루가 결정되는 이치를 얘기한 것이다.

김일부는 "28수운기도"에서 28수와 6갑의 조합을 통해서 천간 중심의 선천이 지지 중심의 후천으로 뒤바뀌고, 역법에서 초하루와 보름[朔望]의 기준점이 바뀌는 천문과 6갑의 변화를 배치했다. 선천은 '자오묘유'의 중심 체계로 한달 28일이 돌아가면서 서로가 겹치는 불균형의 상태로 움직이는 반면에, 후천은 원문의 가장 위에 나타나 있듯이 '진술축미'가 한 달 30일의 균형을 이루고 있다.[314)]

---

312) 『正易註義』"二十八宿運氣圖", "天無形體, 以二十八宿爲形體也. 在先天起於亢角, 逆天而運行. 后天則起於軫翼, 順天而運行也."

313) 角宿는 황도대와 적도대가 만나는 지점으로 계절로는 봄이다. 角은 龍의 뿔에 해당하는 지점으로 동양의 龍 문화의 흔적을 천문에서 발견할 수 있다. 『周易』은 辰을 뜻하는 龍으로 만물과 사태의 변화를 얘기한다.

314) 후천의 '진술축미'는 모두 土이다.

그리고 선천 초하루가 무진[315] 혹은 무술이라면, 후천 초하루는 계미 혹은 계축으로 바뀌는 시간의 혁명을 암시하였다. 여기서 15일의 비약이 생긴다. 무진과 임오를 거쳐 계미까지, 무술에서 임자를 거쳐 계축까지는 각각 15일의 탈락이라는 시간의 혁명을 예고했다. 초하루가 계미 또는 계축에서 시작하는 후천의 한 달은 30일이다.

癸未 계미	軫 진	癸丑 계축	戊戌 무술	室 실	戊辰 무진
甲申 갑신	翼 익	甲寅 갑인	己亥 기해	危 위	己巳 기사
乙酉 을유	張 장	乙卯 을묘	庚子 경자	虛 허	庚午 경오
丙戌 병술	星 성	丙辰 병진	辛丑 신축	女 여	辛未 신미
丁亥 정해	柳 유	丁巳 정사	壬寅 임인	牛 우	壬申 임신
戊子 무자	鬼 귀	戊午 무오	癸卯 계묘	斗 두	癸酉 계유
己丑 기축	井 정	己未 기미	甲辰 갑진	箕 기	甲戌 갑술
庚寅 경인	參 삼	庚申 경신	乙巳 을사	尾 미	乙亥 을해
辛卯 신묘	觜 자	辛酉 신유	丙午 병오	心 심	丙子 병자
壬辰 임진	畢 필	壬戌 임술	丁未 정미	房 방	丁丑 정축
癸巳 계사	昴 묘	癸亥 계해	戊申 무신	氐 저	戊寅 무인
甲午 갑오	胃 위	甲子 갑자	己酉 기유		己卯 기묘
乙未 을미	婁 루	乙丑 을축	庚戌 경술		庚辰 경신
丙申 병신	奎 규	丙寅 병인	辛亥 신해	亢 항	辛巳 신사
丁酉 정유	壁 벽	丁卯 정묘	壬子 임자	角 각	壬午 임오

315) 천간 戊와 지지 辰은 모두 5토로서 『정역』은 토 중심 사유를 보여준다. 특히 辰은 龍이다. 선천은 곧 5토 중심의 龍이 변화를 이끄는 세상이라는 뜻도 있다.

원문에 나타난 바와 같이 김일부는 천문학에 매우 조예가 깊었던 것으로 짐작할 수 있다. 그는 과거의 천문 지식을 나열하는데 그치지 않고, 천문 질서가 선후천의 교체에 의해 새롭게 구성된다는 것을 논리화 했던 것이다. 특히 28수의 중심에 있는 북두칠성과 북극성이 생명의 본원, 시공의 원형이라는 사실을 모르고는 "이십팔수운기도"의 조직화가 불가능했을 것이라고 추측할 수 있다.

"이십팔수운기도"는 북극성을 둘러싸고 있는 북두칠성의 방위에 따라 28수가 결정된다. 이 북두칠성을 둘러싸고 있는 별자리가 자미원紫微垣이다. 자미원은 대한민국의 수도인 서울에 해당될 것이다. 북두칠성

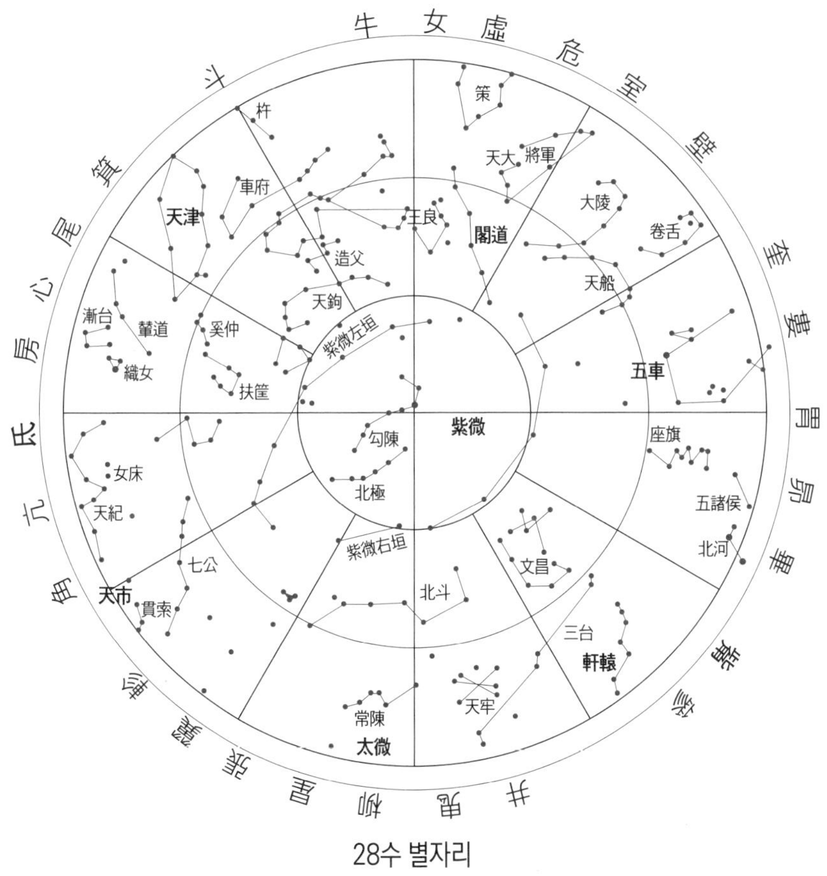

28수 별자리

을 둘러싼 자미원과 28수 사이에는 6대 성좌星座가 있다. 북두칠성의 자루인 요광搖光으로부터 태미원太微垣·천시원天市垣·천진天津·각도閣道·오거五車·헌원軒轅의 성좌가 있다. 다시 이 6대 성좌들을 둘러싼 별자리가 곧 28수인 것이다.

마야의 우주 창조설이 특별한 관심을 끄는 이유는 그 내용과 실제 별자리의 운행 과정이 매우 정확하게 일치하기 때문이다. 안데스인들은 하늘에 떠 있는 천체들과 땅 위에서 일어나는 다양한 사건들 사이에서 긴밀한 상호 관계가 존재한다고 믿었다.

동양에서는 시간이 공간으로 펼쳐지는 은하수를 하늘의 길이라고 부르는 이유가 있다. 동서남북의 표준은 28수에서 비롯된 것이므로 방위의 표준은 땅이 아니라, 천지일월의 운행에 있다는 뜻이다. 결국 28수는 하늘의 조직도이기 때문에 일월은 일정한 패턴으로 하늘을 운행하는 궤적을 표시한 이정표라고 할 수 있다.

『정역』을 배우려면 28수의 천문에 익숙해야 한다. 28수의 중심에는 자미원이 있다. 그 자미원의 핵심에 천황대제로 불리는 북극성이 있으므로 흔히 자미원권紫微垣圈이라 한다. 자미원을 둘러싸고 있는 것이 6대 성좌이고, 이 6대 성좌를 28수가 감싸안고 있다. 옛날 천자가 천하를 순수巡狩할 때에는 동서남북 4방의 중앙에 있는 방房·허虛·묘昴·성星이 들어 있는 달에 순행 길을 나섰다는 기록이 있다.

계절	봄	여름	가을	겨울
사신	靑龍	玄武	白虎	朱雀
사방위	동방칠수	북방칠수	서방칠수	남방칠수
28수	角亢氐房心尾箕	斗牛女虛危室壁	奎婁胃昴畢觜參	井鬼柳星張翼軫
태양의 위치	추분	동지	춘분	하지

그렇다면 왜 '각항'에서 출발하던 28수 시스템이 거꾸로 '진익'에서 출발하는 시스템으로 바뀌는가? 김일부의 대답은 아주 단순 명료하다. 선천과 후천은 원천原天이라는 하나의 하늘에서 비롯되지만, 선천과 후천의 존재 방식은 전혀 다르기 때문이다. 대표적으로 상극과 상생이 바로 그것이다. 상극은 자연과 역사 발전의 원동력이지만, 나를 제외한 타인을 경쟁 혹은 극복의 대상으로 여기고 싸움을 정당한 행위로 인정하는 폐단이 내포되어 있다. 상생은 나와 너, 3자를 포함한 모든 이들이 함께 더불어 공존 공생하는 삶을 높은 가치로 인정한다.

『정역』은 선천에서 후천으로, 상극에서 상생으로, 윤역에서 정역으로, 천지에서 지천으로, 하늘 중심에서 땅 중심으로, 낙서에서 하도로, 5토 황극에서 10토 무극으로, 음양의 불균형에서 음양의 균형으로, 천간 중심에서 지지 중심으로의 전환을 통해 새로운 세상을 논리화한 것이다. 그러니까 '각角'에서 출발하던 28수의 운행 질서가 '진軫'으로 바뀌는 것은 당연한 이치다.

사마천의 『사기史記』「천관서天官書」는 밤하늘을 수놓은 별자리의 조직이 천상의 관직이라는 인식으로 씌여졌다. 별자리의 구성 원칙에 의거하여 지상의 벼슬을 비롯하여 인간사가 다스려져야 한다는 천문관이 투영되어 있다. 그러니까 「천관서」는 단순한 천문 관측 또는 점성술 서적이 아니라, 세상을 다스리는 경세서經世書의 기초 학문이 되었던 것이다.

정역계에는 천문과 수지상수를 통합해 강조한 인물이 있다. 그는 강단에 선 적이 없는 재야학자 삼정三正 권영원權寧遠(1928-2018)이다. 1960년대 충청도 계룡산 국사봉 모임에 참가했던 학자치고 수지도수에 밝지 않은 사람이 없었지만, 유독 권영원선생 만큼은 천문학과 『정역』을 소통시킨 공적을 이루었다.

그는 『주역』의 이른바 '하늘과 땅이 시간과 공간으로 벌어지는 경계

[天地設位]'[316]와 28수 및 일월의 운행을 『정역』의 순역順逆 논리에 맞추어 설명하였다.

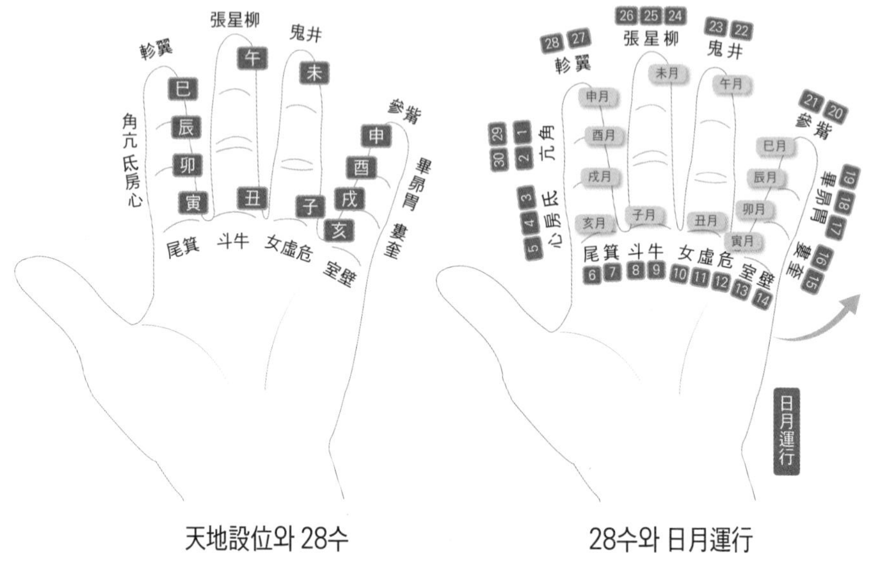

天地設位와 28수　　　　28수와 日月運行

엄지손가락을 제외한 네 손가락 마디에 28수를 배치시키고, 천지와 일월의 운행을 28수 조직에 안배함으로써 6갑의 종시궁 및 간방艮方을 둘째손가락에 두어 선후천 변화의 열쇠로 삼았다. 그는 천상과 지상의 관련성, 특히 천문의 기수箕宿와 지구의 간방艮方의 연관성을 각종 문헌에서 증좌를 끄집어내어 수지도수로 소통시켰다.

왼손 엄지손가락을 제외한 네 개 손가락의 마디와 손 끝에는 28수가 배치되어 있고, 특별히 둘째손가락에 선후천 변화의 수수께끼가 담겨 있다. 둘째손가락은 정역팔괘도의 9리離이며, 또한 엄지손가락을 굽힌 상태에서 보면 둘째손가락에서는 건괘의 용구用九 자리다.[317] 28수의 측

316) 『周易』「繫辭傳」 하편 12장, "天地設位, 聖人成能, 人謀鬼謀, 百姓與能." 천지의 시공간에 대해 성인은 물론 인간과 귀신, 심지어 백성이 천지의 능동성에 참여하여 모두 일치했다는 것이다.

317) 둘째손가락을 굽힌 것은 乾卦의 用九, 새끼손가락을 굽힌 상태는 坤卦의 用六을 상징한다. 용구와 용육은 『주역』의 밑받침이다.

면에서, ① 둘째손가락 끝은 선천의 마지막인 '진익軫翼'이고, 바로 밑에는 선천의 시작점인 '각수角宿'는 끝과 시작이 맞물린 종시궁終始宮에 해당된다. 그래서 『주역』은 "천지의 끝마침과 시작을 크게 밝히면 여섯 위상이 시간으로 이루어진다. 마침내 시간에 의거하여 여섯 용을 타고서 온 세상을 다스린다."[318]고 했다. ② 그렇다면 천문에서 말하는 종시궁은 둘째손가락의 어디인가? 일반 천문에서는 '각수'가 선천과 후천의 교차 지점으로 볼 수 있으나, 시공의 혁명이 벌어지는 지상의 어느 장소를 중심으로 후천이 재편성되는가에 대한 논의도 매우 중요하다. ③ 김일부는 한민족이 살던 고장을 간방으로 인식했다. 간방은 지구의 어디인가? 예로부터 우리 선조들은 『주역』의 영향을 받아 중국의 동북방 지역에 살고 있다고 인식했다.[319] 공간 위주의 문왕팔괘도와 시간 위주의 낙서의 도상은 천상과 지상에서 펼쳐지는 만물의 변화상을 표현했다. 문왕팔괘도를 그은 문왕文王과 "홍범洪範"을 지은 기자箕子는 동북아 문명 형성의 두 기둥이자 라이벌이었다. 문왕은 오늘날의 『주역』을 정리한 성인으로 알려져 있고, "홍범"의 저자인 기자는 문왕의 아들인 무왕武王에게 진리를 전수한 문화 영웅으로 남아 있다. 비록 문왕팔괘도가 후대에 만들어졌다고 할지언정, 고대인의 사유와 지역 인식이 전승되어 왔다는 측면에서 보면 중국이 중앙이고, 그 동북방 지역은 지금의 한반도보다는 만주滿洲 지역이었을 것으로 추정된다. ④ 우리 민족은 동북방을

---

318) 『周易』 乾卦 「彖傳」, "大明終始, 六位時成, 時乘六龍, 以禦天." '終始'는 단순 반복하는 순환이 아니다. 그렇다고 만물이 출현한 최초의 순간에서 종말을 향해 줄달음치는 직선형 시간의 始終도 아니다. 끝나는 점에서 다시 시작한다는 것이 곧 『주역』의 시간관이다. 『정역』은 선천의 끝이 곧 후천의 시작이라 말하는데, 그것은 선천과 후천의 교체가 전제되어 있다.

319) 李純之/김수길·윤상철 공역, 『天文類抄』(대유학당, 1998), 83-84쪽 참조. "箕宿는 네 개의 별로 이루어졌으며, 주천도수 중에 11도를 맡고 있다. (參宿와 마주보고 있으며, 12황도궁 중에 인마궁에 해당하고, 인의 방향에 있으며, 연나라에 해당한다.)[箕四星十一度(對參, 人馬宮, 寅地, 燕之分)]. 箕宿를 우리나라 지역에 배당하면 함경북도 明川·慶興·穩城·慶源·鐘城·茂山·高寧·會寧·甲山·三水에 해당한다고 한다." 이순지는 조선을 동북아 지역에서 동떨어진 한반도로 인식하는 역사관을 가졌다.

'간방艮方'이라 불렀다. 간방은 간괘(☶)의 정신을 삶의 모델로 삼아 사는 민족의 고장일 뿐만 아니라, 만물의 끝과 시작을 매듭짓는 장소를 총칭한 것이다. ⑤ 괘와 천문의 일치 문제는 수지手指에서 찾을 수 있다. 문왕팔괘도에서 간괘는 동북방에 있는데, 간방은 만물이 끝나고 다시 시작하는 하늘의 말씀[天命, Logos]이 깃든 신성한 공간으로서 28수의 기수箕宿가 바로 그곳이다. 북극성과 북두칠성이 생명을 낳아 기르는 모체라면, 그것이 열매맺는 우주의 오아시스는 지구이며, 앞으로 새롭게 태어날 지구촌의 심장부는 동방 땅 한반도[艮]라는 것이 천문지리天文地理의 핵심이다. 한국은 지구의 동북방에 해당하는 간방이다. '간'은 시작과 결실을 의미하는 열매를 상징한다. 여기서 말하는 열매는 '초목의 열매', '인간의 성숙', '문명의 성숙'을 포괄한다. 지정학地政學의 측면에서 볼 때, 간방 한반도는 기존의 역사와 문명을 마감하고 새 시대와 새 문명을 여는 지구의 배꼽 자리를 가리킨다. ⑥ 공자는 이미 2,500년 전에 조화옹의 섭리를 통하여 인류 구원이 성취되는 지상의 공간(방위)를 언급한 적이 있다. 그는 선천 역사와 문명이 종지부를 찍고 새롭게 시작되는 천도의 이법이 간방에서 완수된다고 말했다. "간은 동북방을 가리키는 괘이다. 만물이 끝맺음을 이루고 다시 시작함을 이루는 까닭에 '간에서 하늘의 말씀이 이루어진다.'"[320] 공자는 만물의 종말과 새로운 출발을 의미하는 하늘의 섭리(말씀=도)가 지구의 동북쪽 간방에서 성취될 것이라고 말했다. 간괘의 방위는 문왕팔괘도로는 동북방이고, 정역팔괘도에서는 동방이다. 동북 간방은 일정한 시간대에 만물의 변화가 매듭지어지고 새롭게 시작하는 성숙한 공간이다. 그것은 하늘의 프로그램이 간방을 중심으로 완수된다는 뜻이다. 그만큼 간방 한민족은 하늘의 의지를 대행할 책무를 짊어지고 있는 셈이다. 간방에서 새롭게 열리는 신

320) 『周易』「說卦傳」 5장, "艮, 東北之卦也, 萬物之所成終而所成始也, 故曰成言乎艮."

천지는 선천의 온갖 갈등과 부조화가 해소되어 인류의 소망이 이루어지는 후천의 조화 세상을 가리킨다. 『정역』은 후천이 이루어지는 원리를 우주사宇宙史와 시간사時間史가 하나로 관통되는 논리로 풀어냈다. 전자는 복희팔괘도 → 문왕팔괘도 → 정역팔괘도의 세 단계의 과정을 거쳐 우주가 완성되며, 후자는 원력原曆 → 윤력閏曆 → 정력正曆의 세 단계를 거쳐 1년 360일의 시간 질서가 수립되는 것을 의미한다. 이는 복희팔괘도의 건괘乾卦로부터 출발한 선천이 문왕팔괘도의 동북방 간괘艮卦에서 끝맺고, 곧이어 정역팔괘도의 동방 간괘에서 새로운 천지가 열려 만물이 재창조되는 것을 뜻한다. 왜냐하면 선천의 동북방이 후천의 동방으로 바뀜은 천축의 변동으로 인한 지축정립을 함축하기 때문이다. ⑦ 한국이 간방艮方이라면, 중국은 진방震方, 일본은 손방巽方, 러시아는 감방坎方, 아프리카는 리방離方, 미국은 태방兌方일 것이다. 김일부는 평소 제자들에게 한국과 미국을 간태艮兌 관계로 보았다고 전한다. '간태'를 정치, 군사, 외교의 국제 관계 외에도 지구의 동서축으로 인식한 것이다. 한국이 동북방인 근거는 어디에 있는가? 그것은 천문에서 찾을 수 있다. 기수箕宿는 28수의 동북방에 있다. 선천의 1년은 $365\frac{1}{4}$일이고, 후천의 1년은 360일이다. 그런데 선후천 변화는 윤력의 $365\frac{1}{4}$일에서 시간의 꼬리에 해당하는 $5\frac{1}{4}$의 '$\frac{1}{4}$'이 기수에 붙어 있는 것은 우연 아닌 필연인 것이다. 기수에 '$\frac{1}{4}$'이라는 시간의 여분이 붙은[閏曆] 이유는 간방이 곧 '종시궁終始宮'이기 때문이다. 기수를 천구에서 보는 시각으로 적도 구분 또는 시간권을 분류하면 다음과 같다. "로마자는 Chi, 한자로는 기箕, 고대인이 사용한 이미지는 '키', 별의 개수는 4개, 적도赤道 수도宿度는 11.25°, 서양 천문도로는 궁수자리 γ, 큰곰 자리[北斗]의 꼬리와 상방에서 직교하는 자리에 있다."321) 기수를 제외한 나머지 27수는 모두 소수점 이하

321) 조셉 니덤 지음/이면우 옮김, 『중국의 과학과 문명』(까치, 2000), 117쪽 참조.

의 수가 없는데, 오직 기수에만 소숫점 이하의 수, 즉 시간의 짜투리(꼬리)가 붙어 있다. 분명코 기수는 시간의 변화와 밀접하게 관련 있는 별자리로서 천문으로는 동북방이다. 북방과 동방이 맞물려 있는 지점이다. ⑧ 우리 조상들이 좋아하던 별자리는 심수心宿와 기수箕宿라고 알려져 있다. '기수'의 모양새가 바람을 일으키는 '키'와 비슷하게 생겼기 때문일 것이다. ⑨ 한편 한국인의 속성을 표현하는데 가장 많이 사용하는 단어는 '바람[風]'이다. 옥골선풍, 청풍명월, 풍류도, 풍월을 읊다. 바람을 맞다, 바람을 피다, 무슨 바람이 불었냐? 등 심지어 한국인이 즐겨 부르는 애창곡에 '바람'이 들어가는 노래가 수두룩할 만큼 바람은 한국인의 정서를 대표하는 용어다. 예로부터 우리 조상들은 바람의 민족이라고 불렸을 정도로 '바람'의 자궁인 기수箕宿를 칠성님에게 소원을 빌던 천문 신앙의 전통이 있다.

箕宿는 바람[風]을 좋아한다

『書經』「周書」"洪範"에는 천문과 자연현상을 얘기한 곳이 있다. "백성은 별과 같은데, 별에는 바람을 좋아하는 것이 있고, 비를 좋아하는 것도 있다. 해와 달의 운행은 겨울과 여름이 있게 하니, 달이 별을 좇으므로 바람과 비를 써서 윤택하게 해 주는 것이다.[庶民惟星, 星有好風, 星有好雨. 日月之行, 則有冬有夏. 月之從星. 則以風雨.]" 이에 대해 蔡沈(1167-1230)은 기수는 바람을 좋아하고, 필수는 비를 좋아한다고 풀이했다.

"백성이 땅에 붙어 있음은 별이 하늘에 붙어 있는 것과 같다. 바람을 좋아하는 것은 箕星이고, 비를 좋아하는 것은 畢星이다. 『漢書』「藝文志」에 '軫星 또한 비를 좋아한다'고 했는데, 짐작컨대 별은 모두 좋아하는 것이 있는 듯하다.

해는 中道가 있고 달은 아홉 길[九行]이 있다. 中道는 黃道이니, 북쪽으로 東井에 이르면 북극과의 거리가 가까워지고, 남쪽으로 牽牛에 이르면 북극과의 거리가 멀어지고, 동쪽으로 角에 이르고 서쪽으로 婁에 이르면 북극과의 거리가 중앙인 것이 바로 그것이다. 九行에서 黑道 둘은 黃道의 북쪽으로 나오고, 赤道 둘은 黃道의 남쪽으로 나오고, 白道 둘은 黃道의 서쪽으로 나오고, 靑道 둘은 황도의 동쪽으로 나오니 黃道까지 포함해 아홉 길이 된다.

해가 지극히 남쪽으로 가서 牽牛에 이르면 冬至가 되고, 지극히 북쪽으로 가서 東井에 이르면 夏至가 되며, 남북이 중앙이어서 동쪽으로 角에 이르고 서쪽으로 婁에 이르면 春分과 秋分이 된다. 달은 立春과 春分에는 靑道를 따르고, 立秋와 秋分에는 白道를 따르고, 立冬과 冬至에는 黑道를 따르고, 立夏와 夏至에는 赤道를 따르니, 이른바 '해와 달의 운행이 겨울이 있고 여름이 있다'는 것이다. 달이 동북쪽으로 가서 箕星에 들어가면 바람이 많고, 달이 서남쪽으로 가서 畢星에 들어가면 비가 많으니, 이른바 '달이 별을 따르므로 비바람을 안다'는 것이다.[民之麗乎土, 猶星之麗乎天也. 好風者箕星, 好雨者畢星. 漢志言軫星亦好雨, 意者星宿皆有所好也. 日有中道, 月有九行. 中道者黃道也, 北至東井, 去極近; 南至牽牛, 去極遠; 東至角, 西至婁, 去極中是也. 九行者, 黑道二, 出黃道北; 赤道二, 出黃道南; 白道二, 出黃道西; 靑道二, 出黃道東, 幷黃道爲九行也. 日極南至于牽牛, 則爲冬至; 極北至於東井, 則爲夏至; 南北中, 東至角, 西至婁, 則位春秋分. 月立春春分從靑道, 立秋秋分從白道, 立冬冬至從黑道, 立夏夏至從赤道, 所謂日月之行則有冬有夏也. 月行東北, 入于箕則多風, 月行西南, 入于畢則多雨, 所謂月之從星則以風雨也.]"

* 옛 사람들은 箕宿가 주관하는 八風이라는 '자연의 바람'이 나오는 곳을 다음과 같이 분류하였다.

淸明風(동남풍)	景風(남풍)	凉風(서남풍)
明庶風(동풍)		閶闔風(서풍)
融風(동북풍)	廣莫風(북풍)	不周風(서북풍)

角12도	亢9도	氐15도	房5도	心5도	尾18도	箕$11\frac{1}{4}$도	동	$75\frac{1}{4}$도
斗26도	牛8도	女12도	虛10도	危17도	營室16도	壁9도	북	98도
奎16도	婁12도	胃14도	昴11도	畢16도	觜2도	參9도	서	80도
井33도	鬼4도	柳15도	星7도	張18도	翼18도	軫17도	남	112도

28수의 相距度數

천문과 간방에 얽힌 주장

천문학자 이은성은 천문과 『주역』에서 말하는 간방의 연관성에 대해 다음과 같은 연구 결과를 내놓았다. "역은 아시아의 동방, 대륙의 동쪽에서 발생한 문화 체계로서 주로 황하 유역을 중심으로 하여 이루어진 것이므로, 그 동북방위라 하면 '간'은 바로 오늘의 만주 일대, 저 고조선의 강역을 지칭하는 것이다. 문왕팔괘의 동북방위인 간방의 방위가 역사적으로 문헌에서 실지 활용된 것을 고증할 수가 있으니, 조선 태조 4년(1395)에 제작된 '天象列次分野地圖'가 그것이다. 이 그림에서 天象은 천문현상을 말하는 것으로서 日月星辰의 변화를 의미하며, 다음의 列次는 차례로 늘어놓는다는 뜻이며, 分野는 중국의 영토을 구분하여 二十八宿에 해당시킨 것이다. 여기에서 箕星과 尾星은 땅의 분야로 말하면 幽州에 속하며, 燕의 분야로 동북 간방의 별이다. 이 천상열차분야지도는 고구려 石刻 天文圖를 본떠 만든 것인데, 1193년에 만든 蘇州天文圖에 버금가는 오래된 것이다."[322]

그리고 류승국은 위의 논의를 더욱 구체적으로 언급한다. 『史記』「朝鮮列傳」에 보면 "조선은 燕에 속한다"고 하였다. 『漢書』「地理志」에도 "樂浪은 幽州에 속하니 古朝鮮國"이라고 하였다. 또 우리나라 『三國史記』「地理志」에는 "낙랑은 洛陽에서 동북 5천리 거리에 있다" 하고, 그 註에 '幽州에 속하고 고조선국'이라고 한 『한서』의 내용을 인용하고 있다. 이렇게 보면 역사적으로 문왕팔괘의 간방은 추상적인 개념이 아니라 구체적으로 옛 조선의 영역을 포괄하는 지역을 지칭해 온 것이라 하겠다. 이처럼 中原을 중심으로 볼 때, 간방은 낙양의 동북인 幽州에 속했으며, 燕의 분야로 고조선의 강역이라고 한 것으로 보아 간방은 곧 조선을 지칭한 것임으로 확인할 수 있다. 이렇게 보면 '終萬物始萬物이 艮보다 盛함이 없다'고 한 「설괘전」의 내용은 문왕역에 대한 후천역이 간방인 유주·연·조선에서 나올 것임을 암시한다고 하겠다.[323]

한반도의 서남방은 평야 지대가 많고, 동북방은 산악 지대가 많다. 산악인들은 산이 거기 있어서 오른다고 했다. 또한 산이 높기 때문에 오른다고도 했다. 높은 산일수록 명산이 많다. 산을 사랑하는 전문 등반가도 셸파의 도움이 필요하다. 하물며 어렵고 힘든 혼돈의 시대에 훌륭한 지도자가 없어서야 되겠는가. 시대가 영웅을 낳는다는 말이 있듯이, 뛰어난 인물이 등장해서 난국을 수습해야 희망의 새 세상을 일궈낼 수 있는 것이다.

322) 이은성, 「천상열차분야지도의 분석」『세종학연구 제1집』, 1986.
323) 류승국, 「易學上으로 본 동북아의 세계사적 위치」『한국사상의 연원과 역사적 전망』(성균관대출판부, 2008), 462-463쪽 참조.

亢角二宿尊空詩
항각이수존공시

"이십팔수운기도" 도표에 나타난 것처럼, 후천은 '진익軫翼'에서 출발한다. 김일부는 한 달이 30일로 되기 위해서는 28수 조직에 변화가 있을 것을 예측하여 27과 28일에 항수亢宿와 각수角宿를 배당하지 않고 본체와 작용의 전환 문제를 도입하여 29일에 '항수'를, 30일에 '각수'를 배치하였다. 그리고 27일과 28일은 신명이 거주하는 신성한 본체의 공간으로 비워두었다. 즉 27일과 28일을 거룩한 자리로 비워두는 동시에 선천에는 없던 29일과 30일에 항수와 각수를 배치시킴으로써 한 달을 30일로 만들었던 것이다.

何物이 **能聽角**고 하물 능청각	무슨 물건이 능히 뿔소리를 잘 듣는가.
神明氐不亢을 신명저불항	신명이므로 저수에서 항수로 나아가지 못하는구나.
室張三十六은 실장삼십육	실수에서 장수까지 36도는
莫莫莫无量을 막막막무량	아득하고 또 아득하여 무량하도다.
武功은 **平胃散**이오 무공 평위산	무공은 뱃속을 평안하게 하는 가루약이요,
文德은 **養心湯**을 문덕 양심탕	문덕은 마음을 기르는 탕약이로다.
正明金火理하니 정명금화리	금화교역의 이치를 올바르게 밝히니,
律呂調陰陽을 율려조음양	율려가 음양을 조율하도다.

김일부는 지상에 사는 인간의 삶과 우주 저 너머에 있는 28수가 얼마나 밀접하게 연결되어 있는지를 시로 읊었다. 더욱이 내면에 깊이 잠든 영감을 깨워 28수 조직이 변화되는 광경을 생생하게 목격한 것처럼 묘사하였다. 28수를 감싸안고 규칙적으로 운행하는 일월은 인간으로 하여금 시간 의식을 가르쳐준다. 28수를 통해 시간의 주기와 자연의 변화에 대한 심오한 깨달음을 얻은 것이다.

지상의 방위를 파악하는 위치 감각 역시 28수의 질서에 뿌리를 둔다. 지상의 방위는 천문 현상에 근거한다는 뜻이다. 변함없는 북극성과 28수를 따라 태양과 달이 떠오르는 지점의 규칙적인 변화에서 방위의 의미가 생긴다는 것이다. 그러나 『정역』은 천상의 변화에 의한 지상의 방위마저 시간의 혁명으로 드러난다고 강조한다. 한 달이 꼭 30일로 이루어지기 위해서는 28수와 6갑의 배열 질서가 바뀌어 27일과 28일이 비워지는 현상이 생기는데, 그것은 작용이 본체로 환원되는 '존공尊空' 때문에 이루어진다. 실제로 각수角宿와 항수亢宿는 선천의 첫머리에서 물러나 후천의 끝 자리로 돌아간다고 말했다.

선천은 각항角亢에서 시작하고, 후천은 진익軫翼에서 시작한다. 선천과 후천의 28수 별자리 질서가 완전히 혁신된다는 것이다. 각角에서 출발하던 것이 진軫으로 바뀌는 이유는 무엇일까? 『정역』의 입론 근거는 이 세상은 무극 10토와 황극 5토로 구성되는 것에 있다. 전자는 후천이고, 후자는 선천이다. 5토 중심의 선천은 각수에서 적도대와 황도대가 만나는 지점인데, 28수로는 용龍 자리다. 그러니까 선천은 천간이 5토인 무戊와 지지도 5토인 진辰이 결합된 무진戊辰에서 시작한다. 진辰은 12지지의 동물로는 용龍이다. 선천의 천문학에도 '용' 문화가 짙게 반영되어 있음을 알 수 있다.

'용'은 신비막측한 동물이다. 용은 시간에 근거하여 만물의 변화를 주도하는 존재이기 때문에 선천은 무진戊辰(진은 '용')에서 시작하여 임자壬子

로 끝난다. 용은 여의주如意珠를 입에 물고 육해공을 넘나들면서 불을 뿜어낸다. 용은 귀로 소리를 듣지 않고, 뿔로 자연의 소리를 듣는 영물이다. 가래 혹은 기침에 효능이 있는 용각산龍角散이란 약재가 있듯이, 용은 뿔을 으뜸으로 삼는 동물이다.

후천 초하루 계미에서 출발하여 26일 저수氐宿는 곧바로 27일에 항수亢宿를 잇지 못하고,[324] 27일과 28일은 신명의 집으로 남겨 두고 29일에 붙인다는 뜻이다. 후천 16일 실수室宿에서부터 초삼일 장수張宿까지, 즉 무술戊戌에서 을묘乙卯까지의 18도와 무진戊辰에서 을유乙酉까지 18도를 합하면 36도가 이루어진다. 36도는 율려의 운용도수와 소강절의 '36궁이 모두 봄'이라는 시에 나오는 조화調和의 경계를 의미한다.

왜 실수室宿부터 장수張宿까지가 왜 천문의 근거인가? 진수軫宿로부터 벽수壁宿까지의 황경도수黃經度數[325]는 216도이고, 실수室宿부터 장수張宿까지의 황경도수[326]는 144도이기 때문이다. 전자는 건책수이고, 후자는 곤책수이다. 『주역』과 천문의 일치는 우연일까?

넓은 의미에서 천문을 보면 실수와 장수는 남북을 이루고, 기수와 필수는 각각 동북과 서남에 있다. 기수箕宿는 동쪽 끝점과 북쪽의 시작점이고, 필수畢宿는 서쪽의 중간 지점에 있다.[327] 동북방과 서남방은 금화교역이 이루어지는 천상의 시계판을 상징한다. 『정역』은 낙서가 하도로 바뀌는 금화교역의 이치를 천문에서 읽은 것이다. 선천 문화가 '기수와 필수'를 중요하게 여겼다면, 후천에는 '실수와 장수'를 중시한다는 뜻이다.

---

324) 신명은 낮은 곳[氐]에서 일하고, 높은 곳[亢]에서 일하지 않는다는 풀이도 있다.
325) 28수의 각 距星 사이의 黃道經度의 간격을 가리킨다.
326) 항성들의 도수는 황도대에 투사된 항성의 거리를 가리킨다. 황경과 황위를 알아야 한다. 황경을 하나의 직선이라고 가정하면, 황위는 그 직선의 위아래의 위치를 의미한다. 예컨대 지구본을 보았을 때, 경도와 위도가 있다. 즉 동경과 북위는 적도를 중심으로 보는 것이지만, 황경과 황위는 황도를 중심으로 보는 것이다.
327) 箕宿와 畢宿를 연결한 선은 혹시 지축 경사의 각도가 아닐까?

'아득하고 또 아득하여 무량하다'는 것은 일월의 운행이 한 달 30일과 1년 360일을 이루고, 모든 행성들 역시 정원궤도로 돌아 시공이 360으로 통일되는 조화造化의 세계를 형용한 것이다. 왜 '실수'로부터 시작하는가? '실수'는 선천 16일의 무술과 후천 초하루의 계미가 만나는 접점이기 때문이다. 무술의 '실수'에서 임자의 '각수'까지 15도와, 무진의 '실수'에서 임오의 '각수'까지의 15도를 계미의 '진수'에서 을유의 '장수'까지 3도와, 계축의 진수에서 을묘의 장수까지 3도를 보태면 전부 36도가 형성된다.

	1	2	3	4	5	6	7	8	9	10	11	12	13	14	15	16	17	18	19	20	21	22	23	24	25	26	27	28	29	30
선	戊	己	庚	辛	壬	癸	甲	乙	丙	丁	戊	己	庚	辛	壬	癸	甲	乙	丙	丁	戊	己	庚	辛	壬	癸	甲	乙	丙	丁
천	辰	巳	午	未	申	酉	戌	亥	子	丑	寅	卯	辰	巳	午	未	申	酉	戌	亥	子	丑	寅	卯	辰	巳	午	未	申	酉
逆	角	亢	氐	房	心	尾	箕	斗	牛	女	虛	危	室	壁	奎	婁	胃	昴	畢	觜	參	井	鬼	柳	星	張	翼	軫	角	亢
후	癸	甲	乙	丙	丁	戊	己	庚	辛	壬	癸	甲	乙	丙	丁	戊	己	庚	辛	壬	癸	甲	乙	丙	丁	戊	己	庚	辛	壬
천	未	申	酉	戌	亥	子	丑	寅	卯	辰	巳	午	未	申	酉	戌	亥	子	丑	寅	卯	辰	巳	午	未	申	酉	戌	亥	子
順	軫	翼	張	星	柳	鬼	井	參	觜	畢	昴	胃	婁	奎	壁	室	危	虛	女	牛	斗	箕	尾	心	房	氐			亢	角

실수에서 장수까지의 36도는 상극의 선천 세상이 구원과 희망의 후천으로 넘어가는 천문의 공식이라 하겠다. 왜 27일과 28의 기유·경술과 기묘·경진은 신명의 자리일까? 혹자는 지축 경사의 원인을 천문의 남북극에서 찾고 있다. 왜 지축이 경사되었는가? 그것은 "천상 28수의 별자리[星座]의 중심인 남극(己卯-庚辰)과 북극(己酉-庚戌)이 경사진 것에 원인이 있다."[328] 그곳을 주재하는 것은 신명神明이라는 뜻이다.

무공은 천지의 물리적 힘을, 문덕은 천지와 인간의 마음에 비유한 것이다. 평위산은 비위脾胃의 이상으로 인해 명치 밑이 아프거나, 배가 아픈 증상에 쓰는 일종의 가루약이다. 위胃가 불편할 때는 외단外丹의 무공

328) 김계홍, 『天符經과 宇宙變化』(天符社, 1993), 279쪽 참조.

武功으로 평정하고, 마음이 불편할 때는 정신을 상쾌하게 만드는 문덕文德으로 가라앉히라는 가르침이다. 여기서는 평'위'산의 위수胃宿에 방점이 찍혀 있다. 후천 초하루가 계미 또는 계축에서 시작하면 위수胃宿는 갑오 혹은 갑자가 12일 또는 27일에 닿기 때문에 끝수를 모으면 '2·7화火'를 상징한다.

양심탕은 지나친 근심과 시름으로 마음이 상했거나, 심신이 지쳐 가슴이 두근거리거나 잠을 못 이루는 증상을 치료하는 처방약이다. 여기서는 양'심'탕의 심수心宿에 방점이 찍혀 있다. 후천 초하루의 계미 또는 계축에서 시작하면 심수心宿는 병오 혹은 병자에 24일 또는 9일에 닿기 때문에 끝수를 모으면 '4·9금金'을 상징한다.

배탈난 몸을 환골탈태시켜 위胃[坤爲腹 = ☷]를 안정시키는 소화약은 평위산[329]이며, 화병火病으로 인한 정신[乾爲首 = ☰][330]적 스트레스를 마음[心]으로 씻어내는 약은 곧 양심탕[331]이다. 그런데 심신이 고달픈 인간에게만 처방전이 필요한 것이 아니라, 문명의 부산물로 시달리는 인류와 병든 천지의 고뇌를 말끔히 털어내는 특효약은 '율려律呂'라는 뜻이다.

『주역』의 주제가 음양론陰陽論이었다면, 앞으로는 『정역』의 율려론律呂論으로 바뀐다는 것이다. 음양과 율려는 무슨 차이가 있는가? 사람의 살갗에 비유하면 음양이 겉피부라면, 율려는 속피부라 할 수 있다. 과거의 숱한 형이상학은 천지의 겉만을 논의한 차원에 불과하며, 미래에는 지금까지 속으로 숨겨져 드러나지 않았던 천지의 속살을 벗겨내는 학술이야말로 진정한 학문이라는 뜻이다.

김일부는 금화교역의 근거를 하늘의 위수胃宿와 심수心宿에서 찾아내

329) 蒼朮, 陳皮, 厚朴, 甘草, 대추, 生薑 등의 약재를 쓴다.
330) 『周易』「說卦傳」 9장, "乾爲首, 坤爲腹, 震爲足, 巽爲股, 坎爲耳, 離爲目, 艮爲手, 兌爲口."
331) 生地黃, 當歸, 白茯苓, 茯神, 黃耆, 遠志, 川芎, 柏子仁, 酸棗仁, 半夏麴, 人參, 炙甘草, 桂皮, 五味子, 生薑 등을 섞어 조제한다.

하도낙서로 설명하는 체계를 세우는데 성공했다. 또한 28수 조직에서 금화문金火門을 발견하여 역법 혁명의 토대를 연역함으로써 선후천 변화의 근거를 천문에서 확보했던 것이다.

동북방에는 변화가 없고, 서남방에서 변화가 일어나는 이유는 천문의 별자리에 원인이 있다. 하늘의 동북방은 자미원紫微垣을 중심으로 태미원太微院과 천시원天市垣이 있는데, 그 핵심에 북극성을 뜻하는 천황대제天皇大帝가 있기 때문이다. 북극성은 고정불변의 붙박이 별자리다. 북극성의 주위에 있는 천진天津, 각도閣道, 오거五車, 헌원軒轅 등에 위치한 별자리는 움직인다. 그래서 "금화이송金火二頌"은 천문에 근거하여 "동북의 기는 굳게 지키고, 서남의 이치는 서로 통하네.[氣東北而固守, 理西南而交通.]"라고 읊었던 것이다. 하도낙서에 투영된 금화교역의 이치는 인간 인식의 소산물이 아니라, 하늘의 조직 즉 천문에 기초했다는 뜻이다.

하도낙서의 구도에서 동북방과 서남방이 바뀐 것은 만물의 변화상을 읽어내는 도구요 수단이었다. 하지만 『정역』은 낙서는 선천이요 하도는 후천이라는 기초 위에서 앞으로 선천이 후천으로 뒤바뀐다는 것을 핵심 테마로 삼아 전통 학술과 과감하게 헤어졌다. 그리고 28수의 변화는 율려가 음양을 골고루 베푸는 것으로 완결된다고 했다. 별자리 이동은 태양계의 변화와 직결되고, 태양계의 시스템이 바뀌면 연월일시의 시작점도 바뀌게 마련이다. 음력은 한 달이 보통 28일인데, 후천의 한 달은 30일이 되므로 28수의 구성 자체가 바뀌지 않으면 안 되기 때문이다.

선후천 변화는 태양계에서 벌어지는 소규모의 사건이 아니라, 적어도 북극성과 북두칠성을 둘러싼 28수로 확대된다는 것이 『정역』의 입장이었다. 선후천 변화는 하늘 중심에서 땅 중심 체제로 바뀌는 까닭에 선천에 각수角宿에서 출발하던 것이 진수軫宿로 바뀐다는 것이다. 이를 바탕으로 6갑의 기본 틀인 5행의 구조와 함께 삭망朔望의 기준점도 새롭게 정립되는 이치를 밝히고 있다.

重力(Gravity)이 그려내는 타원궤도와 금화교역

지구에서 들고 있던 공을 놓으면 공은 지구 중심 방향을 향해 아래로 떨어진다. 지구와 물체 사이에 힘이 작용하기 때문이다. 이처럼 지구와 물체가 서로 당기는 힘을 중력이라고 부른다. 뉴턴은 중력이 태양 주위를 도는 행성들의 경로를 휘게 한다는 것을 알아챘는데, 그 형태는 타원이다. 행성 궤도들의 모양 뿐만 아니라, 주기까지도 정확하게 설명한 것은 대단한 성공이었다. 뉴턴의 세계관은 모든 사건은 필연에 의해 일어난다는 결정론이라 할 수 있다.

"태양이 내는 중력의 힘이 방사성이라면(즉 오로지 거리에 따라서만 달라진다면,) 그것은 태양 주변에서 완벽한 회전 대칭성을 지니는 체계일 것이다. 따라서 모든 행성들의 궤도는 원형일 것이다. 그러나 이 결론은 행성들이 타원궤도를 따른다는 케플러의 관찰과 모순된다. 뉴턴의 관찰은 태양 주변의 회전 대칭성을 존중하지 않은 초기 속도가 행성에게 있다는 것이다. 그렇다면 타원궤도는 방사상 힘과 모순되지 않는다. … 19세기 과학의 뛰어난 성과는 천체를 구성하는 원소들이 지구의 물체들을 구성하는 화학 원소들과 같음을 알아냄으로써 온 우주가 같은 물질로 이루어졌음을 증명한 것이었다. 최근의 우주 관측은 이 그림을 흔들었다. 보통의 원자 물질은 우주의 조성에 있어 5퍼센트도 되지 않았다. 나머지는 우리가 알지도, 설명하지도 못하는 무언가의 형태로 존재한다. 즉 암흑에너지와 암흑물질이다. 어쩌면 대형하드론충돌기(Large Hadron Collider = LHC)가 그 암흑물질의 정체를 밝힐지도 모른다. 초대칭성, 여분 차원, 테크니컬러 등 시공간과 힘과 대칭성에 대한 관념을 철저하게 바뀌놓았다."(잔 프란체스코 주디체 지음/김명남 옮김, 『젭토스페이스』, 휴머니스트, 2017, 261쪽 및 397-398쪽 참조.)

九九吟
구 구 음

김일부는 한때 광인狂人으로 몰린 적이 있었다. 이 시는 미치광이라고 손가락질하던 타인들의 조롱과 비웃음을 한바탕 깨달음의 웃음으로 날려버린 심정을 노래한 것이다.

이 대목은 하도낙서에 감추어진 구구단九九段 법칙은 선후천 역법 전환의 근본 토대로서 1년 $365\frac{1}{4}$일 윤력閏曆이 360일 정력正曆으로 바뀌는 시간의 혁명을 알려주는 공식이기 때문에 하도낙서에 담긴 시간론이 역학의 핵심이 되어야 한다는 사실을 일깨우고 있다. 그것은 도덕 형이상학 차원에 머물렀던 기존 주역학의 한계를 비판하고 『정역』의 주제를 한층 넓히고 심화시킨 것이다.

凡百滔滔儒雅士아 범 백 도 도 유 아 사	무릇 많고 많은 도도한 선비들아,
聽我一曲放浪吟하라 청 아 일 곡 방 랑 음	나의 방랑음 한 곡조를 들어보시게나.
讀書學易先天事라 독 서 학 역 선 천 사	서경 읽고 주역 배우는 일은 선천의 일이요,
窮理脩身后人誰오 궁 리 수 신 후 인 수	이치를 궁구하고 수신하는 후천인은 누구인가.
三絶韋編吾夫子는 삼 절 위 편 오 부 자	가죽끈 세 번 끊은 우리 공부자께서는
不言无極有意存을 불 언 무 극 유 의 존	무극은 말씀하지 않고 뜻만 두셨네.
六十平生狂一夫는 육 십 평 생 광 일 부	육십 평생의 미치광이 한 지아비는

自笑人笑恒多笑를 자소인소항다소	스스로 웃고 남들도 웃으니 늘 웃음이 많구나.
笑中有笑笑何笑오 소중유소소하소	웃음 속에 웃음이 있으니 무슨 웃음을 웃는가.
能笑其笑笑而歌를 능소기소소이가	그 웃음을 잘 웃으며 웃고 노래하노라.
三百六十當朞日을 삼백육십당기일	360일이 1년에 해당하는 것을,
大一元三百數는 九九中에 配列하고 대일원삼백수 구구중 배열	대일원[332] 300수는 구구 법칙으로 배열하고,
无无位六十數는 一六宮에 分張하여 무무위육십수 일육궁 분장	무무위 60수는 1·6궁에 나누고 베풀어
單五를 歸空하면 五十五點이 昭昭하고 단오 귀공 오십오점 소소	홑 5를 귀공하면 55점이 환하게 밝고,
十五를 歸空하면 四十五點이 斑斑하다 십오 귀공 사십오점 반반	15를 귀공하면 45점이 분명하다.
我摩道 正理玄玄眞經이 아마도 정리현현진경	아마도 올바른 이치와 미묘하고 미묘한 참된 경전이
只在此宮中이니 지재차궁중	오직 이 궁 속에 있을 것이니,
誠意正心하여 終始无怠하면 성의정심 종시무태	뜻을 정성스럽게 하고 마음을 올바르게 하여 끝이나 처음이나 게으름이 없게 하면
丁寧我化化翁이 必親施敎하시리니 정녕아화화옹 필친시교	정녕코 우리 화화옹께서 반드시 친히 가르쳐 주실 것이니,
是非是好吾好아 시비시호오호	이것이 곧 내가 좋아하는 것을 좋아하는 것이 아니겠는가.

332) 옛 사람들은 북극성이 뿜어내는 하나의 元氣가 북두칠성을 이끈다고 믿었다. 북두칠성이 전체 별자리를 이끌면서 북극성 주위를 회전한다. 별들은 하늘을 회전하면서 한 해의 절기와 계절 변화를 만드는 것이다.

김일부는 새로운 학문을 정립하기 위해서 가장 먼저 각종 학술 사이의 괴리를 타파할 수 있는 논리가 필요하다는 것을 절감했다. 그는 유불선의 통합을 꾀하였다. 불교의 용화세상龍華世上, 선교의 조화선경造化仙境, 개인의 도덕적 가치가 사회적으로 구현된 유교의 대동사회大同社會를 하나로 통합하는 거대한 프로젝트를 구상하였다. 김일부는 우선 유교인의 자세를 고발하는 것으로부터 유불선 삼교의 회통을 기획했던 것이다.

김일부는 시대의 흐름에 뒤떨어진 고집불통 선비, 또는 과거에 매몰되어 미래에 대한 전망은 전혀 기대할 수 없는 겉만 반지르르한 유학자들을 비꼬았다. "구구음"의 앞 부분은 관념과 허례허식만을 일삼는 성리학자의 태도를 비판한 것이다. 유교의 가르침을 평생의 덕목으로 무장한 선비들의 비현실감을 꼬집은 내용이다. 선천의 낡은 세계관에 얽매인 채 비단 도포자락을 휘날리며 거드름피우는 선비들의 비웃음을 깨달음의 웃음으로 화답한 회한悔恨의 노래였다.

'도도滔滔'란 한 번 고집부리면 전혀 타협을 모르는 꼰대 유학자를 비유한 것이다. 김일부는 세상의 얼치기 선비들에게 오랜 사색의 결론인 율려의 방랑음 노래를 들어보라고 권유했다. 천지인의 진리를 추구하는 성인학聖人學을 멀리하고, 문장학에 매달리는 당시 선비들의 행태를 개탄한 것이다. 사이비 학자 혹은 도덕의 파괴자 향원鄕原은 선비의 범주에 들어올 수 없다.[333] 방랑음은 분노에 가득 찬 원한의 노래이거나 세상을 등진 은둔자의 노래가 아니다. 오히려 인류의 꿈과 미래에 대한 사유의 혁명을 외친 희망가였다.

김일부는 스스로를 괴짜 선비라 호칭했다. 기존의 관념에 포로가 되어 시대 흐름에 뒤떨어진 당시의 일부 유생들과 친척들은 김일부를 미친 사나이[狂一夫]라고 낙인찍고, 광산 김씨 족보에서 파내려고 시도한 적이 있었다. 학문의 기득권자들은 독창적인 이론을 내세우거나 시대를

333) 『論語』「陽貨」, "鄕原, 德之賊也."

앞선 선각자를 '광인'이라 부르기 일쑤였다. 마치 시대에 뒤떨어진 자가 시대를 앞선 자를 몰아치는 꼴이다.

김일부는 내면으로의 여행을 떠나는 순례의 길보다는 자연사와 문명사를 꿰뚫는 시간의 질서를 밝히는 것에 최종 목표를 두었다. 『주역』에 중독된 학문의 골목대장에 만족하지 않고, 후천의 길로 나아가는 방법을 기획한 구도자였다. 조선 말기의 선각자, 괴짜 선비 김일부는 늘 가난하게 살았으나, 새로운 세상의 진리에 흠뻑 젖어 행복한 삶을 살았다. 때로는 고독했으나 결코 외롭지 않았다. 진리가 곧 유일한 친구인 동시에 동반자였기 때문이다.

김일부는 역사와 문명의 흥망성쇠를 비롯한 시간의 질서를 선후천의 잣대로 판단했다. 선천에는 『서경』을 읽고[讀書], 『주역』을 배워서[學易] 역사적 사명을 실천하는 것이 지식인의 책무였다. 『서경』에는 천명을 세상에 펼치는 제왕학이 기술되어 있다. 고대로 거슬러 올라갈수록 종교적 천명사상이 싹텄으며, 은주殷周 교체기에 이르러 다시 정치적 천명사상으로 발전했으며, 공자에 와서 도덕적 천명사상으로 자리잡게 되었다. 『주역』은 형이상학과 도덕의 문제를 비롯하여 8괘는 어떻게 구성되었는가의 문제를 제시하였다. 그러나 『정역』은 『서경』의 요체와 『주역』에 숨겨진 메시지를 선후천 문제로 압축함으로써 중국역학으로부터의 독립에 성공했다고 할 수 있다.

김일부는 왜 『서경』과 『주역』을 다독했을까? 김일부는 『서경』에 나오는 역법에 관련된 내용에 지대한 관심을 가졌고, 『주역』에서는 건책수 216과 곤책수 144의 총합 360이 이루어지는 이치를 집중적으로 파헤쳤다. 그리고 1년 $365\frac{1}{4}$일이 생기는 이유를 천지의 몸뚱이 자체가 기울어졌다는 팩트에서 찾아냈다. 질병의 원인이 밝혀지면 처방과 치료가 쉽듯이, 김일부는 사물의 이치를 탐구하고 수양하여 몸을 닦는 후천인은 누구인가라고 반문했던 것이다.

후천이 오는 것은 자연의 일이고, 조화옹의 섭리이기 때문에 인간은 아무런 할 일이 없다는 주장도 있다. 이는 무책임한 발상이다. 후천에도 배고프면 밥 먹어야 하듯이, 사람다운 삶을 유지하기 위해서는 진리를 탐구하고 도덕 의식을 키워야 할 당위성이 있다.[334] 수양은 선후천의 이법을 배우는 것으로부터 시작한다. 아집과 고집을 버리고 하늘의 명령과 시간의 질서를 있는 그대로 받아들이는 자세가 올바를 것이다.

사마천은 공자가 『주역』 책을 묶은 가죽 끈이 세 번이나 끊어질 정도로 많이 읽었다고 기록했다. "공자는 나이 들면서 역을 좋아하여 단전·계사전·상전·설괘전·문언전을 지었다. 역을 읽는데, 가죽 끈이 세 번 끊어졌다."[335] 『주역』을 즐겨 읽은 공자는 태극太極은 언급했으나, 『정역』에서 말하는 무극无極의 진리는 글귀에 숨겨 두었다는 뜻이다.

무극은 원래 『노자』에 나온다. 『정역』의 무극은 10무극과 5황극과 1태극이라는 우주의 3원 본체의 하나를 뜻한다. 5행으로 보면 10토 무극과 5토 황극이 이 세상의 근본 틀을 이루고, 태극은 무극과 황극이 살아 있도록 생명력을 불어넣는 천지의 숨결이다. 5토 황극이 지배하는 세상이 선천이요, 10토 무극이 지배하는 세상이 후천이라는 것이 곧 『정역』의 입장이다.[336]

김일부는 공자가 10수 무극 세상이 출현할 것을 『주역』에 은폐해 놓았다고 변호하였다. 특히 성리학 이외의 이념은 조선 사회가 허락하지 않았기 때문에 『정역』의 무극에는 종말론 냄새가 전혀 풍기지 않는다는 점을 공자의 권위에 의존한 것으로 보인다. 한편 공자는 유교를 집대성한

334) 『周易』「說卦傳」 1장, "和順於道德而理於義, 窮理盡性, 以至於命."
335) 『史記』 권47 「孔子世家」, "孔子晩而喜易, 序彖繫象說卦文言. 讀易, 韋編三絶."
336) 한동석은 1부터 10까지의 숫자를 중심으로 10무극은 우주창조의 본원, 1태극은 우주창조의 본체, 5황극은 우주운동의 본체로 규정했다. 그는 무극이 하늘, 황극이 땅이라는 『정역』의 존재론을 경시했다. 단지 10수를 음양오행의 생성론 차원에서 5를 매개로 生數가 成數로 넘어간다는 것을 중시한 결과, 5토 중심의 선천이 10토 중심의 후천으로 전환된다는 사실을 가볍게 여겼다.

성인임에도 불구하고 시간의 섭리[時命]를 부여받지 못했다고 판단하여 유불선 통합의 근거를 시간의 배꼽에 해당하는 무극에 두었던 것이다.

왜냐하면 노자의 무극이 과거에 뿌리를 두었다면, 『정역』의 10무극은 미래 지향성에 뿌리를 두기 때문이다. 김일부는 「계사전」 상편 9장의 건책수 216과 곤책수 144를 바탕으로 '1년 360일'이 성립한다는 논리를 『정역』의 핵심으로 삼았다.

공자가 무관의 제왕였다면, 김일부의 처지는 어떤가? 평생 가난과 씨름한 이름없는 재야선비! 그는 도학에 심취한 진리의 탐구자였다. 세상이 알아주지 않았고, 심지어 미치광이라고 손가락질 당한 불우한 구도자였다. 당시 지식층들이 신뢰하던 관념을 타파하고, 새로운 사상의 길을 열어 제치는 것은 광인의 열정이 아니면 불가능하다. 시대를 앞선 선각자 김일부, 자신을 믿는 것 이외의 탈출구는 오직 시간의 본질을 밝히는 집필뿐이었다. 마침내 60세이던 1883년 을유乙酉에 『정역』을 세상에 선포했던 것이다.

'60 평생 광일부狂一夫'라는 표현은 도학과 영가무도詠歌舞蹈에 정진하던 모습을 지켜본 마을 사람들이 미쳤다고 소곤대는 여론에서 비롯되었다. 영가무도는 도덕의 수양법이 아니라는 이유 하나만으로도 비난의 대상이었을 뿐만 아니라, 심지어 김일부는 도교에서 유래한 심신수련법[337]을 추종함으로써 마침내는 귀신에 홀렸다고 조롱당했던 것이다. 이런 비웃음을 김일부는 웃음으로 대처했을 따름이다.

이 시는 웃음 '소笑' 자가 열 개인 까닭에 '십소가十笑歌'라 한다. 그 속에는 깨달음의 웃음이 다섯이므로 '십오가十五歌'라고도 불린다. 특히 마지막 구절의 "그 웃음을 잘 웃으며 웃고 노래한다[能笑其笑笑而歌]"라는 말은 엄정한 수학 법칙에 의거하여 선후천 교체가 이루어지는 이법을

---

337) 영가무도는 중국 또는 도교에서 유래된 것이 아니라, 오히려 한민족 고유의 수행법을 김일부가 재현시킨 것이라는 견해가 더 설득력이 높다.

온몸으로 터득한 경계를 뜻한다.

아무도 모르는 웃음의 실체는 무엇일까? 그것은 하도낙서에 함축된 진선미를 발견한 것에서 비롯되었다. 하도낙서는 중앙을 둘러싼 춘하추동의 4시와 동서남북의 4방, 인의예지의 4덕을 우주의 본성으로 표현하였다. 그것은 '4상四象' 구조에 뿌리를 두고 만물이 생성 변화하면서 전개된다는 뜻이다. '4상'은 시공과 생명의 공식인 것이다.

'구구법'이란 무엇인가? 초등학교에서 배우는 산술 과목에 불과한가? 김일부는 '구구법'을 우주의 구성 뿐만 아니라 선후천 변화를 설명하는 우주의 상수常數로 규정한다. 일종의 '9n' 법칙으로 1년 360일이 성립하는 시간의 속살을 벗겨냈던 것이다. 이 시는 '구구법'에 내재된 순역順逆 논리와 4상 법칙을 바탕으로 윤력이 정력으로 전개되는 이치를 찬미한 것이다.

'九九吟'이란 무엇인가?

읊을 '吟'은 소강절의 시에 자주 나오는 제목에 등장한다. '구구음'은 생명과 시간의 척도를 수학 방정식으로 표현한 것이다. 구구법은 『管子』 권24 「輕重」에 물가 정책을 수립하는 근본 수치로 제시되었다. 桓公이 관자에게 물었다. "물가 조절 정책은 언제부터 시행했습니까?" 관자가 대답했다. "나라를 다스림에 복희씨부터 지금까지 물가 조절 정책을 쓰지 않고 왕업을 이룬 사람이 없었습니다." 환공이 말했다. "무슨 말입니까?" 관자가 대답했다. "복희가 6효를 지어 음양을 헤아렸고, 구구법을 만들어 하늘의 도에 합하여 천하가 교화되었습니다. 신농씨가 지위에 있으면서 기산의 남쪽에 오곡을 심어 구주의 백성이 오곡을 먹었기 때문에 천하가 교화되었습니다."[338]

338) 『管子』「輕重」, "桓公問於管子曰 輕重安施? 管子對曰 自理國虙戲以來, 未有不以輕重而能成

숫자의 패턴과 규율을 선호한 김일부는 360을 시간과 공간의 원형으로 규정한다. 이 세상에는 수많은 원이 존재한다. 타원형, 찌그러진 원, 네모에 가까운 원 등을 삼각형이라 하지 않고 원이라 부르는 까닭은 어디에 있는가?

플라톤에 의하면, 우리는 원의 이데아를 알고 있기 때문에 크기, 모양에 따라 달라지는 형태에도 불구하고 원이라고 부른다. 그 이유는 360°가 원의 원형이라는 사실을 이미 알고 있기 때문이라는 것이다. 마찬가지로 음양이 불균형을 이루는 1년 $365\frac{1}{4}$일을 윤력閏曆이라 부르는 이유 역시 1년 360일의 정력正曆이라는 사실이 전제되어 있다는 뜻이다.

이것은 『주역』「계사전」 상 9장에 나온다. 공자는 1년 360에 근거하여 건책수 216과 곤책수 144가 형성된다는 것을 얘기했다. 김일부는 공자가 말한 360은 후천에 이루어질 1년 360일이라고 해석한다. 공자는 건책수와 곤책수의 합계 360 공식[339]을 정립했다. 하지만 김일부는 360의 성립을 다르게 풀이한다. 대일원大一元의 300 + 무무위无无位의 60 = 360이라는 공식을 제시한 것이다. 전자가 4상의 공간에 근거한 공식이라면, 후자는 3수에 근거하여 시간의 질서를 풀이한 공식이다.

'일원수一元數'와 '대일원수'는 어떻게 다른가? 전자는 하도낙서의 총수 100을, 후자는 300을 가리킨다. 대일원수 300을 형성하는 수리는 크게 세 가지가 있다. 첫째, 일원수는 하도 수 55와 낙서 수 45의 합 100인데, 대일원수는 일원수 100에 '천지인'의 3을 곱한 300이다. 둘째, 대일원수 300은 1년에 달빛이 비치는 날은 대략 300일이고, 달빛이 없는 날 60일에 기초한 것이다.[340] 셋째, 일원을 크게 하나로 확대한 것이 곧 대일원이

其王者也. 公曰 何謂? 管子對曰 虙戲作造六法以迎陰陽. 作九九之數, 以合天道, 而天下化之. 神農作樹五穀淇山之陽, 九州之民. 乃知穀食. 而天下化之."

339) 건책은 양효의 9 × 4상의 4 × 6효의 6 = 216이며, 곤책은 음효의 6 × 4상의 4 × 6효의 6 = 144가 이루어진다.

340) 달빛이 비치는 300일은 대일원수를, 달빛이 없는 한 달 5일씩에 12달을 곱한 60은 无无

다. 김일부는 이 대일원 300수를 수지도수로 헤아리라고 했다. 왼손 엄지손가락으로부터 넷째손가락까지를 굽히면 '원형이정'의 네 단계를 상징한다. 이것 역시 공자와 김일부의 산출 근거가 다른 점에서 비롯되었다.

『주역』이 괘효 성립에 대한 철학적 사유를 전개했다면, 『정역』은 철두철미 하도낙서에 근거해서 시간의 혁명을 계산한다. 『정역』의 시각에서 보면 공자의 계산법은 낙서의 방식에 기초한 것이다. 『정역』은 시종일관 '구구법' 원칙을 지킨다. 비록 『주역』에는 상세한 설명이 없으나, 낙서 9궁에서 중앙의 5를 제외한[341] 1, 2, 3, 4, 6, 7, 8, 9의 총합 40에 9를 곱한 360의 성립 근거를 제공했다. 후천에 사용될 『정역』은 하도의 방식에 근거한다. 하도는 중앙의 10과 5를 본체로 삼는 까닭에 기수朞數를 계산할 때는 제외시키므로 『주역』의 산출 방식과는 다를 수밖에 없다.

'대일원 300수'는 하도 10수의 진행 방식에 근거한 계산법이다. 선천 낙서는 역생逆生 순서이므로 1부터 9까지의 극한수인 9를 '구구법'의 모체로 삼았다. 후천 하도는 도생倒生 순서를 이루므로 10에서 출발한 그 작용의 수 9, 8, 7, 6[342]에다 하도의 모체 수 10을 곱하는 방식에 의거한다. 즉 $\{(9+8+7+6)\times 10\} = 30 \times 10 = 300$이라는 공식이 성립한다.

그리고 '원형이정'의 '원' 90에서 한 단계씩 10을 마이너스 방향으로 빼면 각각 80, 70, 60이 이루어진다. 따라서 $90+80+70+60 = 300$의 공식이 성립하는 것이다. 왜 덧셈과 뺄셈 중에서 뺄셈을 적용하는가? 이는 『정역』 고유의 구구법이 밑받침되었기 때문이다. $9\times 9=81$, $9\times 8=72$,

位 60을 상징한다. 선천의 '月窟于辰'한 28일에서 다음 달 초삼일까지 닷새는 달은 빛을 내지 못한다.

341) 殷末周初의 文王과 箕子는 정치적, 사상적 라이벌이었다. 문왕은 지금의 『주역』을 지은 '문왕팔괘도'의 주인공이다. 기자는 洛書에 기초하여 "洪範"을 지었다. 문왕팔괘도에서 본체를 상징하는 중앙 5가 은폐되었기 때문이다. 하지만 시간의 변화를 표현한 낙서에는 중앙에 5가 그대로 나타나 있다.

342) 9, 8, 7, 6은 9金과 8木과 7火와 6水를 가리킨다.

9×7=63, 9×6=54의 공식처럼, 뺄셈 방식으로 시간이 점차 탈락하는 순서에서 취한 것이다.

手指	四象(시간/공간/4덕)				配列數	當朞日	大一元數
1	元	春	東	仁	(9×9=81)+(1×9=9)	90	90
2	亨	夏	南	禮	(9×8=72)+(2×9=18)	90	80
3	利	秋	西	義	(9×7=63)+(3×9=27)	90	70
4	貞	冬	北	智	(9×6=54)+(4×9=36)	90	60
합					270+90=360	360	300

1년 360일의 산출 공식과 대일원 300수

위 도표의 '배열수' 산출 공식의 구구법에는 일정한 규칙이 있다. (9×9+1×9), (8×9+2×9), (7×9+3×9), (6×9+4×9)에서 앞 숫자 '9·8·7·6'은 뺄셈의 순서로, 세 번째 숫자 1·2·3·4는 덧셈의 순서로 진행한다는 것을 발견할 수 있다. 이것을 각각 순서대로 보태면 (9+1), (8+2), (7+3), (6+4)라는 10이 만들어진다. 전자는 도생倒生의, 후자는 역생逆生의 질서다. 이처럼 하도 속에는 낙서가 내포되어 있고, 이 둘의 총합 10은 하도의 모체를 뜻한다. 하도의 분열 전개로 이루어지는 대일원수는 '(9×10)+(8×10)+(7×10)+(6×10) = 90+80+70+60=300'이 성립하는 것이다.

숫자 9에 대한 인식과 구구법이란?

1에서 9까지의 정수 중에서 두 수를 곱한 결과를 알기 쉽게 정리하여 외우기 쉽게 만든 곱셈의 기초 공식을 '구구법' 또는 '구구단'이라고도 한다. 구구법은 예로부터 중국에서 행해졌고, 최근 敦煌에서 출토

된 漢나라 때의 서적에서도 구구를 기재한 것을 볼 수 있다. 이 책에 따르면, 9·9=81, 8·9=72, 7·9=63 … 과 같이 9·9=81에서 시작된 법칙을 '九九'라고 이름지었다.

1에서 9까지의 정수를 둘씩 곱한 곱의 표를 구구표라고 한다. 1에서 9까지의 정수 중에서 중복을 허락하여 둘씩 취한 순열의 수는 81가지이므로 승수와 피승수를 구별하여 두 수의 곱을 만들면, 81가지의 곱의 표를 만들 수 있다.

고대 수리 철학자들은 9를 '종착역' 또는 '완성에 이르는 곳'이라 불렀다. 9는 모나드의 한 형태이자 수 자체의 영역을 벗어나는 데카드에 이르기 전에 존재하는 마지막 단계이다. 세 개의 3으로 이루어진(9=3×3) 9는 신성한 트리아드의 원리가 최대한 표현된 것을 나타낸다. 9는 최상의 완전, 균형, 질서를 포함하며, 세 배로 신성하고 가장 거룩한 것으로 간주되었다. 옛날 아시아에서는 아홉 개 단위로 준비한 선물을 가장 높이 쳤다.

9는 특별한 정체성을 지니고 있는 마지막 수이다. 9는 어떤 노력에서 이룰 수 있는 최고의 단계를 나타낸다. 9는 더 이상 넘어갈 수 없는 한계이자 극한의 경계이고, 수의 원형적 원리들이 도달하여 세상에서 발현될 수 있는 궁극적인 최대 범위이다. 고대 그리스인들은 9를 '지평선'이라 불렀다. 9는 그 너머에서 처음 아홉 개의 수의 원리들이 끝없는 순환을 통해 반복되는 수들의 망망대해가 펼쳐져 있는 해변의 끝에 위치하고 있기 때문이다. 9의 원리 너머에는 아무것도 존재하지 않으며, 그리스인은 9의 원리를 엔네아드(Ennead)라 불렀다. 9는 속세와 초월적인 무한 사이의 경계를 나타낸다.

고대 중국 신화에 따르면, 洛水에서 45개의 점이 기하학적으로 배열된 洛書라는 것이 나온다. 점들의 배열은 1에서 9까지의 수를 3×3의 魔方陣('3×3' 마방진은 이슬람교, 인도의 자이나교, 티베트의 불교, 켈트족, 아

4	9	2
3	5	7
8	1	6

프리카, 샤머니즘, 유대인 신비주의 문화에 모두 나타난다)에 배열한 것과 같은 것이다. 그 세 개의 행과 세 개의 열, 그리고 두 개의 대각선 방향에 있는 세 수의 합은 항상 15가 된다. 아홉 개의 방은 아홉 개의 수 모두를 이러한 형태의 행렬 속에 짜넣을 수 있는 가장 작은 최초의 배열을 제공한다.

고대 중국인은 마방진을 우주의 가장 높은 질서를 비춰주는 수 9개의 원형적 원리의 조화로운 화합으로, 그리고 우주의 구조와 과정의 패러다임으로 보았다. 그들은 '빛의 방'이란 뜻의 明堂 9궁을 설계하는데 이 배열을 이용했다. 명당은 황제가 거처하는 곳으로 1년 중 땅의 기운이 순환하는 것에 따라 40일마다 거처를 옮겼다. 풍수에서는 마방진의 각 칸에 들어가는 수들은 사회와 환경을 위해 땅의 미묘한 창조적 에너지를 이용할 수 있는 특별한 의미를 지니고 있다고 본다. 신성한 중앙의 땅은 우주의 최고 지배자인 上帝에게 바쳐졌다. 마방진 디자인은 더욱 확대되어 도읍지의 설계에 사용되었다. 옛 베이징은 한 가운데에 중심 지역이 위치하고, 여덟 개의 대로가 연결되는 구조로 설계되었다. 그것은 전체 중국의 설계도이기도 했다. 중국은 자신을 세상의 중심이라 하여 中華라 일컬었다.

하늘의 힘을 나타내는 가장 상서로운 수로서 9는 아홉 가지의 큰 사회적 법과 관리들의 아홉 계급, 신성한 아홉 가지 의식, 9층의 파고다를 정한다. 3×3 격자 눈금은 다른 곳에서도 사용되었는데, 특히 인도에서는 보존의 신인 비슈누를 위한 사원의 평면도로 사용되었다. 각 칸은 더 작은 3×3 격자 눈금으로 나누어졌고, 81개(9×9)의 칸들은 각각 신의 다른 측면들을 위해 바쳐졌다.

거의 모든 문화에서 9에 대한 언급은 최종적인 연장을 나타낸다는 것을 발견할 수 있다. 많은 작곡가들 사이에는 교향곡에 9번 이상의 번

호를 붙이지 않는다는 미신이 퍼져 있다. 야구는 네 개의 베이스로 이루어진 다이아몬드, 즉 땅을 상징하는 정사각형 위에서 9회 동안 아홉 명의 선수가 경기를 펼친다. 지옥의 아홉 번째 단을 현대적으로 표현한 '9회 말'은 그 팀이 이길 수 있는 마지막 기회, 최종적인 한계이다.

'구구단표'는 흥미로운 패턴을 드러낸다. 각각의 숫자는 반복적으로 나타나면서 전체 속에서 그 독특한 구조를 보여준다. 어떤 행과 열은 1에서 9까지의 모든 수를 포함하고 있지만, 순서는 서로 다르다. 6행과 같이 일부 행과 열에서는 똑같은 숫자(3,6,9)가 반복된다. 상보적인 줄, 그러니까 더해서 9가 되는 줄(1과 8, 2와 7, 3과 6, 4와 5)은 서로에 대해 90°의 각도를 이루는 거울상의 패턴을 나타낸다.

오직 숫자 9의 패턴만이 거울상이 없다. 네 개의 9는 표 한가운데에 정사각형을 이루고, 또한 표 가장자리를 둘러싸는 경계선으로 나타난다. 지평선 또는 목자로 불리는 이 경계선은, 그 아래의 수들은 거기에 접근하여 패턴을 이루며 순환할 수 있을뿐, 결코 넘어가지는 못한다. 9는 그 속에서 도는 우주 질서의 안무를 가두고 이끈다.

9로 곱하는 것은 수들 사이의 거울 대칭을 드러낸다. 어떤 수에다 9를 곱했을 때의 그 답의 각 자리수를 모두 더하면 항상 9가 된다. 이러한 성질 때문에 고대 히브리인들은 항상 다른 모든 수를 자신의 우리 속에 감싸 안으면서 자신과 같은 수를 낳고, 자신으로 돌아가는 9를 변하지 않는 진리의 상징으로 여겼다.

3을 세 배한 9는 모나드와 디아드 사이에서 태어난 마지막 아이, 최종적인 완전한 존재이다. 1(영원히 존재하는 통일성)과 4와 함께 아홉 개의 동전은 데카드 내에서 세 번째이자 마지막 사각수를 이룬다. 9는 같은 수의 곱(3×3)이자 연속적인 두 삼각수의 합(3+6=9)이다. 궁극적인 수 9는 연속적인 두 입체로 이루어진(1+8=9) 유일한 사각수이다. 정사각형과 정육면체와 수 9의 연관성은 엔네아드의 원리가 '땅, 유형화,

물질, 구성, 형태의 원형인 테트라드의 원리와 연결되어 있음을 말해준다. 9는 탄생의 궁극적인 표현을 나타낸다.(마이클 슈나이더 지음/이충호 옮김, 『자연, 예술, 과학의 수학적 원형』, 경문사, 2002, 302-312쪽 참조.)

×	1	2	3	4	5	6	7	8	9
1	1	2	3	4	5	6	7	8	9
2	2	4	6	8	10	12	14	16	18
3	3	6	9	12	15	18	21	24	27
4	4	8	12	16	20	24	28	32	36
5	5	10	15	20	25	30	35	40	45
6	6	12	18	24	30	36	42	48	54
7	7	14	21	28	35	42	49	56	63
8	8	16	24	32	40	48	56	64	72
9	9	18	27	36	45	54	63	72	81

×	1	2	3	4	5	6	7	8	9
1	1	2	3	4	5	6	7	8	9
2	2	4	6	8	1	3	5	7	9
3	3	6	9	3	6	9	3	6	9
4	4	8	3	7	2	6	1	5	9
5	5	1	6	2	7	3	8	4	9
6	6	3	9	6	3	9	6	3	9
7	7	5	3	1	8	6	4	2	9
8	8	7	6	5	4	3	2	1	9
9	9	9	9	9	9	9	9	9	9

구구단과 9를 소거하는 방법을 통해 숫자의 뿌리로 축소시킨 등식

'1-3-9-81'의 논리와 연관된 글은 양재학, 『단군왕검의 국가통치법-홍범사상』(상생출판, 2020), 175-199쪽 참조 바람.

'무무위无无位'란 무엇인가? 우선 수지도수로 보면 90, 80, 70, 60의 대일원수 300을 각각 엄지손가락, 둘째손가락, 셋째손가락, 넷째손가락을 굽히면서 배당하면, 마지막 새끼손가락만 펴진 형태가 생긴다. 그래서 김일부는 네 손가락에 300수를 차례로 배열하니까 나머지 60수는 놓을 곳이 없어[无], 구구법칙의 바깥 영역으로 제외되었기 때문에[无] '없고 없는 자리[无无位]'라 표현한 것이다. 대일원 300수가 이 세상에 드러난 질서라면, '무무위' 60수는 감추어진 질서라 하겠다. 『정역』은 곧 시간의 선험 원리인 선천 낙서의 중용 5와 후천 하도 중용의 6을 동시에 내포하는[包五含六] 시중時中을 새끼손가락에 배열한 것이다.

'무무위'에 대한 해석은 분분하다. 60수는 경험으로 포착할 수 없고

심지어 시공 개념으로 규정할 수도 없다. 다만 대일원 300수를 뒷받침하면서 360이 형성되도록 하는 눈에 보이지 않는 질서를 뜻하는 60은 '자존自存의 원리'라 할 수 있다. 그러면 왜 60을 새끼손가락에 배당하며, 1·6의 위상은 무엇인가? 새끼손가락은 낙서 역생의 5와 하도 순생의 6이 만나는 접점이기 때문에 '포오함육'이라 표현했다.

과거의 역학은 낙서의 5가 중용이라고만 알았는데, 그것은 하도의 중용을 간과한 절름발이 인식에 불과하다는 비판이다. 낙서의 중용 5와 하도의 중용 6을 통합하고 선후천을 관통하는 '시중時中'이 진정한 중용이다. 그러니까 새끼손가락에 배당된 시중의 60이 나머지 춘하추동 4시와 동서남북 4방의 공간을 주관한다는 이념이 배어 있는 것이다.

'무무위 60'의 계산법은 크게 두 가지가 있다. 첫째, 1년 360일 중에서 달빛이 보이는 300은 대일원수에, 달빛이 보이지 않는 이른바 무색정사無色政事 60일은 '무무위 60'에 해당된다. 60일은 모체, 300일은 자식으로서 60일이 300일을 잉태한다는 뜻이다. 둘째, 천간 10과 지지 12의 최소공배수인 60갑자가 있다. 6갑이 왜 무무위 60수일까? "항각이수존공시"에서 27일, 28일에 닿은 기유己酉와 경술庚戌을 신명의 자리로 비워둔 것처럼, 60갑자 조직 자체가 신명神明 원리이기 때문에 나머지 300수와 결합해 1년 360일 형성하는 것이다. 그래서 곧이어 낙서 45점과 하도 55점의 보이지 않는 배경에 60이 존재하는 것이라 할 수 있다.

'1·6궁'이란 어디인가? 하도의 북방에 있는 1·6수水 자리라는 것과, 수지도수로 왼손 새끼손가락이 펴진 상태를 가리키는 경우가 있다. 전자의 입장에서 6이 하도의 집이라는 점은 수긍할 수 있으나, '1'은 무엇일까? 여기에도 두 가지 견해가 있다. 하나는 하도의 시각에서 북방은 만물의 자궁인 까닭에 1·6궁은 생명과 시공의 뿌리라는 것이며, 다른 하나는 선후천론의 시각이 있다. 『정역』은 후자를 지향한다. 이 경우도 두 가지로 견해로 나누어 볼 수 있다. 하나는 3극론 차원에서 보는 경우로서 1은 엄지손가락의 1태극을, 6은 하도의 중용을 가리키는 황극을 지칭한다.[343] 다른 하나는 새끼손가락에서 선후천 변화의 열쇠를 찾는 방법이다.

6갑의 갑에서 시작하는 선천 낙서는 새끼손가락를 굽히면 5요, 편 상태로는 기己 6에 닿는다. 새끼손가락에 있던 이 '기 6'이 엄지손가락으로 옮겨지는 사태가 곧 선후천 변화인 것이다. 후천은 기에서 시작하면 기, 경, 신, 임, 계의 순서를 거쳐 갑(편 상태)은 새끼손가락에 닿는다. 선천에 엄지손가락으로부터 시작하는 것이 1태극이라면, 새끼손가락은 5황극이다. 이 황극이 엄지손가락으로 옮겨져 무극과 통일되는 사건을 일컬어 무극대도無極大道라고 부른다.

그러니까 엄지손가락 1과 새끼손가락 6에서 3극(무극·황극·태극)이 일체화되는 현상이 일어난다. 이런 연유에서 수지도수 중심으로 하도낙서와 6갑, 정역팔괘도와 5행과 율려를 비롯한 선후천 전환 문제를 체계화한 『정역』은 '1·6궁'을 눈에 보이지 않지만[无], 실제로 존재하지 않는다고 할 수 없는 경계[无]를 '무무위'라 표현한 것이다.

60은 하도낙서와 어떤 연관성이 있는가? 60은 6갑 조직을 뜻한다. 6갑 조직으로 하도와 낙서의 수가 운용된다는 뜻이다. 『주역』은 천지지수天地之數 55를 언급했으나, 6갑 조직에 대해서는 일체 말이 없다. 하지만 『정역』은 6갑에 근거하여 하도의 수 55와 낙서의 수 45가 형성된다고 말한다. 60에서 본체 수 5를 환원시키면 하도 수 55가 훤히 밝혀지고, 60에서 본체 수 15를 환원시키면 낙서 수 45가 아름다워진다고 말했다. 60에서 낙서의 중궁 5를 빼면 하도의 55가 되고, 60에서 하도의 중궁 10과 5(10+5)를 빼면 낙서의 45가 드러난다는 것이다.

---

343) 왼손 엄지손가락을 굽히기 시작하여 새끼손가락을 굽히면 낙서의 5요, 그것을 펼치면 낙서 逆의 6이다. 낙서의 5는 하도 順의 6과 같다.

15란 무엇인가?

『정역』을 서양 수학의 집합론과 비교한 학자가 있다. 그는 『정역』의 대중화와 현대화를 겨냥하면서 서양 학문과 접목하려고 노력한 김상일 교수다. 『정역』의 15를 閏數라고 부르면서 논리학에서 말하는 집합과 원소를 결정하는 개념으로 규정한다. 15 윤수는 명패수와 물건수가 대각선화와 반대각선화 하는 과정에서 생기는 수라고 말한다. '10'은 대각선화, '15'는 반대각선화이다.

대각선화란 사각형의 가로와 세로가 서로 사상하는 것이고, 반대각선화화란 10이 다시 5로 逆사상 되는 것이다. 역의 모든 논리적 문제는 이 '15' 윤수에서 발생한다. 어떤 때는 이 윤수를 빼야 하고, 어떤 때는 더해야 한다. 이때마다 대각선화가 이루어졌다가 다시 반대각선화가 이루어지기도 한다. 그래서 대각선 논증의 6대 요소들이 모두 이 '15'라는 수의 가감에 따라 생긴다고 해도 좋다.

조선역의 긴 여정은 모두 이 15 윤수의 처리 문제에 달려 있다고 하겠다. 역설이 공간에서 발생할 때는 역이 逆이 되고, 시간에서 발생할 때는 曆이 된다. 그리고 역설은 서로 병이 되기도 하고 치유가 되기도 하는 관계이다. 만약에 우리가 이 역설을 하나로 묶으면 하도와 낙서를 하나로 통일시킬 수 있다. 이 두 역설을 위상기하학에서 보면 위상공간 속에서 대칭점들 사이의 관계이고, 시간상에서 보면 육면체 안에 있는 선들의 운동 방향이다.

결국 기하학이나 역이 지금까지 선의 운동 방향을 다루지 않았기 때문에 역설을 해의하는데 한계를 드러내었다. 이것은 곧 중국역의 한계이다. 조선역과 함께 위상역을 언급해야 할 까닭은 다른 아닌 역에 시간이란 변수를 도입하여 역학 연구의 코페르니쿠스적인 전환이 가능해졌기 때문이다. 이는 마치 비유클리드 기하학이 도형의 방향과 位相

문제를 다루면서 시간적 차원을 생각할 수 있게 되어 유클리드 기하학에서 대전환이 이루어진 것과도 같다.(김상일, 『대각선논법과 조선易』, 지식산업사, 2013, 17-18쪽 참조.)

60 속에 하도와 낙서가 모두 들어 있다. 60은 하도낙서의 원형인 셈이다. 그런데 60에서 하도와 낙서가 현실로 드러날 때에는 하도는 55로, 낙서는 45로 전개된다. 하도의 작용에는 낙서의 본체가 내재되어 있고(55+5=60), 낙서의 작용에는 하도의 본체가 내재되어 있는 것이다(45+15=60). 한편 하도의 55와 낙서의 45를 보태면(55+45=100), 만물의 존재 의미와 가치가 환하게 밝혀지는[붉=光明] 세상이 이루어진다.[344] 하도는 자연의 진리가 드러남[眞=昭昭]을, 낙서는 자연의 아름다움[美=斑斑]을, 그리고 이 둘이 조화하여 통일된 경지의 자연은 선善으로 가득 차 있음을 시사한 것이다.

김일부는 6갑을 비롯해 하도낙서를 해명하는 수의 세계에서 진선미의 가치를 발견하였다. 그가 말하는 수학은 만물의 공식을 뜻한다. 그것은 시간에 대한 논리적 추론을 넘어서 직관 혹은 신의 계시에 의한 깨달음에서 비롯된 것이다. 아마도 진선미가 깃든 하도낙서의 시공 형식에 경외심을 느끼지 않을 수 없었을 것이다.

진선미를 발견하는 방법에는 여러 가지가 있으나, 김일부는 수지도수가 가장 간편하고 명료하다고 지적하였다. 수지도수는 만물과 시간의 본질을 읽는 독법이다. "아마도 올바른 이치와 미묘하고 미묘한 참된 경전이 오직 이 궁 속에 있을 것이다.[我摩道正理玄玄眞經, 只在此宮中.]" '구구법' 속에는 손가락들이 상징하는 360일 형성 근거인 시간의 중용[中]이 있다는 뜻이다. '아마도'는 추측(perhaps)이 아닌 '나의 도[吾道]'

344) 『주역』은 하도와 낙서의 총합 100을 둘로 나누면 '大衍之數 50'이 성립됨을 말했다.

라는 뜻이고, '올바른 원리[正理=right principle]'인 동시에 '신비를 너머 지극히 심오한[玄玄=profound]' 참된 경전[眞經=true scripture]의 핵심은 곧 선후천 변화의 열쇠가 새끼손가락에 있다는 것이다.

'오직 이 궁 속에 있다'에서 이 궁은 새끼손가락의 1·6궁이고, 이 속[中][345]은 구구법을 가리킨다.[346] 1·6궁은 『정역』의 존재론인 3극이 하나로 통합되는 공간을, 구구법은 하도낙서 도상에 드러난 시간 운행의 규칙성을 뜻한다.

김일부는 무극과 황극과 태극의 존재론, 하도낙서의 시간 생성론, 태양과 태음의 정령과 율려, 6갑과 5행 등을 수지도수로 일관시키고 있는 까닭에 『정역』이야말로 진정한 경전이라고 과시했다. 이러한 소식을 외면한 선비들에게 자신이 겪은 고뇌의 방랑음을 청취하라고 광고했다. 방랑음의 테마는 시간의 혁명을 얘기하는 수지도수에 담긴 구구법 이론이다. 구구법의 본질을 빼놓고 문자에 얽매인 학문은 공허하다고 비판한 것이다.

그런데 구구법으로 산출되는 역법의 세계는 과학적 사고에 매달린다고 터득되는 것이 아니라, 정성스런 뜻과 올바른 마음으로 무장된 사람이어야 『정역』의 세계에 입문할 자격이 있다. 왜냐하면 그것은 하늘의 의지 또는 조화옹의 섭리와 직결된 문제이기 때문이다. 『대학大學』에서 말하는 '성의정심'은 일종의 학문 방법론에 불과하지만, 김일부는 조화옹의 생명 사랑을 깨닫는 덕목으로 '성의정심'을 제시한 것이다.

그렇다고 마음이 전부는 아니다. 끈기와 인내가 뒤따라야 하기 때문이다. '종시'의 패턴으로 움직이는 시간의 혁명에 대한 사유를 일심으

345) 여기서의 '中'은 形而下의 '有'와 形而上의 '无'를 관통하는 中道를 뜻한다. 『주역』의 時中은 선천의 중용에 불과하지만, 『정역』의 중용은 선후천을 꿰뚫는 진정한 의미의 時中을 가리킨다.

346) '오직 이 궁 속에 있다[只在此宮中]'는 것은 대일원 300을 표현한 네 손가락과 무무위 60을 뜻하는 새끼손가락을 모두를 가리킨다고 할 수 있다.

로 지속해야 한다. 시종과 종시는 어떻게 다른가? 전자는 처음과 끝이라는 직선형 시간관과 역사관을 잉태시킨 진리관이다. 후자는 끝이 곧 새로운 시작이라는 선후천의 진리관이다. 선천을 끝맺고 후천이 시작된다는 것은 종말이 아니라, 희망의 새 세상이라는 뜻이 전제된 이론이다.

정역사상의 올바른 연구는 냉정한 논리와 함께 화화옹을 섬기는 정성스런 마음이 필요하다. '종시'라는 자연의 패턴에는 시간의 혁명이 내포되어 있는 까닭에 그것을 꾸준히 추구하는 불굴의 정신이 요구된다. 끈기에는 윤리와 도덕이 밑바탕되어야 한다. 왜냐하면 도덕이 배제된 사유는 관념으로 흐르거나, 인류애가 없는 학술로 빠질 위험이 있기 때문이다. 진정한 인류애는 어디에서 비롯되는가? 천명의 문고리를 마냥 두드릴 것인가, 이 우주를 주재하는 조화옹과 소통하는 일에서 찾을 것인가? 천명이 도덕성에 강조점이 있다면, 조화옹은 생명을 사랑하는 절대자의 모습으로 다가온다는 차이점이 있다.

김일부는 생명과 시간을 주관하는 '화화옹化化翁'이 올바른 길로 자신을 인도해주리라는 것을 믿었다. 화화옹은 만물을 주재하고 역사를 통솔하는 절대자 하느님이다. '오직 한 분'이라는 하나님보다는 화화옹이라고 부른 까닭은 선천의 변화를 후천의 조화로 이끄는 존재이기 때문이다. 김일부는 화화옹의 계시를 믿고 실천했다. '스스로 돕는 자는 하늘이 돕는다'는 말처럼, 화화옹은 반드시 가르침을 내려주시는 분이다. 화화옹은 유교에서 말하는 인간의 본성으로 주체화된 신으로 한정되지 않고, 천상에 거주하면서 만물을 주재하는 조화의 신을 의미한다.

그래서 김일부는 「일부사실一夫事實」에서 학문과 혈통의 유래를 구별지은 바가 있다. "연원은 천지의 무궁한 화무옹이요, 내력은 신라 37대 왕손이다. 연원은 무궁하고 내력 역시 길고 멀음이여! 도는 천지의 형상 없는 바깥까지 통하였네. 아마도 천지를 꿰뚫은 최고의 으뜸은 나 김일부로다."[347] 천상에 계신 화무옹의 계시와 가르침[上敎, 神告]에 의해 『정역』이 씌여졌음을 고백하였다.

화무옹 또는 조화옹이 곧 화화옹이다. 화화옹이 베푸는 가르침은 나 김일부가 좋아하는 것을 좋아할 것이라는 확신이다. 김일부는 공자의 "부를 만약 구해서 될 수 있다면 말채찍을 잡는 자의 일이라도 내 또한 하겠다. 만일 구하여 될 수 없다면 내가 좋아하는 바를 따르겠다."[348]는 말처럼, 내가 좋아하는 것과 화화옹이 좋아하는 것이 똑같다는 믿음으로 자신의 길을 걸었다. 김일부와 화화옹의 일체 관계를 표현한 '내가 좋아하는 것을 좋아함[是好吾好]'과 공자의 '내가 좋아하는 것을 따른다[從吾所好]'는 정신은 똑같다고 하겠다.

'내가 좋아하는 것'은 무엇인가? 온갖 비웃음을 웃음으로 날리면서 추구한 것은 오직 진리뿐이었다. 그것은 형식에 치우친 사변적 지식이 아니라, 선천이 후천으로 뒤바뀌는 시간의 공식을 일목요연하게 정리하는 숭고한 작업이었다. 김일부는 오로지 시간의 본질과 그 혁명에 대한 새로운 세계관을 정립하는 일에 온힘을 기울였다. 그것은 학자들의 무관심에 대한 반박인 동시에 일반 선비들의 관심사와는 차원이 전혀 다른 시간관을 뜻한다.

347) "淵源天地無窮化无翁, 來歷新羅三十七王孫. 淵源無窮來歷長遠兮, 道通天地無形之外也. 我馬頭 通天地第一元, 金一夫."
348) 『論語』「述而」, "子曰 富而可求也, 雖執鞭之士, 吾亦爲之. 如不可求, 從吾所好."

十五歌
십 오 가

『주역』이 '용구용육用九用六'으로 움직이는 자연의 패턴을 노래했다면,[349] 이 글에는 『주역』의 세계상을 극복하고 새로운 체용론 수립의 정당성에 대한 각오가 녹아 있다. 『주역』이 작용 위주의 체계라면, "십오가"는 9와 6이 10과 5로 새롭게 태어나는 체용의 전환을 읊은 것이다. 『정역』은 작용과 본체의 극적인 역전을 통해 수립되는 본체의 역동성을 드러냈다.

성리학性理學은 변화의 세상을 이해하기 위한 장치로 작용과 본체를 설정했다. 성리학은 자연의 운동장을 작용의 세계로 설정한 다음에, 작용의 근거로 태극을 본체로 규정했다. 이 둘은 '체용 불변'의 원칙이 적용된다. 그러나 『정역』은 작용이 본체가 되고, 본체는 작용이 되는 조화造化에 의해 선후천 변화가 이루어진다는 것을 말했다.

3극 차원에서 말하면 '십오十五'는 '십일十一'의 본체요, '십일'은 '십오'의 작용이 된다. 십오는 10무극과 5황극이며, 정역팔괘도로는 '10건천乾天'과 '5곤지坤地'를 의미한다. 이 글은 '십오'의 존재론과 금화교역의 생성론으로 나누어 선후천의 교체를 찬탄하였다. 그것은 지금까지 『주역』에서 파생된 역사관과 문명관에 의존했던 낡은 세상은 물러나고, 『정역』의 세계로 전환된다는 것을 시사한다.

水火旣濟兮여 **火水未濟**로다
수 화 기 제 혜 　화 수 미 제
旣濟未濟兮여 **天地三元**이로다
기 제 미 제 혜 　천 지 삼 원

349) 건괘는 9를 사용하고[乾元用九], 곤괘는 6을 사용한다[坤元用六]는 말에 기초한다.

未濟旣濟兮여 **地天五元**이로다
미 제 기 제 혜　지 천 오 원

天地地天兮여 **三元五元**이로다
천 지 지 천 혜　삼 원 오 원

三元五元兮여 **上元元元**이로다
삼 원 오 원 혜　상 원 원 원

上元元元兮여 **十五一言**이로다
상 원 원 원 혜　십 오 일 언

十五一言兮여 **金火而易**이로다
십 오 일 언 혜　금 화 이 역

金火而易兮여 **萬曆而圖**로다
금 화 이 역 혜　만 력 이 도

萬曆而圖兮여 **咸兮恒兮**로다
만 력 이 도 혜　함 혜 항 혜

咸兮恒兮여 **十兮五兮**로다
함 혜 항 혜　십 혜 오 혜

수화가 기제 되니 화수는 미제로다.

기제가 미제 되니 천지가 삼원이로다.

미제가 기제 되니 지천은 오원이로다.

천지가 지천 되니 삼원은 오원이 되도다.

삼원이 오원 되니 상원의 원원이로다.

상원의 원원이니 10과 5가 일언이로다.

10과 5가 일언이니 금화가 바뀌도다.

금화가 바뀌니 만세의 책력을 그려내도다.

만세의 책력이 그려지니 택산함이 뇌풍항이로다.

택산함이 뇌풍항이니 10이요 또한 5이로다.

이 시의 제목이 시사하듯이, 천간으로 10은 기己요 5는 무戊이다. 이 둘은 모두 토土로서 10기는 후천을, 5무는 선천을 주도한다. 또한 무기는 일월의 부모인 동시에 만물의 본성과 뿌리이다. 『정역』의 문법에는 일정한 원칙이 있다. 선천과 후천을 나누는 입장이 바로 그것이다. 이를테면 수화/화수, 기제괘/미제괘, 천지/지천, 삼원/오원을 대비시키면서 선천과 후천을 나눈다. 그리고 수화가 화수로 바뀌고, 기제괘가 미제괘로 바뀌고, 천지가 지천으로 바뀌고, 삼원이 오원으로 바뀐다고 말한다. 10무극과 5황극의 품 안에서 금화교역을 통해 항구불변의 책력(calendar)이 이루어지는 동시에 간태艮兌의 합덕에 의한 평화로운 세계가 펼쳐질 것을 예고하였다.

"수화가 기제 되니 화수는 미제다"라는 말은 『주역』 64괘의 순서를 지칭한 것으로 보이지만, 63번 수화기제괘水火旣濟卦(䷾)는 선천이요, 64번 화수미제괘火水未濟卦(䷿)는 후천이라는 사유가 전제되어 있다. 왜냐하면 6+3=9는 낙서 선천의 세계상이요, 6+4=10은 하도 후천의 세계상을 지시하기 때문이다. 이 대목은 수화와 화수 또는 기제와 미제를 64괘 차원에서 언급한 것이 아니라, 낙서와 하도 수數의 질서를 통해 선후천 전환의 문제를 설명한 것이다.

역생도성逆生倒成이 선천의 수화기제, 도생역성倒生逆成은 후천의 화수미제의 이치임을 밝힌 것이다. 수화와 화수는 낙서와 하도를 5행으로 구분한 것이다. 선천 낙서는 1수→2화→3목→4금→5토→6수→7화→8목→9금의 순서로 진행하지만, 후천 하도는 10토→9금→8목→7화→6수→5토→4금→3목→2화→1수로 진행한다. 낙서는 '1수→2화'로 시작하고, 하도는 '2화→1수'로 끝맺는 까닭에 수화와 화수로 분류한 것이다.

"기제가 미제 되니 천지가 삼원이다"는 말에서 기제괘는 과거 세상을, 미제괘는 현재 세상을 표상하는데 기제에서 미제로 진행하는 것이 바로 천지의 길이라는 뜻이다. 천지가 3원이란 말은 「십일일언十一一言」"삼오착종삼원수三五錯綜三元數"에 나오듯이, 선천의 정월은 인월세수寅月歲首를 쓰는 원칙을 뜻한다. 6갑의 출발점인 갑자甲子에서 을축乙丑을 거쳐 병인丙寅에 이르기까지의 수가 셋이기 때문에 '3원三元'이라 부른다. 『주역』은 낙서의 천지 세상을 밝힌 것이라는 것이다. 선천은 천지의 길을 걷고,

후천은 지천의 길을 걷는다는 뜻이다.

한편 "미제가 기제 되니 지천은 오원이로다"라는 말은 머지않아 『정역』 세상이 이루어지는 지천태地天泰의 길을 밝힌 것이다. 지천이 5원이라는 말은 「십일일언十一一言」"구이착종오원수九二錯綜五元數"에 나오듯이, 후천의 정월은 묘월세수卯月歲首를 쓰는 원칙을 뜻한다. 3원은 '자축인子丑寅'의 끝에 닿는 '인'을 세수로 쓰는 것이고, 5원은 '해자축인묘亥子丑寅卯'의 끝에 닿은 '묘'를 세수로 쓰는 것이다. 전자는 '자오子午'가 남북을, '묘유卯酉'가 동서를 이루는 까닭에 3원 세계를 형성한다. 후자는 동서에 '진술辰戌'이 토土를 이루는 동시에 남북에는 '해자축인묘'와 '사오미신유'의 5원 세계를 형성하기 때문이다.

'미제가 기제로 된다'는 말에서 미제는 10수 하도 후천을, 기제는 9수 낙서 선천을 의미한다. '아직 건너지 않은 미래'라는 뜻의 미제未濟는 후천을, '이미 건넜다'라는 뜻의 기제旣濟는 선천을 가리킨다. 끝나는 곳이 새로운 시작점[終始]이라는 원칙에서 미제가 기제를 시간의 뒤안길로 물리치고 천지비天地否(䷋)가 지천태地天泰(䷊)로 바뀔 것을 말한 것이다. 한편 아직 건너지 못한 과거의 유산[未濟]을 떨쳐내고 미래에는 음양이 잘 화합하는 형국[旣濟][350]으로 변경된다는 의미도 있다.

선천은 '해자축·인묘진·사오미·신유술'의 3원으로 움직이고, 후천은 '해자축인묘·사오미신유'의 5원으로 움직이는데 5토인 '진辰과 술戌'은 동서에서 균형 잡는 역할을 담당하고 있다. 전자는 지축이 기울어진 현상에 기초한 것이고, 후자는 지축이 정립되는 이법에 기초한 것이기 때문에 선천은 음양의 불균형을 이루는 반면에 후천은 음양이 균형이 잡힌다는 것이다.[351]

350) 기제괘(䷾)는 양이 있어야 할 곳에는 양이, 음이 있어야 할 곳에는 음이 있다. 또한 초효와 4효, 2효와 5효, 3효와 상효가 각각 대응한다.

351) 한동석, 앞의 책, 399쪽.

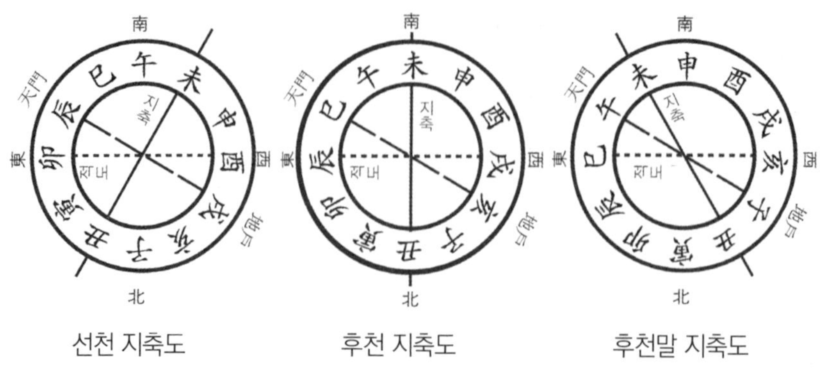
선천 지축도 후천 지축도 후천말 지축도

그렇다면 3원과 5원이 생기는 이유는 무엇일까? 『주역』이 말하는 하늘은 셋, 땅은 둘이라는 '삼천양지三天兩地'에서 찾는 입장이 있고, 다른 한편으로는 지축경사에 찾는 입장이 있다. 전자는 논리적 차원에서 접근하는 경우라면, 후자는 지구가 23.5도 기울어진 현상에서 찾는 것이 다를뿐 '삼천양지'이든 '지축경사'는 모두 상극의 원인이라는 점에서는 똑같다.

그러나 김일부는 3원과 5원, 즉 선천과 후천을 포괄하면서 이 둘의 궁극적 본원을 뜻하는 상원上元을 도입했다. 상원은 3원과 5원, 선천과 후천을 '동시에' 보듬은 원래의 하늘[原天]을 가리킨다. 그러니까 "삼원이 오원 되니 상원의 원원이다.[上元元元]"에서 '원원'의 앞 원은 선천의 뿌리를 상징하고, 뒤의 원은 후천의 뿌리를 상징한다. 한마디로 '상원'은 무극과 황극과 태극이 한몸으로 존재하는 생명과 시공의 원천으로서 선후천을 관통하는 궁극적 실재를 지적한 것이다.[352]

'상원'은 10무극과 5황극의 모든 정보를 함축하고 있다. 10무극은 하늘, 5황극은 땅이다. 무극과 황극이 시공으로 벌어지기 이전에 이미 선후천의 프로그램이 존재한다는 말이 곧 "10과 5가 일언이로다[十五一

352) 과거의 학술은 3극의 하나인 태극이 음양오행의 본체라고 인식했을 따름이다. 상원은 무극과 황극과 태극이 분리되기 이전의 '삼위일체'의 경계를 의미한다고 할 수 있다.

言]"의 본질이다. 김일부는 '10과 5가 한마디 말'이라는 표현을 통해 조화옹의 섭리를 10과 5로 읽어낸 것이다.

김일부는 무극과 황극, 하늘과 땅이 '하나'라는 사실로부터 금화교역이 일어나는 시간표를 연역하고 정리했던 것이다. 금화교역은 선천 낙서가 후천 하도로 바뀌면서 새로운 역법이 탄생하도록 현실화시키는 이법을 뜻한다. 1년 $365\frac{1}{4}$일의 역법이 1년 360일로 바뀌는 캘린더가 형성될 것을 말했다. 금화교역을 통해 시공 질서가 재편성됨으로써 세상의 모든 달력의 메카니즘을 하나로 통합하는 만세의 책력, 즉 항구토록 영속하는 달력이 탄생할 것을 확신했던 것이다.

전 세계에 통용될 달력은 무엇인가? 기상청이 만든 달력인지라 국가공인의 신뢰도가 높다는 말은 아닐 것이다. 선천의 1년 $365\frac{1}{4}$일이 윤력閏曆이라면, 후천의 1년 360일은 정력正曆이다. 윤력이 정력으로 바뀌는 시공 질서의 재조직이 곧 자연의 창조적 변화[造化]다. 시공의 재창조는 자연의 혁명으로 끝나는가? 그렇다면 그것은 종말론에 불과할 것이다. 조화造化는 자연과 역사와 문명을 총체적으로 조화調和(harmony)시키기 때문에 위대하다.

후천에 사용될 책력에는 값으로 매길 수 없는 엄청난 보너스가 있다. 그것은 바로 가정을 포함해 인류 공동체의 평화가 온다는 택산함괘澤山咸卦(䷞)와, 새롭게 펼쳐질 후천은 영속할 것이라는 뇌풍항괘雷風恒卦(䷟)의 의미가 바로 그것이다. 그래서 『주역』 함괘는 소녀와 소남이 만나 즐거움이 생겨난다는 '천하화평天下和平'[353]을, 항괘에서는 만세의 책력은 자연의 조화를 통해 이루어진다는 '천하화성天下化成'[354]을 외쳤던 것이다.

---

353) 『周易』 咸卦 「彖傳」, "天地感而萬物化生, 聖人感人心而天下和平, 觀其所感而天地萬物之情, 可見矣."

354) 『周易』 恒卦 「彖傳」, "日月得天而能久照, 四時變化而能久成, 聖人久於其道而天下化成, 觀其所恒而天地萬物之情, 可見矣."

정역팔괘도로 보면, 소남과 소녀는 동서에서 간태(☶, ☱)의 합덕을 이룬다. 뇌풍(☳, ☴)의 장남과 장녀는 서북방과 동남방에서 남북의 부모를 대행하여 우레와 바람의 위력을 뽐낸다. 금화교역이 이루어져야 남북에 5곤坤과 10건乾이 지천태地天泰(䷊)의 형태로 수립될 뿐만 아니라, 그 내부에 새로운 땅과 하늘을 상징하는 '7지地2천天'이 자리잡는 것이다.

복희팔괘도와 문왕팔괘도를 이어 김일부에 의해 정역팔괘도로 불린 '택산'의 의미는 「설괘전」 6장에 나온다. "그러므로 물과 불이 서로 미치며, 우레와 바람이 서로 어긋나지 않으며, 산과 연못이 기를 통한 뒤에야 능히 변화하여 이미 만물을 완성한다." 연구자들은 마지막 귀절의 능할 '능能'과 이미 '기旣' 자에 주목한다. '능'은 자연과 역사와 문명과 인류를 통틀어 상극을 상생으로 '능히' 변화시킬 수 있는 자연의 창조적 변화의 능동성으로 해석한다. 그것은 시공이 현실로 전개되기 이전에 이미[旣] 우주의 유전자 정보로 입력되었다는 의미에서 과거 시제의 용법을 사용한 것이다.

정역팔괘도의 전거

주자(1130-1200)는 소강절이 「설괘전」 3장은 '복희팔괘도 방위'라고 했으며, 또한 「설괘전」 4장은 문왕이 정한 후천학이라는 말을 인용하였다. 그러나 「설괘전」 6장은 괘도의 위치와 차례를 3장, 4장, 5장을 본받았음에도 불구하고 그 상세한 뜻은 모르겠다고 솔직하게 인정하였다.

「설괘전」 6장은 김일부에 의해 처음으로 밝혀진 정역팔괘도의 성립을 얘기한 것이다. "신이란 만물을 신묘하게 함을 말한 것이다. 만물을 움직이게 하는 것은 우레보다 빠른 것이 없고, 만물을 건조시킴은 불보다 더한 것이 없고, 만물을 흔듦은 바람보다 빠른 것이 없고, 만물을 기쁘게 하는 것은 연못보다 더한 것이 없고, 만물을 적심은 물보다 더한 것이 없고, 만물을 마치고 만물을 시작하는 것은 간보다 성대한 것이 없다. 그러므로 물과 불이 서로 미치며, 우레와 바람이 서로 어긋나지 않으며, 산과 연못이 기를 통한 뒤에야 능히 변화하여 이미 만물을 완성한다.[神也者, 妙萬物而爲言者也, 動萬物者莫疾乎雷, 撓萬物者莫疾乎風, 燥萬物者莫熯乎火, 說萬物者莫說乎澤, 潤萬物者莫潤乎水, 終萬物始萬物者莫盛乎艮, 故水火相逮, 雷風不相悖, 山澤通氣然後, 能變化旣成萬物也.]

'미제에서 기제로', '3원에서 5원으로', '천지에서 지천으로'의 전환은 금화교역을 통해 가능하다. 금화교역은 선천을 후천으로 뒤바꾸는 실질적인 힘을 가리킨다. 자연의 혁명은 캘린더 메카니즘의 재편성으로 나타나는데, 그것은 후천의 새로운 자연 환경에서 인류의 평화가 도래할 것이라는 찬탄을 불러일으키기에 충분하다. 자연과 역사와 문명을 통틀어 조화造化와 조화調和가 이룩되는 이유는 10무극과 5황극이 통일되기 때문이다. 『정역』은 『주역』이 말하는 '용구용육用九用六'의 껍데기를 벗어 던지고 10과 5로 거듭 태어나는 원리를 밝힌 것이다.

10과 5는 무엇을 말하는가? 여기에는 두 가지의 견해가 있다. 하나는 10은 기사궁己巳宮이요, 5는 무술궁戊戌宮이다. 기사는 무극의 보금자리요, 무술은 황극의 보금자리로서 이 둘은 선후천을 관통하는 집이다. 다른 하나는 천간도 10토요, 지지 역시 10토인 기축궁己丑宮을 10이라고 보는 경우가 있다. 선천의 갑자에서 출발하던 시스템이 바뀌어 후천에는 '기축'으로부터 시작한다는 해석은 옳다. 이 둘은 숫자가 10이라는 점에서 공통점이 있기 때문이다. 또한 10과 5의 무극과 황극은 서로가 영원한 동반자, 파트너라는 사실을 빼놓을 수 없는 까닭에 전자의 견해에 동의하는 것이 옳다.

先后天正閏度數
선후천정윤도수

김일부는 체용 전환에 의한 새로운 역법의 출현에 중점을 두었다. 역법의 역사는 3년에 한 번, 5년에 두 번, 19년에 일곱 번의 윤달을 두는 장법章法으로 발전해왔다. 김일부는 천문학에서 말하는 '천원지방설'보다는 하도와 낙서를 본체와 작용 및 '원'과 '방'을 구분하는 방식으로 자신의 논지를 펼쳤다. 1·3·5·7·9의 홀수는 낙서 또는 '원圓'으로, 2·4·6·8·10의 짝수는 하도 또는 '방方'으로 규정했다.

> **先天**은 **體方用圓**하니 **二十七朔而閏**이니라
> 선천 체방용원 이십칠삭이윤
> **后天**은 **體圓用方**하니 **三百六旬而正**이니라
> 후천 체원용방 삼백육순이정
> **原天**은 **无量**이니라
> 원천 무량
>
> **선천은 방을 본체로 삼고 원을 작용으로 삼으니, 27삭만에 윤달이 든다.**
> **후천은 원을 본체로 삼고 방을 작용으로 삼으니, 360일이 바로 1년(돌)이 된다.**
> **원천은 무량하다.**

이 글은 천문학에서 말하는 '천원지방天圓地方'을 참조하면서 홀수 1·3·5·7·9를 천수天數인 '원圓'으로 규정하고, 짝수 2·4·6·8·10을 지수地數인 '방方'으로 규정한다. 천문학의 천원지방은 하늘은 둥글고 땅은 네모지다는 모양새에 높은 비중을 둔 관점이다. 그러나 『정역』은 홀수와 짝수를 나눈 다음에, 다시 선천과 후천에 입각하여 체용 관계로 설정

한 점이 돋보인다. 또한 홀수는 낙서를, 짝수는 하도라고 규정하고 역법과 소통시켰다. 이것이 곧 『정역』을 꿰뚫고 있는 대동맥인 것이다.

김일부의 하도낙서에 대한 신뢰도는 매우 높다. 그는 하도낙서에서 논의를 시작하여 하도낙서로 매듭지을 정도로 『정역』의 수리론을 철두철미 고수했다. 이 대목에서도 하도낙서와 역법 메카니즘을 결합하였다. 1년 360일의 아이디어는 「계사전」 9장의 "건의 책수는 216이요, 곤의 책수는 144이다. 그러므로 360이니, 1년의 날수에 해당한다[乾之策二百一十有六, 坤之策百四十有四, 凡三百有六十, 當期之日]"의 360에 있다. '당기지일' 360에 대한 해석은 공자와 김일부의 차이점이 있다. 그것을 산출하는 공식이 다르기 때문이다.

공자는 공간 위주의 사고로 효爻의 구성을 풀이했으나, 김일부는 '일부지기一夫之朞 375'에서 15를 뺀 360일이 공자의 그것과 동일하다고 했다. 왜냐하면 선천에서는 '윤도수閏度數'를 사용하나, 후천에서는 '정도수正度數'를 사용하기 때문이다. 선천은 낙서의 역생도성逆生倒成 원칙으로, 후천은 하도의 도생역성倒生逆成 원칙으로 돌아가므로 김일부는 하도낙서와 역법을 결합시킨 체용론과 방원론으로 해석했던 것이다.

方圓의 유래

荀子(BCE 298-BCE 238)는 "먹줄이라는 것은 곧음의 지극함이요, 저울은 형평의 지극함이요, 그림쇠와 곡자는 모나고 둥근 것의 지극함이요, 예는 인도의 지극함이다.[繩者, 直之至; 衡者, 平之至; 規矩者, 方圓之至; 禮者, 人道之極也.]"(『荀子』권13 「禮論」)라고 말하여 직선, 저울, 방원 등의 수학을 예학과 접목시켰다.

소강절을 비롯한 역학자들은 '伏羲八卦次序之圖', '伏羲八卦方位之圖', '伏羲六十四卦次序之圖', '伏羲六十四卦方位之圖', '文王八卦次序之

圖', '文王八卦方位之圖' 등의 '方圓'으로 『주역』의 세계를 도표로 설명하였다.

한민족의 원형 역사관을 기록한 『桓檀古記』「蘇塗經典本訓」에는 시공간 구성의 삼요소를 圓·方·角으로 풀이한 대목이 있다. "桓易은 體圓而用方하야 由無象以知實하니 是天之理也오 羲易은 體方而用圓하야 由有象以知變하니 是天之體也오 今易은 互體而互用하야 自圓而圓하며 自方而方하며 自角而角하니 是天之命也라"

선천은 '하도체河圖體 낙서용洛書用'으로, 후천은 '낙서체洛書體 하도용河圖用'으로 정리할 수 있다. 선천은 하도가 본체요 낙서로 작용하는 역법이므로 3년에 한 번씩 윤달을 둔다. 초하루를 스물 일곱 번 쓰는 역법은 곧 3 × 9 = 27에 기초한다. '9'는 하도 10에 비해 1이 모자라는 낙서의 극한을 나타내는 수이다. '3'의 유래는 무엇인가? 홀수로 형성된 원圓은 지름이 1, 원둘레는 3이라는 공식에서 비롯된 것이다. 그리고 짝수는 사각형 둘레의 외형이 비록 4이지만, 실제로는 2이다. 그래서 양은 3, 음은 2이란 '삼천양지'가 등장하는 배경이 되었다.

이 글은 오늘의 달력 체계를 설명한 것이 아니라, 윤도수와 정도수의 근거를 밝힌 것이다. 전자가 과학 차원의 접근이라면, 후자는 역법에 대한 본질 차원의 접근인 셈이다. 낙서는 하도에 비해 1이 부족하다. 이 1이 곧 윤달을 생기게 하는 원인이다. '19년 7윤'은 곧 19년마다 7삭朔이 부족하기 때문에 1년 날수와 일치시키도록 인간이 고안한 치윤법置閏法인 것이다.

현행의 역법은 19년 228월(19×12달=228)에 7삭朔을 보탠 235월 체제로 반복한다. 실제로 228월÷7삭=대략 32·6일이 성립한다. 이같은 논리에서 보면 '27삭만에 윤달이 든다[二十七朔而閏]'는 말은 치윤법이 아니

라, 하도낙서에 근거하여 윤달을 두는 원리를 얘기한 것이라 하겠다.[355)]

"후천은 원을 본체로 삼고 방을 작용으로 삼으니, 360일이 바로 1년(돌)이 된다." 이 대목 역시 하도와 낙서에 근거하여 체용과 원방으로 나눈 다음에, 후천에는 1년 360일이 성립할 것을 말했다. 후천은 '낙서가 본체로, 하도가 작용[洛書體, 河圖用]'하므로 홀수의 낙서는 '원'이고, 짝수의 하도는 '방'이라고 정리할 수 있다. 후천은 하도 10수를 작용으로 삼는 까닭에 '체원용방體圓用方'이라 했다. '방'은 한 변이 1이고, 둘레는 4이다. 4를 낙서의 작용 수 9에 곱하면 36이 된다. 여기에다 하도의 작용 수 10을 곱하면 36×10=360이 성립한다. 이 '360'은 언제 어디서든 넘치거나 모자라지 않기 때문에 '올바름[正]'이라 했다.

이 글은 마지막을 '원천은 무량하다'고 결론지었다. 원천은 선천과 후천을 총괄하는 원래의 하늘이라는 뜻이다. 무량은 유한과 무한을 총괄하여 유한의 한계마저도 머금은 시간의 본성을 가리킨다. 역법의 측면에서 360일에서 6일이 모자라는 선천 태음력의 354일과 $365\frac{1}{4}$일에서 $5\frac{1}{4}$일이 넘치는 태양력이 유한의 세계라면, 후천 세상은 360일의 항구성과 지속성을 담보하는 까닭에 무량하다고 표현한 것이다.

355) 금화교역의 4와 9를 상징하는 49번 澤火革卦(䷰)에는 '역법의 속살을 파헤쳐 시간의 본질을 밝히라[治曆明時]'는 명제가 있다. 혁괘는 下經의 19번을 차지하는 괘이다. 19는 낙서 9와 하도 10을 합한 수이다. 19×19=361은 바둑판 형성 법칙이다. 이 대목은 19년에 7번 윤달이 드는 1章의 근거를 말한 것이다.

先后天周回度數
선 후 천 주 회 도 수

김일부는 이 글에서 지구의 하루 공전 주기를 중심으로 선천과 후천이 어떻게 다르며, 태초의 시간으로부터 지금은 118,643년이 지났다는 계산과 함께 그 이치에 대한 탐구를 촉구했다. 그리고 스승인 연담蓮潭 이운규李雲圭와의 운명적 만남을 통해 새로운 철학의 길로 입문하는 과정을 술회하였다.

先天은 **二百一十六萬里**니라
선천　이백일십육만리
后天은 **三百二十四萬里**니라
후천　삼백이십사만리
先后天合計數는 **五百四十萬里**니라
선후천합계수　오백사십만리
盤古五化元年壬寅으로 **至大淸光緖十年甲申**이
반고오화원년임인　지대청광서십년갑신
十一萬八千六百四十三年이니라
십일만팔천육백사십삼년
余年三十六에 **始從蓮潭李先生**하니
여년삼십육　시종연담이선생
先生이 **賜號二字曰觀碧**이라 하시고 **賜詩一絶曰**
선생　사호이자왈관벽　사시일절왈
觀淡은 **莫如水**요 **好德**은 **宜行仁**을
관담　막여수　호덕　의행인
影動天心月하니 **勸君尋此眞**하소
영동천심월　권군심차진

선천은 216만리이다.

후천은 324만리이다.

선후천의 합계 수는 540만리이다.

반고 5화 원년 임인으로부터 청나라 광서 10년 갑신(1884년)에 이르기까지는 118, 643년이다.

내 나이 36세에 비로소 연담 이선생을 좇으니,

선생이 호 두 글자를 내리셔 '관벽'이라 하시고 시 한 수를 주셨는데,

맑음은 보는 것은 물과 같음이 없고,

덕을 좋아함은 인을 행함이 마땅하다.

율려가 천심월을 움직이니,

그대에게 권하노니 이 진리를 찾아보소.

'주회周會'는 지구가 태양 주위를 감싸 안고 도는 공전公轉을, 도수는 지구가 1년 동안 태양을 도는 공전 거리 또는 하루 동안 도는 자전自轉의 규칙성을 뜻한다. 지구는 태양 주위를 대략 1년 걸려 한 바퀴 돌고, 하루에 한 바퀴씩 자전한다. 지구의 공전 주기는 365.2422일, 자전 주기는 0.9973일이다. 왜 지구는 자전과 공전하는가? 하늘의 수많은 천체가 운행하는 환경에서 지구 또한 스스로가 살아 있음을 확인하는 증거로서 공전과 자전을 반복하는 것이다.

『정역』은 지구가 하루에 걷는 공전 거리를 '540만리'라고 한다. 여기에 자전 거리 60만리를 보태면 지구가 하루에 달리는 거리는 총 600만리가 된다.[356] 540만리의 산출 근거는 어디에 있는가? 보통은 『주역』「계사전」 상 9장의 건책수와 곤책수에 뿌리를 둔다. 선천은 태음太陰이 움직이는 36×100×6=216만리의 거리로 나타난다. 36은 "일세주천율려도수"에 나오는 율려律呂의 수를, 100은 하도 55와 낙서 45의 합을, 6은 음수陰數를 상징한다. 한편 후천은 태양太陽이 움직이는 36×100×

356) 지구의 자전 속도는 초속 375.1m, 시속은 1,667㎞이다. 공전 속도는 초속 29.8㎞(약 75리), 시속은 107,300㎞로 엄청나게 빠르다.

9=324만리의 거리로 나타난다. 다만 후천은 양수陽數 9를 사용한다는 점이 선천과 다를 뿐이다.

渾天說에서 말하는 36도

혼천설에서 말하는 하늘은 계란과 같고, 천체는 탄환처럼 둥글다. 땅은 계란의 노른자처럼 중심에 홀로 있다. 하늘은 크고 땅은 작다. 하늘의 낮은 부분 안쪽에는 물이 있다. 껍질 속의 알갱이처럼 하늘은 땅을 둘러싸고 있다. 천지는 기에 의해서 지탱되며, 땅은 그 물 위에 떠 있다.

하늘의 둘레는 $365\frac{1}{4}°$인데, 그 반인 $182\frac{5}{8}°$는 땅 위에 있고 나머지 반은 아래에 있다. 이러한 이유로 28수 중 반만 볼 수 있고 반은 숨어 있다. 하늘의 두 끝은 북극과 남극이다. 북극은 하늘의 중심으로 정북에 있으며, 땅 위 36° 위에 있다. 그러므로 북극 직경이 72°인 원이 항상 보이는 모든 별들을 포함하게 된다. 남극은 하늘의 중심으로 정남에 있다. 지상에서 36° 들어가 있다. 그러므로 남극 아래 72도는 항상 보이지 않는 것이다. 두 극은 $182\frac{1}{2}°$보다 약간 더 떨어져 있다. 하늘은 수레 축 둘레를 도는 것과 같이 회전한다.[渾天如鷄子, 天體圓如彈丸, 地如鷄中黃, 孤居於內. 天大而地小, 天表裏有水, 天之包地猶殼之裏黃, 天地各乘氣而立, 載小而浮. 周天三百六十五度四分度之一, 又中分之, 則一百八十二度八分之五覆地上, 一百八十二度八分之五繞地下, 故二十八宿半見反隱, 其兩端謂之南北極, 北極乃天之中也, 在正北, 出地上三十六度, 然則北極上規徑七十二度, 幅見不隱. 南極天之中也, 在正南, 入地三十六度. 南極下規七十二度, 常伏不見. 兩極相去一百八十二度半强, 天轉如車轂之運也.(『開元占經』 권1 天體渾宗, 張衡 渾天儀註.)

김일부의 제자인 金貞鉉 역시 천문학과 『주역』의 9와 6의 용법을 결합하여 풀이한 바 있다. "하늘이 지상으로 나온 각도가 36도인데, 그것을 6도로 곱하면 216만리가 된다. 하늘이 지하로 들어간 각도가 36도인데, 그것을 9도로 곱하면 324만리이다. 대개 水土가 이미 음양의 균등을 이루면 상하사방의 도수가 완성되기 때문에 선후천 합계수는 6×9=54가 되는 것이다.[天有出地三十六度, 度以六乘之, 爲二百一十六萬里. 天有入地三十六度, 度以九乘之, 爲三百二十四萬里. 盖水土旣平, 六合得成度故, 先后天合計數, 爲六九五十四.]"(『正易註義』「十五一言」"先后天周會度數")

선천과 후천은 극대와 극미를 관통하는데, 그 중에서도 하루로는 밤낮이 여기에 해당될 것이다. 밤에는 216만리를, 낮에는 324만리를 간다. 하루로는 216+324=540만리가 성립한다. 216:324은 2:3의 양지삼천兩地三天 비율이 적용된다. 양지삼천은 곧 '억음존양抑陰尊陽'과 똑같은 말이다. 『정역』에 의하면 선천은 양 에너지가 넘치는 삼천양지三天兩地의 세상이며, 후천은 삼지양천의 세상이다.

김일부는 지구가 움직인다[地動]는 사실과 함께 지금은 언제인가라는 시간대를 발표하였다. 그는 전통 방식에 의거하여 인류는 지금 어디에 있는가에 대한 현재의 시간을 계산했던 것이다.[357] 앞 대목에서는 공전거리를 말하고, 이곳에서는 때(시간)를 얘기한다. 지구가 달리는 거리에다 속도를 나누면 시간이 나온다.

「십오일언十五一言」을 마친 1884년이 왜 반고로부터 118,643년인지에 대한 시원스런 답변은 없다. 직접 공개보다는 간접 증명의 방식을 취했기 때문이다. 『정역』을 오랜 동안 공부한 사람만이 알 수 있도록 안배한 것처럼 보인다. 그럼에도 '반고盤古'로부터 시간이 시작되었다고 전제하

357) 기독교는 '천년왕국설'에 따라 서기 1000년과 2000년에 각종 종말론이 성행했다.

였다.

'반고'는 인격을 지닌 화무상제를 최고신으로 표현한 것이다. 『정역』이 중국 신화에 등장하는 '반고'를 설정한 이유에서 사대주의 발상이 개입되었다는 비판이 적지 않다. 김일부는 결코 신화학자가 아니다. 신화에 등장하는 반고를 생명과 시공의 뿌리로서 인용했을 따름이다. 반고는 조화옹, 화화옹, 상제, 화무상제에 인격성을 부여한 조화주를 뜻한다.

반고가 시공을 뿜어내는 태초의 원년은 기축己丑이다. 기축에서 무술戊戌까지는 반고가 스스로의 정체를 드러내는 준비 기간이다. 기축은 천간과 지지가 모두 10토인 무극이며, 무술은 천간지지가 모두 5토인 황극을 가리키기 때문이다. '반고화般古化'가 기축에서 무술까지의 10이라면, '5화五化'는 이 무술로부터 기해, 경자, 신축, 임인까지의 5를 뜻한다. 이 5화의 '임인壬寅'을 태초의 원년으로 삼은 것이다.

청나라 광서제光緒帝(1871-1908)[358]는 네 살에 즉위했다. 광서제가 등극한 뒤 10년이 지난 1884년, 우리나라 조선은 갑신정변甲申政變이 일어났다. 그러면 1884년과 118,643년은 어떤 연관이 있는가? 잠시 소강절의 원회운세설에서 말하는 129,600년의 도입이 필요하다. 게다가 선천이 후천으로 바뀌는 과정에 시간의 혁명이 일어나는 내용도 가미되어야 할 것이다.

지지地支의 $\frac{1}{12}$만큼 시간이 무화無化될 경우 129,600-10,800=118,800년이 나온다. 이 '118,800년'이 시간 계산의 준거가 된다. 왜냐하면 낙서는 9, 하도는 10이기 때문에 하도낙서의 차이 1이 곧 시간 혁명의 열쇠로 작용한다는 뜻이다. 천간은 $\frac{1}{10}$이, 지지는 특히 5토인 동시에 태극을 상징하는 '술戌'을 제외하고 $\frac{11}{12}$만큼 계산하는 것이다.[359] 118,643년

358) 재위한 기간은 1874-1908까지인데, 실제 권력은 西太后(1835-1908)가 장악했다. 광서제가 유폐 생활을 끝내고 죽은 다음날 서태후도 삶을 마감했다.
359) 『正易』「十一一言」"洛書九宮生成數"에 '戌五空'이 나온다.

이 갑신이 되려면 (후천이 시작하는 '기축' 시스템에 맞추는 계산법에 의해) 임인으로부터 거꾸로 갑신까지는 21년이 많다.

특정 시간을 민감하게 받아들이거나, 시한부 종말론의 관점에서 『정역』에 접근하는 사람들은 118,643년을 선천이 후천으로 바뀌는 구체적인 시간대라고 판단한다. 그들은 118,643을 말하기 위해 김일부가 『정역』을 지었을 뿐만 아니라, 『정역』의 결론은 118,643년으로 귀결된다고 단정한다. 그것은 극단적인 시한부 종말론의 폐단에 지나지 않는다. 그렇다고 118,643년을 제시하지 않고, 선후천 전환의 이치와 과정만 논의하는 것은 인간의 의식 개혁을 불러일으키기 위한 수단 또는 시간의 혁명을 허울 좋은 방편으로 내세운 것에 불과하기 때문이다.

김일부는 118,643년 문제에 승부수를 던졌다.[360] 보통 학자들처럼 자연의 극심한 변화가 언제 생길 것이라는 시간대를 뭉뚱그려 표현하면 될 것을 굳이 118,643년 또는 「십일일언十一一言」"십이월이십사절기후도수十二月二十四節氣候度數"의 '묘월卯月 초삼일初三日 을유乙酉 유정일각酉正一刻 십일분十一分 원화元和'라고 단정지을 필요는 없었던 것으로 보인다. 일종의 양심 고백일까, 또는 승부사 기질을 발휘한 것일까? 그는 후천이 오는 명확한 시간대에 쐐기를 박았던 것이다.

118,643년을 계산하는 방식은 두 가지가 있다. 하나는 '반고오화원년' 임인(실제로는 임술壬戌)의 뜻은 김일부가 탄생한 병술丙戌(1826년)로부터 '반고오화' 118,800년의 끝 해는 신유辛酉까지의 216이라는 사실이

---

360) 만약 그 해에 후천이 오지 않는다면 『정역』은 어떻게 책임질 것인가? 종말론자들은 자연의 순환에 기초한 60년 혹은 12년 주기에 의존하면서 종말의 시간대를 강조하다가도 특정 시간이 아무런 일 없이 지날 경우는 '아니면 말고 식'으로 빠져나가기 일쑤이다. 이런 측면에서 보면, 김일부는 바보임이 틀림없다. 특정 시간에 후천이 오지 않는다면 거짓말쟁이로 손가락질 받을 것이고, 후천이 진실로 온다면 온갖 예언서는 쓰레기통으로 들어갈 것이 뻔할 것이다. 심지어 『정역』은 『주역』의 권위를 능가할 경전으로 발돋움할 것이다. 따라서 『정역』은 온 인류가 받들어야 할 만고불변의 베스트셀러가 될 것이며, 토종 한국인이 지은 최고의 철학서 『정역』은 세계인의 자랑거리가 될 것이 분명하다.

다.[361] 118,643년의 근거는 무엇인가? 한마디로 118,800에서 '일원추연수' 216을 빼면 118,800-216=118,684년이다. 이를 거꾸로 계산하면 118,684+216=118,800년이다. 이때 1년은 이미 가산되었기 때문에 실제로는 118,643년이다. 이것이 바로 김일부의 탄생 년도인 1826년이라는 것이다.[362]

선천은 낙서의 태음太陰이 주도하는 세상이고, 후천은 하도의 태양太陽이 주도하는 세상이기 때문에 선천 태음이 후천 태양으로 바뀌는 오늘의 시간대를 밝힌 대목이 『정역』「십오일언」의 앞 부분에 있다. "아아! 오늘인가, 오늘인가! 63과 72와 81은 일부에서 하나 되는구나."[363] 김일부의 탄생 년도를 기준점으로 삼아 '일원추연수一元推衍數' 216을 보태서 계산하면 1826+216=2042년이 나오는데, 1826년 자체는 이미 포함되었기 때문에 실제로는 2041년이다.[364]

이밖에도 「십오일언」이 완성된 118,643년은 김일부의 나이 59세였다. 그러니까 58년 전은 김일부가 태어난 해이다. 118,643-58=118,585년이다. 이때부터 선천 자회子會가 끝나고 후천 축회丑會가 시작하기까지는 216년이 걸린다. 1826+216=2042인데, 김일부의 탄생 년도 1826년 자체를 빼면 실제로는 2041년이다. 한편 216에서 「십오일언」을 지은 59를 빼면 216-59=157이 성립한다. 이 157에 118,643을 보태면 술회戌會가 공제된 157+118,643=118,800이 되는 것이다. 『정역』 연구자 이

---

361) 辛酉는 낙서의 집이고, 丁酉는 하도의 집이다.

362) 이정호, 『正易과 一夫』(아세아문화사, 1985), 410-411쪽 참조. "또 律曆圖에서 매월 初三日과 18일에 和化도수가 드는 것은 '一八七'의 원리요, 每節 一刻十一分에 和化度數가 드는 것은 '一七四'의 원리라 하겠다."(같은 책, 411쪽.)

363) 『正易』「十五一言」, "嗚呼! 今日今日. 六十三 七十二 八十一, 一乎一夫."

364) 전통에서는 180년을 한 주기로 삼아 3등분한 上元甲子, 中元甲子. 下元甲子로 나누었다. 그 가운데 제1갑자 60년을 '상원갑자'라 부른다. 특별히 임금의 즉위식을 맞이하여 종묘에서 고하는 왕실과 국가의 중대사를 강조하기 위해 끌어다 사용했다. 따라서 나라의 큰 일 혹은 자연사의 굵직한 사건을 말할 때는 자신의 탄생 년도를 기준으로 삼는 전통이 생겼다.

정호는 김일부의 생애와 118,643년을 도표로 작성하였다.[365)]

一夫年齡	干支	盤紀	檀紀	西紀	참고사항
216	辛酉	118,800	4374	2041	上元子會終, 一乎一夫
181	丙戌	118,765	4339	2006	一夫三回甲
180	乙酉	118,764	4338	2005	莫莫莫无量
179	甲申	118,763	4337	2004	
175	庚辰	118,759	4333	2000	제3變(庚申-庚辰)
174	己卯	118,758	4332	1999	己日乃革之(革言三就)
171	丙子	118,755	4329	1996	제2變(丙申-丙辰)
167	壬申	118,751	4325	1992	제1變(壬申-壬辰)
156	辛酉	118,740	4314	1981	基督33回甲
73	戊戌	118,657	4231	1898	一夫卒
68	癸巳	118,652	4226	1893	一夫入香積山國師峯
61	丙戌	118,645	4219	1886	一夫回甲
60	乙酉	118,644	4218	1885	正易完成
59	甲申	118,643	4217	1884	十五一言成
56	辛巳	118,640	4214	1881	正易八卦圖畫成
54	己卯	118,638	4212	1879	六九之年始見工
36	辛酉	118,620	4194	1861	始從蓮潭李先生
1	丙戌	118,585	4159	1826	一夫生

* (63, 72, 81은 一乎一夫)

김일부가 자신의 삶을 묘사한 기록은 거의 없다. 오직 "선후천주회도수"에서 학문과 인생의 전환점을 가져오게 한 분은 스승인 연담 이운규라고 밝혔다. 연담은 천문과 역법과 후천의 대도에 깊은 관심과 조예가

365) 이정호, 앞의 책, 388쪽 참조.

깊었던 것으로 보인다. 김일부는 스승이 내려준 '관벽觀碧'이라는 호[366]와 함께 학문의 방향과 목표를 정해준 화두를 가슴 깊이 새겼다.

스승과 제자는 선후천 변화 이론의 타당성과 함께 논리 전개에 대한 진지한 대화를 나눴으리라 짐작한다. 왜냐하면 『정역』을 한 사람의 힘으로 일궈내는 일은 거의 기적 같은 사건이기 때문이다. 평소 선후천 전환에 대한 수지도수와 6갑을 비롯한 하도낙서와 정역팔괘도의 구상은 이 시기에서 싹텄던 것으로 보인다. 스승이 내려준 시[367] 속에는 선후천 변화의 골간이 내포되어 있다.

정역사상의 화두, 蓮潭 先生의 가르침에서 비롯되다

김일부는 가문의 전통에 따라 젊어서 예학과 문장 익히기에 열중했다. 35세까지는 여느 선비들처럼 시 짓기와 성리학에 침잠했으나, 옆 동네로 이사온 蓮潭 李雲圭를 스승으로 모시고부터 인생의 전환기를 맞는다. 김일부가 연담을 만나기 이전에는 사서삼경 읽기에 집중했다면, 스승을 모시면서 구도의 목표가 확정된 36세 이후는 끊임없는 공부와 사색을 거쳐 『정역』이 완성되는 시기라 할 수 있다.

이운규의 본관은 全州이며, 본명은 守曾, 호는 蓮潭이다. 그는 潭陽君(세종대왕의 아들)의 13세손으로 1804년에 태어났다. 담양군파 족보에는 52세 때인 1855년 문과에 급제한 기록이 있다. 그는 한양에서 높은 관직에 올라 흥선대원군과도 친밀했으나, 국운의 쇠퇴를 미리 알고 충청도 연산 땅 띠울[茅村]에 은거했다. 이운규의 가족으로 맏아들 龍

366) 김일부는 '관벽'이란 호를 소중히 여긴 증거가 있다. 볼 '觀', 푸른 옥돌 '碧'은 『正易』에 두 번 나온다. "金火二頌"의 '化三碧而一觀'과 "布圖詩"의 '靜觀宇宙无中碧'이 바로 그것이다.

367) 옛 시는 글자 수에 제한이 없었으나, 나중에 정형화되면서부터 5言 또는 7言의 律詩와 4언의 絶句詩가 생겼다.

來(본명은 憲采, 호는 夫蓮)과 둘째아들 龍信(본명은 原采, 호는 一守)[368]이 있다. 연담은 나중에 김일부의 딸을 며느리로 맞아들여 혈연 관계를 맺었다. 연담과 김일부는 사제 관계인 동시에 사돈 관계로 깊어졌다.

연담은 한학의 대가 李書九(1754-1825)의 학통을 이어받아 천문과 역산과 시문에 능통하고, 관상보기와 술수에도 뛰어났다고 알려졌다. 특히 연담은 역학에 대한 탁월한 전문가였다. 양촌 인근의 선비들이 자주 방문하여 배움을 청했던 것으로 짐작된다. 김일부 역시 이웃마을에 사는 연담을 찾아가 배웠다. 평생 고향땅을 벗어나지 않았던 김일부는 스승과의 만남을 통해 학문의 극적인 전환기를 맞았다.

연담은 김일부에게 『주역』과 『서경』을 많이 읽으면 새로운 진리를 발견할 수 있다고 말하면서, 『서경』에 등장하는 역법 성립의 대목을 주의 깊게 살필 것을 권고했다. 오랜 사유 끝에 김일부는 전통의 세계관과 차별화된 선후천 전환의 새로운 세계관을 수립하는데 성공했던 것이다.

觀淡은 莫如水요 관 담 막 여 수	맑음은 보는 것은 물과 같음이 없고,
好德은 宜行仁을 호 덕 의 행 인	덕을 좋아함은 인을 행함이 마땅하다.
影動天心月하니 영 동 천 심 월	율려가 천심월을 움직이니,
勸君尋此眞하소 권 군 심 차 진	그대에게 권하노니 이 진리를 찾아보소.

시 속에 선후천 변화의 이치가 온전히 담겨 있다. '맑음을 보는 것은 물과 같음이 없다'는 말은 상류에서 흘러오는 깨끗한 물을 관찰하라는

368) "연담의 둘째아들(실제는 三子) 復來(호 一守)는 一夫(閔氏婦人 소생)의 女壻다."(이정호, 『正易研究』, 국제대학출판부, 1983, 200쪽 참조.)

권고가 아니다. 시인 묵객들은 곧잘 위에서 아래로 흐르는 물을 감성 차원으로 노래한 경우가 많았다. 하지만 김일부는 6갑의 전환을 설명하기 위해 5행의 '물'을 선택했던 것이다. 선천의 '갑기야반생갑자甲己夜半生甲子'가 후천의 '기갑야반생계해己甲夜半生癸亥'로 바뀔 때의 '계해의 물[水]'을 가리킨다. '갑'에서 시작하는 선천의 시초와 '기'에서 시작하는 후천의 시초인 갑과 기 사이의 간격, 즉 첫머리는 천간 갑에 지지의 자가 뒤따른 갑자가 선천의 으뜸이다.

그러나 후천은 선천의 꼬리를 잇는 원칙에 의해 천간은 계癸가, 지지는 해亥가 결합된 계해가 바로 선천의 끝이다. 그러니까 후천의 시작은 '기갑야반생계해己甲夜半生癸亥'의 논리가 성립하는 것이다. 이러한 화두를 풀기 위해 김일부는 끊임없는 사색과 함께 수지도수에 대한 연습과 반복을 거듭했다. 선천과 후천의 6갑 구조가 바뀌는 이치를 깨달을 때의 심정은 얼마나 기뻤을까? 아마도 후천 6갑 질서를 발견한 상쾌함은 말로 형용할 수 없었을 것이다. 그 실마리를 계해'수'로 풀은 것이다.

'덕을 좋아함은 인을 행함이 마땅하다'는 말은 다가오는 후천에는 '인仁'의 대도가 삶의 준거와 가치로 떠오른다는 것이다. 덕을 좋아함[好德]은 생명 사랑을 구현하는 천지의 본성을 뜻한다.[369] 하늘과 땅의 위대한 덕성이 바로 '인仁'이다. 『주역』이 천지의 창조성을 '인'으로 규정한 것은 소극적 의미라면, 『정역』은 천지가 재창조된 후천에야 진실로 '인仁'이 펼쳐진다는 적극적 의미로 사용했다.

김일부는 "금화일송"에서 "덕이 천황에 닿음은 이름 짓지 못하네.[德符天皇, 不能名.]"라고 읊었다. 과거에는 생각조차 못했던 일이 이 세상에 펼쳐지는 이치는 언어를 초월한 경계라고 돌렸던 것이다. 수지도수로 보면 10수가 엄지손가락에 닿는 '기위친정己位親政'의 형국을 가리킨다. 선천

---

369) 『周易』「繫辭傳」 下 1장, "天地之大德曰生, 聖人之大寶曰位, 何以守位曰仁, 何以聚人曰財, 理財正辭, 禁民爲非曰義."

6갑은 갑자에서 시작하여 계해로 끝난다. 이 계해의 천간 '계'가 엄지손가락을 펴면서 10이 되는 모양이다. 한편 지지로는 엄지손가락을 굽히면서 '자'가 시작되어 새끼손가락을 굽히면 '진'이고, 다시 새끼손가락을 펴면 '사'가 되면서 엄지손가락을 모두 펴면 '유'가 되고 다시 엄지손가락과 둘째손가락을 펴면 '술'과 '해'가 된다. 이 '해'가 천간지지로 보면 계해인 것이다. 종시終始의 원칙에서 둘째손가락을 다시 펴면 계해, 엄지손가락을 펴면 갑자이며, 다시 그 엄지손가락을 굽히면 새로운 후천이 시작된다는 '을축乙丑'의 '10 축토丑土'가 되는 것이다.

이러한 이치를 『주역』은 "평안히 거처하고 인仁에 돈독하기 때문에 능히 만물을 사랑할 수 있다.[安土敦乎仁, 故能愛.]"고 말하여 '토土의 변화'[370]에 근거하고 있다. 그것은 을축토乙丑土의 축토丑土를 뜻한다. 미토未土가 음토陰土라면, 축토丑土 역시 음토陰土로서 이 둘은 남북축을 형성한다. 축토丑土[371]는 진토辰土·술토戌土·미토未土와 함께 우주 '조화'의 주체인 것이다.

---

370) 『周易』「繫辭傳」上 3장.

371) '土化作用은 우주변화의 黃婆(물결)'를 말한다. 그것은 寅申相火의 작용과 금화교역을 거쳐 변화를 통일하는 시작점을 뜻한다. 土化作用에는 두 가지 목적이 있다. 하나는 분열과정에서 일어나는 모순을 조화하며 발전을 선도하는 것과, 다른 하나는 통일과정에서 모순을 조절하며 통일을 매개하는 일이 있다. 전자는 미완성의 土를 주도하고, 후자는 완성의 土를 주도한다. 전자는 陽土이므로 丑辰土라 하고, 후자는 陰土이므로 未戌土라 한다. 특히 丑土는 子丑寅 운동의 中의 역할을 하며, 또한 卯辰巳의 기본을 이루어 놓는다. 선천은 3元運動이며, 후천은 5元運動이다. 선천은 亥子丑, 寅卯辰, 巳午未, 申酉戌의 (單數의) 3원운동을 하는데, 그것은 지축경사 상태의 운동방식이다(이는 문왕괘도가 증명한다). 후천은 '辰戌丑未'를 중심축으로 亥子丑寅卯와 巳午未申酉의 (複數의 3元운동인) 5元運動을 한다(이는 지축정립 상태의 운동방식이다). 우주운동은 음양이 本中末運動을 할 때에 정상화된다. 3元運動은 子(水)·丑(土)·寅(木)운동이 각각 陽水와 陽木이 土를 '中'으로 하는 본중말 운동이었다. 즉 水와 木이 '陰'을 얻지 못한 단수로서의 本中末 運動이다. 하지만 5元運動을 하게 될 경우는 4土(辰戌丑未)가 ① 모두 十字形으로 위치를 점유하며, ② 對化運動도 올바르게 되며, ③ 本中末이 복수로 작용하는 5원운동의 형태를 띠며, ④ 결과적으로 우주운동에서 파생되는 모순과 대립은 정상적인 운동으로 전환한다. ⑤ 亥子丑寅卯와 巳午未申酉의 5元運動의 목적은 水火의 互惠作用에 있는데, 水는 火를 만들고 火는 水를 만드는 것이 목적이다. 이것을 만족시키는 것이 바로 水火一體運動이다. ⑥ 3元運動은 五行의 운동원리만을 설명한 것에 지나지 않기 때문에 5行운동의 목적인 水火一體運動의 완전한 모습을 형상화하기에는 부족하다. ⑦ 우주의 통일과 분열

‘영동천심월影動天心月’의 비밀을 푸는 열쇠는 ‘관담막여수觀淡莫如水’에 있다. 연담 이운규의 오언절구五言節句는 오묘한 비유로 선후천 변화를 묘사하였다. 여기서 말하는 수水는 계해수癸亥水[372]다. 왜냐하면 ‘기갑야반생계해己甲夜半生癸亥’의 이치로 말미암아 출현하는 새로운 천지는 계해시癸亥時를 으뜸으로 삼기 때문이다.

그런데 『정역』의 접근에서 가장 어려운 문제는 ‘영동천심월’의 ‘그림자[影]’에 있다. 대부분의 학자들은 ‘영’을 천심월이 빚어내는 달 그림자 정도로 번역하고 있다. ‘달빛이 천심월에서 동하니’,[373] ‘천심달의 그림자가 움직임, 후천의 기미가 움직이는 순간’,[374] ‘천심월의 영상이 동하고 있으니’,[375] ‘천심월이 어른거리노니’,[376] 등 ‘영’을 달빛 또는 달 그림

운동을 ‘본체’의 측면에서 보면 통일은 ‘未’에서 시작하고, 분열은 ‘丑’에서 시작한다. 이를 ‘작용’의 측면에서 보면 통일현상은 ‘戌(戌五空)’에서 나타나고, 분열현상은 ‘辰’에서 나타나는 것이다. 이것이 바로 변화의 체용작용이다. 정역사상의 핵심이 체용론이라 불리는 까닭도 여기에 있다. 본체론적으로는 辰戌이 ‘中’이고, 丑未는 ‘本末’이다. 작용론적으로는 丑未가 ‘中’이고, 辰戌이 ‘本末’이 된다. 이처럼 체용은 本中末의 交互作用을 하는 것이다. ⑧ ‘辰戌丑未’ 작용이 정상화되지 못하는 이유는 바로 지축경사 때문이다. 요컨대 土化作用의 궁극목적은 10수 무극의 모습을 이루어 ‘空’을 만드는 데 있다고 하겠다.(한동석, 『우주변화의 원리』, 대원출판, 2002, 164-175쪽 참조.) 후천은 5元運動에 의한 조화의 세계다. 그래서 「繫辭傳」은 “‘능히(can)’ 만물을 사랑할 수 있는 터전이 마련된다”고 했던 것이다.

372) 후천은 己土의 10무극이 직접 다스리므로[己位親政] 선천에서 작동한 戊土는 ‘尊空退位’한다. 하지만 선천은 낙서9궁이 작용하기 때문에 5土가 주재하고, 10數 己土는 尊空되었다. 김일부는 “아아! 축궁이 왕성한 기운을 얻으니 자궁은 자리를 물러가는도다[嗚呼! 丑宮得旺, 子宮退位.]”라고 하여 선후천의 교체를 암시했다. 복희팔괘도에서 1乾天이 남방에 위치하고, 8坤地는 북방에 자리잡았다. 하지만 후천에서는 ‘地闢於丑’이라는 이치에 의거하여 정역팔괘도로 바뀐다. 10乾은 북방으로 물러나고, 坤土는 남방에 왕성한 조화 기운을 받아 올라가 자리잡는 것이다. 실제로 후천은 ‘亥子丑寅卯’의 5元 運動이므로 ‘己甲夜半生癸亥’의 이법에 따라 후천은 ‘卯月歲首’를 쓰게 되는 것이다.

373) 이정호, 『원문대조 국역주해 정역』(아세아문화, 1990), 63쪽.

374) 권영원, 앞의 책, 529쪽 참조.

375) 김주성, 앞의 책, 280쪽 참조.

376) 박상화, 『正易과 韓國』(공화출판사, 1978), 283쪽. “일부선생이 36세 때인 1861년, 즉 東學 思想이 일어날 무렵에 蓮潭(이운규) 선생에게서 師事하였다. 記誦詞章을 주로 하는 이조 유학의 인습적 학문에서 벗어나 새로운 큰 길을 찾으라는 시사를 받은 것이다. 여기서 그의

자로 번역 또는 해석하고 있다.

그렇다면 과연 달빛이 어떻게 천심월을 움직여 후천달인 황심월皇心月로 만들 수 있는가? 그것은 불가능하다. '영'을 천심월에 대조해서 번역했기 때문에 빚어진 혼선이다. 그림자 '영影'은 결단코 그림자가 아니다. 사물이 있으면 그림자가 만들어지기 마련이다. 그러나 그림자는 사물의 허상에 불과하기 때문에 '달빛이 천심을 움직인다'는 번역은 옳지 않다.

소강절의 시에 나타난 天心月과 影

月到天心處　달이 하늘의 마음에 이르는 곳,
風來水面時　맑은 바람이 물 위를 스칠 때.
一般淸意味　이같이 맑고 청정한 뜻을,
料得少人知　깨닫는 사람이 적기만 하구나.

(『伊川擊壤集』 권12 "淸夜吟")

性在體內　본성은 본체 속에 있고,
影在形外　그림자는 형체 밖에 있도다.
性往體隨　본성이 가는 곳에 본체가 따르고,
形行影會　형체가 움직이는 곳에 그림자가 모이네.
體性不存　본체와 본성이 없으면,
形影安在　형체와 그림자는 어디에 있으리오.
影外之言　그림자 밖을 말하는 것이
曾何足怪　어찌 괴상하리오.

(『伊川擊壤集』 권19 "影論吟")

획기적 전환 현상이 생긴 것이다. 이로부터 그는 독특한 창의성을 발휘하여 마침내 우리 겨레의 자랑이요 인류의 등불인 정역을 낸 것이다."(같은 책, 284쪽.)

'영'은 단순 그림자가 아니라, 『정역』의 핵심인 율려라 하겠다. 과거에는 율려를 음악 이론으로만 인식했으나, 김일부는 율려가 음양을 조절하여 선천을 후천으로 뒤바꾸는 실질적인 원리로 표현했기 때문이다.[律呂調陰陽] 또한 전통에서는 율려를 음양으로 구분했으나, 김일부는 율려를 음양 차원을 너머 본체의 숨겨진 범주로 규정했다. 율려가 규정자라면, 음양은 피규정자라는 뜻이다.

「십오일언」"금화오송"은 "6수와 9금은 모이고 불어나서 율이 되고, 2화 3목은 나뉘어 영으로 여가 된다.[六水九金, 會而閏而律. 二火三木, 分而影而呂.]"고 했다. 미약한 태음의 속 힘이 모이고 불어나서 형성된 것이 율이요, 뜨거운 태양 열이 오랜 시일에 걸쳐 나뉘어진 그림자 형태로 형성된 것이 '여'라는 것이다.

그리고 "일체주천율려도수"는 "양을 고르고 음을 맞추는 것은 후천성리의 도이다.[調陽律陰, 后天性理之道.]"라고 말하여 시간의 손길로 '조양율음'하는 원리가 곧 율려라고 시사하였다. 또한 「십오일언」"십일귀체시"에서는 "정령政令은 기경임갑병己庚壬甲丙이오, 여율呂律은 무정을계신戊丁乙癸辛을"이라고 읊어 6갑 조직의 변화를 일으키는 힘을 율려라고 말했다. 따라서 '영'은 그림자라기보다는 오히려 음양의 속살로서 시간 혁명을 일으키는 핵심이라고 보는 것이 타당할 것이다.

'영동천심월'은 수지도수로 이해하는 것이 훨씬 빠르다. 『정역』에는 천심월天心月과 황심월皇心月이 있다. 전자는 선천 보름달로서 왼손 손가락 전체를 굽힌 닫혀진 세상을 상징하며, 그 상태에서 새끼손가락을 편 것은 후천의 새로운 중용을 뜻하는 황중월皇中月[377]을 가리킨다. 황중월

377) 天心月과 皇中月과 皇心月은 「十五一言」"化无上帝言"에 나온다. "달이 복상에서 일어나면 천심월이요, 달이 황중에서 일어나면 황심월이옵니다. 하나의 하늘을 두루 조화하시는 화옹의 마음이 정녕코 황중월을 분부하시옵니다.[月起復上天心月, 月起皇中皇心月. 普化一天化翁心, 丁寧分付皇中月.]"

은 후천 초하루에 뜨는 달이기 때문에 후천 보름달을 황극의 마음에 담았다는 의미에서 황심월이라 한 것이다. 후천 초하루인 황중월이 15일 지나 황심월이 되기 위해서는 천심월이 황심월로 바뀌는 시간의 혁명이 일어나야 한다. 선천 보름 다음 날(선천 16일)이 후천 초하루로 바뀌므로 15일의 시간이 우주 공간에서 사라지는 현상이 일어난다는 뜻이다. 그러니까 선천 16일이 후천 초하루로 바뀌므로 선천 30일은 곧 후천 15일 황심월이라 부르는 것이다.

'기갑야반己甲夜半에 생계해生癸亥'의 원칙에 의해 무진戊辰[378] 천심월天心月은 율려의 작동으로 말미암아 황중월皇中月로 움직여 계미癸未 초하루가 된다. 왜냐하면 '건원용구乾元用九'의 자리가 곧 계해癸亥이며, '용육用六'은 자연 무진戊辰에서 시작하게 되어 보름은 임오壬午이며, 16일은 계미癸未가 되기 때문이다. 다시 말해서 선천 16일이 후천 초하루가 되는 것이다.

15일이라는 시간이 귀공歸空(물리적 현상으로 '무화無化'되는 이치)된다. 원력原曆 375에서 본체도수本體度數 15가 윤력閏曆으로 작동하여 시간의 거친 파도를 일으키는데, 후천 진입기에 이르러 윤도수閏度數 9와 6은 본체도수(10무극과 5황극)로 환원되는 현상이 일어나 '무윤력無閏曆' 360일의 정역正易(= 정력正曆)이 정립된다는 것이다. 이것이 바로 시간 질서의 근본적 전환이다. 『정역』에서 말하는 무진戊辰 초하루가 계미癸未 초하루로 되는 변화는 천지의 근본적 전환이므로 지금의 역법 개정과는 완전히 다른 차원을 뜻한다.

'영동천심월'을 수지도수와 정역팔괘도로 연관시켜 보면 천심은 손가락 모두를 굽힌 2천天이요, 새끼손가락을 펴면 3태兌가 된다. 이 2천이 3태로 바뀌는 순간을 '영동影動'으로 표현한 것이다. '영동'의 황중월로 거듭나려는 경계에서 시간의 혁명을 통해 마침내 황심월이 새롭게 솟는다

378) 戊辰은 천간도 5토요 지지도 5토이다. 특히 辰은 동물로는 龍이다. 선천을 얘기하는 『周易』은 龍 文化의 작품이라 하겠다.

고 표현한 것이다. 천심월이 선천의 닫힌 2천이라면, 황심월은 후천의 열린 7지地를 상징한다. 그러니까 건곤괘 내부의 2천7지는 곧 지천태地天泰(☷☰)의 형상을 이루는 것이다.

손가락을 모두 굽힌 상태는 '영생影生'이라 하고, 손가락을 모두 편 상태는 '체성體成'이라 한다. 「십일일언」에서 "1·8은 복상달의 율려를 낳는 수요, 5·6은 황중달의 본체를 이루는 수다.[一八, 復上月影生數, 五六, 皇中月體成數]"라고 말한다. 초하루부터 상현달까지의 복상달에서 율려가 생겨나는 이치를 알 수 있으며, 또한 새끼손가락에 선천(낙서)의 중용 5와 후천(하도)의 중용 6이 동시에 닿는 것은 곧 선천의 작용이 후천의 본체로 환원됨으로써 이 세상이 1년 360일로 재창조된다는 것을 시사하고 있다.

마지막으로 연담은 김일부에게 평생 공부할 콘텐츠와 방법론을 얘기한 다음에 "그대에게 권하노니 이 진리를 찾아보소.[勸君尋此眞]"로 매듭지었다. "그대는 쇠하여가는 공부자孔夫子의 도를 이어 장차 크게 천시天時를 받들 것이니 이런 장할 데가 있나. 이제까지는 '너'라 하고 '해라' 했으나, 이제부터는 '자네'라 하기도 과만한 터인즉 '하소'를 할 것이니 그리 알고, 예서禮書만 자꾸 볼 것이 아니라 서전書傳을 많이 읽으소. 그러노라면 자연 감동이 되어 크게 깨닫는 바가 있을 것이고, 후일 정녕코 책을 지을 터이니 그 속에 나의 이 글 한 수首를 넣어 주소. 이것이 곧 스승인 남긴 유명한 시이다. 연담 선생은 이 글 한 구절을 남겨놓고 띠울을 떠나 행방을 감추고, 일부는 그 말씀을 듣고 크게 감동하여 그 후 피나는 노력과 끊임없는 정진을 쌓아 36세로부터 전후 19년만에야 드디어 '영동천심월'의 진리를 찾을 수 있었다."[379]

해와 달의 변화에 대한 복잡한 이론들을 종합하고 관통하여 내놓은

379) 이정호, 「一夫先生傳」『正易硏究』(국제대학출판부, 1983), 200-201쪽.

결과가 바로 ① 천지는 '갑기甲己' 질서에서 '기갑己甲' 질서로 바뀌며, ② 일월은 회삭晦朔(그믐과 초하루)의 전도로 말미암아 선천 16일이 후천 초하루로 바뀌며, ③ '기朞(1년 구성의 메카니즘)'는 시간의 꼬리가 없는 360일 무윤력无閏曆의 세계가 성립될 것을 읽어냈던 것이다. 그것은 시간의 신비를 풀어헤친 위대한 쾌거였다. 만고의 세월을 하염 없이 돌고도는 일월이 자신의 속살을 그대로 드러내는 이치를 깨달은 김일부는 손으로는 무릎을 치고 발로는 저절로 뛰었다고 전한다. 이것이 바로 하늘 땅과 하나되는 기쁨이 아니고 무엇이겠는가.

立道詩
입 도 시

이 시는 선후천 전환의 원리를 비롯하여 각종 형이상학을 새로운 중용으로 관통하는 정신을 읊은 것이다. 특히 유형과 무형, 보이는 질서와 보이지 않는 질서를 꿰뚫는 경지를 노래하였다. 유有의 세계와 무无의 세계는 부정과 긍정의 배척 대상이 아니라, 유무는 하나의 뿌리로 존재한다는 논리를 개발했다.

靜觀萬變一蒼空하니 정 관 만 변 일 창 공	고요히 만갈래로 변화하는 푸른 하늘을 바라보노니,
六九之年始見工을 육 구 지 년 시 견 공	54세에 비로소 천공을 깨달았노라.
妙妙玄玄玄妙理는 묘 묘 현 현 현 묘 리	미묘하고 그윽하며 현묘한 이치는,
无无有有有无中을 무 무 유 유 유 무 중	무는 무, 유는 유라는 이치를 너머 유무를 중도로 꿰뚫었네.

'입도시'란 진리 탐구에 뜻을 두고 노력한 결과, 새 시대 새 진리에 대한 깨달음을 읊은 시이다. 54세 때에 비로소 대도를 깨닫고 자신의 철학을 구축했다는 것이다. 그는 천변만화하는 푸른 창공을 바라보면서 이 세계는 어떤 패턴으로 변화하는가에 대한 문제를 끊임없는 사색을 통해 마침내 한 소식을 들었다고 밝혔다. 정역팔괘도와 함께 새로운 중용에 대한 구상을 본격적으로 시작하는 계기가 되었다는 뜻이다.

진리에 대한 김일부의 사유는 성리학과는 외연과 내포가 전혀 다르다. 성리학은 본체와 작용의 뿌리가 동일하다는 체용일원體用一源의 원칙에서 본체는 만물의 근거로서 태극이요, 작용은 만물을 생성 변화시키는 음양이라고 규정하였다. 본체와 작용은 논리적으로 구분되지만 현실 차원에서는 떼어놓을 수 없다는 것이다. 성리학에 의하면 본체는 본체이고 작용은 작용일 따름이므로 본체와 작용의 관계는 역전이 불가능하다는 논지를 펼친다.

『주역』은 '용구용육用九用六' 법칙으로 세계의 움직임을 포착했다. 김일부는 '9×6'=54라는 수의 원리에 근거해서 하늘이 조화부리는 규칙적 질서[工, function, 造化]를 깨달았다는 것이다. 과거에는 하늘의 의지[天工]를 인간이 대신한다는 것에 초점을 맞추었으나,[380] 김일부는 하늘의 패턴에서 신천지의 출현을 읽은 54세 이후, 「설괘전」 6장에 근거하여 정역팔괘도를 그어 한국 철학의 독창성과 보편성을 널리 알렸다. 그러니까 우리는 『정역』을 한국학의 울타리에서 벗어나 지구학과 세계학의 차원으로 격상시킬 책임과 의무가 있다.

정역팔괘도를 긋게 된 배경에는 신비로운 일이 있다. 김일부는 제자인 덕당德堂 김홍현金洪鉉(1863-?)에게 정역팔괘도 출현에 대한 궁금증을 알려주었다.

"너 눈 감으나 뜨나 환하지, 나도 그렇더라. 기묘년(1879년, 54세) 일이다. 눈앞에 卦畫 같은 異物이 아롱거려 처음에는 무엇인지를 모르고, 歌舞에 너무 기력이 쇠하여 헛것을 보는가 보다고, 일부러 肉補도 하여 보았으나 이 眼前의 異物은 없어지지 않고 점점 뚜렷이 나타나 나중에 온 천지가 다 이 이상한 卦畫으로 덮일 정도로 가득하여 아무리 살펴보아도 전에 보지 못한 卦圖이므로 다시 周易을 뒤져보았으나 역시 복희괘도와 문왕괘도 밖에 없고 眼前의 괘도는 그것

---

380) 『書經』「虞書」"皐陶謨", "天工人其代之."

이 아니므로 무한 애를 쓰다가 說卦傳에 가서 '神也者 妙萬物而爲言者也'라는 條를 발견하고 孔夫子께서 미리 말씀하신 것이 後生이 그려도 허물이 아니리라 생각하고 再從姪[381]로 하여금 그리게 하였다는 것이다. 그런데 더욱 이상한 것은 辛巳年(1881, 56세)에 이 卦圖를 그리고 난 후에 그의 眼前에서 卦圖가 완전히 사라지기까지는 그 뒤 3년이 걸렸다 하니 이 卦圖가 선생의 眼中에 전후 6년 동안이나 살아 있었다는 사실이다."[382]

그는 자신의 삶을 수의 질서로 묘사했으며, 심지어 저술의 발표마저도 천명과 시간의 섭리로 인식하였다. 정역팔괘도와 금화정역도는 너무도 미묘하고도 현묘한 이치를 품고 있다. 그 실체가 바로 유有의 철학과 무無의 철학을 하나로 꿰뚫는 최종 원리인 것이다. 동서 철학은 각각 유 또는 무의 어느 한쪽을 강조하는 성격을 지녔으나, 『정역』은 유무에 대한 근본적 통일을 겨냥하였다. 유의 철학이 1년 $365\frac{1}{4}$일의 윤력閏曆에 기초했다면, 유무의 통합형 철학은 1년 360일의 정력正曆에 근거한 것이다.

「대역서」에는 공자의 철학과 자신의 철학을 유형과 무형으로 분류한 내용이 있다. "천지 바깥의 무형한 경관을 꿰뚫어 보기는 일부가 능히 했고, 바야흐로 천지 안의 유형한 이치를 통달하기는 부자께서 먼저 하셨네.[洞觀天地無形之景, 一夫能之, 方達天地有形之理, 夫子先之.]" 유형의 세계가 낙서의 세계상이라면, 무형의 세계는 앞으로 펼쳐질 하도 후천의 세계상이다.

과거에는 하도와 낙서를 만물의 변화상을 읽어내는 방법론으로만 인식했으나, 『정역』은 본체와 작용의 전환을 통해 낙서 선천이 하도 후천

---

381) 이름은 金國鉉이다. 그의 아들이 金永喆이고, 손자는 건양대 金僖洙 총장이다.
382) 이정호, 앞의 책, 29-30쪽.

으로 바뀌는 이치로 밝혔던 것이다. 유의 세계가 지금 현재 '드러난 질서(explicate order)'라면, 무의 세계는 앞으로 드러날 '감추어진 질서(implicate order)'라 하겠다.

여기서 말하는 '중中'은 윤리 도덕의 핵심, 가치의 표준, 선천 낙서의 중용을 뜻하는 5에 한정되지 않는다. 그것은 낙서의 5와 후천 하도의 6을 동시에 머금고 선후천을 관통하는 '포오함육包五含六'의 중용을 뜻한다. '무무无无'란 감각을 초월한 세계는 이성으로 포착할 수 없는 까닭에 존재하지 않는다[无]고 인식하는 불합리한 사고를, '유유有有'란 보이는 것과 경험으로 믿을 수 있는 것만 존재한다[有]고 말하는 편협한 사고를 비판한 것이다. 따라서 '무무유유无无有有'를 '없고 없고 있고 있는'[383] 식의 7언 시에 맞도록 한자를 한글로 번역하는 것은 문제가 있다.

유학이 유의 철학에 집중하였고, 노장은 무의 철학을 강조함으로써 어느 한쪽으로 치우치는 경향을 극복하려는 의도에서 유무를 꿰뚫는 장치가 필요했던 것이다. 이것이 바로 『주역』과 『중용』에서 말하는 우주와 시간과 생명의 본질을 새롭게 조명한 중도의 실상이다. 선천의 중용이 5라면, 후천의 중용은 6이기 때문에 선후천을 꿰뚫는 중용은 '5와 6[包五含六]'이라는 사실을 밝힌 것이다.

---

383) "없는 것은 无로만 알고, 있는 것은 有로만 아는 얕은 지식"으로는 有無을 통합하는 정신에 접근할 수 없다는 것을 비판한 것이다.

无位詩
무 위 시

동학이 유불선의 통일을 외쳤듯이, 김일부 역시 유불선 삼교를 통합하려는 의지가 강력했다. 진리는 원래 유교, 불교, 도교의 핵심을 갖추고 있는데 역사와 시대 상황에 따라 각기 다른 양상으로 나타났을 뿐이라는 지적이다. 지금은 비록 『정역』이 환영받지 못한 신세일지라도, 훗날에는 널리 알려질 것도 예고하였다.

'무위'란 무엇인가? 자리가 없다는 것은 실체가 없다는 말인가? 「십오일언」"일극체위도수"에서 "화옹은 일정한 자리가 없으시고, 원천의 불이시니 지십의 기토를 낳는다.[化翁无位, 原天火, 生地十己土.]"라는 말이 있다. 화옹께서는 하나의 고정된 위치로 지명할 수 없기 때문에 '무위无位'로 존재한다는 뜻이다.

화옹은 시간을 초월해 존재하면서도, 언제 어디서나 만물을 주재하는 뿌리라는 것이다. 시공에 구속될 경우에 화옹은 만물과 똑같은 하나의 사물에 불과할 것이며, 시공에 편재하지 않는다면 화옹은 가공의 존재에 불과하다는 역설을 피할 수 없기 때문이다. 비록 일정한 자리는 없으나, 실제로는 존재한다는 의미에서 '무위'라 표현한 것이다. 도는 곧 화옹이 주재하는 만물의 원리이다.

道乃分三理自然이니 도 내 분 삼 이 자 연	도가 셋으로 나뉘어짐은 이치의 자연스러움이니,
斯儒斯佅又斯仙을 사 유 사 불 우 사 선	이것이 유도 되고 불도 되고 선도 되는 것을.

誰識一夫眞蹈此오 뉘라서 일부가 진실로 이 셋을 다 밟았음을 알리오.
수식일부진도차

无人則守有人傳을 사람이 없으면 홀로 지켰다가, 사람이 있으면 전하리라.
무인즉수유인전

歲甲申月丙子日戊辰二十八에 **書正**하노라
세갑신월병자일무진이십팔 서정

해는 갑신(1884년), **달은 병자**(음력 11월 동짓달), **날은 28일에 쓰고 바로잡는다.**

김일부는 유불선 통합을 외쳤다. 그는 유불선 통합의 당위성만 외친 것이 아니라, 통합의 필연성을 시간의 본질 차원에서 논증했다. 특히 유불선의 통합성 진리가 한국 근대성의 목표라는 점에서 보면, 한국인 김일부가 저술한 『정역』은 한국 철학임이 분명하다. 진리가 무극과 황극과 태극의 삼박자로 구성된 것처럼, 유교와 불교의 도교로 나뉘어 전개된 것은 역사의 신이 빚어낸 문명사의 얼굴인 것이다. 마치 역법이 원력에서 윤력으로, 윤력에서 정력으로 완성되는 것처럼, 유불선이 셋으로 나뉘었다가 마침내 하나로 통일되는 것은 문명을 섭리하는 우주의 공식이자 운명이라는 뜻이다.

우주를 구성하는 원리는 3극(무극·황극·태극)이며, 시간의 구성은 3역(원력·윤력·정력)이며, 괘도는 3단(복희팔괘도·문왕팔괘도·정역팔괘도)으로 발전한다. 마찬가지로 숫자 '3'에 근거하여 문명사도 유도와 불도와 선도로 전개된다고 말했다. 유불선은 원래 하나인데, 역사의 손길에 의해 유불선으로 나뉜 다음에 다시 하나로 통합된다는 것이다.

한자 유불선은 사람 '인亻' 변이 공통 부수로 쓰였다. 그만큼 인간의 존엄성을 강조한 것이다. 특별히 부처 불佛 대신에 '인亻' 변과 하늘 천天을 조합한 글자로 만들어 사용했다. 건괘(☰)의 구성에서 맨 위는 하늘이고, 가장 아래는 땅이며, 하늘과 땅을 연결시키는[工] 인간은 중앙의 핵심을 상징한다. 그만큼 인간은 천지 어버이의 숭고한 뜻을 완수하는 위대한 존재라는 것이다.

혹자는 '사유사불우사선斯儒斯佚又斯仙'이라는 글귀에 나타난 유불선 중에서 후천을 주도하는 학술은 무엇일까에 지대한 관심을 가졌다. 어떤 사람은 글귀 맨 앞에 나타난 유도가 유불선의 주권자이며, 또는 불도가 중앙에서 양쪽의 유도와 선도를 주도한다고 주장하며, 혹은 마지막의 선도가 유도와 불도를 이어 후천을 이끌어갈 선도자라고 말하기도 한다. 한마디로 시간의 섭리에 의해 유불선이 하나로 통일된다는 점에 있다.

유불선은 어떻게 성장해 왔는가? 유불도의 뿌리는 하나이지만, 왕조의 흥망성쇠와 비슷한 운명을 걸었다는 뜻이다. 유불도는 한결같이 마음 닦기로부터 출발하여 인간의 본성을 완성하는 것으로 귀결된다. 김정현金貞鉉은 유불도의 특성을 다음과 같이 요약 정리한 바 있다.

儒道	主精而貫通	存心養性
佛道	主神而頓悟	明心見性
仙道	主氣而修鍊	修心鍊性

유불선 중에서 어느 하나의 문에 들어가는 일도 쉽지 않다. 김일부는 유불선의 세계에 넘나들었을 뿐만 아니라 마침내 하나로 관통하는 경지에 이르렀다고 했다.[384] 그 결과물이 곧 『정역』이다. 『정역』이 비록 김일부에 의해 창작되었으나, 그것은 개인의 전유물로 그치지 않는다. 인류 전체가

384) 유불도는 가까우면서도 멀다. 김일부의 삶은 "人間完成과 福祉社會 구현을 究竟의 목표로 하여 出世間而即世間하고 蹈三教而居儒道함으로써 초월적 廣大包容의 사랑과 淸明光華의 无量世界를 전개하여 그 곳에서 化无上帝를 모시고 너나 없이 분별 없이 살 수 있는 세상을 펼쳐 놓았다."(이정호, 『正易과 一夫』, 아세아문화사, 1985, 360-361쪽 참조.)

알아야 하고, 그 혜택을 모두가 누려야 할 공동의 재산이기 때문이다.

하지만 이미 조선의 국운이 쇠퇴의 길로 접어드는 양상과 비슷하게 『정역』의 전수 역시 녹록치 않았다. 동학 혁명은 실패로 끝나 개혁의 기회를 놓쳤고, 서구와 일본 제국주의는 조선을 집어삼키려는 야욕을 드러내기 시작하여 그 위기는 폭발 지경에 이르렀다. 김일부는 『정역』의 전승이 어려울 것을 예견하고, 지킬 만한 인재가 없으면 차라리 지키고 있으라고 당부했다.[385)]

『주역』의 권위에 도전하는 것은 당시 사회가 용납하지 않았을 뿐만 아니라, 『정역』이 심지어 술수에 가깝다고 외면당하는 힘든 시절이 닥칠 운명을 예측한 것으로 보인다. 술수는 응용력이 뛰어나지만, 진리를 오염시킨다는 단점이 있다. 술수와 참된 학문의 기준은 보편타당한 '원리'에 있다.

김일부는 술수를 참된 학술로 여기지 않았으나, 그렇다고 무시하거나 배척하지도 않았다. 『정역』에는 명리, 풍수, 예언 등의 용어가 사용된 경우가 있기 때문이다. 그렇다고 『정역』의 대중화를 위해 술수와 손잡지는 않았다. 단지 선진 유학에서 밝히지 못했던 시간의 구성을 술수 개념을 빌려 설명했을 따름이다. 그는 유학자의 길을 뚜벅뚜벅 걸었던 것이다.

김일부는 정역계의 앞날에 희망의 끈을 놓지 않았다. 침체기에도 소멸되지 않을 것이며, 누군가에게 반드시 전달될 것이라는 믿음이 있었기 때문이다. '유인有人'은 미지의 인물 혹은 특정한 어떤 사람을 가리킨다. 그는 군자다운 사람인가? 최고의 인품을 지닌 실력자일까? 『정역』을 사랑하고 지킬 만한 능력자가 아니면 억지로 가르치지 말라는 뜻이다. 아

385) 『宋元學案』 권33 「王張諸儒學案」, "강절의 학문과 그 자식들의 글 이외의 전수는 王豫(字는 悅之 또는 天悅)에게 그쳤다. 이밖에는 전해지는 것이 없다. 대개 강절은 스스로 깊숙이 아끼고 숨겨서 (특별한) 사람이 아니면 전하지 않았다.[康節之學, 子文之外, 所傳止天悅, 此外無聞焉. 蓋康節深自祕惜, 非人勿傳.]" 인연이 있어야 주고 받을 수 있다는 전통이 있다.

무에게나 전달하지 말고, 시간을 기다렸다가 군자의 인품을 지닌 실력자가 나타나면 전수하라는 것이다.[386] 특별히 『정역』을 이용하여 개인의 영달을 위하거나 혹세무민하는 나쁜 행위를 미리 내다보고 '그 사람이 아니면 전하지 말라'고 경계했던 것이다.

도는 헛되이 행해지지 않는다

一物其來有一身, 일물기래유일신	하나의 사물은 하나의 몸으로 오고,
一身還有一乾坤. 일신환유일건곤	하나의 몸은 도리어 하나의 건곤을 품었네.
能知萬物備於我, 능지만물비어아	능히 만물이 나에게 갖추어져 있음을 알면,
肯把三才別立根. 긍파삼재별립근	3재가 각각 별도의 뿌리임은 옳도다.
天向一中分體用,[387] 천향일중분체용	하늘은 줄곧 중도로부터 체용(조화)을 분화하고,
人於心上起經綸. 인어심상기경륜	사람의 마음에서 경륜이 일어나는구나.
天人焉有兩般義, 천인언유양반의	하늘과 사람에게 어찌 두 가지 뜻이 있으리오,
道不虛行只在人. 도불허행지재인	도는 헛되이 행해지지 않고 오직 인간에 있도다.

(『伊川擊壤集』권15, "觀易吟")

「십오일언」에서 "무위시"까지가 갑신년(1884년)의 작품이라면, 나머지 「십일일언」의 "십일음十一吟"까지는 이듬해 을유년(1885년)의 작품이다. 김일부는 "무위시"를 매듭지으면서, 1884년 11월 동짓달 28일에 짓고 틀린 부분은 꼼꼼하게 바로잡았다는 기록을 남겼다.

---

386) 특정인에게 『正易』이 전승된다는 道統觀은 학문의 권위를 지키는 중요한 수단이 분명하지만, 道統病에 걸릴 위험성과 함께 때로는 시비의 대상이 되기도 했다.
387) 體用을 '造化'로 쓴 판본도 있다.

正易詩
정역시

이 시에는 『주역』의 논리가 미래의 담론이 되기에는 이미 유통 기한이 지났다는 평가가 담겨 있다. 김일부는 『주역』 너머 『정역』의 세계가 올 것을 확신했다. 『주역』이 도덕 형이상학을 비롯하여 복희팔괘도와 문왕팔괘도를 중심으로 만물의 변화를 읽어내는데 그쳤다면, 『정역』은 역법의 근본적 개정을 통해 새로운 시공이 탄생할 것을 읊었다.

天地之數는 **數日月**이니 천지지수 수일월	하늘과 땅의 수는 일월을 수놓으니,
日月이 **不正**이면 **易匪易**이라 일월 부정 역비역	일월이 옳지 않으면 역다운 역이 아니로다.
易爲正易이라사 **易爲易**이니 역위정역 역위역	역이 정역 되어야만 역다운 역이 될 것이니,
原易이 **何常用閏易**가 원역 하상용윤역	원역이 어찌 항상 윤역만을 쓰겠는가.

하늘과 땅은 생명을 낳고 키워내는 만물의 부모이다. 천지는 생명을 일궈내기 위해서 항상 일해야 한다. 천지는 일정한 질서에 입각하여 일월을 통솔하듯이, 일월 역시 수의 법칙에 의거하여 변화한다. 따라서 수는 천지의 언어다. 때문에 일월의 움직임을 계산하는 수의 공식은 자연의 문법이라 할 수 있다.

만약 일월의 움직임이 비정상이라면, 만물의 변화상을 포착한 역易 역시 제 역할을 못할 것은 당연하다. 천지와 일월 사이의 불일치는 『주역』에 심각한 오류가 있을 수 있다는 문제 제기가 가능하다. 『주역』은 우환

憂患 의식에 기초하여 만들어진 책이다.[388] 『주역』이 우환역憂患易이라면, 『정역』은 평화역平和易일 것이다. 전자는 전혀 쓸모없고, 후자가 유토피아라는 뜻은 결단코 아니다. 유토피아를 강조하는 것 자체가 또다른 형태의 종말론을 탄생시킬 수도 있기 때문이다. 그렇다고 『주역』은 낡고, 『정역』은 참신하다는 이분법은 더더욱 곤란하다.

김일부는 『주역』이 제 역할을 못한 이유는 윤력閏曆에 기초했기 때문이라고 진단했다. 윤력은 정력正曆 1년 360일에 군더더기 $5\frac{1}{4}$일이 붙은 역법을 가리킨다. 왜 태양계의 행성은 360°의 원 운동을 하지 않는가? 아인슈타인의 지적처럼, 태양계는 시공이 휘어진 상태의 우주에 존재한다. 시공이 휘어졌기 때문에 둥근 원 형태의 정원 궤도가 아니라, 타원 궤도로 돌아가는 것은 당연하다. 과학은 1년 $365\frac{1}{4}$일로 돌아가는 타원형 자체가 지극히 정상이라고 말한다. 360°는 원圓의 원형이다. 과학은 360°로 운동하는 지구를 비롯한 행성계는 관념으로 존재하는 그 무엇으로만 인식하기 일쑤였다.

김일부는 『정역』 탄생의 당위성에 그치지 않고, 윤역閏易이 정역正易으로 바뀌어어만 우주와 문명과 역사가 빚어내는 숱한 모순 대립이 말끔히 씻겨질 것을 희망했다. '역위정역易爲正易'에서 '될 위爲'는 무형의 시공이 성숙된다는 의미가 함축되어 있다. 즉 A에서 B로 성숙하다는 'Becoming'일 것이다. 곧 윤력閏曆이 정력正曆으로 바뀌는 시공의 혁명을 뜻한다. 그래야 정역正易이 진정으로 역다운 역이 될 수 있다는 것이다.

윤역과 정역은 왜 둘로 나뉘는가? 선천의 역법은 윤력이고, 후천의 역법은 정력이다. 의학이 발달한 지금은 피 한 방울로 각종 질병의 유무를 판단하듯이, 김일부는 천지를 구성하는 시공의 근본 정보와 실제 운동이 일치되지 않는 것에서 윤역이 비롯되었다고 판단했다. 선천은 윤역

388) 『周易』「繫辭傳」 下 7장, "易之興也 其於中古乎! 作易者 其有憂患乎!"

의 시대이므로 『주역』 문화가 흥성할 수밖에 없었다는 것이다.

천지는 음양 불균형의 세상과 음양 균형의 세상으로 창조와 진화를 거듭하면서 생명을 키우는 선천과 후천의 드라마를 펼치고 있다. 김일부는 선후천 역법에 대한 차별성을 윤력과 정력으로 내놓았다. 과거에는 윤력을 너무도 당연하게 여겼던 까닭에 역법 구성의 근거 문제에 아무런 관심을 갖지 않았다. 심지어 윤역과 정역의 통합체인 원역原易이 존재한다는 사실을 몰랐다는 것이다.

원역은 윤력과 정력으로 구성된다. 『주역』이 윤력에 기초했다면, 『정역』은 정력에 근거하였다. 김일부는 이 둘의 근거인 원역原易을 밝혀냈다. 지금까지는 윤력이 이 세상을 지배해왔다면, 앞으로는 정력이 이 세상에 펼쳐질 것이라는 것을 희망하면서 원역이 언제까지 윤역만을 사용하겠는가라고 반문하면서 끝맺었다.

布圖詩
포 도 시

김일부는 자신의 철학을 '금화정역도金火正易圖'라는 그림 한 장에 그려냈다. "포도시"의 '그림[圖]'은 금화정역도를 가리킨다. 「십오일언」은 만물의 시원처와 귀결처를 금화정역도로 압축하였다. 더 나아가 시공의 본질과 우주 운행의 목적 및 인간 삶의 목적이 동일하다는 것을 밝혔다. 천지는 선천과 후천으로 구성되고, 선천이 후천으로 뒤바뀔 때에 나타나는 시간의 혁명은 물론 '금화정역도'의 의미와 그 성격을 천간지지와 정역팔괘도를 '하나'의 형식으로 결합하였다.

萬古文章日月明하니 만 고 문 장 일 월 명	만고의 문장이 해와 달처럼 밝으니,
一張圖畵雷風生이라 일 장 도 화 뇌 풍 생	한 장의 그림이 우레와 바람을 낳는 것을.
靜觀宇宙无中碧하니 정 관 우 주 무 중 벽	고요히 우주의 무중벽을 바라보노니,
誰識天工待人成가[389)] 수 식 천 공 대 인 성	천공이 사람을 기다려 이루어질 줄을 누가 알았으랴.

389) 『정역』이 공식 출간되기 이전에 사용된 筆寫本과 河相易 개인의 이름으로 발행된 임시 문서인 河相易本, 및 遯巖書院에서 발간한 글자에 차이가 있다.

筆寫本/河相易本	遯巖書院 간행본
誰識天工代人成	誰識天工待人成

대신 '代'에는 천지인 3재 중의 하나인 사람이 하늘의 일을 대신해서 임무를 완수한다는 인간의 위대성에 방점이 찍혀 있다. 기다릴 '待'는 어떤 특정한 인물 혹은 앞으로 하늘의 공능을 이룰 수 있는 누군가가 새롭게 태어나기를 학수고대한다는 뜻이 있다. 만일 어떤 특정 인물로 해석할 경우, 이 세상을 구원하는 구세주로 해석될 수 있는 여지가 있다. 전자가 인본주의 해석이라면, 후자는 종교적 색채를 띤다.

"포도시"는 금화정역도의 구성을 찬양하여 읊은 것이다. 금화정역도는 새로운 진리의 형식과 내용을 묘사한 도상이다. 아마도 다섯 수의 '금화송金火頌'을 압축한 다음에 "포도시"를 읊고, 마지막으로 금화정역도를 그린 것으로 추정된다. 김일부 스스로가 만고의 문장가라고 자랑한 것이 아니라, 새로운 천지에서 불끈 솟는 일월이 밝게 빛난다는 뜻이다.

금화교역을 일으키는 숨겨진 원리가 드러났다는 의미에서 "포도시"를 「십오일언」의 끝에 금화정역도를 배치했던 것이다. 일월이 드러내는 자연이 천지의 문법이라면, 천지는 우레와 바람으로 첫 정사를 펼친다는 뜻이다.[390] 천지는 비록 일정한 형체가 없으나, 선후천을 꿰뚫는 중도이기 때문에 '무중벽'이라는 것이다.

금화정역도에 입력된 시스템이 현실화되는 첫 신호탄은 무엇인가? 선천의 낡고 케케묵은 유산을 대청소하는 새 바람[風]과, 후천을 알리는 우렁찬 나팔소리인 우레[雷]로 신고한다. 『주역』에서 뇌풍항괘雷風恒卦(䷟)는 함괘를 이어 「하경」의 두 번째를 차지한다. 그런데 김일부의 제자 이상룡은 『정역원의正易原義』에서 64괘의 순서를 재편성했는데, 후천은 영원하리라는 의미에서 항괘를 첫머리로 삼았다.

恒卦 「彖傳」과 李象龍이 제시한 64괘의 순서

"단전에 이르기를 항은 오래함이니, 강은 올라가며(위에 있고) 부드러움은 내려오고(아래에 있고), 우레와 바람이 서로 더불고, 공손하면서 움직이고, 강함과 부드러움이 모두 감응하는 것이 항이니, '항은 형통하여 허물이 없으니 올바르게 함이 이로움'은 그 도에 오래함이니 하늘과 땅의 도가 항구하여 그침이 없다. '가는 바를 둠이 이로움'은 끝마치면 다시 시작이 있기 때문이다. 해와 달이 하늘을 얻어 능히 오래 비

390) 『正易註義』, "天地以日月成文章, 以雷風行政令也. 天無體故謂无中碧也. 此言天工人其代之, 能成一張圖畵, 以洞觀宇宙无窮之化, 日月恒久之道雷風不悖之義也."

추며, 사시가 변화하여 능히 오래도록 이루며, 성인이 그 도에 오래하여 천하를 교화하여 이루니, 그 항구한 것을 보아서 천지만물의 실정을 볼 수 있을 것이다.[彖曰 恒, 久也, 剛上而柔下, 雷風相與, 巽而動, 剛柔皆應, 恒, 恒亨无咎利貞, 久於其道也, 天地之道恒久而不已也. 利有攸往, 終則有始也, 日月得天而能久照, 四時變化而能久成, 聖人久於其道而天下化成, 觀其所恒而天地萬物之情, 可見矣.]"

『주역』은 상경 30괘, 하경 34괘로 이루어졌다. 반면에 『정역원의』는 상경이 34괘, 하경은 30괘로 이루어져 『주역』과 상하가 뒤바뀌어 있다. 『정역원의』에 나타난 64괘의 순서를 읽기 쉽게 정리하면 다음과 같다. 괄호 밖의 숫자는 『정역원의』의 순서, 괄호 안의 숫자는 『주역』의 순서를 가리킨다. 예컨대 '1(/32)에서 뇌풍항괘의 1은 『정역원의』의 순서를, '/32'는 『주역』 32번 뇌풍항괘를 가리킨다. 이들을 비교하면 재미 있는 결과를 얻을 수 있을 것이다.

『正易上經』

1(/32), 雷風恒卦(䷟) → 2(/31), 澤山咸卦(䷞) → 3(/46), 地風升卦(䷭) → 4(/45), 澤地萃卦(䷬) → 5(/5), 水天需卦(䷄) → 6(/6), 天水訟卦(䷅) → 7(/4), 山水蒙卦(䷃) → 8(/3), 水雷屯卦(䷂) → 9(/50), 火風鼎卦(䷱) → 10(/49), 澤火革卦(䷰) → 11(/42), 風雷益卦(䷩) → 12(/41), 山澤損卦(䷨) → 13(/16), 雷地豫卦(䷏) → 14(/15), 地山謙卦(䷎) → 15(/34), 雷天大壯卦(䷡) → 16(/33), 天山遯卦(䷠) → 17(/55), 雷火豐卦(䷶) → 18(/56), 火山旅卦(䷷) → 19(/40), 雷水解卦(䷧) → 20(/39), 水山蹇卦(䷦) → 21(/58), 重澤兌卦(䷹) → 22(/57), 重風巽卦(䷸) → 23(/18), 山風蠱卦(䷑) → 24(/17), 澤雷隨卦(䷐) → 25(/47), 澤水困卦(䷮) → 26(/48), 水風井卦(䷯) → 27(/52), 重山艮卦(䷳) → 28(/51), 重雷震卦(䷲) → 29(/22), 山火賁卦(䷕) → 30(/21), 火雷噬嗑卦(䷔) → 31(/27), 山雷頤卦(䷚) → 32(/28), 澤風大過卦(䷛) → 33(/64), 火水未濟卦(䷿) → 34(/63), 水火旣濟卦(䷾)

『正易下經』

35(/2), 重地巾卦(䷁) → 36(/1), 重天乾卦(䷀) → 37(38), 火澤睽卦(䷥) → 38(/37), 風火家人卦(䷤) → 39(/35), 火地晉卦(䷢) → 40(/36), 地火明夷卦(䷣) → 41(/13), 天火同人卦(䷌) → 42(/14), 火天大有卦(䷍) → 43(/23), 山地剝卦(䷖) → 44(/24), 地雷復卦(䷗) → 45(/12), 天地否卦(䷋) → 46(/11), 地天泰卦(䷊) → 47(/7), 地水師卦(䷆) → 48(/8), 水地比卦(䷇) → 49(/44), 天風姤卦(䷫) → 50(/45), 澤地萃卦(䷬) → 51(/54), 雷澤歸妹卦(䷵) → 52(/53), 風山漸卦(䷴) → 53(/25), 天雷无妄卦(䷘) → 54(/26), 山天大畜卦(䷙) → 55(/60), 水澤節卦(䷻) → 56(/59), 風水渙卦(䷺) → 57(/9), 風天小畜卦(䷈) → 58(/10), 天澤履卦(䷉) → 59(/19), 地澤臨卦(䷒) → 60(20), 風地觀卦(䷓) → 61(/61), 風澤中孚卦(䷼) → 62(/62), 雷山小過卦(䷽) → 63(/30), 重火離卦(䷝) → 64(/29), 重水坎卦(䷜)

이상룡은 『주역』의 상경과 하경의 순서를 바꾸는 것으로부터 시작한다. 그는 64괘가 새롭게 전개되는 이론적 근거를 『정역』의 順逆 논리에서 찾았다. 순역은 시간의 진행 방향과 에너지 흐름의 경과와 질서를 수의 패턴으로 표현한 것이다. 선천이 과거에서 현재를 거쳐 미래로 흐르는 逆의 과정이라면, 후천은 미래에서 출발하여 현재를 거쳐 과거로 흐르는 順의 과정이다.

그러니까 『정역원의』는 후천이 항구 불변하다는 의미의 항괘에서 시작하여 음양 교감을 뜻하는 함괘가 이어받는 형식을 취하였다. 그리고 『정역』 상경의 마지막은 『주역』의 속을 뒤집어 미제괘에서 기제괘의 방향으로 진행하는 방식을 취하였다. 『주역』 64괘가 끝없는 순환을 나타내기 위해 기제괘 다음에 미제괘를 배열한 것을, 『정역』 상경은 선후천 교체에 의해 이 천지는 미결 상태로 영원히 순환한다는 의미의 미제괘에서 생명을 완수한다는 의미의 기제괘로 끝맺었던 것이다.

뇌풍은 무엇을 말하는가? 그것은 새로운 천지를 만드는데 필요한 엄청난 힘을 가리킨다. 그 힘의 원천은 무엇일까? 그것은 '우주의 무중벽'에서 뿜어 나오는 율려의 창조성이라 할 수 있다. 율려는 음양의 구조를 뒤바꿀 수 있는 자연의 권능으로서 창조적 변화[造] 에너지의 원천이기 때문이다.

율려가 나오는 뿌리는 어디인가? 우주의 핵심으로서 시공이 샘솟는 '무중벽无中碧'이 바로 그곳이다. 무중벽은 금화정역도의 중앙에 있는 생명의 본원을 상징한다. 또한 천지의 생명을 부여받은 인간의 맑고 깨끗한 마음씨가 깃든 본성을 뜻한다. 무중벽은 우주의 신비와 인간의 본성을 하나로 꿰뚫는 천지부모의 의지를 형상화한 것이라 하겠다.

'무중벽'은 천원지방天圓地方의 천지가 둘로 나뉘기 이전, 즉 무극과 황극과 태극이 하나로 통일된 경계, 즉 시간과 공간이 분리되기 이전의 태초의 극점을 상징한다. 무중벽은 시공과 생명, 만물의 고향이다. 천지의 은혜로 태어난 인간이 잠시 지구에서 살다가 돌아갈 영원한 쉼터가 곧 무중벽인 것이다.

무중벽은 '십십일일지공十十一一之空'의 다른 표현이다. 10이 무극이라면 1은 태극이다. 10이 극대와 극미를 통괄하는 세계라면, 1은 항상 에너지를 산출하는 불꽃이라 하겠다. 그러니까 초밀도의 극점에서 무극과 황극과 태극이 하나의 몸체로 존재하는 경계가 바로 무중벽인 것이다. 이곳이 바로 조화옹이 성령의 불덩어리로 머무시는 신성한 공간이다[化翁无位, 原天火, 生地十己土.] 무중벽은 우주로 하여금 선천과 후천으로 펼쳐지게 만들고, 시간의 중용[時中]을 머금고 있는 원래의 하늘[原天]을 뜻한다.

이정호는 무중벽에 대해 다음과 같이 말했다. "사람은 높은 믿음을 가져야 한다. 고도의 신앙은 인간에게만 허용된 숭고한 감정이다. 娑婆世界는 犧牲의 마당이요, 无中碧은 祭壇의 초점이다. 예술이 긴 것이 아니라 참 생명, 영원한 빛이 긴 것이다. 生命相은 바로 光明相이기 때문이다. 영원한 광명, 꺼지지 않는 등불, 그것이야말로 인생 제단의 초점인 것이다. 宇宙의 无中碧이다. … 인간은 지구에 살고, 지구는 태양계에 달리고, 태양은 은하계에 매였으니, 만물은 그 중심을 이탈하여 존재할 수 없는지라, 인간의 중심은 지구의 중심과 일치하고, 지구의 중심은 태양의 중심과, 태양의 중심은 은하계의 중심, 즉 北極星의 중심과 일치한다는 이론이 된다. 그래서 인간은 지구상에 직립하면 자연히 지구와 태양과 天樞(北辰)를 일관하는 일대 수직선상에 서게 된다. 이 수직선을 우주의 經線으로 생각한다면 인간은 오직 직립했으므로 이 經線을 타고 내려오는 우주의 消息에 참여할 수 있다. 모든 성인의 글을 經書, 經典, 經文이라 함은 이 까닭이다. 이 消息線은 또한 生命線이기도 하다."[391]

"천공이 사람을 기다려 이루어질 줄을 누가 알았으랴.[誰識天工待人成]"의 사람은 누구를 가리키는가? 어떤 특정인일까? 후천의 모든 인간, 또는 금화정역도를 그린 김일부 자신을 일컫는가? 여기에는 아주 민감한 문제가 움크리고 있다. 도통의 마지막 계승자가 누구인지에 대한 궁금증은 『정역』 공부하는 사람들에게 초미의 관심사이기 때문이다. 오직 도통을 전수받기 위해 공부하는 것은 천명에 어긋나는 행위일 것이다. 후천을 만드는 것은 천지와 시간의 몫이나, 사람이 최종 마무리짓는 대행자인 까닭에 인간 '일반'을 지적한 것일 수도 있다.

하지만 자연에서 벌어지는 변화의 패턴에서 천지부모의 의지를 깨닫고 금화정역도로 그려낸 김일부 자신을 '사람'으로 표현한 것이라는 점이 옳을 것이다. 주역사를 더듬어보더라도 역법의 구성 근거를 물은 역학자는 없었으며, 심지어 하도낙서를 시간의 문제로 인식한 학자는 아

391) 이정호, 『정역연구』(국제대학출판부, 1983), 175쪽.

무도 없었기 때문이다. 그렇다고 김일부는 자신이 선천을 후천으로 뒤바꾸는 조화옹이라고 말한 적이 한 번도 없었다. 오히려 화무상제에게 눈물을 흘리면서 글을 바친다는 고백 사건을 보더라도 그는 진정한 신앙인일지언정 숭배 대상자는 아니기 때문이다.[392]

392) 아주 드문 일이지만, 극소수의 추종자들은 도통을 이어받은 김일부를 상제로 승격시켰던 역사도 있었다.

金火正易圖
금화정역도

불교에는 우주 생명의 신비로운 조화와 인간의 의식과 영혼의 자궁을 그린 만다라(mandala)가 있다면, 『정역』에는 시공의 시원처와 인간 본성이 만나는 접점을 지도를 그린 금화정역도가 있다. 겉으로 보기에 천원지방天圓地方의 형태에 6갑 및 8괘를 배합한 점에서 보면, 금화정역도는 금화문을 통해 천지가 출입하는 시공의 메카니즘을 그림으로 형상화한 것이라 하겠다.

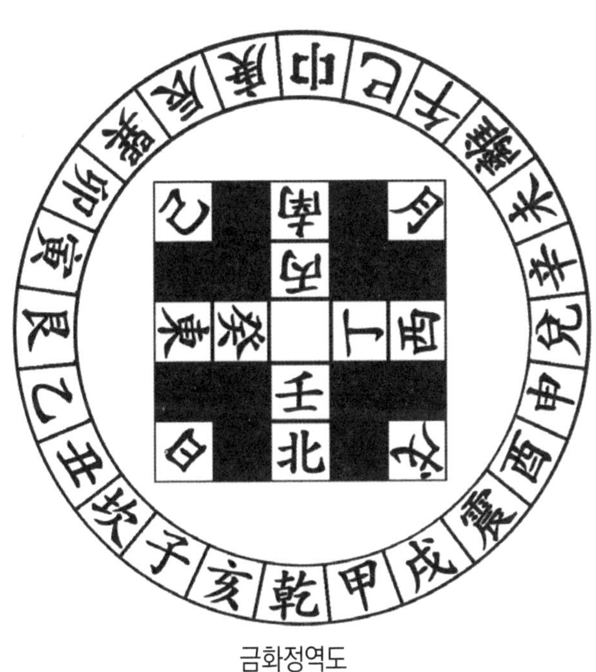

금화정역도

전통 천문학이 말하는 천원지방설의 의미는 하늘이 둥글고 땅은 네모지다는 함수 관계로 천지를 설정한 것에 있다. 금화정역도의 외형이 비록 천원지방의 형태를 취하고 있으나, 실제 내용은 후천의 질서와 부합하는 정역팔괘도와 천간지지의 구성을 시간과 공간 형식으로 결합한 것이다.

금화정역도의 외형은 천원지방의 구조를 지닌다. 천원은 정역팔괘도의 8방위를 중심으로 천간天干의 '갑을경신甲乙庚辛'이 4방위로, 지지地支의 12방위가 규칙적으로 배열되어 있다. 한마디로 천원은 '8+4+12=24'의 숫자가 성립한다. 공간의 관점으로 보면 남북이 지천태地天泰(䷊)의 형상을, 동서는 앞으로의 세상은 소남과 소녀가 이끌어갈 주도자라는 사실을 간태艮兌가 서로 결합하는 형상이다.[393] 이런 의미에서 금화정역도는 건곤간태가 동서남북에 위치한 정역팔괘 중심으로 읽어야 한다는 뜻이다. 정역팔괘도의 4정방을 중심으로 시간의 공간화 양상을 표현한 것이 곧 금화정역도의 핵심이라 할 수 있다.

그러면 천원의 24방위는 어떻게 구성되는가? 갑건해甲乾亥, 자감축子坎丑, 을간인乙艮寅, 묘손진卯巽辰, 경곤사庚坤巳, 오리미午離未, 신태신辛兌申, 유진술酉震戌이 바로 그것이다. 괘를 중심으로 천간과 지지 혹은 지지와 천간, 지지와 지지 등으로 결합되어 있다. 그것은 지구의 24방위와 태양의 24절후, 즉 공간과 시간이 동일 지평 위에서 논의된다는 점을 시사한다.

이에 대응하는 논리를 5행으로 보면, 목금木金인 갑을경신甲乙庚申의 결합이 있다. 과거의 풍수가들은 낙서 원리에 기초한 패철佩鐵(지남철指南鐵)을 즐겨 사용하였다. 낙서가 선천에 사용되는 시공의 배치도라면, 금화정역도는 후천에 사용될 시공의 표준이다. 그러니까 후천이 온다면 선천의 패철은 폐기 처분될 것이다.

이정호는 선천과 후천에 사용되는 패철의 방위를 다음과 같이 정리한 바 있다.

---

393) 『周易』 31번 澤山咸卦(䷞)는 下經의 출발점이다.

선천	壬子	癸丑	艮寅	甲卯	乙辰	巽巳	丙午	丁未	坤申	庚酉	辛戌	乾亥
후천	甲乾	亥子	坎丑	乙艮	寅卯	巽辰	庚坤	巳午	離未	辛兌	申酉	震戌

이런 변화에 발맞추어 선천의 24절후가 후천의 새로운 명칭으로 바뀐다.

立春	雨水	驚蟄	春分	淸明	穀雨	立夏	小滿	芒種	夏至	小暑	大暑
立秋	處暑	白露	秋分	寒露	霜降	立冬	小雪	大雪	冬至	小寒	大寒

元和	中化	大和	布化	雷和	風化	立和	行化	建和	普化	淸和	平化
成和	入化	咸和	亨化	正和	明化	至和	貞化	太和	體化	仁和	性化

금화정역도의 외부가 천원天圓이라면, 내부는 지방地方이다. 내부는 동서남북의 4방, 무기일월戊己日月의 4상, 임계병정壬癸丙丁의 천간으로 구성되었다. 특별히 무기와 일월의 배합이 돋보인다. 무는 5토, 기는 10토로서 황극과 무극을 대변한다. 더더욱 흥미로운 사실은 내부의 황극을 뜻하는 무戊와 외부의 우레[雷]가 결합하고, 내부의 무극을 뜻하는 기己와 외부의 바람[風]이 결합하여 있으며, 또한 내부의 태양[日]이 외부의 물[坎]과 결합하고, 내부의 달[月]이 외부의 불[離]과 결합하여 있다.

우레와 바람은 황극과 무극이라는 천지에서 비롯되고, 태양과 달은 내외부에서 서로 교차하는 형식으로 이루어져 있다. 그리고 내부에는 천간의 임병壬丙이 남북에, 계정癸丁은 동서에 배치되어 있다. 임병이 물과 불이라면, 계정 역시 물과 불이다. 다만 센 불과 약한 불이 다를 뿐이다. 한마디로 천지는 물불의 결합과 소통으로 이루어진다는 뜻이다.

특히 내부의 글자 수는 총 12자이며, 검은 색으로 이루어진 부분 역시

12곳이므로 실제로는 24수를 형성한다. 그것은 "금화정역도의 천원의 외환外環과 지방의 내정內正이 엄격한 인력과 척력 사이의 정제된 평형을 나타냄으로써 '지재천이방정地載天而方正, 체體, 천포지이원환天包地而圓環, 영影'이라고 하는 '체영지도體影之道'를 보여주는 동시에 그 속에는 이기理氣도 들어 있고, 신명神明도 모여 있음을 알려주고 있다. 그리고 북동남서北東南西와 기무일월己戊日月과 임계병정壬癸丙丁은 각각 외환의 건곤간태乾坤艮兌와 진손감리震巽坎離와 갑을경신甲乙庚申에 상응하여 내외표리의 지신지명至神至明한 상호 작용으로 인하여 천도와 지도가 있고 인도도 행하는 이치가 있음을 알만 하다."[394]

성리학은 태극이 본체요, 음양은 작용이라는 체용관을 근간으로 삼는다. 『정역』은 성리학의 체용관 대신에 체영론體影論을 제시한다. 성리학이 태극/음양=본체/작용의 관계라면, 『정역』은 지천=방정=체/천지=원환=영의 관계를 형성한다. 특히 주목할 사항은 천지보다 지천, 원환보다는 방정, 영보다는 체의 관계가 역전되었다. 성리학에서 말하는 본체가 불변의 성격이 강하다면, 『정역』의 본체는 천지가 지천으로 바뀌어 그동안 천지에 숨겨졌던 율려의 운동을 뜻하는 '영'을 내포한 것이 진정한 본체라는 것에 방점이 찍혀 있다.

수지도수로 1, 2, 3, 4, 5를 모두 굽히면 닫힌 선천을 뜻하고, 손가락 모양은 둥근 형상이므로 원환圓環이며, 그것은 후천의 율려를 잉태한 '영'의 형상[1, 3, 5]이다. 새끼손가락을 펴기 시작하면 6, 8, 10의 형상은 하늘의 원리가 땅에서 이루어지는 이치를 형상화한 것이다.[地載天而方正]

394) 이정호, 『正易硏究』(국제대학출판부, 1983), 38쪽 참조.

圓, 종교의 가장 강력한 상징

– 신화학자 조셉 켐벨과 언론인 모이어스의 대화록

유명한 분석 심리학자인 융 박사는 종교의 상징 중에서 가장 강력한 상징는 원이라 했다. 원은 인류의 가장 원초적인 이미지이기 때문에 원의 상징을 면밀하게 검토하는 일이 곧 우리들의 '자아'를 분석하는 일이라고 한다. 온 세상은 원이다. 원꼴의 둥근 이미지는 모두 인간의 정신을 상징한다. 어느 인디언 추장이 "우리는 천막을 칠 때도 원형으로 둘러친다. 독수리가 둥우리를 지을 때도 원 모양으로 짓는다. 우리가 지평선을 보면, 지평선도 원이다. 그러나 우리가 수메르 신화로부터 물려받은 원의 상징과 인디언의 원이 무관한 것은 아니다. 우리는 수메르로부터 기본 4방과 360도의 방위각이 들어 있는 원을 물려받았다. 수메르의 공식적인 1년은 360일이다. 물론 5일간의 閏日이 더 있으나, 수메르인들은 이것을 1년에 가산하지 않았다. 이 닷새는 시간의 장에 속하지 않는 것이기 때문에 이 닷새는 그들의 삶에 천상적 의미를 부여하는 온갖 의례에 쓰인다. 그런데 우리는 시간을 원의 상징과 관련시켜 생각하는 감각을 잃어버렸다. 단지 우리에게는 디지털 시간이 있을 뿐이다. 그래서 우리의 시간은 째깍거리면서 그렇게 지나가 버리는 것이다.

한편, 원은 전체성을 상징한다. 원 안에 들어 있는 것은 모두 원으로 둘러싸여 있다. 원이라는 프레임 속에 들어 있는 것이다. 아마 이것은 원의 공간적인 측면일 것이다. 그러나 원의 시간적인 측면도 있는데, 우리는 어디엔가로 갔다가는 떠났던 곳으로 돌아오고 한다. 원도 항상 떠났던 자리로 돌아온다. 신은 알파요 오메가요, 본원이자 종국이다. 따라서 원은 바로 시간의 장과 공간의 장에서 완결된 완전성을 상징하는 것이다.

융 박사는 원을 만달라(mandala)라고 부른다. 만달라는 산스크리트

어의 의미가 곧 원이다. 그러나 만달라의 원은 그냥 원이 아니고 다른 원과 상호 관계되거나 상징적인 문양을 이룸으로써 하나의 우주 질서를 상징한다. 만달라를 그리는 사람은 자신의 개인적인 원을 우주적인 원과 상호 작용한다. 가령 아주 정교한 불교 만달라를 보면 중심에 힘의 근원이자 깨달음의 근원인 신이 있다. 주변 이미지는 그 신의 드러남[顯現], 혹은 그 신이 지니는 '빛의 측면'이다. 만달라를 그린다는 것은 우리 삶의 흐트러진 여러 측면을 한자리에 모으는 훈련 방법이 될 수 있다. 중심을 찾아 자기 마음을 그곳에 두자는 것이다.

나바호 인디언은 모래 그림을 이용하여 병자를 위한 병고치기 의례를 베푼다. 모래 그림이란 것이 바로 모래 위에 그려지는 만달라이다. 병자는 만달라 안으로 들어가 앉아 자기 자신을 상징적인 힘의 중심과 동일시함으로써 신화적 문맥 속으로 돌입한다. 만달라 상징을 이용한 이 모래 그림 자체와 명상 상태를 겨냥하는 쓰임새는 티베트에서 볼 수 있다. 티베트 승려들 역시 모래 그림을 그리는데, 이 모래 그림이 바로 우리 삶에 작용하는 영적인 힘을 나타내는 우주적 이미지인 것이다.(조셉 켐벨·빌 모이어스/이윤기, 『신화의 힘』, 고려원, 1996, 396-400쪽 참조.)

천원의 24자와 지방의 12자는 2:1의 비율이지만, 총합 36은 율려의 운용 도수의 수치와 똑같다. 그렇다면 천원지방의 중앙에 있는 무중벽은 무엇인가? 무중벽을 둘러싼 내부의 십자十字는 이중의 형태를 띠고 있다. 흰색의 동계서정東癸西丁의 평행선과 병남임북丙南壬北의 수직선은 내부의 십자 형태를 이루고 있다. 반면에 검은색의 십자형은 흰색의 무기일월을 부둥켜안으면서 정사각형이 세 개로 동서남북의 곁에서 3×4=12를 형성하고 있다.

"(금화정역도) 내부의 십자는 낙서의 5황극에 대한 표현이요, 외부의 십자는 하도 10무극의 상징인 셈이다. 금화정역도에서 내부 십자와 외부 십자는 또한 상하 4방으로 확산된 인간상의 음영陰影이기도 하다. "포도시"에서 '고요히 우주의 무중벽을 바라보노니, 천공이 사람을 기다려 이루어질 줄을 누가 알았으랴.[靜觀宇宙无中碧, 誰識天工待人成.]'고 말하여 태극인이 황극인 되고, 황극인이 무극인 될 수 있는 초월超越 비초월非超越 비비초월적非非超越的 인간이 되기를 기다리는 것이 아니겠는가?"[395)]

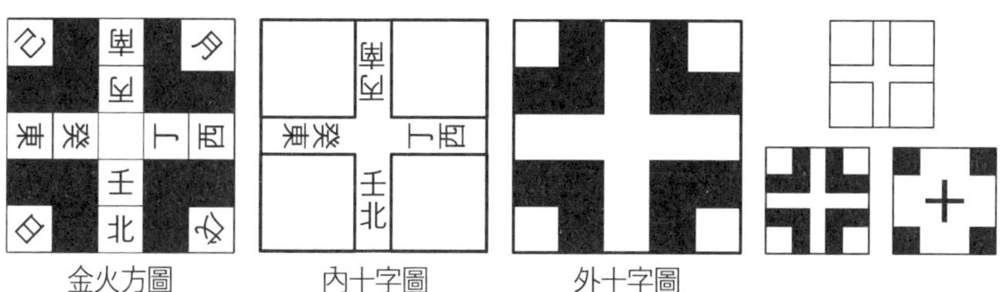

金火方圖　內十字圖　外十字圖

그러니까 금화정역도는 천지가 '금화문金火門'으로 출입하는 과정을 통해 시공과 인간이 성숙되는 이치를 그려낸 도표라고 할 수 있다. 그 핵심에 무중벽이 존재한다. 무중벽은 조화와 완전, 전체와 통일의 중심으로서 생명 에너지의 원천인 동시에 음양의 본질을 새롭게 구성하는 근거인 율려가 깃들어 있는 신성한 공간이다.

세계의 중심에 있는 '악시스 문디(axis mundi) 곧 세계의 축軸'을 의미한다. '악시스 문디'는 중심점, 모든 사물의 회전 중심의 극점極點을 가리킨다. 세계의 중심점은 움직임과 정적이 공존하는 생명의 곳간이다. 무중벽은 태풍의 눈처럼 두 얼굴로 표현할 수밖에 없다. 움직임은 시간으로 전개되지만, 정적은 영원이 살아 있는 움직임의 근거이기 때문이다.

김정현은 내부의 12와 외부의 24를 더한 36이 천원지방의 고유한 수라고 주장한다.[396)] 그것은 무중벽 1의 자기 분화가 곧 율려수 36이라는

395) 이정호, 앞의 책, 37-39쪽 참조.
396) 『正易註義』, "己天戊地, 坎日離月, 壬癸丙丁, 交中成質, 位成十二. 黑白分列乾北坤南, 兌西艮東, 巳亥寅申, 正位以應. 內方外圓, 三十六宮."

뜻이다. 그러니까 금화정역도에 나타난 천원지방을 생성론 차원에서 읽어서는 안 되고, 존재 차원의 역동성을 얘기한 율려로 인식해야 옳다.[397] 왜냐하면 현실의 자연이 일으키는 운동은 일상적인 변화에 불과하지만, 율려 차원에서 얘기하는 시공의 율동은 자연의 혁명을 가져오는 근본적 성격을 의미하기 때문이다.

김일부가 생성론과 존재론 차원에서 사용하는 용어를 분명하게 나누지 않았던 까닭에 독자들이 혼선을 빚는 것은 어쩌면 당연하다. 그렇다고 김일부 자신은 범주 오류나 착오를 범하지는 않았다. 그가 율려와 음양을 구분해서 사용한 점은 곧 생성과 존재 차원을 분리해서 이해한 증거라고 할 수 있다.

---

397) "宇宙精神이라는 것은 순수 음양을 말하는 것인데, 그것은 창조의 본원인 무극과 작용의 본체인 태극 사이에서 왕래하는 율려 작용에 의해서 창조되는 것이라는 것을 말하는 것이다."(한동석, 앞의 책, 320-321쪽 참조.) '0'무극이 원초적 본성이라면, '10'무극은 결과적 본성이라 하겠다.

「十一一言」

十一一言
십 일 일 언

건·곤괘로부터 감·리괘까지의 30괘가 『주역』의 상경이라면, 함·항괘로부터 기제·미제괘까지의 34괘는 하경이다. 마찬가지로 「십오일언」이 『정역』의 상경이라면, 「십일일언」은 『정역』의 하경에 해당한다. 전자가 무극과 황극의 일치를 겨냥했다면, 후자는 무극과 태극의 일치를 주장한다. 결국 『정역』은 무극과 황극과 태극의 일치를 목적으로 삼는다. 특히 「십일일언」은 지지의 '자子'에서 시작하던 선천 정사가 후천에 이르면 '축丑'으로 바뀐다고 밝혀 하늘의 원리가 땅에서 이루어지는 원리와 그 과정을 설명하는 체제를 갖추고 있다.

「십오일언」이 건곤의 수라면, 「십일일언」은 간태의 수이다. 건의 10과 곤의 5는 10+5=15를, 간의 8과 태의 3은 8+3=11을 이루기 때문이다. 그런데 「십오일언」이 「십일일언」이며, 「십일일언」이 「십오일언」이다. 왜냐하면 정역팔괘를 수지도수로 보면 간괘가 엄지손가락 10무극 자리에 있고, 태괘가 새끼손가락 5황극 자리에 있기 때문이다. 후천에서는 간태가 선천의 건곤 자리에서 천지 사업을 벌인다는 뜻이다. 또한 정역팔괘도의 8간산과 3태택은 하도낙서의 수로는 10과 5이다. 특별히 간은 소남이고 태는 소녀인데, 지구의 방위로 보면 한국은 간방艮方이고, 미국은 태방兌方이다.

젊어서부터 『정역』에 지대한 관심을 가졌던 탄허呑虛(1913-1983)는 처음으로 역학의 시각에서 간괘를 한국, 태괘를 미국이라고 발표했다. 탄허는 중년에 충남 대덕군大德郡 진잠면鎭岑面 학하리鶴下里에 있는 자광사慈光寺에 거주하였다. 자광사는 김일부가 제자를 양성하던 국사봉과 교통의 요충지인 대전 사이의 중간 지점에 있었다.

탄허는 국사봉에 출입하던 인사들이 논의했던 학술정보에 대해 많이 들었다는 얘기가 있다. 그의 저서 『부처님이 계신다면』에는 북극이 녹아 해수면이 높아진다든가, 새로운 천지의 출현을 알리는 '이천칠지二天七地'로 인해 일본이 물에 침몰한다 등의 내용이 수록되어 있다.[1)]

특별히 간방은 한국이요, 태방은 미국이라는 담론은 평소 김일부가 제자들에게 가르쳤던 특강의 주제였다. 지구촌 전체의 틀에서 한민족의 운명을 비롯한 미래의 한국과 미국의 관계를 앞당겨 인식하는 안목은 김일부 같은 거목이 아니면 불가능하다. 김일부의 제자들에 의해 전승된 논의들은 1950년 말부터 국사봉 살롱에서 자주 토론의 주제가 되었다는 증언이 있다. 이와 관련된 소식을 탄허는 자신의 책자에서 가장 먼저 소개했던 것이다. 탄허의 말세론을 비롯한 대부분의 견해는 『정역』에 근거하고 있다는 점을 간과해서는 안 될 것이다.

十土六水는 **不易之地**니라 십토육수 불역지지	10토와 6수는 바뀌지 않는 땅이요,
一水五土는 **不易之天**이니라 일수오토 불역지천	1수와 5토는 바뀌지 않는 하늘이다.

이 글귀에서 『주역』이 하늘 위주의 사유에 기초했다면, 『정역』은 하늘보다는 땅 위주의 사유를 중시한 이유를 알 수 있다. 땅을 먼저 얘기하고, 나중에 하늘을 말하는 것은 천지에 대한 새로운 규정이 아닐 수 없다. 『주역』이 천지의 논리에 충실했다면, 앞으로는 지천의 세상이 전개된다는 것이다. 선천이 천지의 프로그램대로 굴러가는 시스템이라면, 후천은 천지의 재창조가 이룩되는 신천지라 할 수 있다.

1) 김탄허, 『부처님이 계신다면』(도서출판 교림, 1997), 116-135쪽 참조.

'10토6수'는 후천이 시작되는 새 생명의 배꼽(omphalos, navel)이요, '1수5토'는 선천을 주도하는 시공의 수레바퀴였다. 후자는 만물을 낳는 선천의 생수生數(creating number) 논리요, 전자는 만물을 완수하는 후천의 성수成數(becoming number) 논리로 구성되었다. 한마디로 천지가 지천으로, 상극이 상생으로, 윤력이 정력으로 뒤바뀌는 이유를 밝힌 것이다.

『정역』「십오일언」"일세주천율려도수"는 "수와 토가 성도한 것이 하늘과 땅이요, 하늘과 땅이 합덕한 것이 일월이다.[水土之成道, 天地. 天地之合德, 日月.]"라고 했다. 선후천을 통틀어 천지는 수토로 이루어진다는 뜻이다. 선천은 1수와 5토 중심으로 만물을 낳고 주재하며, 후천은 10토 6수의 주도로 인해 완수된다. 선천이 생수 위주로 만물을 성장시키는 세상이라면, 후천은 성수 위주로 만물을 성숙시킨다는 뜻이다.

10토는 조화옹이 신성한 불덩어리 형상으로 존재하면서 후천을 주재하는 '지십기토地十己土'의 고향이다. 6수는 '천오무토天五戊土'가 처음으로 생명을 키워낸 북방 '지육계수地六癸水'를 뜻한다. 또한 천간으로 1수는 '천일임수天一壬水'를, 5토는 생명의 순환을 일궈내는 '천오무토天五戊土'를 가리킨다. 그래서 만물의 성숙을 뜻하는 10토6수가 성수成數라면, 만물의 탄생과 성장을 뜻하는 1수5토는 생수生數로 이루어진 것이다.

김일부가 비록 수토를 5행 언어로 사용했으나, 그 지시 대상은 형이상학 차원의 무극과 황극과 태극이다. 3극에 숫자와 5행을 부여하면, 1수 태극과 5토 황극, 10토 6수의 무극이 바로 그것이다. 특히 수지도수에 맞추어 보면, 1수5토와 10토6수의 차이점이 분명하게 드러난다.

1수5토는 낙서 '역생도성逆生倒成'의 순서를 밟는다. 왼손 엄지손가락을 굽히면 1수요, 차례로 손가락을 굽혀서 새끼손가락마저 굽힌 것은 5토의 닫힌 선천 세상을 상징한다. 반면에 굽혔던 새끼손가락을 펴면 6수인데, 이 6이 엄지손가락으로 옮기는 것이 바로 체용의 전환이요, 윤력이 정력으로 바뀌는 이치인 것이다. 그러니까 새끼손가락을 엄지손가락으로 옮겨서 펼치면 10무극이요, 다시 엄지손가락을 굽히는 형상은 곧 하도 '도생역성倒生逆成'의 시작인 10토인 것이다.

「십일일언」 첫머리가 땅을 먼저 말하고 하늘을 뒤에 말한 까닭은 건천乾天을 으뜸으로 삼는 선천이 만물을 낳고 키우는 분열과 성장을 지속할 경우는 무한 팽창으로 인한 파국을 피할 수 없기 때문이다. 천지는 새 세상을 조성하기 위한 거룩한 목적을 달성하기 위해 후천을 준비해 놓았던 것이다. 후천은 곤지坤地를 으뜸으로 삼아 만물을 수렴 통일하여 성숙시키는 원리가 작동한다. 후천은 하도 10무극이 주도하므로 엄지손가락 10에서 새끼손가락 6까지 나아가면, 기 → 경 → 신 → 임 → 계에 닿는다.

반대로 선천은 낙서 1태극이 주도하므로 엄지손가락 1에서 새끼손가락 5까지 나아가면 갑 → 을 → 병 → 정 → 무에 닿는다. 새끼손가락에 하도는 '계'가, 낙서는 '무'가 닿는 현상이 생긴다. 이곳이 곧 5와 6이 겹치는 '포오함육包五含六'의 자리로서 김일부는 선후천의 시간을 관통하고 섭리하는 중용이라는 의미의 '시중時中'이라 불렀던 것이다.

天政은 **開子**하고 천정　개자	**하늘의 정사는 자에서 열리고,**
地政은 **闢丑**이니라 지정　벽축	**땅의 정사는 축에서 열린다.**

이 대목은 앞 글을 이어서 5토가 주도하는 선천과 10토가 주도하는 후천이 어떻게 다른가를 '지지'의 변화로 구분하고 있다. 이 글귀와 가장 친숙한 것은 소강절의 문장일 것이다. 주지하다시피 소강절의 우주관은 '원회운세설元會運世說'에 기초한다. 우주가 순환하여 한 바퀴 도는 거대한 주기는 129,600년이다. 그것은 열 두 마디로 이루어지는데, 한 마디는 129,600÷12=10,800년이 성립한다. 하늘이 처음 열린 10,800

년 뒤에 땅이 열리고, 땅이 열린 10,800년 뒤에 인간이 만든 문명이 출현한다는 이론이다.[2)]

소강절은 우주의 순환에 입각한 발생론의 시각을 고수하였다. 그는 하늘과 땅과 인간은 일정한 절차와 시간을 거쳐 출현한다고 풀었다. 자연과 역사와 문명은 순차적으로 발생하면서 진화의 과정을 거친다는 뜻이다. 겉으로 보기에 『정역』이 소강절의 문장 또는 역사 철학에 근거한 것으로 보이지만, 이 둘은 엄청나게 다르다. 김일부가 말하는 하늘 정사와 땅 정사는 원회운세설의 복사판이 아니라, 하늘 정사는 선천이고 땅 정사는 후천이라는 선후천관에 근거를 두기 때문이다.

여기서 소강절의 '인류 문명은 인寅에서 출현한다'는 말은 그다지 중요하지 않다. 문명은 우주 차원에서 벌어지는 시간의 규칙적 율동에 맞추어 이루어지기 때문이다. '천정개자'는 지1의 자수子水가 생명을 낳는 것을, '지정벽축'은 지십기토地十己土가 새하늘 새땅을 낳는 경계를 뜻한다. '자1'로부터 시작하는 하늘 정사는 '갑자甲子'가 으뜸이며, 10토인 축으로부터 시작하는 땅 정사는 '기축己丑'이 으뜸이다.[3)] 선천과 후천을 구성하는 형식이 근본적으로 다르다는 것을 강조한 것이다.

丑運은 **五六**이오 축 운 　 오 육	축의 운수는 5·6에서 시작하고,
子運은 **一八**이니라 자 운 　 일 팔	자의 운수는 1·8에서 시작한다.

여기서도 『정역』 특유의 꼬리물기 글쓰기가 돋보인다. 앞 대목의 '축丑'을 주어로 삼아 시작하고 있다. 기'축'으로 벌어지는 세상은 후천의 운명이요, 갑'자'로 시작하는 세상은 선천의 운명이라는 것이다. '운運'

2) "天開於子, 地闢於丑, 人起於寅."
3) 『正易註義』, "子爲一水而天政始開, 甲子起頭是也. 丑爲十土而地政大闢, 己丑起頭是也."

이란 문자 그대로 운수運數 또는 운명運命(destiny)일 것이다. 운수가 수의 법칙으로 흘러가는 자연의 법도라면, 운명은 태어날 때의 별자리 위치가 인생을 결정한다는 숙명과 비슷한 뜻이다. 그러나 『정역』이 말하는 '운'[4]은 운수와 운명을 내포한 선후천의 수학 법칙을 가리킨다.

5행이 동서남북으로 전개되는 방위 중심의 운행이라면, 5운은 방위와 지역에 구속되지 않는(non locality)의 변화 중심의 개념이다. 운수란 하늘이 벌이는 시간의 변화에 대한 규칙성을 뜻한다. 축운은 후천의 달 정사를, 자운은 선천의 달 정사를 가리킨다. 축운을 수학으로 계산하는 방법은 크게 세 가지가 있다. 첫째, '5·6'은 새끼손가락에 닿는 '포오함육'으로서 5×6=30을 이룬다. 후천은 한 달이 꼭 30일인데, '5·6'은 선천 보름의 다음 날인 16일이 후천 초하루가 되는 것을 암시하는 대목이다. 반면에 '1·8'은 15의 중앙이 8이므로 나머지 7과 보태면 8+7=15일이 이루어진다. 초하루는 1이요, 상현은 8이요, 보름은 8+7=15가 성립하는 것이다. 즉 '1·8'은 태음이 회복하는 이치인 '일팔칠一八七'을 상징한다. '5·6'은 태양이 회복하는 이치인 '일칠사一七四'를 상징한다.

둘째, 수지도수로 보면 하도는 10에서 5의 방향으로 도생倒生하면 새끼손가락에 '포오함육'이라는 선후천의 중용 자리에 닿는다. '5·6'에서 후천이 싹트기 시작하므로 후천을 '축운'이라 부르는 것이다.[5] 셋째, 축운은 곤도坤道 세상이므로 새끼손가락을 굽힌 선천의 무오戊五와 새끼손가락을 편 기육己六에 닿는 것을 가리킨다. 자운은 엄지손가락에서 시작하는 천간으로는 갑甲이며, 3극으로는 1태극이며, 정역팔괘도로는 곧 8간艮 자리에 닿는 것을 '일팔一八'이라 부르는 것이다.

4) "5행이 자연 자체의 기본 법칙이라면, 5운은 5행이 실현하는 자연 현상의 변화 자체의 법칙과 象을 말하는 것이다."(한동석, 앞의 책, 118쪽 참조.)

5) 수지도수로 보면 새끼손가락의 '포오함육' 자리에서 후천이 비롯되지만, 실제로는 '6己'가 체용의 전환에 의해 엄지손가락으로 이동해 10기己로 변신하는 사태가 곧 후천의 열림인 것이다.

一八은 **復上月影生數**요　1·8은 복상월의 율려를 낳는 수요,
일 팔　복 상 월 영 생 수

五六은 **皇中月體成數**니라　5·6은 황중월의 본체를 이루는 수다.
오 육　황 중 월 체 성 수

「십오일언」에 이미 복상월/황중월, 생수/성수, 영/체로 선천과 후천을 나누었다. "땅은 하늘을 싣고도 방정하니 체이다. 하늘은 땅을 둘러싸고도 원만하고 둥그니 영이다. 위대하도다, 체영의 도여! 이기가 들어있고, 신명이 모여 있다.[地載天而方正, 體. 天包地而圓環, 影. 大哉, 體影之道! 理氣囿焉, 神明萃焉.]" 복상월은 선천 초하루에 뜨는 달을, 황중월은 후천 초하루 즉 선천 16일에 뜨는 달을 가리킨다.

생수는 만물을 낳는 법칙을, 성수는 만물을 성숙시키는 법칙을 수로 셈한 것이다. '영'은 율려의 빛 또는 그림자, '체'는 본체를 뜻한다. 성리학이 본체와 작용이라 표현했던 것을 『정역』은 그림자(율려)와 본체라고 설정했다.[6] 성리학은 체용의 역전이 불가능한 관계라면, 『정역』은 체용의 역전으로 말미암아 선천이 후천으로 뒤바뀐다는 의미에서 '체영體影'으로 표현했던 것이다.

『정역』에서 말하는 체영을 실물과 그림자의 관계로 단순 번역하는 것은 옳지 않다. 그것은 태극과 음양처럼, 전자는 규정자요 후자는 피규정자로 분별하는 성리학과 별로 차이가 없기 때문이다. 율려를 진실로 존재하는 실물(reality)에 대한 어두운 그림자(shadow)로 설정하는 것은 크나큰 오류가 아닐 수 없다. 막대기가 있으면 반드시 그림자가 따르는 관계, 전자는 본체이고 후자는 작용이라는 뜻이 아니다.

오히려 율려는 실물과 본체에 가까운 개념이다. 그림자[影] 즉 율려는 피동적 존재가 아니라, 오히려 본체와 작용 관계를 역전시키는 보이지

---

6) 무극, 황극, 태극이 본체의 구성이라면, 율려는 본체의 운영 세칙인 셈이다. 3극과 율려는 본체라는 동일한 범주에 속한다.

않는 질서(order)와 힘(power)을 가리킨다. 지금은 비록 숨겨진 질서로서 은폐되어 있으나, 우주 시계의 자명종自鳴鐘(alarm)이 울리는 특정한 시간대에 선천을 후천으로 바꾸는 원동력이 바로 율려인 것이다.

그러니까 '선천달에 숨겨진 율려를 생기게 하는 수[復上月影生數]'가 '후천달의 본체를 이루는 수[皇中月體成數]'가 되는 것이다. 복상월이 황중월로 바뀌게 하는 궁극 원리가 곧 율려라는 뜻이다. '1·8'에서 1은 하나에서 시작한다는 태극 또는 천간의 시작인 갑甲[7] 및 지지의 시작인 자子를 뜻한다. 8은 15의 중용이다. 비록 '복상월 일팔'이 선천이지만, 그 이면에는 후천의 이치가 내포되어 있다는 것을 알 수 있다. 또한 '1·8'은 갑, 을, 병, 정, 무의 형식으로 시작하는 복상월을 가리킨다. '5·6'의 5는 낙서의 중용이며, 6은 선천의 무오戊五와 후천의 기육己六이 융합한 중용으로서 선천 16일이 후천 초하루[皇中月]가 되어 후천 보름달 15일의 황심월皇心月에 선천 30일이 닿는 것이다.

손가락으로 1, 2, 3, 4, 5의 순서로 굽히는 것은 생수라 부르고, 다시 새끼손가락을 펴기 시작하면서 6, 7, 8, 9, 10으로 세는 것은 성수라 부른다. 선천의 생수는 '영影'이고, 후천의 성수는 '체體'이다. 생수와 성수를 연결시켜주는 자리가 새끼손가락에 있다. 굽힌 쪽에서 보면 5요, 편 쪽에서 보면 6이다. 새끼손가락에 5와 6이 동시에 머무는 것이다. 이를 일컬어 '포오함육包五含六'이라 한다. 이러한 경계를 "땅은 하늘을 싣고도 방정하니 체이다.[地載天而方正, 體.]"라고 표현한 것이다. 황중월의 본체를 완수하는 '5 · 6'의 수가 곧 후천의 시작을 뜻하는 '축운'이다.

九七五三一은 **奇**니라 구 칠 오 삼 일 기	9, 7, 5, 3, 1은 홀수요,
二四六八十은 **偶**니라 이 사 육 팔 십 우	2, 4, 6, 8, 10은 짝수다.

7) 5행으로 甲은 8이다.

1부터 10까지의 수를 홀수와 짝수로 나눈 다음에 하도의 순順 방향은 홀수로 배치하고, 낙서의 역逆 방향은 짝수로 배치하였다. 수지도수는 천지의 운동 패턴을 다섯 개의 손가락으로 셈하는 방식이다. 선후천에 의한 다섯 손가락의 굴신屈伸 방법이 다르기 때문에 하도와 낙서가 극명하게 나뉜다. 큰 틀에서 보면, 하도의 '도생역성倒生逆成'과 낙서의 '역생도성逆生倒成'의 방향성이 서로 다르다. 하도와 낙서는 상호 교차하는 방식(reciprocal exchange mechanism)의 길을 걷기 때문이다.

홀수(→)	9	7	5	3	1	河圖(順)
짝수(→)	2	4	6	8	10	洛書(逆)
합	11	11	11	11	11	順逆

홀수와 짝수의 순역

홀수는 양수陽數로서 1, 3, 5는 생수生數이고 7, 9는 성수成數다. 선천은 낙서의 길을 걷는데, 양수를 작용으로 삼아 1에서 시작하여 9까지 나아간다. 만물의 이치는 극단에 이르면 제자리로 돌아오는 원리가 작동한다. 그러니까 후천은 하도의 이치를 작용으로 삼아 순順 방향으로 나아가므로 9, 7, 5, 3, 1의 순서로 진행한다. 도표 형식으로 보면 하도와 낙서가 똑같이 '→' 방식의 길을 걷지만, 그 이면에는 서로 교차하는 순역('→', '←')의 길을 걷는다.

짝수는 음수陰數이다. 2, 4는 생수生數이며 6, 8, 10은 성수成數다. 하도와 낙서는 숫자가 서로 반대 방향으로 움직이면서 홀수와 짝수의 총합이 11을 이룬다. 홀수 9, 7, 5, 3, 1의 방향이 하도의 길[順]이라면 2, 4, 6, 8, 10은 낙서의 길[逆]이다. 수지도수로 보면, 이 양자의 교차 방식이 곧 선후천의 길을 대변한다.

홀짝수의 의미와 위치 및 숫자의 관계

김정현은 『正易註義』에서 스승인 김일부에게서 배웠던 내용과, 동료였던 이상룡의 견해를 참고하여 이 귀절을 다음과 같이 풀이했다.

홀수[奇]는 양의 둥근 모습으로 그 수는 다섯이다. 太陽의 수는 9로 글자의 뜻은 合을 세어 아홉[九]이 된다[8]는 것이고, 少陽의 수 7의 글자 뜻은 1에 7을 곱한다[倍]는 의미이다. 하늘의 수를 세우는 것은 5로서 글자 뜻은 4보다 많은 것이 5[多四五]라는 것이다. 소양의 위치[少陽之位]는 3으로 木의 본성은 굽고 곧기[曲直] 때문에 글자 뜻은 3으로 곧게 뻗는다[直三]는 것이다. 태양의 위치[太陽之位]는 1로서 글자 뜻은 홑 하나[單一]이다. 숫자는 반드시 거꾸로 세는 것[倒置]에서 順逆으로 운행하는 뜻이 나타나는 것이다.

짝수는 음의 방정함[方]으로 그 수 역시 다섯이다. 소음의 위치[少陰之位]는 2로 글자의 뜻은 짝수인 동시에 둘이다. 태음의 위치[太陰之位]는 4로 金의 본성을 ("홍범"은) '따르고 바뀐다[從革]'다고 했으며, 글자의 뜻은 4에서 바뀐다[革四]는 것이다. 태음의 수[太陰之數]는 6으로 글자의 뜻은 4의 나머지가 6[餘四六]이라는 것이다. 소음의 수[少陰之數]는 8로 글자의 뜻은 짝의 나머지가 8이다[餘偶八]라는 것이다. 땅의 수를 확립하는 수는 10으로 글자의 뜻은 수를 불리면 10이 된다[衍數十]는 뜻이다. 이러한 홀수와 짝수는 體用으로 말미암아 위치와 수[位數]로 나눈 것이다. 글자의 뜻에 대한 해석은 일찍이 十淸 李斯文[9]에게 들은 것인데, 그 이치가 매우 분명하므로 취하여 쓴다.

---

8) 1, 3, 5를 합하면 9라는 뜻도 있다.
9) 李象龍(1850-1899)은 충청도 청양 출신으로 호는 十淸이다. 그는 김일부 선생이 살아 있을 때에 이미 『正易原義』라는 해설서를 펴냈고, 또한 「十淸七記」를 지었다.

奇偶之數는 **二五**니 기우지수　이오	홀수와 짝수는 다섯이 둘이니,
先五는 **天道**요 선오　천도	먼저 다섯은 천도요,
后五는 **地德**이니라 후오　지덕	나중 다섯은 지덕이다.

1, 3, 5, 7, 9는 홀수요 2, 4, 6, 8, 10은 짝수라 한다.[10] 이것을 『주역』은 하늘과 땅의 수[天地之數]라고 불렀다. 천수는 25, 지수는 30이므로 이 둘의 합은 55이다. 그런데 『정역』은 『주역』의 홀짝수 논리보다는 선후천으로 분류하는 방식을 철두철미 고수하였다.

학자들은 1부터 10까지의 수를 5행으로 분류하는 것을 좋아했다. 토에 해당하는 5와 10을 제외한 1과 9의 태양太陽, 3과 7의 소양少陽, 2와 8의 소음少陰, 4와 6의 태음太陰으로 나눌 수 있다. 이들 4상은 공간[位]과 시간[數]의 결합으로 결정된다. 비록 4상에 투영된 시간과 공간의 존재 방식이 다를지라도 이들의 결합 숫자가 모두 10을 이룬다는 사실에서 동서남북 4상은 토의 분신이라는 것을 알 수 있다.

太陽	位 : 數	1 : 9
少陽	位 : 數	3 : 7
少陰	位 : 數	2 : 8
太陰	位 : 數	4 : 6

위치와 수의 관계

선오先五의 '선'은 선천을, 후오后五의 '후'는 후천을 의미한다. 『정역』은 10수의 구성 자체도 선후천으로 나눌 뿐만 아니라, 선천은 생명을

10) 김정현은 『正易註義』에서 "奇偶之數, 相間而成焉. 一二三四五, 卽先五而天道也. 六七八九十, 卽后五而地德也. 此奇偶合體用而運用也."라고 말하여 1,2,3,4,5를 天道로 규정하고 6,7,8,9,10을 地德이라 분류했다.

낳아 기르는 생장 시대이므로 천도가 앞서고, 후천은 생명을 수렴하여 성숙시키는 시대이므로 지덕이 앞선다고 말한다. 『정역』은 줄곧 선천은 하늘[天]이 땅보다 앞서며, 후천은 땅[地]이 하늘보다 앞선다는 논리를 지키고 있다.

一三五次는 **度天**이오 일삼오차 도천	1, 3, 5의 차례는 하늘의 법도요,
第七九次는 **數地**니 제칠구차 수지	7과 9의 차례는 땅의 수이니,
三天兩地니라 삼천양지	하늘은 셋이요 땅은 둘이다.

홀수 중에서 1, 3, 5는 하늘의 걸음걸이를, 7과 9는 하늘의 질서가 땅에서 이루어지는 법도라는 뜻이다. 5를 중심으로 앞은 생수, 뒤는 성수로 나누는 것은 전통 방식이었다. 『정역』은 특유의 수지도수로 수의 적고 많음[多寡]을 통해 음양의 균형과 불균형을 가늠하는 척도로 삼았던 것이다.

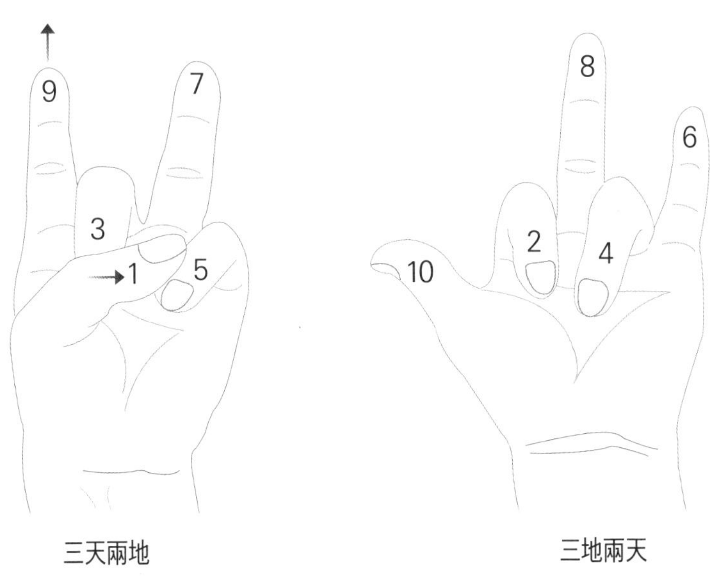

三天兩地　　三地兩天

1, 3, 5는 셋이고 7, 9는 둘이다. 선천은 양이 셋이고 음이 둘이라는 '삼천양지'가 성립한다. 그만큼 선천은 양 에너지가 넘치는 까닭에 상극이 상생을 앞질러 분열과 대립과 모순을 낳으면서 자연을 성장 발전시킨 원인이라는 것이다. 그런데 '삼천양지' 배후에는 '삼지양천'이 숨겨져 있을 뿐만 아니라, 선천의 배후에 후천이 감추어져 있다는 것을 시사하였다. 따라서 선천과 후천은 천지의 두 얼굴이며, '삼천양지'와 '삼지양천'은 두 얼굴의 이목구비에 해당된다고 할 수 있다.

'도수度數'란 무엇인가? 도수는 생명의 패턴을 읽는 『정역』의 전문 용어인 동시에 수의 운용으로 선천과 후천의 운행 방식을 밝히는 코드라고 할 수 있다. 위 도표의 손가락 모양에 나타난 것처럼, 엄지손가락을 제외한 1, 3, 5는 정·을·계·신의 율려律呂를 나타내는 한편에 엄지손가락을 제외한 2, 4는 경·임·갑·병의 정령政令을 나타낸다. 율려와 정령의 관계, 1·3·5와 2·4의 관계는 드러난 질서와 숨겨진(감추어진) 질서로 존재한다. 하나가 전면에 나타나면 다른 하나는 배후에 숨는 관계라는 뜻이다. 정령과 율려는 겉과 속의 양면성으로 존재하는 것이다.

天地地天하니 **后天先天**이니라
천 지 지 천 후 천 선 천

천지가 지천이 되니, 후천과 선천이다.

『주역』은 천지라는 말을 자주 언급하나, '지천'이란 개념은 없다. 다만 태괘泰卦의 명칭을 붙일 때, '지천'태괘라고 불렀을 따름이다. 『정역』은 천지를 선천 세상, 지천을 후천 세상으로 나눈다. 지금은 천지가 지천으로, 즉 선천이 후천으로 바뀌는 시간대라고 강조하고 있다.

이 대목은 선후천 전환의 논리를 밝힌 글이다. 선후천 전환의 실체가 곧 조화造化다. 조화는 창조創造와 변화變化의 합성어로서 창조적 변화를 뜻한다. '창조적'이란 말은 선후천 전환이 천지 창조에 버금가는 재창조

사건이라면, '변화'란 천지의 근본 틀이 바뀌는 시공의 혁명을 뜻한다.

『주역』에서 천지비괘와 지천태괘는 64괘 중의 두 개에 불과하지만, 『정역』은 꽉 막힌 천지비괘天地否卦(䷋)의 세상이 지천태괘地天泰卦(䷊)의 세상으로 바뀐다는 사실(fact)을 지적하였다. 『주역』이 평화의 세상이 오는 희망을 얘기했다면, 『정역』은 생명의 낙원이 반드시 온다는 당위성과 필연성을 말하고 있다.

천지는 복희팔괘도의 '건남곤북乾南坤北'을, 지천은 정역팔괘도의 '건북곤남乾北坤南'을 의미한다. 후천은 정역팔괘도의 세상을, 선천은 복희팔괘도와 문왕팔괘도의 세상을 뜻한다. 소강절은 복희팔괘도가 선천이며, 문왕팔괘도는 후천이라고 했다. 『정역』은 복희팔괘도와 문왕팔괘도가 지시하는 과거와 현재의 세계가 선천이고, 앞으로 다가올 미래의 정역팔괘도의 세계가 후천이라고 말했다. '천지지천天地地天'은 천지가 지천으로 바뀐다는 동사의 의미이며, '후천선천后天先天'은 서로가 본체와 작용의 관계로 존재한다는 것을 밝힌 대목이다.

천지는 복희팔괘도의 '천지정위天地定位'를, 지천은 정역팔괘도의 '천지정위天地正位'를 뜻한다. 양자가 비록 한글로는 똑같은 발음이지만, 의미는 전혀 다르다. 전자가 건남곤북의 선천이라면, 후자는 건북곤남의 후천을 대변하기 때문이다. '후천선천'이란 말 속에는 선천이 후천으로, 천지가 지천으로 바뀌기 위해서는 체용의 전환이 이루어져야 한다는 의미가 들어 있다. 자연의 순환을 중시여기는 『주역』은 반복형 논리를 고수했으나, 『정역』은 체용의 전환을 통해서만 선천이 후천으로 뒤바뀔 수 있다고 말했다.

先天	太陽, 河圖(體)	太陰, 洛書(用)	體用의 互易
后天	太陰, 洛書(體)	太陽, 河圖(用)	

先天之易은 **交易之易**이니라 선천의 역은 교역의 역이고,
선천지역 교역지역

后天之易은 **變易之易**이니라 후천의 역은 변역의 역이다.
후천지역 변역지역

이 대목은 선천의 교역과 후천의 변역 개념을 통해 『주역』과 『정역』의 차이점을 부각시키고 있다. 교역이란 음이 양으로, 양이 음으로 바뀌는 등의 자연에서 일어나는 4계절의 순환을 총칭한다. 하지만 『정역』에서 말하는 변역은 시공의 근본적 변혁과 생명계의 총체적인 변화를 일으키는 조화造化를 의미한다.

'변역'은 다양한 각도에서 조명할 수 있다. 첫째, 괘도의 측면에서 문왕팔괘가 정역팔괘로 바뀌는 것에 있다. 둘째, 괘도의 변천을 역법의 변화로 입증하는 이론이다. 요임금의 1년 366일의 윤력閏曆과 순임금의 1년 $365\frac{1}{4}$일의 윤력이 1년 360일의 정력正曆으로 바뀌는 시간의 혁명을 뜻한다. 셋째, 1년의 날수가 바뀌면 정월이 언제인가를 정하는 세수歲首의 교체가 뒤따른다. 결국 역법 구성의 근거가 바뀌는 것이 변역의 핵심이라고 할 수 있다.

김일부는 자연의 혁명이 이루어지기 위해서는 가장 먼저 시간의 선험적 질서인 역수曆數 자체에 변화가 생긴다고 말했다. 시간의 근본에 대한 변화를 말하려면 공간의 변화도 함께 언급할 필요가 있다. 그래서 김일부는 시공을 담고 있는 선천과 후천의 6갑 구성이 서로 다르다는 사실을 밝히는 것으로부터 시작했다. 갑자甲子에서 출발하던 선천이 기축己丑으로 시작하는 시공의 근본 틀이 바뀐다는 것이다. 갑자는 천간 지지 모두가 양陽인 반면에, 기축은 천간 지지가 모두 음陰이다. 선천이 양, 남성, 아버지 위주의 세상였다면 후천은 음, 여성, 어머니 위주의 세상으로 전환된다는 것이다.

후천역은 「십일일언」 "십일귀체시十一歸體詩"가 말하듯이, "화금이 금화

로 되는 것이 원천의 길이다.[火金金火原天道.]" 5행의 화가 금의 집으로 들어가는 것은 낙서의 교역을 뜻하는 『주역』이라면, 금이 화의 집으로 들어가는 것은 후천의 변역을 뜻하는 『정역』이다.[11] 현행의 『주역』은 문왕팔괘도와 낙서를 기반으로 역사와 문명의 향방을 결정짓는 틀을 세웠다.

'교역'은 1년 $365\frac{1}{4}$일의 역법 안에서 변화하는 자연의 사계절, 역사의 흥망성쇠, 인생의 생로병사 등을 표현한 것이다. 그것은 천지의 혁명을 말할 수 없다. 왜냐하면 교역은 자연에서 일어나는 변화 현상만을 언급하는 체계에 불과하기 때문이다. 그러나 '변역'은 선천의 낙서 시대를 종결짓고 후천의 하도 시대로 접어든다는 자연의 혁명이 전제된 개념이기 때문이다.

易易九宮하고 **易易八卦**니라
역 역 구 궁 　　 역 역 팔 괘

역이 9궁으로 바뀌고, 역이 팔괘로 바뀐다.

'역이 9궁으로 바뀐다'의 역은 복희팔괘도를, 9궁은 문왕팔괘도를 가리킨다. 그리고 9궁은 9수로 이루어진 낙서가 전제된 뜻이다. 복희팔괘에서 문왕팔괘로의 진화 과정과 발전이 '교역'이고, 문왕팔괘에서 정역팔괘로의 전환은 시공 질서의 재편성을 가져오는 '변역'이라는 것이다. 복희팔괘에서 문왕팔괘로의 발전이 얼굴의 바뀜이라면, 문왕팔괘에서 정역팔괘로의 전환은 천지의 구성 자체에 근본적 변화가 일어나는 것을 의미한다.

---

11) "先天은 一乾天 위주로 陰陽이 相交하는 交易之易이나, 后天은 五坤地 위주로 陰陽이 顚倒되는 變易之易이다. 先天之易은 만물을 生生하는 生長易이므로 陰陽 交易이 필요하나, 后天之易은 생장이 극에 도달한 만물을 收斂하여 本體로 還元시키는 收成易이므로 變易을 위주로 한다."(김주성, 앞의 책, 307쪽.)

선천의 문왕팔괘가 낙서에 기초했다면, 후천의 정역팔괘는 하도와 통합된 10수 괘도로 나타난다. 괘도의 변천은 복희팔괘 8수 → 문왕팔괘 9수 → 정역팔괘 10수로 정리할 수 있다. 복희팔괘와 문왕팔괘의 형태가 여덟 방위로 벌려져 있으나, 정역팔괘는 '이천칠지二天七地'가 건곤괘 내부에 자리잡아 10수의 새로운 세계가 형성된다는 것을 시사하고 있다. 그것은 팔괘와 하도의 논리를 하나로 통일시켜 역학사의 새로운 지평을 열어제친 새로운 이론이 아닐 수 없다.

卦之離乾은 **數之三一**이니 **東北正位**니라[12)]
괘지리건 수지삼일 동북정위

卦之坎坤은 **數之六八**이니 **北東維位**니라
괘지감곤 수지육팔 북동유위

卦之兌艮은 **數之二七**이니 **西南互位**니라
괘지태간 수지이칠 서남호위

卦之震巽은 **數之十五**니 **五行之宗**이오 **六宗之長**이니
괘지진손 수지십오 오행지종 육종지장

中位正易이니라
중위정역

(복희팔괘의) **리와 건은 수로는 3과 1이니,** (수가 문왕팔괘의) **동과 북에 정위한다.**

(복희팔괘의) **감과 곤은 수로는 6과 8이니,** (수가 문왕팔괘의) **서북과 동북에 위치한다.**

(복희팔괘의) **태와 간은 수로는 2와 7이니,** (수가 문왕팔괘의) **서쪽에서 남쪽으로 바꾸어 자리한다.**

(복희팔괘의) **진과 손은** (정역팔괘의) **수로는 10과 5이니, 오행의 근본이요 육종의 어른이니, 중위의 정역이 된다.**

---

12) 원문에는 離가 아닌 '离'로 되어 있다.

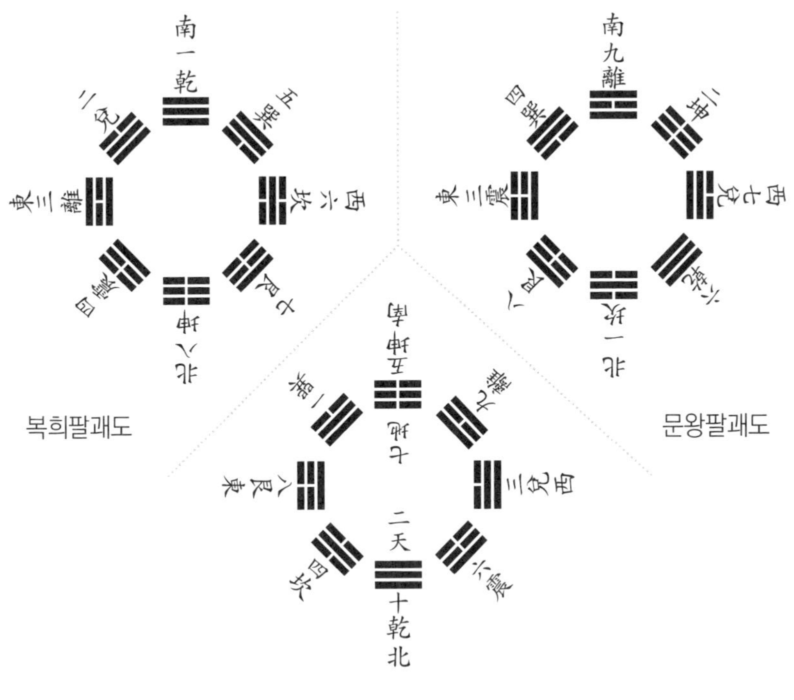

복희팔괘도

문왕팔괘도

정역팔괘도

이 대목은 주어인 복희팔괘를 수와 방위로 설명하고 있다. 수는 시간 변화의 질서를, 방위는 시간의 공간화 전개를 뜻한다. 복희팔괘는 만물의 탄생을, 문왕팔괘는 만물의 성장을, 정역팔괘는 만물의 성숙을 표현한 괘도이다. 그것은 각각 생生 → 장長 → 성成으로 정리할 수 있다. 지금까지의 역학사는 복희팔괘와 문왕팔괘에 기초하여 문명을 수립하는 척도로 삼았으나, 정역팔괘의 측면에서 보면 복희팔괘와 문왕팔괘는 만물의 공식을 설명하는 데 부족하다.

김일부는 복희팔괘와 문왕팔괘를 거쳐 정역팔괘로 진화하는 것은 만물의 운명이라고 보았다. 복희팔괘는 왼쪽으로 1 → 2 → 3 → 4의 순서로, 오른쪽은 5 → 6 → 7 → 8의 좌우로 벌어지는 순서와 수의 양상을 띤다. 복희팔괘에서 리괘의 수는 3이고, 건괘의 수는 1이다. 리괘는 동방에 있고, 건괘는 남방에 있다. 그런데 복희팔괘가 문왕팔괘로 전환할 때는 일정한 법칙으로 변한다. 복희팔괘의 동방 3리離는 문왕팔괘의 동방 3진震으로, 복희팔괘의 1건乾은 문왕팔괘의 1감坎으로 옮겨가 북방에 위치한다. 여기서 바로 수數 중심으로 변화된다는 사실을 알 수 있다.

복희팔괘의 서방 6감坎은 문왕팔괘의 서북방에 있는 6건乾으로 바뀌고, 복희팔괘의 북방 8곤坤은 문왕팔괘의 동북방에 있는 8간艮으로 옮긴다. 이를 김일부는 북동유위北東維位라 했다. 건괘는 서방과 북방 사이, 간괘는 동방과 북방 사이의 모퉁이[維]에 있다는 뜻이다. 그리고 복희팔괘의 동남방 2태兌는 문왕팔괘의 서남방에 있는 2곤坤으로, 복희팔괘의 7간艮은 문왕팔괘의 서방에 있는 7태兌로 옮긴다는 것이다. 이를 김일부는 서남호위西南互位라 불렀다. 2와 7은 화火로서 서방에 있고, 남방에 있던 4·9금金이 서방의 2·7화火와 자리바꿈이 일어난다고 풀이했던 것이다.

복희팔괘의 동북방 4진震은 문왕팔괘를 뛰어 넘어 정역팔괘의 10이 되고, 복희팔괘의 5손巽 역시 문왕팔괘를 뛰어 넘어 정역팔괘의 5가 된다. 정역팔괘에서 손은 1, 진은 6이다. 왜 1손, 6진을 10과 5라고 했을까? 복희팔괘의 4진과 5손, 문왕팔괘의 3진과 4손, 정역팔괘의 6진과 1손은 어떻게 다른가? 복희팔괘는 생명이 갓 태어난 상태의 장남과 장녀를, 문왕팔괘는 서로 어깨를 맞대면서 성장하는 모습을, 정역팔괘의 6진 장남은 10건의 아버지 곁에서 보좌하고, 1손 장녀는 5곤의 어머니 곁에서 보좌하는 모습이다.

그래서 『정역』은 뇌풍용정雷風用政으로 10건5곤의 일을 맡아 대행하는 까닭에 10수와 5수라 표현했다. 10과 5는 하도의 중앙에 있는 5무토戊土와 10기토己土를 상징한다. 토는 4방 수화금목의 뿌리인 동시에 주재자이기 때문에 오행의 근본이라 칭한 것이다. 우레[震: ☳]와 바람[風: ☴]은 10건5곤의 장남장녀로서 부모의 뜻을 대행하는 역할을 맡는다. 3남3녀 중에서 맏아들 맏딸이기 때문에 '육종의 으뜸'이라 표현한 것이다.

겉으로 보면 정역팔괘도에서 10은 건, 5가 곤임에도 불구하고 장남은 아버지를 계승할 의무가 있는 까닭에 『주역』 51번 중뢰진괘重雷震卦(䷲)는 '종묘와 사직을 지킬 책임자'라고 불렀으며,[13] 57번 중풍손괘重風巽卦(䷸)는 장녀의 역할을 맡은 군자는 천명을 거듭해서 실행한다고 말했던 것이다.[14] 그래서 김일부의 제자, 이상룡李象龍은 손괘 괘사에 나오는 "손은 조금 형통한다"는 이유를 황극의 위치에 존재하기 때문이라고 풀이했다.[15]

정역팔괘의 우레와 바람이 하도의 중앙에 있는 기토와 무토로 하여금 새로운 세상이 오도록 만드는 주체라는 의미의 '중위정역中位正易'이라 부른 것이다. 특별히 수의 논리를 근거로 삼아 정역팔괘와 하도를 소통시키고 있는 점이 압권이다.

요즈음 인문학과 과학의 소통 문제가 떠오르고 있다. 문명이 잉태한 온갖 불통을 무너뜨리고 진정으로 소통이 가능하게 하는 주제는 천지를 구성하는 궁극 원리일 것이다. 그것은 관념과 관념 사이의 소통에 그치는 것이 아니라, 각종 학술 사이를 가로 막았던 존재론과 생성론의 소통이야말로 『정역』이 희망했던 주제였다고 할 수 있다.

干之庚辛은 **數之九四**니 **南西交位**니라
간지경신　수지구사　남서교위

천간의 경과 신은 수로는 9와 4이니, 남쪽에서 서쪽으로 바꾸어 자리한다.

앞 대목이 괘도(복희, 문왕, 정역)와 10수 하도의 결합이라면, 이곳은 하도낙서와 천간의 결합을 시도한 것이다. 그리고 복희팔괘는 9수와 10

13) 『周易』 震卦 「彖傳」, "나가서는 충분히 종묘 사직을 지켜서 제주가 될 것이다.[出可以守宗廟社稷, 以爲祭主也.]"
14) 『周易』 巽卦 「象傳」, "象曰 隨風, 巽, 君子以, 申命行事."
15) 『正易原義』 巽卦, "彖曰 巽, 小亨, 居皇極之位也."

수가 없으나, 이곳은 10수와 일대일 대응하는 천간으로 언급하였다.

경신庚辛을 10수 하도의 측면에서 보면, 경구금庚九金과 신사금辛四金이다. 문왕팔괘의 9리와 4손이 곧 경신庚辛이다. 그런데 낙서에는 서방 9금이 남방 화위火位로 이동하여 만물을 수렴하는 상황을 '남서교위南西交位'라 지칭했다. 그것은 「십오일언」의 다섯 개의 "금화송金火頌"에서 금화의 교역을 찬양한 것에서 확인할 수 있다. 문왕팔괘도와 하도를 비교하면, 문왕팔괘는 남방의 9·4와 서방의 2·7이 서로 바뀌어 있다. 이를 반영한 것이 곧 낙서의 도상이다.

문왕팔괘와 낙서의 남방에 있는 9·4가 서방으로 옮기고, 서방의 2·7이 남방으로 옮기는 것이 곧 낙서에서 하도로, 문왕팔괘에서 정역팔괘로 전환되는 선후천 교체를 의미한다. 금화가 서로 위치를 바꾸는 것이 곧 금화교역이며, 낙서 남방의 금 기운이 서방의 불 기운을 감싸 안는 형상은 만물의 파국을 멈추게 하고 성숙으로 이끄는 후천개벽의 시발점을 상징한다.

洛書九宮生成數
낙서구궁생성수

이 글은 낙서의 구조를 바탕으로 오행의 생성을 밝힌 것이다. 그것은 오행론의 입장에서 낙서의 기원과 우주의 생성을 들여다보는 전통의 관점을 뒤엎고, 하도낙서를 시간관의 관점에서 분석한 일종의 혁명적 사유를 보여주고 있다. 특히 낙서의 밑바탕에는 '경임갑병'의 정령(태음과 태양의 겉)이 작동하고 있고, 다음에 나오는 하도의 밑바탕에는 '정을계신'의 율려(태양과 태음의 속)가 작동하고 있음을 짐작할 수 있다.

天一生壬水하고 **地一成子水**니라
천일생임수 지일성자수
天三生甲木하고 **地三成寅木**이니라
천삼생갑목 지삼성인목
天七生丙火하고 **地七成午火**니라
천칠생병화 지칠성오화
天五生戊土하고 **地五成辰土**하니 **戌五**는 **空**이니라
천오생무토 지오성진토 술오 공
天九生庚金하고 **地九成申金**이니라
천구생경금 지구성신금

천일은 임수를 낳고 지일은 자수를 이룬다.

천삼은 갑목을 낳고 지삼은 인목을 이룬다.

천칠은 병화를 낳고 지칠은 오화를 이룬다.

천오는 무토를 낳고 지오는 진토를 이루니, 술오는 공이다.

천구는 경금을 낳고 지구는 신금을 이룬다.

이 대목은 낙서를 생성生成 수와 천간과 지지 및 5행 논리를 결합시키

고 있으며, 특별히 무토의 주도로 '경임갑병'의 정령이 낙서의 변화를 이끄는 원동력이자 질서라고 설명한다. 여기서 『정역』이 철두철미 하도낙서의 논리를 충실히 지키고 있음을 발견할 수 있다. 다만 하도낙서를 변형시킨 '오행상생도五行相生圖'에서 볼 수 있듯이, 선천 낙서와 후천 하도의 출발점이 다를 뿐이다.

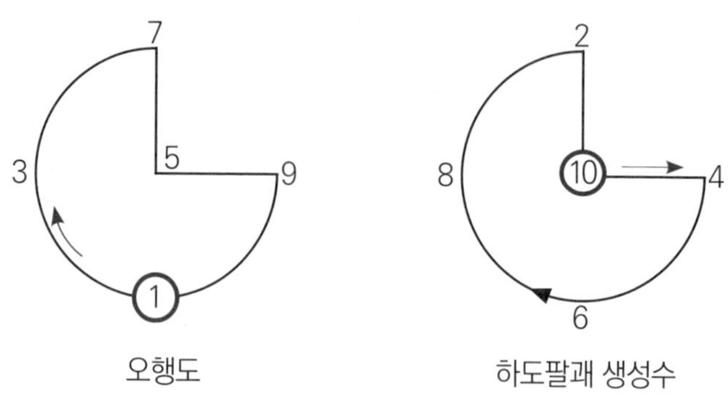

오행도　　하도팔괘 생성수

낙서는 1수로부터 시작하지만 하도는 10토로부터 시작한다. 위 도표는 뒤에 나오는 "하도팔괘생성수河圖八卦生成數"와 비교하여 만든 것이다.

	수	1	3	7	5	9
낙서	천간[生]	壬	甲	丙	戊	庚
	지지[成]	子	寅	午	辰(戌五空)	申
	5행	水	木	火	土	金
하도	수	10	4	6	8	2
	천간[生]	己	辛	癸	乙	丁
	지지[成]	丑	酉	亥	未(卯八空)	巳
	5행	土	金	水	木	火

"낙서구궁생성수"는 천간의 생성生成 수 모두가 양陽과 홀수 위주의 논리로 구성되어 있다. 지지 역시 생성生成 수 모두가 양陽과 홀수 위주로

구성되어 있다. 생과 성만 다를뿐 낙서 선천은 양 위주의 논리로 구성되어 진화한다는 뜻이다. 왜 『정역』은 항상 천간지지를 도입하는가? 그것은 시간의 문제를 끌어들이려는 불가피한 방법으로서 시간은 곧 생명의 원천이기 때문이다.

신유학의 대가 주자(1130-1200)는 하도낙서와 8괘를 접목시켰으나, 6갑과는 연결시키지 못했다. 그가 비록 8괘가 하도낙서에서 비롯되었다고 주장하여 하도낙서를 역학의 핵심이라는 것을 얘기했으나, 6갑의 시간 문제로 끌러내지는 못했다. 그것은 주자학의 한계로 지적될 수도 있을 것이다.

『정역』은 생生을 천간에, 성成은 지지에 배열했다. 천간의 생生이 앞서 가면 지지의 성成이 뒤따르는 형태를 취하고 있다. 이것이 바로 선천 6갑의 특성이다. 천간 위주의 세상을 선천 6갑이 반영하고 있는 것이다. 그리고 천간 '경임갑병'의 정령이 낙서를 이끌고, 무戊5토가 선천 세상을 주재하는 핵심임을 밝히고 있다. 낙서가 선천이라면 하도는 후천인 까닭에 상극 속에 상생이, 정령 속에 율려가 숨겨진 질서로 아로 박혀 있는 것이다.

"낙서구궁생성수"에는 천간이든 지지이든간에 10이 없다. 그것은 10무극 세상의 출현을 예고한 것일 수도 있다. 천간과 지지는 공통으로 '1 → 3 → 7 → 5 → 9'의 순서를 걷는다. 왜 하필 9인가? '자'에서 시작한 지지는 아홉 번째에 '신申'에 닿기 때문에 낙서의 끝수인 9는 양陽의 극한을 상징한다. 또한 천간의 무토는 5요, 지지의 진토 역시 5이다.

그러면 술오토戌五土는 왜 '공空'인가? 문자 그대로 술토는 새로운 태극을 잉태하는 출발점인가? 술은 지지에서 열 한 번째에 닿는 '십일귀체十一歸體'를 상징한다. 십일귀체는 무극과 태극이 하나로 통일된다는 의미 이외에도 『정역』 특유의 시간관에서 보면 '술'은 우주 공간 속으로 사라진다는 뜻의 귀공歸空(공화空化), 또는 체용의 전환에 의해 작용이 본체로 되돌아가는 '귀체歸體'를 뜻한다. 한마디로 12단계였던 지지가 11단계로 압축된다는 뜻이다.[16] 이것이 전제되어야 1년 365$\frac{1}{4}$일이 1년 360일로 정립되는 논리가 설득력을 갖게 될 수 있다.

선천은 양을 으뜸으로 삼기 때문에 땅은 자수子水에서 시작하여 다섯 번째에 진토辰土가 닿으므로 '지오진토地五辰土'를 작용으로 삼는다는 것이다. 그러니까 천간 천오무토天五戊土의 에너지를 이어받은 '지오진토地五辰土'가 완수한다. 술토戌土는 지지에서 11번에 닿는 '십일귀체' 자리이다. 그것은 '오午'에서 시작하는 후천의 5토로서 선천에서는 작용으로 삼지 않기 때문에 '존공尊空=귀체歸體'된다. 술토는 양을 덜어내고 음을 북돋는 주체이므로 선천에서는 작용할 수 없는 것이다.

낙서의 술5, 하도의 묘8이 우주 시공에서 탈락되어 천간과 지지 공통으로 10단계로 구성된다. 음양의 균형, 즉 정음정양正陰正陽을 이룬다. 곧 넘치는 양 기운을 덜어내고 모자란 음 기운을 보태 음양의 균형을 맞추는 '조양율음調陽律陰'의 실상이다. 깜짝 놀랄 만한 안배가 아닐 수 없다. 둘 다 똑같이 11번째에서 십일귀체되는 이치와 부합한다. 낙서는 역생도성逆生倒成에 따라 '자→축→인→묘→진→사→오→미→신→유→술→해'에서 술이 11번이 닿는다. 하도는 도생역성倒生逆成에 따라 '축→자→해→술→유→신→미→오→사→진→묘→인'에서 묘가 11번에 닿기 때문이다.

數	3		7		5		9		1			
天干	甲	乙	丙	丁	戊	己	庚	辛	壬	癸		
地支	子	丑	寅	卯	辰	巳	午	未	申	酉	戌	亥
數	1		3		5		7		9		5空	

16) 낙서에서 戌五가 歸體된다면, 하도에서는 卯八이 歸體되기 때문에 지지가 천간과 똑같이 10단계로 바뀌는 것으로 보인다. 이렇게 풀이해야 음양의 불균형을 이뤘던 선천이 물러나고 음양의 균형이 이루어지는 후천이 올 수 있다.

이 글은 하도가 천간을 낳고[生], 낙서는 지지를 완수한다는[成] 체계로 이루어졌다. 그것은 하늘이 낳고 땅은 이룬다[天生地成]는 것으로 선천의 천지가 합덕하는[天地合德, 이는 후천의 지천합도地天合道와는 다르다.] 이법을 표현한 것이다. 선천 낙서는 천간도 양수, 지지도 양수인 반면에 후천 하도는 천간지지가 모두 음수陰數로 구성되어 지지가 앞서면 천간이 뒤따르는 모양새를 갖추고 있다.

'戊五空'에 얽힌 분석

한동석은 '戊土'의 특성을 다음과 같이 정리했다. 1) 天道의 통일 변화가 끝나는 곳. 2) 午未申 운동의 완성. 3) 卯辰巳가 水土同德의 운동이라면, '戊'은 水土合德이 이루어지는 곳이다. 4) 酉戌亥에서 통일되는 만물 생성의 자궁이자 생명의 요람. 5) '空'이 없으면 생명의 창조가 불가능하다. 5) '戊'은 만물이 최소한으로 공약되는 곳으로서 태극의 창조적 본체를 뜻한다. 6) '戊'은 태극의 정신이며, 또한 무극의 眞 즉 空이다. 태극을 우주 창조의 본체라 하는 것은 진실로 태극의 핵심을 이룬 '戊五空' 때문이다. 7) 태극의 핵인 空은 무극의 '十'이 空化한 것이지만, 만일 무극이 空化화지 못하면 그것은 우주의 본체가 될 수 없다.(『우주변화의 원리』, 대원출판, 2001, 220-222쪽 또는 386-390쪽 참조.)

三五錯綜三元數
삼 오 착 종 삼 원 수

"삼오착종오원수"는 『천기대요天氣大要』[17]를 참고하여 선천의 책력을 만드는 방법을 설명하였다. 『천기대요』의 내용을 모르면 세수歲首를 알 수 없기 때문이다. 그러나 김일부가 『천기대요』를 직접 인용한 증거는 어디에도 없다. 다만 천간지지의 출발점인 갑자甲子에서 병인丙寅까지의 도수가 3이기 때문에 '삼원수'라 부르는 것이다. 『정역』은 선천에 '인월세수寅月歲首'를 쓴다는 것을 논증했다.

甲己夜半에 **生甲子**하니 **丙寅頭**니라
갑기야반 생갑자 병인두
乙庚夜半에 **生丙子**하니 **戊寅頭**니라
을경야반 생병자 무인두
丙辛夜半에 **生戊子**하니 **庚寅頭**니라
병신야반 생무자 경인두
丁壬夜半에 **生庚子**하니 **壬寅頭**니라
정임야반 생경자 임인두
戊癸夜半에 **生壬子**하니 **甲寅頭**니라
무계야반 생임자 갑인두

갑기 사이의 야반[18]에 갑자가 생기니[19] 병인으로 머리한다.

을경 사이의 야반에 병자가 생기니 무인으로 머리한다.

---

17) 이 책의 편찬 내력을 보면, 영조 13년(1737) 陰陽科 출신인 池百源이 『新增天機大要』라는 제목으로 간행하였다. 1763년에 다시 그의 손자 池日賓 등이 '昏曉中星'을 바로잡아 이를 증보하여 『增補參贊祕傳天機大要』라는 표제로 관상감에서 출간하였다. 易學과 五行說을 바탕으로 喪葬·婚姻·陽宅·祭祀 등 일상 생활의 吉凶禍福을 가리는 방법을 설명해 놓은 책이다.
18) 夜半(23시에서 01시까지)은 일종의 날짜 변경선을 의미한다. 周나라에 이르러 夜半의 子時를 하루가 바뀌는 시간으로 정하는 전통이 생겼다.
19) 日辰의 天干이 甲이나 己로 된 날의 첫 시간은 甲子時로 시작된다는 뜻이다.

병신 사이의 야반에 무자가 생기니 경인으로 머리한다.
정임 사이의 야반에 경자가 생기니 임인으로 머리한다.
무계 사이의 야반에 임자가 생기니 갑인으로 머리한다.

이 대목은 선천의 달력(하루와 달의 시작) 만드는 방법을 말한 것이다. 선천 책력은 낙서의 수학적 본성에 기초하고 있음을 발견할 수 있다. 이 글의 주제는 낙서와 6갑의 결합에 있는데, 6갑의 형성은 하도와 낙서의 변화상에 근거하고 있음을 지적하였다. "삼오착종삼원수"는 낙서 구궁의 착종 원리라고 말할 수 있다.

4	9	2
3	5	7
8	1	6

낙서

낙서는 생명과 시간이 4방으로 뻗어가는 질서와 힘을 상징한다. 그것은 중앙의 5토를 중심으로 전개되는 양상이다. 1+5+9=15, 2+5+8=15, 3+5+7=15, 4+5+6=15의 등식이 성립한다. 이는 선천이 5토의 주재에 의해 성장하고, 5를 중심으로 1+9=10, 2+8=10, 3+7=10, 4+6=10의 10수 하도 세상을 목표로 진화한다는 것을 상징한다.

선천의 갑년甲年과 갑일甲日, 기년己年과 기일己日의 한밤중에 갑자시甲子時가 생긴다는 뜻이다. 갑자에서 병인까지의 3도를 '삼원두三元頭'라 부른다. 마찬가지로 병자에서 무인까지, 무자에서 경인까지, 경자에서 임인까지, 임자에서 갑인까지도 똑같은 논리가 적용되는 것이다.

『주역』은 시초를 뽑아 괘의 성립을 얘기하는 '설시구괘揲蓍求卦'로 '삼오착종'을 언급했다. "3과 5로써 변하며(3으로 세고, 5로 세어), 그 수를 교착하고 착종하여 변화에 능통해서 마침내 천지의 무늬(질서)를 완수한다. 수를 극진히 셈하여 마침내 천하의 상을 판정하니, 천하의 지극한 변화가 아니면 그 누가 능히 이에 참여하겠는가!"[20] '삼오參伍'는 생명의 수학적 리듬을 뜻한다.

『주역』의 지은이는 함부로 수리 법칙을 조작하여 하늘에 대한 불경죄를 저지르지 않았다. 자연수 1부터 10까지의 수에서 3과 5를 중심으로 64괘 384효의 조직을 체계화했다는 말이다. 문자적으로 '착종錯綜'은 괘가 변하여 어지럽고 복잡하게 구성된 것을 뜻하지만, 그 내부에는 엄정한 수학적 질서가 내재되어 있음을 가리킨다.

전통의 해석은 천편일률적으로 3효와 5효의 대응, 또는 시초를 뽑아서 괘를 구하는 문제라고 보는 것이 대부분이었다. 특히 상수론자 이외의 학자들은 하도낙서를 배제하거나, 괘상에만 치중한 까닭에 엉뚱한 결론에 도달했다. 그러나 '삼參'은 생수의 중앙인 '3', '오伍'는 생수를 성수로 전환시키는 5로 이해해야 앞 뒤 문장 전체를 일관시킬 수 있다. 복잡한 변화의 이치를 꿰뚫어야 천지 질서의 비밀을 풀어낼 수 있기 때문이다. 변화의 지극한 경지에 도달하려면 수의 세계에 정통해야 한다는 뜻이다.

그러나 『정역』은 '삼오'를 설시구괘법으로 인정하지 않고, '낙서 구궁'이 '1→3→5→7→9'의 숫자와 홀수[陽] 중심으로 움직인다는 사실에 주목하였다. 홀수의 중심에 5가 있다. 이 5를 중심으로 동방은 4+3+8, 남방은 2+9+4, 서방은 6+7+2, 북방은 8+1+6으로 구성되었다. 또한 남북으로는 9+5+1, 동서로는 3+5+7, 동남과 서북으로는 4+5+6, 서남과 동북으로는 2+5+8로 구성된다. 이들을 모두 합한 수는 15×4=60이

20) 『周易』「繫辭傳」 上 10장, "參伍以變, 錯綜其數, 通其變遂成天地之文, 極其數遂定天下之象, 非天下之至變, 其孰能與於此."

라는 6갑을 형성한다. 한마디로 4방의 세 수가 5와 착종하여 60(6갑)을 이루는 과정이 곧 낙서구궁의 삼오착종이라 할 수 있다.

주역학자들은 『주역』「계사전」 상 9장의 '설시법揲蓍法'을 괘의 형성으로 인식했을뿐, 낙서와 연관시키지는 못했다. 대연지수大衍之數의 성립은 낙서의 중심 수 5를 크게 넓히고 불리는[大衍] 법칙에서 비롯된다. 즉 5×10=50이 곧 낙서의 변화상을 대변한다. 특히 선천의 변화를 해명하는 낙서 9궁의 '삼오착종三五錯綜'을 간지로 풀어보면 3은 '갑삼甲三'을, 5는 '무오戊五'의 결합에 의한 규칙적 질서를 뜻한다. 천간의 '갑, 을, 병, 정, 무'는 선천이며 '기, 경, 신, 임, 계'는 후천이다.

그러니까 선천은 갑기甲己, 을경乙庚, 병신丙辛, 정임丁壬, 무계戊癸의 결합으로 음양이 서로 만나면서 갑자, 병자, 무자, 경자, 임자를 차례로 만들면서 5일마다 6갑이 한 바퀴 순환하는 것이다. 이것을 일컬어 '시건법時建法'이라 부른다. 김일부는 체용 관계를 이루는 하도낙서와 6갑의 질서 속에서 역법의 성립은 물론 선후천 역법의 차이를 읽어냈던 것이다.

河圖八卦生成數
하도팔괘생성수

이 글은 후천 책력의 구성 원리를 밝힌 것이다. "하도팔괘생성수"에는 숨겨진 질서인 율려가 후천을 이끌어가는 핵심 축으로 자리잡고 있다. "낙서구궁생성수"가 '천생지성天生地成'의 논리라면, "하도팔괘생성수"는 '지생천성地生天成'의 논리로 이루어져 있다.[21] 왜 제목이 "하도팔괘생성수"인가? 그것은 복희가 하도에 근거하여 8괘를 그었다는 사실에서 비롯된 것이다. 8괘의 뿌리가 하도에 있다는 뜻이다.

地十生己土하고 **天十成丑土**니라
지 십 생 기 토　　천 십 성 축 토
地四生辛金하고 **天四成酉金**이니라
지 사 생 신 금　　천 사 성 유 금
地六生癸水하고 **天六成亥水**니라
지 육 생 계 수　　천 육 성 해 수
地八生乙木하고 **天八成未木**하니 **卯八**은 **空**이니라
지 팔 생 을 목　　천 팔 성 미 목　　묘 팔　공
地二生丁火하고 **天二成巳火**니라
지 이 생 정 화　　천 이 성 사 화

지십은 기토를 낳고 천십은 축토를 이룬다.

지사는 신금을 낳고 천사는 유금을 이룬다.

지육은 계수를 낳고 천육은 해수를 이룬다.

지팔은 을목을 낳고 천팔은 미목을 이루니, 묘팔은 공이다.

지이는 정화를 낳고 천이는 사화를 이룬다.

---

21) 『書經』「虞書」"大禹謨", "그렇소. 땅의 질서가 평안해져 하늘의 뜻을 이룬다.[帝曰 兪! 地平天成, 六府三事允治, 萬歲永賴時乃功." 『正易』은 '地平天成'을 '地生天成'으로 읽는다.

이 대목은 땅을 먼저 말하고 하늘은 뒤에 말하는 지천地天 중심의 문법이다. 예컨대 기己와 축丑은 모두 음이며, 천간의 기토와 지지의 축토 역시 10이다. 그것은 곧 후천은 하도 10수 세계라는 뜻이 전제되어 있다. 이 글의 전체 맥락은 천간지지의 숫자가 모두 '10(토) → 4(금) → 6(수) → 8(목) → 2(화)'로 진행되고, 또한 기토己土가 주재하는 후천의 배후에는 '정·을·계·신'의 율려가 밑에서부터 위로 작동하고 있음을 발견할 수 있다. 더욱이 선천의 천지天地 대신에 후천의 지천地天 논리가 밑받침되어 있다.

선천 낙서[逆生, 天生地成]	후천 하도[倒生, 地生天成]
天一生壬水 地一成子水	地十生己土 天十成丑土
天三生甲木 地三成寅木	地四生辛金 天四成酉金
天七生丙火 地七成午火	地六生癸水 天六成亥水
天五生戊土 地五成辰土 戊五 空	地八生乙木 天八成未木 卯八 空
天九生庚金 地九成申金	地二生丁火 天二成巳火

낙서구궁 생성수와 하도팔괘 생성수

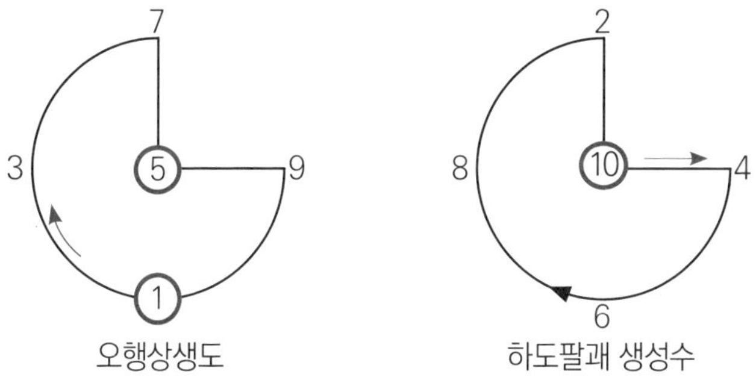

'오행상생도'를 보면 알 수 있듯이, 낙서는 무토의 주재 아래 '경·임·갑·병'의 정령이 선천 세상을 앞에서 이끄는 힘으로 작동하고 있으며, 하도는 기토의 주재 아래 '정·을·계·신'의 율려가 후천 세상을 여

는 힘이라는 사실이 드러나 있다. 또한 낙서는 '수→목→화→토→금'과 '1→3→7→5→9'의 순서로 진행되며, 하도는 '토→금→수→목→화'와 '10→4→6→8→2'의 순서로 진행되는 것을 알 수 있다. 특히 낙서는 1에서 시작하여 9로 끝나는 체계로서 10이 결여되어 있으며, 하도는 10에서 시작하여 2로 끝나는 음陰의 논리로 구성되어 있다. 그리고 낙서는 선천이 양 중심의 세상인 까닭에 '1, 3, 5, 7, 9[陽干陽支]'를, 하도는 후천이 '2, 4, 6, 8, 10[陰干陰支]'의 짝수로 이루어진다.

낙서가 선천이라면, 하도는 후천을 상징한다. 후천 하도는 음의 10토로 시작한다. 그러니까 지십은 천간 기토를 낳고, 천십은 지지 축토를 이룬다. '기와 축'을 합쳐 후천은 기축己丑 시스템으로 시작한다는 뜻이다. 그것은 '지생천성地生天成'하는 '지천합도地天合道'의 질서인 것이다. 「십오일언」"일극체위도수日極體位度數"는 "화옹은 일정한 자리가 없으시고, 원래의 하늘이 품고 있는 신성한 불덩어리이시니 지십기토를 낳는다[化翁无位, 原天火, 生地十己土.]"고 했으며, 또한 "하늘이 땅과 덕을 합하니 32이요, 땅이 하늘과 도를 합하니 61이다.[天地合德三十二, 地天合道六十一.]"라고 했듯이, 선천과 후천을 각각 '천지합덕天地合德'과 '지천합도地天合道'로 구분했던 것이다.

「십일일언」 첫머리에서 "하늘의 정사는 자에서 열리고, 땅의 정사는 축에서 열린다.[天政開子, 地政闢丑.]"고 말했다. '천정개자'는 지1의 자수子水로부터 선천이 열리는 것을, '지정벽축'은 지십기토地十己土가 후천의 새하늘 새땅을 여는 경계를 뜻한다. '자1'로부터 시작하는 하늘 정사는 '갑자甲子'가 으뜸이며, 10토인 축으로부터 시작하는 땅 정사는 '기축己丑'이 으뜸이다. 선천과 후천을 구성하는 5행과 6갑의 시작점이 다를 수밖에 없는 것이다.

김일부는 하도낙서와 6갑과 5행과 정역팔괘도를 꿰뚫는 방법론을 개발한 다음에, 하도와 낙서는 둘이 아닌 '하나'로 존재한다는 순역順逆의 체용 관계를 통해 선후천 생성 변화의 이법을 밝혔다. 더 나아가 5행의 순환을 비롯한 천간지지(6갑)의 구성은 인간의 인식과 경험을 너머 시간의 선험성(시간성) 차원에서 이미 짜여진 우주 변화의 시간표(Time table of cosmic change)대로 전개되어 자연과 문명의 커다란 물줄기를 결정한다는 것을 검증하였다.

앞의 '오행상생도'에 나타나 있듯이, 낙서와 하도는 동일한 길을 걷지만 시작점이 다르다는 것을 발견할 수 있다. 낙서가 '1→3→7→5→9'의 순서로 움직인다면, 하도는 '10→4→6→8→2'의 질서로 움직인다. 선천은 1수水에서 시작하고, 후천은 10토土에서 시작한다. 또한 낙서가 '수→목→화→토→금'의 순서로, 하도는 '토→금→수→목→화'의 순서로 움직인다. 하도는 10 기토己土가 앞에서 율려를 작용으로 삼아 주재한다면, 낙서는 5 무토戊土가 정령을 작용으로 삼아 주재한다는 것을 알 수 있다.

이를 통해서 후천을 지향하는 『정역』은 토 중심 사유의 극치를 드러내고 있다. 1수에서 시작하는 낙서가 상극, 선천, 윤력을 상징한다면 10토로 새롭게 시작하는 하도는 상생, 후천, 정력을 상징한다. 그것은 선천의 1수가 후천의 10토로 바뀌는 것이며, 또한 낙서의 '역생도성'이 하도의 '도생역성'의 질서로 전환되는 것과 일치한다.

낙서는 생성 계열의 일정표에 의거하여 하도를 향해 나아가는 진화의 길, 하도는 존재 차원의 창조와 변화[造化]가 율려의 작동으로 인해 음양의 균형은 물론 만물의 조화調和가 이루어지는 이념을 표상한 그림이다. 이런 의미에서 김일부는 낙서의 생성론과 하도의 존재론을 하나의 체계로 융합하는 거대한 프로젝트를 기획했다고 할 수 있다.

그것은 땅의 변화를 뜻하는 지지에서 어떻게 나타나는가? 여기에서 가장 의문되는 문제는 왜 미未가 수로는 8이고, 또한 5행으로 '목'인가? 5행으로 보면 '미'는 분명코 '토'인데도 불구하고 『정역』은 왜 '목'이라 했을까? 이 대목은 5행보다는 수의 논리로 보아야 천8이 '미목未木'과 대응한다는 것을 알 수 있다.

수의 배열 순서를 중시하는 『정역』의 입장에서 보면, '자'에서 시작한 지지가 여덟 번째에 닿는 곳이 '미未'이다. 미를 8로 삼은 이유는 8이라는 숫자를 5행으로 배당했기 때문이다. 5행에서는 '3·8'이 목인 까닭에 『정역』은 '미목'을 천간인 을목乙木의 8과 대응시킨 것으로 추정된다. 김일부는 천간지지의 수학적 본성에 근거하여 숫자 8이 5행으로 목이기 때문에 '미팔未八'로 불렀던 것이다.[22)]

數 (支)	1 子	2 丑	3 寅	4 卯	5 辰	6 巳	7 午	8 未	9 申	10 酉	11 戌 (空)	12 亥
天干 (→)	己 10	庚	辛 4	壬	癸 6	甲	乙 8	丙	丁 2	戊		
地支 (←)	丑 10	寅	卯 (空)	辰	巳 2	午	未 8	申	酉 4	戌	亥 6	子

낙서의 역생逆生은 1수水로 시작하고, 하도의 도생倒生은 10토로 시작한다. 선천은 11번째의 '술'이 공화空化되고, 축토에서 시작하는 후천은 11번째의 '묘'가 공화된다. 김일부는 직접 언급하지 않았으나, '술토'는 천간 10단계보다 1이 보태지는(10+1) 경우이며, 지지 12단계의 축에서 시작하여 11번째에 '묘팔'이 닿는 것은 1이 덜어지는(12-1) 경우로서 이 둘은 결국 10무극과 1태극이 통일되는 사태를 가리킨 것이라고 말할 수도 있다.[23)]

---

22) 천간과 지지는 공통으로 10, 4, 6, 8, 2가 각각 토, 금, 수 목, 화에 대응한다. 다만 천간이 10→4→6→8→2의 순서로 진행되지만, 지지는 10→2→8→4→6의 순서로 진행한다. 왜냐하면 천간은 戊와 己라는 두 개의 토가 있으나, 후천에 丑으로 시작하는 지지는 辰戌丑未의 네 개의 土를 이루기 때문이다.

23) 한편 낙서는 술토가 歸體되고(12-1=11), 하도 역시 卯八도 歸體되어(12-1) 마침내 지지 10단계와 천간 10단계가 똑같은 질서로 수립된다는 주장이 논리의 비약인지 모르지만, 상세한 검토가 필요한 문제로 보인다.

九二錯綜五元數
구이착종오원수

이 글은 『천기대요天機大要』에도 없는 후천 책력의 구성 원리를 설명하고 있다. 선천은 인월세수寅月歲首였으나, 후천은 묘월卯月로 세수를 사용한다는 것이 핵심이다. 선천이 '갑기甲己' 질서였다면, 후천은 선천과는 거꾸로 '기갑己甲' 질서로 바뀌는 까닭에 하나라 때부터 지금까지 사용해 왔던 인월세수寅月歲首의 전통이 무너지고 새로운 달력이 태어날 것을 예고하였다. 또한 날짜 변경선이 선천의 갑자甲子 중심의 틀이 후천에는 계해癸亥를 으뜸으로 삼는 체계로 바뀐다는 것이다.

己甲夜半에 **生癸亥**하니 **丁卯頭**니라
기갑야반　생계해　　정묘두
庚乙夜半에 **生乙亥**하니 **己卯頭**니라
경을야반　생을해　　기묘두
辛丙夜半에 **生丁亥**하니 **辛卯頭**니라
신병야반　생정해　　신묘두
壬丁夜半에 **生己亥**하니 **癸卯頭**니라
임정야반　생기해　　계묘두
癸戊夜半에 **生辛亥**하니 **乙卯頭**니라
계무야반　생신해　　을묘두

기갑 사이의 야반에 계해가 생기니 정묘로 머리한다.

경을 사이의 야반에 을해가 생기니 기묘로 머리한다.

신병 사이의 야반에 정해가 생기니 신묘로 머리한다.

임정 사이의 야반에 기해가 생기니 계묘로 머리한다.

계무 사이의 야반에 신해가 생기니 을묘로 머리한다.

이 글은 천간의 근본 틀이 바뀜에 의해 시간의 근본적 혁명이 일어나는 경천동지驚天動地의 내용을 담고 있다. 그것은 어떻게 이루어지는가? 양 중심의 메커니즘으로 이루어진 선천 달력이 음 중심의 메커니즘으로 이루어지는 후천 달력으로 바뀐다는 것이다.

선천의 천간지지가 모두 양인 갑자甲子를 머리로 삼던 체계가 후천에는 천간 '기己'를 머리로 삼는 체계로 바뀐다. 선천의 갑기甲己가 후천의 기갑己甲으로 바뀌므로 '기'로 시작하는 날짜[日] 변경선의 천간지지 모두가 음인 계해癸亥로 시작하는 시간[時]으로 바뀌는 동시에, 세수[月] 역시 기년己年과 갑년甲年 사이에는 선천의 인월세수가 후천에는 묘월세수로 바뀐다는 것이다.

특별히 선천의 세수 병인두丙寅頭, 무인두戊寅頭, 경인두庚寅頭, 임인두壬寅頭, 갑인두甲寅頭의 천간 병丙·무戊·경庚·임壬·갑甲과 지지 인寅은 모두 '양'이다. 선천은 양이 앞서가는 세상이라는 뜻이다. 반면에 후천의 정묘두丁卯頭, 기묘두己卯頭, 신묘두辛卯頭, 계묘두癸卯頭, 을묘두乙卯頭의 천간 정丁·기己·신辛·계癸·을乙과 지지 묘卯는 모두 '음'이다.[24] 한마디로 양 위주의 선천이 음 위주의 후천으로 바뀐다는 시간 질서의 근본적 전환 논리가 드러나 있다.

三五錯綜三元數	간지	甲子	丙子	戊子	庚子	壬子	陽
	세수	丙寅	戊寅	庚寅	壬寅	甲寅	
九二錯綜五元數	간지	癸亥	乙亥	丁亥	己亥	辛亥	陰
	세수	丁卯	己卯	辛卯	癸卯	乙卯	

24) 선천이 양을 앞세우는 '천지' 세상이라면, 후천은 음이 앞서가는 '지천' 세상을 뜻한다.

十一歸體詩
십 일 귀 체 시

전통 상수론이 하도의 이상향으로 돌아가야 한다는 과거 회귀형 사유를 잉태했으나, 『정역』은 상극이 몸부림치는 지금이 선천이고, 앞으로 오는 후천은 낙서를 극복하고 하도로 진입한다는 미래 지향형 이상향이다. 하도 선천은 진리의 원형이요, 낙서 후천은 지금의 세상이라는 것이 전통의 하도낙서설이었다면, 『정역』은 이를 뒤집어엎고 낙서가 선천이고 하도가 후천이라는 새로운 이론을 제시하였다.

火入金鄕金入火요 화 입 금 향 금 입 화	화가 금의 고향으로 들어가니 금은 화에게로 들어가고,
金入火鄕火入金을 금 입 화 향 화 입 금	금이 화의 고향으로 들어가니 화는 금으로 드는구나.
火金金火原天道라 화 금 금 화 원 천 도	화금이 금화되는 것은 원래 하늘의 길이로다.
誰遣龍華歲月今고 수 견 용 화 세 월 금	누가 용화세월을 이제야 보냈는고.
政令은 **己庚壬甲丙**이오 정 령 기 경 임 갑 병	정령은 기, 경, 임, 갑, 병이요
呂律은 **戊丁乙癸辛**을 여 율 무 정 을 계 신	여율은 무, 정, 을, 계, 신이로다.
地十爲天天五地요 지 십 위 천 천 오 지	땅의 10은 하늘이 되고, 하늘의 5는 땅이요,
卯兮歸丑戌依申을 묘 혜 귀 축 술 의 신	묘에 축이 돌아오니 술은 신에 의지하는구나.
十은 **十九之中**이니라 십 십 구 지 중	10은 19의 중이요,

九는 **十七之中**이니라 구 십칠지중	9는 17의 중이요,
八은 **十五之中**이니라 팔 십오지중	8은 15의 중이요,
七은 **十三之中**이니라 칠 십삼지중	7은 13의 중이요,
六은 **十一之中**이니라 육 십일지중	6은 11의 중이요,
五는 **一九之中**이니라 오 일구지중	5는 9의 중이요,
四는 **一七之中**이니라 사 일칠지중	4는 7의 중이요,
三은 **一五之中**이니라 삼 일오지중	3은 5의 중이요,
二는 **一三之中**이니라 이 일삼지중	2는 3의 중이요,
一은 **一一之中**이니라 일 일일지중	1은 1과 1의 중이다.
中은 **十十一一之空**이니라 중 십십일일지공	중은 10과 10, 1과 1 사이를 관통하는 공이다.
堯舜之厥中之中이니라 요순지궐중지중	요순의 궐중의 중이요,
孔子之時中之中이니라 공자지시중지중	공자의 시중의 중이요,
一夫所謂包五含六 일부소위포오함육	일부의 소위 5를 포함하고 6을 함축하며,
十退一進之位니라 십퇴일진지위	10은 물러나고 1이 나아가는 자리이다.
小子아 **明聽吾一言**하라 소자 명청오일언	소자들아! 나의 한 마디를 밝게 들어라.
小子아 소자	소자들아!

이 시는 하도와 낙서가 서로의 뿌리라는 전제에서 일정한 시간대에 따라 서로의 임무 교대를 통해 선천이 후천으로 바뀐다는 이치를 읊은

내용이다. 과거에는 하도를 시공의 설계도요, 낙서는 하도의 설계도를 이 현실 공간에 구현하는 시간의 무대라고 인식했다.

그래서 복희씨는 하도에 근거하여 복희팔괘도를 긋고, 문왕은 문왕팔괘도를 긋고 또한 기자는 낙서에 근거하여 홍범구주를 전수했다는 학설이 나타났다. 하지만 김일부는 하도낙서 또는 팔괘도의 역사적 진실보다는 시간의 본성에 근거한 선후천 전환의 문제를 평생의 과업으로 삼았던 것이다.

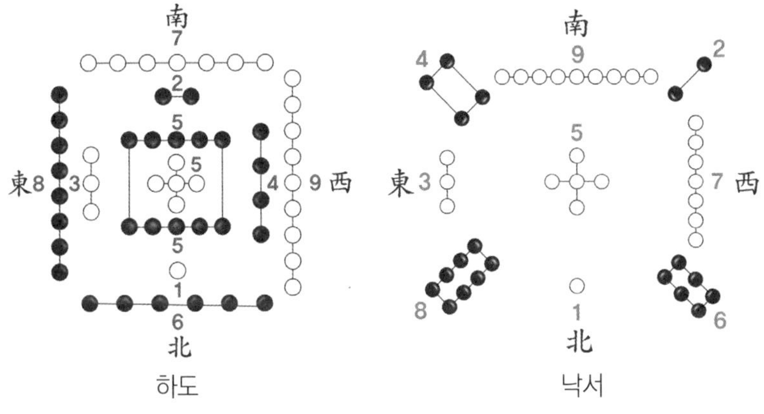

하도 낙서

"화가 금의 고향으로 들어가니 금은 화에게로 들어가고, 금이 화의 고향으로 들어가니 화는 금으로 드는구나.[火入金鄕金入火, 金入火鄕火入金.]" 하도에 근거해서 낙서의 세상이 생겨났으며, 낙서가 다시 원래의 고향으로 돌아가야 용화세월이 수립된다는 뜻이다. 따라서 하도는 생명의 시원처인 동시에 귀결처요, 낙서는 하도의 목표를 달성하기 위한 과정이다. 하도가 상생이라면, 낙서는 상극이다. 상생은 상극이 아니면 현실에 구현될 수 없고, 상극은 상생이 아니면 돌아갈 곳이 없다. 상생이 본체라면, 상극은 작용이다. 본체와 작용은 몸과 몸짓의 관계와 같다. 몸이 없으면 몸짓은 불가능하며, 몸짓이 없으면 몸은 존립할 수 없기 때문이다.

『정역』은 매년 똑같이 이루어지는 사계절의 반복형 순환 논리와는 다르게, 우주의 여름에서 가을로 넘어가는 특정 시기에 선후천 전환이 일어난다는 제3의 논리가 개입되어 있다. 하도낙서의 관계에서 보면 낙서는 금화가 뒤바뀌어 있으나, 선후천 전환은 화가 금의 집으로 들어가고, 금이 다시 화의 집으로 들어가는 과정을 통해 하도로 귀향한다. 이것이 바로 하도낙서를 바라보는 전통 학설과 『정역』의 근본적 차이점이다.

그런데 낙서 상극을 극복하고 하도 상생이 펼쳐지는 우주 원리는 하늘에 새겨진 법도[原天道]라는 것이다. 원천은 두 가지 뜻이 있다. 하나는 원래의 천도라는 뜻과 다른 하나는 선천과 후천을 관통하는 것이 진정한 의미의 천도라는 뜻이다. 원천이란 소극적 의미의 원래의 하늘과 함께 하도와 낙서를 동시에 함축함은 물론 낙서 선천이 하도 후천으로 뒤바뀌는 원천 정보를 내포하고 있다는 적극적 의미가 있다. '원천'은 선천과 후천을 관통하는 하늘이라는 뜻이며, '원천도'란 선후천을 관통하는 시간의 본성을 의미한다.

『정역』의 핵심은 과거에 뿌리를 둔 현재의 낙서 선천이 자연의 시간혁명을 통해 미래의 하도 후천으로 전환된다는 것에 있다. 특히 과거의 '있던' 원래 하늘의 질서에 의거하여 '있는' 현재의 낙서로 전개되고, 그것은 다시 미래의 '있을' 용화세월이 다가온다는 뜻이다.

'원천도'를 시간의 본성으로 말하면 선천 낙서의 세상은 지상의 시간이고, 앞으로 도래할 후천 하도의 세상은 천상의 시간이라 할 수 있다. 후천은 천상의 시간이 지상에서 펼쳐진다는 점에서 『정역』은 미래의 희망으로 가득 찬 인류 구원과 직결된 진리관의 형태를 띤다. 이처럼 천국의 시간이 펼쳐지는 후천을 용화세월로 호칭한 것이다.

용화세월은 불교가 꿈꾸는 유토피아 세상이다. 『정역』은 미륵불이 출세함으로 인해 인류에게 진정한 해방과 평화가 도래한다는 외침에 그치지 않고, 용화세월이 오는 이치를 밝히고 있는 점에서 희망과 구원의 철학 또는 시간관이라 할 수 있다. 불교는 미륵의 출세를 통해 용화세월이 온다고 말하지만, 『정역』은 미륵을 구체적으로 언급하지 않았다. 오로지 용화세월이 어떻게 오는가의 이치를 밝히고 있을 따름이다.

'누구[誰]'는 용화세월을 가져오는 주인공은 무엇인가를 묻는 물음이다. 그것은 비인격성의 우주 원리가 저절로 작동하여 용화세월의 기반이 형성되었다는 말인가? 용화세월은 조화옹의 손길로 빚어진다는 뜻인가? 그 주체는 우주의 이법 자체라기보다는 시공을 주재하는 조화옹일 것이다.

『정역』은 후천이 오는 이치와 조화옹의 섭리를 강조한 곳이 많은데, 여기서는 후자의 성격이 강한 것으로 보인다. 조화옹은 우주 이법과 '하나'되어 시공의 법칙을 주재하는 까닭에 생명의 영속을 감독하는 인격성을 지닌 최고신이다. 용화세월은 조화옹의 손길과 우주 이법의 결합으로 인해 다가오는 시공의 완결판이라 하겠다.

김일부가 꿈꾸는 용화 세월은 언제 어떻게 오는가? 그것은 금화교역이 전제되어야 가능하다. 낙서의 금화가 하도의 화금으로 바뀌어야 한다는 뜻이다. '금→화'가 선천 낙서의 논리라면, '화→금'은 만물을 팽창시키던 남방의 뜨거운 불 기운을 서방의 서늘한 금 기운이 감싸 안고 수렴시키는 과정을 통해 선천 상극을 상생의 후천으로 뒤바꾸는 이치를 뜻한다. 만일 금화교역이 없다면 용화세월은 하나의 허상에 불과한 이념일 것이다. 금화교역은 존재 차원의 3극의 역동적 전환 원리가 생성 차원에서 자연의 혁명을 일으키는 힘의 질서로 나타나는 거대한 사건이다.

유교는 '지금 여기에서' 도덕적 이상이 구현되는 공동체를 겨냥하였다. 대동사회가 실현된 적이 거의 없다는 사실은 유교사에서 발견하기 어렵지 않다. 현재는 비록 대동사회가 아닐지라도 미래에 반드시 구현되어야 마땅하다는 희망을 제시하였다. 그러니까 유교는 이미 지나간 요순의 태평 성대가 모범이라는 과거로의 회귀를 지향하는 이념을 중시여겼다. 반면에 불교의 용화 세월은 과거와 현재보다는 미래에 무게가 실려 있는 유토피아라 할 수 있다.

불교는 아무 것도 없는 텅빈 곳[空]에서 만물을 생겨나게 하고, 온 세상에 널리 퍼져 있다는 생명의 '공'을 '텅빈 충만'으로 규정했다. 『정역』의 중中은 허공虛空과 만공滿空을 포섭할 뿐만 아니라 자연 전체를 관통하는 수학적 본성으로 부각되었고, 더 나아가 과거와 현재와 미래를 관통하는 시간에 대한 선후천 변화를 보증하는 선험적 우주 정보로 대두되었다.

선천의 사유는 공空을 중시여겼으나, 『정역』은 선천의 드러난 질서[1태극, 一一之中 = 空]를 포함하여 앞으로 드러날 후천 10무극[十十一一之空]의 경계까지도 함축하였다. 그것은 요순의 중용과 공자의 시중을 너머 하도와 낙서를 하나로 통일한 시간의 궁극적 본성[時中]을 '포오함육'이라고 밝힌 것이다. 김일부가 말하는 시중은 불교의 '공'보다 훨씬 범위가 넓고 더 근원적이고 심층적인 근거일 뿐만 아니라, 공자의 '시중'은 선후천관이 부재한다는 한계를 비판한 것이다.

왜냐하면 요순의 중용과 공자의 시중이 선천에 통용되던 시간의 축이라면, 『정역』의 시중은 선후천을 관통하는 시간의 본성을 뜻하기 때문이다. 1은 선천의 시작이고, 10은 선천의 목적지인 동시에 후천의 시작을 상징한다. 과거에는 1부터 9까지의 중앙에 있는 5토가 만물을 주재하는 중용이라고 보았다. 『정역』은 10으로 시작하는 하도와 1로 시작하는 낙서를 하나의 논리로 꿰뚫는 '포오함육'의 시중時中에 근거하여 선후천 변화에 대한 교두보를 확보했던 것이다. 『정역』의 '시중時中'은 낙서의 중용과 하도의 중용을 융합한 5와 6[包五含六]이 창조적 변화[造化]를 일으켜 만물을 용화세월로 인도하는 시공의 수학적 근거라 할 수 있다.

김일부, 시간의 문을 두드리다

시간이란 무엇인가? 시간은 인류의 지혜가 낳은 불멸의 화두이다. 김일부가 말하는 시중은 시간의 공간화 개념인가? 혹은 철학자들이 말하는 시간의 근거는 정신과 의식에 있다는 것인가? 또는 시간은 객관적으로 존재한다는 물리학자의 시간을 뜻하는가?

그리스의 철학자 제논(Xenon: BCE 490-BCE 430)이 "날아가는 화살은 날지 않는다"고 외친 이후, 학자들은 시간을 '화살'에 빗대어 설명하는 경우가 많았다. 제논은 화살의 궤적을 공간 위에 점으로 표시할 수 있다는 전제에서 출발한다. 어떤 점과 점 사이는 무한한 점으로 이루어졌기 때문에 결국 화살은 무한한 점을 통과하지 못하고 제자리에 멈추어 서 있을 수밖에 없다는 결론이다. 제논의 이론은 일종의 궤변에 불과하다. 만약 화살이 날지 않는다면 누구도 자신의 심장을 화살 과녁으로 내맡길 수도 있기 때문이다.

프랑스의 앙리 베르그송(Henri Bergson: 1859-1941)은 시간이란 결코 종이 위에 점으로 표시할 수 없다고 선언했다. 그는 시간의 공간화에 대한 개념을 반대하고 시간 자체의 '순수 지속'을 제시함으로써 시간의 해석에 대한 새로운 길을 열었다. 시간을 공간 좌표 위에 가두었던 오류에 대한 비판이다. 시간의 공간화에 대한 비판은 물리학자 아인슈타인에게도 적용되었다. 빛의 속도처럼, 객관적으로 존재하는 시간의 실재성을 믿었던 아인슈타인은 베르그송의 심리적·주관적 태도를 배격했다. 아우구스티누스 이후의 철학자들에 의하면, 시간은 바로 '정신' 곧 이성이나 의식이라는 프리즘을 통해 드러난 것이라고 말한다.[25] 인

25) ① 『書經』「虞書」"大禹謨", "天之曆數在汝躬, 汝終陟元后. 人心惟危, 道心惟微, 惟精惟一, 允執厥中." ② 『論語』「堯曰」, "天之曆數在爾躬, 允執厥中. 四海困窮, 天祿永終." 시간의 선험적 질서를 뜻하는 하늘에 새겨진 역법의 이치[天之曆數]가 네 몸에 갖추어져 있다[在汝躬, 在爾躬.]는 말은 시간의 근거를 자신의 주체성(본성)에서 찾으라는 해석에만 초점을 맞추면 『正易』은

간의 의식에 투영된 시간의 그림자, 즉 시간 인식론에 집중하는 동안 실험과 관찰을 통해 얻은 과학자들의 '객관적인 시간'과는 점점 멀어지는 결과를 가져왔다. 결국 시간성이란 직관의 대상이지 처음부터 과학적 분석의 대상이 아니라는 뜻이다.

물리학자들을 제외한 철학자들이 말하는 시간의 근거는 '정신'에 있다는 것이다. 물리학자들이 말하는 시간의 근거는 계량 가능한 '운동(movement)'이며, 철학자들이 주장하는 시간의 근거는 일종의 내면적 지속을 의미하는 '변화(change)'이다. 이러한 변화야말로 시간의 고유한 속성이라는 것을 의미한다.

변화는 '변하지 않는 무엇', 즉 '자기 동일성'이 전제되지 않으면 안 되고, 자기 동일성은 '연속성'과 '통일성'이 밑받침되어 있다. '연속성'과 '통일성'은 시간의 핵심 특성이다. 예컨대 '있었던' 과거가 '있는' 현재로 와서, 다시 '있을' 미래로 흘러가는 연속성이 곧 자기 동일성의 명백한 증거이다. 자기 동일성이란 시간 속에서 변화하는 가운데 '항구불변성 자체'임을 주장할 수 있는 필연적이며 당위적인 근거를 뜻한다. 그런데 공간에서 자기 동일성이 필요한 근거가 '동시성'이라면, 시간에서 자기 동일성을 유지하는 데 필요한 근거는 연속성이다.

'변화한다'는 술어 속에는 시간의 진정한 비밀이 깃들어 있다. 그러면 시간이 '흘러간다'와 '변화한다'의 차이점은 무엇일까? 전자는 '어디에서 흘러와' '어디로 흘러간다'는 공간적 의미가 내포되어 있다. 그러나 '변화한다'는 '무엇에서' '무엇으로' 변한다는 시간적 개념만이

스스로 모순을 일으킨다. 시간의 근거를 인간 주체성에서만 찾을 경우는 시간에 대한 인식론의 함정에 빠질 수 있기 때문이다. 역법의 이치를 부여한 하늘 자체를 배제하는 논의는 곧 인본주의 성격을 띨 수밖에 없다. 우주의 객관적 이치를 '仁義禮智'라는 四德(四象)의 구조를 바탕으로 재구성한 하늘의 역법 질서가 바로 시간이라는 주장은 인간의 주관성에 의존한다는 한계에 부딪칠 수밖에 없다. 실제로 1년 $365\frac{1}{4}$일이 1년 360일로 바뀌는 역법 체계에 대해서는 속수무책이기 때문이다.

들어 있을 뿐이다. 그러니까 시간의 핵심은 '흐름(운동)'이 아니라 '변화'인 것이다. 다시 말해서 물리적 시간의 근거가 '운동'이라면, 철학적·존재론적 시간의 근거는 '변화'인 셈이다. 따라서 변화는 공간적으로 나뉠 수 없는, 즉 분할이 불가능한 지속 그 자체인 것이다. 흔히 시간과 공간이 만나는 지점, 즉 시공간 개념을 '운동'이라고 말하지만, 시간과 공간은 애당초 만날 수 없는 '차원이 다른 개념'이었다.

물리학의 발전에 따라 뉴턴의 절대 공간과 절대 시간 대신에 상대성 원리가 자리 잡게 되면서부터 시공간은 시간에 대한 가장 일반적인 설명 방식의 하나가 되었다. 그러나 그것은 운동에 대한 설명은 될지언정 시간 자체에 대한 이론은 아니다. 베르그송은 '제논의 날지 않는 화살'에 의거한 시간관이나 아인슈타인을 비롯한 물리학자들의 오류는 시간을 공간화한데서 나온 것이라 말했다. 한마디로 물리학자들은 '운동'을 시간화하는 오류를 범했다고 말해야 옳다.[26)]

『정역』은 타원궤도로 돌던 지구가 360° 정원궤도로 도는 공간의 정상화와 1년 $365\frac{1}{4}$일의 윤력閏曆이 1년 360일의 정력正曆으로 바뀌는 360수 중심의 시공 통합을 겨냥하였다. 그러나 시공의 진정한 통합은 '후천'에 이르러야 비로소 가능하다. 왜냐하면 오늘의 시점은 시공이 통합되는 과정에 있다는 것이 『정역』의 입장이기 때문이다. 김일부는 비록 시간과 공간의 본질이 동일하다는 말을 하지 않았으나, 선천은 시간의 공간적 전개가 특정 시간대에 따라 다르게 나타난다고 말했다.

복희팔괘도와 문왕팔괘도의 출현이 바로 그것이다. 전자가 생명 탄생의 원리라면, 후자는 생명이 성장 발전하는 원리를 표상한다. 그렇다면 지금의 문명이 극도로 타락한 원인은 어디에 있는가? 문왕팔괘도가 시사하듯이, 자연 생태계의 극심한 오염을 비롯한 기후 위기 등은 어떻게

---

26) 김영현, 『그래, 흘러가는 시간을 어쩌자고』(사회평론, 2014), 16-175쪽 참조.

설명될 수 있을까? 복희팔괘도와 문왕팔괘도가 시간의 흐름에 따른 선천 공간의 전개 방식이라면, 정역팔괘도는 혹시 시공의 본성에 새겨진 정보에서 비롯된 기후 위기와 전염병 확산 등의 팬데믹을 넘어 후천이 오는 징조를 상징하는 것은 아닐까?

괘도가 서양 시간관이 말하는 시간의 공간화 방식이라면, 하도낙서는 시간의 전개 방식을 얘기한 것이다. 그리고 미래에 일어날 시간과 공간의 융합을 하나의 도표로 묘사한 것이 바로 금화정역도金火正易圖이다. 금화정역도는 시공의 통합이 이루어지기 위해서는 역법 혁명을 통해 달력 체제가 근본적으로 바뀌는 이치를 천간지지[時間]와 8괘[空間]를 융합한 형식으로 이루어져 있다.

선천 1년 $365\frac{1}{4}$일이 후천 1년 360일로 변화하기 위해서는 1년 $365\frac{1}{4}$일과 1년 360일이 시간에 대한 자기 동일성의 두 얼굴이라는 사실이 전제되어야 마땅하다. $365\frac{1}{4}$과 360이 비록 시간의 비연속성으로 보일지라도 선천이 후천으로 바뀔 즈음에 $5\frac{1}{4}$일이 탈락되는 현상은 시간의 '통일성'을 이루기 위한 몸짓일 뿐이라는 해석이 가능하다.

그러면 『정역』은 시간의 '자기 동일성'을 어떻게 얘기하는가? 그것은 '십십일일지공++--之空'의 시중時中에서 찾을 수 있다. 10으로 시작하는 하도와, 1로 시작하는 낙서를 꿰뚫는 시간의 자기 동일성이 곧 시중의 본성이라는 것이다. 10 또는 1로 시작하는 하도와 낙서는 엄지손가락을 굽힌 형상이 똑같다는 점이 곧 시간에 대한 자기 동일성의 증거이다.

한편 엄지손가락 반대편의 새끼손가락은 하도에서는 6, 낙서에서는 5이다. 새끼손가락을 펴거나 굽힌 형상, 즉 '포오함육包五含六'의 시중에 의해 선천이 후천으로 전환되는 핵심을 표상한다. 이런 의미에서 제논의 '날지 않는 화살'은 『정역』의 '시중'에 의해 비로소 날기 시작했다고 해도 과언이 아니다.

용화세월은 조화옹의 의지와 우주의 이법이 톱니바퀴처럼 맞물려 이루어지는데, 이 문제를 김일부는 정령政令과 율려律呂의 문제로 풀어나간다. 정령과 율려는 무엇이고, 이들을 콘트롤하는 기己와 무戊는 무엇인가? 김정현은 무기토와 정령 · 율려의 관계를 다음과 같이 말한다.

"기己와 무戊가 천지를 주재하는데, '기'는 경 · 임 · 갑 · 병의 아버지로서 양의 위치에서 정사를 행한다. '무'는 을 · 정 · 계 · 신의 어머니로서 음의 위치를 이어받아 여율을 조절한다. '기'는 본래 땅의 수이지만 하늘의 자리에 있으면서 선후천을 통어하고, '무'는 실제로 하늘의 수이지만 땅의 자리에 존재하면서 능히 길러서 완성하는 도를 행한다."[27]

주역사에서 김일부를 조명할 경우에, 그는 소강절 계열의 4상론자가 아니라, 5행론자에 속한다.[28] 왜냐하면 시간의 공간화를 의미하는 '경·임·갑·병'의 정령과 '정·을·계·신'의 여율을 총괄하는 토土 중심 사유를 펼친 사상가라고 평가할 수 있기 때문이다.

정령은 뜨거운 해와 차가운 달의 '겉' 작용이 만물에 미치는 영향력이고, 율려는 해와 달의 '속' 작용이 만물에 미치는 힘의 율동을 가리킨다. 정령은 태음태양의 혼백魂魄과 기체氣體가 '경 · 임 · 갑 · 병'의 메카니즘으로 움직이는 하늘의 정사[天政]이다.

여율은 정령의 파트너로서 '정 · 을 · 계 · 신'의 율동으로 움직이는 땅 정사[地政]를 가리킨다. 수지도수로 보면 정령의 '기己 · 경庚 · 임壬'은 첫째 · 둘째 · 넷째손가락(1 · 2 · 4/엄지 · 식지 · 약지)을 굽힌 것이고, '갑甲 · 병丙'은 여섯째 · 여덟째손가락(6 · 8/소지 · 중지)을 편 형상이다. 이를 도표로 만들면 천지의 겉과 속이 곧 정령과 율려라는 사실을 알기 쉽다.

---

27) 『正易註義』, "己戊者, 天地之主宰, 而己爲庚壬甲丙之父, 居陽位而行政焉. 戊爲乙丁癸辛之母, 襲陰位而調呂律焉. 己本地數而居天位, 通御先后天. 戊實天數而居地位, 能行養成之道."
28) 『正易』「十五一言」, "戊位 … 后天水金 太陰之母. 己位 … 先天火木 太陽之父. … 太陰, 一水之魂 四金之魄. … 太陽, 七火之氣, 八木之體."

구분	天地	구성	손가락[數중심]	본질
政令	天政 (己位 : 无極)	(己)庚壬 : 一水之魂, 四金之魄 甲丙 : 七火之氣, 八木之體	1·2·4 : 屈 6·8 : 伸	태양태음의 겉
呂律	地政 (戊位 : 皇極)	(戊)丁乙 : 二火三木, 分而影而呂 癸辛 : 六水九金, 會而潤而律	10·9·7 : 伸 5·3 : 屈	태양태음의 속

정령과 여율의 수지도수

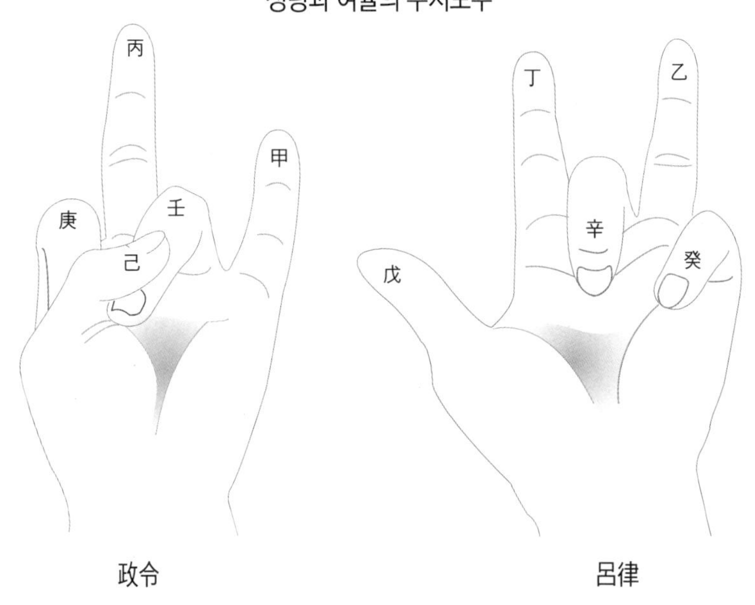

선천은 하늘 정사인 정령이 지배했다면, 후천은 정령이 물러나고 여율이 주도하는 땅 정사로 바뀐다. 선천을 주름잡던 태양태음의 정령(겉)의 역할에 종지부를 찍고, 태양태음의 여율(속)에게 그 임무를 넘기는 사건, 즉 본체가 작용으로 바뀌는 동시에 작용이 본체로 바뀌어 자연과 시간의 혁명이 일어난다는 것이 바로 '십일귀체'의 종지인 것이다.

무극과 황극, 정령과 율려, 태양태음의 겉과 속, 본체와 작용, 상생과 상극의 역전은 역법과 시간의 구조에 근본적인 혁명을 일으킨다. 천지 질서의 극적인 혁신은 하늘 위주의 천지비天地否(䷋)에서 땅 위주의 지천태地天泰(䷊)의 형상으로 남북이 바뀐다.[29] 선천이 하늘, 아버지, 양陽, 남성 위주의 상극 세상이라면 후천은 땅, 어머니, 음陰, 여성 위주의 세상이다.

그것은 시공 질서의 재편성으로 귀결된다. 1로 시작한 양 위주의 선천이 후천에는 음 위주로 바뀌는 까닭에 낙서 9수의 극한을 넘어 하도의 짝수 10수로 완수되고[地十爲天], 하늘은 도리어 선천에 땅이 차지했던 5수로 내려앉는다[天五地]는 것이다. 천지는 선후천을 통틀어 5토와 10토가 지배하는데, 선천에는 10토 본체가 은폐된 상태에서 5토 중심으로 움직이고, 후천은 본체와 작용의 역전에 의해 짝수 10토가 겉으로 드러나는 반면에 홀수 5는 은폐되어 본체로 환원된다는 것이다.

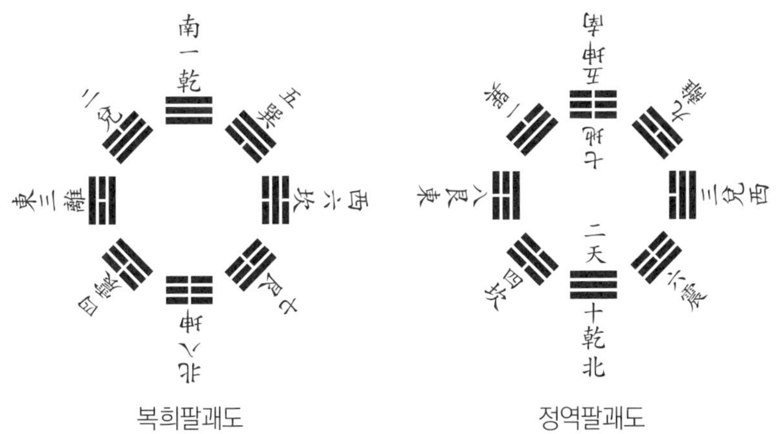

복희팔괘도　　정역팔괘도

김일부는 하늘과 땅의 질서에 뒤바꿈이 일어나는 과정을 수지도수로 해명하고, 그 근거를 시간의 본성[時中]에서 찾고 선후천 전환이 일어나는 이법을 손가락 셈법으로 논증했다. 다섯 손가락은 5행을 상징한다. 김일부는 굽히는 것은 양陽, 펴는 것은 음陰이라는 원칙에서 시간의 구조

29) 『周易』 11번이 地天泰(䷊)이며, "十一歸體詩"의 10과 1을 합하면 11이 된다. 이는 우연일까, 필연일까?

와 율동을 천간지지의 음양오행 법칙으로 설명하였다.

땅의 기토가 엄지손가락으로 올라와 하늘의 10이 되고[地十爲天], 무오토戊五土는 땅의 10자리로 내려가 하늘의 5가 된다[天五地]. 10기토와 5무토가 후천의 하늘땅으로 올바른 위치에 바로서는 사건[天地正位]을 의미한다. 그것은 정역팔괘도에서 십건천十乾天이 북방 지위地位로 옮기는 것이 곧 '지십위천地十爲天'이며, 오곤지五坤地는 남방의 천위天位로 옮기기 때문에 '천오지天五地'라 이름붙인 것이다. 선천 복희팔괘도는 건남곤북乾南坤北의 형상(䷋)으로 위치가 정해진[定位] 반면에, 후천 정역팔괘도는 건북곤남乾北坤南의 새로운 공간 좌표로 바로잡히는 질서[正位]를 형상화한 것(䷊)이다.

동양의 시간관은 천간지지에 압축되어 있다. 천간은 천상의 시간을, 지지는 지상의 시간을 대표한다. 천상과 지상의 시간표를 결합한 것이 바로 60간지인 것이다. 김일부는 체용의 전환에 의해 천지의 위상이 바뀌는 이치를 천간지지의 구조가 바뀌는 방식으로 설명하였다.

선천 역법은 양陽의 천간 갑甲과 지지 자子가 결합된 갑자甲子에서 시작하는 체계인데 반해서, 후천은 음陰 위주로 바뀌는 까닭에 선천의 갑甲 대신에 기己로 시작하는 질서로 바뀐다. 선천의 '갑, 을, 병, 정, 무, 기, 경, 신, 임, 계'의 순서가 '기, 경. 신, 임, 계, 갑, 을, 병, 정, 무'로 시작하는 시스템으로 바뀐다. 천간이 바뀌면 지지도 바뀌기 마련이다. 지지 역시 음으로 시작되야 하므로 '자' 대신에 '축'이 등장한다.[30] 기축己丑은

30) 천간은 선천의 '갑-기' 질서에서 후천의 '기-갑'으로 바뀐다. 하지만 지지는 자, 축, 인, 묘, 진, 사, 오, 미, 신, 유, 술, 해로 끝나는 곳에서 다시 시작하는 '終始'의 원칙이 적용된다. 그리고 선천의 3元 운동이 후천의 5元 운동으로 바뀐다. 이것을 수지도수로 보면, 열 번째 酉는 손가락이 모두 펴진 상태이며, 다시 굽히기 시작하면서 戌과 亥에 닿는다. 둘째손가락이 굽혀진 상태에서 다시 亥를 거듭해 부르면서 거꾸로 펴기 시작하면[終始] '亥, 子, 丑, 寅, 卯'의 5元이 성립한다. 엄지손가락을 굽히면 천간은 己, 지지는 丑이 성립한다. 이때 기와 축 모두는 음이다. 선천이 갑과 자로 시작하는 陽의 세상였다면, 후천은 기와 축으로 시작하는 陰의 세상인 것이다.

10토, 무술戊戌은 5토이기 때문이다.

선천	甲	乙	丙	丁	戊	己	庚	辛	壬	癸
手指	1	2	3	4	5	6	7	8	9	10
후천	己	庚	辛	壬	癸	甲	乙	丙	丁	戊
手指	10	9	8	7	6	5	4	3	2	1
	地十爲天					天五(爲)地				

선천과 후천의 수지도수

선천의 6 자리에 있던 기己가 자연의 혁명을 통해 1 자리로 올라가 10의 하늘[天]이 되고, 선천 5자리의 무戊는 땅[地]의 10 자리로 내려가는 것은 자명한 이치이다. 선천의 '갑-기' 질서가 후천의 '기-갑' 질서, 즉 하늘과 땅의 위상이 바뀌어 복희팔괘도의 천지비天地否(䷋)가 정역팔괘도의 지천태地天泰(䷊)로 바뀐다.

"묘에 축이 돌아오니 술은 신에 의지하는구나[卯兮歸丑戌依申]"라는 말은 무슨 뜻인가? 이 문제를 푸는 방식은 크게 두 가지가 있다. 하나는 천문학의 '천도좌선天道左旋, 지도우선地道右旋'의 원칙과, 다른 하나는 『정역』 특유의 시공의 정상화 과정에서 $365\frac{1}{4}$일이 360일로 바뀌어 $5\frac{1}{4}$일이라는 시간의 꼬리가 탈락되는[空化] '마이너스(뺄셈)' 방식이 바로 그것이다.

수	10	9	8	7	6	5	4	3	2	1	12	11	→
地道	축	자	해	술	유	신	미	오	사	진	묘	인	右旋
수	1	2	3	4	5	6	7	8	9	10	11	12	→
天道	자	축	인	묘	진	사	오	미	신	유	술	해	左旋

地道의 右旋과 天道의 左旋

시공의 정상화란 무엇인가? 선천이 후천으로 바뀌면 역법 체계의 근본적 전환이 일어나 시공이 360을 동일한 표준으로 삼는 것을 뜻한다.

현행의 태음태양력 혼용 체계가 태양력 중심으로 재편되는 것처럼, 천간지지에서 천간의 10수 중심으로 재편된다.[31] 12지지에서 좌선과 우선을 막론하고 열 한 번째 자리에서 무극과 황극과 태극이 하나로 통일되는 '십일귀체'가 이루어져 술戌과 묘卯가 공화되는[戌五空, 卯八空.] 현상이 생긴다.[32] 천간에서 무와 기라는 두 개의 토가 중앙에 위치하는 것처럼, 지지에서는 축토와 미토 이외에도 진토와 술토의 네 개의 토를 중심으로 사방에 4개의 금목수화가 존재하기 때문이다.

이 시의 주제는 '십일귀체十一歸體'란 말에서 알 수 있듯이 10토와 1수, 10무극과 1태극이 하나로 통일됨으로써 시간과 공간이 360수의 범주로 동일화되는 사태를 뜻한다. 이는 무극의 겉과 황극의 속이 뒤바뀌는 본체와 작용의 역전을 통해 가능하다.[33] 그것은 시간의 본성[時中]이 민낯을 드러내는 시간대에 극적으로 나타난다.

사전적 의미의 '시중'은 어느 시대나 상황을 막론하고 넘치거나 모자라지 않는 중용에 대한 인식과 실천[過猶不及]의 일치를 가리킨다. 그러나 김일부는 중용의 도덕적 의미보다는 시중 자체에 대한 성찰을 통해 시간의 본성을 읽어내려고 꾀하였다. 과거에는 주어진 여건에 부합하는 행위를 시중이라 했던 까닭에 시간 자체에 대한 물음은 깊게 천착하지 않았다는 반성이다.

후천 지축도

31) 이 문제는 보다 심층적인 연구가 보완 진행되어야 할 것이다.
32) 戌은 5토이고, 卯는 8木이기 때문이다.
33) 김용규, 『서양문명을 읽는 코드, 신』(휴머니스트, 2010), 153쪽 참조, "존재란 생성과 작용의 '탈시간화'된 모습이고, 생성과 작용이란 존재의 '시간화'된 모습에 불과하다. 불변이란 변화의 탈시간화된 현상이고, 변화란 불변의 시간화된 현상일 뿐이다. 시간을 매개로 서로 대립하는 두 개념이 하나로 종합된 것이다."

시간의 영혼을 노래한 캐나다의 수필가 듀드니(Christopher Dewdney: 1951~현재)는 "시간이란 만물의 중심에서 동시에 솟아나며, 시간의 화살은 동시에 모든 곳을 향하며, 삼라만상은 시간과 함께 빛난다."[34]고 말한 바 있다. '시중'에 대한 김일부의 통찰은 매우 간단명료하다. 그는 시간을 과거와 현재와 미래를 낳는 생명 활동의 모체이며, 만물의 중심에서 선후천 변화를 주도하는 질서의 창고라고 인식했던 것이다.

유교는 인간에게 내린 시간의 선물을 시중時中이라고 했다. 그러나 김일부는 차안(선천)과 피안(후천)을 관통하는 시간의 신비스런 손길을 들여다보고 시간의 DNA를 분석하여 그 결과물을 『정역』으로 내놓았다. 그는 시간 흐름을 주도하는 실체를 사주四柱 형식을 빌려 해명했다. 그리고 선후천 변화에 대한 논증 역시 손가락 셈법에 의존하여 시간의 구조를 심층적으로 해부했던 것이다.

皇中, 선후천의 중용

김일부는 선천이 후천으로 전환되는 근거를 우주론의 입장에서 皇極이라 했고, 시간관의 입장에서는 황극을 時中 또는 皇中이라 불렀다. 그가 시중과 황중을 도입한 이유는 황극이 하나의 수로 고정화될 우려와 함께 수의 질서에 시간의 순환성과 지속성을 주입시키고[時中], 더 나아가 선천의 天心을 후천의 皇心으로 뒤바뀌게 하는 징검다리를 과거의 시중과 차별화시키려는 의도에서 황중이라 불렀던 것이다.

地雷復卦는 "復에서 천지의 마음을 볼 수 있다[復, 其見天地之心乎!]"라고 말하여 天心이 선천을 지배했다고 했으나, 김일부는 이러한 하늘의 마음[天心의 中]이 후천에는 皇中으로 전환되어 皇心을 드러낸다고 말했다.

34) 크리스토퍼 듀드니 지음/진우기 옮김, 『세상의 혼 -시간을 말하다』(예원미디어, 2010), 373쪽.

김일부는 선후천 전환을 수지도수手指度數의 방법으로 설명한다. 그는 열 개의 손가락만큼 시간의 근본적 변화를 헤아리는 간편함과 명료성이 없다고 판단하여 수지도수의 방법론을 소중하게 여겼다.[35] 그리고 괘도의 변천은 물론 3극론과 6갑 조직의 근본적 변화 등의 이론들 사이에 벌어질 수 있는 충돌을 수지도수로 일치시키는 치밀한 사유를 보여주었다.

선후천 변화의 필연성을 밝히는 수지도수의 특징은 무엇인가? 천간지지의 변화를 열 손가락으로 셈하는 수지도수는 선후천 변화의 원리와 과정을 밝히는 데 장점이 있다. 수지도수의 핵심에는 중中과 시중時中의 문제가 자리잡고 있다. 그러면 중과 시중時中은 어떻게 다른가? 중과 시중에 대한 해석에서 의리역학과 상수역학은 서로 다른 입장을 취한다. 의리 역학자들은 '중'을 윤리 도덕과 가치의 보편성이라고 했으며, '시중'은 어떤 상황에서든 시공의 법칙에 꼭 들어맞는 중용의 법도로 인식했다.

반면에 상수 역학자들은 우주의 탄생과 진화는 수의 질서로 생성변화하며, 특히 이러한 수의 체계를 유지하는 신비의 수로 알려진 5의 위상과 역할에 주목하였다. 그들은 1에서 10까지의 수 가운데 유독 5만이 중과 시중 모두를 함축하는 것으로 이해했다. 왜냐하면 생수生數 1은 5를 얻어 성수成數 6이 되고, 생수 2는 5를 얻어 성수 7이 되어 만물을 낳아[生] 이루도록[成] 하는 중심축이기 때문이다. 바꾸어 말하면 5가 없으면 생수와 성수는 아예 존립 근거가 없다는 것이다. 여기서 우리는 김일부가 후자에 주목하여 기존의 중과 시중을 넘어서는 황중을 창안했던 이유를 알 수 있다.

과거에는 중中을 산술적 평균으로 사용했다면, 김일부가 새롭게 발견한 중中은 어떤 수 A와 B 사이의 중심에서 양자의 차이와 함께 역동적

---

35) 『正易』「十五一言」, "天四地六, 天五地五, 天六地四. 天地之度, 數止乎十."

평형의 통일을 이루는 의미의 시중時中이 더욱 부각되었다. 그만큼 변화와 시간을 중시했다는 뜻이다. 예컨대 산술적인 의미에서 11의 중앙은 분명코 5.5이다. 하지만 1.1, 1.2, 1.3, … ∞, 2라는 수식에 나타난 것처럼, 1과 2 사이에는 수많은 수가 존재한다는 것은 곧 1과 11 사이에도 수많은 틈이 있으며, 이는 요동치는 에너지의 파동과 힘이 그 틈을 가득 채우고 있음을 의미한다.

따라서 11의 중앙인 5.5는 사이(틈)에 존재하는 운동을 설명하기에 한계가 있는 고정된(죽은) 중中이라면, 6은 살아 있는 시중을 가리킨다. 이처럼 김일부는 살아 있는 중으로서의 시중을 발견한 것이다. 즉 1과 11 사이에 존재하는 힘의 물결이 서로 균형과 평형을 이루려고 끊임없이 움직이는 역동적인 시간의 본성이 곧 6이라는 것이다. 전자가 하드 수학(Hard Mathematics)에서 말하는 정태적인 중심을 뜻한다면, 후자는 1과 11 사이의 '틈'을 가득 채우는 운동과 변화가 곧 진정한 수의 질서라는 소프트 수학(Soft Mathematics)을 뜻한다.

A와 B 사이에는 모든 이원성을 담지하면서 A와 B의 대립과 차별을 결정짓는 틈이 존재한다. 이는 A와 B 사이의 긴장 속에서 모든 것들이 생성소멸하고 변화한다는 것을 시사한다. 전통 철학이 간과했던 '사이[間]'의 중요성이 소강절에 의해 부활되었다. 소강절은 천지인天地人의 근원을 '한 번은 움직이고 한 번은 고요한 사이에 존재하는 것[一動一靜之間者]'이라고 표현하여 주렴계周濂溪가 말하는 태극을 고정된 불변의 존재로 인식하지 않고, 음과 양 사이에 벌어진 틈(사이= 間)을 메꾸면서 힘차게 운동하는 것을 만물의 본원으로 규정하여 우주를 역동적인 세계로 파악하였다.[36] 틈이 없다면 운동을 측정할 수 없다. 틈이 존재하기 때문에 틈을 통해 1과 2를 구분할 수 있고 운동의 측정이 가능하며, 상

36) 『皇極經世書』「觀物內篇」, "夫一動一靜者, 天地之至妙者歟. 夫一動一靜之間者, 天地人之至妙者歟."

수론에서 가장 중요하게 여기는 생명 활동에 대한 수리 철학적 기반이 마련될 수 있는 것이다.

이를테면 양陽의 시초에서부터 그 끝이 A이고, 음陰의 시초에서부터 그 끝이 B라면 A와 B 사이에서 자기 동일성을 유지하면서 운동을 일으키는 근원이 바로 태극이라는 뜻이다.[37] 소강절이 다양한 도표를 만들어 사이[間]의 중요성을 제시했다면, 김일부는 과거의 역철학이 간과했던 틈 사이, 즉 1부터 19 사이를 가득 메우는 유형과 무형의 수학적 질서에 중심[中]이 존재한다는 것을 깨닫고,[38] 이러한 자연의 수학적 본성의 중심이 바로 변화를 이끌어가는 시중이라고 밝혔던 것이다.

김일부는 시중時中이 곧 황중皇中이고, 선후천 전환에 의한 황중의 이동(선천의 6기르를 상징하는 새끼손가락의 황중이 엄지손가락의 10기르로 옮겨지는 이치) 결과가 황심皇心이라는 새로운 이론을 창안하였다.[39] "십일귀체시十一歸體詩"에 나타난 '중'과 수지도수의 관계를 도표로 정리하면 다음과 같다.

---

37) A의 끝과 B의 시작은 맞물려 움직이는데, 매 순간 끝과 시작을 포함한 모든 운동의 중심축을 담당하는 것이 바로 皇極이다. 그리고 A와 B의 전체 운동장은 無極이다.

38) 김동규, 『하이데거의 사이- 예술론』(그린비, 2009), 11-16쪽 참조, "처음은 사이에서 처음이 되고 끝은 사이를 통해 끝이 된다. 사이는 사라지지 않는다. 끝없이 순환하는 사이만 남을 뿐이다. 그렇다면 진정한 의미에서 사이 자체가 '시원(Anfang)'이다. 사이에는 차이가 있다. 둘을 둘로서 구분짓는 사이에는 둘의 차이가 있으며, 사이에서 차이는 지워지는 것이 아니라 오히려 더욱 선명해진다. 또한 사이에는 '사건'이 있다. 사이에서 사건이 일어나고, 사건으로서 사이가 발생한다. 모든 사건은 눈 깜짝할 시-간[時-間]에 일어나고 우리가 거주하고 있는 공-간[空-間]에서 일어나는 것이다. … 서로가 서로에게 속해 있어, 자신의 존재 근거를 사이 상대에게 두고 있는 깊은 사이가 있다. 그런 사이는 서로를 하나로 모아들이는 소용돌이의 '중심측'과 같다."

39) 선천 16일이 후천 초하루가 되고, 선천 30일은 후천 보름이 되는 이치를 皇中이 皇心으로 변화되는 것이라 표현했다.

40) 하도 수 10과 낙서 수 9를 더한 19는 만물의 총수를 가리킨다. 한편 '10'은 선천 낙서의 작용수 9와 후천 하도의 작용수의 합인 19의 中數라는 뜻도 있다. 결국 선천 9수와 후천 10수의 합 19의 중용은 9.5가 아닌 10이 곧 선후천의 時中이라는 뜻이다.

하도	中	수지도수(하도와 낙서의 대응)
10	19의 中	拇指10, 屈 1/나머지 食指, 中指, 藥指, 小指는 낙서 9를 상징[40]
9	17의 中	食指9, 屈 2/나머지는 8의 형상
8	15의 中	中指(長指)8, 屈 3/나머지는 7의 형상
7	13의 中	藥指(無名指)7, 屈 4/나머지는 6의 형상
6	11의 中	小指(季指)6, 屈 5/나머지는 5의 형상
5	9의 中	小指5, 伸 6/나머지는 4의 형상
4	7의 中	藥指4, 伸 7/나머지는 3의 형상
3	5의 中	中指3, 伸 8/나머지는 2의 형상
2	3의 中	食指2, 伸 9/나머지는 1의 형상
1	1과 1의 中	拇指1, 伸 10/나머지는 손가락이 모두 펴진 空[一一之中]의 형상

中	10과 10, 1과 1을 꿰뚫는 空
堯舜의 中	允執厥中의 中
孔子의 時中의 中	'動靜不失其時, 其道光明'의 聖之時者
一夫의 包五含六 十退一進之位	왼손 새끼손가락과 엄지손가락의 교체

김일부는 왼쪽의 10부터 1까지의 수가 오른쪽의 19에서 1까지의 중이라는 대목에서 모든 것을 관통하는 것이 중이라는 사실을 깨달았다. 얼핏보기에 여기서 말하는 중은 일종의 다중론多中論의 성격을 띠고 있다. 10은 19의 중이며 9는 17의 중인 것처럼, 각종 상황에 알맞은 자연의 중中이 세상을 지배하는 객관적 원리라고 말하는 것은 매우 설득력이 있다.

하지만 다중多中의 중中을 관통하는 그 무엇, 즉 19와 17 사이 또는 1과 9 사이에 편재하는 수의 전체 질서를 꿰뚫는 중이 진정한 의미의 시중이라는 것을 읽어냈던 것이다. 시간의 흐름을 측정하고 구분하는데는 반드시 A와 B의 구분이 필요하다. 하지만 시간의 핵심축은 단절이 없는 연속의 과정 속에서도 시간 흐름의 자체로 존재한다는 전제가 성립될 수밖에 없기 때문이다.

김일부는 자연과 역사와 문명을 관통하는 시간의 본성이 곧 시중時中이며, 특별히 선천을 후천으로 전환시키는 시중을 황중皇中이라 불렀다. 5와 6은[41] 다중多中에서의 둘이지만,[42] '5인 동시에 6'은 시중의 중[時中之中 = 包五含六 十退一進之位]으로서 선후천 전환의 황중이라는 것이다.

'1은 1과 1의 중이다[一, 一一之中]'라는 말은 숫자 1의 성격을 입체적으로 살핀 글이다. 혹자는 1을 '홑 1의 중'이라고 번역했는데,[43] 그것은 하도의 1과 낙서의 1 사이를 가득 채우고 있는 수의 세계를 하나로 꿰뚫다[中]라는 의미로 해석해야 옳을 것이다. 엄지손가락에서 시작한 1은 만물과 시공의 근원으로서 모든 수의 모체를 상징한다. 앞의 숫자 1은 생명의 본원을 뜻하는 보편자를, 뒤에 나오는 숫자 '1과 1'은 보편자 1이 개체의 본질로 내재화된 숫자를 뜻한다.

숫자 1은 무한대에 이르기까지 모든 변화를 하나로 관통하는 시간의 배꼽이라는 의미의 '중中'이다. 예컨대 1 속에는 이미 1이 내포되어 있고, 2에도 1이 내포되어 있는 것과 마찬가지로 8 속에도 1이 내포되어 있다. 그러니까 유형 무형의 만물은 모두 1을 생명의 뿌리로 삼는다고 할 수 있다.

---

41) "5와 6은 5+6=11의 수식이 성립되는데, 이것은 곧 水土合德(5+6)하면 그 결과는 空이 된다는 뜻이다. 10[十]은 空이고, 1[一]은 本體 不用數이므로 다만 작용의 기본일 뿐이고, 실상은 없는 것이다. … 辰의 自化運動은 1水를 6水로 化하면서 분열의 기초를 만들었지만, 戌의 自化運動은 6水를 1水(11水)로 만들어서 본체로 환원하는 것이다. 이것이 바로 불교가 말하는 空의 位이고 一夫가 말하는 十十一一之空이다."(한동석, 『우주변화의 원리』, 2001, 171쪽 참조.) 한동석은 『正易』을 오행 중심으로 분열 팽창과 수렴 통일의 과정으로 살피는데, 특히 1수와 6수를 각각 분열과 수렴의 씨앗으로 설명하고 있다.

42) 蔡沈, 『洪範皇極內篇 1』, "昔者聖人之原數也, 以決天下之疑, 以成天下之務, 以順性命之理, 析事辨物, 彰往察來. 是故天數五, 地數六, 五六者, 天地之中合也."

43) 김주성, 앞의 책, 336쪽 참조.

숫자 1은 두 얼굴을 갖는다. 주자의 말을 빌려 표현하다면, 통체일태극統體一太極과 각구일태극各具一太極이 바로 그것이다. 전자는 만물을 모두 포섭하는 전체성을, 후자는 만물에 내재된 태극의 개체성을 가리킨다. 이렇듯 시간의 흐름과 수의 질서로 드러나는 전체성과 개체성을 하나로 묶는 존재가 바로 중中이라는 것이다. 『정역』은 도덕성의 근거를 중용에서 찾던 과거의 유학을 벗어나 수학의 세계에서 시간의 본성을 확보함으로써 학술적 위상을 한층 드높이는 효과를 가져왔다고 할 수 있다.

1은 생명의 자궁에서 비롯된 음양오행의 본원, 모든 수의 최대 공약수로서 태극을 상징한다. 또한 10은 1에서 싹튼 만물이 성숙되어 돌아가는 무극의 고향을 의미한다. 1이 태극의 시작이라면, 10은 무극의 끝인 동시에 태극의 시작이다. 끝과 시작, 즉 무극과 태극이 본래 하나로 맞물린 경계가 바로 이 세상의 영혼인 '중'이며, 시간의 본성이라는 뜻이다. 김일부는 공간화된 '중'을 초월한 시간 자체의 본성에 근거하여 선후천 전환이 이루어지는 원리를 말할 때는 '시중時中=황중皇中'이라 불러 불교의 '공' 또는 공자의 시중과 구별했던 것이다.

도대체 『정역』의 '시중'은 무엇인가? "중은 10과 10, 1과 1 사이를 관통하는 공이다.[十十一一之空]" '10과 10'에서 앞의 10은 하도의 시작

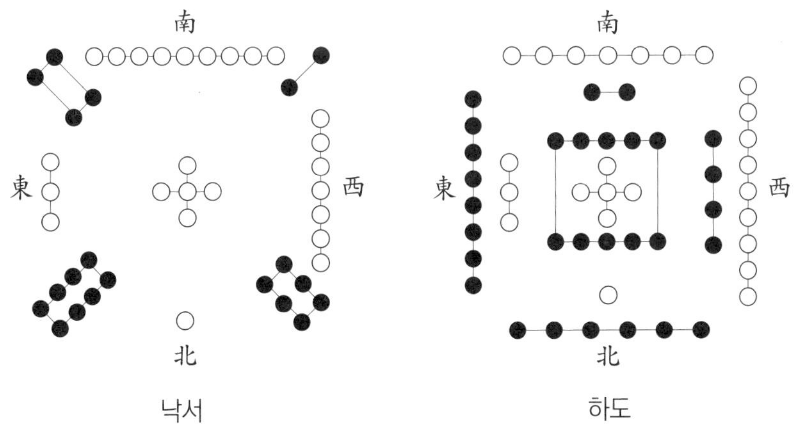

낙서 하도

을, 뒤의 10은 낙서의 끝을 상징한다. '1과 1'에서 앞의 1은 낙서의 시작을, 뒤의 1은 하도의 끝을 상징한다. 그것은 하도낙서를 관통하는 10과 1의 이치가 선후천을 꿰뚫는다는 뜻과 동일하기 때문에 선후천 전환을 주도하는 '시중'이 곧 시간의 본성이라는 것이다.

10은 수의 전체이고, 1은 수의 시작이다. 10은 만물을 보듬는 생명과 진리의 바다요, 1은 만물을 분열 전개시키는 생명의 불꽃을 상징한다. 따라서 시중 즉 5와 6은 선천과 후천을 연결하는 징검다리인 시간의 배꼽(omphalos)이라고 할 수 있다. 김일부는 천지의 시원처와 귀결처인 10무극과 1태극을 수학의 문제로 탈바꿈시킴으로써 시간의 형이상학을 정립했으며, 10으로 시작하는 하도와 1로 시작하는 낙서의 변화상은 물론 시간의 혁명까지도 수의 질서로 환산하는 체계를 확립하였다.

'중中' 자의 상하에 있는 '═'를 위에서 아래로[縱] 꿰뚫으면 각각 '십+'과 '십+'이 되며, 또한 10의 세계를 지향하는 '일-'과 '일-'을 가운데로 그어도[横] '중' 자가 형성된다. 한편 '십일+-'을 중복으로 사용하면 요순의 중용과 공자의 시중을 동시에 포섭한 것으로 짐작할 수도 있다. 요순의 중과 공자의 시중이 『정역』의 시중과 어떻게 다른가는 하도와 낙서의 변화를 공간화한 복희팔괘도와 문왕팔괘도에서 그 특징을 알

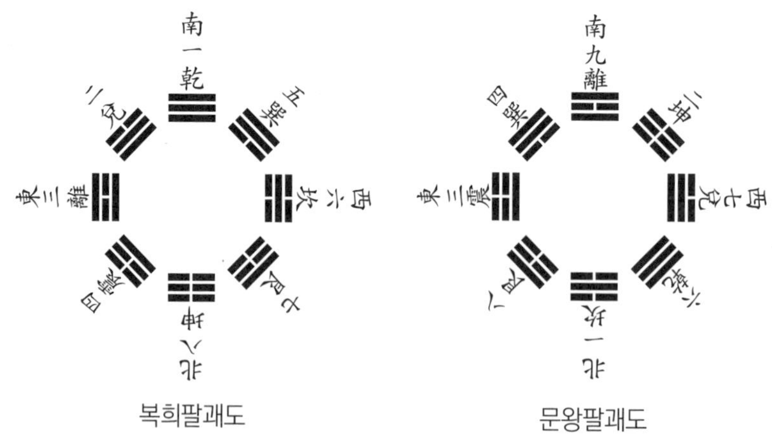

복희팔괘도 문왕팔괘도

수 있다.

만물의 변화를 공간의 전개로 표현한 복희팔괘도와 문왕팔괘도에는 비록 은폐되어 있으나, 변화와 작용 속에 함축된 본체를 시간의 축으로 드러낸 것에서 『정역』의 시중을 읽을 수 있다. 이를테면 중도를 상징하는 하도낙서의 숫자 5가 복희팔괘도에는 서남방의 손괘巽卦에, 문왕팔괘도의 중앙에는 숫자 자체가 아예 없는 반면에 작용 위주의 낙서에는 5만 있고, 하도에는 5와 10의 본체가 4상의 작용과 결합되어 있다. 하도를 근거로 만들어졌다는 복희팔괘도는 1건천乾天-2태택兌澤-3리화離火-4감수坎水-5손풍巽風-6감수坎水-7간산艮山-8곤지坤地의 형상이다.

김일부는 낙서 9수와 하도 10수가 복희팔괘도와 문왕팔괘도에 숨겨진 이유는 본체가 존공尊空되었기 때문으로 인식했다. 복희팔괘도는 생명 창조의 씨앗[生]이 최초로 싹틔우는 작용의 세계를 그린 도상이라면, 문왕팔괘도는 왕성한 생명 활동의 극성기를 그린 도상이다. 복희팔괘도는 애당초 5가 변두리에 있으며, 문왕팔괘도에는 5가 중앙에 감추어져 있는 동시에 10이 결여된 존공尊空 상태로 있다. 그러나 하도낙서를 함축한 정역팔괘도에는 5와 10이 남북에 겉으로 드러나 있다.[44] 그러니까 정역팔괘도는 시간과 공간을 결합한 시공 합일의 설계도[45]라 할 수 있다.

요순의 중과 공자의 시중은 무엇이고, 김일부의 시중은 어떻게 다른가? '궐중厥中'은 인심과 도심을 '십육자심전十六字心傳' 격언으로 설명한

44) 김주성, 앞의 책, 337쪽. "五와 十은 역시 尊空되어 卦가 없다. 尊空之數는 卦位는 空이나 그 위상은 中宮之中位로서 전체(八卦)를 主宰하는 至尊이니 천하를 다스리는 帝王之位와 같은 것이다. 그러므로 中은 十十一一之空이라 한 것이다. 十은 數之全으로 无極之數이므로 만물의 收斂을 主宰하는 無形之中이며, 一은 數之始로서 太極之數이므로 만물의 生長을 主宰하는 有形之中을 뜻한다. 故로 十十一一은 十退一進을 반복하는 循環體의 中으로서 時間之中을 뜻하는 것이다. 中數는 곧 體數로서 用數에서 제외되므로 '中은 十十一一之空'이라 한 것이며, 十十一一은 无極과 太極의 體位다."

45) 복희팔괘도와 문왕팔괘도가 시간의 공간화 방식이라면, 하도낙서는 시간 형성의 구조와 정보를 수학으로 질서화한 것이다. 여기에 선후천 전환 논리를 곁들인 결과물이 바로 정역팔괘도라 할 수 있다.

『서경書經』「우서虞書」"대우모大禹謨"에 나온다. "인심은 위태롭고 도심은 미묘하니, 오직 정밀하게 살피고 오직 한결같이 하여야 진실로 그 중을 잡을 수 있다."46) '중'은 만물의 궁극적 근거인 중中과 가치의 보편적 준거를 뜻하는 정正을 결합한 중정中正의 도리를 의미한다. 중은 지나치거나 미치지 못함이 없고[無過不及], 어느 쪽으로도 치우치지 않는다[不偏不倚]는 만물의 존재 근거와 인식의 표준을 가리킨다.

유교의 중용

'精一'과 '執中'은 무엇이 어떻게 다른가? 유교의 道統 의식과 정신을 대변하는 이 글귀는 마음닦기의 요체로 알려져 있다. 특별히 주자(1130-1200)는 '정일'을 '格物致知'의 인식 방법론으로, '집중'은 '正心誠意'가 중요하다고 이해하였다. 대부분의 성리학자들은 '정일'과 '윤집궐중'은 마음과 정신의 수양 공부로 해석했다. 그러나 '중'을 시간의 본성과 연결시키지 못하는 한계가 있다.

"대개 격물과 치지는 요와 순의 소위 정일이요, 정심과 성의는 요와 순의 소위 집중이다. 예로부터 성인이 말로 가르치고 마음으로 전한 것이 인간사로 드러난 것은 오직 이것뿐이다."47)

"마음은 하나인데 방촌 사이에 인욕이 섞여 있으면 그것을 인심이라 하고, 순전한 천리는 도심이라 한다."48)

"소위 '인심은 위태롭고 도심은 미묘하니, 오직 정밀하게 살피고 오직 한결같이 하여야 진실로 그 중을 잡을 수 있다'는 말은 요·순·우가 서로 전한 밀지이다."49)

46) 『書經』「大禹謨」, "人心惟危, 道心惟微, 惟精惟一, 允執厥中." 惟危와 惟微의 '惟'는 동사로서 '∽이다'는 뜻이고, 惟精과 惟一의 '惟'는 부사로서 '오직'이라는 뜻이다.

47) 『朱文公文集』권11 「壬午應詔封事」, "蓋致知格物者, 堯舜所謂精一也; 正心誠意者, 堯舜所謂執中也. 自古聖人口授心傳而見於行事者, 惟此而已."

48) 『朱子語類』권118 「朱子」15, "心一也. 方寸之間, 人欲交雜, 則謂之人心; 純然天理, 則謂之道心."

공자孔子에 이르러 비로소 요순의 도통을 시간의 정신[時中]으로 풀이하기 시작했다. 공자를 계승한 자사子思는 『중용』을 지어 "군자의 중용이란 시간의 정신에 부응하여 중도를 이해하고 실천하는 것"[50]이라 했으며, 더 나아가 맹자孟子는 시대 상황에 구속되지 않으면서도 시대 정신과 일치하는 행위는 아무나 할 수 없었던 공자의 위대함을 일컬어 '시간의 성인'이라 추켜세웠다.[51]

공자는 요순이 가슴 깊이 새겼던 수신의 좌우명인 집중執中으로부터 벗어나 시중의 의미를 부각시켰다. 그것은 『주역』의 핵심으로 집약되어 나타났다. 『주역』에는 '시時, 중中, 시중時中'을 말한 곳이 많다. '시時'는 시행時行, 시변時變, 시용時用, 시의時義, 대시待時, 시발時發, 시사時舍, 시극時極의 뜻을 담고 있으며, '중中'은 중정中正, 정중正中, 중도中道, 중행中行, 대중大中, 강중剛中, 유중柔中, 행중行中, 시중時中[52] 등의 다양한 의미가 있다. 건괘乾卦 「문언전」 4효는 "군자가 진덕수업하는 것은 시간의 정신에 부응하기 때문에 허물이 없다.[君子進德修業, 欲及時也, 故无咎.]"라고 말하여 지성인이 공부와 경험을 통해 덕을 쌓는 일은 시간의 본성에 부합하기 위해서라는 목표를 제시하였다.[53]

옛사람들은 중용을 실천하기 이전에 반드시 알아야 하는 하늘의 본성을 천시天時라 불렀다. 천시에 부합한 행위가 곧 중정이기 때문에 시간과 중용은 시중의 양태로 드러난다. 시중은 하도와 낙서, 즉 순역順逆의 과

---

49) 『朱文公文集』권36 「答陳同甫」, "所謂人心惟危, 道心惟微, 惟精惟一, 允執厥中者, 堯舜禹相傳之密旨也."

50) 『中庸』 2장, "仲尼曰 君子之中庸也, 君子而時中; 小人之中庸也, 小人而無忌憚也."

51) 『孟子』「萬章章」下, "可以速而速, 可以久而久, 可以處而處, 可以仕而仕, 孔子也. 孟子曰 孔子, 聖之時者也."

52) 山水蒙卦(☶☵) 「彖傳」에만 유독 時中이 등장한다. "蒙亨, 以亨行, 時中也."

53) 重山艮卦(☶☶) 「彖傳」에는 지나치거나 모자람이 없이 시간의 정신에 입각하여 중용을 실천하는 것이 곧 時中이라 했다. "艮, 止也, 時止則止, 時行則行, 動靜不失其時, 其道光明, 艮其止, 止其所也."

정을 꿰뚫는 진리의 길인 셈이다.

그래서 김일부는 요순의 중과 공자의 시중을 극복한 새로운 중을 '십십일일지공++−−之空'이라 불렀다. 하도[十]와 낙서[一]의 자궁이 비록 텅빈 '공空'이지만, 공을 포함한 10과 1 사이의 세상을 가득 채우는 것이 곧 '중中'이라는 뜻이다. 중은 공간의 중앙이 아니라, 양극단을 포섭하는 시공의 본성을 가리킨다.

요순의 厥中	一一之中[55)	无極而太極	10→1 (하도에 근거한 낙서의 세계상)
공자의 時中	十十之中	皇極而无極	5→10 (天地에서 → 地天으로)
일부의 中	十十一一之空	无極而皇極而太極	삼극의 진정한 통일

이 세상은 시중의 원리가 지배한다는 뜻이다. 왜냐하면 시중은 전체와 개체를 관통하는 보편 원리이기 때문이다. 10이 무극이라면 1은 태극이다. 10과 1 사이를 가득 채우는 생명과 시간의 본성이 바로 시중이다. 하도의 10에 낙서의 10을 곱하면[十十]은 100이요, 하도의 1에 낙서의 1을 곱하면[一一] 1이다. 그것은 극대와 극미, 전체와 개체, 최대와 최소, 하도와 낙서, 순과 역, 도생역성과 역생도성, 무극과 태극, 하늘과 땅, 유형과 무형을 소통시키는 최종 근거가 바로 시중이라는 뜻이다.

이러한 논리를 기반으로 김일부는 선후천 전환의 문제도 시중으로 풀어헤친다. 시중을 수학 방정식으로 옮기면 선천이 후천으로 바뀌는 원리가 그대로 노출된다는 것이다. 그 핵심은 수지도수에 녹아 있다. "일부의 소위 5를 포함하고 6을 함축하며, 10은 물러나고 1이 나아가는 자리이다.[一夫所謂包五含六 十退一進之位.]" 요순과 공자의 중이 주로 도

---

54) 공자는 「繫辭傳」에서 '태극'을 말하고, 『論語』에서도 '吾道一以貫之'를 말했기 때문에 '一一之中'으로 오해할 수도 있다.

덕적 가치의 표준이라는 성격이 강하다면, 김일부의 중은 양면성을 띠고 있다. 중의 두 얼굴이 바로 시중의 진정한 모습이라는 뜻이다.

시중의 두 얼굴에 내포된 의미는 무극과 황극의 자리바꿈을 통해 극명하게 드러난다. 수지도수로 보면, 새끼손가락의 '포오함육'과 엄지손가락의 '십퇴일진'은 각각 무위戊位 황극과 기위己位 무극의 자리를 가리킨다. 그것은 황극과 무극이 서로 위치를 바꾸는 사태에 의해 선천이 후천으로 전환되는 '황극이무극皇極而无極'을 뜻하며, 그것은 엄지손가락에 닿는 10무극과 1태극이 하나로 통일되는[无極而太極] '십일귀체十一歸體 = 십퇴일진十退一進'의 사건으로 직결된다.

선천을 주재하던 새끼손가락의 무위戊位가 엄지손가락의 기위己位로 옮기는 '황극이무극'은 후천을 상징한다. 엄지손가락에 닿는 '무극이태극'은 무극에 근거하여 태극이 비로소 작용하는 선천을 상징한다. 한마디로 『정역』의 시중은 선천과 후천을 꿰뚫은 중도인 것이다. 요순의 중도는 선천 시대에 통용되는 마음의 수양법이었고, 공자의 시중은 미래에 입각하여 현재와 과거를 조명하지 못한 이론이라는 비판이다.

수	손가락 위치	손가락 운동	괘	달력	30일
五六	새끼손가락 [小指]	包五含六	兌	1년 360일 正曆이 목적	一七四
十一	엄지손가락 [拇指]	十退一進	艮	1년 $365\frac{1}{4}$일 閏曆에서 $5\frac{1}{4}$일의 소멸	一八七

'포오함육'과 '십퇴일진'에서 전자는 숫자로 5황극인 동시에 6황극이며, 오행으로는 무토戊土이다. 새끼손가락에 닿던 황극이 10무극 자리로 옮기는 사건이 곧 선후천 교체이며, 그것은 황극으로 상징되던 땅[地]이 하늘 위치의 엄지손가락으로 올라가는 모습을 대변한다. 후자는 무극으로 상징되던 하늘[天]이 새끼손가락으로 내려와 선후천이 교체됨으로

써 이 세상에 새로운 시공 질서가 펼쳐진다는 것이다.[55] 이것을 정역팔괘도는 동방에 간괘艮卦를, 서방에 태괘兌卦를 배치하여 새로운 공간 좌표가 수립될 것을 시사하였다.

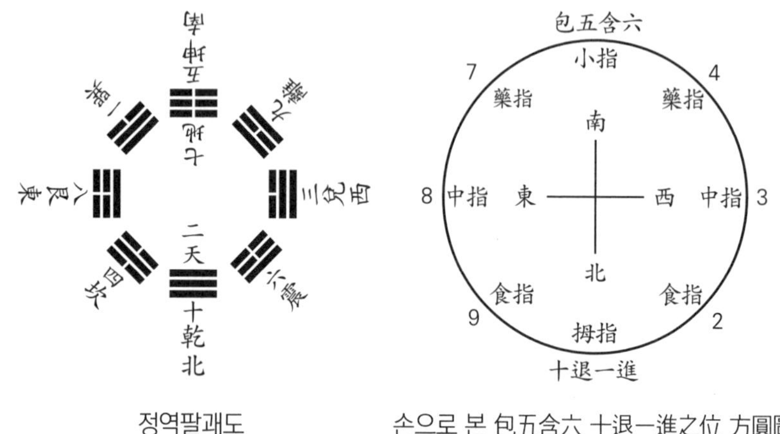

정역팔괘도　　　　손으로 본 包五含六 十退一進之位 方圓圖

손가락	拇指	食指	中指	藥指	小指
逆 順	1 10	2 9	3 8	4 7	5 6
운동	十退一進				包五含六

정역팔괘도는 남북에 건곤괘가, 동서에 간태괘가 배치되어 있다. 남북은 시간의 축을, 동서는 공간의 축을 상징한다. 그것은 선천의 기우뚱했던 천지의 모습을 형상화한 문왕팔괘도의 불균형이 균형잡히는 사건[正位]을 뜻한다. 공자는 이미 2,500년 전에 인류의 구원이 이루어지는 지상의 공간(방위)을 밝힌 바 있다. 『주역』「설괘전」은 유가의 대동사회가 간방에서 완수되는 천도의 이법을 다음과 같이 말했다.

55) 10수 하도에 근거해 9수 낙서의 시초가 전개된다는 의미도 있다.

"간은 동북방을 가리키는 괘이다. 만물이 끝맺음을 이루고 다시 시작함을 이루는 까닭에 '간에서 하늘(하느님)의 말씀이 이루어진다.'"[56]

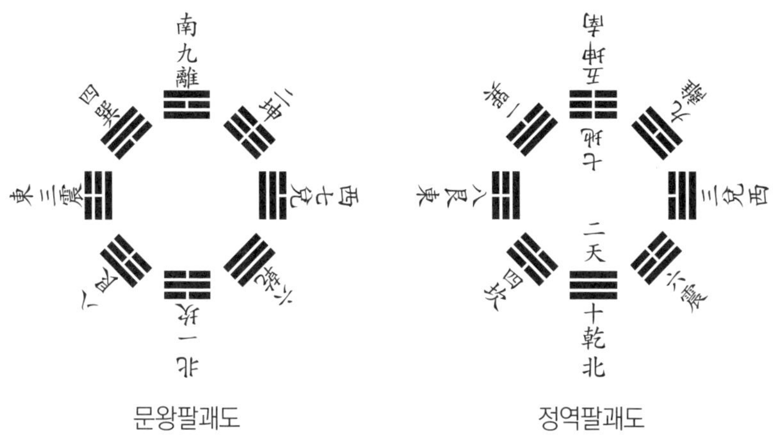

문왕팔괘도 정역팔괘도

공자는 만물의 성숙과 새로운 출발을 의미하는 하늘의 섭리(말씀=logos=도道)가 '지구의 동북쪽 간방에서 이루어진다[成]'고 말했다. 간괘의 방위는 문왕팔괘도에서는 동북방이다. 동북방은 계절로 말하면 1년 변화의 종착역인 겨울이 끝나고 생명이 약동하는 봄의 출발점이기도 하다. 끝과 시작[終始]이 교차하는 동북 간방에서 후천의 새 출발이 시작된다는 것이다.

선천의 상극 질서는 문왕팔괘도가, 후천의 상생 질서는 정역팔괘도가 대변한다. 정역팔괘도의 간괘는 동방에 위치한다. 선천 시공의 타원궤도가 바뀌어 후천의 정원궤도로 수립되면 간괘는 선천의 동북방에서 후천에는 새로운 생명이 태어나는 동방으로 바뀐다. 간방은 일정한 시간대에 만물의 변화가 매듭짓고 새롭게 시작하는 신성한 공간이다. 그것은 하늘의 프로그램이 간방에서 완수된다는 뜻이다.

한마디로 선천을 지배한 상극 문명의 고질병에 대한 근본적인 해결책이 간방인 동북아 조선(한국)에서 나온다는 것이다. 그것은 간방艮方에서

---

56) 『周易』「說卦傳」 5장, "艮, 東北之卦也, 萬物之所成終而所成始也, 故曰成言乎艮."

새문명의 청사진이 싹튼다는 것으로 직결된다고 할 수 있다. 간방을 중심으로 새롭게 열리는 신천지는 온갖 갈등과 부조화가 해소되어 인류의 소망이 이루어지는 조화 세상을 뜻한다.

『정역』의 우주관은 온 누리에 새롭게 펼쳐지는 후천 세계의 심장부는 어디이며, 앞으로의 세계 정세는 한반도를 중심으로 전개될 것이라는 민족주의 이념과 맞물려 있다. 예컨대 지구촌의 배꼽인 한반도는 세계의 패권국 서방의 미국과 파트너를 이룬다. 간방의 한국이 세계의 으뜸 국가로 우뚝 설 것이라는 믿음이 깔려 있다.

시공 질서의 재편성에 대한 표상 방법
- 복희팔괘도와 문왕팔괘도, 정역팔괘도

『정역』은 후천이 이루어지는 원리를 宇宙史와 時間史가 하나로 관통하는 논리로 풀어내고 있다. 전자는 伏犧八卦圖 → 文王八卦圖 → 正易八卦圖로의 세 단계의 과정을 거쳐 우주가 완성되며, 후자는 原曆 → 閏曆 → 正曆으로의 세 단계의 진화를 통해 1년 360일로 완결되는 것을 의미한다.

이는 복희팔괘도의 乾卦로부터 출발한 선천이 문왕팔괘도의 艮卦에서 끝맺고, 곧이어 정역팔괘도의 동방 간괘에서 새로운 천지가 열려 만물이 재창조되는 것을 뜻한다. 왜냐하면 선천의 동북방이 후천의 동방으로 바뀜은 천축의 변동으로 인한 지축 정립을 시사하기 때문이다.

괘명	乾	兌	離	震	巽	坎	艮	坤
괘상	☰	☱	☲	☳	☴	☵	☶	☷
가정	父	少女	中女	長男	長女	中男	少男	母
자연	天	澤	火	雷	風	水	山	地

김일부는 후천을 이끌어갈 주인공들에게 당부의 말을 잊지 않았다. “소자들아! 나의 한 마디를 밝게 들어라. 소자들아![小子! 明聽吾一言. 小子!]” 여기서 말하는 ‘소자小子’는 좁게는 제자들,[57] 넓게는 슬기로운 인간(Homo Spiens)을 너머 새롭게 출현할 우주적 인간(Homo Universalis)을 뜻한다. 후천 세상의 새싹은 가정에서 간괘의 소남少男과 태괘의 소녀少女를 꼽을 수 있으며, 지구촌의 입장에서 보면 한국이 주연이고 미국은 조연이 될 것이다.

『정역』에서 말하는 동방 간괘艮卦의 소남少男과 서방 태괘兌卦의 소녀少女는 새 세상을 주도하는 주인공이라는 뜻이다. 정역팔괘도로 보면, 남북에 아버지 건괘와 어머니 곤괘가 있으며, 간괘와 태괘는 동서에서 서로 대응한다. 곤괘는 땅[地]이고, 건괘는 하늘[天]로서 남북이 지천태地天泰(䷊)의 형상을 이룬다. 또한 간괘와 태괘는 동서에서 서로 교감한다는 의미의 택산함澤山咸(䷞)의 형상을 이룬다. 연못[澤]의 막내딸(☱)과 뫼[山]의 막내아들(☶)은 후천을 이끌어갈 천지의 대행자를 의미한다. 그 중에서 태소녀의 미국은 간소남의 조선으로 하여금 세계의 종주국이 되도록 협력한다. 간방의 한민족은 선천의 인류 문화를 마무리짓고 미래의 후천 문명의 주인공으로 우뚝 선다는 뜻을 숨겨 놓았던 것이다.

새로운 中의 발견

선후천을 관통하는 수는 낙서의 5도 아니고, 하도의 6도 아닌 ‘5인 동시에 6[包五含六]’이라는 것이다. 5황극과 6황극은 별도의 존재가 아니라 황극 앞에 붙는 숫자가 낙서의 입장에서는 ‘5’이고, 하도의 입

57) 『論語』「公冶」, “歸與歸與, 吾黨之小子狂簡, 斐然成章, 不知所以裁之.” 小子는 어린아이, 후배 또는 제자를 가리킨다. 공자가 제자들의 뜻과 기개가 비록 크고 열정이 넘치지만, 거칠고 허술한 것을 우려한 것과 마찬가지로 김일부는 『정역』을 오해하거나 왜곡되는 폐단을 은근히 경계하였다.

장에서는 '6'일 뿐이다. 즉 5와 6은 동전의 양면처럼 서로가 서로를 머금는 존재라는 뜻이다.

포오함육 역시 順逆 논리에 의해 자연스럽게 '中'의 두 얼굴로 나타나게 마련이다. 선천은 양수 1로 시작하는 거슬림[逆]의 논리요, 후천은 음수 10으로 시작하는 순응[順]의 논리다. 전자의 중심이 5라면, 후자의 중심은 6이다. 그러니까 순역을 관통하는 핵심은 '5인 동시에 6[包五含六]'이라는 것이 곧 김일부가 발견한 時中이다. 공자는 5토 중심의 세계관으로 『주역』을 읽었다면, 김일부는 낙서와 하도를 꿰뚫는, 즉 선후천을 관통하는 시중을 제시함으로써 역학의 새로운 지평을 활짝 열었던 것이다.

공자가 말한 선천 낙서의 시대를 지배한 시간의 중용[時中]이 5라면, 후천 하도의 시대를 지배할 시중은 6이다. 따라서 5와 6[58]은 김일부가 선후천을 관통하는 새로운 시간의 중용[時中]이라고 밝힌 내용이라 하겠다.

하도낙서의 숫자 배열을 통하여 선천의 중과 후천의 중을 통합한 새로운 中의 특징은 무엇인가? 19의 중은 9.5가 아니라 10이며, 17의 중은 8.5가 아니라 9라는 사실은 9.5와 8.5가 어느 공간의 정 중앙을 지시하는데 반하여 10과 9는 각각 1과 19 또는 1과 17의 정 중앙에 있는 '자릿수[位數]'를 뜻한다.

마찬가지로 11의 중은 5.5가 아니라 6이라는 사실에서 김일부는 낙서 선천 9수의 중[位數]인 5와 하도의 숫자 10(10 ÷ 2 = 5)의 중간수 5가 똑같은 모순이 생기는 이유를 깨달았다.[59] 그는 선후천을 관통하는 중은 '5인 동시에 6[包五含六]'이라는 통찰을 통하여 선후천 전환의 논리적 근거를 확보할 수 있었다.

---

58) 5와 6은 별개의 존재가 아니라, 동일한 존재의 두 측면인 것이다.

59) 낙서 9수의 中(1 2 3 4 ⑤ 6 7 8 9)이 5라면, 하도 10수를 둘로 나눠도(10 ÷ 2 =) 5라는 모순이 생긴다. 전자는 位數로 본 것이고, 후자는 단순 계산한 것이다.

이때 5와 6, 7과 8 등 모든 숫자 사이에 존재하는 수는 무한하다. 이 무한한 수를 꿰뚫는 것이 바로 天地의 중이며, 이 천지의 중에서 선후천 변화의 관건은 낙서를 하도로 전환시키는 황극에 있다. 전자는 공자가 제시한 時中이라면, 후자는 공자의 논리를 극복한 김일부의 시중을 가리킨다. 황극을 낙서에서 보면 비록 5이지만, 하도에서 보면 6이기 때문에 '포오함육'이 성립하는 것이다. 그렇다고 황극이 두 개라는 뜻이 결코 아니다.

중용과 시중은 어떻게 다른가?

과거의 학술이 말하는 중용은 어디에 치우치지 않는 도덕률의 준거, 또는 만물의 근거를 지시하는 개념이었다. 시중은 언제 어디서나 옳고 선한 행위의 표준을 시간의 관점에서 파악한 살아 있는 중용이었다. 다만 변화에 민감한 시간 의식이 도입되는 까닭에 상황주의에 직결되는 의미로 오해되기 쉽다. 이러한 오해를 불식시키기 위해서는 객관적 논리가 필요하다. 그 방법이 바로 상수학이다. 수학의 방법론에 입각한 중용은 그만큼 보편성이 뒷받침되기 때문이다.

만약 생명과 시간을 담보하지 못한 중용은 죽은 중용일 것이다. 시중은 과거와 현재와 미래를 꿰뚫으면서 생명의 정보와 숨결을 유지하는 본체와 작용의 옹달샘이어야 옳다. 신비주의 소설가 박상륭(1940-2017)은 '시중'에 대한 매우 독특하고 중요한 담론을 제기하였다.

"'시중'은 시간의 탄생의 관점에서는 '시간을 태어나게 하는 방', 즉 매 찰나의 시점이며, 시간의 운행의 관점에서는 '시간이 뒤집히는 방'이다. '시중'은 '체'이며 동시에 '용'이다. 시중은 시간이 흘러드는 방이기 때문에 하나의 '체'이며, 시간을 태어나게 하고 뒤집히게 하는 작용을 하기 때문에 또한 '용'이다. 예컨대 모래시계의 위쪽에 쌓여 있는 모래는 '미래'를 나타내며, 아래쪽에 쌓여 있는 모래는 '과거'가 되고, 모래가 통과하는 가운데의 '개미허리' 같은 통로가 '현재'의 시점이 될 것이다. 이 개미허리 부분이 '시중'에 해당한다. 위쪽의 모래(미래의 시간)는 '시중'으로 흘러들어 현재의 시간을 태어나게 하며, 다시 현재의 시간은 '시중'을 통과하면서 아래쪽(과거의 시간으로)에 쌓인다. 이렇게 볼 때, '시중'은 시간의 '子宮'이며 동시에 '墓穴'이다. 이것이 자궁인 것은 시간의 미래가 여기에 담기면 시간의 현재를 분만하기 때문이고, 이것이 묘혈인 것은 여기를 통과해버린 시간은 이미 죽어버린 과거의 시간이 되어버리기 때문이다. 또한 이것은 '과거가 된 시간이 흘러빠져[流産] 버리지 않게 담아두는 자궁'이다."[60]

시간이 태어나고 시간이 뒤집히는 방이라는 의미의 '시중' 개념보다 폭넓게 사용되는 경우, 이것은 어떤 획기적인 변화가 일어나는 점, 혹은 "우리들의 시간은 현재 '第九時'로서 한 우주가 폐막하고 한 우주가 개벽하는 시간"[61]이라 할 수 있다. 시중에 의해 우주와 시간이 새롭게 태어난다는 것이다. 시중은 순간에서 영원까지 어느 곳이든지 참여한다. 시중은 현재를 과거화하며, 미래를 현재화하며, 또한 박상륭의 표현처럼 과거화된 시간이 흘러 빠져 버리지[流産] 않게 담아두는 자궁(모래시계)같은 역할을 한다. 그러니까 과거 속에 쌓인 시간을 미래화하고, 미래 시간을 현재화하는 '시중'은 분명히 시간이 아닌 시간임에도 무시간은 아니다. '시중'은 '時體'를 입고 있어 과거와 현재와 미래를 품은 암컷의 자궁에 비유되는 것이다.[62]

5와 6이 곧 김일부가 발견한 時中이고, 그것은 낙서 선천에서 하도

---

60) 채기병, 『소통의 잡설- 박상륭 꼼꼼히 읽기』(문학과 지성사, 2010), 30-31쪽.
61) 박상륭, 『七祖語論(1)』(문학과 지성사, 2002), 124쪽. 박상륭은 "'第九時' 속에서는 모든 通時性이 녹아져 하나가 되는 이 시간은 終末的"(앞의 책, 124쪽)이며, "'第九時'는 '時中'과 동의어로 이해된다"(앞의 책, 145쪽.)고 했다.
62) 채기병, 앞의 책, 211쪽 참조.

후천으로의 전환을 알리는 신호탄이다. 하도 낙서 도표에 나타나 있듯이, 낙서의 金火와 하도의 火金이 서로 바뀌어 있다. 과거에는 하도가 본체[體]요, 낙서는 작용[用]이라는 체용의 관점에서 언급했으나, 김일부는 시간의 혁명을 통해 지금은 선천에서 후천으로 뒤집어지는 전환기라고 밝히고 있다.

포오함육包五含六과 십퇴일진十退一進이란 무엇인가? '십퇴일진'은 (왼손 엄지손가락을 편 형상) 10이 물러나 본체가 되는 순간 1은 작용(왼손 엄지손가락을 굽힌 형상)으로 나타나는 것이며, '포오함육'이란 5황극을 속으로는 본체로 삼는 동시에 겉으로는 6의 작용을 머금는 현상을 가리킨다. 수지도수로 볼 때, 왼손 엄지손가락을 펴면(왼손 전체) 10무극의 본체를, 엄지손가락을 굽히면 1태극의 작용을 뜻한다. 한편 왼손을 모두 굽힌 상태의 새끼손가락은 5황극을, 다시 펴면 작용을 뜻하는 숫자 6이다.[63)]

이는 10무극과 5황극(또는 1태극) 자체에 대한 본체와 작용의 양면성과 아울러 무극과 황극 사이에서 일어나는 본체와 작용의 반대 현상을 수지도수로서 표현한 것이다. 즉 무극의 '체십용일體十用一'과 황극의 '체오용육體五用六'에서 체용을 합하면 모두 11이다. 10무극과 1태극을 뜻하는 11은 본체와 작용의 두 얼굴을 동시에 표현한 것이다. 여기에는 본체와 작용이 함께 존재하고[體用一源], 본체가 작용이 되고 작용은 본체로 환원된다[體用轉換]는 논리가 녹아 있다.

"(이때 무극과 황극의) 본체 十五는 작용 一六의 작용내에서 中心 本體가 되는 것이다. 이를 하도낙서에서 본다면 一六의 歸體作用에

63) 무극의 본체와 작용의 同時性(Synchronicity)이 '십진일퇴'이고, 황극의 본체와 작용의 同時性이 '포오함육'이다. 이 둘은 또한 본체와 작용에 대한 반대일치의 원리로 맞물려 존재하는 형국을 이룬다.

의해 十五가 尊空되면서 體가 되며, 中心 本體면에서 본다면 尊空된 十五를 體로 하고 一六이 用政하는 '十五尊空'되는 원리라 하겠다. 이와 같이 十五尊空 원리를 本體로 삼고 '包五含六 十退一進'의 十一歸體[64] 원리를 확충시켜 나가면 九退二進, 包四含七의 순서에 따라 하도낙서적 體用顚倒 作用이 나타난다. 十九八七六과 五四三二一의 하도 倒順生成數를 體로 하여 一二三四五와 六七八九十의 낙서 逆序生成數의 작용이 나타나면서 하도낙서가 倒逆으로 결합하여 생성변화하는 것을 알 수 있다. 한편 包五含六의 五皇極數와 十退一進의 十无極數가 尊空되어 중심 本體가 되고, 一二三四와 六七八九의 生成 作用數가 一六·二七·三八·四九로 陰陽이 각각 결합되어 十五를 중심으로 正位用政함으로써 河圖의 象이 완수되는 것이다."[65]

拇指(體用)	小指(體用)
十退一進	包五含六
九退二進	包四含七
八退三進	包三含八
七退四進	包二含九
六退五進 = 包五含六	包一含十 = 十退一進

64) 歸體는 作用을 중심으로, 尊空은 本體로 전환되는 이치를 강조한다.
65) 유남상, 「正易의 圖書象數 原理에 관한 硏究」『충남대 인문과학논문집 8권2호』, 1981, 193쪽. "河圖는 十五數를 中心 本體로 하고 一六·二七·三八·四九의 陰陽 生成數가 四方에 正位되어 작용하고 있으므로 曆數原理에 있어 十五尊空原理는 河圖原理에 근거하는 것이다. 洛書는 單五數를 中心으로 하고 一·九, 二·八, 三·七, 四·六의 四象數가 각각 相應하여 八方에 配置되어 있으므로 曆數에 있어 四曆變化原理는 洛書原理에 근거하는 것이다. 그런데 曆數原理에 있어 十五歸空原理內에서 四曆이 變化되며, 四曆變化原理內에서 十五度가 歸空되는 것이므로 十五尊空原理와 四曆變化原理를 分離시켜 생각할 수 없는 것이다."(유남상, 「易學의 曆數聖統原理에 관한 硏究」『충남대 인문과학논문집 11권1호』, 1983, 313쪽.)

하도의 1·6, 2·7, 3·8, 4·9가 (동서남북, 춘하추동, 인의예지) 4상象으로 자리잡는 것과 낙서의 1·9, 2·8, 3·7, 4·6이 서로 대응하여 4상이 생성하는 원리는 원력原曆 375도에서 366도와 365$\frac{1}{4}$도의 두 윤력閏曆을 거쳐 360도 정력正曆을 이루는 4력四曆의 구성과 생성 변화를 얘기하는 시간의 문제로 환원된다.

雷風正位用正數
뇌 풍 정 위 용 정 수

『주역』에서 말하는 우레와 바람은 최초로 생명을 낳는 장남과 장녀를 가리킨다면, 『정역』에서 말하는 우레와 바람은 선천을 물리치고 후천을 현실로 만드는 거룩한 물리적 힘을 지칭한다. 천지의 버팀목인 시간과 공간 시스템을 바꾸는 엄청난 에너지의 실체가 바로 우레와 바람이다. 이러한 뇌풍을 움직이게 만드는 동력의 근거를 형이상학적 원리로 해명한 것이 바로 율려와 정령이다.

『정역』의 율려는 동양 음악이 말하는 리듬과 박자와 음률이 아니라, 10과 1 사이 즉 무극과 태극의 형이상의 세계를 구성하는 5행의 질서를 가리킨다. 율려는 생성론의 범주에서 말하는 5행이 아닌, 존재론 차원의 범주에서 말하는 역동적 5행을 뜻한다. '뇌풍정위용정수'가 비록 5행 용어를 사용할지라도, 생성 차원과 존재 차원, 형이하학과 형이상학의 범주를 구분해서 이해해야 옳을 것이다. 그것은 존재 차원의 율려에 근거하여 생성 차원의 현실에서 선후천 변화가 일어나는 것을 뜻한다.

뇌풍이 올바른 위치에 자리 잡는다는 뜻의 '정위正位'를 위해 천지가 수의 법칙을 사용한다는 '용정수用政數'는 무엇인가? 이 문제는 하도낙서와 정역팔괘도의 두 측면에 근거해서 설명한 것이다. 하도낙서의 중궁中宮 5와 10이 존공尊空된 것을 정역팔괘도의 10건천과 5곤지가 직접 정사한다는 것으로 표현할 수 없기 때문에 가정의 부모를 대신해서 장남과 장녀인 6진뢰와 1손풍이 정위에서 천지의 정사를 대행한다[用政]고 말한 것이다.

「십오일언」"금화일송金火一頌"은 "화공이 붓을 내려놓으니 뇌풍이 생기네.[畫工却筆, 雷風生.]” 또한 「십일일언」에서는 “복희팔괘의 진과 손은 수로는 10과 5이니, 오행의 근본이요 육종의 어른이니, 중위의 정역이 된다.[卦之震巽, 數之十五, 五行之宗, 六宗之長, 中位正易.]”고 했다. 복희팔괘도의 우레[雷] 4는 정역팔괘도의 6이 되어 10건천을 대행하며, 복희팔괘도의 바람[風] 5는 정역팔괘도의 1이 되어 5곤지를 대행한다는 것이다.

또한 「십오일언」“화옹친시감화사化翁親施監化事”에서는 “기위가 친히 정사한다[己位親政]”고 말했는데, 무극이 직접 선천을 후천으로 교체하는 것이 아니라, 뇌풍이 질서를 잘 지키도록 하는 심판관 및 감독관 역할을 한다는 뜻이다. 만일 본체가 직접 현실의 작용 세계를 바꾼다는 것은 범주 착오 또는 오류를 범하기 때문이다. 이런 전제에서 김일부는 본체의 세계를 구성하는 기위와 무위의 구조를 율려와 정령으로 나누어 분석한 것이다.

己位는 **四金一水八木七火之中**이니 **无極**이니라
기위 사금일수팔목칠화지중 무극

无極而太極이니 **十一**이니라
무극이태극 십일

十一은 **地德而天道**니라
십일 지덕이천도

天道라 **圓**하니 **庚壬甲丙**이니라
천도 원 경임갑병

地德이라 **方**하니 **二四六八**이니라
지덕 방 이사육팔

기위는 4금1수와 8목7화의 중이니, 무극이다.

무극이면서 태극이니, 10이며 1이다.

10과 1은 지덕이며 천도이다.

천도는 둥그니 경, 임, 갑, 병이다.

지덕은 네모지니 2, 4, 6, 8이다.

戊位는 **二火三木六水九金之中**이니 **皇極**이니라
무위 이화삼목육수구금지중 황극

皇極而无極이니 **五十**이니라
황극이무극 오십

五十은 **天度而地數**니라
오십 천도이지수

地數라 **方**하니 **丁乙癸辛**이니라
지수 방 정을계신

天度라 **圓**하니 **九七五三**이니라
천도 원 구칠오삼

무위는 2화3목과 6수9금의 중이니, 황극이다.

황극이면서 무극이니, 5이며 10이다.

5와 10은 천도이며 지수이다.

지수는 네모지니 정, 을, 계, 신이다.

천도는 둥그니 9, 7, 5, 3이다.

『정역』은 천간지지의 근본적 변화를 얘기한다. 낙서에서 하도로의 전환, 5토土에서 10토土로 바뀌는 천간天干의 혁명, 하늘 중심에서 땅 중심으로의 전환[地支의 혁명], 달력 메카니즘의 본질적 혁신, 시공 질서의 재

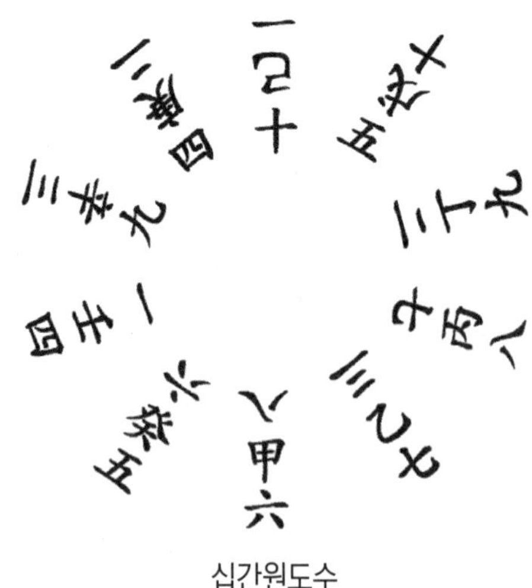
십간원도수

편을 통한 생명계의 완성 가능성을 읊어 『주역』을 비판적으로 극복했다. 『정역』 마지막 부분에 있는 "십간원도수十干原度數"는 천간에 감추어진 속살을 벗겨내어 시간의 본성을 압축한 도표이다.

"십간원도수"에 나타난 가장 중요한 핵심은 천간 자체가 원래부터 선천과 후천의 논리로 구성되어 있고, 또한 정령도수와 여율도수에 의해 선천이 후천으로 전환되는 원리가 각인되어 있기 때문에 선천은 갑, 을, 병, 정, 무, 기, 경, 신, 임, 계의 순서로 돌아가는 반면에 후천은 기, 경, 신, 임, 계, 갑, 을, 병, 정, 무로 돌아가는 질서로 배열되었다. "십간원도수"는 본래 선천과 후천을 관통하는 원리[原度數]가 밑바탕이 되었다는 것이 핵심이다.

"십간원도수" 도표의 외부를 보면, 선천에는 '갑'으로 시작하던 것이 후천에는 '기'로 시작하는 질서로 바뀌어 있다. 기위己位로 시작하는 내부의 정령은 경임갑병(4금1수8목7화)의 순서로 돌아가고, 무위戊位로 시작하는 여율은 정을계신(2화3목6수9금)의 순서로 돌아간다. 『정역』에서 말하는 '정령'은 태음과 태양 표면의 혼백魂魄과 기체氣體로 자리 잡은 경임갑병庚壬甲丙을, '여율'은 태음과 태양의 내부 도수를 뜻하는 정을계신丁乙癸辛이다.

특히 도표의 안을 보면, 기위[政令]와 무위[呂律]는 반대 방향으로 돌아간다. 그 이유는 만남이 배제된 단순 순환이 아니라, 진정한 통일의 소통을 지향하기 때문이다. 만약 기위가 무위와 같은 방향으로 돌아간다면, 그들은 영원히 만나지 못하고 생명을 성숙시키지 못하는 평행선을 걸을 것이다. 기위와 무위는 하도와 낙서가 순역順逆 방향으로 진행하면서 마주치는 이치와 똑같다.

또한 하늘의 의지를 뜻하는 천간天干 속에는 시공이 형성되기 이전에 이미 정령도수와 여율도수가 아로박혀 있다는 것을 밝혀주고 있다. 즉 "십간원도수"는 정령도수와 여율도수가 서로를 감싸면서 존재하며, 이를 바탕으로 만물이 탄생하여 성장을 거쳐 성숙해진다는 우주의 종합 디자인인 것이다. 그리고 정령과 여율의 시간표에 따라 선후천 전환이 이루어져 실제로 자연에 거대한 변혁이 다가온다[律呂調陰陽]는 이치를 드러내고 있다.

이 도표에 나타난 특징을 종합하면, 무극[己位]과 황극[戊位]은 원래부터 상호 소통하면서 서로의 근거로 내면화되어 존재하며, 그 본질로 자리 잡은 것이 바로 율려라는 것이다. 또한 태양과 태음의 내부 질서 사이에서 '변화(운동)하는 본체'가 곧 황극皇極이기 때문에 율려는 황극의 운용 질서라는 뜻이다. 이때 정령政令과 여율呂律은 상호의존, 상호요청, 상호작용의 관계로 존재한다. 이 둘의 뿌리인 무극과 황극은 본래 떨어져 존재할 수 없으며, 더 나아가 이 둘 사이의 관계에서 형성되는 질서와 힘의 생성 속에는 '미래의 시간표에 대한 프로그램'이 담지되어 있다고 할 수 있다.

그리고 태양의 겉인 8목7화가 오랜 세월에 걸쳐 나뉘고 나뉘어져[分散] 태음의 속 2화3목으로 둥지를 튼 '여'와, 태음의 겉인 4금1수가 모이고 모여[累積][66] 태양의 속 6수9금으로 둥지를 튼 '율'은 원래부터 공존하는 관계로 구성되어 있다. 이때 서로의 뿌리로서 존재하는 정령[67]과 여율[68]의 구성은 만물을 낳아 기르고 성숙시키는 보편 생명의 유전자 지도인 것이다.

---

66) 분산이 微分法이라면, 누적은 積分法이라 할 수 있다.

67) 이정호박사는 "정령은 태양과 태음의 표면 작용이 만물에 미치는 영향이고, 여율은 태양과 태음의 이면 작용이 만물에 미치는 영향"(『원문대조 국역주해 정역』"十一歸體詩", 아세아문화사, 1990, 77쪽.)이라고 풀이했다. 즉 정령과 율려가 직접 음양변화에 영향을 끼친다는 해석이다. 하지만 논자는 정령과 율려는 무극과 황극 사이에 일어나는 작용의 구조에 '이미' 선천의 '三天兩地'와 후천의 三地兩天에서 비롯된 金火交易의 원리가 현실의 음양오행에 영향을 끼치는 것이라고 이해한다. 정령과 율려의 범주가 음양오행의 범주와 다르다는 것이지, 율려와 음양오행이 떨어져 존재한다는 뜻은 아니다.

68) 과거에는 律呂라 불렸으나, 정역사상은 천간지지의 근본적 변화를 전제로 하기 때문에 呂律이라 부른다.

六水九金은 會而潤而律이니라
二火三木은 分而影而呂니라("金火五頌")
6수 9금은 모이고 불어서 '율'이 되고,
2화 3목은 나뉘어 태양의 흔적(영)으로 '여'가 된다.

여기서 흥미 있는 사실은 태음의 겉(4금과 1수)과 속(2화와 3목)은 생수生數 위주로, 태양의 겉(8목과 7화)과 속(6수와 9금)은 성수成數 위주로 구성되었다는 점이다.[69] 이런 의미에서 태음은 생명을 낳아 일궈내는[生長] 본성을, 태양은 만물을 익혀서 성숙시키는[收(斂)藏] 본성을 뜻한다고 할 수 있다.

기위己位는 실제로 태음태양력太陰太陽曆이 하나로 통일되어 음陰 주도의 후천에 사용될 시공의 모체이며, 무위戊位는 지금까지 (선천의) 앞에서 이끌어왔던 태음태양의 내부 질서인 동시에 특히 시공時空을 빨아들일 듯한 태양 속 블랙홀이 연상되는[70] '율律의 질서'를 통해 선후천 전환의 시간대를 추측할 수 있는 근거를 제공하고 있다.

己位는 四金一水八木七火之中[73]이니 无極이니라
戊位는 二火三木六水九金之中이니 皇極이니라

69) 태양의 겉과 속은 8+7=15, 6+9=15를 이루어 하도의 도상에서 10무극과 5황극을 함축한다. 태음의 겉과 속은 4+1=5, 2+3=5를 이루어 낙서의 중앙 5土를 상징한다.

70) "블랙홀 표면에서는 바깥쪽으로 나온 빛조차 그 곳에 머물러 있는 것처럼 보인다. 블랙홀 속에서는 더욱 중력이 강해져 빛을 바깥쪽으로 보내려고 해도 안쪽으로 되돌아와 버린다. … 한편 실제로 블랙홀 속으로 떨어진 사람에게는 중심으로 향하는 운동밖에 허용되지 않는다. 그것은 마치 블랙홀 바깥의 사람에게는 시간이 미래로만 흐르는 것과 같다. 이런 의미에서 블랙홀 속에서는 공간이 시간처럼 행동하는 것이다. … 블랙홀에 가까워지면 시간은 천천히 흐르고, 블랙홀 표면에서 시간은 얼어붙어 버리는 것이다."(『Newton』 특집 "시간이란 무엇인가", 뉴턴코리아, 2007년 3월호, 22-24쪽 참조.)

71) 여기서의 中은 5행의 중앙에 있는 不動의 실체가 아니라, 스스로 움직이면서 5행을 관통시키고 주재하는 핵심의 의미가 강하다.

政令은 己庚壬甲丙이오 呂律은 戊丁乙癸辛이라(“十一歸體詩”)

여율은 황극[戊位, 太陰과 太陽의 속]의 운용도수로서 2화火 × 9금金 = 18과, 3목木 × 6수水 = 18이라는 등식이 성립한다. 이들의 총합은 18+18=36이다. 정령은 무극[己位, 太陰과 太陽의 겉]의 운용도수로서 4금金 × 7화火 = 28, 1수水 × 8목木 = 8이라는 등식이 성립한다. 이들의 총합은 28+8=36이다. 무극(태음과 태양의 겉 = 정령)과 황극(태음과 태양의 속 = 여율) 자체의 심층에는 원래부터 각각 '4금7화'와 '2화9금'라는 금화교역金火交易의 조화造化가 예정되어 있음을 발견할 수 있다. 또한 18+18=36의 공식을 통해서 금화교역의 과정에도 '이미 미래에 나타날' 음양의 균형이 질서화 되어(음양의 근본적 조화調和) 존재한다는 것을 알 수 있다.

天干	甲	乙	丙	丁	戊	己	庚	辛	壬	癸
順序(後天)	6	7	8	9	10	1	2	3	4	5
五行	8木	3木	7火	2火	5土	10土	4金	9金	1水	6水
政令(手指)	6		8			1	2	→	4	
呂律(手指)		7	←	9	10			3		5

정령과 율려의 수지도수

그러면 정령과 율려의 실체는 무엇인가? 그것은 태양太陽(己位, 无極)과 태음太陰(戊位, 皇極)의 내외부 질서(외부 = 정령도수, 내부 = 율려도수)라고 할 수 있다. 율려에 투영된 『정역』 시간론의 핵심은 시대 인식과 함께 인간의 자세 확립을 촉구한 것에 있다. 과거의 시간관은 인간이 시간을 어떻게 인식하느냐는 방법론에 치우친 결과, 시간의 성격 또는 그 속성만을 규정짓는데 그친 한계가 있었다. 그것은 동서양 시간관이 갖는 공통점이다. 그러나 『정역』에 따르면 시간은 수의 질서로 구성되었고, 또한 시간은 수학적 방정식(율려도수와 정령도수)에 의거하여 흐른다는 사실을 헤아렸다.

더 나아가 일정한 시점에 이르면 시간 질서의 틀에 근본적 변화가 일어난다는 사실을 도출하였다. 한마디로 태양太陽(己位, 无極)과 태음太陰(戊位, 皇極)의 내외부 구조(외부 = 정령도수, 내부 = 율려도수)와 그 운동 방식[二火三木의 呂, 六水九金의 律]의 내용을 파헤쳐 정역正易(正曆)의 세계가 도래한다는 이론적 근거를 이끌어냈던 것이다.

己位는 四金一水八木七火之中이니 无極이니라 无極而太極이니 十一이니라 十一은 地德而天道니라 天道라 圓하니 庚壬甲丙이니라 地德이라 方하니 二四六八이니라
戊位는 二火三木六水九金之中이니 皇極이니라 皇極而无極이니 五十이니라 五十은 天度而地數니라 地數라 方하니 丁乙癸辛이니라 天度라 圓하니 九七五三이니라

기사궁己巳宮에 뿌리를 둔 기위[72]는 4금1수8목7화의 정령을 통솔하는 콘트롤 타워[中]에 해당하는 무극이다. 기위는 무극인 동시에 태극[无極而太極][73]이므로 그것은 10인 동시에 1을 표상한다. 10은 만물의 완성

72) 己位는 정역팔괘도의 震卦(10)에, 무위는 巽卦(5)에 해당한다.

73) '无極而太極'은 주렴계의 태극도설과는 다르게 이해해야 옳다. 왜냐하면 주자에 따르면, 무극은 태극에 대한 초월성과 내재성을 뜻하는 개념이므로 무극과 태극은 원래부터 하나라는 관점이다. 하지만 김일부의 3극론에서 말하는 9수 선천은 10수 하도의 무극대도가 전제

을 뜻하는 땅의 덕[地德]이고, 1은 생명의 시작을 뜻하는 천도天道이다.

『주역』이 1에서 9까지의 세계를 설명한 체계라면, 『주역』을 비판적으로 극복한 『정역』은 10에서 1로 나아가는 세상을 설명하는 체계이기 때문에 10을 먼저 말한 다음에 1을 언급한 것이다. 즉 전자가 하늘에 부응하여 만물을 낳아 기르는 땅의 덕성을 얘기했다면, 후자는 하늘의 섭리가 땅에서 이루어진다는 논리를 설명하고 있다.

己位 政令	태음의 겉은 4金의 魄과 1水의 魂
	태양의 겉은 8木의 體와 7火의 氣
戊位 呂律	태음의 속은 2火3木(呂) - 분산의 논리(결과)
	태양의 속은 6水9金(律) - 누적의 논리(결과)

'기위'에서 시작하는 무극(10토)은 10, 8, 6, 4, 2로 진행하는 삼지양천三地兩天(10과 8과 6은 성수의 음陰이고, 4와 2는 생수의 양陽)의 구조로 구성되었다. 반면에 '무위'에서 시작하는 황극(5토)은 1, 3, 5, 7, 9로 진행하는 삼천양지三天兩地(1과 3과 5는 생수의 양陽이고, 7과 9는 성수의 음陰)의 구조로 구성되어 있다. 이때 1(태극)과 10(무극), 또는 10과 1은 맞물려 있다.

왜냐하면 시간의 흐름은 어느 한 방향으로 흘렀다가 극한에 도달하면 곧바로 뒤집혀 다시 돌아오는 본성이 있기 때문이다. 과거에 뿌리를 둔 현재의 시간이 진행하여 미래의 시간을 과거로 만들고, 그 과거의 시간

되어 있는 까닭에 무극은 무극이고 태극은 태극일 뿐이다. 무극 없는 태극은 근거가 부족하고, 태극 없는 무극은 무력하기 때문에 그 위상을 다른 의미로 표현한 것이다. 무극은 우주의 본원이고, 태극은 우주 창조의 본체로서 이를 숫자로 표현하면 10과 1이라는 것이다. 이는 전통 성리학과의 결별을 선언한 대목이다. 김일부는 선후천론의 입장에서 무극체위도수의 역동적인 율동[用]에 의해 이루어지는 결과를 '无極而太極'으로 표현했다. '而'는 '이면서(동시에, 이로되)'와 '무극에서 태극이 되다[爲]'라는 이중적 개념이다.

은 다시 미래의 시간으로 뒤집혀 현재화한다.

그러나 이런 시간의 순환은 시작도 끝도 없는 원 운동을 맴돌이하는 것이 아니라, 4상의 중앙에 있는 5토와 10토를 중심으로 순환한다. 시간은 흐름을 지속하다가도 어느 일정한 시점에 이르면 뒤집혀 흐른다는 것이다. 이를테면 수지도수로 보면, 1태극과 10무극의 양극이 생명의 시작과 끝이 비롯되는 지점인데, 이 양극은 곧 생명과 시간의 자궁이라 할 수 있는 '시중時中의 바다'인 것이다.

10과 1은 지덕地德과 천도天道를 상징한다. '천도'는 둥글게 돌아가는 경임갑병의 천간이고, '지덕'은 하늘은 둥글고 땅은 방정한 형상(네모진 형상) 또는 땅은 둥글게 돌아가는 하늘의 의지를 방정하게 본받는다는 천원지방天圓地方의 뜻과 부합하도록 순서대로 (손가락) 숫자를 세면 2, 4, 6, 8이다. 즉 "십간원도수" 내부의 경임갑병(정령; 4금1수8목7화)의 움직임[政令]과 외부의 2, 4, 6, 8이 동일한 순서로 발걸음을 맞추는 것이 곧 천도지덕天道地德의 정신인 것이다.

위 대목은 전통의 '천원지방설天圓地方說'을 극복한 새로운 '도수의 유래'를 담고 있다. 과거의 천문학은 천원지방을 '하늘은 둥글고 땅은 네모지다'고 사용했다. 그러나 정역사상은 '지방地方'을 하늘의 둥긂에 대한 네모짐으로 사용하지 않고, 옳고 선하다는 가치론적 의미의 '방정함'으로 사용한 점이 돋보인다. 특히 하늘의 원리가 땅에서 이루어진다는 의미의 '도수' 개념에 비추어보면, 과거 천문학의 천원지방설과는 다르게 이해해야 할 것이다.

왜냐하면 무위(황극, 5토, 낙서의 논리)는 과거에서 현재를 거쳐 미래로 흐르는 체계를 갖고, 기위(무극, 10토, 하도의 논리)는 미래에서 현재를 거쳐 과거로 흘러가는 체계를 갖는다. '황극이면서 무극[皇極而無極]이라는 말은 황극과 동일하다는 의미의 수식어를 넘어서 황극이 무극으로 통일되어 5토의 중심의 선천이 10토 중심의 후천으로 전환되는 것이므로 낙서가 하도로 교체되는 것을 뜻한다.

그것은 결국 시공 질서의 재편을 통해 이루어지는 생명 성숙의 길을 시사하는 까닭에 순역 논리가 곧 순역 원리라는 등식이 성립하고, 더 나아가 정령과 율려의 소통(무극과 태극 사이에서 벌어지는 통합을 뜻하는 '십일 十一')으로 말미암아 논리(인식론)와 원리(존재론)가 합일되는 자연의 진정한 완성의 길을 함축한다고 하겠다.

원래 도덕이라는 말은 생명을 낳은 하늘의 '도'와, 하늘이 낳은 생명을 알뜰하게 키워내는 땅의 '덕'이 결합하여 만들어졌다. 천도가 1이고 지덕이 10이라는 점에서 보면, 천도의 1은 시작이요 10은 끝이다. 그래서 선천 9수[洛書]의 세상에서는 천도와 지덕 사이에 갖가지 논리적 모순이 생길 수밖에 없었다. 선천에 지덕은 천도를 본받음의 대상으로 삼았지만, 지덕은 천도를 완전 순응하지 못한 하도 10수의 1이 결핍된 낙서 9수이기 때문이다. 『정역』은 땅[地德]이 지금까지는 하늘[天道]을 본받아 왔으나, 앞으로의 시간대에서는 도리어 천도를 완수하여 생명의 존재 의미와 가치가 실현되는 땅의 위대한 덕성을 '지덕'이라 표현한 것이다.

무술궁戊戌宮에 뿌리를 둔 '무위 황극'은 2화3목6수9금의 여율을 통솔하는 심장부로서 '무위'는 황극체위도수皇極體位度數의 작용을 뜻한다.[74] 무술궁(황극)이 비록 5토의 자격으로 존재하지만, 선후천 전환에 의해 천지가 꿈꾸던 10토의 집으로 귀향하는 것이 목적이다. 5와 10은 하늘의 프로그램이 땅에서 이루어지는 원리를 수의 셈법으로 헤아린 것이다[天度而地數].[75] 방정한 땅은 정을계신의 내부도수[呂律; 2화3목6수9금]

---

74) 김일부는 황극체위도수의 역동적인 율동[用]에 의해 이루어지는 결과를 황극이 무극으로 변신하다, 또는 황극과 무극이 하나로 통일되다[皇極而无極]라고 표현했다. 이런 의미에서 무극의 운용도수가 하늘(태양)의 문법이라면, 황극의 운용도수는 땅(태음)의 문법이라 할 수 있다.

75) '五十은 天度而地數'라는 명제에서 5와 10은 '天度이며 地數'로 번역될 수 있으나, 그 의미

의 움직임[呂律]과 바깥의 9, 7, 5, 3이 동일한 순서로 발걸음을 걷는데, 하늘의 질서가 땅에서 이루어지는 원리를 수로 계산한 것이 바로 도수度數라는 뜻이다.

한마디로 율려는 황극의 운용 방식을 가리킨다. 무극[己位]과 황극[戊位]은 원래부터 상호 소통하면서 서로의 존재 근거를 확인하는 과정이 바로 율려이며, 특히 태양과 태음의 내부 질서 사이의 '변화(운동)하는 본체'가 곧 황극皇極이므로 여율은 곧 황극의 운용 질서라고 할 수 있다. 이때 정령政令과 여율呂律은 상호의존, 상호요청, 상호작용의 관계로 존재한다. 이 둘의 뿌리인 무극과 황극은 떨어져 존재하지 않으며, 이 둘 사이의 관계에서 형성되는 질서와 힘의 생성 속에는 '미래 시간표에 대한 프로그램'이 각인되어 있다고 하겠다.

그리고 태양의 겉인 8목7화가 오랜 세월에 걸쳐 나뉘고 나뉘어져[分散] 태음의 속 2화3목으로 둥지를 튼 '여'와, 태음의 겉인 4금1수가 모이고 모여[累積] 태양의 속 6수9금으로 둥지를 튼 '율'은 원래부터 공존하는 관계로 구성되어 있다. 서로의 뿌리로 존재하는 정령과 여율[76]은 만물을 낳아 기르고 성숙시키는 천지의 숨결로서 생명의 원형 정보이자 시간의 본성인 것이다.

여기서 주목해야 하는 사실은 태음의 겉(4금과 1수)과 속(2화와 3목)은 생수生數 위주로, 태양의 겉(8목과 7화)과 속(6수와 9금)은 성수成數 위주로 구성되었다는 점이다. 이런 의미에서 태음은 생명을 낳아 일궈내는[生長] 본성을, 태양은 만물을 익혀서 성숙시키는[收藏] 본성을 뜻한다고 할 수 있다.

는 5가 10으로 전환되어 '하늘의 걸음걸이가 땅에서 완수되는 과정을 수로 셈하다[天度而地數]'로 해석하는 것이 옳다. 그러니까 戊五土가 己十土 자리로 옮겨서 10자리에 5가 닿는다는 뜻이다.

76) 과거에는 律呂라 불렸으나, 정역사상은 천간지지의 본질적 변화를 전제로 하기 때문에 呂律이라 부른다.

六水九金은 會而潤而律이니라
二火三木은 分而影而呂니라 ("金火五頌")
6수9금은 (4금1수가) 모이고 불어서 '율'이 되고,
2화3목은 (8목7화가) 나뉘어 태양의 흔적(영)으로 '여'가 된다.

政令은 己庚壬甲丙이오
呂律은 戊丁乙癸辛이라
地十爲天天五地요
卯兮歸丑戌依申을 ("十一歸體詩")
정령은 기·경·임·갑·병이요
여율은 무·정·을·계·신이다.
땅의 10이 하늘이 되므로 하늘의 5는 땅이다.
묘에 축이 돌아오니 술에는 신이 의지하는구나.

율려도수와 시간의 혁명- 四曆變化

정령도수 4금1수8목7화는 태음과 태양의 겉을 이루고, 율려도수 2화3목6수9금은 태음과 태양의 속을 이룬다. 율려도수와 정령도수는 처음부터 끝까지 영원한 파트너로 존재한다. 율려도수 또는 정령도수 어느 하나만으로는 시간의 본성은 물론 시간의 혁명을 얘기할 수 없다는 뜻이다. 그러면 정령도수와 율려도수는 시간의 본질 변화에 어떤 방식으로 개입하는가?

태양과 태음의 겉을 이루는 (태양이 중심) 정령도수 6도는 360에 6일이 Plus된 366일의 (요임금의) 윤력이 되었으며, 태양과 태음의 속을 이루는 (태음이 중심) 율려도수 9도는 『정역』「십오일언」"일세주천율려도수"에 나오는 바와 같이 1년 360일 중에서 율려 9일만큼 본체로 개입

한다는 뜻이다.

(원력 375 중의) 본체 15가 9와 6(음양짝의 율려와 정령)으로 분리되면서 정령도수 6도는 360일에 6일이 플러스되어 366일 윤력이 되고, 율려도수 9도는 항상 $\frac{1}{40}$(= $\frac{9일}{360일}$)만큼 본체로 자리잡는 체계를 이룬다. 원력에는 정령도수 6도와 율려도수 9도가 하나로 융합되어 본체 15로 존재한다면, 윤력에서는 정령도수와 율려도수가 분리되어 시간 운행의 주도권을 행사한다는 것이다. 음양의 극단을 상징하는 6과 9가 정령과 율려로 나뉘기 때문에 360이 곧 太陰曆(354일)과 太陽曆(365$\frac{1}{4}$일)의 표준이 된다는 것을 알 수 있다.

"原曆에서는 15度가 體가 되고, 正曆 360度가 用이 되던 것이 閏曆에서는 正曆 360도가 중심 기준 體가 되면서 율려도수 九度와 정령도수 六度가 用이 됨으로써 사실상 體用이 바뀐 것이다."[77] 原曆 15는 하도의 본체 10과 낙서의 본체 5가 융합된 상태를 뜻하며, 閏曆 시대를 거친 다음에 이루어질 10과 5의 융합은 낙서가 하도로 전환된다는 것을 의미한다. 하도 55와 낙서 45의 합 100[78]은 하도낙서 작용의 총수이기 때문에 100은 15의 자기 전개의 결과라고도 할 수 있다.

한편 하도의 내부에 있는 10토와 5토, 낙서의 중앙에 있는 5토를 보탠 20수를 바탕으로 동서남북 4방으로 운행하는 80(20×4=80)은 실제 생성을 뜻하는 숫자다. 이 80에는 시공의 모체에 뿌리박고 있으며, 우주의 태초 에너지의 불꽃을 상징하는 1(태극)이 내재되어 있기 때문에 실제로 운행하는 숫자는 81이라는 해석도 가능하다.

이 1은 음양오행으로 전개되어 만물을 생성시키는 태극이다. 81의 생성에는 하도의 10과 낙서의 5가 본체로 개입하는데, 이들이 재결합

77) 유남상, 앞의 논문, 198쪽.

78) 10 + 9 + 8 + 7 + 6 + 5 + 4 + 3 + 2 + 1 = 55는 하도 수이고, 1 + 2 + 3 + 4 + 5 + 6 + 7 + 8 + 9 = 45는 낙서 수이다.

할 때는 80+20=100의 형식을 이룬다.[79] 1에서 분화하기 시작하여 100까지 극도로 분열되면 다시 1로 돌아가는 순환의 논리가 내포되어 있다.[80] 그런데 4력 생성의 중심에는 시간의 근본적 변화가 전제되어 있다는 점이 가장 중요하다.

아주 작은 시간[分 → 刻 → 時]이 모여서 날[日]을 이루고, 날이 모여서 한 달[月]이 구성된다. 따라서 시간의 변화는 날의 변화를, 날 수의 변화는 달 수의 변화로 가져오기 때문에 4력 변화는 '1년의 날수' 변화로 직결될 수밖에 없는 것이다.

그러면 시간의 변화에 정령도수와 율려도수는 어떻게 작동하는가? 날[日] 수의 변화를 통해 1년 자체의 메카니즘을 살피는 것이 경령도수 측면에서 보는 閏度數 6도의 행방이라면, 달[月] 수 변화를 통해 1년 자체의 메카니즘을 살피는 것이 율려도수 측면에서 보는 윤도수 9도의 행방이다.[81] 이때 정령도수는 외부에서 내부를 지향하고, 율려도수는 내부에서 외부를 지향하면서 본체와 작용의 역전 현상이 생기는 과정에 시간의 혁명이 일어나는 것이다.

그러면 81은 어떤 원칙으로 시간의 변화에 개입하는가? 본체 15가 음양의 9와 6으로 나뉘면서 九九段 법칙이 적용된다. 정역사상에서 말

---

79) 100 - (15 + 5) = 80의 등식도 성립한다.

80) 김일부는 무극과 태극과 황극의 3元으로 설명했다. 하나로 합하면 一元이지만, 나누면 三元이란 뜻이다.

81) 유남상, 앞의 논문, 199쪽, "原曆의 본체 十五가 閏曆으로 변역하면서 用九用六 원리에 의해 政令六度와 律呂九度로 구분되어 작용한다. 이를 時間數로 환산하면 政令은 72시간이 되고, 律呂는 百八 時間이 되는 것이며 이를 합하면 百八十 時間이 된다. 그런데 이는 政令度數 측면에서 原曆의 本體度數 十五 전체를 時間으로 환산한 것으로서 이 百八十 時數내에는 河圖와 洛書가 결합된 一元數 百을 근원으로 하고, 그 中精之氣를 뜻하는 중심 一數가 객관적 시간 안에 들어와 四曆을 생성시키는 四曆 生成數 八十一까지를 포함하고 있다. 다시 말하면 百八十은 母體인 一元數 九十九와 四曆 生成度數 八十一을 결합한 것이다. 그러므로 사실상 四曆變化에 작용하는 度數는 一元數를 제외한 八十一 數뿐이다." 1은 본체계(3극의 차원, 99)와 생성계(음양오행의 차원, 81)를 관통하면서 존재하는 우주의 영원한 불꽃이다.

하는 '구구단'은 9를 중심으로 9, 8, 7, 6 등을 곱하는 셈법이다.

왜 정역사상은 곱하기 셈법을 중시하는가? '보태기 또는 빼기'가 양적 변화를 수식하는 기호라면, '곱하기(즉 제곱)'는 질적 변화 또는 생명의 비약(도약)을 수식하는 특수 용어이기 때문이다. 9×9=81, 9×8=72, 9×7=63, 9×6=54, (9×5=45), 9×4=36, 9×3=27, 9×2=18, 9×1=9라는 셈법의 구조에는 정령도수와 율려도수가 상호교차하면서 이루어지는 시간의 변화를 얘기한다.

이때 정령도수는 6(도)×12(시간)=72시간, 율려도수는 9(도)×12(시간)=108시간이 성립한다. 이들의 합은 72+108=180이다. 그리고 180÷12=본체 15의 형식이 성립한다. 이 180은 1원수 100과 생성수 80의 결합으로 이루어지는데, 100이 부모라면 80은 자식에 비견된다. 자식이 부모의 뜻을 받드는 숫자가 80이라는 뜻이다.

그러니까 一元數 100에서 1을 뺀 99는 본체계의 역동성을, 반면에 태극을 상징하는 1을 보탠 81이 실제 시간의 변화에 참여한다는 논리다. 1은 무엇인가? 1은 본체계(3극의 차원, 99)와 생성계(음양오행의 차원, 81)를 연결시키면서 꿰뚫는 우주의 영원한 불꽃이다. 1은 수의 시초로서 생명의 근원인 동시에 본체와 생성을 연결시키는 생명과 시간 탄생의 탯줄을 뜻한다. 본체 15를 옛날식으로 계산하면 15×12시간=180시간인데, 이 180 안에 4曆의 내용인 81, 72, 63의 변화 과정이 투명하게 드러난다는 발상이다.

이 81은 하도의 논리를 상징하는 體十用九와 九九段 법칙[82)]에 의해

82) 周公(BCE 1100-BCE ?)이 살았던 당시에도 피타고라스 정리와 똑같은 방정식의 天圓地方說이 존재했는데, 그 방법론은 '구구단'이었다. 이는 『周髀算經』 卷上에 나온다. "예전에 주공이 상고에게 물었다. '대부가 수에 능하다고 들었다. 옛날에 포희씨가 하늘 둘레의 曆度를 세운 것에 대해 묻고자 한다. 하늘은 (높아서) 계단을 밟아 오를 수 없고, 땅은 (넓어서) 자로서 잴 수가 없으니 청컨대 그 수들이 어디서 나왔는지 묻고자 한다.' 상고가 대답했다. '수의 법칙은 원과 정사각형으로부터 나왔다. 원은 정사각형으로부터 나오고, 정사각형은 曲尺으로부터 나오며, 곡척은 9 × 9 = 81(즉 구구단)로부터 나온 것이다.'[昔者周公問於商高曰 竊聞乎

본체 15[83]가 360의 운행과 하나로 융합된 原曆(= 正曆)을 가리킨다. 이를 풀어내면 9×9=81이 곧 정력이자 원력이라는 것이다. 전체 180시간이 율려도수 9도(9×12시간)의 108시간과 정령도수 6도(6×12시간)의 72시간으로 분리되는데, 그것이 현실의 시간으로 바뀔 때는 72시간(= 6日)의 꼬리가 붙은 1년 366일 요임금의 閏曆이 생겨난다.

즉 정령도수가 실행되는 방향에서 보면, 81의 정력(= 원력)에서 9×8=72로 전환되는 방정식(72÷12=6일의 閏度)은 요임금 때 실제 시간의 변화가 있었다는 '堯之朞' 366일을 뜻한다. 72에서 다시 9시간이라는 시간의 꼬리가 우주 공간에서 사라짐으로써 9×7=63시간($63 \div 12 = 5\frac{1}{4}$일)의 윤력이 성립하는 '舜之朞' $365\frac{1}{4}$일이다. 그런데 63에서 다시 9시간이 無化 현상이 일어나면 새로운 변화가 생긴다.

왜냐하면 9×6=54라는 등식에서의 '6'은 體五用六에 의한 坤道 세계로의 진입을 뜻하기 때문이다. 9×9=81, 9×8=72, 9×7=63에 공통으로 들어간 양의 극한수 9는 乾道의 극한(81+72+63=216의 건책수)을 상징하는 까닭에 더욱 그렇다.

9에서 6으로의 전환은 天地 중심의 선천에서 地天 중심의 후천으로의 전환을 의미하는데, 그 전제 조건은 9와 6의 작용이 15(9는 10으로, 6은 5로) 본체로 바뀌는 체용의 전환이 아니면 불가능하다. 한마디로 9와 6의 합인 15가 본체로 환원되면서 正曆 360도가 세상의 前面에 등장하여 1년 360일 正易 세상이 된다는 것이다. 이미 孔子가 밝힌 360도 正曆에 15가 존공되면(본체로 환원되면) 375도 原曆이기 때문에 김일부는 이를 자신이 밝혔다는 이유에서 '一夫之朞'라고 불렀던 것이다.

體十用九 원칙에 의거하여 81 원력이 72 윤력으로 변화되고, 72 윤

大夫善數也. 請問古者包犧立周天曆度, 夫天不可階而升, 地不可得尺寸而度, 請問數安從出? 商高曰 數之法出於圓方, 圓出於方, 方出於矩, 矩出於九九八十一.]"

83) 15는 乾卦 體十用九의 '體十'과 坤卦 體五用六의 '體五'의 합이다.

력은 다시 63 윤력으로 변화되고, 마지막으로 63 윤력은 體五用六 원칙에 의거하여 54 正曆(坤道, 하도 후천, 地天의 세계상)으로 전환되는 것을 알 수 있다. 이를 정리하면 81, 72, 63은 216의 乾策數를 이루고, 그 보이지 않는 심층에서는 順逆 방식에 따라 9(1×9), 18(2×9), 27(3×9), 36(4×9), 54(6×9)의 합 144의 坤策數가 형성된다. 이들을 합하면 216+144 = 360의 정력이 되는 것이다.

그러면 율려도수는 4력의 생성 과정에 어떻게 관여하는가? 원력의 본체 15가 현실의 시간으로 전개될 때는 정령도수 6도와 율려도수 9도로 나뉜다. 그러니까 율려도수는 9×12=108시간으로 나타나는 것이다. 이 108에는 이미 하도낙서 작용수의 합(55+45)인 1원수 100[84]에서 싹튼 우주 생명의 불꽃이 실제로 작용하는 1×9=9가 포함되어 있다. 이 108의 시간수는 부모를 뜻하는 수 99와 미래에 72 윤력을 산출할 수 있는 81 원력(= 정력)의 밑바탕에 숨겨진 9도의 율려도수를 내포하고 있다. 다시 말하면 원력(정력) 81의 내부에서 자라기 시작한 81에서 73까지의 9도가 곧 율려도수인 것이다.

이처럼 99를 바탕으로 1이 9까지 자란 수 108은, 본래 81 원력이 72 윤력으로 변화되는 내부에서는 9시간(2×9=18)이 증가하면서 99+18=117이 되는데, 그것은 72 윤력의 내부에서부터 자라난 것이기 때문에 72에서 64까지 9도가 율려도수인 것이다. 또한 63 윤력의 내부에서 일어난 117시간에 9시간이 증가하여 3×9=27이 되어 63 윤력의 내부에서 자라온 126(99+27)이기 때문에 63에서 55까지의 9도가 율려도수인 것이다. 이 127의 율려도수는 54(6×9=54)의 변화 내부에서 9시간이 증가하면서 36(4×9=36)이 되는 까닭에 전체 도수는 135(99+36)가 이루어진다.[85] 이때에 본체 15가 尊空되는 현상이 일

84) 실제로는 100 − 1 = 99이다.

85) 이를 도표로 만들면 다음과 같다.

政令	81	72	63
律呂	99	108	117

어난다.[86)]

정령도수와 율려도수는 1원수 100(실제로는 99)을 중심으로 서로 반대 지향의 방향으로 변화한다. 정령도수는 원력 81시 → 윤력 72시 → 윤력 63시 → 정력 54시라는 等減의 원칙으로, 율려도수는 원력 99 → 108 → 117 → 126이라는 等加의 원칙으로 변화한다. 정령도수는 본체 15가 변화의 주체가 되어 9시간씩 귀공하는 이치이며, 율려도수는 9시간씩 늘어나는 이치로 이루어졌다. 이들은 각각 81 + 99 = 180, 72 + 108 = 180, 63 + 117 = 180, 54 + 126 = 180이 되어 180시 ÷ 12시 = 15일의 15(무극 10과 황극 5의 합)라는 공식이 '도수'의 뿌리를 이룬다.

4력의 생성변화

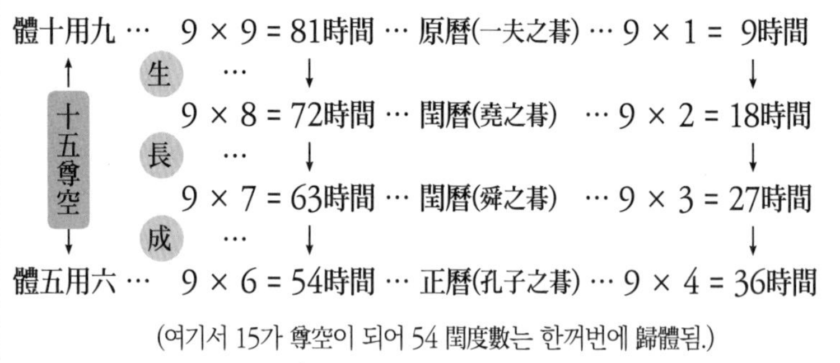

위 도표를 보면, 정력(원력)은 『주역』에서 말하는 用九用六과 구구단 법칙의 합작을 통해 형성되는 것을 확인할 수 있다. 다만 '시간'을 단

86) 유남상, 앞의 논문, 200쪽. "政令과 律呂가 다같이 九九法則에 의하여 生成變化 作用을 나타냄에 있어 전자는 成數를 基本으로 하여 九(用九), 八, 七, 六(用六)의 九 時間式 등차적으로 減少되고, 후자는 生數를 基本으로 하여 一, 二, 三, 四의 순서에 따라 九 時間式 增加되면서 五數를 중심으로 하고 順逆으로 작용하여 十五가 合德歸體됨으로써 正曆이 완성되는 것이다."

위로 하는 4력변화가 9시간씩 차례로 감소되는 형식이라면, '날[日]'을 단위로 하는 正曆은 차례로 증가하는 형식이라는 점이 다를 뿐이다. 여기에는 본체 15를 중심으로 작용이 동시적으로 增減하는 원칙이 함축되어 있기 때문이다.

즉 본체 15를 중심으로 1부터 6까지 자라나는 坤策은 9 × (1 + 2 + 3 + 4 + 6) = 144이며, 9부터 7까지 거꾸로 자라나는 乾策은 9 × (9 + 8 + 7) = 216이 이루어진다. 이들의 총합 144 + 216 = 360은 본체 15를 歸體(尊空)시킨 정력을 뜻한다고 할 수 있다.

用九/用六	體十 (用一)	用八 (用二)	用七 (用三)	體五用六 (用四)	
原曆/正曆	原曆 = 正曆 (一夫之朞)	閏曆 (堯之朞)	(舜之朞)	正曆 = 原曆 (孔子之朞)	
3단 변화	(生)	(長)	(成)		
成數	9 × 9 = 81	8 × 9 = 72	7 × 9 = 63	6 × 9 = 54	
生數	1 × 9 = 9	2 × 9 = 18	3 × 9 = 27	4 × 9 = 36	
合	90	90	90	90	正曆 360度

예전부터 율려는 일월의 규칙적인 율동으로 짜여진 천지의 음악으로 인식되어 왔다. 그래서 천지일월의 손길이 빚어내는 장엄한 율려의 세계는 우리 모두의 탐구 대상이 되기에 충분했다. 하지만 『정역』의 율려는 자연의 아름다운 질서라는 의미 이외에도 새로운 천지(후천)로 나아가는 이정표의 성격이 훨씬 강하다. 이런 의미에서 율려도수의 작동은 천지의 노래인 동시에 몸짓이이라 할 수 있다.[87]

87) 마이클 슈나이더/이충호, 『자연, 예술, 과학의 수학적 원형』(경문사, 2003), 7쪽, "수학, 음악, 자연 속에 내재하는 반복적인 조화로운 패턴은 우주의 원형적 패턴과 원리이다."

율려는 조화옹造化翁(화무상제化无上帝)의 실재를 체험할 수 있는 통로를 제공한다. 기독교에서는 천지를 창조한 조물주를 하나님으로 부른다. 하나님은 말씀(logos)으로 천지를 창조했다. 기독교는 천지창조의 목적을 강조하고 있으나, 그 이법에 대해서는 침묵한다.

그러나 『정역』은 율려도수를 바탕으로 천지창조의 설계도를 낱낱이 해부함은 물론 미래의 시간표마저도 밝혔다. 과거에는 율려를 자연에서 발견되는 순환의 패턴으로 불렀으나, 김일부는 율려를 '윤력이 정력으로' 바뀌는 '됨(Becoming)'의 과정[88]으로 풀이하였다. 따라서 율려도수는 수와 수 사이에 존재하는 에너지의 운동 방식과 힘의 경로를 통해 생명이 성숙되는 과정을 설명한 것[89]이라 하겠다.

율려는 생명이 약동하는 시간의 음악인 동시에 율동이다. 율려가 뿜어내는 시간의 질서가 없다면 이 세상은 존재하지 않을 것이며, 선천이 후천으로 교체될 수도 없다. 움직이는 모든 것과 움직이지 않는 듯이 보이는 유형 무형의 모든 사물은 모두 율려가 빚어낸 조각품인 것이다.

특히 율려에 '도수'라는 어휘를 덧붙일 경우는 '천지의 숨결인 동시에 맥박이자 순수 음양의 내부질서(속살)'라는 의미가 더욱 부각된다. 율려

---

88) 「大易序」는 '聖哉라 易之爲易이여'라 했다. 여기서 앞의 易은 伏羲易 또는 文王易, 뒤의 易은 一夫易 또는 正易(즉 閏曆의 과정을 거친 正曆)을 가리킨다. 따라서 '될 爲'는 미래 철학의 주제가 불변의 존재(Being)에서 '됨(Becoming) = 生成'으로 바뀔 것이라는 확신이다.

89) "변화의 과정에서 시간은 완전한 원형의 모습으로 움직여가고 동일한 과정을 반복한다. 시간의 순환적 운동은 동양 우주론을 특징짓는다. 다른 한편 최근 서구 우주론을 지배하고 있는 과정철학은 더욱 높은 실존의 영역을 향하여 끊임없이 진화발전해 가는 과정을 전제한다. 화이트헤드의 기본적 이상은 새로움에로의 창조적 침투이다. 화이트헤드에게서 의미는 앞으로 향하는 발전적인 운동 가운데 존재하는 것이지 시간의 순환적인 운동 속에 있는 것이 아니다. 이같은 시간의 개념에 대한 차이는 과정신학과 易의 신학의 차이를 명백하게 갈라놓는다. 과정신학은 시간의 직선적 개념을 전제하는 반면에, 易의 신학은 시간의 순환적 개념을 전제한다. 이 점에서 궁극적 실재는 창조적 과정을 포함할 뿐만 아니라 수용적 과정을 또한 포함한다. 따라서 '과정'이라는 용어는 궁극적 실재의 범주로서 易 혹은 변화의 개념보다 덜 포괄적이다. 이런 점에서 틸리히도 '과정'이란 말은 생명이란 말과 동격의 의미로 쓰일 수 없고 덜 포괄적인 의미라고 주장한다."(이정용, 『易의 神學』, 대한기독교서회, 1998, 30쪽.)

도수의 세계는 냉엄하지만 온유하다. 냉엄하다는 말은 생명의 필연 법칙이기 때문이고, 온유하다는 말은 생명의 목적을 완성시켜주기 때문이다. 율려도수의 전개에 의해 펼쳐지는 생명의 완성은 곧 후천이 희망으로 충만한 세상이라는 뜻이다.

율려의 리듬과 박자에 발맞추어 생명은 조화의 숨구멍에 드나들 수 있다. 율려는 조직과 시스템으로 움직인다. 천지조화의 근원인 율려는 동서남북으로 확장하려는 공간의 본성을 지녔으며, 춘하추동으로 둥글어가는 시간의 본성이라 할 수 있다.

정역사상에서 말하는 율려는 황극의 내부 구조[2火3木6水9金]에서 비롯된 개념이다. 무극이 태양이라면, 황극은 태음이다. 무극의 운동 방식이 정령政令이라면, 황극의 운동 방식은 율려律呂다. 김일부는 "6수六水와 9금九金과 2화二火와 3목三木을 주재하는 시간의 중용[中, 즉 時中]인 황극皇極(하늘을 상징하는 무극无極의 짝이 되는 땅의 원리)"을 『정역』의 대전제로 삼았듯이, 율려는 황극의 내부 구조인 동시에 선후천 변화를 일으키는 궁극 원인이라 하겠다.

『정역』에 나타난 율려의 내용을 정리하면 다음과 같다. 첫째, 율려는 천지의 보편 언어인 동시에 조화옹造化翁의 의지를 읽을 수 있는 도수度數를 뜻한다.[90] 둘째, 율려는 5행 형식의 리듬과 박자를 지닌 자연의 숨결이다. 셋째, 율려를 시간 흐름의 과정에서 보면, 천지가 자신의 정체성(identity)을 드러내는 의지의 표현체다. 넷째, 정령도수의 전개를 의미하

90) 영국의 철학사가인 토마스 스탠리(Thomas Stanley: 1625-1678)는 피타고라스 학파의 數에 관한 두 가지 의미를 멋진 글로 표현했다. "수에는 두 종류가 있다. 정신적(비물질적)인 수와 과학적인 수다. 정신적인 수는 수의 영원한 본질로, 피타고라스가 신에 관한 강연을 하면서 하늘과 땅, 그리고 그 사이에 있는 자연에서 최고의 섭리가 되는 원칙이라고 단언한 것이다. … 곧 모든 사물의 원리, 원천, 혹은 근원이다. … 과학적인 수는 하나의 모나드, 혹은 모나드의 무리 속에 존재하는 잠재적 원인의 작용으로 만들어지고 발달하는 것이라고 정의했다."(마리오 리비오 지음/김정은 옮김, 『신은 수학자인가』, 열린과학, 2009, 37쪽.)

는 216(63 + 72 + 81)[91]의 공식은 선천의 막바지, 곧 후천으로 들어서는 시점을 시사한다.[92] 그 이면에는 81에 대한 100(실제로는 99), 72에 대한 108, 63에 대한 117의 율려도수 9도가 밑바탕에 깔려 있다.

이때 정령도수는 태양과 태음의 외부질서를, 율려도수는 속에서 겉으로 드러나는 본성을 지닌 태양과 태음의 내부질서를 뜻한다. 이 정령과 율려의 상호 교차[順逆] 운동은 시간의 본성에 의거하여 그 목적을 현실화한다. 시간의 본성에 근거하여 선천을 후천으로 바꾸는 질서가 곧 율려도수인 것이다. 율려가 정령과 상대되는 개념이라면, 도수의 진정한 근거는 율려에 있다. 따라서 율려도수의 전개는 우주와 역사와 문명의 신비를 풀어낼 수 있는 생명과 시간의 코드라고 할 수 있다.

율려도수의 발동은 시공 질서의 재편을 통해 생명계를 비롯하여 지구에 직접 영향을 끼친다. 지금의 지구는 기후 변화로 인해 찜통 더위에 시달리고 있다. SF 영화는 생태계를 마구 파괴하는 인간의 오만을 경고했는데, 자연은 지구 오염의 주범인 인간을 공격하도록 진화한다는 시나리오였다. 지구에 상처를 남기는 무분별한 개발로 인한 보복으로 지진과 해일 같은 자연 재해가 일어난다는 것이다. 인간의 과도한 욕망에서 말미암은 환경 재앙은 지구의 자정 능력마저도 무력화시키고 있다. 그래서 지질학자들은 인간의 탐욕에서 비롯된 '여섯 번째 대멸종이 온다'고 예고했다. 그것은 현대판 제2의 '노아의 방주'가 다가오는 징조로

---

91) 7×9=63, 8×9=72, 9×9=81인데, 이들의 총합은 216이다.

92) 이에 대해 김일부는 "嗚呼라 今日今日이여 六十三七十二八十一은 一乎一夫로다"(『正易』「十五一言」)라고 했으며, 이를 한동석은 다음과 같이 풀었다. "선천태극의 운동이 끝나고 후천무극의 운동이 시작하는 시공간 작용의 시운을 말하는 것이다. … 이와 같은 '時空의 間'인 선후천 경계점에 있어서는 만물이 최대분열을 하는 것인즉 그 象의 數는 63, 72, 81의 과정이라는 것이다. 다시 말하면 7 × 9 = 63, 8 × 9 = 72, 9 × 9 = 81이라는 말이니 그것은 만물이 九自乘으로써 최종분열하는 것인 바 그 시초는 '7 × 9'에서 시작하여 '9 × 9'에 이르러서 완결되는 것이다. 그러므로 만물이 분열하는 과정의 數인 바 63, 72, 81은 합 216이 되는데 이것이 소위 乾之策이다. 乾之策의 작용이 끝나고 坤之策의 144수가 작용을 시작하려는 그 '時空의 間'을 지칭하기 위하여 '今日今日'이라 한 것이다."(한동석, 앞의 책, 383-384쪽 참조.)

보이는 것 같다.[93)]

기후 위기와 팬데믹의 공포에 빠진 지구촌의 현실을 보라. 코로나19는 과연 기후 위기에서 비롯되었을까? 특별히 2021년은 위기의 한 해였다. 코로나19 대유행, 경제 혼란, 사회적 격변, 그리고 이 모든 것을 관통한 것은 기후 위기였다. 하늘은 말이 없고, 오직 자연 현상으로 말할 뿐이라는 말이 있다.[94)] 자연의 변화는 시간을 통해 인식된다. 시간은 하늘의 명령을 대변하는 생명의 숨결이자 리듬이기 때문이다. 시간의 문을 두드린 김일부는 율려도수를 통해 인류를 희망찬 미래로 인도하는 철학적 사유를 보여주고 있다.

93) 이 대목은 2018년 10월 18일 중앙일보 기사를 요약한 내용임.
94) 『論語』「陽貨」, "子曰 予欲無言. 子貢曰 子如不言, 則小子何述焉. 子曰 天何言哉, 四時行焉, 百物生焉, 天何言哉."

四正七宿用中數
사 정 칠 수 용 중 수

이 글은 28수宿의 동서남북 일곱 별이 시공간의 재편성을 거쳐 만물의 중심에 새롭게 자리 잡는 이치를 얘기하고 있다. 28수의 재조정은 태양력과 태음력이 하나로 융합되어 1년 $365\frac{1}{4}$일 윤력閏曆에서 $5\frac{1}{4}$일이라는 시간의 꼬리가 없어져 1년 360일 정력正曆 세상이 수립되는 것을 뜻한다.

방위	四正七宿
南方朱雀七宿	軫翼張**星**柳鬼井
西方白虎七宿	參觜畢**昴**胃婁奎
北方玄武七宿	壁室危**虛**女牛斗
東方蒼龍七宿	箕尾心**房**氐亢角

이 도표에 나타난 것처럼, 선천 28수의 순서는 '각항'에서 시작해 '익진'으로 끝나던 것이 후천은 '진익'에서 시작하여 '항각'으로 끝난다. 그것은 끝나는 곳에서 거꾸로 다시 출발하는 순역順逆 논리가 적용되어 있기 때문이다. 특히 『정역』「십오일언」"이십팔수운기도二十八宿運氣圖"와 "항각이수존공시亢角二宿尊空詩"의 한 달 30일에서 27일과 28일을 '신명神明'이 머무는 신성한 공간으로 비워 두어[尊空] 선천의 한 달 28일이 후천에는 30일로 바뀐다는 것을 지적하였다.

'4정正'은 동서남북의 별자리를, '7수宿'는 각 별자리의 일곱 별을, '용중수用中數'는 동서남북의 별자리가 제자리 잡도록 '방허묘성房虛昴星'을 중도[中]로 삼아 28수를 셈한다는 뜻이다. 김일부가 28수를 언급했다는 이유에서 『정역』의 주제를 하도낙서 대신 28수에 근거한 '윷'에서 찾는 제자들이 생겨났다. 『정역도서正易圖書』의 출간이 그 증거이다. 그 책의 핵심은 하'도'낙'서'의 도서圖書가 곧 28수에 기초한 윷판이라는 점에 있다.

『정역도서』는 하상역河相易(1859-1916)과 그의 리더쉽 또는 인품을 흠모하여 스승으로 모시고 배웠던 내용을 제자들이 엮어서 쓴 공동 저술이다. 이 책의 집필에 참여했던 사람들은 정역사상을 학술적으로 탐구한 학자라기보다는 영가무도詠歌舞蹈의 전문가이자 전통 윷의 논리를 정역사상의 핵심으로 간주하는 경향이 많았다.

이들을 소개하면 다음과 같다. 하상역 본인은 물론 하상역과 막역한 친구였던 청탄淸灘 김영곤金永坤(1863~1945)과, 하상역이 세운 무극대종교의 운영에 참여했던 삼광三光 이영태李永泰(1875~?), 태충太忠 김원기金元基(?~?), 일충日忠 김대제金大濟(1863~?), 금제今齊 이엽李曄(?~?), 전계심全桂心(?~?) 등이 그들이다. 이상의 일곱 분은 정역사상을 종교적 관점으로 접근했으며, 특히 윷은 하도낙서 원리를 반영한 것이라고 인식하였다.

그렇다고 윷판이 정역사상을 해석하는 하나의 방편이 될 수 있는가에 대한 주장이 정당하다는 보장은 없으나, 그렇다고 틀렸다는 증거도 없다. 학자들은 윷판에 반영된 구조와 생성의 문제가 정역사상과 아무런 관련이 없다고 결론지었으나,[95] 영가무도에 심취한 정역인들은 윷의 논

95) 윷의 원리를 정역사상과 결부시키는 것을 부정한 사람은 이정호 박사였다. "村中의 朴氏 老處女가 30이 넘도록 시집을 못가다가 마침내 '누구나 뺄참에서 다섯 끗으로 넉동무니 구어 빼는 이가 있으면 그에게 시집가겠노라'고 宣言하자 血氣에 넘치는 淸灘(金永坤)이 돛밭에서 뒤로 돌려 꺼꾸로 뺀 桂月(河相易)의 등에 올라 '河圖龍馬 내가 탔으니 그 數 내게 넘기라'고 떠들썩하니 先生이 門을 여시고 '무엇을 그러느냐' 하시매 그 事緣으로 여쭈니 先生이 빙그레 웃으시며 '꺼꾸로 뺏으니 그것도 后天이로구나' 한 것이 機緣이 되어 말판이 后天이라고 하였다고 後日 윷말판을 正易八卦圖의 바탕인 것처럼 宣傳하여 一部 良心之士까지도 眩惑되어 耳懸鼻懸의 無盡論理를 피어내어 그것으로 正易의 뜻을 푼 것처럼 여기는 사람도 생기게 되어 一波 萬波의 騷亂을 빚어내게 된 根本 動機를 이루게 되었으니, 따지고 보면 그것도 이 다오개 崔生員宅 사랑房에서 淸灘과 桂月이 옥신각신 相爭하여 서로 朴處女의 뜻에 投하려는 장난끼어린 戱弄에서 빚어지고, 그 後 桂月이 安心寺에서 詠歌中에 벼룻돌을 짚은 것이 말판 二十九

리를 통해 선후천 변화를 설명하는 경향이 많았다. 더욱이 학술계 중에서도 영가무도詠歌舞蹈를 인정하는가의 여부에 따라 종교철학에 대한 접근 방식이 첨예하게 달라지는 경우도 있다.

한마디로 지난 100년의 세월 동안 정역사상을 바라보는 학술파와 영가무도파의 시각차가 두드러지게 나타났다. 지금은 시시비비를 가리는 것도 중요하지만, 정역계에 종사했던 인물들의 업적들을 통합할 수 있는 지혜를 모으는 것이 최대의 현안이라고 할 수 있다. 학자들과 종교인과 수련인들 모두가 정역사상 아래서 하나로 단합하여 공동의 결실을 맺을 때, 비로소 정역사상의 전성기를 맞이할 수 있을 것이다.

김일부 생존 때부터 정역사상에 접근하는 두 가지 방법이 있었다. 하나는 하도낙서 중심으로 『정역』을 이해하는 관점이다. 왜냐하면 『정역』은 하도낙서에서 연역되어 하도낙서로 귀결되는 체계를 갖추고 있기 때문이다. 다른 하나는 영가무도의 수련인들이 주축이 되어 윷판 중심으로 정역사상을 이해했던 경우이다. 학자들은 영가무도를 경시했고, 영가무도인들은 하도낙서보다는 28수에 기초한 윷판으로 『정역』을 풀이하였다.

『정역』에는 영가무도 혹은 윷판에 대한 구체적인 언급이 없다. 그런데 어느 날 김일부가 제자인 하상역과 김영곤金永坤이 윷놀이하는 현장을 목격한 사건에서 윷판이 『정역』과 직접 관련이 있다는 주장이 생겨났던 것이다.[96] 당시 윷의 원리를 신봉하던 사람들은 스승이 윷을 부정하지 않은 사실에 고무되었으며, 여기서 이른바 '유판파儒板派'가 출현했던 것이다. 윷으로 『정역』에 접근하는 것이 올바른 선비 집단[儒板]이라는 의

點이 되었다 하여 喧傳한 가운데 漸次 神秘化하여진데 起因한 것이다. 後日 一夫徒라 自稱하는 一部 人士들 中에 윷말판을 가지고 神聖視하여, 正易八卦圖가 河圖에서 나온 줄을 忘却하고 馬板圖에서 나온양 錯覺하여 이러저리 人心을 眩惑케 한 것은 實로 遺憾스러운 일이라 아니할 수 없다. 이에 대하여 后天君子는 깊이 警戒하여야 할 것이다."(이정호, 앞의 책, 336-339쪽.)

96) 영가무도파의 대표자였던 하상역과 김영곤은 절친한 동료였다.

미의 '윷판'을 한자로 옮긴 것이다. 지금은 윷판에 대한 부정 또는 긍정을 넘어서 이들을 하나로 묶는 작업이 시급하다.

『정역』과 윷판[儒板] 및 영가무도

『정역』과 윷판의 연관성은 하상역이 지은 『正易圖書』「河龍河龜緣起說」과 李泰(?-?)[97]가 지은 「二十九點无量圖書說」에 처음으로 등장한다. 이밖에도 이태는 「后天无量大明圖書」에서 하도낙서 이론을 윷판으로 바꾸려고 시도했으며, 「天地開闢圖書說」에서는 윷판에다 6갑 체계를 도입하여 천지개벽을 헤아렸으며, 「先后天變易用政圖」에서는 윷판의 중심에 있는 9점은 하도 55점과 낙서 45점에 비견된다고 말하여 윷판의 질서를 하도낙서의 지평으로 읽으려고 시도했다. 金元基(?-?)는 「先后河圖合成圖書說」를 지어 지금은 복희와 문왕 시대를 지나 문명이 하나로 통일되는 시기가 닥쳤다는 것을 윷판 내외부의 구성과 역법의 산출 방식에서 연역하였다.

"태청태화 오화원시 무기일월개벽 원년인 무자년(1888년) 3월 13일, 전라북도 고산군 선야동[98]에서 열린 옛 불교 강론장에서 두 그릇의 발우 물[二盂水][99]을 서로 좌우를 바꾼 것은 일월의 정사를 상징하는

97) 호가 三光인 李泰의 고향과 생몰 년대는 알려진 바가 없다. 이정호 박사의 조사에도 드러나지 않은 인물이다. 그는 「三極說」, 「二十九點无量圖書說」, 「后天无量大明圖書」, 「天地開闢圖書說」, 「先后天變易用政圖」 등을 지어 윷을 통해 정역사상을 이해하는 사다리를 놓았다. 혹시 忠淸道 論山 옆 魯城人으로 호가 草蔭인 李永泰(1875-?)로 짐작된다. 이영태는 全羅道 鎭安에 있는 '无極大宗教' 本堂에 모셔져 있던 위패에도 등장한다. 필자는 이영태가 성리학에 밝고 글씨를 잘 썼다는 인물이라고 무극대종교 마지막 교주의 아들 故 洪性俊 翁으로부터 증언을 들은 바 있다.

98) 삼국시대의 명칭은 難等量縣였으나 통일신라와 고려시대에는 高山縣으로 불렸다가, 조선시대에는 運梯縣과 통합되어 高山郡이 되었다. 대한제국 때는 高山郡으로 바뀌었으며, 지금은 完州郡 高山面이다. 한편 하상역은 전라북도 완주군 운주면 완창리 26에 있는 대둔산 자락의 安心寺에 오랫동안 머물렀었다는 얘기도 있다.

99) 또는 井華水라 부른다.

데, 오른손으로 여덟 모서리가 난 벼루(8각벼루)를 지휘하듯이 휘두르자 벼루에 구멍이 생겼는데, 마치 윷판[儒板]과 똑같은 29개의 점이었다. 왼손을 휘두르자 네 개의 모서리가 난 벼루(4각벼루)에 마치 삼각형처럼 3개의 구멍이 생겼는데, 이름붙여 말하기를 "이것은 33천 하늘에 28수를 둘러싸고 늘어선 별들이 나타내는 도수를 모두 셈하니 36천이다. 참석한 사람 모두가 똑바로 깨달았다.[太淸太和五化元始戊己日月開闢元年戊子三月丙辰十三日甲子, 在全羅北道高山郡仙冶洞, 設古天竺會上, 以二盂水, 左右互換, 日月之政, 右手指揮打, 八稜硯而硯底現穴二十九點, 如同儒板. 左手指揮打, 四稜硯而現穴三點, 如三角形, 命名日此三十三天, 二十八宿, 周天列曜, 度數都數, 三十六天也, 來人正覺.]"(「河龍河龜緣起說」)

"관부 하선생[100]이 을유년(1885년) 봄에 처음으로 김일부 선생님의 문하생이 되었고, 3년이 지난 무자년(1888년) 병진월(3월) 갑자일(13일)에 고산 선야동에서 수도하였다. 때마침 개벽 모임에서 천지가 (지천으로) 바뀌어 후천이 올바르게 되고, 일월이 서로 집을 교환하여 빛이 빛나고, 신명이 모여 조화가 존속하는 것을 깨달았다. 하상역 선생이 홀연히 감응하여 두 개의 발우에 담긴 물을 천지일월이 변화하면서 정사하는 것으로 비유하였다. 왼손 손가락으로 세 번에 걸쳐 사각형으로 된 벼룻돌을 휘둘러 치니 3극의 도수에 부합하는 세 개의 점으로 된 그림이 생겼다. 오른손 손가락으로 다섯 번에 걸쳐 휘둘러 치자 8각형 벼루에 천지의 도수에 부합하는 29개의 점으로 된 그림이 생겼다. 29는 하늘의 도수[天度]로서 거기서 4상[四象]을 제외하면 25인데, 땅의 도수[地度]가 그 위치를 완수하는 것을 상징한다. 33천, 36궁, 29수가 하늘을 둘러싸면서 빛을 내는 것은 율려도수와 조화의 공용이 수립됨을

100) 河相易을 가리킨다.

입증하는 것[101]이다.[貫夫河先生, 乙酉春, 始贄于夫子之門庭而越三年戊子三月丙辰建十三日甲子修道于高山仙冶洞. 時適丁開闢之會, 天地易位而正后天, 日月交宮光華, 神明萃而存化. 河先生忽然感應, 以二盂水互換天地日月變易之政. 左手指三合而揮打四稜硯, 三點成圖, 以應三極之道. 右手指五合而揮打八稜硯, 二十九點成圖, 以應天地之度也. 二十九者, 天度也, 除以四象則二十五, 地度成位而三十三天, 三十六宮, 二十八宿, 周天列曜, 律呂度數, 造化功用, 立矣.]"(「二十九點无量圖書說」)

"윷판의 외부 20점은 둥근 고리를 이루고, 내부 조직 9점은 십자형을 이룬다. 이 윷판 그림 역시 동서남북과 중앙에서 4상과 5행이 각각 그 도를 완성하는 까닭에 외곽의 둥근 고리 4 × 5 = 20, 중앙의 5 × 1 = 5를 결합하면 5 × 5 = 25가 성립한다. 여기다 4방, 4상의 네 점을 합한 29점은 한 달의 29일 499분 도수이며, 1년 360돌의 수는 375도 본체를 완성하는 수와 결합하는 이치를 갖추고 있다. 이는 일부선생이 주장하는 괘도와 서로 부합하는데, 이것이 바로 무극의 體用圖이다. 대나무로 계산하면 1부터 9까지는 29개인데, 이것은 천지 본체의 작용수이다. 수 1, 2, 3, 4, 5, 6, 7, 8, 9를 합한 법칙이 이와 같다.[102][其圖外則外成二十点而圓環, 內成九点而成十字之形, 此圖亦東西南北中, 四象五行, 各成其道故, 外環四五二十, 中五一五, 合爲五五, 二十五, 加四方四象四點, 合爲二十九点, 月之二十九日四百九十九分之度, 當朞三百六十數, 三百七十五度本體成數, 具合, 與一夫先生主卦圖相合, 此无極體用之圖也. 以竹算計之, 自一至九則爲二十九介, 而此天地本體用數也. 數, 一二三四五六七八九合則如此也.]"(「先后河圖合成圖書說」)

101) 『正易』「十五一言」"金火五頌", "嗚呼, 金火互易, 不易正易, 晦朔弦望 進退屈伸 律呂度數 造化功用, 立. 聖人所不言, 豈一夫敢言, 時命."

102) 29가 왜 45와 일치하는가에 대해서는 알 수 없다.

'사정칠수四正七宿'라는 말에는 이미 28수가 전제되어 있다. 28수에 근거하여 윷 이론이 어떻게 산출되었는지는 불명확하다. 하지만 윷은 예로부터 한민족 고유의 민속놀이였으며, 윷판의 구성이 28수와 밀접한 연관성이 있다는 사실은 부정할 수 없다. 김일부 역시 천문 28수에 역법의 구성 근거를 두었던 까닭에 윷과 하도낙서의 연관성을 밝히는 작업도 정역사상의 외연을 높이는 좋은 기회가 될 것이다.

先天은 **五九**니 **逆而用八**하니 **錯**이라 **閏中**이니라
선천 오구 역이용팔 착 윤중
后天은 **十五**니 **順而用六**하니 **合**이라 **正中**이니라
후천 십오 순이용육 합 정중
五九는 **太陰之政**이니 **一八七**이니라
오구 태음지정 일팔칠
十五는 **太陽之政**이니 **一七四**니라
십오 태양지정 일칠사
易은 **三**이니 **乾巛**이오
역 삼 건곤
卦는 **八**이니 **否泰損益咸恒旣濟未濟**니라
괘 팔 비태손익함항기제미제
嗚呼라 **旣順旣逆**하여 **克終克始**하니 **十易萬曆**이로다
오호 기순기역 극종극시 십역만력

선천은 5에서 9에 이르니, 거슬러서 8을 사용하여 어긋난다. 윤력에 맞춘다.
후천은 10에서 5에 이르니, 순응하여 6을 쓰므로 합당하다. 정력에 맞춘다.
5에서 9는 태음의 정사이니 1·8·7이다.
10에서 5는 태양의 정사이니 1·7·4이다.
역은 셋이니, 건과 곤이다.
괘는 여덟이니, 비·태·손·익·함·항·기제·미제이다.
아아! 이미 순응하고 이미 거슬러서 능히 마치고 능히 시작하니,

10수의 역이 만세력이로다.

이 글은 책력 만드는 방법을 28수의 배열 차원에서 논의하였다. 천도天道를 순행하는 선천과 지도地道를 역행逆行하는 '양순음역陽順陰逆'의 논지를 펼치고 있다. 특히 순역 논리, 하도낙서, 괘도의 변천사 등을 선후천 전환에 맞추어 얘기한 것이다.

『정역』의 문법은 선천과 후천을 대비하는 것에 초점이 맞추어져 있다. 선천은 '5에서 9'의 역행[逆]으로 인한 어긋남[錯] 때문에 윤달을 사용하는 치윤법置閏法이 만들어졌다. 왜 '5에서 9'라는 말이 나왔는가? 선천의 중이 1과 9 사이[一九之中]의 5라면, 후천의 중[十一之中]은 6이기 때문이다. 후천은 '10에서 5'의 순행[順]으로 인한 자연 질서와 역법이 일치하기[合] 때문에 윤달이 필요 없는 세상[正中]이다.[103] 따라서 새끼손가락에 '5와 6이 동시에 닿은 중도'인 까닭에 후천 책력이 올바르다[正中]고 말한 것이다.

선천은 왜 5에서 9로 나아가고 8까지만 사용하는가? 선천 낙서의 세계는 1에서 9로 진행하는 역행의 논리이기 때문이다. 낙서 선천이 하도 후천을 지향한다는 것을 '5에서 9로 나아간다'고 표현한 것이다. 낙서는 5를 본체로 삼아 성수成數 6에서 9를 향해 거슬러서 작용하는 8수의 세계상이라는 뜻이다.[104]

'5와 9'는 무엇인가? 5는 무토戊土이며, 9는 1, 2, 3, 4의 생수生數와 5토를 지나 6, 7, 8, 9 성수成數의 극한을 가리킨다. 그것은 선천과 후천의 전환을 예고한 표현이다. 낙서의 역생도성逆生倒成을 거쳐야만 하도의 도

103) 하도의 중 6과 낙서의 중 5를 곱하면 5×6=30이 된다. 30은 중도의 자기 전개라고 할 수 있다.

104) 낙서 9수에서 본체를 빼면 8이라는 뜻 외에도 1부터 8까지의 수가 등장하는 복희팔괘도를 의미한다. 또한 5를 6자리에서부터 세면 5, 6, 7, 8의 8은 생장성에서 '生'의 단계를 뜻한다.

생역성倒生逆成이 가능하다. 왜 '8수'일까? 여기에는 두 가지 풀이가 있다. 하나는 자子에서 시작하는 1·8의 태음력이 선천의 운명이라면,[105] '5에서 9'는 낙서에 근거한 태음력이 태양력 위주로 통일되는 과정을 숫자로 표현한 것이다. 다른 하나는 천문 28수에 바탕을 두고 있다. '낙서 9 + 19[106] = 28'의 형식에는 이미 28수가 전제되었다고 할 수 있다.

'어긋날 착錯'은 해와 달과 지구 사이에서 벌어지는 운동 법칙으로는 일정불변한 달력을 담아낼 수 없는 까닭에 인위적으로 꿰어 맞추는[閏中] 방법에 의존했다는 뜻이다. 그것은 지축 경사로 인한 음양의 불균형 때문에 동서양의 수많은 캘린더 개정의 역사를 가져온 원인이었다.

책력의 역사

"1912년 미국의 한 개혁가는 년, 월, 일은 자연의 흐름에 부합하지만 주와 시간은 완전한 인공물이라고 지적했다. 그는 1년을 4계절로 나누어 각각 91일씩 배정하고, 남는 하루는 설날로, 그리고 4년에 한 번 閏日을 두어 '멍청한' 달력을 간명하게 바꾸어야 한다고 주장했다." (스티븐 컨/박성관, 『시간과 공간의 문화사』, 휴머니스트, 2004, 48쪽.)

"달력은 문화적 성취물일까? 이런 비유는 달력을 비꼬는 표현이다. 작고 오래된 다이어리 속의 달력은 주인을 이러저리 끌고 다니다가 시간표에 맞지 않게 움직일 때는 무서운 노예 감독관으로 돌변한다. 이처럼 달력은 지배자인 동시에 피지배자다. 우리는 달력을 다채로운 색으로 채운다. 시간을 우리 것으로 만들어 밤을 낮으로, 평일을 휴일로

105) ① 『正易』「十一一言」, "丑運은 五六이요 子運은 一八이니라" ② 『正易』「十一一言」"四正七宿用中數", "五九는 太陰之政이니 一八七이니라 十五는 太陽之政이니 一七四니라"
106) 9는 낙서의 수를 1부터 시작해서 하도의 수 10에 이르고, 다시 1로 환원하는 과정 전체를 원으로 그리면 9+10=19가 성립한다. 이것을 합하면 9+19=28이다. 하도와 낙서의 합 19는 하늘땅의 본체를 상징한다. 이에 대한 응용으로 19×19=361의 바둑판이 형성되었다.

바꾸기도 한다. 달력은 꿈쩍도 않고 군림하는 지배자가 되어 우리의 바램과는 상관없이 사무실 문을 닫게도 하고, 고속도로를 막히게도 하며, 휴식을 강요하기도 한다. 한편 달력은 태양의 운행과 지구의 자전이라는 자연스러운 주기를 고려해 우리에게 주어진 시간을 측정할 수 있게 해주는 도구다. 또한 달력은 문화적 생산물로서 모두가 참여해 만든 사회적 구성물이다.(외르크 뤼프케/김용현, 『시간과 권력의 문화사』, 알마, 2012, 9-10쪽.)

"(1년) 12월은 각각 초하루부터 생겨난다. 24절기는 각각 절일로부터 생겨난다.[十二月各從朔日起, 二十四氣各從節日起.]"의 풀이에 "큰 달의 천간은 5를 취하고, 지지는 9를 취한다. 작은 달의 천간은 4를 취하고, 지지는 8을 취한다.[大月干取五支取九, 小月干取四支取八.]"(『天機大要』「曆家祕訣」)는 내용이 있다. 역법가는 일월 운행의 규칙성을 '干五支九, 干四支八'로 정리했다. 올해의 달력을 만들려면 9년 전의 달력을 참조하라! 9년 전 정월의 천간을 기준으로 '간오지구'를 적용하면 올해 정월 초하루를 정할 수 있다는 것이다.

이 대목에 『정역』의 주제가 녹아 있다. 10에서 5로 나아가는 하도의 방향성은 선천 역법이 새롭게 바로잡혀[正中] 후천의 상생으로 바뀐다는 것을 가리킨다. 겉으로 보기에 10과 5는 10무극과 5황극이지만, 실제로는 하도의 중용 6을 중심으로 후천 역법에 맞춘다[正中]고 했던 것이다. 그것은 하도가 본체요 낙서는 작용였던 것이 도리어 낙서가 본체로 바뀌고 하도는 작용으로 바뀌어 온 누리에 상생이 펼쳐진다는 뜻이다.

왜 후천을 '십오十五'라 하는가? 괘로 말하면 십건오곤十乾五坤은 지천태地天泰(䷊)의 형상이요, 수지도수로 엄지손가락을 펴면 10무극, 굽히면 1태극이 되어 굽히고 펴는 현상을 통해 본체와 작용이 하나로 통합된 하도의 이치를 형상화했다. 하도는 순順의 방식으로 진행하여 새끼손가락에 6이 닿는 것이 '순이용육順而用六'이다. 여기서 수지도수와 하도낙서, 역법의 이치를 관통시키려는 김일부의 의도를 읽을 수 있다. 또한 선천에 무진 또는 무술 초하루로 시작하던 역법이 후천은 계미 또는 계축이 초하루로 (선천 16일이 후천 초하루로) 바뀌는 이치가 포함되어 있다.[107)]

왜 5에서 9로 나아가는[五九] 낙서 선천을 '1·8·7'이라 했는가? 선천은 달[月] 중심의 태음력을 사용하기 때문이다. 1은 초하루[朔], 8은 상현上弦, 다시 7일 지나면 보름[望]이다. 이것은 수지도수와 3극과 정역팔괘도를 통합해서 말한 것이다. 엄지손가락의 10무극과, 새끼손가락에 있던 5황극이 선후천 전환에 의해 10과 5가 함께 엄지손가락에 닿기 때문에 숫자로는 '십오十五'이며, 손가락 형상으로는 '십일十一'이기 때문이다. 그리고 엄지손가락을 굽힌 정역팔괘도의 8간艮과, 엄지손가락을 편 7[七地]은 '십일귀체十一歸體'의 형상을 이룬다.

'10에서 5'로 나아가는 하도의 질서[太陽政事]는 '십일귀체十一歸體'가 목적이다. 그것은 시공의 재조정을 통해 현실화된다. 하늘이 변하면 땅도 변하는 것처럼, 천간이 바뀌면 지지 역시 바뀌어야 마땅하다. '십일귀체'는 천간 10의 체계와 지지 12의 체계가 일원화되는 것을 의미한다.

한편 '십일귀체'라는 말대로 지지 12에서 하나가 본체로 돌아가면[歸體] '12-1=11'의 등식이 성립한다. 또한 '술오공戌五空, 묘팔공卯八空' 원칙에 의해 12지지에서 '술'과 '묘'[108)]가 본체로 돌아가면[空化] '12-2=10'이 되어 천간과 지지가 똑같이 10수로 통일된다는 뜻도 가능하다.

태양의 정사는 어떤 패턴으로 움직이는가? 이를 수지도수로 헤아려보

---

107)『正易註義』, "后天謂太陽之政, 十五謂河圖也. 順而用六謂一六 十六 二十六. 盖一月之政三十爲正, 而先天爲十五, 后天亦十五也. 戊戌戊辰正位於十六, 陰德之順也. 且氐星位當於二十六, 政之不亢而角星, 與子午合於三十, 不露奎角, 其度相合, 得正而無過不及. 按二十八宿, 可見矣."

108) '술오공'은 逆의 방향, '묘팔공'은 順의 방향이므로 12-2=10이다. 순역은 시간의 본성에 대한 두 측면이므로 결국 12-1=11[十一歸體]일 수도 있다. 필자의 오류가 아니기를 바랄 뿐이다.

자. 왼손 1, 2, 3, 4의 손가락을 모두 굽히고 새끼손가락을 편 상태, 또는 반대로 새끼손가락을 굽힌(선천을 닫고) 다음에 다시 새끼손가락을 편 형상을 가리킨다. 그것은 하도의 10, 9, 8, 7의 순서로 손가락을 모두 굽힌 형상으로서 수지도수로 보면 하도의 7과 4가 똑같이 네째 손가락에 닿기 때문에 '1-7-4'라 했던 것이다.[109] 숫자로는 7+4=11인데, 그것은 새끼손가락을 편 형상으로서 정역팔괘도의 '삼태택三兌澤'의 모습이다. '태兌'[110]는 1년 360일이 항상 봄날처럼 온 세상에 기쁨이 넘치는 것을 상징한다.

'역이 셋이니, 건과 곤이다'라는 것은 무슨 말인가? 셋을 복희역과 문왕역과 일부역으로 규정하는 것은 명사로 보는 경우이고, 『정역』의 핵심을 변화라는 관점에서 보면 복희팔괘도가 문왕팔괘도로 진화하고, 다시 선천 문왕팔괘도가 후천 정역팔괘도로 전환한다는 의미의 '셋'은 자연의 혁명을 세 번 거친다는 동사로 쓰였다.[111] '건과 곤'은 건괘와 곤괘를 대비시키는 것에 그치지 않고, 오히려 건괘로 시작하던 선천(䷋)이 곤괘 위주의 후천(䷊)으로 전환된다는 것이 핵심이다.

괘가 여덟이란 말은 복희팔괘도의 건·태·리·진·손·감·간·곤을 지적한 것이 아니라, 8괘의 구조 자체가 세 차례의 변화를 통해 선천이 후천으로 바뀐다는 것을 말한 것이다. 그래서 김일부는 비괘와 태괘, 손괘와 익괘, 함괘와 항괘, 미제괘와 기제괘의 서로 반대되는 형상을 배치하여 선천과 후천을 대비했던 것이다. 비태는 선천의 비색과 후천의 소통을, 손익은 선천의 손해와 후천의 이로움을, 함항은 선천과 후천의 작

109) 태음의 '1-8-7'에 대응하여 태양은 '1-7-4'로 표현했다. 「十五一言」에서는 "태양은 거꾸로 나서 거슬러 이루니 후천이로되 선천이요 미제로되 기제이다. … 회복하는 이치는 1-7-4이다.[太陽, 倒生逆成, 后天而先天, 未濟而旣濟. … 復之之理, 一七四.]

110) 兌는 기쁘다[兌, 說, 悅]는 의미도 있다.

111) 『正易註義』, "盖羲易始變也, 周易再變也, 正易三變也. 卦位極於八八而實天地水火山澤之反易而成故, 特此反類之卦八, 而重卦之大體也."

용을, 기제와 미제는 선천과 후천을 이끌었던 물불의 역전 현상을 통해 후천은 인류가 겪지 못했던 축복이라는 것을 알려주고 있다.

"사정칠수용정수" 역시 과거 역법의 불편함은 사라지고 새로운 시공 질서의 혜택이 온 세상에 펼쳐질 것을 예고하고 있다. 그것은 『정역』의 사유가 후천 중심으로 이루어졌다는 것을 입증한다. 더욱이 후천이 머지않아 올 것이라는 믿음을 '아아!'라고 표현한 감탄사에서도 읽을 수 있다.

"아아! 이미 순응하고 이미 거슬러서 능히 마치고 능히 시작하니, 10수의 역이 만세력이로다.[嗚呼! 旣順旣逆, 克終克始, 十易萬曆.] '이미'라는 어휘 속에는 유통 기한이 지난 『주역』의 순역 논리가 새로운 이념으로 대체될 것이라는 확신이 담겨 있다. 과거 시제를 뜻하는 '이미[旣]'는 『주역』의 순역이 『정역』의 순역으로 바뀔 것이라는 우주의 원천 스케쥴이 태초로부터 새겨져 있다는 뜻이다. 그래서 김일부는 능할 극克 자를 사용하여 『주역』을 비판적으로 극복한 『정역』의 종시론을 창안했던 것이다.

『정역』의 종시론은 거대한 자연의 물결이 선천을 마감하고[終] 후천이 도래하는[始] 대전환에 대한 시간표 작성으로 나타났다. 김일부는 미래에 통용될 1년 360일 책력을 만세력이라 불렀다. 만세력은 오차가 별로 없는 태음태양력 또는 염라대왕의 장부책이 아니라, 후천에 무궁토록 지속할 1년 360일 달력을 뜻한다.

만세력이란 무엇인가?

1782년(정조 6년) 왕명에 의하여 觀象監에서 2권 2책의 목판본으로 간행한 曆書를 가리킨다. 1777년부터 100년간의 역법을 계산하여 편찬한 책력이다. 그것은 10년마다 다시 10년씩의 책력을 보충하도록 한 것으로서 1772년(영조 48)에 간행한 『七政百中曆』을 확충한 것이다. 매년의 太歲, 매월 큰 달과 작은 달의 月建, 매일의 日辰, 달의 朔·弦·望, 24節氣의 入氣日時와 七政의 매일의 위치 등을 기록하였다. 이밖에 앞머리에는 1444년(세종 26)을 上元으로 한 曆元圖가 있고, 또 매해의 年神方位圖 등도 수록하여 백성들이 편리하게 이용할 수 있도록 편찬하였다.

선천의 만세력은 번거롭고 복잡하기 때문에 주로 전문가들이 사용하던 책력였다면, 후천의 만세력은 1년 360일에 맞춘 간편하고 쉬운 생활 캘린더라 할 수 있다. 전자는 과거의 책력이며, 후자는 미래의 인류가 사용할 새로운 책력을 가리킨다. 이런 의미에서 김일부는 '기순기역既順既逆'을 이미 오래된[既] 선천 역법이며, 능할 극 자를 쓴 '극종극시克終克始'는 앞으로 전개될 후천 역법이라고 강조했다. 민영은閔泳恩(?-?)은 전자를 '자子'에서 시작하는 선천 책력, 후자는 '축丑'에서 시작하는 후천 책력으로 구분하기도 했다.[112)]

한편 종시의 끝마침[終]과 시작[始]을 선천과 후천으로 대비시키는 관점도 있다. 선천은 갑자甲子에서 시작하여 계해癸亥로 끝나고, 후천은 선천을 이어받아 계해에서 시작하기 때문이다. 끝마침[克終]도 계해요 새로운 시작[克始]도 계해라는 것이다. '끝이 곧 시작'이라는 순환에서 우주에 대한 종말론의 공포에서 벗어날 수 있는 근거를 확보했다. 하지만 만세력의 진정한 의미는 시간 질서의 완성을 통한 자연의 재창조를 드러내는 것에 있다.

『정역』의 만세력은 무엇인가? 그것은 만고불변의 후천 캘린더를 의미한다. 왜 '십역十易'이라 했을까? 『정역』의 결론은 정역팔괘도에 담겨 있

112) 閔泳恩은 『正易演解』에서 "易三은 未成小成大成之三變이니 伏羲卦는 未成이며 文王卦는 小成이며 正易卦는 大成也라 … 既順克始는 天政開子運이며 克逆克終은 地政闢丑運이니라"고 주석을 달았다

기 때문이다. 정역팔괘도가 출현하기 전까지는 복희팔괘도와 문왕팔괘도가 있다. 우주사와 시간사와 문명사는 삼단 변화[生 → 長 → 成]를 거친다는 것이다. 우선 10은 정역팔괘도의 완성을 상징한다. 복희팔괘도는 생生의 8수, 문왕팔괘도는 장長의 9수, 정역팔괘도는 성成의 10수를 가리킨다. 이밖에도 10은 10무극이 펼쳐지는 무극대도의 세상이며, 또한 갑甲으로 시작하던 선천이 기己로 시작하는 후천의 '기위친정己位親政'[113]을 뜻한다.

그래서 「대역서大易序」는 '역이란 책력이다[易者曆也]'라고 말하여 시공이 360 형식으로 이루어지는 만세력의 탄생과 함께 『정역』의 주제는 시간론임을 밝혔다. 그러니까 10수는 만세력의 원인인 동시에 결과로서 시간의 근거인 것이다. 한마디로 『정역』은 시간의 숨겨진(감추어진) 뿌리를 밝힌 저술이다. 과거의 철학이 시간의 성격을 분석하는데 그쳤다면, 『정역』은 시간의 뿌리를 규명한 시간의 형이상학이라 할 수 있다.

113) 『正易』「十五一言」"化翁親視監化事", "嗚呼라 金火正易하니 否往泰來로다 嗚呼라 己位親政하니 戊位尊空이로다 嗚呼라 丑宮이 得旺하니 子宮이 退位로다" 천간 己는 10무극을 가리킨다.

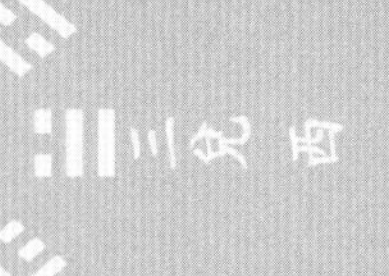

十一吟
십 일 음

「십오일언」에 "십오가十五歌"가 있는 것처럼, 「십일일언」에는 "십일음"이 있다. "십일음"은 무극과 태극의 통일에 근거하여 금화교역이 일어나 지구촌에 청명한 환경이 조성되는 유토피아 세상을 노래하였다.

十一歸體兮여 **五八尊空**이로다
십일귀체혜 오팔존공
五八尊空兮여 **九二錯綜**이로다
오팔존공혜 구이착종
九二錯綜兮여 **火明金清**이로다
구이착종혜 화명금청
火明金清兮여 **天地清明**이로다
화명금청혜 천지청명
天地清明兮여 **日月光華**로다
천지청명혜 일월광화
日月光華兮여 **琉璃世界**로다
일월광화혜 유리세계
世界世界兮여 **上帝照臨**이로다
세계세계혜 상제조림
上帝照臨兮여 **于于而而**로다
상제조림혜 우우이이
于于而而兮여 **正正方方**이로다
우우이이혜 정정방방
正正方方兮여 **好好无量**이로다
정정방방혜 호호무량

10과 1이 한몸 됨이여! 5와 8이 존공되도다.

5와 8이 존공 됨이여! 9와 2가 착종하도다.

9와 2가 착종함이여! 화는 밝고 금은 맑도다.

화는 밝고 금은 맑음이여! 천지가 맑고 밝도다.

천지가 맑고 밝음이여! 일월이 빛나도다.

일월의 빛남이여! 유리세계가 되도다.

세계 세계여! 상제께서 조림하시도다.

상제께서 조림하심이여! 기쁘고 즐겁도다.

기쁘고 즐거움이여! 올바르고 방정하도다.

올바르고 방정함이여! 좋고 좋아 무량하도다.

乙酉歲癸未月乙未日二十八에 **不肖子 金恒**은 **謹奉書**하노라
을 유 세 계 미 월 을 미 일 이 십 팔 불 초 자 김 항 근 봉 서

을유년(1885) 계미 6월 을미 28일에 불초자 김항은 삼가 받들어 쓰다.

이 글은 무극과 태극이 엄지손가락에서 통일되는 이치를 꼬리물기 문법을 사용하여 후천의 이상향을 읊은 것이다. 10무극과 1태극의 통일은 정역팔괘도의 이천칠지二天七地로 귀결되며, 그것은 다시 금화교역을 일으켜 신천지의 새로운 환경이 조성되는 토대를 마련한다. 금화교역의 현실화는 천지와 일월로 하여금 새로운 얼굴로 거듭 태어나게 만든다. 일월이 밝고 밝다는 말은 이 세상이 상제의 손길로 인해 투명하고 공개된 사회가 이루어진다는 뜻이며, 후천은 사회 정의가 구현되어 웃음과 노래가 절로 나오는 유토피아 세상이라는 것이다.

'10과 1이 한몸 됨이여! 5와 8이 존공된다'는 말은 무극과 태극이 하나로 통일된다는 뜻이다.[114] 10무극과 1태극이 한몸되기 위해서는 '술오戌五'와 '묘팔卯八'이 존공되어야 한다. 왜 술과 묘가 본체로 돌아가며, 숫자 5와 8은 무엇인가? 역생도성의 낙서는 자에서 시작해 11번 자리에

114) 주렴계의 '무극이로되 태극[无極而太極]'이란 말은 시공을 넘어선 무극의 초월성과 태극의 내재성을 강조한 발언이다. 그것은 선후천관이 없는 해석이다.

'술 5토'에 닿고, 도생역생의 하도는 축에서 시작해 11번 자리에 '묘 8목'이 닿아 십일귀체[尊空] 되기 때문이다.

	1	2	3	4	5	6	7	8	9	10	11	12
낙서逆生(→)	子	丑	寅	卯	辰	巳	午	未	申	酉	戌	亥
하도倒生(→)	丑	子	亥	戌	酉	申	未	午	巳	辰	卯	寅

선후천 전환은 아무렇게 이루어지지 않는다. 그것은 일정한 원칙이 개입되어 하늘의 질서[天干]와 땅의 질서[地支]에 변화로 나타난다. 11 자리는 무극의 신성한 본체 자리이므로[115] '술오戌五'와 '묘팔卯八'이 본체로 환원됨에 따라 10무극 '기위친정己位親政'의 시대가 열리는 것이다. 5와 8이 존공됨으로 인해 금화교역이 이루어진다는 인과 법칙을 강조한다.

낙서의 '술오'와 하도의 '묘팔'이 존공되니까 9와 2가 서로 교차하는 현상[錯綜]이 생긴다. 9와 2의 교착은 낙서와 하도 도표에 나타났듯이, 낙서가 하도로 바뀌어 선천이 후천으로 전환된다는 뜻이다. 9와 2의 교착은 금과 화가 바뀌는 금화교역을 통해 후천의 열림을 선언한 말이다.

'구이착종'이 하도낙서와 수지도수의 설명 방식이라면, '화명금청'은 금화문이 열려 새로운 환경이 펼쳐지는 이치를 정역팔괘도로 설명한 것이다. 금화문이 열려야 비로소 후천의 맑고 밝은 환경이 조성될 수 있다. 이것은 정역팔괘도의 '9리화離火'와 문왕팔괘도의 '2곤지坤地'가 서로 바뀐 '구이착종'을 증명한다. 곤은 하늘의 뜻을 받드는 땅(☷), 리는 광명을 상징하는 불(☲)로서 천상의 꿈이 지상에서 완수되어 환하게 빛난다는 뜻이다.

"화는 밝고 금은 맑음이여! 천지가 맑고 밝도다.[火明金淸兮, 天地淸

115) 본체 자리인 11位는 작용으로 삼을 수 없는 까닭에 尊空의 자리로 비워둔다는 뜻이다.

明.]"는 말은 금화교역으로 인해 선천 상극의 낡고 묵은 찌꺼기가 말끔히 청소되어 상생의 맑고 밝은 터전으로 인류의 꿈이 실현된다는 것이다.

"천지가 맑고 밝음이여! 일월이 빛나도다.[天地清明兮, 日月光華.]" 천지는 부모, 일월은 자녀에 해당한다. 천지 부모가 맑고 밝으면, 일월 자녀 역시 맑고 밝아진다. 천지일월의 부모 자식 관계는 정역팔괘도에 잘 드러나 있다. 5곤지坤地 옆에 9리화離火가 있고, 10건천乾天 옆에 4감수坎水가 자리 잡은 것이 바로 그것이다. 천지는 일월을 더욱 빛내주고, 일월은 광명으로 그 은혜를 천지에 보답한다는 뜻이다.

"일월의 빛남이여! 유리세계가 되도다.[日月光華兮, 琉璃世界.]" 새롭게 뜬 일월이 환하게 밝히는 후천은 유리처럼 투명하다는 뜻이다. 불교의 유리세계는 하늘나라가 아니라, 지상에서 천국의 꿈이 실현되는 것을 말한다. 이 대목에서 도덕적 가치가 현실에 구현된 유교의 대동大同을 종교적 차원의 유리세계로 끌어들인 이유를 알 수 있다.

"세계 세계여! 상제께서 조림하시도다.[世界世界兮, 上帝照臨.]" 이 구절은 상제의 손길에 의해 펼쳐지는 유리세계에 대한 일종의 찬송가讚頌歌이다. 상제에 대해서는 두 가지 해석이 있다. 하나는 비인격적 상제의 권능이 후천을 지배한다는 뜻이고, 다른 하나는 인격적 상제가 직접 이 세상에 출현다는 것이다. 『정역』에는 상제 외에도 조화옹, 화화옹, 화무상제 등이 등장한다. 이들은 인격을 지닌 하느님 또는 최고신이라 하겠다.

19세기 말, 동학은 잃어버린 상제를 부활시키기 위해 한민족의 혼을 일깨웠다. 마찬가지로 김일부도 시간과 선후천의 주재자인 상제를 『정역』의 주인공으로 설정했다. 동학이 종교의 측면에서 상제를 부활시켰다면, 『정역』은 철학의 입장에서 잃어버린 상제관을 회복시켰다고 할 수 있다. 후천은 상제를 찬양하는 기쁨의 노래가 넘친다고 했다.

그렇다면 유리세계는 상제의 선물인가, 유리세계가 도래한 뒤에 상제가 오는 것일까? 시간의 문을 여는 열쇠를 쥔 주인은 오직 상제뿐이다.

그래서 김일부는 비인격의 지십기토地十己土를 낳는 성령의 불덩어리[原天火]로 존재하는 조화옹을 상제와 동의어로 사용했던 것이다.[116)]

'상제조림'이란 말은 무궁무진한 상상력을 낳는 화두가 분명하다. 하나는 우주를 주재하는 상제의 권능과 감화력이 온 세상을 비추면서 생명력을 뿜어내는 까닭에 기쁘고 즐겁다는 것이고, 다른 하나는 상제가 이 세상에 직접 강림하여 생명을 새롭게 한다는 것이다. 이것이 바로 용화세월 또는 유리세계라는 불교의 가르침을 수용한 이유인 동시에 유교의 상제를 부활시켜 문명의 기틀을 새롭게 정립하려는 목표 의식이라 하겠다.

"기쁘고 즐거움이여! 올바르고 방정하도다.[于于而而兮, 正正方方.]" 기쁘고 즐거움이란 절대자의 강림 혹은 조화주 상제와의 소통을 통해 저절로 우러나오는 감동을 축하하는 노래를 뜻한다. 상제의 의지대로 이루어진 새 세상에 대한 깨달음을 노래한 일종의 종교 가요인 가스펠 송(Gospel song)과 흡사하다.[117)]

김일부의 수행법에 영가무도詠歌舞蹈가 있다. 영가는 노래를, 무도는 춤추는 행위를 통해 정신을 맑게 하고 혈맥을 관통시켜 심신을 수련하는 방법을 일컫는다. 특히 영詠은 '음吟과 아哦'를 자그마한 소리로 읊조리는 것이고, 가歌는 영의 단계를 넘어 흥겨운 노래를 목청껏 부르는 행위를 뜻한다.

김정현은 '우우이이'를 영가詠歌로 인식했다. 영가는 원래 음吟·아哦·어唹·이咿·우吁의 다섯 음절로 이루어졌는데, 김일부는 우우吁吁를 우우于于, 이이咿咿를 이이而而로 읽었다. 즐거움이 지나치면 방종에 흐르기

116) 『正易』「十五一言」"日極體位度數", "화옹은 일정한 자리가 없으시고, 원천의 불이시니 지십의 기토를 낳는다.[化翁, 无位, 原天火, 生地十己土.]"

117) 『正易註義』, "惟我化无上帝, 照臨下界, 各正性命, 乃遂生成, 普天之下, 好善之人, 自明思想, 自新知覺, 鼓舞振起, 于于而歌, 而而而詠, 正正而相勸, 方方而相規. 好好无量, 我上帝之道德歟."

쉽다. 방탕과 열락에 빠지지 않기 위해서는 절제가 필요하다. 천지가 맑고 밝으며 일월이 빛나는 유리세계는 비록 기쁨이 넘쳐 흐르지만, 쾌락의 나락에 빠지지 않기 위한 장치로서 도덕성의 재무장을 가르치고 있다.

"기쁘고 즐거움이여! 올바르고 방정하도다.[于于而而兮, 正正方方.]"[118]는 최고의 기쁨은 '천원지방天圓地方'의 가르침과 어긋나지 않는 즐거움일 것이다. 그것은 저절로 이루어지는 것이 아니라, 상제의 조화 권능과 손길에서 비롯된다. 비인격의 우주 원리와 인격을 지닌 조화옹의 의지의 합작으로 후천이 오며, 유토피아는 인간의 올바른 인식[正正]과 방정한[方方] 행위를 날마다 실천하는 것으로부터 구현된다. '우이'가 개인의 깨달음을 노래한 것이라면, '방정'은 인류의 보편 가치가 구현되는 사회 공동체를 의미한다. 따라서 '정정방방'은 『정역』이 지향하는 최종 목적지라고 할 수 있다.

지금까지가 「십일일언」의 담론이었다. 『주역』 상하편에 해당하는 「십오일언」과 「십일일언」은 어떤 체계로 이루어졌는가? 김정현은 이 둘의 특징을 간략하게 요약한 바 있다.

十五一言	十一一言
먼저 도의 총론을 말한 다음에 '금화송'으로 도의 응용을 말하다	먼저 내면의 마음을 들춰낸 다음에 세 개의 시로 性情을 드러내다
干支와 하도낙서로 음양의 공능을 말하다	간지 수와 괘의 질서로 강유를 드러내다
造化에 근거한 인간의 心性을 말하다	성정을 중용의 문제로 귀결시키다
十五歌로 우주의 궁극 원리를 파헤치다	十一吟으로 상제의 조림을 찬양하다

118) ① 한장경, 『周易·正易』(삶과 꿈, 2001), 541쪽. "咏歎之五行音, 于于水音也, 而而火音也. 于于而而則水火而, 先天政於后天水火, 故于于而而者, 稱后天無極月之政也. 無極月政於后天, 故無閏而正正方方也." ② '于于'는 '우-'로서 羽水 소리를, '而而'는 '이-'로서 徵火 소리를 의미하는 五音(詠歌)을 가리킨다. '于于而而'는 歌舞와 禮樂을 의미한다.(박상화, 『正易과 韓國』, 공화출판사, 1978, 328쪽 참조.)

『위험사회』를 지은 독일의 사회학자 울리히 벡(Ulrich Beck: 1944-2015)은 기후 변화를 두고 '해방적 파국'이라는 표현을 썼다. 인간은 만약 기후 위기가 없었으면 현재의 생활 방식대로 살았을 텐데 삶의 위기를 깨달으면서 새로운 세상을 향해 길을 바꾼다는 것이다. 울리히 벡은 "미래는 이미 결정된 게 아니고 만들어가는 것이다. 우리가 좋은 세상을 만든다면 좋은 기후 속에 행복하게 살아갈 수 있을 것이다."라고 했다.

그러나 『정역』은 과거와 현재와 미래의 우주사와 문명사와 인류사의 운명은 이미 결정되어 있을 뿐만 아니라, 심지어 미래의 목적을 달성하기 위해 달려간다는 이른바 결정론과 목적론의 체계를 갖추고 있다.

"십일음"은 천지의 위대한 창조적 변화[造化]는 무극과 태극의 한몸되기, 그것은 '포오함육'에 의한 체용 전환을 통해 이루어지는 무극대도를 노래한 찬송가라고 할 수 있다. 그것을 뒷받침하는 논리를 순역順逆과 상제의 손길로 재구성한 것이다.

河圖
하 도

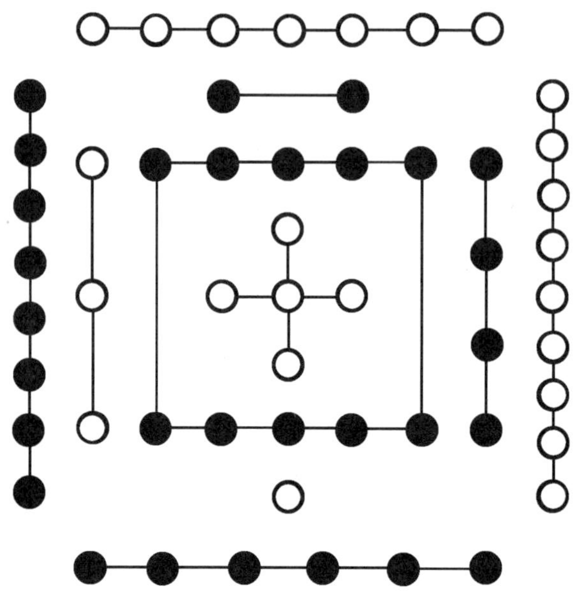

예로부터 하도와 낙서를 천지의 상서로움을 상징하는 보배로 여겼던 전통이 있다. 『서경書經』「고명顧命」에는 주나라 강왕康王(?-BCE 1055)이 즉위할 때, 궁전의 동서 양쪽 벽에 하도와 아름다운 옥과 천구天球와 붉은 칼을 나란히 진열시킨 것으로 보아서 하도는 진귀한 보물로 간주되었다.[1] 공자는 "봉황도 오지 않으며, 황하에서 하도가 나오지 않으니 내 삶도 끝나는가 싶구나."[2]라고 탄식하여 하도와 낙서는 태평성대에만 출

1) 『書經』「顧命」, "赤刀大訓弘璧琰琬, 在西序; 大玉夷玉天球河圖, 在東序."
2) 『論語』「子罕」, "子曰 鳳凰不至, 河不出圖, 吾已矣夫."

현하는 상서로운 징조라고 말했다.

이것은 제자백가를 종합한 백과사전류의 『여씨춘추呂氏春秋』로 이어진다. 한 국가의 흥망성쇠를 걸머진 제왕이 출현할 때는 반드시 하늘이 그 징조를 먼저 보여준다는 것이다. 이를테면 붉은 새가 단서丹書[3]를 입에 물고 나온 사건은 문왕이 역사의 전면에 등장하는 당위성을 상징한다.[4] 한편 황하에서 나온 용마의 등에 새겨진 도표(도해)가 녹색을 띠었기 때문에 녹도綠圖[5]로 불리기도 한다. 「계사전」은 성인이 모델로 삼은 천지의 섭리가 바로 하도와 낙서라고 규정했으나, 하도와 낙서가 발원한 지역은 서로 다르다고 설명한다.

> "하늘이 신령한 물건을 내림에 성인이 본받으며, 천지가 변화함에 성인이 본받으며, 하늘이 형상을 드리워서 길흉을 나타냄에 성인이 형상화하며, 하수에서 하도가 나오고 낙수에서 낙서가 나옴에 성인이 본받았다."[6]

하늘이 성인에게 내려준 '신비스런 사물[神物]'은 만물의 원리를 알 수 있는 궁극자다. 하늘은 '신물'을 통해 자신의 의지를 세상에 드러낸다는 것이다. 성인은 하늘로부터 받은 최고의 선물을 본받아 법칙화했다[則之, 效之, 象之]. '신물'에는 두 가지 의미가 있다. 하나는 성인이 반드시 본받을 만한 우주 원리를 가리키며, 다른 하나는 이성적 사유를 넘어선

3) 태양을 상징하는 붉은 새는 주나라의 火德으로 묘사된다. 붉은 새가 입에 물고 나온 丹書는 천명을 전해준다는 일종의 圖讖에서 얘기하는 문건을 뜻한다.

4) 『呂氏春秋』「有始覽」"應同", "及文王之時, 天先見火赤鳥銜丹書集于周社."

5) 『呂氏春秋』「恃君覽」"觀表", "綠圖幡簿, 從此生矣." 河圖의 별칭이 곧 綠圖다. 『墨子』「非攻」下에 "河出綠圖"라는 말이 나오는데, 하도에서 나온 帳簿(名簿)는 제왕 또는 성인이 천명을 받은 吉兆를 상징한다.(殷國光 外, 『呂氏春秋譯註』, 吉林文史哲出版, 1993, 753쪽 참조.)

6) 『周易』「繫辭傳」上 11장, "天生神物, 聖人則之, 天地變化, 聖人效之, 天垂象見吉凶, 聖人象之, 河出圖洛出書, 聖人則之."

신비주의 측면이 함축되어 있다. 그래서 '하늘이 천문 현상으로 드리웠다[天垂象]'고 말했던 것이다. 신물의 내용이 바로 『주역』의 뿌리인 하도와 낙서다. 그러니까 하도낙서는 하늘이 내린 일종의 계시록이라 할 수 있다.

유흠劉歆(BCE 53?-ADE 23)은 하도와 낙서를 각각 복희와 우임금으로부터 비롯되었다고 얘기한다. 복희는 하도에 근거해서 팔괘를 긋고, 우임금은 낙서를 본받아 홍범을 지었다는 새로운 학설을 펼쳤다. 그래서 한대 이후의 낙서 문화는 『서경』"홍범"에서 찾는 것이 정설로 굳어졌다.

송대에 이르면 성리학의 흥기와 함께 논리의 엄밀성을 드높이는 학문이 존중받기 시작했다. 그 씨앗은 「계사전」에 나오는 하도와 낙서를 수학 방정식으로 이해하려는 시도에서 싹텄다고 할 수 있다. 그것은 한대의 정현鄭玄(127-200)이 「계사전」을 주석하면서 하도와 낙서의 질서를 음양과 5행으로 결합한 것에서 비롯되었다.

> "정현은 「계사전」에 다음과 같은 주석을 달았다. 하늘의 1은 북에서 수를 낳고, 땅의 2는 남에서 화를 낳고, 하늘의 3은 동에서 목을 낳고, 땅의 4는 서에서 금을 낳고, 하늘의 5는 중앙에서 토를 낳는다. 양이 짝이 없거나 음이 짝이 없으면 서로 이룰 수 없다. 땅의 6은 하늘의 1과 함께 북에서 수를 이루고, 하늘의 7은 땅의 2와 함께 남에서 화를 이루고, 땅의 8은 하늘의 3과 함께 동에서 목을 이루고, 하늘의 9는 땅의 4와 함께 서에서 금을 이루고, 땅의 10은 하늘의 5와 함께 중앙에서 토를 이룬다."[7)]

7) 『禮記』「月令第六」 孔穎達 疏, "鄭注易繫辭云: 天一生水於北, 地二生火於南, 天三生木於東, 地四生金於西, 天五生土於中. 陽無耦, 陰無配, 未得相成. 地六成水於北, 與天一幷; 天七成火於南, 與地二幷; 地八成木於東, 與天三幷; 天九成金於西, 與地四幷; 地十成土於中, 與天五幷也."

이 글은 정현이 하도를 뜻하는 「계사전」 상 9장의 천지지수天地之數를 5행의 방위로 분배하여 풀이한 것이다. 그것을 송대 학자들이 하도의 수와 방위라고 설명하면서부터 상수학의 발전에 획기적인 기반이 마련되었다. 송대 학자들은 한유漢儒들이 말하는 수와 방위를 흑백 그림으로 바꾸어 책머리에 실었는데, 유목劉牧(1011-1064)[8]은 45개의 점點과 수數로 구성된 "태호씨수용마부도太皞氏受龍馬負圖"와 "낙서오행생수도洛書五行生數圖", "낙서오행성수도洛書五行成數圖" 등의 도표를 만든 것으로 유명하다. 유목은 하도와 낙서가 복희 당시에 똑같이 나왔는데, 복희씨는 하도낙서를 근거로 8괘를 그었다고 주장했다.

유목은 특별히 하도는 45수, 낙서는 55수라고 발표하였다. 그는 자기 학설의 당위성을 진단陳摶(871-989)에 의탁했는데, 이에 대해 송유들의 비판이 매우 극심하였다. 오로지 유목만이 9수 하도와 10수 낙서라는 견해를 펼쳤으나, 다른 학자들의 동의를 얻지 못했다.

왜냐하면 하도와 낙서를 거꾸로 인식한 유목의 주장은 아무런 근거가 없기 때문이라는 것이다. 그 대표자는 채원정蔡元定(1135-1198)이다. 그는 공안국孔安國(BCE 156-BCE 74)·유향劉向(BCE 79-BCE 8)과 유흠劉歆(BCE 53-ADE 25)·반고班固(32-92) 등은 복희가 하도를 받고, 우임금은 낙서를 받았다고 주장한 바 있다. 관자명關子明과 소강절(1011-1077) 역시 10수 하도, 9수 낙서를 주장했다.

채원정은 하도와 낙서의 연원을 밝힌 인물이 각각 복희와 우임금이라고 주장하면서, 「계사전」의 '천지지수' 55는 하도이고, 홍범구주를 9궁으로 판단함으로써 유목의 논지를 뒤집는데 성공했던 것이다. 더 나아가 주희朱熹(1130-1200)는 채원정의 이론을 바탕으로 상수역학의 확고한 기반을 다졌다.

---

8) 劉牧은 范仲淹과 孫復의 문하에서 『春秋』를 수학했고, 范諤昌에게서 易學을 배웠다. 그의 학문 연원은 邵雍과 같지만 圖書學派의 개창자가 되었으며, 저서로는 『易數鉤隱圖』가 있다.

주희가 하도와 낙서의 도상을 『주역본의周易本義』와 『역학계몽易學啓蒙』의 첫머리에 장식한 이후부터 수많은 학술 논쟁이 벌어졌다. 그래서 주희의 이론을 정설로 받아들이는 학자, 또는 회의와 불신하는 부류로 나뉘었다. 그럼에도 『역학계몽』은 상수학에 대한 기념비적 작품으로 후대에 지대한 영향을 끼쳤다. 『주역』과 "홍범"의 연관성 및 상수론의 핵심을 정리한 이 책은 「본도서제일本圖書第一」·「원괘획제이原卦畫第二」·「명시책제삼明蓍策第三」·「고변점제사考變占第四」 등의 네 편으로 이루어져 있다.

『역학계몽』은 하도낙서를 근본으로 삼아 논의한 까닭에 '본도서'라 불렀으며, 괘효의 근거 역시 하도낙서에 있다는 의미의 '원괘획'과, 수의 기능과 효력을 표현한 「계사전」의 '대연지수大衍之數' 또한 하도낙서에 뿌리를 두고 해명하고 있다. 한마디로 『역학계몽』의 주제는 하락상수론河洛象數論이라고 해도 과언이 아니다.

학자들은 하도와 낙서를 본체와 작용 관계로 풀이하였다. 하도와 낙서는 원래부터 '하나'인 까닭에 상象과 수數는 세상을 들여다보는 핵심 코드라는 뜻이다. 이 둘이 함께 공존한다는 논리가 곧 성리학에서 말하는 '체용일원體用一源'이다. 주희는 하도와 낙서를 본체와 작용으로 나누는 것으로부터 수의 구조와 운용을 분석한다.[9]

하도는 1부터 10까지의 수로, 낙서는 1에서 9까지의 수로 이루어져 있다. 하도는 생수生數(creating number)가 내부에, 성수成數(becoming number)는 생수의 외부에 위치한다. 낙서 수는 하도와는 다르게 중앙의 5를 중심으로 8방에 위치한다. 즉 홀수인 1·3·7·9는 동서남북의 사정四正에, 짝수인 2·4·6·8은 네 모퉁이[四惟]에 위치한다. 왜 하도와 낙서의 방위가 다르게 나타나는가?

9) 『주역』이 자연을 읽는 위대한 책이라면, 홍범사상은 자연의 속살을 들여다볼 수 있는 일종의 수학의 문법이라 할 수 있다.

> "하도는 1·2·3·4·5의 생수가 6·7·8·9·10의 성수를 통솔하여 생수와 성수가 같은 방위에 있다. 대개 하도는 생성수가 온전히 갖추어져 방위의 일정불변함과 수의 본체임을 사람들에게 보이기 위한 것이다. 낙서는 1·3·5·7·9의 홀수가 2·4·6·8의 짝수를 통솔하여 홀수와 짝수가 각각의 방위에 자리잡는다. 대개 양(홀수)이 위주가 되어 음(짝수)을 통솔하므로 낙서는 만물 변화의 시초와 수의 작용을 상징한다."[10]

하도는 생성 개념으로 음양을 구분한 다음에 생수가 성수를 통솔하여 양이 안쪽에, 음은 바깥쪽에 존재하는 수의 분합分合이 대대對待의 형상을 보이는 까닭에 수의 본체로 불린다.

낙서는 홀짝[奇偶] 개념으로 음양을 구분하여 홀수 양이 짝수 음을 통솔하여 양은 동서남북에, 음은 네 모퉁이에 위치한다. 특히 중앙의 5를 중심으로 1과 9, 2와 8, 3과 7, 4와 6이 상함 관계로 위치하면서 변화를 설명하는데 효과가 있으므로 수의 변화[變]와 작용이라고 불린다. 한마디로 하도 수의 질서가 본체를 상징한다면, 낙서는 하도에 대한 변화의 작용이라고 할 수 있다.

따라서 하도와 낙서는 서로를 수반하는 공존과 체용의 관계로 존재하는 것이다. 이런 의미에서 하도가 본체의 측면을, 낙서는 생성 작용의 측면을 대표하는 체계이기 때문에 어느 한쪽에 보편성이 있다고 인식하는 이원론(dualism)의 함정에 빠져서는 안 된다.

하도가 낙서를 발생시키거나, 하도는 부모이고 낙서는 자식이라는 따위의 인과 관계로 설정해서는 곤란하다. 하도 속에는 낙서가, 낙서는 본

10) 『易學啓蒙』「本圖書第一」, "或曰: 河圖洛書之位與數, 其所以不同何也? 曰: 河圖以五生數統五成數, 而同處其方, 蓋其全以示人而道其常, 數之體也. 洛書以五奇數統四偶數, 而各居其所, 蓋主於陽以統陰而肇其變, 數之用也."

래 하도를 담지하므로 본체와 작용은 떨어져 존재할 수 없고[體用不相離], 단지 논리적으로 본체와 작용을 분리하여 인식할 수 있을 뿐이다[體用不相雜].

『정역』은 하도낙서를 체용 관계로 규명하는 것에서 하도의 심층부에 있는 3극을 선후천 전환의 열쇠로 삼는 문제로 돌렸다. 그것은 하도 내부의 3극을 둘러싼 외부에 있는 음양오행의 생성에 관심을 가졌던 것으로부터 선후천 전환은 3극에서 비롯된다는 것을 밝힌 것이다. 김일부는 3극을 음양오행의 근거로 격상시켜 시간에 대해 새로운 형이상학을 구축했던 것이다.

『정역』은 선후천 전환의 목적을 3극론으로 수렴하면서 천지天地가 지천地天으로 바뀌는 것은 우주의 프로그램이자 예정 시간표(Time Table)라고 천명한다. 3극은 하도에 투영되어 있고, 낙서는 3극의 발전 변화상을 표현하고 있다. 과거의 학자들은 하도낙서를 오행의 생성론에 초점을 맞추어 연구해 왔다. 3극의 존재론에 대해서는 아무도 관심을 갖지 않았고, 심도 깊은 논의조차 없었다는 비판이다.

김일부는 정역팔괘도와 지지地支 중심의 세계관을 비롯한 시간의 혁명 근거를 3극에서 연역하였다. 이때 내부의 3극이 본체[體]라면, 외부의 음양오행은 작용[用]이다. 변화막측한 생성[五行]의 범주가 아닌 본체의 범주[三極] 차원에서 선후천 변화에 대한 논리적 근거의 확보에 성공했던 것이다.

하도 중앙에 있는 5황극(도표 B)을 위아래에서 둘러싸고 있는 (도표 A의) 10무극, 1태극은 5황극의 중심에 있는 검정 색깔의 점(도표 C)을 가리킨다. 하도가 우주 창조의 설계도요 계획서라면, 10무극과 5황극은 설계도의 궁극적 원인체인 동시에 계획서의 핵심체이며, 1태극은 바로 설계와 계획의 동력원으로서 최초의 생성의 근원이라고 할 수 있다.

『정역』의 핵심은 시간의 본질을 규명한 것에 있다. 하도가 시공의 구

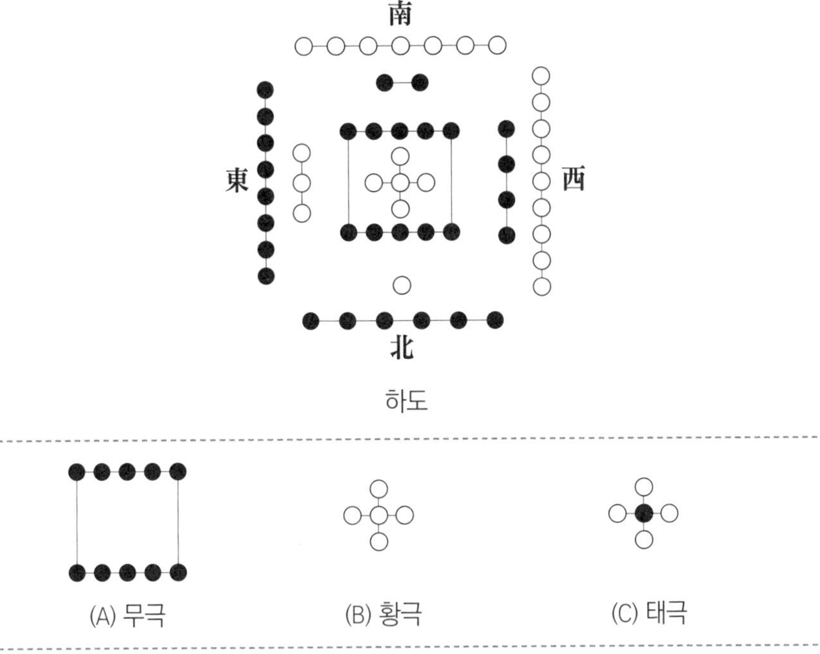

하도

(A) 무극 (B) 황극 (C) 태극

조와 형성을, 낙서는 시공의 작용과 전개를 설명한 체계인 것이다. 복희팔괘도는 시간의 공간화를, 문왕팔괘도는 공간의 확장 속에서 만물의 성장을, 정역팔괘도는 하도와 낙서의 목적이 완수되는 이유와 과정을 밝힌 도상이라 할 수 있다.

洛書
낙 서

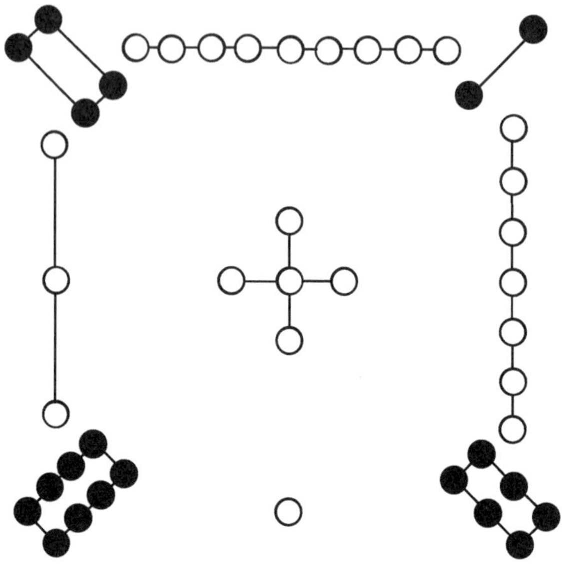

하도와 낙서가 우주의 근원과 만물의 생성을 말하는 형이상학으로 정립된 것은 송대宋代에 이르러 본격화되었다. 유흠을 비롯한 경학자들은 하도와 낙서의 연원을 복희와 우임금으로 분리한 다음에 복희는 하도를 본받아 8괘를 긋고, 우임금은 낙서를 본받아 홍범을 진술했다고 말한다. 더 나아가 하도와 낙서는 수직과 수평 관계[經緯]이며, 8괘와 9장章은 겉과 속의 관계[表裏]로 존재한다고 주장한다.

유흠은 "홍범편"의 '하늘이 우에게 홍범구주를 내려주었다[天乃錫禹洪範九疇]'는 말과 '거북이 등껍질에 새겨진 문양'에 기초하여 홍범 본문을 "5행으로부터 마지막 6극[初一曰五行, 威用六極]"까지의 65자로 확정 지었다. 이로부터 낙서가 곧 홍범이라는 주장이 설득력 있게 받아들여졌고, 심지어 홍범 본문이 몇 자인가에 대한 논쟁도 일어났다.

이후 많은 학자들은 거북이 등에 아로박힌 1부터 9까지의 수를 낙서로 인식하는 학설로 받들었다. 소길蕭吉(?-501)은 『황제구궁경黃帝九宮經』에 근거하여 구주의 방위를 정했다. "9는 머리에 이고 1은 발로 밟으며, 왼쪽은 3이고 오른쪽은 7이며, 2와 4는 어깨가 되며, 6과 8은 다리가 되며, 5는 중앙에 있으면서 득실을 다스린다." 1, 3, 7, 9는 홀수요 양수로서 사정방四正方 즉 1은 북방, 3은 동방, 7은 서방, 9는 남방에 위치한다. 2, 4, 6, 8은 짝수요 음수로서 네 귀퉁이[四隅] 즉 8은 동북방, 4는 동남방, 2는 서남방, 6은 서북방에 위치한다. 1부터 9까지의 수를 합하면 모두 45가 되고, 각각의 열列과 두 대각선의 셋을 합하면 모두 15가 된다. 이를 정리해서 도표를 만들면 다음과 같다.

四	九	二
三	五	七
八	一	六

한편 낙서에 대해 공자는 비록 말하지 않았으나, 그 상象과 설명이 이미 갖추어져 있기 때문에 하도와 낙서는 떼려야 뗄 수 없는 함수 관계로 존재한다는 것이다. 즉 공자는 홍범이 곧 낙서라고 표현하지 않았던 까닭에 하도와 낙서의 연관성 문제는 모호한 상태로 전승되어 왔음을 시사하고 있다.[11] 그런데 주희는 홍범사상을 도상화시킨 것이 바로 낙서

11) 『易學啓蒙』「本圖書第一」, "至於洛書, 則雖夫子之所未言, 然其象其說已具於前, 有以通之, 則劉歆所謂經緯表裏者可見矣."

요, 낙서에 대한 부연설명이 곧 홍범구주라는 유흠의 말을 인용하면서 하도와 낙서를 겉과 속의 관계로 매듭지었던 것이다.

채원정의 아들이자 주희의 제자인 채침蔡沈(1176-1230, 호는 구봉九峰)은 상象과 수數를 중심으로 『주역』과 "홍범"을 구분하였다. 역은 복희·문왕·주공·공자의 네 분 성인을 거치면서 상징 철학으로 수립되었고, 홍범은 하늘이 우임금에게 내려주었으나 '수'가 전해지지 못했다[12]는 것이다.

그래서 진덕수眞德秀(1178-1235, 호는 서산西山)는 세 분 성인[13]을 거쳐 완성된 채침이 말한 홍범의 수학은 『주역』의 공로와 똑같다[14]고 말했다. 『주역』이 심볼과 이미지[象] 중심으로 설명한 체계라면, "홍범"은 수를 근본으로 삼는 수리철학이라는 뜻이다.[15] 따라서 '상'과 '수'는 만물의 원리를 각각 다른 방법으로 해명한 것이라는 점에서 『주역』과 "홍범"의 보편성을 확보할 수 있었다.

공안국과 유흠은 하도와 8괘의 연관성을 언급했으나, 10수가 곧 하도라고 말하지는 못했다. 유흠은 복희 - 하도 - 8괘, 우 - 낙서 - 홍범구주의 체계로 인식했으나, 채원정과 주희는 하도가 10수요, 낙서는 9수라고 규정하여 이른바 '도십서구설圖十書九說'을 제창하였다. 주희가 『역학계몽』을 통해 제기한 '도십서구설'에 대해 끊임없는 논변이 벌어졌다.

이를테면 청대의 한학가들은 훈고학의 관점에서 꾸준한 의문을 던졌다. 한학가들의 문제 제기는 이론과 내용보다는 오히려 글자 풀이 혹은

12) 『洪範皇極內篇一』, "九峯蔡氏自序曰: 體天地撰者易之象, 紀天地之撰者範之數. … 易更四聖而象已著, 範錫神禹而數不傳."

13) 복희, 문왕·주공, 공자를 가리킨다.

14) 『洪範皇極內篇一』, "黃氏瑞節曰: 易更四聖而象已著, 範錫神禹而數不傳. 九峯蔡氏撰皇極內篇爲一書. 於是有範數圖, 有八十一章, 六千五百六十一變. 西山眞氏云, '蔡氏範數與三聖之易同功'者, 是也."

15) 『洪範皇極內篇一』, "先君子曰: '洛書者, 數之原也'. 余讀洪範而有感焉, 上稽天文, 下察地理, 中參人物古今之變, 窮義理之精微, 究興亡之徵兆, 微顯闡幽, 彝倫所敍, 秩然有天地萬物各得其所之妙, 歲月侵尋, 粗述所見, 辭雖未備, 而義則著矣. … 余所樂而玩者, 理也; 余所言而傳者, 數也. 若其所以數之妙, 則在乎人之自得焉爾." 여기서 '先君子'는 아버지 채원정을 가리킨다.

문헌학의 입장을 고수하고 있다. 주희의 하도낙서에 대한 태도는 학술을 넘어 신념의 정도로까지 확대된다. 그는 하도낙서에 내포된 의리의 측면을 공자에게로 귀결시킨다.[16)]

그렇다면 주희는 하도와 낙서의 관계를 어떻게 이해하는가? 주희는 「계사전」 상 9장의 '천지지수'를 공자가 발명한 하도 수라고 주장한 반면에,[17)] 낙서에 대해서는 『주역』과 연관지어 별다른 언급을 하지 않았다. 하도와 역의 연관성은 분명하지만, 역과 홍범은 간접성이 인정됨에도 불구하고 뚜렷한 증거가 없다는 이유에서 심도 있는 논의를 못했기 때문으로 보인다.

주희는 하도와 낙서의 관계를 인물별, 사상적 연원에서 찾는 것보다는 오히려 본체와 작용[體用] 관계로 고찰한다. 주희는 체용 문제를 날줄과 씨줄[經緯], 항상성과 변화성[常變], 대대對待와 유행流行 등의 개념을 통해 하도와 낙서를 형이상학과 형이하학 차원으로 접근했다. 그 결과물이 바로 '경위표리설經緯表裏說'이다.

"사실상 천지의 이치는 하나일 뿐이다. 비록 시기가 옛날과 지금의 앞뒤가 다름이 있지만, 그 이치는 둘이 될 수 없다. 그러므로 복희가 단지 하도에 근거해서 역을 지었으니, 굳이 낙서를 예견하지 않아도 이미 낙서와 거슬리면서도 합치했다. 우임금이 낙서에 근거하여 홍범을 지었으니, 또한 굳이 하도를 추고하지 않아도 이미 암암리에 하도와 부합하였다. 그 이유는 무엇인가? 진실로 이 이치 이외에 또 다른 이치가 없기 때문이다. … 가령 금세에 또다시 하도와 낙서가 나오고 그 수가 또한 서로 꼭 부합한다면 복희가 오늘을 취해서 역을

16) 『朱子大全』 권38 "答袁機仲", "以上五條, 鄭意傾倒無復餘蘊矣. 然此熹之說, 乃康節之說; 非康節之說, 乃希夷之說; 非希夷之說, 乃孔子之說."

17) 「繫辭傳」 上 9장에 대한 『周易本義』, "此言天地之數 陽奇陰偶, 卽所謂河圖者也."

지었다고 할 수 있겠는가? 「계사전」의 이른바 '황하에서 그림이 나오고 낙수에서 글이 나오니 성인이 이를 본받았다'고 한 것도 역시 성인이 역을 짓고, 홍범을 만든 것이 그 근원은 모두 하늘의 뜻에서 나왔다는 것을 일반화하여 말한 것이다."[18]

하도와 낙서의 논거는 각각 「계사전」과 "홍범"에 있다. 그 유래가 비록 다를지언정 내용과 본질이 일치하려면 그 이론 체계 또는 목적이 동일해야 할 것이다. 그래서 주희는 '황하에서 그림이 나오고 낙수에서 글이 나오니 성인이 이를 본받았다'[河出圖洛出書, 聖人則之.]'라는 명제를 제시한 다음에, 유흠이 말한 하도낙서의 경위표리설을 인용하여 '천지지수天地之數'[19]는 공자가 처음으로 밝힌 하도라고 규정했다.[20]

---

18) 『易學啓蒙』「本圖書第一」, "蔡元定曰: 其實天地之理一而已矣. 雖時有古今先後之不同, 而其理則不容於有二也. 故伏羲但據河圖以作易, 則不必豫見洛書, 而已逆與之合矣; 大禹但據洛書以作範, 則亦不必追考河圖, 而已暗與之符矣. 其所以然者何哉? 誠以此理之外, 無復它理故也. … 假令今世復有圖書者出, 其數亦必相符, 可謂伏羲有取於今日而作易乎! 大傳所謂'河出圖洛出書, 聖人則之'者, 亦汎言聖人作易作範, 其原皆出於天之意."

19) 『周易』「繫辭傳」 上 9장, "天一地二天三地四天五地六天七地八天九地十, 天數五, 地數五, 五位相得, 而各有合, 天數二十有五, 地數三十. 凡天地之數五十有五, 此所以成變化而行鬼神也."

20) 『易學啓蒙』「本圖書第一」, "此一節, 夫子所以發明河圖之說也. … 此河圖之全數, 皆夫子之意, 而諸儒之說也."

伏義八卦圖
복 희 팔 괘 도

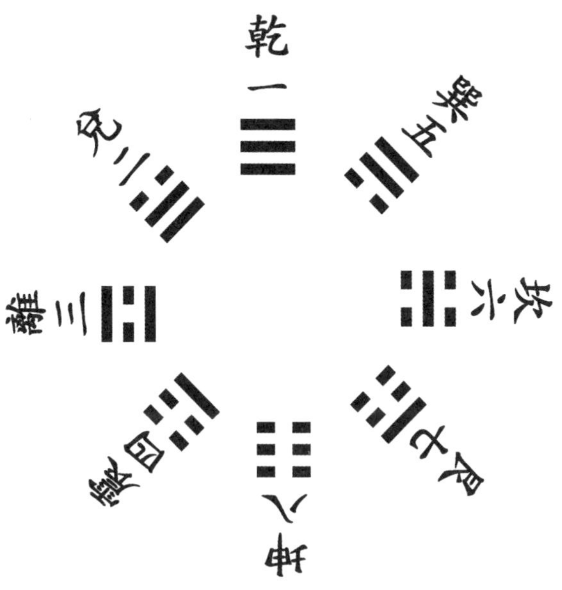

"하늘과 땅이 자리를 정하며, 산과 연못이 기운을 통하며, 우레와 바람이 서로 부딪치며, 물과 불이 서로 쏘지 않아 팔괘가 서로 교착한다.[天地定位, 山澤通氣, 雷風相薄, 水火不相射, 八卦相錯.]"

「설괘전」 3장은 우주에 대한 숱한 이론과 영감을 불러일으킨 내용이다. 「계사전」은 단순히 태극 → 음양 → 사상 → 팔괘로의 전개 또는 '한 번은 음하고 한 번은 양한다[一陰一陽之謂道]'고 말했으나, 음양이 어떻게 분화하는가에 대한 구체적인 언급은 없었다. 단지 원론 차원에서 음양의 직선적인 분화를 설명한 것에 지나지 않는다는 뜻이다. 「설괘전」 3장은 천지의 생성력이 상하팔방으로 분화하는 괘 구성의 원칙을 설명하고 있다.

자연을 품고 있는 8괘 성립의 근원은 천지다. 아버지 하늘의 창조성과 어머니 땅의 포용성이 만물을 생성하는 무대가 바로 천지다. 하늘과 땅을 푸른 창공과 지구라는 협소한 의미로 한정시켜서는 곤란하다. '천지'는 시간과 공간의 축인 동시에 직접 만물을 빚어내는 조화의 바탕이자 힘이기 때문이다. 하늘과 땅이 위아래(남북)로 자리잡아 수직의 틀[天地定位]과 교류의 마당[場, field]이 형성된 뒤 비로소 에너지 생성이 가능하다는 것이다.

복희팔괘도는 소강절에 이르러 지금의 도상으로 확정되었다. 그 이전의 학자들은 괘의 합리성만 소중하게 다루어 왔으나, 소강절은 괘의 성립과 분화를 체계적인 이론으로 밝혔다. 그는 처음으로 선후천론의 불씨를 댕긴 사상가로서 「설괘전」 3장의 내용은 복희씨가 창안한 선천팔괘도의 방위라고 지적했다.

> "이것은 복희팔괘도의 자리이다. 건은 남쪽에 있고 곤은 북쪽에 있으며, 리는 동쪽에 있고 감은 서쪽에 있으며, 태는 동남쪽에 있고 진은 동북쪽에 있으며, 손은 서남쪽에 있고 간은 서북쪽에 있다. 이에 8괘가 서로 사귀어 64괘가 이루어진다. 이른바 선천학이다."[21]

우선 복희팔괘도는 반대되는 것이 서로 섞이면서 조화를 이루어 세상이 번창한다는 사실을 알려 준다. 건곤은 시간의 축, 감리는 공간의 축을 만들면서 움직인다. 남북의 건곤(☰ ↔ ☷), 동서의 리감(☲ ↔ ☵) 서

21) 『周易本義』, "邵子曰 此伏羲八卦之位, 乾南坤北, 離東坎西, 兌居東南, 震居東北, 巽居西南, 艮居西北. 於是八卦相交而成六十四卦, 所謂先天之學也."

북과 동남의 간태(☶ ↔ ☱), 동북과 서남의 진손(☳ ↔ ☴)은 서로가 대립하면서 상대를 요청하는 모양새다. 남자만 득실거리거나 여자만 있는 세상은 끔찍하다. 음과 양, 즉 남과 여는 원수가 아니라 생명의 지속을 위해서 반드시 만나야 하는 영원한 파트너인 것이다. 이 세상은 잠시 불화와 부조화를 겪으면서 화해와 조화의 관계로 돌아간다는 뜻이다.

복희팔괘도는 남북축을 중심으로 좌우로, 즉 음양이 날개짓하는 형상인 1, 2, 3, 4와 5, 6, 7, 8의 대칭형으로 펼쳐졌다. 우리 조상들은 복희팔괘도를 암기할 때, 질서있게 배열된 숫자의 순서대로 읽었다. 일건천一乾天(☰: 아버지), 이태택二兌澤(☱: 소녀), 삼리화三離火(☲: 중녀), 사진뢰四震雷(☳: 장남), 오손풍五巽風(☴: 장녀), 육감수六坎水(☵: 중남), 칠간산七艮山(☶: 소남), 팔곤지八坤地(☷: 어머니)가 그것이다. 또한 복희팔괘도는 자연의 모습 이외에도 가족 구성의 원칙도 밝히고 있다.

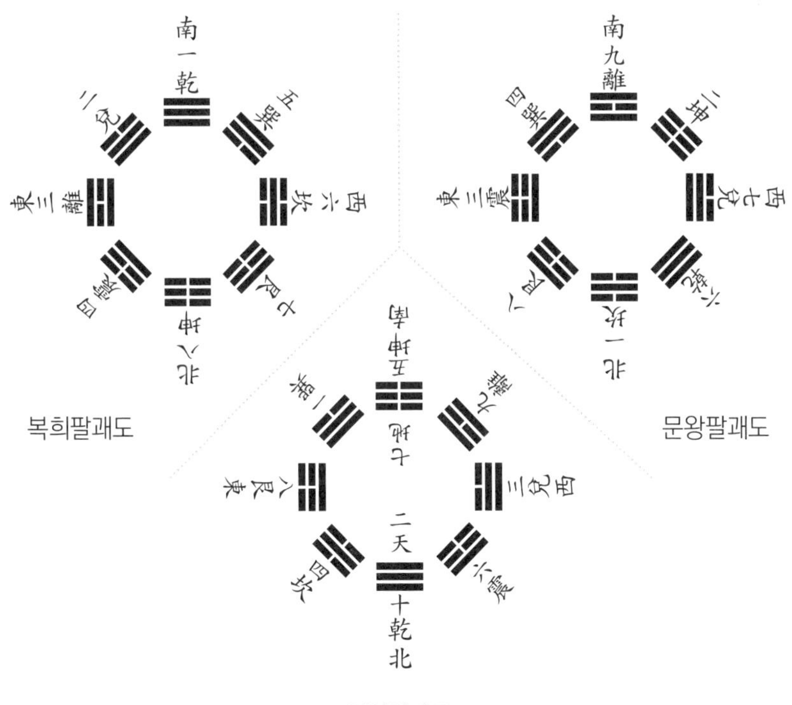

복희팔괘도

문왕팔괘도

정역팔괘도

8괘가 교착하여[八卦相錯] 64괘가 형성된다. 괘의 구성은 천지의 역사와 시간과 자연을 관통하는 원리라는 점에 의의가 있다. 복희팔괘도는 천지에 내재된 음양의 분화가 질서화되면서 진화하는 과정을 프로그램화한 것이라 할 수 있다. 그것은 만물이 방금 태어나 커나가는[生] '아기천지'를 본뜬 형상으로서 자연과 인생의 길을 품고 있다.

소강절은 객관적으로 존재하는 하늘의 이법은 인간의 마음에 내재한다고 말하여 선천학의 주제를 심리학의 방향으로 돌린다. "선천학은 심법이다. 그러므로 도상은 모두 '중中'에서 생겨난다. 온갖 변화와 사건은 마음에서 일어난다."[22] 따라서 선천학은 마음에 비쳐진 만물의 법칙을 탐구하는 심학心學이다. 보이는 세계와 보이지 않는 세계를 넘나드는 것이 곧 도의 궁극적 경지이기 때문이다. '마음'은 감정의 동요를 겪는 보통 사람의 마음이 아니라, 괘를 그은 복희씨의 마음을 가리킨다. 그러니까 선천학은 주관을 넘어선 우주의 객관적 원리를 체득하는 것이 핵심이다.

---

22) 『皇極經世書』「觀物外篇」, "先天學, 心法也. 故圖皆自中起, 萬化萬事, 生乎心也."

文王八卦圖
문왕팔괘도

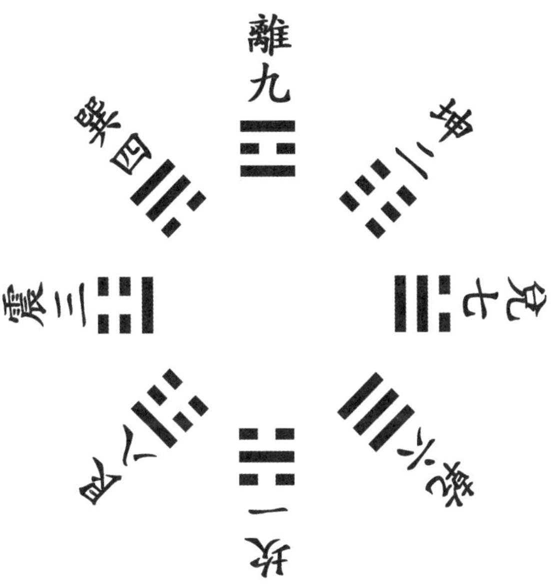

소강절에 의하면 「설괘전」 3장은 복희팔괘도, 5장은 문왕팔괘도를 설명한 내용이다. 복희팔괘도가 천지에서 만물이 갓 태어난 형상[生]이라면, 방위를 중심으로 천상의 지도를 풀어낸 문왕팔괘도는 만물이 부쩍 크는 성장의 단계[長]에 진입한 모습을 형상화한 것이다.

"상제의 권능이 진에서 나와 손에서 가지런히 하고, 리에서 서로 만나보고, 곤에 일을 맡기고, 태에서 말씀을 기뻐하고, 건에서 싸우고, 감에서 위로하고, 간에서 말씀을 이룬다.[帝出乎震, 齊乎巽, 相見乎

離, 致役乎坤, 說言乎兌, 戰乎乾, 勞乎坎, 成言乎艮.]"

문왕팔괘도는 방위(공간)와 계절(시간)이 일체화 · 조직화 · 구체화되어 한 치의 오차 없이 만물이 생성되는 과정을 설명하고 있다. 문왕팔괘도는 진[東 3] → 손[東南 4] → 리[南 9] → 곤[西南 2] → 태[西 7] → 건[西北 6] → 감[北 1] → 간[東北 8]의 과정을 밟으면서 만물이 분열하고 팽창하는 원리를 담고 있다. 주역사를 뒤돌아보면 문왕팔괘도에 이르러 방위, 즉 공간 개념의 도입이 뚜렷해지기 시작했다.

복희팔괘도와 문왕팔괘도의 차이점은 무엇인가? 복희팔괘도의 남북축은 천지비天地否(䷋)를 이루고, 동서축은 감坎(䷜)과 리離(䷝)로 구성된다. 문왕팔괘도의 남북축은 감리坎離, 동서축은 진태震兌의 모양새로 이루어져 있다. 복희팔괘도에서 문왕팔괘도로의 전환은 천지 형성의 근간인 중심축의 이동을 뜻한다. 중심축의 이동은 새로운 변화축을 수반하기 마련이다. 복희팔괘도의 남북축(䷋)은 양이 위로 올라가고 음은 아래로 내려와 음양의 간격이 점점 멀어진다. 따라서 복희팔괘도에 나타난 음양의 부조화에서 불안한 미래사를 읽을 수 있는 것이다.

문왕팔괘도에 나타난 음양의 대응 관계를 살펴보면, 비정상적인 윤리관이 감추어져 있다. 감리[中男 - 中女]를 제외한 손건[長女 - 父], 간곤[少男 - 母], 진태[長男 - 少女]가 패륜의 짝을 이룬다. 그것은 천지의 몸통이 기울어진 상태로 움직이는 것에서 비롯되었다는 것을 조선 후기에 태동한 『정역』이 처음으로 밝혔다. 정역팔괘도의 관점에서 문왕팔괘도의 구조를 보면, 천지와 인간은 불가분의 관계를 맺고 있기 때문에 자연에는 생태계와 문명의 극심한 위기로 드러나고, 인류 사회에는 가치관의 '물구나무 서기 현상'이 나타날 수밖에 없다는 것이다.

김일부는 어떤 학자도 의식하지 못했던 문왕팔괘도의 문제점을 밝혀냈다. 문왕팔괘도는 천지의 몸체가 기우뚱한 채로 돌아가는 까닭에 자연과 문명과 역사에 여러 부작용을 낳는다는 것이다. "복희씨는 거칠게 괘를 그었고 문왕은 괘를 교묘하게 그었으니, 하늘과 땅이 기울어져 위태로운 지 2,800년이다.[伏羲粗畫文王巧, 天地傾危二千八百年.]"라고 선언하여 새로운 괘도 출현을 암시했다.

소강절은 복희팔괘도가 선천이고, 문왕팔괘도는 후천이라고 했다. 김일부는 문왕팔괘도가 선천이고, 정역팔괘도를 후천이라고 하여 소강절의 이론을 완전히 뒤집었다. 이는 주역사의 혁명이다. 김일부는 새로운 패러다임으로 『주역』을 들여다보는 혁신적인 이론을 내세워 역학의 새로운 지평을 열었던 것이다.

『정역』 연구자 한동석은 문왕팔괘도에서 정역팔괘도로의 전환에 따르는 물리적 변동의 원인을 지축경사地軸傾斜에서 찾았다. 문왕팔괘도는 지축이 경사진 형상에서 천지의 운동 방식을 설명한 도상이며, 정역팔괘도는 지축이 정립된다는 전제에서 그린 도표라는 것이다. 따라서 문왕팔괘도는 불완전한 변화이지만, 정역팔괘도는 변화가 정상궤도에 오르는 평화 시대의 도래를 논리화한 것[23]이라고 결론내린다.

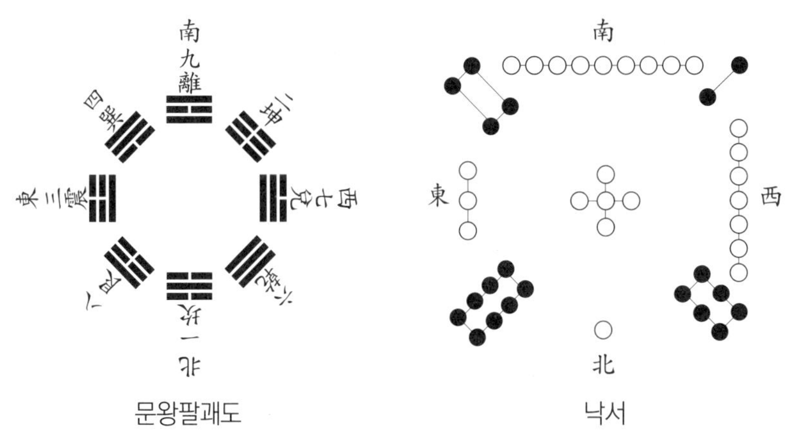

문왕팔괘도 낙서

23) 한동석, 『우주변화의 원리』(행림출판, 1990), 199쪽 참조. 이는 과학과 종교와 철학을 통섭한 학자들이 그 허허실실을 낱낱이 학계에 보고할 문제다.

문왕팔괘도는 천지가 탄생을 지나 성장과 발전을 거듭하는 형국을 상징한다. 그것은 다양한 변화상을 얘기하는 데 유용하다. 지금도 점술가들은 『주역』의 변화와 작용에 매료당하여 문왕팔괘도를 영업장 간판으로 즐겨 사용하는 진풍경을 목격할 수 있다. 정역꾼 이정호는 복희팔괘도는 과거역(제1역), 문왕팔괘도는 현재역(제2역), 정역팔괘도는 미래역(제3역)이라는 명칭을 붙여 괘도의 변천사를 일목요연하게 정리한 바 있다.

지구촌은 이미 누더기 공간이 된 지 오래되었고, 환경 재앙으로 인해 북극의 빙하가 녹아내리고 있는 등 심각한 몸살을 앓고 있다. 또한 물질문명의 발전에 반비례해서 정신문명은 무서운 속도로 썩어가고 있다. 인류의 지식은 한없이 번창했으나, 영혼은 병들어 가고 있는 사실 등이 문왕팔괘도에 총체적으로 배어 있다.

正易八卦圖
정역팔괘도

南
五坤
一巽 九離
七地
八艮 東 三兌 西
二天
四坎 六震
十乾
北

"신이란 만물을 신묘하게 함을 말한 것이다. 만물을 움직이게 하는 것은 우레보다 빠른 것이 없고, 만물을 흔들어 널리 퍼뜨리는 것은 바람보다 빠른 것이 없고, 만물을 마르게 하는 것은 불보다 더 나은 것이 없고, 만물을 기쁘게 하는 것은 연못보다 더 좋은 것이 없고, 만물을 적시는 것은 물보다 잘 적시는 것이 없고, 만물을 마치고 다시 시작하게 하는 것은 간보다 성대한 것이 없다. 그러므로 물과 불이 서로 미치며, 우레와 바람이 서로 거스르지 않으며, 산과 연못이 기운을 통한 뒤에야 능히 변화하여 이미 만물을 완수한다."[神也者, 妙萬物而爲言者也, 動萬物者莫疾乎雷, 撓萬物者莫疾乎風, 燥萬物者莫熯乎火, 說萬物者莫說乎澤, 潤萬物者莫潤乎水, 終萬物始萬物者莫盛乎艮, 故水火相逮, 雷風不相悖, 山澤通氣然後, 能變化旣成萬物也.]

「설괘전」 6장은 신관과 우주관의 문제가 종합되어 있다. 이 문장의 주어는 '신'이고, 나머지는 건곤을 제외한 여섯 괘의 구체적인 작용과 효과를 말한다. 자연은 비록 아무런 말이 없지만, 신을 통해 비를 내리고 바람을 일으키는 현상 등으로 나타낼 뿐이다. 신의 손길은 자연의 현상으로 대변한다는 뜻이다.

과연 '신'은 천지에 동력을 불어넣는 주재자인가? 『주역』은 신을 종교적 숭배 또는 신앙 대상으로 인정하는가? 이에 대한 고찰은 그리 간단하지 않다. 또한 신은 단지 천지변화의 오묘함을 수식하는 형용사에 불과한가? 실제로 변화를 주재하고 참여하는 최고신[上帝]인가? 아니면 만물에 두루두루 존재하는 자연신인가? 결국 『주역』에서 말하는 신은 신학의 범주와 만물의 생성 문제를 통합해서 이해해야 옳다.

주역사에서는 '신'을 송대 성리학의 사유로 풀이하는 것이 정설로 인정받아 왔다. 성리학자들은 신을 천지의 공능 또는 자연의 보이지 않는 신비스런 조화로 보았다. 만물의 생장과 화육은 천지 자체에 내재한 음양의 신묘한 상호 작용으로 이루어진다는 것이다.

「설괘전」 5장의 앞부분은 상제가 주어이고, 뒷부분에서 만물의 생성 과정에 상제가 개입한다는 주자의 발언은 주목할 만하다.[24] 6장의 주어는 상제에서 '신'으로 바뀌었다. 신은 만물에 대해 방관자가 아니다. 신은 음양의 변화에 능동적으로 개입하고 주도하는 권능을 지닌 존재이기

24) 『周易本義』, "上言帝, 此言萬物之隨帝以出入也."

때문이다. '할 위爲(Do)'는 무언가 능동적으로 행위하다는 뜻의 동사로 새겨야 옳다.

「설괘전」 6장은 생명의 중앙은행인 천지를 생략한 채, 신과 나머지 여섯 괘의 상호 작용으로 만물의 변화와 완성을 언급하고 있다. 여기서 신과 천지를 동격으로 인식한 공자의 태도를 엿볼 수 있다. 다만 신은 우레와 바람 등 운동의 주체를 통해서 만물의 변화에 개입한다. 신은 만물을 낳고 기르는 창조의 과정[生成]에 생명의 숨결을 불어넣는다. 신은 운동을 일으키는 모든 원인을 총괄하지만, 그 행위는 언어를 초월하기 때문에 '신묘하다[妙]'는 수식어를 붙였던 것이다.

신은 천지의 공능이라는 것이 『주역』의 대전제다. 「설괘전」 6장은 건곤을 제외한 여섯 괘[震, 巽, 離, 兌, 坎, 艮 = 六子女]를 통하여 신의 행위를 언급했다. 정이천程伊川은 체용론의 관점에서 천天, 건乾, 제帝, 귀신鬼神, 신神의 속성을 다음과 같이 설명한다.

> "형체로 말하면 천이고, 성정으로 말하면 건이고, 주재하는 것으로 말하면 제이고, 공용으로 말하면 귀신이고, 묘용으로 말하면 신이다."[25)]

만물을 낳는 실체는 '하늘'이고, 만물을 다스리는 하늘의 숭고한 정신은 '건'이고, 만물을 섭리하는 인격적 주재자는 '제'이고, 한없는 힘으로 만물을 운행시키는 자연의 영성은 '귀신'이고, 신비하게 작동하는 생명의 쓰임새는 언어로 설명할 수 없기 때문에 '신'이라 부른다. 그래서 「계사전」은 '신은 특정한 장소에 국한되지 않고, 역은 일정한 실체가 없다[神無方, 易無體.]'라 하지 않았던가. 신의 보이지 않는 손길은 모든 곳에 스며들어 창조 활동과 변화에 능동적으로 참여한다. 참여하기 위해서는

25) 『易程傳』 乾卦 卦辭, "以形體謂之天, 以性情謂之乾, 以主宰謂之帝, 以功用謂之鬼神, 以妙用謂之神."

신이 존재해야 한다. 이 세상을 가득 메우는 것은 신이기 때문이다.

『주역』을 기독교 신학으로 읽은 이정용(1935-1996)은 '궁극적 실재로서의 역, 역 자체로서의 신'을 제시하면서, 신은 창조적인 생성 과정의 근원일 뿐만 아니라 변화하는 세계의 중심이요 내면적인 핵심이라고 말한다. 우주는 모든 만물의 근원인 살아 변화하는 신 때문에 변화한다. 따라서 세계와 신은 나뉠 수 없는 것이라고 말한 바 있다.[26)]

'신'은 만물의 변화에 참여한다. 신은 생성을 일으키는 변화의 주인공인 까닭에 만물의 실질적 근원이라 할 수 있다. 하지만 성리학자들은 체용론의 굴레에 얽매어 신 자체의 문제를 간과하고 음양의 신묘한 운동으로만 인식했다.

동양에는 도교 이외에 자생적으로 발생한 종교가 없다는 이유에서 신을 종교적 관점에서 풀이하는 경우는 드물었다. 신은 감각으로 포착할 수 없다. 오직 만물에 내재하여 만물을 생성 화육시키기 때문에 신이라 부른다는 것이다. 신은 만물의 변화 속에 스스로의 정체를 드러낸다. 신의 얼굴은 우레, 바람, 불, 연못, 물, 산의 움직임으로 나타날 따름이다.

신은 만물의 지휘자다. 즉 진, 손, 감, 리, 태, 간의 작용은 신의 지휘를 받아 움직인다. 만물을 움직이는 것은 우레가 가장 힘세고, 만물의 힘을 널리 퍼뜨리는 것은 바람이 가장 빠르고, 만물의 에너지를 일으키는 것은 불이 최고의 효력을 발휘하고, 만물에게 신바람을 불어넣어 기쁘게 하는 것은 연못이 최상이고, 만물에게 생명의 혼을 심어주는 것은 물만큼 최대의 효능을 나타내는 것이 없고, 만물이 휴식을 취한 다음 재충전하도록 쉼터를 제공하는 것은 간이 최적의 공간이다.

6장은 우레, 바람, 불, 연못, 물 등이 일으키는 효능을 제시한 반면에, 산을 뜻하는 간艮만 유독 괘의 명칭을 들고 있는 점이 특별하다. 그만큼

---

26) 이정용, 『역의 신학』(대학기독교서회, 1998), 76-77쪽 참조.

간의 역할이 크다는 것을 강조한 것이다. 건곤의 자녀들은 조직의 질서를 깨뜨리는 파괴자가 아니다. 오히려 모자란 점은 보충해주고, 상대방의 장점을 받아들이는 상호 보완의 관계로 움직여 건곤의 뜻을 확대 발전시키고 완수한다.

물과 불은 극한으로 치닫지 않고 서로 생명의 불꽃과 감로수를 교환하여 열기와 습기를 조절한다[水火相逮]. 우레와 바람은 맞부딪치지만 서로를 부정하지 않는다[雷風不相悖]. 거스르지 않는다는 말은 곧 두 힘이 결혼하여 우레의 위력은 한층 커지고 바람의 효력이 증대된다는 뜻이다. 산과 연못이 기운을 통한다[山澤通氣]는 말은 3장의 그것과 똑같은 발언이지만, 내용은 완전히 다르다. 3장이 천지의 탄생에 대한 언급이라면, 6장은 천지의 능동성과 완성을 지적하는 말이기 때문이다.

5장은 '간에서 말씀을 이룬다[成言乎艮]'라고 말했다. '언言'은 단순한 언어나 상징(Symbol)이 아니라 천지의 진리(logos = truth)를 뜻한다. 나무로 비유하면, '간'은 씨앗이 발아되어 줄기와 가지로 뻗어나 꽃피고, 열매 맺은 다음에 새 생명을 낳는 천지의 자궁이다. 그래서 간성艮城[27]에서 태어난 김일부는 특별히 간괘의 가르침에 주목하여 정역팔괘도의 으뜸으로 삼았던 것이다.

「설괘전」 6장의 핵심은 '간괘'와 '능할 능能'과 '이미 기旣'와 '이룰 성成'에 있다. 특히 '능'과 '기' 자가 사용된 시제에 있다. '능'은 조건이 성숙되어야 가능하다는 뜻이며, '기'는 문장 구조상 미래시제 안에서의 과거형 또는 과거완료형의 뜻이다. 산과 연못의 에너지 교환이 이루어진 뒤에야 변화가 능동적으로 발동하며[能], 만물을 완수할 수 있는 조건은 이미 천지의 질서에 프로그램화되어 있다[旣]는 것이다.

김일부는 간괘의 원리에 의해 천지가 탄생의 기간[生: 복희팔괘도]을

27) 굳이 夏의 連山易을 꼽아 지명의 신비성을 들먹이고 싶지는 않다. 충청도 '連山' 땅이 김일부의 고향이라는 우연의 우연, 또는 우연의 극치는 필연이라고 표현할 수밖에 없다.

정역팔괘도

지나 성장의 극한[長: 문왕팔괘도]을 넘어서면 천지의 목적이 완수된다[成: 정역팔괘도]는 의미로 풀어냈다. 그는 「설괘전」 6장의 간괘 원리를 중심으로 『주역』의 깊은 세계에 들어섰던 것이다. 그 결과물이 바로 『정역』의 선후천론이다.

정역팔괘도가 출현한 배경에 재미있는 일화가 있다. 충청도 연산땅에서 태어난 김일부는 젊어서 가문의 전통에 따라 예학禮學을 배웠고, 또한 문장文章 다듬기를 즐겨했다. 36세 때 연담蓮潭 이운규李雲圭를 만난 뒤에 삶과 학문의 전환점을 맞는다. 스승 이운규가 『서경』과 『주역』의 다독을 권장한 것이다. 하루는 스승에게서 '영동천심월影動天心月'이란 공안을 받고서 정성으로 주역책 읽기와 영가무도詠歌舞蹈의 수행을 병행한 결과 마침내 『정역』을 저술한 것이다.

「설괘전」 3장은 복희팔괘도, 5장은 문왕팔괘도, 6장은 정역팔괘도를 말한 것이다. 앞의 두 개는 공자가 말한 것을 소강절이 밝혔으나, 6장의 내용은 800년 동안 신비의 베일에 싸여 누구도 몰랐다. 이것이 제3의 새로운 괘도의 질서라는 것을 조선의 김일부가 최초로 밝혀낸 것이다. 주역사의 혁명은 새로운 팔괘도가 그어진 조선에서 비롯되었던 것이다. "정역은 우주의 변화와 그에 응하는 인간의 개혁을 논하여 자연의 초자연적 변동에 대처할 인간의 초인간적 완성"[28]에 대한 담론을 체계화한 것이 장점이다.

김일부는 유불선을 융회한 경지에서 『주역』을 해독하여 한국화와 세계화의 방아쇠를 당겼다. 『주역』을 낱낱이 해체한 다음에 다시 선후천론의 관점으로 재구성한 작품이 바로 정역사상인 것이다. 선후천이라는 똑같은 글자와 개념을 바탕으로 수립한 이론일지라도 내용은 전혀 다르다. 이를테면 중국의 유명한 주역학자 호병문胡炳文은 3장과 4장은 선천, 5장은 후천, 6장은 후천에 근거하여 선천을 추론한 것이며, 또한 후천은 선천으로부터 오는 것이라는 순환론으로 슬쩍 돌리는데 그쳤다.[29]

『정역』은 단순히 『주역』의 해설서가 아니라, 과거의 수많은 이론을 종결짓는 이른바 '『주역』을 바로잡은 역' 또는 '올바른 『주역』', '바로잡힌 『주역』', '『주역』의 본질적 완성'을 의미하는 일종의 최종 결론서라는 성격을 갖는다. 김일부에 따르면, 『주역』에서 『정역』으로 전환되는 데는 3단계의 절차를 거친다. 그것은 바로 복희팔괘도 → 문왕팔괘도 → 정역팔괘도의 과정이다.

김일부는 괘도의 변천사가 곧 우주의 변천사와 동일 원리임을 다양한 방법으로 논증하였다. 그리고 우주사와 시간사의 긴 여정은 세 번의 시간적 굴곡을 거친다고 밝혔다.[30] 그는 문왕팔괘도의 질서를 하나의 실패작으로 간주하여 배척한 것이 아니라, 정역팔괘도의 완성을 위해 그 특징을 설명하고 대안을 제시함으로써 『주역』에 대한 비판적 극복의 자

---

28) 이정호, 『正易硏究』(국제대학 출판부, 1984), 「自序」.

29) 『備旨具解原本周易』, 1141쪽, "第三章第四章言先天, 第五章言後天, 此第六章則由後天而推先天者也. … 然後天之所以變化者, 實由先天而來."

30) 『正易』「四正七宿用中數」, "역은 3변하는 이치가 있으니 건곤이다. 괘는 8개이니 비·태·손·익·함·항·기제·미제이다.[易三, 乾坤. 卦八, 否泰損益咸恒旣濟未濟]." 천지가 뒤집어진 형상인 건남곤북의 복희팔괘도 → 분열로 치닫는 상극 질서의 형상인 문왕팔괘도 → 음양의 완전 조화(상생 질서)를 상징하는 정역팔괘도로 발전하는 3단계이다.

세를 유지했던 것이다.

정역팔괘도는 세상의 완성 형태를 묘사한 우주의 청사진(Blue Print)이다. 지금은 우주가 성숙을 향해 진행되는 과정에 있음을 형상화시킨 것이 문왕팔괘도라면, 그것의 완성 모델이 바로 정역팔괘도인 것이다. 정역사상은 새로운 사회를 꿈꿨던 민중의 여망을 학문적으로 이론화한 것에 불과하다는 비판도 없지 않다. 하지만 정역사상의 심층을 들여다보면 아주 사소한 부분은 재론의 여지가 있으나, 하도낙서와 정역팔괘도와 시간론을 일원화시켜 새로운 형이상학의 부활을 꾀한 점은 위대한 공로라고 인정하지 않을 수 없다.

	복희팔괘도	문왕팔괘도	정역팔괘도
수	8	9	10
단계	生	長	成
형상	天地否(䷋)	天地否(䷋)의 극한	地天泰(䷊)
형태	안 → 밖	안 → 밖	밖 → 안
시간	閏曆(1년 366일)	閏曆(1년 $365\frac{1}{4}$일)	正曆(1년 360일)
상극상생		상극	상생

十干原度數
십간원도수

김일부는 “십간원도수”를 통해 선천은 양 중심의 틀로 움직이고, 후천은 음 중심의 시스템으로 움직인다는 사실을 깨닫고 ‘십간원도수’에 새겨진 율려도수를 비롯한 다양한 방법으로 선후천 전환의 이치를 해명하였다.

一己十
十戊五
九丁二
八丙七
七乙三
六甲八
五癸六
四壬一
三辛九
二庚四

십간원도수란 무엇인가? 십간의 10은 천간의 숫자이고, ‘원도수原度數’는 하늘의 걸음걸이가 지닌 원래의 정보를 뜻한다. 천간은 갑, 을, 병, 정, 무, 기, 경, 신, 임, 계의 순서로 흘러간다. 하지만 십간원도수에 나타난 구조를 보면 바깥 숫자는 기, 경, 신, 임, 계, 갑, 을, 병, 정, 무로 돌아가는 순서를 가리킨다. 안의 숫자는 정령도수와 율려도수가 톱니바퀴처럼 맞물려 상호 교차하는 질서로 짜여 있다. 정령은 ‘기, 경, 임, 갑, 병’의 순서로 돌아가는 반면에 율려는 ‘무, 정, 을, 계, 신’의 순서로 돌아간다. 전자는 시계 반대 방향[順]으로, 후자는 시계 방향[逆]의 질서를 따른다.

정령과 율려가 서로 한 치의 오차없이 소통하는 구조가 바로 천간의 원래 정보라는 것이다. 천간이 갑→을→병→정→무→기→경→신→임→계로 돌아가는 법칙에 맞추어 지지 또한 자→축→인→묘→진→사→오→미→신→유→술→해의 순서로 짝을 이루는 6갑의 형성 원리에 익숙한 나머지 천간은 어떠한 원리로 구성되었고, 그 목적에 대해서는 아무도 관심을 갖지 않았다는 비판이다.

국사봉 터줏대감였던 한장경韓長庚(1896-1967)은 "십갑원도수"의 의미를 다음과 같이 풀이했다.

> "바깥 원의 기己1·경庚2의 수는 곧 기갑야반己甲夜半, 경을야반庚乙夜半의 순서를 가리킨다. 바깥 원의 수와 천간이 안을 향하여 수렴하는 것은 천지의 수렴 운행을 뜻한다. 안의 원의 5행 수가 바깥을 향하는 것은 내면에 양을 숨긴 모습이다. 후천의 생명 조직은 음기는 바깥으로 수렴하고 양기는 안으로 숨겨 통일하는 것이다. 10간은 본체의 원래 도수로서 작용의 시기에 접어들 때의 도수가 바깥으로 향하는 것은 작용을 감추는 원리[藏諸用之理也]가 된다.(금화정역도金火正易圖에서 무기戊己와 일월日月이 바깥으로 향하는 것을 참조하기 바람.)"[31]

先天	甲→乙→丙→丁→戊→己→庚→辛→壬→癸
后天	己→庚→辛→壬→癸→甲→乙→丙→丁→戊
政令(太陰太陽의 겉)	己 10 → 庚 4 → 壬 1 → 甲 8 → 丙 7
呂律(太陰太陽의 속)	戊 5 → 丁 2 → 乙 3 → 癸 6 → 辛 9
生數와 成數의 결합	己甲 1·6, 庚乙 2·7, 辛丙 3·8, 壬丁 4·9, 癸戊 5·10[31]
十一歸體의 논리	己戊 1·10, 庚丁 2·9, 辛丙 3·8, 壬乙 4·7, 癸甲 5·6[32]

31) 韓長庚, 『周易·正易』(삶과 꿈, 2001), 547쪽 참조.

『정역』을 5행 중심, 또는 금화교역의 관점에서 풀이한 한동석은 '십간원도'에 대한 해석을 원도圓圖와 방위도方位圖로 결합해 그 의미를 부여하였다.

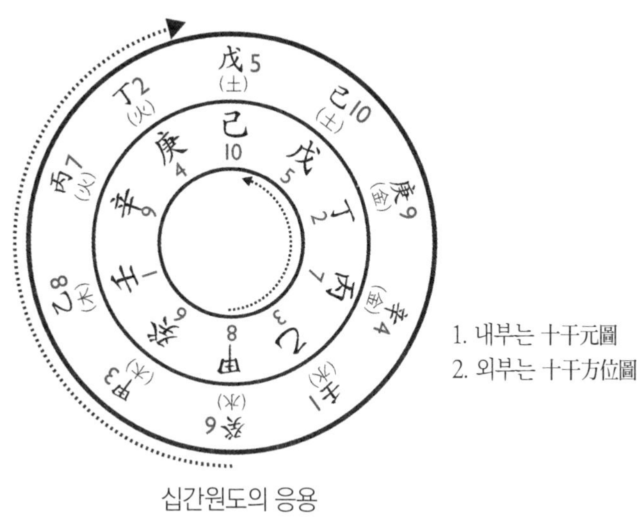

십간원도의 응용

"십간원도는 木火의 氣를 통일하려는 그림이요, 방위도는 金水의 氣를 분산시키려는 그림이다. 金水를 분화하려는 것은 생장의 과정이요, 木火를 통일하려는 것은 생장을 정지시키려는 것인즉 이것은 成의 과정이다. 그런데 生의 운행은 좌에서 우로 운행하고 成의 운행은 우에서 좌로 하게 마련이니 그것은 바로 生이란 확장하려는 것이요, 成이란 통일을 의미하는 것이기 때문이다. 생장이 甲乙丙丁戊에서 그 세력을 발휘하려고 할 때에 收藏하는 成의 운행(己庚辛壬癸) 裏面에서 은근히 포위작전을 하려 하고 있는 것이다. 그러므로 一夫는 甲八·乙三·庚四·辛九로서 표시했으니 그것은 방위의 正數를 바

32) 이것은 숫자 중심으로 1·6水, 2·7火, 3·8木, 4·9金, 5·10土의 결합을 이룬다.
33) 이것은 '己→庚→辛→壬→癸'를 '戊→丁→丙→乙→甲'의 순서로 결합시킨 것이다. 그것은 '十退一進'의 이치에 의해 둘의 합이 11이 이루어지는 '十一歸體'의 논리를 뜻한다.

꿔놓은 것이다. 왜 그렇게 하였는가 하면(原圖란 개념부터가 一太原(太極)으로 돌아간다는 의미의 개념인 것이다) 방위도는 生을 대표하는 그림이기 때문에 陽에 양수를 붙이고 陰에 음수를 붙여서 음양이 서로 자기 본연의 象을 나타내는 것이지만, 原圖는 成을 대표하는 그림이기 때문에 甲陽木에 음수를 붙여서 발생의 정지를 표시했고, 陰乙木에 양수를 붙여서 陰속에 陽을 머금은 象(임신 같은)을 표시하였다. 그러므로 一夫는 이 象을 가리켜 '包五含六 一進一退'이라고 하였다. 또 庚金에 음수를 붙인 것은 庚陽이 음수를 가지면 수렴에 지장이 없고, 辛陰에 양수를 붙인 것은 抱陽하는 象을 나타내는 것이다. 그런즉 一夫 선생이 숫자를 이와같이 배치한 것도 임의로 한 것이 아니고, 우주의 후천운동이 이와같이 운행하는 것을 그대로 象에 표시한 것뿐이다. '十一歸體 功德无量'이라고 한 一夫 선생의 詩를 감상하는 이들은 가끔 엉뚱한 神仙化 관념에 사로잡히기도 하지만 진정한 이 글의 뜻은 水土合德하는 금화교역 즉 辰戌이 日月之政을 하는 금화교역을 하게 되면 多元世界의 공덕은 아랑곳없이 无量世界인 單元世界로 들어간다는 뜻인 것이다. 그러므로 후천운동이란 것은 통일을 주체로 하는 운동이고, 분열을 주체로 하는 것을 선천운동이라고 한다. 그러나 선천운동에 있어서도 위에서 말한 바와같이 이미 후천운동을 할 수 있는 요인이 마련되어 있었다. 다시 말하면 六氣의 개념이 그 작용에 있어서 이중성을 띠고 있는 것은 바로 그것을 의미하는 것이다. 그러므로 일부가 천간운행도를 선천과 반대방향으로 그리게 된 것이니 이것은 바로 우주운동이 통일하는 법칙이며, 따라서 조화작용이 선후천합덕을 하는 상태이기도 하다. 그런즉 地支도 또한 그러하다."[34]

34) 한동석, 『우주변화의 원리』(대원출판. 2001), 250-252쪽.

十二月二十四節氣候度數
십 이 월 이 십 사 절 기 후 도 수

이 글은 지금의 인류가 온갖 재난과 기후 위기의 시기를 통과한 다음, 맑고 깨끗한 자연 환경이 조성될 수 있는 정교하게 짜여진 시간표를 카운트하고 있다.[35] 그것은 과거의 태음력과 태양력, 태음태양력을 포함해 태양계의 질서보다 더 거대한 무언가에 근거해 계산된 것으로 보인다.

1년 360일 시간표는 자연에 조화造化와 조화調和가 동시에 이루어져야 가능하다. 전자는 시공 질서의 재편과 자연의 혁명을 일으키는 '창조적 변화(Creative Change)'를, 후자는 전자에 근거하여 자연과 문명과 역사에 펼쳐지는 후천의 '완전한 조화(Perpect Harmony)의 경지'를 뜻한다.

卯月 初三日 乙酉 酉正 一刻 十一分 元和
묘월 초삼일 을유 유정 일각 십일분 원화

十八日 庚子 子正 一刻 十一分 中化
십팔일 경자 자정 일각 십일분 중화

辰月 初三日 乙卯 卯正 一刻 十一分 大和
진월 초삼일 을묘 묘정 일각 십일분 대화

十八日 庚午 午正 一刻 十一分 布化
십팔일 경오 오정 일각 십일분 포화

巳月 初三日 乙酉 酉正 一刻 十一分 雷和
사월 초삼일 을유 유정 일각 십일분 뇌화

十八日 庚子 子正 一刻 十一分 風化
십팔일 경자 자정 일각 십일분 풍화

---

35) 이정호는 "'12월 24절 기후도수'를 后天의 律曆圖라 불렀다. 매월 初三日과 十八日에 和化度數가 드는 것은 '一八七의 원리'요, 每節 一刻十一分에 和化度數가 드는 것은 '一七四의 원리'라 하겠다."(이정호, 『正易과 一夫』, 아세아문화사, 1985, 411쪽.) 김일부는 '一八七'과 '一七四'의 논리로 '十易萬曆圖'를 꿰뚫은 다음에 '12월 24절 기후도수'로 『正易』을 매듭지었다.

午月 初三日 乙卯 卯正 一刻 十一分 立和
오월 초삼일 을묘 묘정 일각 십일분 입화

十八日 庚午 午正 一刻 十一分 行化
십팔일 경오 오정 일각 십일분 행화

未月 初三日 乙酉 酉正 一刻 十一分 建和
미월 초삼일 을유 유정 일각 십일분 건화

十八日 庚子 子正 一刻 十一分 普化
십팔일 경자 자정 일각 십일분 보화

申月 初三日 乙卯 卯正 一刻 十一分 淸和
신월 초삼일 을묘 묘정 일각 십일분 청화

十八日 庚午 午正 一刻 十一分 平化
십팔일 경오 오정 일각 십일분 평화

酉月 初三日 乙酉 酉正 一刻 十一分 成和
유월 초삼일 을유 유정 일각 십일분 성화

十八日 庚子 子正 一刻 十一分 入化
십팔일 경자 자정 일각 십일분 입화

戌月 初三日 乙卯 卯正 一刻 十一分 咸和
술월 초삼일 을묘 묘정 일각 십일분 함화

十八日 庚午 午正 一刻 十一分 亨化
십팔일 경오 오정 일각 십일분 형화

亥月 初三日 乙酉 酉正 一刻 十一分 正和
해월 초삼일 을유 유정 일각 십일분 정화

十八日 庚子 子正 一刻 十一分 明化
십팔일 경자 자정 일각 십일분 명화

子月 初三日 乙卯 卯正 一刻 十一分 至和
자월 초삼일 을묘 묘정 일각 십일분 지화

十八日 庚午 午正 一刻 十一分 貞化
십팔일 경오 오정 일각 십일분 정화

丑月 初三日 乙酉 酉正 一刻 十一分 太和
축월 초삼일 을유 유정 일각 십일분 태화

十八日 庚子 子正 一刻 十一分 體化
십팔일 경자 자정 일각 십일분 체화

寅月 初三日 乙卯 卯正 一刻 十一分 仁和
인월 초삼일 을묘 묘정 일각 십일분 인화

十八日 庚午 午正 一刻 十一分 性化
십팔일 경오 오정 일각 십일분 성화

이 글의 전모를 알기 위해서는 역법에 대한 기초 지식과 함께 자연사와 시간사에 대한 거시적인 안목과, 기후변화에 숨겨진 궁극적 이유에 대한 깊은 통찰과 사색이 필요하다. 첫째, 선천의 인월세수寅月歲首가 왜 후천에는 묘월세수卯月歲首로 바뀌는가? 둘째, 초하루나 보름이 아닌 3일과 18일 중심으로 한 달을 계산하는가? 셋째, 후천은 왜 '유자묘오酉子卯午'를 기준점으로 삼았는가? 넷째, 왜 후천의 시작 시간을 '유酉'로 설정했을까? 등의 물음에 대한 명료한 인식이 선행되어야 후천 역법의 메커니즘을 알 수 있기 때문이다.

	年	月(세수)	日(초하루)	時(날짜 변경선)
선천	甲(으뜸)	寅月	甲子·甲午	甲子
후천	己(으뜸)	卯月	癸未·癸丑	癸亥

도표에 나타난 바와 같이 달[月]은 정묘丁卯에서, 날[日]은 계미癸未에서, 시간[時]은 계해癸亥에서 시작한다.[36] 이들은 묘월세수卯月歲首의 원칙 안에서 1년 360일 태양력 중심의 절후도수로 계산한 것이다. 15분의 근거는 '십十과 오五'에, 11분의 근거는 '십十과 일一'에, 초삼일과 18일의 근거는 '삼三과 팔八'에 있다.[37]

그런데 초하루를 계미癸未 혹은 계축癸丑으로 삼지 않고, 3일과 18일에 맞춘 이유는 무엇인가? 그것은 "(선천의 28일에서 시작하여) 5도를 지나 월혼이 신에서 생겨나니 초3일이요, 달이 해에서 상현되니 초8일이요, 월

36) ① 『正易』「十五一言」"三五錯綜三元數", "甲己夜半에 生甲子하니 丙寅頭니라" ② 「十五一言」"九二錯綜五元數"는 "己甲夜半에 生癸亥하니 丁卯頭니라" 선천의 甲年과 甲日, 己年과 己日 사이의 한 밤중에는 각각 甲子月과 甲子時가 생겨난다. 후천의 己年과 己日, 甲年과 甲日 사이의 한 밤중에는 각각 癸亥月과 癸亥時가 생겨난다는 뜻이다.

37) 한 시간 120분을 왜 8로 나누었으며, 1刻이 15분인 이유는 어디에 있는가? 8은 8괘에서 유래했으며, 15분은 하늘을 상징하는 10무극의 10과 땅을 상징하는 5황극의 5를 합한 천지의 근본을 숫자로 표현한 것에서 비롯된 것이다.

백이 오에서 이루어져 15일이 보름이니, 선천이다. … 달이 술에서 나뉘니 16일이요, 달이 사에서 하현되니 23일이요, 달이 진에서 굴하니 28일이요, 달이 자에서 회복하므로 30일이 그믐이니, 후천이다."[38]라는 선천 역법에 맞춘 계산법에 있다. 이를 도표로 만들면 다음과 같다.

선천	戊辰朔(28일)	壬申(月魂 3일)	乙亥(上弦 8일)	壬午(15일 보름)
후천	戊戌 旣望(16일)	乙巳(下弦 23일)	庚戌(후천 28일)	壬子(30일 그믐)

이것은 선천 16일이 후천 초하루가 되어 15일이 우주 차원에서 영원히 사라져 한 달 28일이 30일 체제로 확정되는 새로운 역법의 이치를 말한 것이다. 선천 역법은 28일로 맞추고 있으나, 후천은 한 달이 꼭 30일이 되어 날짜와 6갑이 일치되는 현상이 일어난다. 날짜와 6갑의 일치는 논리적으로 3극의 존재론과 음양오행의 생성론이 통합되는 것을 의미하며, 실제로는 절후와 기후가 일치하는 것을 가리킨다. 그것은 지축이 정립되어 극한극서가 사라져 소강절의 이른바 '사시장춘四時長春'의 환경이 조성되는 것을 시사한다.[39]

그러면 김일부는 '사시장춘'의 세상이 이루어지는 시간대를 어떻게 구성했는가? 옛날의 1시간은 오늘날의 2시간이다. 이 2시간(120분)을 여덟 단위로 나누면 15분이 이루어진다. 앞의 1시간에서 1-15분은 초일각初

38) 『正易』「十五一言」"金火五頌", "五度而月魂生申, 初三日, 月弦上亥, 初八日, 月魄成午, 十五日, 望, 先天. … 月分于戌, 十六日, 月弦下巳, 二十三日, 月窟于辰, 二十八日, 月復于子, 三十日, 晦, 后天."

39) 이정호, 『正易研究』(국제대학출판부, 1983), 97쪽. "十數正易으로 萬歲의 冊曆을 이루어 1년 360일 12월 24절후가 추호도 差忒이 없이 初三·十八의 15일 간격으로 매 酉子卯午의 正一刻十一分에 極寒 極暑없는 和化 溫凉의 기후를 자아내어 萬世無量토록 琉璃世界를 이룬다는 것이니, 이것이야말로 易道의 大成이며 己位親政의 목적이요 乾坤正位의 실상인 것이다. 한마디로 三百六十當朞日의 실현을 의미한다. 이것을 실현하는 데 두 가지가 있다고 본다. 하나는 天地自然의 力學的 大轉換으로 인한 객관세계의 변동이요, 또 하나는 그리고 더욱 중요한 것은 正易의 後天 心法을 體한 人間 內部 世界의 變化이다."

一刻, 16-30분은 초이각初二刻, 31분에서 45분은 초삼각初三刻, 46분에서 60분은 초사각初四刻이라 부른다. 뒤의 1시간에서 61-75분은 정일각正一刻, 76분에서 90분은 정이각正二刻, 91분에서 105분은 정삼각正三刻, 106분에서 120분은 정사각正四刻이라 부른다.

전반부	후반부
初一刻	正一刻
初二刻	正二刻
初三刻	正三刻
初四刻	正四刻

김일부는 '12월 24절 기후도수'에 후천이 열리는 시점을 숨겨 놓았다. 다만 시한부 종말론으로 왜곡되거나 종말론을 부추기는 용도로 이용될까 두려웠던 까닭에 숨겨놓았다고 할 수 있다. 1년 360일 책력이 성립하는 시점은 도표가 지시하는대로 계산하면 쉽게 풀릴 수 있는 문제이다. 우선 묘월卯月을 예로 들어 살피기로 하자. 현재의 판본에 따르면, '묘월'은 세수를, '초삼일 을유'는 날짜를, '유정'은 시간을, '일각 십일분'은 분을 가리킨다고 할 수 있다.

이 대목에서 가장 중요한 사항은 '유정酉正 일각一刻'을 '유酉 정일각正一刻'으로 띄어 읽어야 한다는 점이다. 그러니까 '유시酉時의 정1각'이라는 뜻이다. 김일부는 하필 유시에 배당했을까? 유酉는 시간을 알리는 닭을 의미한다. 충청도에 계룡산鷄龍山이 있다. 닭 '계'는 매일 정확한 시간을 알리는 동물을, '용'은 조화와 변화를 일으키는 신비로운 동물을 가리킨다. 육해공陸海空에서 조화를 일으키는 용일지라도 시간이 협조하지 않으면 이무기에 불과하며, 닭은 '꼬끼오' 시간을 정확하게 알릴 수 있으나 조화는 부리지 못한다. 용이 시간의 법도에 따라 조화를 지어야만 계룡의 자격이 있다. 그만큼 계룡산은 새로운 세상을 열망하는 민중의 꿈이 서려 있는 신성한 공간이라는 뜻이다. 그래서 김일부는 계룡산 부근의 국사봉에 둥지를 틀고 제자를 양성했다고 할 수 있다.

선천	子	丑	寅	卯	辰	巳	午	未	申	酉	戌	亥
	11-1	1-3	3-5	5-7	7-9	9-11	11-1	1-3	3-5	5-7	7-9	9-11
후천	亥	子	丑	寅	卯	辰	巳	午	未	申	酉	戌
	11-1	1-3	3-5	5-7	7-9	9-11	11-1	1-3	3-5	5-7	7-9	9-11

유시酉時는 저녁 5-7시인데, 정일각正一刻은 후반부의 시작인 6시부터 셈하는 1-15분이므로 정일각의 15분에다 11분을 보태면 26분까지가 계산된다. 그러니까 실제로는 후천이 열리는 최초의 순간은 오후 6시 27분이라 할 수 있다.

	『정역』의 계산법	지금의 계산법
卯月	初三日 乙酉 酉 正一刻 十一分 元和	3일 오후 6시 27분
	十八日 庚子 子 正一刻 十一分 中化	18일 오전 0시 27분
辰月	初三日 乙卯 卯 正一刻 十一分 大和	3일 오후 6시 27분
	十八日 庚午 午 正一刻 十一分 布化	18일 오전 0시 27분

김일부는 후천개벽이 이루어지는 날짜와 시간까지도 추정하였다. 여기서는 몇 년에 이루어진다는 사실은 제외시켰다. 다만 「십오일언十五一言」"선후천주회도수先后天周回度數"에 "반고 5화 원년 임인으로부터 청나라 광서 10년 갑신(1884년)에 이르기까지는 118,643년이다.[盤古五化元年壬寅, 至大淸光緖十年甲申, 十一萬八千六百四十三年.]" 그러면 1884년과 118,643년은 어떤 연관이 있는가?

잠시 소강절의 원회운세설에서 말하는 129,600년의 도입이 필요하다. 게다가 선천이 후천으로 바뀌는 과정에 시간의 혁명이 일어나는 내용도 가미되어야 할 것이다. 지지地支의 $\frac{1}{12}$만큼 시간이 무화無化되는 까닭에 129,600-10,800=118,800년이 나온다. 이 '118,800년'이 시간 계산의 준거가 된다. 왜냐하면 낙서는 9, 하도는 10이기 때문에 하도낙서의 차이 1이 곧 시간 혁명의 열쇠로 작용한다는 뜻이다.

특별히 지지는 5토인 동시에 태극을 상징하는 '술戌'을 제외하고 $\frac{11}{12}$분만큼 계산하는 것이다.[40] 118,643년이 갑신이 되려면 (후천이 시작하는 '기축己丑' 시스템에 맞추는 계산법에 의해) 임인(실제는 임술)으로부터 거꾸로 갑신까지는 21일이 많다.[41]

특정 시간을 민감하게 받아들이는 시한부 종말론자들은 118,643년을 선천이 후천으로 바뀌는 구체적인 시간대라고 판단한다. 그래서 118,643을 말하기 위해 김일부가 『정역』을 지었을 뿐만 아니라, 『정역』의 결론은 118,643년으로 귀결된다고 단정하기도 한다. 그것은 극단적인 시한부 종말론의 시각에 지나지 않는다.

그렇다고 118,643년을 제시하지 않고, 선후천 전환의 이치와 과정만 논의하는 것은 인간의 의식 개혁을 불러일으키기 위한 수단, 또는 시간의 혁명을 허울 좋은 방편으로 내세운 것에 불과할 것이다. 더욱이 신천지 출현의 시간대를 알면서도 그냥 지나친다는 것은 지식인의 양심에 어긋난 행위이기 때문이다.

김일부는 118,643년 문제에 승부수를 던졌다.[42] 보통 예언가들처럼

40) 『正易』「十一一言」"洛書九宮生成數"에 '戌五空'이 나온다.

41) 『正易』「十五一言」"先后天周回度數", "盤古五化元年壬寅, 至大淸光緖十年甲申, 十一萬八千六百四十三年."

42) 만약 그 해에 후천이 오지 않는다면 『정역』은 어떻게 책임질 것인가? 종말론자들은 자연의 순환에 기초한 60년 혹은 12년 주기에 의존하면서 종말의 시간대를 강조하다가도 특정 시간이 아무런 일 없이 지날 경우는 '아니면 말고 식'으로 빠져나가기 일쑤이다. 이런 측면에

자연의 극심한 변화가 언제 생길 것이라는 시간대를 고무줄처럼 뭉뚱그려 표현하면 될 것을 굳이 118,643년 또는 「십일일언十一一言」"십이월이십사절기후도수十二月二十四節氣候度數"의 '묘월卯月 초삼일初三日 을유乙酉 유酉정일각正一刻 십일분十一分 원화元和'라고 단정지을 필요는 없었던 것으로 보인다. 일종의 양심 고백인가, 아니면 학자의 승부사 기질을 발휘한 것일까? 그는 후천이 오는 명확한 시간대에 쐐기를 박았던 것이다.

왜 118,643년인가를 계산하는 방식은 두 가지가 있다. 하나는 '반고오화원년' 임인(실제로는 임술壬戌)은 김일부가 탄생한 병술丙戌(1826년)로부터 '반고오화' 118,800년의 끝 해는 신유辛酉[43]까지의 216년이라는 사실이다. 118,643년의 근거는 무엇인가? 118,800에서 '일원추연수' 216을 빼면 118,800-216=118,684년이다. 이를 거꾸로 계산하면 118,684+216=118,800년이다. 이때 1년은 이미 가산되었기 때문에 실제로는 118,643년이다. 이것이 바로 김일부가 태어난 1826년이라는 것이다.

선천은 낙서의 태음太陰이 주도하는 세상이고, 후천은 하도의 태양太陽이 주도하는 세상이기 때문에 선천 태음이 후천 태양으로 바뀌는 오늘의 시간대를 밝힌 대목이 『정역』「십오일언」의 첫머리에 있다. "아아! 오늘인가, 오늘인가! 63과 72와 81은 일부에서 하나 되는구나."[44] 김일부의 탄생 년도를 기준점으로 삼아 '일원추연수一元推衍數' 216을 보태서 계산하면 1826+216=2042년이 나오는데, 1826년 자체는 이미 포함되었

서 보면, 김일부는 바보임이 틀림없다. 특정 시간에 후천이 오지 않는다면 거짓말쟁이로 손가락질 받을 것이고, 후천이 진실로 온다면 온갖 예언서는 쓰레기통으로 들어갈 것이 뻔할 것이다. 심지어 『정역』은 『주역』의 권위를 능가할 경전으로 발돋움할 것이다. 따라서 『정역』은 온 인류가 받들어야 할 만고불변의 베스트셀러가 될 것이며, 토종 한국인이 지은 최고의 철학서 『정역』은 세계인의 자랑거리가 될 것이 분명하다.

43) 辛酉는 낙서의 집이고, 丁酉는 하도의 집이다.

44) 『正易』「十五一言」, "嗚呼! 今日今日. 六十三 七十二 八十一, 一乎一夫."

기 때문에 실제로는 2041년인 것이다.

이밖에도 「십오일언」이 완성된 118,643년은 김일부의 나이 59세였다. 그러니까 58년 전은 김일부가 태어난 해이다. 118,643-58=118,585년이다. 이때부터 선천 자회子會가 끝나고 후천 축회丑會가 시작하기까지는 216년이 걸린다. 1826+216=2042인데, 김일부의 탄생년도 1826년 자체를 빼면 실제로는 2041년이다. 한편 216에서 「십오일언」을 지은 59세를 빼면 216-59=157이 성립한다. 이 157에 118,643을 보태면 술회戌會가 공제된 157+118,643=118,800이 되는 것이다.

2041년은 타임 스케쥴에 따라 짜여진 우주와 시간의 종말을 끝내고 새로운 시공 질서가 시작되는 원년이다. 유리세계는 어느 특정한 날에 갑자기 찾아오는 것인가, 아니면 인간이 다가가야 할 곳인가? 김일부는 전자에 무게를 실은 다음에 인간의 자세를 촉구했다. 전자가 없다면 후자는 이성에 호소하는 계몽주의에 불과할 것이고, 전자만 강조될 경우 『정역』은 철두철미 시한부 종말론일 뿐만 아니라 인간은 시간 앞에 속수무책의 수동적 존재에 불과할 것이기 때문이다.

마야 역법의 특징

"마야 역법은 우주의 주기와 시간에 관한 탁월한 계산법이다. 마야력은 우주 시간을 추적할 수 있는 역사상 가장 정교한 측정 툴(tool)이다. 전문가들의 분석에 따르면 마야력은 무려 25세기 이상, 단 하루도 틀리지 않을 정도로 정교하게 지구 시간과 우주 시간을 카운트하고 있다. … '은하력'이라고도 불리는 이 마야력은 현재 거의 대부분의 인류가 사용하는 태양력, 즉 365일 기준의 1년이 아니라 260일 셈법을 따른다. 태양력의 모호한 주기와 마야력의 신성한 주기는 마치 톱니바퀴의 날처럼 맞물려 진행되다가, 52년마다 만난다. 그리고 이 52년 주기는 이른바 '대주기(great cycle)'라 명명된 거대한 시기를 구성한다. 마야 승려들 사이에 전승되어 오는 기록을 살펴보면, 역사상 가장 최근에 걸친 대주기는 이집트 최초의 상형문자가 출현한 시기와 비슷한 BCE 3114년 8월에 시작되어 2012년에 막을 내린다. 특히 이 대주기가 끝나는 2012년 12월 21일은 태양이 지구의 적도와 직선으로 정렬하는 날이기도 하다.

… 그 때는 지구 자기장의 역전과 의식의 거대한 전환이 이루어지는 날이다. 지구의 자기장이 완전히 역전되어 북극과 남극이 자리를 맞바꾸기도 한다. 지질학적 기록은 인류가 생존해 있는 동안의 문명사에서는 일어나지 않았던 자기장 역전 현상이 지구의 지난한 역사 속에서는 오히려 빈번히 일어난 현상임을 알려주고 있다. 자기장 역전 현상은 이미 지난 7,600만 년 동안 171회나 일어났고, 그 가운데 적어도 14회는 지난 450만 년 동안 국한해 일어났다."[45)]

소수의 추종자들은 마야 역법이 예고한 2012년 12월 21일에 전 세계인이 깜짝 놀랄 일이 일어날 것이라고 굳게 믿었으나, 세상은 아무 일 없이 조용히 지나갔다. 해프닝으로 끝났다. 그것은 천문 관측으로부터 빗어진 계산에 불과했다. 마야인들이 예측한 다섯 행성들이 일직선으로 배열되는 현상은 하늘이 인간들에게 복종을 경고한 징조라는 것이다.

그러나 『정역』에서 말하는 조화옹의 손길이 빚어내는 시간의 혁명 역시 자연의 경이로운 축복으로 볼 수도 있다. 종말의 공포를 벗어나 신천지가 도래한다는 희망의 시간표는 조화옹의 계획에 의해 실현된다. 기독교의 하나님이 새 하늘과 새 땅을 알리는 전령사로 나를 선택했다는 요한 계시록처럼, 『정역』은 자연의 거대한 전환이 임박했다는 화무상제

45) 그렉 브레이든 외/이창미 역, 「선택의 포인트 2012, 위기의 창을 통해 바라본 그 날」『월드쇼크 2012』(쌤앤파커스, 2008), 15-19쪽.

의 말씀을 대신 구술한다는 일종의 신앙 간증서干證書인 동시에 김일부는 시간의 목격자라 하겠다.

실제로『정역』에는 최후의 심판에 대한 징후들을 서술한 내용은 일체 없다. 그러나 후천이 올 시간을 꼼꼼히 계산한 흔적이 '12월 24절 기후도수'에 잘 나타나 있다. 동학은 당시 민중들이 꿈꾸는 사회적 요구를 종교적 믿음으로 승화시켜 전국을 휩쓸었다. 동학은 세상의 진보와 개혁에 큰 관심을 가졌고, 점차 민중들의 마음을 사로잡아 마침내 동학혁명으로 나타났다. 하지만 동학에는 뚜렷한 형이상학적 시간관과 우주관이 존재하지 않았다. 단지 무극대도 출현의 당위성 혹은 후천은 5만년이라는 시기만 부르짖었을 뿐이다.

12월 24절 기후도수에 대한 해석

"先天曆의 節侯에 節氣와 中氣가 있는 것처럼 후천의 時刻에 初와 正이 있는 것은 初刻은 節氣의 象이요 正刻은 中氣의 象이다. 先天曆에 節氣와 中氣가 있으되 日月度數의 변화는 中氣에 行하니 예컨대 太陽이 冬至日에 南至에 至하고 夏至日에 北至에 至하고 春分日과 秋分日에 赤道를 넘는데 冬至 夏至 春分 秋分은 모두 中氣日이다.

이 理에 의하여 后天曆의 節侯는 모두 時刻의 中氣의 象인 正刻에 들고, 十一分이라 함은 十一歸體의 뜻으로서의 十一의 수가 되는 때에 節侯가 드는 것이다.

自乙酉日 酉正一刻十一分 至庚子日子正一刻十一分 = 十五日三時間
自庚子日 子正一刻十一分 至乙卯日卯正一刻十一分 = 十五日三時間
自乙卯日 卯正一刻十一分 至庚午日午正一刻十一分 = 十五日三時間
自庚午日 午正一刻十一分 至乙酉日酉正一刻十一分 = 十五日三時間

節侯의 名稱은 모두 初三日은 和가 되고 十八日은 化가 되니 이는 后天曆은 萬曆而圖兮咸兮恒兮의 뜻에서 취한 까닭에 咸卦의 天下和平과 恒卦의 天下化成의 뜻을 취하여 和와 化를 쓰니, 이는 后天에는 陰陽이 調和하고 人心이 感應하여 天下가 和平하고 또 化成하는 까닭이다.

子午之次爲丑未 故癸未癸丑爲朔

歲甲申六月二十六日戊戌校正書頌 '月合中宮'

歲甲申流火六月七日大聖七元君書 '水潮水汐'

歲甲申七月十七日己未不肖子 金某感泣奉書 '安泰父母心'

歲甲申月丙子日戊辰二十八書正 '道乃分三'

乙酉歲癸未月乙未日二十八 不肖子 金某謹奉書 '十一吟'"[46]

조선의 이규경李圭景(1788-?)은 "하늘의 시간을 밝혀 백성들의 삶에 도움이 되도록 알려주는 것[明天時授民事]"이 역법의 목적이라고 말했다.[47] 밤하늘을 수놓은 별들의 이동을 통해 시간이 어떻게 흐르는가의 법칙을 생활 시간표로 만든 장치가 곧 책력冊曆이다. 고대의 제왕은 하늘을 공경하여 백성들에게 시간을 알려주는 책무가 가장 중요하다고 인식했다.[48] 자연의 시간을 인간의 시간표로 전환한 것이 역법의 시초인 것이다.

고려 말부터 조선 초까지 설립되었던 서운관書雲觀과 조선의 관상감觀象監에서는 해마다 새해가 되기 전에 달력을 만들어 사대부들에게 배포하였다. 그리고 1년 책력 외에도 100년간의 일월 운행과 절후를 추산하여 만든 백중력百中曆과, 미래의 책력을 계산한 천세력千歲曆과 만세력萬

46) 韓長庚, 앞의 책, 547-548쪽 참조.

47) 『五洲衍文長箋散稿』「天地篇·天文類」"曆象·曆二十四氣辨證說"

48) 『書經』「虞書」"堯典", "乃命羲和, 欽若昊天, 曆象日月星辰, 敬授人時."

歲曆을 비롯하여 천체의 위치를 정확하게 측정 계산한 칠정력七政曆 등을 만들어 백성들의 농사에 도움이 되도록 하였다.

그러나 "12월 24절 기후도수"는 농업 스케쥴을 작성한 역법 체계가 아니다. 그것은 1년 360일의 6갑과 기후와 날짜가 일치하는 시간의 혁명을 얘기하는 초역법超曆法을 뜻한다. 선천의 24절기는 동양인들에게만 통용되었으나, 12월 24절 기후도수는 동서양 인류가 공통으로 사용할 미래의 캘린더이기 때문이다.

| 참고문헌 |

경전류

周易
正易
詩經
道典
書經
論語
孟子
大學
中庸
九章算術
周髀算經
周易正義
皇極經世書
伊川擊壤集
易程傳
二程全書
周易本義
易學啓蒙
朱子語類
朱子大全
朱文公易說
宋元學案
周易折中
易圖明辨
退溪全書
栗谷全書

정역 관련 도서

권영원, 『正易句解』(경인문화사, 1983)

______, 『正易入門과 天文曆』(동서남북, 2010)

______, 『正易과 天文曆』(상생출판, 2013)

권호용, 『정역 수지상수- 주역 건곤편』(상생출판, 2016)

김상일, 『주역 너머 정역』(상생출판, 2017)

김석중, 『河圖極則反 洛書極則反- 正易的 思惟』(부크크, 2018)

김주성, 『正易集註補解』(태훈출판사, 1999)

박상화, 『正易과 韓國』(공화출판사, 1978)

______, 『正易을 바탕한 詠歌와 平和遊戲』(우성인쇄사, 1981)

______, 『正易은 말한다』(우성인쇄사, 1988)
백문섭, 『正易研究의 基礎』(진리과학연구회, 1980)
성조영, 『無極大道正易』(학예사, 2001)
송재국, 『송재국 교수의 역학 담론- 하늘의 빛 正易 땅의 소리 周易』(예문서원, 2010)
양재학, 『김일부의 생애와 사상』(상생출판, 2014)
______, 『正易註義 역주』(상생출판, 2015)
______, 『正易圖書 역주』(상생출판, 2018)
研經院 편저, 『周 · 正易經合編』(도서출판 연경원, 2009)
육종철, 『東과 西』(한양대출판부, 1991)
이승수, 『周易聖地』(知止닷컴, 2009)
이정호, 『周易正義』(아세아문화사, 1980)
______, 『學易纂言』(대한교과서주식회사, 1982)
______, 『正易研究』(국제대학출판부, 1983)
______, 『正易과 一夫』(아세아문화사, 1885)
______, 『원문대조 국역주해 正易』(아세아문화사, 1988)
______, 『第三의 易學』(아세아문화사, 1992)
______, 『학산 이정호전집』(아세아문화사, 2016)
이현중, 『正易哲學』(학고방, 2016)
정진구, 『역수변화의 원리』(밥북, 2016)
한동석, 『宇宙變化의 原理』(대원출판, 2001)
한장경, 『周易 · 正易』(삶과 꿈, 2001)
SUNG JANG CHUNG, 『the BOOK of RIGHT CHANGE, Jeong Yeok 正易』(iUniverse, Inc. New York Bloomington, 2010)

주역 관련 도서

강천봉, 『啓蒙傳疑研究』(개마서원, 1980)
高懷民/숭실대동양철학연구실, 『중국고대역학사』(숭실대출판부, 1990)

______/신하령 · 김태완, 『象數易學』(신지서원, 1994)
______/정병석, 『周易哲學의 理解』(문예출판사, 1996)
곽신환, 『주역의 이해』(서광사, 1990)
______, 『조선유학과 소강절 철학』(예문서원, 2014)
관중 유남상선생 정년퇴임기념논총 간행위원회, 『易과 哲學』(인쇄문화사, 1993)
금장태, 『조선유학의 주역사상』(예문서원, 2007)
金景芳 · 呂紹綱/한국철학사상연구회, 『易의 哲學』(예문지, 1993)
김동현, 『易으로 보는 時間과 空間』(한솜미디어, 2008)
김상섭, 『내 눈으로 읽은 역경』(지호, 2006)
______, 『주역 계사전』(성균관대학교출판부, 2017)
김상일, 『易과 탈현대의 論理』(지식산업사, 2006)
______, 『대각선 논법과 역』(지식산업사, 2012)
______, 『대각선 논법과 조선역』(지식산업사, 2013)
______, 『윷의 논리와 마야 역법』(상생출판, 2015)
______, 『부도지 역법과 인류세』(동연, 2021)
김석진, 『대산 주역강의(1,2,3)』(한길사, 2003)
김진근, 『완역 역학계몽』(청계, 2008)
김흥호, 『주역강해(1,2,3)』(사색, 2003)
南懷瑾/신원봉, 『역경강설』(문예출판사, 1998)
______/신원봉, 『주역강의』(문예출판사, 2000)
맹난자, 『주역에게 길을 묻다』(연암서가, 2012)
쑨잉케이 · 양이밍/박삼수, 『周易- 자연법칙에서 인생철학까지』(현암사, 2007)
신원봉, 『윷경』(정신세계사, 2002)
______, 『인문으로 읽는 주역』(부키, 2009)
______, 『주역 계사 강의』(부키, 2011)
심의용, 『주역과 운명』(살림, 2004)
______, 『주역- 마음속에 마르지 않는 우물을 파라』(살림, 2006)
______, 『주역- 세상과 소통하는 힘』(아이세움, 2007)
______, 『시적 상상력으로 주역을 읽다』(글항아리, 2016)

양재학, 『주역과 만나다(상,중,하)』(상생출판, 2021)
廖名春 · 康學偉 · 梁韋弦/심경호, 『주역철학사』(예문서원, 1995)
이정용, 『易과 神學』(대한기독교서회, 1998)
이창일, 『소강절의 철학』(심산, 2007)
______, 『주역, 인간의 법칙』(위즈덤하우스, 2011)
임채우, 『주역: 왕필주』(길, 2000)
______, 『주역천진』(청계, 2006)
장시앙핑/박정철, 『역과 인류사유』(이학사, 2007)
정이천/심의용, 『주역- 의리역의 정수, 정이천』(글항아리, 2015)
정이천/심의용, 『역전』(글항아리, 2015)
주백곤/김진근 등, 『역학철학사(1-8)』(소명출판, 2012)

주역 관련 외국 도서

江國樑, 『周易原理與古代科技』(北京: 鷺江出版社, 1990)
江愼修, 『河洛精蘊』(上海: 學苑出版社, 1989)
高懷民, 『先秦易學史』(臺北: 東吳大學, 1975)
______, 『兩漢易學史』(臺北: 文津出版社, 1975)
______, 『邵子先天易哲學』(臺北: 荷美印刷, 1997)
今井宇三郞, 『宋代易學の研究』(東京: 明治圖書出版社, 1960)
金春峰, 『漢代思想史』(北京: 中國社會科學出版社, 1987)
馬恒君, 『周易正宗』(北京: 華夏出版社, 2008)
牟宗三, 『周易的自然哲學與道德函義』(臺北: 文津出版社, 1988)
潘雨廷, 『易學史發微』(上海: 復旦大學出版社, 2001)
蕭漢明, 『船山易學研究』(北京: 華山出版社, 1987)
宋定國, 『周易與人生』(北京: 東方出版社, 2008)
楊庆中, 『二十世紀中國易學史』(北京: 人民出版社, 2000)
楊復竣, 『中華始祖 太昊伏羲(上)』(上海: 上海大學出版社, 2008)
余敦康, 『周易現代解讀』(北京: 華夏出版社, 2006)

______, 『漢宋易學解讀』(北京: 華夏出版社, 2007)
王新華, 『周易繫辭傳研究』(臺灣: 文津出版社, 1998)
王學群, 『王夫之易學』(北京: 社會科學文獻出版社, 2002)
劉麗剛, 『名家批注周易』(北京: 新世界出版社, 2014)
李烈炎, 『時空學說史』(胡北: 人民出版社, 1988)
林尹 等, 『易經研究論集』(臺北: 黎明文化事業公司, 1984)
林政華, 『易學新探』(臺北: 文津出版社, 1987)
張立文, 『周易思想硏究』(胡北: 新華書店, 1980)
程石泉, 『易學新探』(臺北: 文行出版社, 1979)
朱伯崑, 『易學哲學史(1,2,3,4)』(北京: 北京大學出版社, 1988)
朱伯崑 主編, 『周易通釋』(北京: 崑侖出版社, 2004)
周止禮, 『易經與中國文化』(北京: 學苑出版社, 1990)
曾春海, 『朱子易學探微』(臺北: 輔仁大學出版社, 1983)
胡自逢, 『程伊川易學述評』(臺北: 文史哲出版社, 1995)
Richard Wilhelm/Cary F. Baynes, 『The I Ching』(New Jersey: Princeton University Press, 1997)
Hua-Ching Ni, 『The book of Changes and the unchanging truth』(Santa Monica: seven star Communications, Inc, 1999)
Da Liu, 『I CHING NUMEROLOGY』(GREAT BRITAIN, 1979)
Frank J. Swetz, 『Legacy of the Luoshu』(illinois: Carus Publishing Company, 2002)
Schwaller de Lubicz, 『A study of Numbers』(Inner Traditions International Rocheter, Vermont, 1986)

시간론 관련 도서

고석규, 『역사 속의 시간, 시간 속의 시간』(느낌이 있는 책, 2021)
군터 아이글러/백훈승, 『시간과 시간의식』(간디서원, 2006)
그레이어 클라크/정기문, 『시간과 공간의 역사』(푸른길, 1999)

그렉 브레이든/김형준, 『2012- 아마겟돈인가, 제2의 에덴인가?』(물병자리, 2009)
김동현, 『易으로 보는 시간과 공간』(한솜미디어, 2008)
김필영, 『시간여행- 과학이 묻고 철학이 답하다』(들녘, 2018)
나카지마 요시미치/양억관, 『시간을 철학한다』(한뜻, 1997)
데이비드 달링/김현근, 『시간의 비밀』(소학사, 1994)
데이비드 유잉/신동욱, 『캘린더』(씨엔미디어, 1999)
동아시아고대학회편, 『동아시아의 시간관』(경인문화사, 2008)
로빈 르 푸아드뱅/안재권, 『4차원 여행- 공간과 시간의 수수께끼들』(해나무, 2010)
뤼디거 자프란스키/김희상, 『지루하고도 유쾌한 시간의 철학』(은행나무, 2016)
리차드 모리스/정윤근 · 김현근, 『시간의 화살』(소학사, 1991)
마키 유스케/최정옥 외, 『시간의 비교사회학』(소명출판, 2004)
미다스 데커스/오윤희 · 정재경, 『시간의 이빨』(영림카디널, 2005)
박성근 편역, 『시간의 의미를 찾아서』(과학과 문화, 2006)
보딜 옌손/이성민, 『시간에 대한 열 가지 생각』(여름언덕, 2007)
사이먼 가필드/남기철, 『거의 모든 시간의 역사』(다산초당, 2018)
사이언티픽 아메리칸 편집부/김일선, 『시간의 미궁』(한림출판사, 2016)
소광희, 『시간의 철학적 성찰』(문예출판사, 2001)
숀 캐럴/김영태, 『현대물리학, 시간과 우주의 비밀에 답하다』(다른 세상, 2012)
슈테판 클라인/유영미, 『시간의 놀라운 발견』(웅진지식하우스, 2008)
스튜어트 매크리티 외/남경태, 『시간의 발견』(휴머니스트, 2002)
스티븐 제이 굴드/이철우, 『시간의 화살, 시간의 순환』(아카넷, 2012)
스티븐 컨/박성관, 『시간과 공간의 문화사』(휴머니스트, 2004)
스티븐 호킹/과학세대, 『시간은 항상 미래로 흐르는가』(우리시대사, 1993)
신상희, 『시간과 존재의 빛』(한길사, 2001)
알렉산더 데만트/이덕임, 『시간의 탄생』(북라이프, 2018)
앤서니 애브니/최광열, 『시간의 문화사』(북로드, 2007)

앨런 버딕/이영기, 『시간은 왜 흘러가는가』(엑스오북스, 2017)
움베르트 에코 외/ 김석희, 『시간박물관』(푸른숲, 2000)
이베타 게라심추쿠 외/류필하 외, 『시간으로부터의 해방』(자인, 2001)
잔 프란체스코 주디채/김명남, 『젭토 스페이스』(휴머니스트, 2017)
제이 그리피스/박은주, 『시계 밖의 시간』(당대, 2002)
츠즈키 타쿠지/홍경의, 『시간의 패러독스』(팬더북, 1992)
카틴카 리더보스/김희봉, 『타임』(성균관대출판부, 2009)
콜린 윌슨/권오천·박대희, 『시간의 발견』(한양대출판부, 1994)
크리스토퍼 듀드니/진우기, 『세상의 혼- 시간을 말하다』(예원미디어, 2010)
크리스토프 갈파르/김승욱, 『우주, 시간 그 너머』(알에치코리아, 2017)
폴 데이비스/김동광, 『시간의 패러독스』(두산동아, 1997)
__________/강주상, 『타임머신』(한승, 2002)
프리드리히 퀌멜/권의무, 『시간의 개념과 구조』(계명대출판부, 1986)
피터 코브니·로저 하이필드/이남철, 『시간의 화살』(범양사, 1994)
필립 짐바르도·존 보이드/오정아, 『타임 패러독스』(미디어 윌, 2008)
하랄트 바인리히/김태희, 『시간 추적자들』(황소자리, 2008)
한병철, 『시간의 향기』(문학과 지성사, 2013)
Newton Highlight, 『시간이란 무엇인가』(뉴턴코리아, 2007)

일반 도서

가와하라 히데키/안대옥, 『조선수학사- 주자학적 전개와 그 종언』(예문서원, 2017)
게르하르트 베어/한미희, 『카를 융- 생애와 학문』(까치, 1998)
기독교종합연구원 외, 『21세기 사회와 종교 그리고 유토피아』(생각의 나무, 2002)
奇遵/남현희, 『선비, 일상의 사물들에게 말을 걸다』(문자향, 2009)
김길환, 『조선조 유학사상연구』(일지사, 1980)
김병훈, 『율려와 동양사상』(예문서원, 2004)

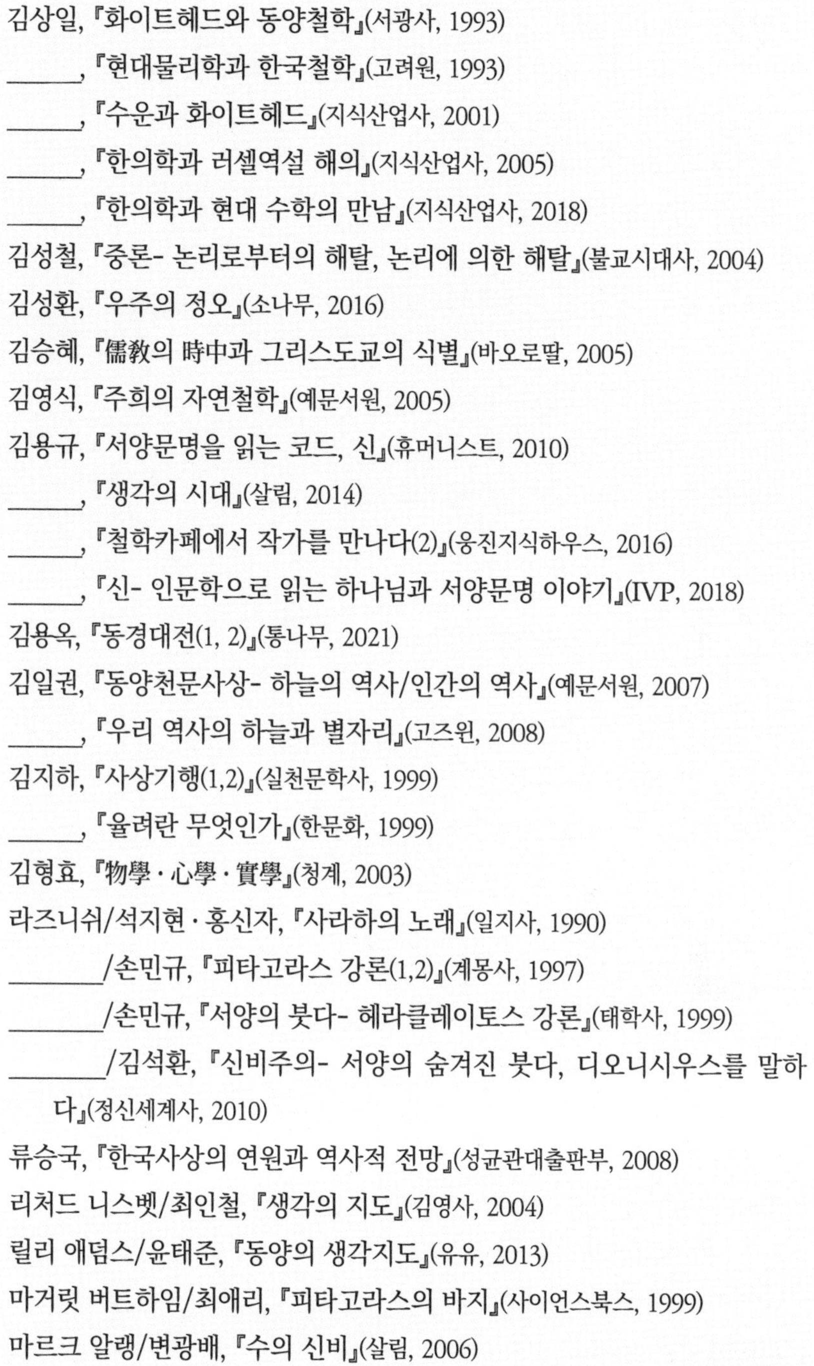

김상일, 『화이트헤드와 동양철학』(서광사, 1993)

______, 『현대물리학과 한국철학』(고려원, 1993)

______, 『수운과 화이트헤드』(지식산업사, 2001)

______, 『한의학과 러셀역설 해의』(지식산업사, 2005)

______, 『한의학과 현대 수학의 만남』(지식산업사, 2018)

김성철, 『중론- 논리로부터의 해탈, 논리에 의한 해탈』(불교시대사, 2004)

김성환, 『우주의 정오』(소나무, 2016)

김승혜, 『儒教의 時中과 그리스도교의 식별』(바오로딸, 2005)

김영식, 『주희의 자연철학』(예문서원, 2005)

김용규, 『서양문명을 읽는 코드, 신』(휴머니스트, 2010)

______, 『생각의 시대』(살림, 2014)

______, 『철학카페에서 작가를 만나다(2)』(웅진지식하우스, 2016)

______, 『신- 인문학으로 읽는 하나님과 서양문명 이야기』(IVP, 2018)

김용옥, 『동경대전(1, 2)』(통나무, 2021)

김일권, 『동양천문사상- 하늘의 역사/인간의 역사』(예문서원, 2007)

______, 『우리 역사의 하늘과 별자리』(고즈윈, 2008)

김지하, 『사상기행(1,2)』(실천문학사, 1999)

______, 『율려란 무엇인가』(한문화, 1999)

김형효, 『物學·心學·實學』(청계, 2003)

라즈니쉬/석지현·홍신자, 『사라하의 노래』(일지사, 1990)

________/손민규, 『피타고라스 강론(1,2)』(계몽사, 1997)

________/손민규, 『서양의 붓다- 헤라클레이토스 강론』(태학사, 1999)

________/김석환, 『신비주의- 서양의 숨겨진 붓다, 디오니시우스를 말하다』(정신세계사, 2010)

류승국, 『한국사상의 연원과 역사적 전망』(성균관대출판부, 2008)

리처드 니스벳/최인철, 『생각의 지도』(김영사, 2004)

릴리 애덤스/윤태준, 『동양의 생각지도』(유유, 2013)

마거릿 버트하임/최애리, 『피타고라스의 바지』(사이언스북스, 1999)

마르크 알랭/변광배, 『수의 신비』(살림, 2006)

마리오 리비오/김정은, 『신은 수학자인가』(열린과학, 2010)
마이클 슈나이더/이충호, 『자연, 예술, 과학의 수학적 원형』(경문사, 2002)
마이클 탤보트/이균형, 『홀로그램 우주』(정신세계사, 1999)
맹난자, 『시간의 강가에서』(북인, 2018)
문재현 · 문한뫼, 『별자리, 인류의 이야기 주머니』(살림터, 2017)
미우라 쿠니오/김영식 · 이승연, 『인간 주자』(창작과 비평사, 1996)
미하엘 벨커 · 존 폴킹혼/신준호, 『종말론에 관한 과학과 신학의 대화』(대한 기독교서회, 2002)
方東美/정인재, 『중국인의 生哲學』(탐구당, 1983)
______/남상호, 『原始儒家道家哲學』(서광사, 1999)
백승영, 『니체- 디오니소스적 긍정의 철학』(책세상, 2005)
브라이언 그린/박병철, 『엘러건트 유니버스』(승산, 2002)
____________/______, 『우주의 구조』(승산, 2005)
____________/______, 『엔드 오브 타임』(와이즈베리, 2021)
송인창, 『동춘당 송준길』(청계, 2007)
______, 『오행, 그 신비를 벗긴다』(국학자료원, 2008)
수징난/김태완, 『주자평전』(역사비평사, 2015)
스야후이/장연, 『소동파』(김영사, 2006)
안경전, 『증산도의 진리』(대원출판, 2000)
______, 『이것이 개벽이다(상,하)』(대원출판, 2002)
______, 『개벽을 대비하라』(대원출판, 2004)
______, 『개벽- 실제상황』(대원출판, 2005)
______, 『천지성공』(대원출판, 2008)
안드레아스 바그너/김상우, 『생명을 읽는 코드- 패러독스』(와이즈북, 2012)
야마다 케이지/김석근, 『주자의 자연학』(통나무, 1991)
양재학, 『단군왕검의 국가통치법- 홍범사상』(상생출판, 2020)
에른스트 마이어/최재천 외, 『이것이 생물학이다』(몸과 마음, 2002)
엘리 마오/전남식, 『피타고라스의 정리』(영림카디널, 2018)
余英時/이원석, 『주희의 역사세계』(글항아리, 2015)

오모다카 히사유키/신정식, 『의학의 철학』(범양사, 1990)
오토 베츠/배진아 · 김혜진, 『숫자의 비밀』(다시, 2004)
오하마 아키라/이형성, 『범주로 보는 주자학』(예문서원, 1999)
유아사 야스오/이정배 외, 『몸과 우주』(지식산업사, 2004)
이고르 보그다노프 · 그리슈카 보그다노프/허보미, 『신의 생각』(푸르메, 2013)
이광연, 『피타고라스가 보여주는 조화의 세계』(프로네시스, 2006)
이언 스튜어트/김동광, 『자연의 수학적 본성』(두산동아, 1996)
이은성, 『曆法의 原理分析』(정음사, 1985)
이재석, 『주희, 만세의 종장이 되다』(상생출판, 2017)
이정우, 『접힘과 펼쳐짐』(거름, 2000)
이찬구, 『천부경과 동학』(모시는 사람들, 2007)
이택용, 『중국고대의 운명론』(문사철, 2014)
일리야 프리고진/신국조, 『혼돈으로부터의 질서』(고려원, 1993)
林語堂/진영희, 『소동파 평전- 쾌활한 천재』(지식산업사, 2001)
장순용, 『십우도- 나를 찾아가는 여행』(세계사, 2000)
조셉 니덤/이석호 외, 『중국의 과학과 문명(1,2,3,4)』(을유문화사, 1986)
________ · 콜린 로넌/이면우, 『중국의 과학과 문명』(까치, 2000)
주커브/김영덕, 『춤추는 물리학』(범양사, 1989)
陳榮捷/표정훈, 『주자강의』(푸른역사, 2001)
차종천 옮김, 『九章算術 · 周髀算經』(범양사, 2000)
채기병, 『소통의 잡설- 박상륭 꼼꼼히 읽기』(문학지성사, 2010)
최석기 외, 『中國經學家事典』(경인문화사, 2002)
최영진, 『유교사상의 본질과 현재성』(성균관대출판부, 2002)
카렌 암스트롱/배국원 외, 『신의 역사(1,2)』(동연출판, 1999)
케이스 데블린/전대호, 『수학의 언어』(해나무, 2003)
켄 윌버/김재성 외, 『세상에서 가장 아름다운 용기』(한언, 2005)
______/김철수, 『아이 투 아이』(대원출판, 2004)
______/박병철 · 공국진, 『현대물리학과 신비주의』(고려원, 1991)
______/박정숙, 『의식의 스펙트럼』(범양사, 2006)

______/유기원, 『영혼의 거울』(정신세계사, 2004)
______/이정배, 『켄 윌버와 신학』(시와 진실, 2008)
______/정창영, 『통합비전』(물병자리, 2008)
______/조옥경, 『통합심리학』(학지사, 2008)
______/조효남, 『모든 것의 역사』(대원출판, 2004)
______/조효남, 『감각과 영혼의 만남』(범양사, 2007)
______/조효남, 『의식 · 영성 · 자아초월 그리고 상보적 통합』(학수림, 2008)
K.C. 콜/김희봉, 『우주의 구멍』(해냄, 2002)
______/박영훈, 『아름다운, 너무나 아름다운 수학』(경문사, 2001)
프란츠 엔드레스 외/오석균, 『수의 신비와 마법』(고려원, 1996)
프랑스와 줄리앙/유병태, 『운행과 창조』(케이시, 2003)
프리초프 카프라/강주헌, 『히든 커넥션』(범양사, 2003)
____________/김용정 · 김동광, 『생명의 그물』(범양사, 1998)
____________/이성범 외, 『현대물리학과 동양사상』(범양사, 1985)
____________/이성범, 『새로운 과학과 문명의 전환』(범양사, 1986)
____________/홍동선, 『탁월한 지혜』(범양사, 1993)
____________/홍동선, 『신과학과 영성의 시대』(범양사, 1999)
한형조, 『성학십도-자기 구원의 로드맵』(한국학연구원, 2018)
戶川芳郞 외/조성을 · 이동철, 『유교사』(이론과 실천, 1990)

正易

§ 正經學會가 1966년 발행한 인쇄본 『정역』을 첨부한다.
이 책은 뒤에서부터 읽는 순서대로 출간되었다.

西紀一九六六年 八月 初版

正易

忠清南道大田市大寺洞三番地
發行處 正經學會

十八日庚午午正一刻十一分性化

十八日庚午午正一刻十一分亨化
亥月初三日乙酉酉正一刻十一分正和
十八日庚子子正一刻十一分明化
子月初三日乙卯卯正一刻十一分至和
十八日庚午午正一刻十一分貞化
丑月初三日乙酉酉正一刻十一分太和
十八日庚子子正一刻十一分體化
寅月初三日乙卯卯正一刻十一分仁和

十八日庚午午正一刻十一分行化

未月初三日乙酉酉正一刻十一分建和

十八日庚子子正一刻十一分普化

申月初三日乙卯卯正一刻十一分清和

十八日庚午午正一刻十一分平化

酉月初三日乙酉酉正一刻十一分成和

十八日庚子子正一刻十一分入化

戌月初三日乙卯卯正一刻十一分咸和

十二月二十四節氣候度數

卯月初三日乙酉酉正一刻十一分元和

十八日庚子子正一刻十一分中化

辰月初三日乙卯卯正一刻十一分大和

十八日庚午午正一刻十一分布化

巳月初三日乙酉酉正一刻十一分雷和

十八日庚子子正一刻十一分風化

午月初三日乙卯卯正一刻十一分立和

十干原度數

正易八卦圖

正易

三〇

文王八卦圖

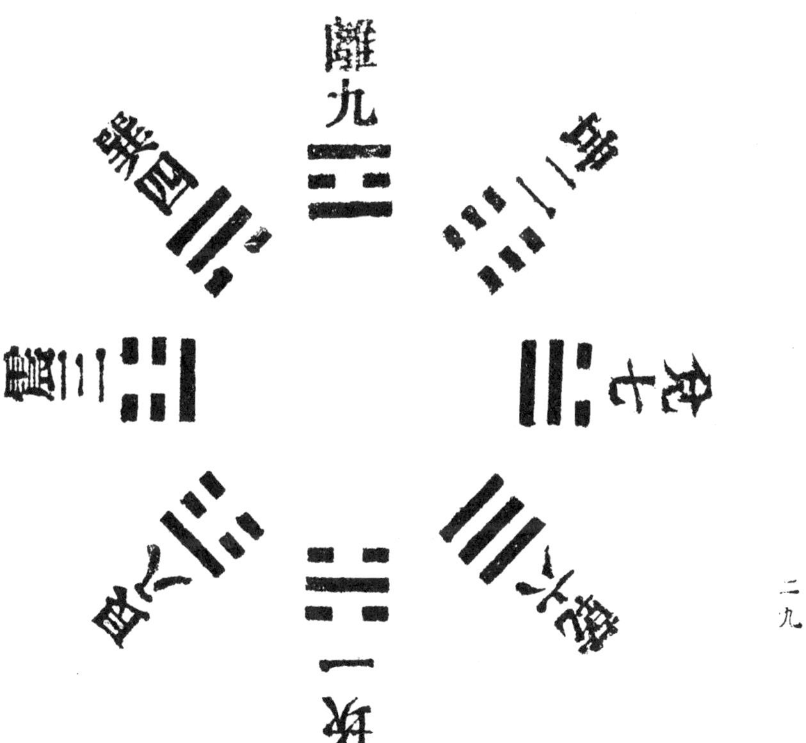

伏羲八卦圖

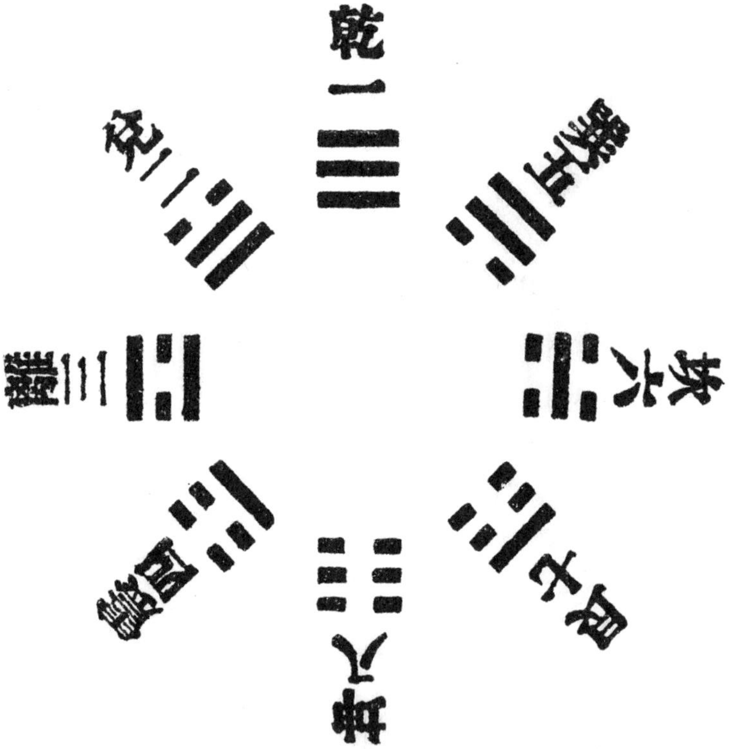

乾一

兌二

離三

震四

巽五

坎六

艮七

坤八

洛書

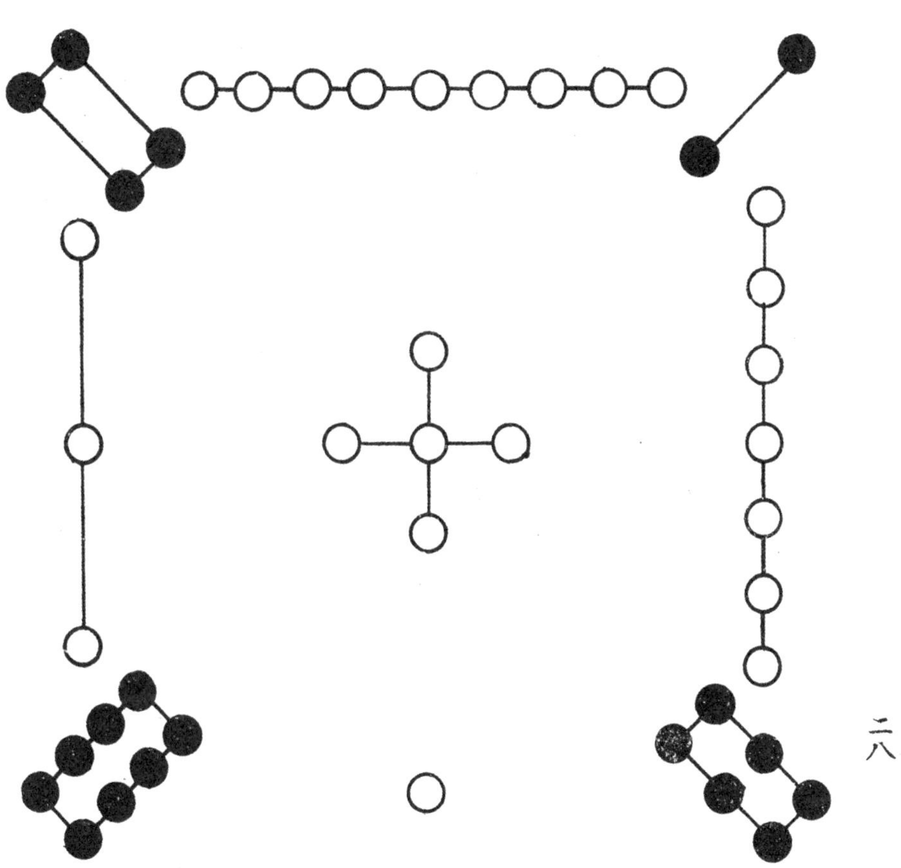

河圖

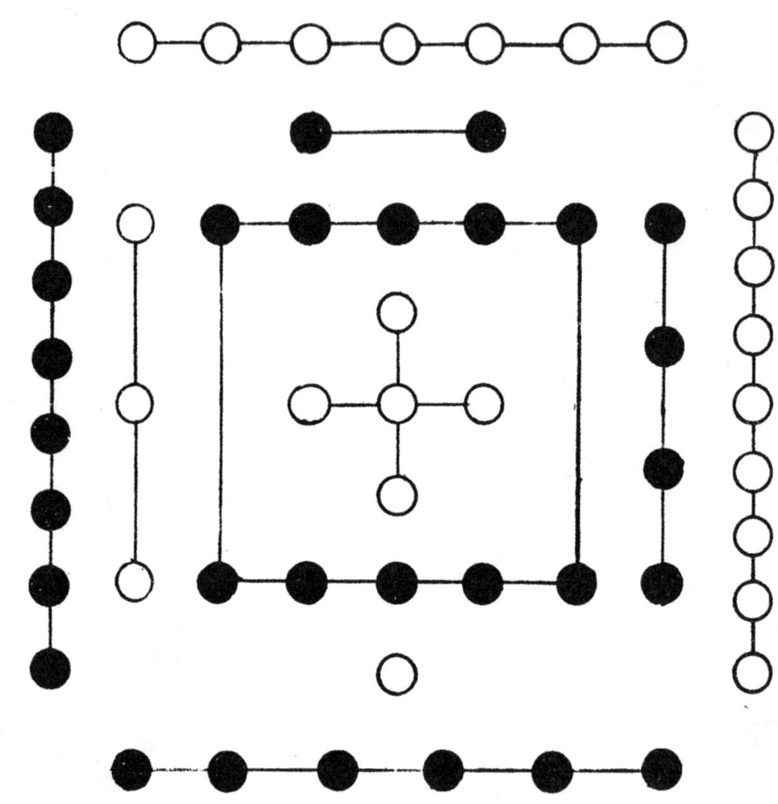

日月光華兮琉璃世界
世界世界兮上帝照臨
上帝照臨兮于于而而
于于而而兮正正方方
正正方方兮好好无量

乙酉歲癸未月乙未日二十八不肖子

金恆謹奉書

易三乾坤八否泰損益咸恆旣濟未濟

嗚呼旣順旣逆克終克始十易萬曆

十一吟

十一歸體兮五八尊空

五八尊空兮九二錯綜

九二錯綜兮火明金淸

火明金淸兮天地淸明

天地淸明兮日月光華

五十天度而地數

地數方丁乙癸辛

天度圓九七五三

　四正七宿用中數

先天五九逆而用八錯閏中

后天十五順而用六合正中

五九太陰之政一八七

十五太陽之政一七四

雷風正位用政數

己位四金一水八木七火之中无極

无極而太極十一

十一地德而天道

天道圓庚壬甲丙

地德方二四六八

戊位二火三木六水九金之中皇極

皇極而无極五十

三一五之中
二一三之中
一一一之中
中十十一一之空
堯舜之厥中之中
孔子之時中之中
一夫所謂包五含六十退一進之位
小子明聽吾一言小子

爲天天五地卯兮歸丑戌依申
十十九之中
九十七之中
八十五之中
七十三之中
六十一之中
五一九之中
四一七之中

庚乙夜半生乙亥己卯頭
辛丙夜半生丁亥辛卯頭
壬丁夜半生己亥癸卯頭
癸戊夜半生辛亥乙卯頭

十一歸體詩

火入金鄕金入火金入火鄕火入金火金
金火原天道誰遣龍華歲月今
政令己庚壬甲丙呂律戊丁乙癸辛地十

河圖八卦生成數

地十生己土天十成丑土

地四生辛金天四成酉金

地六生癸水天六成亥水

地八生乙木天八成未木卯八空

地二生丁火天二成巳火

九二錯綜五元數

己甲夜半生癸亥丁卯頭

天五生戊土地五成辰土戊五空

天九生庚金地九成申金

三五錯綜三元數

甲己夜半生甲子丙寅頭

乙庚夜半生丙子戊寅頭

丙辛夜半生戊子庚寅頭

丁壬夜半生庚子壬寅頭

戊癸夜半生壬子甲寅頭

卦之兌艮數之二七西南互位
卦之震巽數之十五五行之宗六宗之長
中位正易
干之庚辛數之九四南西交位
洛書九宮生成數
天一生壬水地一成子水
天三生甲木地三成寅木
天七生丙火地七成午火

奇偶之數二五先五天道后五地德

一三五次度天第七九次數地三天兩地

天地地天后天先天

先天之易交易之易

后天之易變易之易

易易九宮易易八卦

卦之離乾數之三一東北正位

卦之坎坤數之六八北東維位

十一一言

十土六水不易之地

一水五土不易之天

天政開子地政闢丑

丑運五六子運一八

一八復上月影生數五六皇中月體成數

九七五三一奇

二四六八十偶

金火正易圖

正易詩

天地之數數日月日月不正易匪易易爲正易易爲易原易何常用閏易

布圖詩

萬古文章日月明一張圖畵雷風生靜觀宇宙无中碧誰識天工待人成

君尋此眞

立道詩

靜觀萬變一蒼空六九之年始見工妙妙
玄玄玄妙理无无有有有无中

无位詩

道乃分三理自然斯儒斯佚又斯仙誰識
一夫眞蹈此无人則守有人傳
歲甲申月丙子日戊辰二十八書正

先天二百一十六萬里

后天三百二十四萬里

先后天合計數五百四十萬里

盤古五化元年壬寅至大淸光緖十年甲申十一萬八千六百四十三年

余年三十六始從蓮潭李先生先生賜號二字曰觀碧賜詩一絶曰

觀淡莫如水好德宜行仁影動天心月勸

金火而易兮萬曆而圖

萬曆而圖兮咸兮恆兮

咸兮恆兮兮十兮五兮

先后天正閏度數

先天體方用圓二十七朔而閏

后天體圓用方三百六旬而正

原天无量

先后天周回度數

十五歌

水火旣濟兮火水未濟
旣濟未濟兮天地三元
未濟旣濟兮地天五元
天地地天兮三元五元
三元五元兮上元元元
上元元元兮十五一言
十五一言兮金火而易

夫自笑人笑恆多笑笑中有笑笑何笑能
笑其笑笑而歌
三百六十當朞日大一元三百數九九中
排列无无位六十數一六宮分張單五歸
空五十五點昭昭十五歸空四十五點斑
斑我摩道正理玄玄眞經只在此宮中誠
意正心終始无怠丁寧我化化翁必親施
教是非是好吾好

何物能聽角神明氏不亢室張三十六莫

莫莫无量

武功平胃散文德養心湯正明金火理律

呂調陰陽

九九吟

凡百滔滔儒雅士聽我一曲放浪吟讀書

學易先天事窮理脩身后人誰三絶韋編

吾夫子不言无極有意存六十平生狂一

丙午 心 丙子
丁未 房 丁丑
戊申 氐 戊寅
己酉 己卯
庚戌 庚辰
辛亥 亢 辛巳
壬子 角 壬午

亢角二宿尊空詩

戊戌 室 戊辰
己亥 危 己巳
庚子 虛 庚午
辛丑 女 辛未
壬寅 牛 壬申
癸卯 斗 癸酉
甲辰 箕 甲戌
乙巳 尾 乙亥

庚寅 參 庚申
辛卯 觜 辛酉
壬辰 畢 壬戌
癸巳 昴 癸亥
甲午 胃 甲子
乙未 婁 乙丑
丙申 奎 丙寅
丁酉 壁 丁卯

二十八宿運氣圖

癸未 軫 癸丑
甲申 翼 甲寅
乙酉 張 乙卯
丙戌 星 丙辰
丁亥 柳 丁巳
戊子 鬼 戊午
己丑 井 己未

己酉宮庚戌辛亥壬子癸丑甲寅乙卯丙
辰丁巳戊午
己未宮庚申辛酉壬戌癸亥甲子乙丑丙
寅丁卯戊辰
己巳宮庚午辛未壬申癸酉甲戌乙亥丙
子丁丑戊寅
己卯宮庚辰辛巳壬午癸未甲申乙酉丙
戌丁亥戊子

后天三地兩天

子寅午申先天之先后天

丑卯未酉后天之先后天

上元丑會干支圖

己丑宮庚寅辛卯壬辰癸巳甲午乙未丙
申丁酉戊戌

己亥宮庚子辛丑壬寅癸卯甲辰乙巳丙
午丁未戊申

天五戊土成地六癸水
地六癸水成天七丙火
天七丙火成地四庚金
地四庚金成天三甲木
天三甲木成地十己土
丙甲庚三宮先天之天地
丁乙辛三宮后天之地天
先天三天兩地

天一壬水生地八乙木

地八乙木生天七丁火

天七丁火生地十己土

地十己土成天一壬水

天一壬水成地二丁火

地二丁火成天九辛金

天九辛金成地八乙木

地八乙木成天五戊土

天七丙火生地十己土

地十己土生天九庚金

天九庚金生地六癸水

地六癸水生天三甲木

天三甲木生地二丙火

地二丙火生天五戊土

天五戊土生地四辛金

地四辛金生天一壬水

地六癸水生天三乙木

天三乙木生地二丁火

地二丁火生天五戊土

戊戌宮后天而先天

天五戊土生地四庚金

地四庚金生天一壬水

天一壬水生地八甲木

地八甲木生天七丙火

亥

初初一度无而有

七日而復

而數三十六

化翁无位原天火生地十己土

己巳宮先天而后天

地十己土生天九辛金

天九辛金生地六癸水

而數三十二

月極體位度數

庚子 戊申 壬子 庚申 己巳

初初 度有而无

五日而候

而數三十

日極體位度數

丙午 甲寅 戊午 丙寅 壬寅 辛

嗚呼五運運六氣氣十一歸體功德无量

无極體位度數

己巳　戊辰　己亥　戊戌

度逆道順

而數六十一

皇極體位度數

戊戌　己亥　戊辰　己巳

度順道逆

不肖敢焉推理數只願安泰父母心
歲甲申七月十七日己未不肖子金恆
感泣奉書

化翁親視監化事
嗚呼金火正易否往泰來
嗚呼己位親政戊位尊空
嗚呼丑宮得旺子宮退位
嗚呼卯宮用事寅宮謝位

識先天復上月正明金火日生宮
化无上帝言
復上起月當天心皇中起月當皇心敢將
多辭古人月幾度復上當天心
·月起復上天心月月起皇中皇心月普
化一天化翁心丁寧分付皇中月
化无上帝重言
推衍无或違正倫倒喪天理父母危

歲甲申流火六月七日大聖七元君書

嗚呼天地无言一夫何言天地有言一夫
敢言

天地言一夫言一夫言天地言

大哉金火門天地出入一夫出入三才門

日月星辰氣影一夫氣影五元門

八風風一夫風十无門

日月大明乾坤宅天地壯觀雷風宮誰

嗚呼天何言哉地何言哉一夫能言
一夫能言兮水潮南天水汐北地
水汐北地兮早暮難辦
水火既濟兮火水未濟
大道從天兮天不言
大德從地兮地從言
天一壬水兮萬折必東
地一子水兮萬折于歸

屈伸之道月消而月長
抑陰尊陽先天心法之學
調陽律陰后天性理之道
天地匪日月空殼日月匪至人虛影
潮汐之理一六壬癸水位北二七丙丁火
宮南火氣炎上水性就下互相衝激互相
進退而隨時候氣節日月之政
嗚呼日月之政至神至明書不盡言

歲甲申六月二十六日戊戌校正書頌

水土之成道天地天地之合德日月

太陽恒常性全理直

太陰消長數盈氣虛

盈虛氣也先天

消長理也后天

后天之道屈伸先天之政進退

進退之政月盈而月虛

六水九金會而潤而律
二火三木分而影而呂
一歲周天律呂度數
分一萬二千九百六十
刻八百六十四
時一百八
日一九
理會本原原是性乾坤天地雷風中

一夫之朞三百七十五度十五尊空正吾
夫子之朞當朞三百六十日
五度而月魂生申初三日月弦上亥初八
日月魄成午十五日望先天
月分于戌十六日月弦下巳二十三日月
窟于辰二十八日月復于子三十日晦后
天
月合中宮之中位一日朔

豈一夫敢言時命

嗚呼日月之德天地之分分積十五刻刻積八時時積十二日日積三十月月積十二朞

朞生月月生日日生時時生刻刻生分分生空空无位

帝堯之朞三百有六旬有六日

帝舜之朞三百六十五度四分度之一

四九二七金火門古人意思不到處我爲主人次第開一六三八左右分列古今天地一大壯觀今古日月第一奇觀歌頌七月章一篇景慕周公聖德於好夫子之不言是今日

金火五頌

嗚呼金火互易不易正易晦朔弦望進退屈伸律呂度數造化功用立聖人所不言

於此而大壯禮三千而義一

金火三頌

北窓清風暢和淵明无絃琴東山第一三八峯次第登臨洞得吾孔夫子小魯意脫巾掛石壁南望靑松架短壑西塞山前白鷺飛懶搖白羽扇俯瞰赤壁江赤赤白白互互中中有學仙侶吹簫弄明月

金火四頌

不能名喜好一曲瑞鳳鳴瑞鳳鳴兮律呂聲

金火二頌

吾皇大道當天心氣東北而固守理西南而交通庚金九而氣盈丁火七而數虛理金火之互位經天地之化權風雲動於數象歌樂章於武文喜黃河之一淸好一夫之壯觀風三山而一鶴化三碧而一觀觀

正易

六宮先天月大明后天三十日

四象分體度一百五十九

一元推衍數二百一十六

后天政於先天水火

先天政於后天火水

金火一頌

聖人垂道金火明將軍運籌水土平農夫

洗鋤歲功成畵工却筆雷風生德符天皇

一七度胎於十五度養於十九度生於二
十七度度成道於三十六
終于戊位成度之年十四度復於己位成
度之年初一度
復之之理一七四
十五分一刻八刻一時十二時一日
天地合德三十二地天合道六十一日
月同宮有无地月日同度先后天三十

十一度度成道於三十
終于己位成度之年初一度復於戊位成
度之年十一度
復之之理一八七
五日一候十日一氣十五日一節三十日
一月十二月一朞
太陽倒生逆成后天而先天未濟而旣濟
七火之氣八木之體胞於己位成度之日

十紀二經五綱七緯

戊位度順而道逆度成道於三十二度后

天水金太陰之母

己位度逆而道順度成道於六十一度先

天火木太陽之父

太陰逆生倒成先天而后天既濟而未濟

一水之魂四金之魄胞於戊位成度之月

初一度胎於一九度養於十三度生於二

木極生土土而生火

金火互宅倒逆之理

嗚呼至矣哉无極之无極夫子之不言

不言而信夫子之道

晩而喜之十而翼之一而貫之儘我萬世

師

天四地六天五地五天六地四

天地之度數止乎十

天地之理三元

元降聖人示之神物乃圖乃書

圖書之理后天先天天地之道既濟未濟

龍圖未濟之象而倒生逆成先天太極

龜書既濟之數而逆生倒成后天无極

五居中位皇極

易逆也極則反

土極生水水極生火火極生金金極生木

乎一夫

擧便无極十

十便是太極一

一无十无體十无一无用合土居中五皇

極

地載天而方正體

天包地而圓環影

大哉體影之道理氣囿焉神明萃焉

十五一言

嗚呼盤古化天皇无爲地皇載德人皇作
有巢既巢燧人乃燧神哉伏羲劃結聖哉
神農耕市黃帝甲子星斗神堯日月甲辰
帝舜七政玉衡大禹九疇玄龜殷廟可以
觀德箕聖乃聖周德在玆二南七月麟兮
我聖乾坤中立上律下襲襲于今日
嗚呼今日今日六十三七十二八十一一

一夫事實

淵源天地無窮化无翁來歷新羅三十七王孫淵源無窮來歷長遠兮道通天地無形之外也我馬頭通天地第一元金一夫

一夫事蹟

三千年積德之家通天地第一福祿云者神告也六十年率性之工秉義理大著春秋事者上教也一夫敬書庶幾逃罪乎

辛巳六月二十二日　一夫

大易序

聖哉易之爲易易者曆也無曆無聖無聖無易是故初初之易來來之易所以作也

夫子親筆吾己藏道通天地無形外伏羲粗畫文王巧天地傾危二千八百年

嗚呼聖哉夫子之聖乎知天之聖聖也樂天之聖聖也親天之聖其惟夫子之聖乎洞觀天地無形之景一夫能之方達天地有形之理夫子先之嗚呼聖哉夫子之聖乎文學宗長孔丘是也治政宗長孟軻是也嗚呼兩夫子萬古聖人也

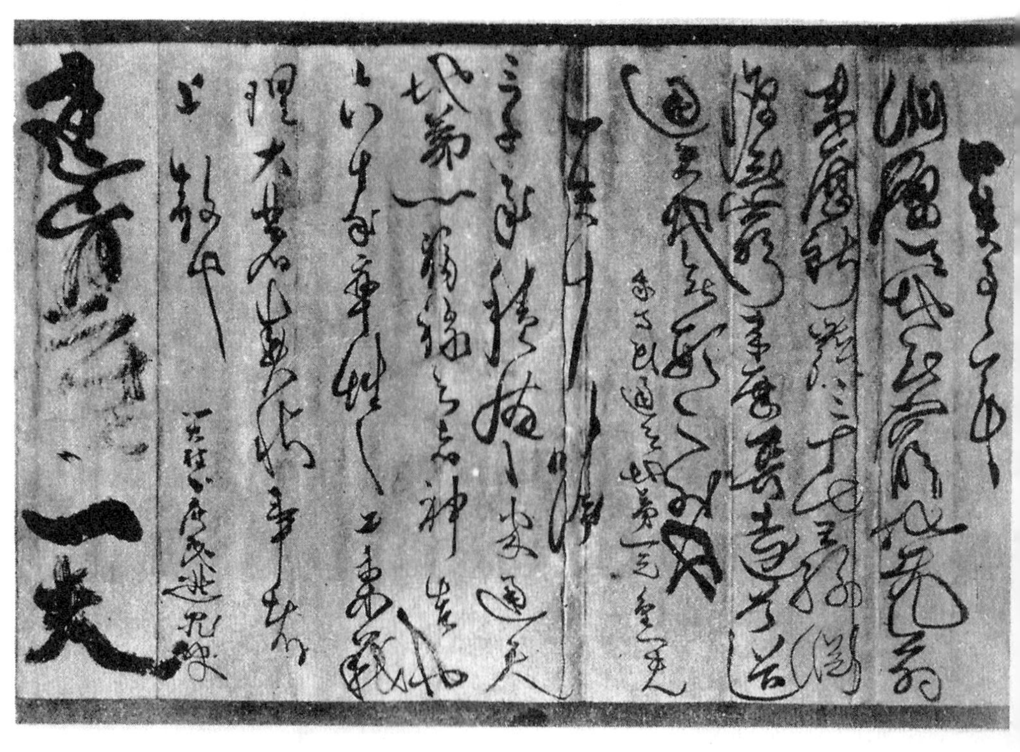

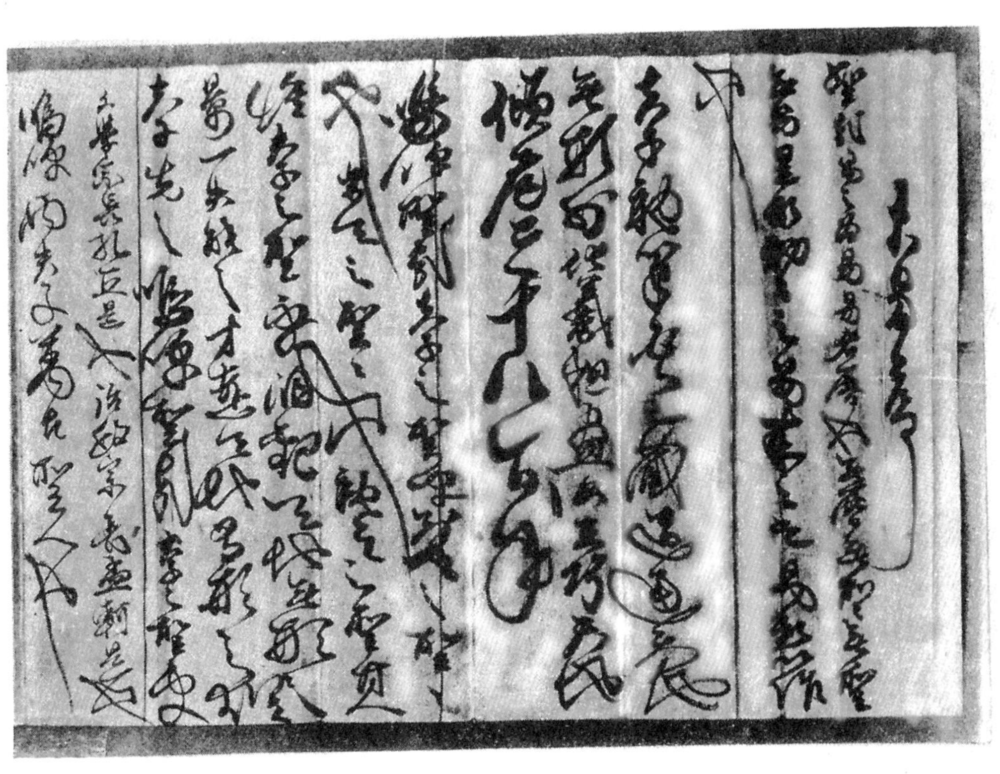

正
易